Lena Sowada
Schreiben im Ersten Weltkrieg

Beihefte zur Zeitschrift für romanische Philologie

Herausgegeben von
Éva Buchi, Claudia Polzin-Haumann, Elton Prifti
und Wolfgang Schweickard

Band 456

Lena Sowada
Schreiben im Ersten Weltkrieg

―

Französische Briefe und Tagebücher wenig geübter Schreiber aus der deutsch-französischen Grenzregion

DE GRUYTER

Dieses Promotionsvorhaben wurde von der Deutsch-Französischen Hochschule (DFH) finanziell gefördert.

Dissertation, Universität Heidelberg, November 2019
Originaltitel: Der schriftliche Sprachgebrauch weniger geübter Schreiber in Ego-Dokumenten aus der deutsch-französischen Grenzregion während des Ersten Weltkriegs

Thèse de doctorat, Université Paul-Valéry Montpellier 3, Novembre 2019
Titre original: Le français écrit des peu-lettrés dans des ego-documents de la région frontalière franco-allemande pendant la Première Guerre mondiale

ISBN 978-3-11-126601-5
e-ISBN (PDF) 978-3-11-071916-1
e-ISBN (EPUB) 978-3-11-071935-2
ISSN 0084-5396

Library of Congress Control Number: 2021934901

Bibliografische Information der Deutschen Nationalbibliothek
Die Deutsche Nationalbibliothek verzeichnet diese Publikation in der Deutschen Nationalbibliografie; detaillierte bibliografische Daten sind im Internet über http://dnb.dnb.de abrufbar.

© 2023 Walter de Gruyter GmbH, Berlin/Boston
Dieser Band ist text- und seitenidentisch mit der 2021 erschienenen gebundenen Ausgabe.
Satz: Integra Software Services Pvt. Ltd.
Druck und Bindung: CPI books GmbH, Leck

www.degruyter.com

Danksagung

An dieser Stelle möchte ich allen danken, die zum Gelingen dieser Arbeit beigetragen haben.

Mein besonderer Dank gilt Prof. Dr. Sybille Große für die Anregung zur Auseinandersetzung mit der historischen Soziolinguistik und zur Zusammenstellung eines Korpus privater Texte. Sie hat mein Promotionsprojekt stets wohlwollend gefördert, mich mit kritischen Rückfragen in zahlreichen Diskussionen herausgefordert und mir Raum für kreative Phasen gelassen. Dafür und für das Vertrauen, das sie mir als Assistentin, als Mitarbeiterin in Forschungsprojekten und als Doktorandin von Anfang an entgegengebracht hat, danke ich ihr von Herzen.

Ebenso gilt mein Dank Prof. Dr. Agnès Steuckardt für die Betreuung meines Projekts im Rahmen der *Cotutelle de Thèse* und für ihre Präsenz, auch aus der Distanz. Die Forschungsaufenthalte in Montpellier und die Anregungen aus den Diskussionen mit ihr und den KollegInnen über inhaltliche Detailfragen, Korpuskonstitution und -bearbeitung waren für mich wichtige Momente in der Erarbeitung der Dissertation. Ihr Engagement, diese *Cotutelle* nicht an administrativen Hürden scheitern zu lassen, bildet die Grundlage für meine Integration im Laboratoire Praxiling und für meine Ausbildung an der École Doctorale 58 der Université Paul-Valéry Montpellier 3.

Bei der vorliegenden Arbeit handelt es sich um die überarbeitete Fassung meiner Dissertation, die ich im November 2019 an der Universität Heidelberg im Rahmen der binationalen *Soutenance* verteidigt habe. Ich danke dem *Président du Jury* Prof. Dr. Gilles Siouffi sowie Prof. Dr. Joachim Steffen und Prof. Dr. André Thibault für ihre Evaluation als externe Gutachter der *Jury de Thèse* und für ihre wertvollen Hinweise und Anregungen, die ich in diese Version der Dissertation aufgenommen habe. Weiterhin gebührt mein Dank Prof. Dr. Irina Podtergera für die Übernahme des Vorsitzes der Prüfungskommission.

Jean Rousseau danke ich für seine spontane Bereitschaft zur Konsultation und seine wertvollen Hinweise zur Evaluierung lexikalischer Feinheiten. Lili Velder danke ich für die Lektüre eines der Analysekapitels. Außerdem sei Angelina Gussew, Christina Lang, Simon Abel und Nicholas Duquenne für ihre Unterstützung bei der Transliteration der Texte des Korpus herzlich gedankt.

Danken möchte ich ebenso dem Verlag De Gruyter, insbesondere Dr. Christine Henschel und Dr. Ulrike Krauß, sowie den Herausgeberinnen und Herausgebern der Reihe *Beihefte zur Zeitschrift für romanische Philologie* für die Aufnahme dieses Bandes. Der Deutsch-Französischen Hochschule danke ich für die finanzielle und ideelle Förderung des binationalen Promotionsprojektes als *Cotutelle de thèse franco-allemande*, die mir die Arbeit an meinem Projekt in Heidelberg und in Montpellier ermöglichte.

Während meiner zahlreichen Archivrecherchen standen mir Marie-Ange Duvignacq und Marie Collin (Archives départementales Bas-Rhin), Fanny Girardot (Archives municipales de Belfort), Daniel Peter und Pascale Etiennette (Archives municipales de Nancy), Florian Gallien (Association pour l'autobiographie et le patrimoine autobiographique) und Frédérique Coppin (Archives municipales de Tourcoing) hilfreich zur Seite. Ihnen und Olivier Sillig möchte ich außerdem für die Erlaubnis der Reproduktion einiger Dokumente des Korpus in dieser Arbeit danken.

Ganz besonders herzlich möchte ich meinen Doktorgeschwistern in Heidelberg und Montpellier danken: Verena Weiland, Viola Stiefel, Ronny Beckert, Julia Morof, Johannes Funk, Marta Abad Gutiérrez, Thais Dias de Castilho Ehrler und Beatrice Dal Bo. Der Austausch mit ihnen, ihre kritischen Rückfragen in der Diskussion, ihre Lektüre zahlreicher Seiten und ihre Unterstützung nicht nur bei technischen Fragen waren für diese Arbeit unersetzbar und sind es darüber hinaus. Ich danke ihnen allen dafür, dass sie mich im wissenschaftlichen und universitären Alltag begleiten.

Schließlich gilt mein besonderer Dank meinen Eltern und meinem Bruder Michael, seiner Frau Maximiliane und meiner Nichte Carlotta, für ihre unermüdliche Unterstützung, für ihr Engagement beim Korrekturlesen der ersten Version dieser Arbeit, für ihre Anteilnahme und immerwährende Bestärkung. Francis Tamba danke ich für sein unerschöpfliches Verständnis in allen Phasen der Promotion und für seine ständige Begleitung in all diesen Momenten.

Für empirische Arbeiten im Rahmen der historischen Soziolinguistik sind die Quellen die existentielle Grundlage der Analyse. Die Textgrundlage der vorliegenden Arbeit verdanke ich den Schreiberinnen und Schreibern aus dem Elsass, aus Lothringen und aus den Vogesen, die vor über 100 Jahren Briefe, Postkarten und Tagebücher verfasst haben, sowie ihren Nachfahren, die dafür gesorgt haben, dass diese Texte ihren Weg in die Archive fanden. Über ihre Sprache habe ich mich diesen Schreiberinnen und Schreibern angenähert und einen Blick auf ihr Leben, ihre Gefühle, Hoffnungen und Sorgen werfen können. Sie sind mir über die Jahre sehr vertraut geworden. Auch ihnen gebührt retrospektiv mein Dank.

Heidelberg, im Dezember 2020
Lena Sowada

Inhaltsverzeichnis

Danksagung —— V

Abbildungsverzeichnis —— XIII

Tabellenverzeichnis —— XV

1 Einleitung —— 1

2 Historische Soziolinguistik und Sprachgeschichtsschreibung —— 5
2.1 Der Forschungsansatz der historischen Soziolinguistik —— 5
2.2 Sprachgeschichte «von unten» —— 9
2.2.1 Gründe für die historiographische Eindimensionalität —— 12
2.2.2 Texte für eine Sprachgeschichte von unten —— 17
2.3 Das Konzept *«peu lettré»* —— 18
2.4 Forschungsprojekte zur Erweiterung der Sprachhistoriographie —— 25
2.4.1 Französische Korpora —— 25
2.4.2 Korpora anderer Philologien —— 32
2.5 Sprachhistoriographischer Beitrag —— 35

3 Ego-Dokumente: Konzept und Anwendung —— 37
3.1 Das Konzept Ego-Dokument in der Geschichtswissenschaft —— 37
3.1.1 Definition und Entwicklung des Konzepts —— 37
3.1.2 Konzeptionelle Abgrenzung und terminologische Diskussion —— 46
3.1.3 Perspektiven des Ansatzes in der Geschichtswissenschaft —— 52
3.2 Ego-Dokumente in der linguistischen Forschung: Sprachgeschichte von unten —— 60
3.2.1 Methodologischer Ansatz —— 63
3.2.2 Diastratische Erweiterung —— 64
3.2.3 Diaphasische Erweiterung —— 66
3.3 Die Ego-Dokumente des Analysekorpus —— 67
3.3.1 Zugrundeliegende Definition von Ego-Dokument —— 67
3.3.2 Korrespondenz und Tagebücher: die Ego-Dokumente im Analysekorpus —— 69

4	**Beschreibung des Analysekorpus** —— **73**
4.1	Vorbemerkungen —— **73**
4.2	Kollektion, Selektion und Transliteration —— **73**
4.3	Konstitution des Korpus: Auswahlkriterien —— **74**
4.3.1	Zeitliche Einordnung: Erster Weltkrieg 1914–1918 —— **75**
4.3.2	Geographische Situierung: Das deutsch-französische Grenzgebiet —— **76**
4.3.3	Identifikation des schreibenden Egos —— **77**
4.3.4	Soziales Kriterium: Alphabetisierungsgrad —— **79**
4.3.5	Umfangreiche Korrespondenz —— **80**
4.4	Beschreibung des primären Korpus —— **81**
4.4.1	Gesamtkorpus —— **81**
4.4.2	Fonds Grandemange —— **81**
4.4.3	Fonds Jeandon —— **82**
4.4.4	Fonds Perrin —— **82**
4.4.5	Fonds Labriet —— **83**
4.4.6	Fonds Cablé —— **83**
4.4.7	Fonds Saunier —— **83**
4.4.8	Fonds Provot —— **84**
4.4.9	Fonds Braun —— **84**
4.4.10	Fonds Desmettre —— **84**
4.4.11	Fonds Lacombe —— **85**
4.4.12	Fonds Mayzaud —— **85**
4.4.13	Fonds Poinçot —— **85**
4.4.14	Fonds Garnier —— **85**
4.4.15	Fonds Pachoud —— **86**
4.5	Bearbeitung und Auswahl der Subkorpora —— **86**
5	**Variation im schriftsprachlichen Ausdruck** —— **89**
5.1	Orthographische Variation im Analysekorpus —— **90**
5.1.1	Die französische Orthographie —— **90**
5.1.2	Schriftspracherwerb: Die kognitive Perspektive auf den Schreibprozess —— **94**
5.1.3	Das Analyseschema *Grille typologique des erreurs d'orthographe* nach Catach (1980) —— **108**
5.1.4	Beschreibungsrahmen: Adaptation des Analyseschemas graphischer Varianten —— **114**
5.1.5	Methodologie —— **115**
5.1.6	Verteilung der Codings in den Variationsdimensionen —— **119**
5.1.7	Kalligraphische Variation —— **121**

5.1.8	Extragraphische und graphisch-visuelle Variation —— 126
5.1.9	Ideogrammische Variation —— 134
5.1.10	Worterkennung und Segmentierung —— 137
5.1.11	Phonogrammische Variation —— 156
5.1.12	Morphogrammische Variation —— 184
5.1.13	Logogrammische Variation —— 222
5.1.14	Nicht-funktionale Variation —— 232
5.1.15	Nicht einzuordnende Zweifelsfälle —— 261
5.1.16	Orthographische Variation im Korpus: Schlussbetrachtung —— 263
5.2	Lexikalische Variation —— 271
5.2.1	Theoretische Prämissen und Methodik —— 271
5.2.2	Quantifizierende Annäherung an den Wortschatz —— 274
5.2.3	Privatheit der Kommunikation: *français familier* und *français populaire* in einem spezifischen Raum —— 281
5.2.4	Schreiben im Krieg: lexikalische Einflüsse des *argot des tranchées* —— 330
5.2.5	Individuelle Aneignung und gehobener Sprachgebrauch —— 342
5.2.6	Markierung und metasprachliche Kommentierung —— 348
5.2.7	Gesamtbetrachtung der lexikalischen Einflüsse —— 355
5.3	Morphosyntaktische Variation —— 359
5.3.1	Vorbemerkungen —— 359
5.3.2	Der Einfluss der kommunikativen Nähe auf die morphosyntaktische Organisation —— 363
5.3.3	Informationsstrukturierung —— 390
5.3.4	Gesamtbetrachtung morphosyntaktischer Variation —— 414
5.4	Die textuell-diskursive Gestaltung —— 415
5.4.1	Produktionsmodus der gesprochenen Sprache: Auslassungen, Repetitionen, Korrekturen —— 415
5.4.2	Diskursmarker —— 417
5.4.3	Diskursive und textuelle Komposition —— 421
5.5	Variation im schriftsprachlichen Ausdruck: Zusammenführung —— 422

6	**Sprachkontakt —— 425**
6.1	*Elsass-Lothringen* 1871–1914 —— **426**
6.1.1	Historische und sprachliche Situation —— 426
6.1.2	Sprach- und Bildungspolitik des Deutschen Kaiserreichs —— 432
6.1.3	Migrationsbewegungen: Emigration der Autochthonen und Immigration der Altdeutschen —— 440

6.1.4	Gründe für den Erhalt des Französischen im *Reichsland Elsass-Lothringen* —— **442**	
6.1.5	Ausbruch des Ersten Weltkriegs —— **447**	
6.2	Beschreibung des Subkorpus —— **449**	
6.2.1	Einfluss und Bedeutung des Dialekts —— **452**	
6.2.2	Die Schreiberbiographien: Rekonstruktion des sprachlichen Hintergrunds —— **460**	
6.3	Historischer Sprachkontakt —— **470**	
6.3.1	Forschungsüberblick —— **470**	
6.3.2	Biliteralismus im Kontaktraum *Reichsland Elsass-Lothringen* —— **473**	
6.4	Sprachkontakt in schriftlichen Ego-Dokumenten —— **477**	
6.4.1	Transfererscheinungen durch Interrelation von Orthographie und Aussprache —— **479**	
6.4.2	Codeswitching —— **484**	
6.4.3	Entlehnungen —— **512**	
6.4.4	Zur Abgrenzung von Entlehnung und Codeswitching bei Einzelwörtern —— **521**	
6.4.5	Lehnbedeutung —— **549**	
6.4.6	Morphosyntaktische Transferenzen —— **550**	
6.4.7	Weitere Kontaktsprachen zum Französischen —— **556**	
6.5	Gesamtbetrachtung sprachkontaktinduzierter Variation —— **560**	
7	**Epistoläre Kommunikation —— 563**	
7.1	Kommunikative Praxis des Briefschreibens —— **563**	
7.2	Diskurstraditionen im Brief —— **565**	
7.3	Struktur des Briefs und epistoläre Formeln —— **567**	
7.3.1	Ars dictaminis populaire —— **567**	
7.3.2	Funktionen epistolärer Formeln —— **568**	
7.4	Methodologie —— **571**	
7.5	Analyse —— **572**	
7.5.1	Vorbemerkungen —— **572**	
7.5.2	Die Eröffnung —— **572**	
7.5.3	Der Schluss —— **588**	
7.5.4	Textstrukturierende Formeln —— **601**	
7.6	Zusammenführung —— **605**	

8	Exemplarischer Vergleich zweier Schreiberbiographien —— 607
9	Zusammenführung und Ausblick —— 617

Literaturverzeichnis —— 623

Register —— 647

Abbildungsverzeichnis

Abbildung 1 Erweitertes Analyseschema in Anlehnung an Catach (1980) —— **116**
Abbildung 2 Diagramm der Häufigkeitsverteilung der Codings in den einzelnen Subkategorien —— **120**
Abbildung 3 Marie Anne Grandemange an Aloïs Grandemange am 4.6.1916 —— **122**
Abbildung 4 Marie Anne Grandemange an Aloïs Grandemange am 18.5.1916 —— **123**
Abbildung 5 Marie Pierrel an Aloïs Grandemange am 5.9.1915 —— **124**
Abbildung 6 Jean-Baptiste Pierrel an Aloïs Grandemange am 1.4.1916 —— **124**
Abbildung 7 Philomène Angly an Aloïs Grandemange am 28.3.1916 —— **125**
Abbildung 8 Auszug aus Louis Vuiberts Kriegstagebuch —— **270**
Abbildung 9 Die Sprachgrenze 1871 im Reichsland Elsass-Lothringen (Droysen 1886, 41) —— **428**
Abbildung 10 Scriptswitching zur Herausstellung eines Zitats (Joseph Grandemange jun., 7.8.1915) —— **504**
Abbildung 11 Codeswitching mit Scriptswitching im Postskriptum (Marie Jeandon, 26.12.1917) —— **505**
Abbildung 12 Scriptswitching in monolingual deutschen Texten (Auguste Jeandon, 19.11.1915) —— **509**
Abbildung 13 Scriptswitching bei der Unterschrift (Marie Jeandon, 16.12.1915) —— **510**
Abbildung 14 Scriptswitching einzelner Buchstaben (Paul Braun, 6.1.1919) —— **511**
Abbildung 15 Die Dimensionen des Kontinuums Codeswitching – Entlehnung nach Matras (2009, 111) —— **526**
Abbildung 16 Albert Provot an seine Eltern, 14.6.1915 —— **576**
Abbildung 17 Henri Cablé an seine Frau Juliette, 7.1.1916 —— **599**
Abbildung 18 Joseph Grandemange jun. an seine Eltern, 4.8.1918 —— **600**
Abbildung 19 Orthographische Varianten bei Marie Anne und Paul Grandemange —— **609**
Abbildung 20 Orthographische Varianten bei Marie Anne und Paul Grandemange: Absolute Frequenzen —— **611**

https://doi.org/10.1515/9783110719161-204

Tabellenverzeichnis

Tabelle 1	Grille typologique des erreurs d'orthographe (Catach 1980, 288–289)	109
Tabelle 2	Häufigkeitsverteilung der Codings in den einzelnen Subkategorien	120
Tabelle 3	Kalligraphische Varianten und ihre Verteilung	121
Tabelle 4	Extragraphische und graphisch-visuelle Varianten sowie ihre Verteilung	127
Tabelle 5	Ideogrammische Varianten und ihre Verteilung	134
Tabelle 6	Varianten der Worterkennung und der Segmentierung und ihre Verteilung	138
Tabelle 7	Phonogrammische Varianten mit äquivalentem phonologischem Wert	159
Tabelle 8	Konsonantische phonogrammische Varianten mit Alternation des phonologischen Werts	161
Tabelle 9	Phonogrammische vokalische Varianten mit Alternation des phonologischen Werts	168
Tabelle 10	Konfusion vokalischer Werte und ihre Verteilung	170
Tabelle 11	Konfusion konsonantischer Werte und ihre Verteilung	175
Tabelle 12	Phonogrammische Varianten durch Metathese, Reduktion und Addition	179
Tabelle 13	Varianten grammatikalischer Morphogramme und ihre Verteilung	186
Tabelle 14	Übergeneralisierte grammatikalische Morphogramme und ihre Verteilung	209
Tabelle 15	Varianten lexikalischer Morphogramme und ihre Verteilung	217
Tabelle 16	Logogrammische Varianten und ihre Verteilung	223
Tabelle 17	Varianten nicht-funktionaler Doppelkonsonanten	233
Tabelle 18	Vokalische Varianten etymologischer Grapheme	240
Tabelle 19	Varianten mit reduziertem Zirkumflex	243
Tabelle 20	Etymologisch bedingte Variation von <h>	244
Tabelle 21	Varianten etymologischer Grapheme im Auslaut	246
Tabelle 22	Konsonantische Varianten etymologischer Grapheme	250
Tabelle 23	Varianten etymologischer Grapheme in Patronymen, Toponymen und Entlehnungen	253
Tabelle 24	Hypothetisch etymologische Varianten	256
Tabelle 25	Frequenzliste der 20 häufigsten Wörter im Korpus	276
Tabelle 26	Frequenzliste der häufigsten Autosemantika	277
Tabelle 27	Subkorpus zur Analyse kontaktinduzierter Formen	450
Tabelle 28	Vergleichskorpus deutschsprachiger Dokumente	451
Tabelle 29	Orthographischer Transfer im Korpus	483
Tabelle 30	Funktionen von Codeswitching im Korpus	511
Tabelle 31	Differenzierung Codeswitching – Entlehnung nach Matras (2009)	547
Tabelle 32	Syntaktische Formen des Sprachkontakts	554
Tabelle 33	Übersicht über das Formelinventar zur epistolären Eröffnung	573
Tabelle 34	Inventar epistolärer Formeln für den Briefschluss	589

1 Einleitung

Über einhundert Jahre sind seit dem Ausbruch des Ersten Weltkriegs vergangen. Die Unterzeichnung des Versailler Friedensvertrags jährte sich 2019 zum 100. Mal. Diejenigen, die diese Urkatastrophe des 20. Jahrhunderts[1] miterlebt haben, sind uns längst nur noch in Erinnerungen und Erzählungen, aber auch in geschriebenen Texten präsent. Viele Erfahrungen wurden in Briefen und Tagebüchern festgehalten, die uns heute ausschnittartig einen Zugang zur Realität des Ersten Weltkriegs ermöglichen.

Für weite Teile der Bevölkerung bedeutet der Erste Weltkrieg einen gravierenden Umbruch in der gewohnten Lebenswelt. Die Männer werden zum Militär eingezogen und an die Front geschickt oder zum Arbeitseinsatz abkommandiert. Sie verlassen ihre Familien, ihr gewohntes Umfeld und ihren Arbeitsplatz. Die Frauen müssen oftmals Aufgaben ihrer Männer übernehmen und sich um Haus und Hof kümmern. Das einzige Mittel, das ihnen bleibt, um den Kontakt aufrechtzuerhalten, ist das Schreiben. Während der beinahe fünf Jahre dauernden Kriegshandlungen werden unzählige Briefe, Postkarten und Päckchen versandt, die nicht nur die materiellen Bedürfnisse der Soldaten stillen, sondern auch und insbesondere eine psychische Stütze sind. Von 1914 bis 1918 werden Millionen von Briefen und Postkarten redigiert, von der Front in die Heimat und von dort an die Front, in denen sich die Schreiber[2] ihrer guten Gesundheit versichern, den bisweilen lähmenden Alltag in den Schützengräben während des Stellungskriegs beschreiben, in denen die Entwicklung der Kinder und alltägliche Anekdoten berichtet, aber auch Informationen über gefallene Familienmitglieder, Bekannte und Freunde weitergegeben sowie Nachfragen formuliert und Hoffnungen ausgedrückt werden. Um den Grausamkeiten des Kriegs zu begegnen und ihnen wenigstens ansatzweise etwas entgegensetzen zu können, beginnen viele Soldaten ihre Erlebnisse in Tagebüchern festzuhalten.

Der Krieg betrifft alle und so greifen nun auch Menschen zu Stift und Papier, die in ihrem Vorkriegsalltag kaum mit dem Schreiben in Berührung kom-

---

1 Die Bezeichnung als «Urkatastrophe» geht auf den US-amerikanischen Historiker George F. Kennan zurück: «And thus I came to see the First World War, as I think many reasonably thoughtful people have learnt to see it, as *the* great seminal catastrophe of this century – the event which, more than any others, excepting only, perhaps the discovery of nuclear weaponry and the development of the population-environmental crisis, lay at the heart of the failure and decline of the Western civilization» (Kennan 1979, 3–4; Herv. im Original).
2 Für eine bessere Lesbarkeit wird in der Arbeit zumeist das generische Maskulinum im geschlechtsneutralen Sinne gebraucht. Es wird daher darauf verzichtet, an jeder Stelle entsprechend feminine und/oder maskuline Personenbezeichnungen aufzuführen.

https://doi.org/10.1515/9783110719161-001

men. Aus sprachwissenschaftlicher Perspektive sind diese Schriftstücke von besonderem Wert, bilden sie doch den sprachlichen Ausdruck von denjenigen Mitgliedern einer Gesellschaft ab, die in der Geschichte eher wenig schriftliche Spuren hinterlassen haben. Aus dieser Perspektive ist der Erste Weltkrieg nicht nur ein historisch-politisches Ereignis, sondern auch ein kommunikatives.[3]

Die vorliegende Arbeit widmet sich eben diesen Menschen und ihrem sprachlichen Ausdruck. Sie versteht sich als ein Beitrag zur Sprachgeschichtsschreibung des Französischen, der den informellen Sprachgebrauch eines Ausschnitts der französischen Bevölkerung in den Jahren 1914 bis 1919 auf Grundlage authentischer, noch nicht untersuchter Textzeugnisse in den Blick nimmt. Die Autoren der Ego-Dokumente des Analysekorpus sind keine prominenten Persönlichkeiten oder politisch einflussreichen Akteure, sie sind Arbeiter, Handwerker und Landwirte aus zumeist einfachen Verhältnissen.

Diese Untersuchung der Ego-Dokumente legt den Fokus auf das sprachlich handelnde Individuum in einem spezifischen Kontext, unter dem Einfluss verschiedener historischer, sozialer und politischer Faktoren. Der theoretische Rahmen der historischen Soziolinguistik zielt darauf ab, Korrelationen zwischen sprachlichem Ausdruck und sozialen Variablen in einer gegebenen Sprachgemeinschaft aus historischer Perspektive zu etablieren. In einem ersten Schritt wird daher die historische Soziolinguistik in ihrer konzeptionellen und methodologischen Ausrichtung skizziert (Kapitel 2). Innerhalb dieses Rahmens des historisch-soziolinguistischen Zugriffes sind für die vorliegende Arbeit insbesondere die Konzepte der Sprachgeschichte «von unten» und des die Schreiber betreffenden Charakteristikums der *peu lettré* relevant.

Die Bezeichnung der Texte des Analysekorpus als Ego-Dokumente macht eine weitere theoretische Fundierung nötig (Kapitel 3). Das Konzept Ego-Dokument wird in seiner Herausbildung in der geschichtswissenschaftlichen Forschung sowie in seiner methodologischen und konzeptionellen Entwicklung vorgestellt. Ausgehend von seiner Anwendung in neueren sprachwissenschaftlichen Arbeiten wird das Konzept in dem für die vorliegende Arbeit relevanten Verständnis definiert. Außerdem werden die das Analysekorpus konstituierenden Texte in ihrer nähesprachlichen Affinität beschrieben.

In Kapitel 4 wird die Komposition des Korpus, das die Grundlage für die folgenden drei Analysekapitel 5 bis 7 bildet, geschildert. Hier werden zum einen in synthetischer Form die primären Schreiber der verschiedenen Textfonds vorge-

---

[3] Zu sprachlichen Ereignissen aus geschichts- und sprachwissenschaftlicher Perspektive, cf. Guilhaumou (1996).

stellt und zum anderen die verschiedenen Phasen der Konstitution des Korpus sowie die Kriterien der Selektion der aufgenommenen Texte erläutert.

Die erste Analyse untersucht den schriftsprachlichen Ausdruck der weniger geübten Schreiber des Korpus auf den sprachlichen Ebenen der Orthographie, des Lexikons, der Morphosyntax und der diskursiven Organisation (Kapitel 5). Der individuelle Schriftsprachausdruck wird hierbei sowohl aus dem Blickwinkel des Schriftspracherwerbs mit seinen verschiedenen konstitutiven Phasen als auch aus der Perspektive einer Schreibsozialisation innerhalb einer sprachlichen Gemeinschaft beschrieben. Unter Berücksichtigung von am Schriftspracherwerb beteiligten mentalen Prozessen wird die Analyse um eine kognitive Dimension bereichert. Diese Analyse fragt nach den Motivationen für die von den Schreibern gewählten Varianten sowie den Strategien, die die Schreiber bei der Verschriftlichung mobilisieren.

Der geographischen Ausrichtung des Korpus ist die zweite Analyseperspektive geschuldet, die den in einem Ausschnitt der Texte dokumentierten Sprachkontakt zwischen dem Französischen und dem Deutschen und in geringerem Ausmaß auch des Französischen mit dem Italienischen und dem Englischen untersucht (Kapitel 6). Die Texte der zweisprachigen Schreiber bilden kontaktinduzierte Formen aus einer historischen Perspektive medial schriftlich ab.

Neben orthographischen, lexikalischen und morphosyntaktischen Kenntnissen müssen die Schreiber des Analysekorpus bei der Redaktion der Briefe über textsortenspezifisches Wissen verfügen. Die Modellierung dieses Wissens und die Auswertung des formelhaften Sprachgebrauchs bilden den Gegenstand des dritten Analysekapitels (Kapitel 7).

Die vorliegende Untersuchung erhebt keinen Anspruch auf statistische Repräsentativität und auch nicht darauf, den Sprachgebrauch bestimmter sozialer Gruppen exhaustiv abzubilden.[4] Dies liegt jedoch auch nicht im Ziel der Analysen. Vielmehr zielt diese Betrachtung des Sprachgebrauchs weniger geübter Schreiber darauf ab, den schriftsprachlichen Ausdruck dieser Personen systematisch und in seinem sozio-historischen Kontext zu analysieren. Diese Arbeit versteht sich als eine Momentaufnahme des Schriftsprachgebrauchs eines Teils der Französischsprechenden und gewissermaßen als ein Stein in einem großen Mosaik der französischen Sprachgeschichte. Gemeinsam mit anderen Steinen soll sie dazu beitragen, ein ganzheitlicheres Bild der Geschichte des Französischen in seiner sozialen, stilistischen und regionalen Vielfalt zu zeichnen.

---

4 Cf. hierzu auch Ernst (1985, 22; Herv. im Original): «Keiner spricht d a s gesprochene Französisch seiner Zeit, das in sich vielfältig ist».

2 Historische Soziolinguistik und Sprachgeschichtsschreibung

2.1 Der Forschungsansatz der historischen Soziolinguistik

Das Konzept der historischen Soziolinguistik wurde in den 1980er Jahren aus dem Paradigma der Soziolinguistik heraus als eine Idee «which should fundamentally be possible» (Willemyns/Vandenbussche 2006, 146) entwickelt.

Als wegweisende Arbeit in der methodologischen und praktischen Etablierung der historischen Soziolinguistik wird gemeinhin Romaines *Socio-Historical Linguistics* (1982) angeführt, in der die entscheidende Verbindung von historischer Linguistik und Soziolinguistik verfestigt wird (cf. auch Conde Silvestre 2007, 32; Conde Silvestre/Hernández Campoy 2012, 1; Willemyns/Vandenbussche 2006, 146). Romaines Forschungsziel besteht in der Verschränkung beider Disziplinen in einem sozio-historischen sprachwissenschaftlichen Ansatz, der sprachliche Variation in ihren unterschiedlichen Ausprägungen und in ihrer Entwicklung in einer bestimmten Sprachgemeinschaft im Laufe der Zeit untersucht und erklärt (Romaine 1982, x).

Der Terminus *historische Soziolinguistik* wird zum ersten Mal 1987/88 im von Ammon, Dittmar und Mattheier herausgegebenen Handbuch *Soziolinguistik* erwähnt, obwohl bereits zuvor historische soziolinguistische Studien angefertigt werden (Willemyns/Vandenbussche 2006, 146).

Die historische Soziolinguistik ist eigentlich keine radikal neue Disziplin, sie wird ausgeübt, seitdem sich die Forschung mit Sprachgeschichte und mit den Interaktionen von Sprache als System und der Sprachgemeinschaft, in der sie ausgeübt wird, beschäftigt (Mattheier 1999, 1; Nevalainen/Raumolin-Brunberg 2012, 23). Historizität ist bereits in Labovs ersten soziolinguistischen Studien angelegt, da er sich in seiner Argumentation auf die historische Dimension bezieht. Eine historische Perspektive ist gleichfalls in soziolinguistischen Studien, die sich mit aktuellen Sprachständen befassen, präsent, da vielfach die aktuelle Situation einer Varietät oder einer Variable als Teil einer soziolinguistischen Entwicklung begriffen wird (Mattheier 1999, 1). Ähnlich wie Mattheier sieht auch Conde Silvestre (2007, 31) die Ursprünge der historischen Soziolinguistik bereits in früheren soziolinguistischen Arbeiten angelegt und betrachtet den Artikel *Empirical Foundations for a Theory of Language Change* (1968) von Weinreich, Labov und Herzog als eine der begründenden Forschungsarbeiten der historischen Soziolinguistik. Diese Studie korreliert Sprachwandelprozesse durch Beobachtung und Beschreibung der geordneten Heterogenität, die lebenden Sprachen inhärent ist, mit sozialen Variablen (Weinreich/Labov/Herzog 1968, 99–101 und 188). Wenngleich Variabilität nicht zwangsläufig zu Sprachwandel führt, impliziert jeder Sprachwandel synchrone Variation oder Heterogenität in einer Sprachgemeinschaft (Weinreich/Labov/Herzog 1968, 188). «A basic premise of historical sociolinguistics is that language is both a historical and social product, and must therefore be explained with reference to the historical and social forces which have shaped its use» (Romaine 2005, 1696).

In den 30 Jahren nach Romaines Veröffentlichung (1982) reift die Disziplin der historischen Soziolinguistik, sowohl in Bezug auf die theoretische Präzisierung des Untersuchungsfeldes als auch hinsichtlich der Anwendung von methodischen Grundsätzen und Resultaten der aktuellen Soziolinguistik auf historische Daten. Dadurch wird der Fokus der Disziplin erweitert, sodass nicht mehr nur Variation und Sprachwandel Gegenstand historisch soziolinguistischer Untersuchungen sind, sondern ebenso Mehrsprachigkeit, Sprachkontakt, Sprechereinstellungen oder auch Standardisierung (Conde Silvestre/Hernández Campoy 2012, 1).

Zwischen Soziolinguistik und historischer Soziolinguistik besteht demzufolge eine enge wechselseitige Beziehung. Der Transfer soziolinguistischer Methoden, die für zeitgenössische Situationen entwickelt wurden, auf vergangene Sprachstände trägt zur historischen Rekonstruktion einer Sprache in ihrem sozialen Kontext bei. Einem Pendel ähnlich wird die historische Realität wiederum auf die aktuelle projiziert und kann so das Verständnis von im Prozess begriffenem Sprachwandel erhellen, wodurch die historische Soziolinguistik zu einem generellen Verständnis von Sprachwandel beiträgt (Conde Silvestre 2007, 34). Mattheier sieht die Differenz lediglich in den jeweils untersuchten Daten: «La ‹sociolinguistique historique› ne se distingue pas de la sociolinguistique contemporaine par sa méthodologie théorique mais par ses bases de données» (Mattheier 1999, 2). Die simultane Konzeption von synchroner und diachroner Untersuchungsperspektive unterstützt auch Aitchison (2012, 19), wenn sie schreibt: «diachrony and synchrony are not irreconcilable. They are essentially overlapping processes, and one cannot be understood without the other».[1]

Die Dominanz methodischer und methodologischer Herausforderungen in der Diskussion der historischen Soziolinguistik bis in die frühen 2000er Jahre stellt heraus, dass es sich um eine noch sehr junge Disziplin handelt (Willemyns/Vandenbussche 2006, 146). Zugleich sind die in dieser Zeit entstehenden international sichtbaren Studien im Wesentlichen auf das Englische und das Deutsche beschränkt. Studien zu anderen Sprachen werden zwar angefertigt, aufgrund von

---

[1] Cf. hierzu auch Klippi (2018, 113) in der Analyse von Briefen eines Soldaten aus dem Ersten Weltkrieg: «son écriture est une forme cristallisée des composantes diachroniques et synchroniques d'une histoire linguistique individuelle».

Sprachbarrieren und aufgrund mangelnder Foren für den gemeinsamen wissenschaftlichen Austausch werden sie jedoch vielfach nicht von einer größeren Forschergemeinschaft rezipiert (Willemyns/Vandenbussche 2006, 147).

Die Begründer der historischen Soziolinguistik bauen in den 1990er Jahren einige regional isolierte Forschungsprojekte zur nationalen Sprachgeschichtsschreibung, etwa in Brüssel, Heidelberg und Helsinki, auf, die Sprachwandel und Sprachgebrauch in Zeiten des politischen und sozialen Umbruchs untersuchen. Fast immer konzentrieren sich diese Projekte auf eine Sprache in einer spezifischen Region (Willemyns/Vandenbussche 2006, 158).[2]

In der internationalen sprachwissenschaftlichen Forschung werden vielfach die umfassenden germanistischen Untersuchungen zur sogenannten Arbeitersprache, unter die ursprünglich die von der arbeitenden Klasse[3] produzierten Texte gefasst wurden, nicht rezipiert. Im Zuge der wachsenden Beschäftigung mit dem 19. Jahrhundert wird deutlich, dass die ursprünglich der sog. Arbeitersprache zugeschriebenen Merkmale vielmehr Charakteristika einer niedrigen schriftsprachlichen Ausbildung sind (Vandenbussche 2006, 439–440). Seit dem Ende der 1970er Jahre beschäftigt sich eine Forschungsgruppe um Mattheier in der Germanistik mit dieser als «Arbeitersprache» bezeichneten Varietät, die in handschriftlichen Texten aus dem 19. Jahrhundert von marginalisierten Schreibern festgehalten wird. Dieser Ansatz ist der erste systematische Gegenentwurf zu einer von einem elitären Sprachgebrauch dominierten Sprachhistoriographie und zugleich Inspiration für andere Soziolinguisten, nach ähnlichen Texten zur Zusammenstellung von Korpora in anderen Sprachen zu suchen (Vandenbussche/Elspaß 2007, 147–148).

In der historischen Soziolinguistik wird eine immer differenziertere Bandbreite an Texten genutzt, die in hohem Maße und vor allem auf systematische Weise eine Berücksichtigung von Sprechervariablen wie Geschlecht, sozioökonomischer Status, Bildung und Mobilität erlauben. So konnten in den letzten Jahren viele Forschungslinien konsolidiert sowie qualitative und quantitative Untersuchungen erprobt werden. Zudem wurde das Spektrum der untersuchten Sprachen kontinuierlich erweitert. Auch hinsichtlich der Forschungsschwerpunkte erfolgte eine Ausdifferenzierung, indem Studien zum Netzwerk, zu Codeswitching, zu soziopragmatischen und interaktionalen Aspekten wie Identität und sozialen Rollen erarbeitet wurden (Nevalainen/Raumolin-Brunberg 2012, 24).

---

2 Auch in der aktuellen Forschung ist die Anzahl sprachübergeifender historisch soziolinguistischer Untersuchungen überschaubar (Willemyns/Vandenbussche 2006, 158).
3 Wenn in dieser Arbeit von Klasse oder von sozialen Schichten die Rede ist, so geschieht dies frei von Ideologie in einem heuristischen Versuch, die Schreiber innerhalb der Gesellschaft zu verorten.

Ein weiterer Forschungsbereich der Disziplin ist methodologischer Art. Die historische Soziolinguistik orientiert sich an aus dem Paradigma der Soziolinguistik entwickelten Konzepten und beschäftigt sich mit der Frage, in welcher Weise diese auf historische Sprachstände angewandt werden können (Rutten/van der Wal 2018, 228). Die enge Interrelation von historischer und aktuell ausgerichteter Soziolinguistik zeigt sich auch darin, dass die Etablierung der historischen Soziolinguistik und die diachrone Perspektiverweiterung der Konsolidierung der Soziolinguistik Rechnung trägt und zu einer gegenseitigen methodologischen und konzeptionellen Bereicherung führt (Conde Silvestre 2007, 10).

Ein grundlegendes methodologisches Problem der historischen Soziolinguistik ist die Datengrundlage, die sich bisweilen als prekär erweist, da sprachliches Material, das mehr oder minder zufällig aufbewahrt wurde, isoliert vorliegt und nur schwierig mit dem jeweiligen kommunikativen Kontext in Beziehung zu setzen ist. Außerdem kann es sich als diffizil erweisen, die mit Sprachwandel und Variation verbundenen Variablen, wie zum Beispiel sozioökonomische Strukturen, interpersonelle Netzwerke oder (Sprach-)Verhaltensweisen, zu rekonstruieren (Conde Silvestre 2007, 13). Aus diesem Grund spricht Labov von schlechten Daten und der Kunst diese dennoch zu valorisieren: «Historical linguistics can then be thought of as the art of making the best use of bad data» (Labov 1994, 11). Die Zusammenhänge sozialer Variablen und Varietät müssen stets aufs Neue identifiziert werden, um anachronistische Ansätze, die Resultate und Muster zeitgenössischer Studien direkt auf diachrone Untersuchungen übertragen, zu vermeiden (Conde Silvestre 2007, 40).[4]

Die historische Soziolinguistik gründet sich wie alle anderen historischen Untersuchungen auf das Uniformitätsprinzip, dem zufolge sich Menschen als biologische, psychologische und soziale Wesen nicht fundamental verändern (Nevalainen/Raumolin-Brunberg 2012, 24): «Historical linguists should not expect that human languages in the past were in any fundamental way different from those spoken today» (Nevalainen/Raumolin-Brunberg 2003, 22). Das Uniformitätsprinzip setzt nicht Sprachstände unterschiedlicher historischer Epochen gleich, es besagt vielmehr auf einem höheren Abstraktionsniveau, dass fundamentale Mechanismen und Strukturen menschlichen Verhaltens heute wie früher gelten.

Vielfach wird der interdisziplinäre Charakter der historischen Soziolinguistik herausgestellt: «a hybrid subfield subsisting on the interdisciplinary character

---

4 Je weiter gefasst der zeitliche Rahmen einer Untersuchung, desto komplexer kann die Diversität sprachlicher und außersprachlicher Variablen, wie Sozialstruktur, Verhaltensweisen oder Sprechereinstellungen, sein (Conde Silvestre 2007, 38).

of sociolinguistic methodology» (Conde Silvestre/Hernández Campoy 2012, 1) oder «historical sociolinguistics being a cross-disciplinary area of study, where various paradigms and research orientations come together» (Nevalainen/ Raumolin-Brunberg 2012, 26). Neben der Soziolinguistik als Paradigma, aus dem sie abgeleitet ist, lassen sich exemplarisch folgende Disziplinen anführen, die die historische Soziolinguistik bereichern: Sozialgeschichte, Soziopragmatik, Diskurslinguistik, Dialektologie, Korpuslinguistik, Philologie, historische Linguistik und Einzelsprachgeschichten (Nevalainen/Raumolin-Brunberg 2012, 27). Diese Disziplinen tragen ebenfalls zur theoretischen und methodischen Konsolidierung der historischen Soziolinguistik bei (Conde Silvestre 2007, 14).

2.2 Sprachgeschichte «von unten»

Traditionelle Sprachgeschichtsschreibungen vollziehen die Entwicklung einer Sprache in der Regel anhand ihres Gebrauchs in literarischen Werken, in administrativen und juristischen Texten nach. Besondere Berücksichtigung finden stets auch Texte bekannter und wichtiger öffentlicher Persönlichkeiten aus Politik, Wirtschaft, Adel oder Kunst, die sich alle durch einen relativ prestigeträchtigen Status in der Gesellschaft auszeichnen. Dieses Primat der literarischen Sprache gründet sich auf ästhetische Kriterien sowie auf kultursoziologische oder ideologische Gründe. Diese prestigeträchtigen Varietäten liefern die Grundlage für traditionelle Sprachgeschichtsschreibungen, gewissermaßen die Sprachgeschichte von oben. Diese zeigt nahezu kein Interesse an Texten der Alltagssprache, insbesondere nicht an Texten von Schreibern aus unteren sozialen Schichten, denen keine kulturgeschichtliche oder literarische Dignität zuerkannt wird. Minderheiten, marginalisierte Gruppen oder Gruppen mit niedrigem sozialen Prestige werden tendenziell nicht berücksichtigt (Arias Álvarez/Oyosa Romero 2018, 283; Elspaß 2005, 6–7; Thun 2011, 359). Eine große Zahl an Sprachgeschichtsschreibungen basiert zudem auf gedruckten Texten. Eine umfassende Betrachtung einer Sprache sollte jedoch möglichst viele unterschiedliche Textsorten aus verschiedenen Epochen, vielfältiger Varietäten, Regionen und Bereiche einbeziehen (Elspaß 2012, 156).

Aus dieser Ausrichtung folgt eine einschränkende Fixierung des Forschungsgegenstands *Sprache* (Elspaß 2005, 6–7): «Mit dieser perspektivischen Verengung auf ‹untersuchungswürdige› Protagonisten und Quellen der Sprachgeschichte hat sich die Sprachhistoriographie freilich lange den Blick auf große Teile der Sprachrealität verstellt» (Elspaß 2005, 7).

Für das Französische, wie für viele andere europäische Sprachen, ist eine derartige Fokussierung in der Sprachgeschichtsschreibung festzustellen: «Die ‹histoire de la langue française› ist nämlich über weite Strecken nichts anderes, als die Historiographie der Sprache einer kleinen, schreibkundigen Elite» (Thun 2018b, 258). Die Positionen von französischen Grammatikern sind relativ gut bekannt sowie die (ortho)graphischen Gewohnheiten von Schriftstellern, die Schreibpraxis gewöhnlicher Leute ist jedoch bisher wenig erhellt (Martineau 2007a, 201). Die Sprache der Mehrheit der Bevölkerung wird lange Zeit nicht durch sich selbst repräsentiert, sondern bestenfalls zitiert, reproduziert, imitiert oder parodiert (Steffen/Zaiser/Thun 2018, 6). Die Aufgaben der Sprachhistoriographie sind jedoch noch nicht erfüllt, solange nur die Geschichte einer Varietät beschrieben ist, die zwar sicherlich großes Prestige genießt, jedoch nur eine Varietät unter vielen ist (Ernst 1995, 45).

Elspaß benennt mit seiner Bezeichnung einer *Sprachgeschichte «von unten»* den komplementären Gegenentwurf zu einer Sprachgeschichtsschreibung, die den Sprachgebrauch einer demographischen Minderheit fokussiert (Elspaß 2005, 5). Diese neu ausgerichtete Sprachgeschichtsschreibung muss nicht allein die Sprache einer Elite und der Literatur in den Blick nehmen, sondern die sprachliche Realität zu einem bestimmten historischen Moment in all ihrer Diversität, und zwar gerade auch diejenigen Varietäten, «links und rechts des Weges zur Standardsprache» (Elspaß 2005, 8).

Terminologisch und konzeptionell ist die *Sprachgeschichte von unten* von Labovs Ansatz des *Sprachwandels «von unten»* abzugrenzen, innerhalb dessen der Wandel von unten Folgendes bedeutet: «Linguistic changes from below develop first in spontaneous speech at the most informal level. They are unconsciously associated with non-conformity to sociolinguistic norms, and advanced most by youth who resist conformity to adult institutional practices» (Labov 2001, 437).[5] Mit Sprachwandel «von unten» oder «von oben» wird darauf referiert, inwieweit Sprecher sich des Wandels einer sprachlichen Variable bewusst sind: «Change from above is conscious change originating in more formal styles and in the upper end of the social hierarchy and change from below is below the level of conscious awareness originating in the lower end of the social hierarchy» (Romaine 2005, 1698). Bei der Sprachgeschichte von unten geht es nicht um das Bewusstsein der Sprecher, sondern vielmehr um «[...] einen radikal anders gewendeten Blick auf Sprachgeschichte» (Elspaß 2005, 13). Dieser Perspektivwechsel bedeutet, nicht mehr die traditionell präferierten religiösen, literarischen und administrativen Texte gebildeter Männer mit pres-

---

5 Labovs Bezeichnung *change from below* wird aufgrund ihres polysemen Charakters kritisiert: «The phrase ‹change from below› is an unfortunate one, as it has led to a certain amount of misunderstanding about change, an assumption among some that change is led by lower class usage, which is by no means always the case» (Aitchison 2012, 19).

tigeträchtiger sozialer Stellung aus dem Zentrum des Sprachgebiets als Grundlage der Historiographie heranzuziehen, sondern weniger privilegierte Schreiber und Schreiberinnen, aus verschiedenen Regionen mit unterschiedlichen Berufen zu berücksichtigen (Rutten/van der Wal 2018, 229).

Der terminologische Bestandteil *von unten* verweist auf zwei Dimensionen. Zunächst wird der Sprachgebrauch von Repräsentanten derjenigen sozialen Gruppierungen ins Zentrum der Aufmerksamkeit gerückt, die traditionell als untere gesellschaftliche Schichten bezeichnet werden, die jedoch etwa 95% der Bevölkerung ausmachen. Die zweite Dimension bezieht die Betrachtung der Alltagssprache bzw. der konzeptionellen Mündlichkeit mit ein, als die kommunikativen Grundlagen einer Gesellschaft, unterhalb einer überregulierten Normsprache (Elspaß 2005, 472).

Die Aufgaben eines sprachhistoriographischen Ansatzes von unten sind demzufolge im Wesentlichen zwei:

> «Erstens hat sie die Geschichte einer Sprache in ihrem G e b r a u c h zum Gegenstand, wie er sich aus der Perspektive des Großteils der Sprachbenutzer darstellt. Sie ist damit aber nicht einfach nur eine ‹Sprachgeschichte der einfachen Leute›, denn sie ist zweitens auch eine Historiographie, die Entwicklungen einer Sprache unterhalb ihrer kulturell überformten Leitvarietät von ihren soziokommunikativen Wurzeln her zu beschreiben und zu erklären versucht. Prototyp für sprachliches Handeln im sozialen Gefüge und Ausgangspunkt für sprachliche Variation und sprachlichen Wandel ist die dialogische Alltagssprache im privaten Nähebereich. Authentische und ‹natürliche› historische Alltagssprache wird allerdings nur in schriftlich vermittelter Form greifbar – am ehesten in privaten Briefen von eben jenen Schreiberinnen und Schreibern, deren Sprache am wenigsten an der Schriftsprache ihrer Zeit geschult war» (Elspaß 2005, 20; Herv. im Original).

Das Augenmerk des Sprachgebrauchs von Mitgliedern bestimmter sozialer Gruppierungen impliziert eine soziopragmatische Ausrichtung der Sprachhistoriographie von unten. Sie stellt sprachlich handelnde Individuen, die in ihrer Gesamtheit die Träger einer bestimmten Sprache in all ihren Ausprägungen sind, ins Zentrum der Sprachgeschichte und ihrer Beschreibung: «Eine soziopragmatische Sprachgeschichte kann demnach als eine Geschichte der in einem bestimmten gesellschaftlichen Umfeld sprachlich aktiv agierenden Individuen umrissen werden» (Elspaß 2005, 16). In einem sprachhistorischen Ansatz von unten wird nicht nach der Entwicklung einer bestimmten Nationalsprache in einer gegebenen Epoche gefragt, sondern: «Welche Sprachmittel standen den Mitgliedern der Sprachgemeinschaft zur Verfügung? Von welchen haben sie zu welchem Zweck Gebrauch gemacht? An welchen Mustern und Vorbildern orientierten sie sich?» (Elspaß 2005, 471). Entscheidend ist, wie sich eine Sprache durch sprachliches Handeln der Mitglieder einer Sprachgemeinschaft verändert. Sprachgeschichte so zu betrachten impliziert eine pragmatische Perspektive in der Berücksichtigung der kommunikativen Zwecke (Elspaß 2005, 471).[6]

Dieser sprachhistoriographische Ansatz ist zugleich der Versuch einer retrospektiven Emanzipation der demographischen Mehrheit (Elspaß 2012, 161) und ihrer Rehabilitation in der Sprachgeschichte verbunden mit einer Verschiebung weg von präskriptiven Normen und idealisierten Grammatikmodellen hin zum tatsächlichen lebendigen Sprachgebrauch (Vandenbussche 2006, 454). Ein sprachhistoriographischer Ansatz, der vom informellen Sprachgebrauch ausgeht, kann außerdem eine fruchtbare Bereicherung für die Erforschung aktueller alltagssprachlicher Gebrauchsweisen sein, indem das Alter sprachlicher Varianten aufgedeckt oder ihre Vorläufer identifiziert werden können (Elspaß 2005, 473).

2.2.1 Gründe für die historiographische Eindimensionalität

Grundsätzlich sind historisch soziolinguistische Studien untrennbar mit der Verfügbarmachung von Quellen verbunden oder, um es mit Willemyns/Vandenbussche (2006, 156) auszudrücken, «no sources, no historical sociolinguistics». Dies gilt ebenso für eine Sprachgeschichtsschreibung von unten, wobei die Identifizierung und Bergung potentieller Textquellen für eine Sprachgeschichte von unten durch eine Reihe von Hindernissen erschwert sind: «L'activité scripturale des couches inférieures et sa perception par les sciences de l'homme sont gênées par une série d'obstacles» (Steffen/Zaiser/Thun 2018, 6).

Die lange Zeit vorherrschende unidimensionale Sprachhistoriographie kann zunächst damit begründet werden, dass andere Forschungsperspektiven dominieren, die mit einer ideologischen Fokussierung des Standards (Lodge 1999, 51–52), mit einer puristischen Haltung (Elspaß 2012, 161), aber auch mit einer eingeschränkten Sichtweise dessen, was in einer Gesellschaft als beachtenswert bewertet wurde (Elspaß 2012, 160), in Verbindung gebracht werden. Aus dem Fokus auf die Standardisierung und Normalisierung, auf Literatur und ihre Autoren als repräsentative Vertreter einer Sprache zu einem bestimmten Zeitpunkt erklärt sich bereits in Teilen die fehlende Berücksichtigung der demographischen Mehrheit in der Sprachhistoriographie und die unterbliebene Suche nach komplementären Textquellen für eine Sprachgeschichtsschreibung von unten (Arias Álvarez/Oyosa Romero 2018, 283; Thun 2011, 361). Hinzu kommt das ausgeprägte

---

6 Gleichzeitig bedeutet diese veränderte Ausrichtung, dass die Sprachgeschichtsschreibung auf zusätzliche soziobiographische Daten zu den jeweiligen sprachlich Handelnden angewiesen ist (Elspaß 2005, 16).

Interesse an den im Verschwinden begriffenen Dialekten und an ihrer Dokumentation, das lange Zeit die sprachwissenschaftliche Aufmerksamkeit beansprucht (Thun 2011, 361). Die Berücksichtigung literarischer Texte und Schriften bedeutender Persönlichkeiten impliziert auch eine praktische Komponente: Da Texte von weniger geübten Schreibern aufgrund der sozialen Diskriminierung als weniger interessant erachtet wurden, wurden diese Texte nicht nur seltener sprachgeschichtlich berücksichtigt, sondern auch seltener aufbewahrt (Steffen/Zaiser/Thun 2018, 8).

Ein zweiter wesentlicher Grund für die Nichtberücksichtigung von komplementären Quellen in der Sprachgeschichtsschreibung ist die Vermutung, es gebe keine Quellen (Lodge 1999, 51–52; Thun 2011, 362, 2018b, 258), nach denen jedoch auch nicht immer gesucht wurde (Willemyns/Vandenbussche 2006, 150). Vielfach wurden aufgrund ihrer unbekannten Existenz eigentlich reich überlieferte Quellen nicht entdeckt (Willemyns/Vandenbussche 2006, 152). Diese Vermutung nichtexistenter Texte für eine alternative Sprachhistoriographie hängt weiterhin mit folgenden drei Faktoren zusammen: der Affinität informeller Register mit dem gesprochenen Medium, der späten und unvollständigen Alphabetisierung eines großen Teils der Bevölkerung und der Aufbewahrung der Texte.

Eine Herausforderung der Erforschung der historischen Alltagssprache ist der Mangel an Texten, die andere Varietäten als die Standardsprache abbilden und überwiegend nähesprachliche Sprechweisen umfassen (cf. hierzu auch Ernst 2015, 76–77).[7] Da der informelle Sprachgebrauch jedoch überwiegend mündlich übertragen und nicht schriftlich fixiert wird, ist die Aufnahme dieser Texte erst mit technischen Neuerungen des 20. Jahrhunderts möglich, weshalb der Sprachhistoriograph im Wesentlichen auf medial schriftliche Quellen zurückgreifen muss. Neben der Affinität mit dem gesprochenen Medium, resultiert der Mangel dieser Texte aus der mit einer späten und eingeschränkten Alphabetisierung der demographischen Mehrheit verbundenen unzureichenden Schriftsprachkompetenz. Lange Zeit war der überwiegende Teil der Bevölkerung nicht des Lesens und Schreibens kundig. Außerdem spielt die Wahrnehmung dessen, was als bewahrenswert angesehen wird, eine wesentliche Rolle. Zudem sorgen Unwägbarkeiten der Konservierung auch dann, wenn nähesprachliche Texte aufbewahrt werden sollten, zum Verlust dieser Texte (Elspaß 2012, 159; Ernst 1999, 93, 2012, 437; Martineau 2007a, 202; Steffen/Zaiser/Thun 2018, 6).

Die Begründung der Vermutung, die betreffenden Bevölkerungsschichten seien nicht alphabetisiert gewesen, wird für Frankreich mit einer vergleichsweise

---

7 Die nähesprachlichen Charakteristika der Ego-Dokumente des Analysekorpus werden unter 3.3.2 erläutert.

verspäteten Alphabetisierung in Europa noch verstärkt (Thun 2011, 363–364). Beispielhaft für die Repräsentation der Bevölkerung in sprachgeschichtlichen Studien sei die Bevölkerung Frankreichs um die Zeit des Ersten Weltkriegs genannt, die etwa zur Hälfte aus Landwirten besteht, deren schriftliche Zeugnisse nicht proportional verfügbar und dementsprechend auch nicht historiographisch berücksichtigt sind (Steuckardt 2015b, 15–16). Von der im Ersten Weltkrieg versandten Feldpost hat nur ein Bruchteil der Kriegskorrespondenz den Konflikt überdauert und dies eher in sozialen Gruppierungen, deren Angehörige mit der Schriftkultur vertraut sowie daran gewöhnt waren, persönliche Schriftstücke aufzubewahren (Branca-Rosoff 2015, 41).

Wenngleich die Schriftkultur während vieler Jahrhunderte das Privileg einer kleinen Elite war, ist doch unbestritten, dass mit einer steigenden Alphabetisierung, notwendigerweise in Verbindung mit einem Schreibanlass, auch Texte in anderen Bevölkerungsgruppen entstehen können (Steffen/Zaiser/Thun 2018, 5–6).[8] Sowohl für die Verschriftlichung von Varietäten, die sonst nicht medial schriftlich ausgedrückt werden, als auch für das Schreiben von Sprachträgern, die sich in ihrem Alltag selten der Schrift bedienen, muss ein externes auslösendes Moment vorliegen:

> «Le plus productif de ces motifs quant au nombre de textes produits par des ‹petites gens› c'est l'éloignement. Il frappe les soldats, les émigrés, les prisonniers et d'autres et les sépare de leurs familles, voisins et amis. Quand on cherche des lettres ou d'autres textes écrits par des personnes appartenant aux couches inférieures de la société, on a intérêt à se demander quels sont les événements dans l'histoire qui sont à l'origine d'une séparation collective» (Steffen/Zaiser/Thun 2018, 7).[9]

Historisch soziolinguistische Studien können auch dazu beitragen, die Geschichte der Alphabetisierung zu überprüfen und die Schreib- und Lesefähigkeit vorzudatieren (Thun 2011, 364). So liefern Korpora die Datengrundlage zur Alphabetisierungsforschung, sie sind gewissermaßen «eine Art PISA-Test» (Thun 2011, 365). Für das Französische setzt mit der Französischen Revolution eine enorme Schreibproduktion in allen gesellschaftlichen Schichten ein, die zum einen mehr Aussagekraft als die Unterschriften auf Heiratsurkunden besitzen und zum anderen

---

8 Mit Einführung der allgemeinen Schulpflicht 1882 in Frankreich wird der Analphabetismus drastisch gesenkt, gleichzeitig steigt die Verbreitung des Französischen (Glessgen 2020, 54).
9 Nicht nur für die Redaktion selbst ist ein externes Motiv ausschlaggebend, auch für die Konservierung der Texte: «Les correspondances familiales sont ordinairement détruites par manque d'intérêt, ou parfois par pudeur. Il faut donc des circonstances particulières pour qu'elles subsistent, et c'est le cas du temps de guerre» (Heckmann 2020, 41).

erlauben, die Massenalphabetisierung früher als das gemeinhin angenommene 19. Jahrhundert zu situieren (Thun 2018b, 259).

Vielfach führte zudem eine mangelnde Kommunikation mit anderen Disziplinen wie beispielsweise der Geschichtswissenschaft dazu, dass Texte erst spät entdeckt wurden. Gerade geschichtswissenschaftliche Studien publizierten Textsammlungen, zwar häufig in normalisierter Form, weshalb sie so nicht direkt brauchbar für die Linguistik sind, die jedoch grundsätzlich das Vorhandensein derartiger Texte belegen (Thun 2018b, 268). Auch Ernst (1995, 53) stellt ein gewisses Misstrauen gegenüber von Historikern angefertigten Veröffentlichungen von eigentlich interessanten Dokumenten fest, da diese einem sprachwissenschaftlichen Anspruch zumeist nicht genügen (cf. auch Thun 2011, 366).[10]

Die Erforschung von Briefen ist vielfach von einer einseitigen Datengrundlage durch die Präferenz für Korrespondenzen gebildeter und bekannter Schreiber geprägt (cf. auch Ernst 2015, 94). Werden doch Texte weniger geübter Schreiber untersucht, dann zumeist in einer orthographisch und typographisch rektifizierten sowie gekürzten Version. Diese im 20. Jahrhundert vorherrschende editoriale Praxis ist zum einen durch die Absicht bedingt, die Texte so leserlicher zu machen, und zum anderen soll so vermieden werden, dass die Person des Schreibenden auf der Grundlage der Beherrschung orthographischer Normen bewertet wird. Diesen normativen Blick versuchen Linguisten aufzubrechen (Steuckardt 2015b, 10–11).

Ein weiterer Grund dafür, dass Texte verschiedener Register, unterschiedlicher Regionen und von einer diversifizierteren Verfasserschaft häufig nicht berücksichtigt wurden, liegt darin, dass diese Texte vielfach nicht leicht auffindbar sind (Arias Álvarez/Oyosa Romero 2018, 283; Thun 2018b, 268). Literarische und administrative Texte sind stets leichter zugänglich, wohingegen Texte privater Natur grundsätzlich seltener sind und zudem höhere Bemühungen in der Identifizierung und Verfügbarmachung für die Konstitution eines Korpus erfordern (Martineau 2007b, 204).

Alle genannten Kriterien verdeutlichen, dass der historisch Forschende in einer gewissen Abhängigkeit von wechselvollen soziohistorischen Gegebenheiten und Unwägbarkeiten steht:

«Contrasta, en general, el control que el estudioso de la lingüística sincrónica ejerce sobre el proceso de selección y recogida de los datos en que se basa su trabajo, con el único recurso por parte del investigador historicista de materiales que no han sido seleccionados previamente para sus objetivos» (Conde Silvestre 2007, 37).

---

10 Elspaß (2005, 5) spricht im Zusammenhang normalisierter Publikationen von Datenmanipulation.

Daran schließt sich eine weitere Herausforderung in der Arbeit mit authentischen Sprachdaten des informellen Sprachgebrauchs historischer Sprachstände an, die die Zusammenstellung eines ausgewogenen, diversifizierten Korpus betrifft, auf dessen Grundlage Aussagen zum Sprachgebrauch getroffen werden können (Willemyns/Vandenbussche 2006, 154). Vielfach sind Sprachdaten der Vergangenheit für empirische Studien aus verschiedenen Gründen nicht zufriedenstellend. Zunächst werden sie stets im Medium des Schriftlichen konserviert. Außerdem fehlen häufig Daten zum Kontext der ursprünglichen Kommunikationssituation. Darüber hinaus handelt es sich zumeist um Texte, die als ein Ausschnitt aus einem umfangreicheren Korpus mehr oder wenig zufällig überliefert werden, woraus ihr fragmentarischer Charakter resultiert. Dies impliziert auch, dass nicht alle Varietäten in den erhaltenen Texten überliefert werden und dass die überlieferten Daten, ihre Anzahl und ihre Diversität, in Abhängigkeit der Epoche enorm variieren können. Zudem werden nicht alle Sprachverwender aller sozialen Gesellschaftsschichten in den Textzeugnissen repräsentiert, da über viele Jahrhunderte überwiegend Männer mittlerer bis oberer Ränge Zugang zur Schriftsprache haben (Conde Silvestre 2007, 36).

Dennoch ist die historische Soziolinguistik kein zweitrangiger Lösungsansatz, «but just the best solution in those areas of study for which oral records are not available» (Hernández-Campoy/Schilling 2012, 64). Obwohl vielfach die Grenzen der historischen Soziolinguistik beklagt, die fehlende Repräsentativität der Daten angeprangert sowie die empirische Validität in Frage gestellt werden, kann sich die Disziplin fruchtbar entwickeln. Gerade auch interdisziplinäre Ansätze, die etwa die Korpuslinguistik und die Sozialgeschichte miteinbinden, tragen zur Nivellierung der genannten Mängel bei (Conde Silvestre/Hernández Campoy 2012, 2–3). Gleichzeitig sind methodologische Schwierigkeiten auch anderen Disziplinen nicht fremd:

> «[...] as far as historical sociolinguistics is concerned, we cannot ask of this newer field what we cannot even ask of the more established field of variationist sociolinguistics. Just because there are methodological problems, we should not consider it an empirically invalid and inaccurate field of research. It is crucial in those areas of study for which oral records are not available» (Hernández-Campoy/Schilling 2012, 74).

Aus diesem Blickwinkel heraus sollte auch die problematische Datenlage mit ihren Beschränkungen nicht überbetont werden:

> «True, historical data can be characterized as ‹bad› in many ways, but we would rather place the emphasis on making the best use of the data available [...]. This requires systematicity in data collection, extensive background reading and good philological work, in other words, tasks that are demanding and time-consuming but by no means unrealizable» (Nevalainen/Raumolin-Brunberg 2003, 26).

Ähnliche methodologische Schwierigkeiten manifestieren sich über die Einzelsprachen hinweg, wie zum Beispiel in der Interpretation des Standards, in Definitionen sozialer Gruppen und in der Ausbildung schriftsprachlicher Kompetenzen (Vandenbussche 2006, 439). Die transnationale Zusammenarbeit kann Synergien freisetzen und die historische Soziolinguistik bereichern. Gemeinsame Forschungsansätze zeigen sich bereits darin, dass sich viele soziolinguistische Arbeiten «under the umbrella of ‹language history from below›» (Nevalainen/Raumolin-Brunberg 2012, 24) zusammenbringen lassen. So liegen beispielsweise Studien zur Erforschung von Aspekten des Finnischen (Nordlund 2007), Dänischen (Sandersen 2007), Französischen (Branca-Rosoff/Schneider 1994; u.a. Martineau 200; Steuckardt 2015a), Englischen (Nevalainen/Raumolin-Brunberg 2003; Nurmi/Nevala/Palander-Collin 2009; Pahta et al. 2010; Taavitsainen et al. 2000), Deutschen (Elspaß 2005; Schikorsky 1990), Niederländischen (Rutten/van der Wal 2014; Vandenbussche 2007; Vandenbussche/Willemyns 1999) und Spanischen (Arias Álvarez/Oyosa Romero 2018; Schrader-Kniffki 2018; Steffen 2011) vor.

2.2.2 Texte für eine Sprachgeschichte von unten

Eine Änderung der Blickrichtung in der Sprachhistoriographie impliziert die Anerkennung sprachlicher Register, die fundamental für menschliche Interaktion sind und prototypisch in gesprochener *face-to-face*-Kommunikation wiedergegeben werden. Der Ansatz einer Sprachgeschichte von unten setzt daher bei Texten an, die sich der Nähesprache so weit wie möglich annähern. Derartiges Textmaterial ist am besten in Ego-Dokumenten[11] wie Privatbriefen, Tagebüchern oder Autobiographien abgebildet (Elspaß 2007, 155), deren Erforschung einen unerlässlichen Beitrag zur Offenlegung des gesamten variationellen Spektrums einer Einzelsprache leistet (Elspaß 2012, 161–162).[12] Die Bedeutung von Ego-Dokumenten aufgrund ihrer sprachlichen Charakteristika für die historische Soziolinguistik wird zumeist betont:

> «A final tenet of language history ‹from below› is the focus on the so-called ego-documents, i.e. on private letters and diaries, on the assumption that these represent the long-gone spoken language to a much greater extent than, for example, literary source or Bible translations» (Rutten/van der Wal 2018, 229–230).

---

[11] Das Konzept des Ego-Dokuments wird in Kapitel 3 erläutert sowie in seiner Bedeutung für die linguistische Forschung motiviert.
[12] Für mögliche Texttypen und -sorten, die ein breiteres diasystematisches Spektrum abbilden, cf. Ernst (2015).

Als besonders ergiebig und fruchtbar erweisen sich Texte, die den kommunikativen Austausch, der gewöhnlich medial mündlich vermittelt wird, ins schriftliche Medium übertragen. Diese Texte stellen in der Regel einen höheren Grad an Variation dar und erleichtern aus diesem Grund die Korrelation sprachlicher Variablen mit den persönlichen Umständen der Interaktionspartner (Conde Silvestre 2007, 45).

In der Beschreibung geeigneter Texte für eine von der Alltagssprache ausgehende Sprachgeschichtsschreibung wird neben der Benennung bestimmter externer Umstände vielfach ein Merkmal der Verfasser herausgestellt, das ihre Alphabetisierung und den Grad ihrer Schriftsprachkompetenz betrifft:

> «[...] un determinado tipo de texto, escrito por un semiculto, con un alto grado de implicación emocional, conlleva mayor frecuencia y variedad de rasgos de oralidad. Dicha documentación puede considerarse como ‹popular› ya que no se apega a los cánones establecidos por los grandes escritores o a los modelos vigentes en cada época» (Arias Álvarez/Oyosa Romero 2018, 298).

So hält auch Elspaß fest: «[...] private letters and diaries written by semi-literate writers seem to have the highest potential to render authentic sources of historical orality» (Elspaß 2012, 159). Dieses die Schreiber betreffende Charakteristikum und seine Konzeption werden im folgenden Unterkapitel näher erläutert.

2.3 Das Konzept «peu lettré»

Die Bezeichnung *peu lettré* wurde 1994 erstmals von Branca-Rosoff und Schneider in ihrer Studie *L'Écriture des citoyens*, die Briefe der öffentlichen administrativen, juristischen und politischen Kommunikation aus der Zeit der Französischen Revolution untersucht, verwendet. Die Texte dieses Analysekorpus werden nach stilistischen Kriterien der textuellen und orthographischen Gestaltung ausgewählt. Soziologische Merkmale der Verfasser der Texte werden lediglich insofern berücksichtigt, als im Korpus Texte von Verfassern unterschiedlichster sozialer Stellung aufgenommen werden, die jedoch durchweg nicht der gesellschaftlichen Elite angehören (Branca-Rosoff/Schneider 1994, 6). Ausgehend von der Lektüre der Texte erweist sich die klassische Einteilung in *lettré* und *illettré* für die Beschreibung der Verfasser als unzulänglich, da diese zu stark simplifiziert: «les illettrés n'écrivent pas du tout, les lettrés possèdent une langue réglée; mais entre les deux, il y a le groupe de ceux qui emploient une langue non conforme» (Branca-Rosoff/Schneider 1994, 9). Um diese Zwischendimension terminologisch zu fassen, führen die Autorinnen den Begriff *peu lettré* ein. Später präzisiert Branca-Rosoff, dass die Pole *lettré* und *illettré* zwischen sich ein Kontinuum unterschiedlicher Schreibkompetenzen eröffnen: «Il ne s'agit pas d'ailleurs d'une division binaire, mais plutôt d'une gradation» (Branca-Rosoff 2009, 55).¹³ Außerdem stellt das Konzept *peu lettré* die Frage nach den Charakteristika der Verschriftlichung von Schreibern, die mit dem schriftlichen Medium nicht vertraut sind (Branca-Rosoff 2007, 166, 2009, 55). Damit wird das Konzept insofern erweitert, als *peu lettré* nicht mehr nur die Schreiber und ihre charakteristische Schreibkompetenz erfasst, sondern ebenfalls die von ihnen produzierten Texte. Die hohe Variabilität der schriftsprachlichen Kompetenzen der Schreiber erlaubt keine Annahme einer homogenen Gruppe, dennoch bietet diese Bezeichnung auch eine praktikable Methode aus einer Masse schriftlicher Texte diejenigen herauszufiltern, die in verschiedenem Maße nicht dem normativen Standard entsprechen (Branca-Rosoff 2018, 52).

Der Begriff *peu lettré* wurde seit seiner Einführung durch Branca-Rosoff und Schneider in unterschiedlichen Forschungskontexten der Französistik aufgenommen. In der frankophonen Französistik wird das Konzept *peu lettré* insbesondere von der Forschungsgruppe *Corpus 14* unter der Leitung Steuckardts aufgenommen¹⁴ und erfährt sowohl eine konzeptuelle Revitalisierung als auch eine definitorische Präzisierung. Schreiber, die als *peu lettré* bezeichnet werden können, bilden keine homogene Gruppe, da *peu* gradueller Natur ist (Steuckardt 2015b, 10).¹⁵ Zugleich wird der Aspekt der Erfahrung im Schreiben und der Routine herausgestellt sowie die in der Forschung lange Zeit vorherrschende Unkenntnis zum schriftlichen Ausdruck einer demographischen Mehrheit: «Sachant lire et écrire mais n'ayant pas eu de l'écrit, jusqu'à la séparation provoquée par la guerre, une pratique régulière, ils sont représentatifs de la majorité: une majorité dont l'expression a jusqu'ici été méconnue, ou déformée» (Steuckardt 2015b, 15).¹⁶

---

13 Die Konzeption unterschiedlicher Ausprägungen von Schriftkompetenz ist auch in anderen Arbeiten angelegt: «I believe that the language of my corpus scribes should be understood as a set of transitional varieties on the continuum between literacy, semiliteracy and illiteracy: each writer's written production reflects a different phase in the acquisition of literacy» (Vandenbussche 2007, 288).
14 Cf. hierzu beispielsweise Steuckardt (2015a) und Roynette/Siouffi/Steuckardt (2017).
15 Die Gradualität des Begriffs wird auch in Anwendung bestimmter Selektionskriterien in der Konstitution des Korpus aufgenommen, cf. zum Beispiel Ernst (2010, 55–56).
16 Schreiberfahrung wird auch in anderen Arbeiten (Elspaß 2005; Vandenbussche/Willemyns 1999) zu Texten weniger geübter Schreiber als prominentes Kriterium der Schriftsprachkompetenz angeführt: «The concept refers to the extent to which language users participated in the written culture, particularly to the importance of reading and writing in everyday life. In addition, literacy and writing experience depended on schooling opportunities, and differed across gender and social rank» (Rutten/van der Wal 2018, 238). Daraus ergibt sich, dass Männer häufiger als Frauen und Mitglieder der höheren sozialen Schichten eher als Mitglieder der unteren sozialen Schichten routiniertere Schreiber sind (Rutten/van der Wal 2018, 238).

Martineau (2005, 2007a, 2010) bezieht sich in ihren Studien zum in Kanada gesprochenen Französisch des 17. bis 19. Jahrhunderts ebenfalls auf den Begriff *peu lettré* und beschreibt die Verfasser der Texte mit «scripteurs malhabiles» (Martineau 2007a, 201).

In der Französistik im deutschsprachigen Raum wird das Konzept von Ernst aufgenommen,[17] der es zunächst in eine Reihe mit dem der italienischen Forschung entstammenden Konzept der *semi-colti* stellt. Ernst verwendet diese Bezeichnung in Bezug auf Schreiber, die Lesen und Schreiben gelernt haben, deren beruflicher Alltag jedoch keine regelmäßige Schreibpraxis erfordert und die daher nicht aktiv an einer öffentlichen Schriftkultur partizipieren. Als Kriterium zur Erfassung dieser Schreiber reicht die Angabe der sozialen Herkunft sowie des Berufs allein nicht aus (Ernst 1999, 92). Später verwendet Ernst den Terminus *peu lettré* und definiert ihn zur Bezeichnung eines Schreibers «qui sait écrire, mais qui est quand même ‹peu lettré›, c'est-à-dire peu habitué aux exigences de la norme littéraire» (Ernst 2003, 84). Lodge, der 1999 noch von «semi-educated speakers» (Lodge 1999, 52) schreibt, verwendet *peu lettré* in Studien zur französischen Umgangssprache des 16. Jahrhunderts in Paris und korreliert die Bezeichnung mit der Schreiberfahrung, wie seine Paraphrasierung «inexperienced writer» (Lodge 2013, 30) zeigt.

Die Pionierarbeit zu Texten, die von weniger geübten Schreibern verfasst wurden, ist die italianistische Studie Spitzers zu Briefen italienischer Kriegsgefangener. Mit der Leitfrage «Wie und was schreibt das Volk?» (Spitzer 1921, 1), die eine Lücke in der romanischen Forschung beschreibt, begründet Spitzer (1921) seine Untersuchung. Während seiner Arbeit in der Abteilung für Zensur in Wien von 1915 bis 1918 erstellt Spitzer ein Korpus italienischsprachiger Kriegsbriefe (Spitzer 1921, 1–2), aus dem er die Briefe gebildeter Schreiber sowie Briefe, die literarische Einflüsse aufweisen, ausschließt (Spitzer 1921, 47). Wenngleich Spitzers Forschungsinteresse einer allgemeinen «psychologischen Charakteristik» (Spitzer 1921, 8) der italienischen Kriegskorrespondenz gilt, bezieht er die sprachliche Gestaltung der Briefe mit ein. Vielfach entspricht diese in Bezug auf Orthographie, Interpunktion und Syntax nicht der Norm des Standarditalienischen. Zusätzlich erschweren materielle Abnutzung, der Gebrauch dialektaler Lexeme und idiomatischer oder idiolektaler Wendungen sowie der gemeinsame Wissenskontext von Produzent und Rezipient, der dem Zensor vorenthalten ist, das Verständnis (Spitzer 1921, 6).

Der italienische Terminus *semicolti* wurde 1978 von Francesco Bruni zunächst in Bezug auf Fehler in Übersetzungen zweier *Volgarizzamenti* aus dem 14. Jahrhun-

---

[17] In der deutschen Romanistik schlägt Schlieben-Lange (1998, 255) die Bezeichnung *bemühte Schriftlichkeit* vor, die sie als *semi-oralité* ins Französische überträgt. Darunter versteht sie im Wesentlichen den Medienwechsel eines Textes, der sowohl Merkmale von Mündlichkeit als auch von Schriftlichkeit enthält (Schlieben-Lange 1998, 257–258).

dert eingeführt, um ihn daraufhin in seinen Überblick über die italienische Sprachgeschichte aufzunehmen (Bruni 1984, 173–236 und 479–517). Der Begriff verbreitet sich in vielen italianistischen Studien zur Bezeichnung von Schreibern, denen man die Fähigkeit zuerkennt, Sprache zu praktischen und funktionalen Zwecken sowie in Einzelfällen auch in expressiver Funktion zu gebrauchen (Fresu 2016, 330). Unter *italiano dei semicolti* wird die Varietät von denjenigen Schreibern verstanden, die sich des Italienischen als «strumento linguistico in modo deviante rispetto alla norma corrente, condivisa e accettata, e il cui comportamento linguistico per tale motivo è soggetto a forte stigmatizzazione sociale» (Fresu 2014, 195) bedienen. Es handelt sich vor allem um eine in praktischen und/oder privaten Texten, vielfach in Briefen, Autobiographien oder Tagebüchern, geschriebene Varietät, deren Bezeichnung *italiano di semicolti* synonym zu *italiano popolare* ist (Fresu 2016, 328). Der schriftliche Sprachgebrauch der *semicolti* ist wesentlich durch zwei Mechanismen bestimmt. Erstens resultieren aus dem Kontakt mit der unterliegenden lokalen Varietät Transferenzen, insbesondere was das Lexikon und die Phonetik anbelangt, auch als Hyperdistanzierung. Zweitens führt die Restrukturierung, insbesondere in Form von sprachlicher Simplifizierung, zum Beispiel durch Analogie oder durch Übergeneralisierungen, zu einer substanziellen Reduktion der Normen (Fresu 2016, 329). In frühen Studien dominiert die Annahme, die Sprache der *semicolti* sei vor allem eine Abweichung von der Norm. Neuere Untersuchungen konzipieren die Gruppe der *semicolti* auf einem Kontinuum mit graduell variierenden Schreibkompetenzen. Sie betonen die Vielfalt schriftlicher Produktionen und stellen den Schreiber mit seinen Motivationen in den je spezifischen Situationen in den Vordergrund (Fresu 2016, 331–332).[18]

Der Terminus *semicolti* wird als *semi-cultos* in die hispanophone Forschung entlehnt (Oesterreicher 2004, 734).[19] Folgendermaßen begründet Oesterreicher die Wahl der Bezeichnung:

«A los autores más o menos incultos y sin práctica en el manejo de la escritura, que escriben o dictan textos ‹historiográficos›, no los llamaré *novicios de la escritura*, sino *semicultos*, un término empleado desde hace mucho tiempo con cierta frecuencia, sobre todo en

---

18 Für weitere Arbeiten zum Italienischen in Korrespondenz während des Ersten Weltkrieges, cf. Cutinelli-Rendina (2020) und Lubello (2020).
19 In der hispanophonen Geschichtsforschung konnte sich die Bezeichnung *escrituras populares* etablieren, die im Plural die Diversität ihrer Ausprägungen umfassen soll und die im Wesentlichen durch die soziale Stellung der Schreiber definiert ist: «[...] se trata de personas que no son profesionales del escribir en ninguna de las posibilidades que ello pueda adoptar: la oficial-administrativa, la científico-académica o la propiamente literaria, sino de gentes que se aproximan al mundo de lo escrito por otras razones estrictamente personales» (Castillo Gómez 2002, 25).

la lingüística e historiografía social y cultural italianas (*semicolti*)» (Oesterreicher 2011, 16; Herv. im Original).[20]

Oesterreicher verwendet diese Bezeichnung in seinen Untersuchungen zu in Lateinamerika verfassten Texten nach der Ankunft der Spanier im 16. Jahrhundert und definiert die Verfasser dieser Texte, wie zum Beispiel Indigene, Mestizen oder spanische Soldaten, über ihre geringe Bildung und Erfahrung im Umgang mit dem Schriftlichen: «[...] nos interesan aquellas obras que fueron escritas por autores de escasa cultura, sin formación literaria y sin práctica en el oficio de escribir» (Oesterreicher 1994, 158). Oesterreicher verbindet gesamtgesellschaftliche und politisch-historische Entwicklungen mit dem Zugang zur Kulturtechnik des Schreibens: Gesellschaften mit Schriftkultur sind Zeiten relativer Stabilität von Kenntnis und Schriftgebrauch im Wechsel mit Zeiten des Aufruhrs sozialer und kultureller Veränderungen unterworfen. In Zeiten des Umbruchs erlangen gesellschaftliche Gruppen, denen vorher der aktive Gebrauch der Schrift verwehrt war, Zugang zur Schrift. Die Schreiber, die durch eine Öffnung des Zugangs zur Schriftkultur erstmals mit dieser in Kontakt treten, sind zumeist nicht allen kommunikativen Anforderungen der schriftlichen Kommunikation gewachsen (Oesterreicher 2011, 11–12). Die Texte dieser Autoren weisen Charakteristika nähesprachlicher Prägung in unterschiedlichem Ausmaß auf (Oesterreicher 1994, 160): «a diferencia de los *expertos de la escritura*, en la comunicación escrita de los semicultos aparecen determinados elementos y procedimientos que se asemejan a algunos rasgos fundamentales de la lengua hablada. Es decir, que estos autores escriben, en cierta medida, ‹como hablan›» (Oesterreicher 2011, 17; Herv. im Original). Das Konzept der *peu lettrés* oder der *semi-cultos* erfährt bei Oesterreicher eine explizite Erweiterung um bilinguale Schreiber (Oesterreicher 2004, 751), die zwar bereits bei Spitzer angelegt ist, jedoch nicht in dieser definitorischen Ausprägung. Die Berücksichtigung bilingualer Verfasser mit einer irgendwie gearteten unvollständigen Schriftsprachkompetenz impliziert die Diversifizierung von Analyseperspektiven bei der Betrachtung der Texte, wenn es um die Beurteilung bestimmter sprachlicher Formen als kontaktinduziert oder als Ergebnis einer Selektion von Varianten aufgrund einer unvollständigen Schriftsprachaneignung geht (cf. hierzu auch Kapitel 6).

An diesen Ausführungen wird die terminologische Vielfalt in den einzelsprachlichen Philologien in Bezug auf einen relativ ähnlich gearteten Forschungsgegenstand deutlich. In Teilen wird diese Vielfalt thematisiert und bestimmte Termini werden kritisiert, wenngleich die Kritik einer Bezeichnung nicht zwangsläufig zu

---

20 Arias Álvarez/Oyosa Romero (2018, 283) verwenden den Terminus *semi-cultos* als Bezeichnung für Schreiber, die *textos populares* verfassen.

seiner Abwahl führt. Oesterreicher beispielsweise bewertet den Terminus *semicultos* als nicht in allen Punkten zufriedenstellend, verwendet ihn jedoch weiterhin, da er zum einen weniger eng mit bestimmten theoretischen Ansätzen verbunden ist, wie es zum Beispiel *Schreibnovize* ist, und er zum anderen die von Spitzer initiierte philologische Tradition fortsetzt (Oesterreicher 1994, 158).[21] Massicot dagegen verwendet den Terminus der italianistischen Philologie *semicolti*, dem sie das dt. *Schreibnovizen* zuordnet, in einer Analyse französischsprachiger Briefe (Massicot 2018, 231). In ihrer Studie setzt sie den Terminus mit einer prägnanten nähesprachlichen Ausprägung in Beziehung, die insbesondere in der hispanophonen Forschung von Oesterreicher (1994, 2004; 2011) stark gemacht wurde: «Diese Aussagen suggerieren, dass präzise fassbare Elemente der Nähesprache als wesentliche Charakteristika des Schriftguts ungeübter Schreiber gelten können und rücken somit letztlich Semicoltitum in die Sphäre der Nähesprache» (Massicot 2018, 232).

Thun hingegen lehnt sowohl *peu lettré* als auch *semicolti*, und implizit damit *semi-cultos*, ab, da sie auf die Alphabetisierung und auf eine Bildung oder Kultiviertheit referieren. Er präferiert *ungeübter Schreiber*, da dies nur die Referenz auf die Alphabetisierung einschließt (Thun 2018b, 272):

> «Mit *lettré* und *colto* dürfte immer das Bildungsideal der Nicht-Unterschichten gemeint sein. Damit würde das Kulturgut der Unterschichten ausgeschlossen und die Bildung nach Mittel- und Oberschichtenvorstellungen zur einzig erstrebenswerten erklärt oder sogar für die einzig existierende gehalten. Es ist klar, dass man die Analyse der Texte der *écriture populaire* mit offenem Blick beginnen muss und nicht mit Blindheit für mögliche eigenständige Bildungsinhalte» (Thun 2018b, 272; Herv. im Original).

Doch auch die Bezeichnung *ungeübter Schreiber* enthält eine relationale Konnotation in ihrem Bezug zur Standardsprache und verschleiert, dass auch diese Schreiber Übung in ihrem schriftsprachlichen Ausdruck erlangen können. Aus diesem Grund schlägt Thun für den Schreiber *scripteur populaire* vor oder, wenn eine Vergleichsperspektive angestrebt wird, *scripteur du substandard* (Thun 2018b, 272).

Zur Bezeichnung der Schriftlichkeit der Bevölkerungsmehrheit schließt Thun (2018b, 271) *écriture substandard* sowie *français inorthographique* aufgrund ihres relationalen Charakters aus, da diese eine fehlende Autonomie der schriftlichen Varietät impliziert. Stattdessen spricht er sich analog zur Bezeichnung des Schrei-

---

[21] Oesterreicher betont explizit diese Kontinuität sowie das Verdienst Spitzers: «El término goza hoy día de gran vigor en los trabajos de dialectología italiana y en las historias del italiano» (Oesterreicher 2004, 734).

bers für *écriture populaire* aus, die an den in der spanischen Geschichtswissenschaft gebräuchlichen Terminus *escrituras populares* erinnert. Soll diese Schriftlichkeit mit dem Standard verglichen werden, kann *écriture substandard* oder *français inorthographique* verwandt werden (Thun 2018b, 271–272).

Die terminologische Heterogenität und die Vielfalt an Bezeichnungen in Bezug auf einen im Wesentlichen gleichen Untersuchungsgegenstand scheinen erstens auf eine Fokussierung auf die jeweils eigene philologische Tradition hinzuweisen und zweitens einen gewissen Mangel an Akzeptanz der entsprechenden Bezeichnungen anzuzeigen, die in Teilen auch in Ermangelung geeigneter Alternativen gewählt werden. Die Bezeichnung *peu lettré* ist aus meiner Sicht insofern problematisch, als das Element *peu* sehr stark auf die Norm und die Abweichung von ihr abhebt und aus dieser Perspektive den schriftsprachlichen Ausdruck der so bezeichneten Schreiber negativ konnotiert und nicht in seiner selbstständigen Daseinsberechtigung sieht. In der vorliegenden Arbeit wird die Bezeichnung *weniger geübter Schreiber* gebraucht. Zum einen weist diese Bezeichnung auf die Bedeutung von Routine und Erfahrung im Umgang mit der Schriftkultur hin und legt den Fokus nicht auf die Bildung der Schreiber. Natürlich schließt dies nicht aus, dass die Schreiber im Rahmen ihrer schriftsprachlichen Kompetenzen eine relative Sicherheit und Routine im Umgang mit Schriftlichkeit erlangen. Gleichzeitig eröffnet diese Bezeichnung bereits terminologisch verschiedene Abstufungen im schriftsprachlichen Ausdruck und integriert unterschiedliche Grade der Alphabetisierung. Unter der Annahme eines Kontinuums zwischen den beiden Extremen eines nicht alphabetisierten Schreibers und eines vollständig alphabetisierten lassen sich die heterogenen schriftsprachlichen Kompetenzen der Schreiber situieren. Die tatsächlichen äußerst vielschichtigen und variabel ausgeprägten Kompetenzen in der Schriftsprache hängen von Faktoren wie der schulischen und beruflichen Ausbildung,[22] der Routine im Umgang mit dem Schreibprozess, von den Textsorten und dem schriftlichen Medium an sich ab. Weiterhin erscheint durchaus relevant, welche Bedeutung der Einzelne dem Schreiben und der Qualität des Textes beimisst.

Nach dieser Situierung der Untersuchungsperspektive und der sprachlichen Akteure, deren Texte im Zentrum dieser Arbeit stehen, werden im Folgenden in synthetischer Form Forschungsarbeiten präsentiert, die einen ähnlichen Schwerpunkt aufweisen.

---

[22] Auf die Bedeutung des Berufs weist Vandenbussche (2007, 288) mehrfach hin und unterscheidet zwischen schriftsprach- und handarbeitorientierten Berufen.

2.4 Forschungsprojekte zur Erweiterung der Sprachhistoriographie

2.4.1 Französische Korpora

Die ersten, die sich mit dem Krieg sprachlich auseinandersetzen und dazu authentisches Textmaterial verwenden, sind selbst Soldaten, wie zum Beispiel François Déchelette oder Albert Dauzat. Viele dieser frühen Veröffentlichungen haben einen dezidiert lexikologischen Schwerpunkt.

Die Zusammenstellung des Sprachgebrauchs der Frontsoldaten *L'Argot des Poilus* (1918), die Déchelette während seiner Fronteinsätze erarbeitet, stützt sich auf die Wahrnehmung und Erlebnisse des Autoren und seiner Kameraden selbst (Déchelette 1972, 7–8). Über einen Aufruf in Zeitungen und Zeitschriften wiederum erreicht Dauzat die Zusendung von knapp 200 Briefen, die die Grundlage für *L'argot de la guerre* (1919) bilden. Die Beschreibung umfasst etwa 2.000 Lexeme und Wendungen, gegliedert nach dem Ursprung, wie zum Beispiel Entlehnungen, Neologismen oder Bedeutungsveränderung. Esnaults *Le Poilu tel qu'il se parle* (1919) stützt sich auf seine Wahrnehmung des Sprachgebrauchs der Soldaten des Ersten Weltkriegs sowie auf die ihm zugetragenen Informationen (Esnault 1919, 7–8). Die lexikologischen Arbeiten Esnaults und Dauzats sind diejenigen mit der ausgeprägtesten linguistischen Perspektive, weshalb Rézeau (2018, 8) sie als Referenzwerke bezeichnet.

In seiner Studie *Argot des Tranchées* (1915) stützt sich Sainéan auf ein Korpus aus Briefen und Frontzeitungen, die aus seiner Sicht ein philologisches Interesse darstellen, auf den Roman *Les Poilus de la 9e* von Arnould Galopin sowie auf eine Serie von acht Skizzen, die anonym in der Zeitschrift *Journal* 1915 veröffentlicht wurden (Sainéan 1915, 6–7). Die in Sainéans Korpus aufgenommenen Briefe wurden zuvor alle in *Le Figaro* veröffentlicht, ihre Authentizität muss jedoch zumindest hinterfragt, wenn nicht stark angezweifelt werden (Rézeau 2018, 8).

In der deutschsprachigen Romanistik untersucht Prein (1921) rund 2.000 Briefe französischer Kriegsgefangener in Gefangenenlagern in Deutschland auf syntaktische Charakteristika der französischen Umgangssprache (Prein 1921, 1). Die Autoren der Briefe sind Landwirte, Handwerker, Arbeiter, Winzer und Gewerbetreibende mit elementarer Schulbildung (Prein 1921, 2) und sind aus dieser Perspektive den Autoren der Ego-Dokumente des vorliegenden Analysekorpus ähnlich. Nach mit Beispielen aus seinem Briefkorpus illustrierten Erläuterungen (Prein 1921, 2), stellt er dem Leser im Anhang eine Auswahl von 45 Briefen zur Verfügung (Prein 1921, 65). Die Briefe scheinen diplomatisch transliteriert, allerdings ohne die ursprüngliche Zeileneinteilung zu bewahren.

Nachdem die ersten Zusammenstellungen und Beschreibungen authentischer Texte weniger geübter Schreiber bereits um die Zeit des Ersten Weltkriegs entstehen, erfährt die systematische Konstitution von Korpora, die die Schriftlichkeit der demographischen Mehrheit in den Blick nehmen und damit einen Ausgleich zur traditionellen Sprachgeschichtsschreibung zu schaffen suchen, gegen Ende des 20. Jahrhunderts in zahlreichen Philologien eine Dynamisierung.

Die bereits erwähnte Studie von Branca-Rosoff/Schneider (1994), die in der frankophonen Romanistik maßgebliche Referenz für die Erforschung der von weniger geübten Schreibern verfassten Texte ist, behandelt die öffentliche Kommunikation in Briefen, die sich durch eine asymmetrische Kommunikationssituation auszeichnen und daher nur bedingt mit dem vorliegenden Analysekorpus vergleichbar sind.

In ähnlicher zeitlicher Situierung bewegt sich die Studie von Schlindwein (2003), deren Forschungsziel ein Beitrag zur Untersuchung nicht-literarischer Textsorten und der darin aktualisierten Gebrauchsnorm sowie der Alltagskommunikation im Allgemeinen ist. Als Grundlage dient ein Korpus von etwa 100 Briefen, die während der Französischen Revolution und des *Premier Empire* im französisch besetzten Mainz überwiegend von Soldaten verfasst wurden (Schlindwein 2003, 1–2). Die Schreiber stammen aus verschiedenen Regionen Frankreichs und gehören verschiedenen sozialen Schichten an. Ihre Korrespondenz ist sowohl privat als auch (halb-)öffentlich und viele Schreiber sind an das Verfassen von Briefen nicht gewöhnt (Schlindwein 2003, 1). Das Korpus enthält kaum umfangreiche Korrespondenzen, bei denen einem Schreiber mehrere Briefe zugeordnet werden können, und zu vielen Schreibern liegen nur sehr wenig soziobiographische Daten vor. Desgleichen sind Frauen deutlich unterrepräsentiert (Schlindwein 2003, 27–31).

Mit der Veröffentlichung und Kommentierung des *Journal d'Héroard* (1985), das Tagebuch des Leibarztes des späteren Königs Louis XIII, legt Ernst den Grundstein für seine Erforschung privater Schriftlichkeit in den folgenden Jahrzehnten, wenngleich der königliche Leibarzt hinsichtlich seiner Bildung und seiner sozialen Stellung nicht als *peu lettré* einzustufen ist. Mit Wolf wird 2005 eine erste unkommentierte Version des Korpus von zwölf Texten aus dem 17. und 18. Jahrhundert auf CD-ROM veröffentlicht. Die im Vorwort von Ernst/Wolf (2005) angekündigte Kommentierung der Texte erfolgt schließlich 2019 in zwei Bänden (Ernst 2019). Das Korpus (Ernst/Wolf 2005) enthält zwölf Texte auf CD-ROM aus dem 17. und 18. Jahrhundert mit insgesamt etwa 500.000 Wörtern, die in Ernst (2019) auf zehn gekürzt werden. Das Korpus umfasst keine Briefe, sondern Tagebücher, Familienbücher, Memoiren und Chroniken. Jedem Text ist eine kurze Einführung vorangestellt, die summarisch (ortho)graphische Besonderheiten, wie phonographische Korrespondenzen, Segmentierung, die Verwendung von Interpunktion und Akzentsetzung, die Differenzierung von Majuskeln und Minuskeln, des Textes erläutert. Ergänzend zur Publikation des Korpus untersucht Ernst in zahlreichen Studien einzelne Texte aus dem 17. und 18. Jahrhundert, die eine *non-norme* (Ernst 2003, 83) abbilden und von Angehörigen der unteren Gesellschaftsschichten verfasst wurden, die lesen und schreiben können, sich dieser Kenntnisse in ihrem Alltag jedoch kaum bedienen (Ernst 2003, 83–84).

Grundlegendes Ziel ist die Erweiterung der unzureichenden Datengrundlage für die Betrachtung der Entwicklung des Französischen in seiner gesamten Breite diasystematischer Varietäten (Ernst 2012, 437) und die Bereitstellung einer Textgrundlage für die Erforschung der Geschichte der Nähesprache, weshalb die Texte nach der bescheidenen sozialen Herkunft der Schreiber, nach ihrer geringen Schulbildung und nach der Privatheit der Texte ausgewählt wurden (Ernst 2010, 55–56). Wenngleich derartige Textsammlungen in Bezug auf die Privatheit der Texte oder die soziale Stellung ihrer Verfasser nie homogen sein werden, ist ihre Komposition im Streben nach einer Erweiterung der diachronen Untersuchungsperspektive des französischen Nicht-Standard in regionaler, sozialer und situationeller Hinsicht unabdingbar (Ernst 2010, 66).

Das unter der Leitung von Thun an der Universität Kiel entstandene *Corpus Historique du Substandard Français* (CHSF) legt den Fokus nicht auf eine einzelne Epoche des Französischen, sondern auf seine Entwicklung, indem es französische Gebrauchstexte, die zwischen 1789 bis 1918 verfasst wurden, enthält. In beeindruckender Weise kann das CHSF eine flächendeckende Betrachtung des Französischen beanspruchen, da die Texte aus allen *Archives départementales* Frankreichs und zudem aus deutschen und belgischen Archiven stammen.

> «Das CHSF ist der Versuch, zur Schließung der großen Lücke in der französischen Sprachgeschichtsschreibung beizutragen. [...] Dokumentiert werden deviante Gebrauchstexte aller Art. In ihrer Mehrzahl sind sie in der Unterschicht entstanden. Die Dokumentation ist flächendeckend und diachron. Sie umfasst ganz Frankreich und das Gebiet der belgischen und deutschen (rhenanischen und moselanischen) *départements*, die zur Zeit der Revolution und des Premier Empire Frankreich angegliedert worden waren» (Thun 2018b, 266; Herv. im Original).

Insgesamt belaufen sich die Texte im Korpus auf 65.000 Dokumente, wobei über die Hälfte Primärdokumente darstellen und die übrigen Schriftstücke, wie zum Beispiel Polizeiberichte, die biographischen Verhältnisse der Verfasser der Primärtexte ergänzen (Thun 2018b, 260). Die als Gebrauchstexte bezeichneten Dokumente schließen verschiedene Briefsorten, insbesondere Privatbriefe, aber auch Bitt- und Drohbriefe oder Denunziationen, sowie Memoiren und *livres de raison* mit ein (Thun 2018b, 261). Die Autoren der Texte sind einfache Soldaten, Findelkinder, Gefangene, Prostituierte, Emigranten, Immigranten und Anarchisten (Thun 2018b, 262–263).

Das initiale Moment des CHSF ist die seltene Veröffentlichung der Briefe von Soldaten aus dem Ersten Weltkrieg und die Frage nach der Schreibtätigkeit, die so scheinbar plötzlich 1914 einsetzt (Thun 2018b, 260). Das Korpus dokumentiert den Schriftsprachgebrauch in weniger gut situierten sozialen Gruppen bereits weit vor dem Ausbruch des Ersten Weltkriegs. Die wesentlichen Funktionen der im CHSF dokumentierten Schriftlichkeit sind die Fern- und Distanzkommunikation, die Besitzverwaltung, die Erinnerung, der Gebrauch der Schrift für kognitive und mentale Prozesse, wie das Erstellen von Wortlisten, und das Verfassen von Texten in anderen Sprachen (Thun 2018b, 263). Entscheidendes Selektionskriterium für die Komposition des Korpus ist die Devianz und nicht die soziale Stellung der Schreiber, um auch deviante Texte von Mitgliedern höherer gesellschaftlicher Schichten berücksichtigen zu können. Wenngleich nicht seiner definitorischen Festlegung entsprechend, bleibt das Korpus jedoch tatsächlich eine Zusammenstellung von Texten aus den unteren gesellschaftlichen Schichten (Thun 2018b, 265).

Ziel des CHSF ist die Herausarbeitung einer *écriture populaire* als Gegenentwurf zu einer an der Norm orientierten Schriftlichkeit (Thun 2018b, 264).

> «Die intentional auf Französisch geschriebenen Texte sind von so großer Zahl und so überraschend gleichartig in ihren Abweichungen von der normierten Standardsprache, dass wir glauben, nicht nur Einzelphänomene aufgespürt, sondern einen ganzen, relativ eigenständigen und in sich zusammenhängenden Komplex von Verschriftungstechniken und -traditionen entdeckt zu haben» (Thun 2018b, 270).

Das CHSF erlaubt die Nachzeichnung der Entwicklung der schriftlichen Varietät, die für die demographische Mehrheit eine wichtige Funktion erfüllt und gewissermaßen neben die durch bildungspolitische Vermittlung vertretene Norm tritt (Thun 2018b, 270).

Weitere Untersuchungsperspektiven, die das CHSF eröffnet, sind die Beschreibung der *français régionaux* und die Beschreibung der französischen Alphabetisierungsgeschichte (Thun 2011). Außerdem befasst sich Steffen (2018a) im Rahmen des CHSF mit von Anarchisten verfassten Drohbriefen und der Nichtbeachtung der Standardnorm als bewusster Positionierung gegenüber der herrschenden Elite (Steffen 2018a, 307). Die Briefe des CHSF bieten darüber hinaus die Möglichkeit einer Untersuchung epistolärer Strukturen, ihrer Weitergabe durch Briefsteller sowie ihre Anwendung durch weniger geübte Schreiber (Steffen 2018b).

Aus dem Projekt soll die Publikation einer Auswahl der Texte und aller transliterierten Dokumente mit Kommentar und Link zu den Originalfotos erfolgen. Dankenswerterweise soll der Zugang für das gesamte Korpus für die Forschergemeinschaft geöffnet werden.[23] Bislang sind online drei Texte, jeweils ein Beispiel für die drei Perioden 1789–1815, 1816–1913 und 1914–1918, mit diplomatischer Transliteration, Faksimile und Kommentar einsehbar.[24]

Das Korpus, das der Datengrundlage der vorliegenden Arbeit am ähnlichsten ist, ist das *Corpus 14*, das von der Forschungsgruppe um Steuckardt an der Universität Montpellier konstituiert wurde. Es handelt sich um eine Zusammenstellung privater Korrespondenz, verfasst von Soldaten und ihren Familien während des Ersten Weltkriegs. Insgesamt umfasst das *Corpus 14* in seiner aktuellen Version 657 Briefe von zehn Schreibern, von denen eine Mehrheit aus dem Süden Frankreichs stammt (Hérault), außerdem drei aus dem Departement Ain und einer aus dem Departement Marne (Steuckardt 2018, 36). Vor ihrer Mobilisierung arbeiten die Schreiber als Landwirte und Handwerker. Das Projekt *Corpus 14* entsteht im Rahmen des *Centenaire*[25] aus dem Bestreben den Mangel an Quellen zum Französisch der weniger geübten Schreiber zu kompensieren.

Eine grundlegende Motivation der Konstitution des Korpus, neben der Beschreibung des Diskurses und der Sprache (Steuckardt 2018, 35), ist das Bergen inedierter authentischer Texte und ihr Verfügbarmachen, ohne Eingriffe und textuelle Veränderungen:

> «[...] non des textes triés sur le volet pour leurs qualités littéraires, non des textes expurgés de leurs longueurs, de leurs répétitions, de leur trivialité, des solutions graphiques variées qu'imaginent leurs auteurs pour communiquer, mais l'écriture quotidienne du soldat qui, avec les rudiments qu'il a appris, trouve dans la lettre le moyen de continuer le dialogue avec ses proches» (Steuckardt 2015b, 15).

Corpus 14 stellt in verschiedenen Untersuchungsperspektiven neue Informationen bereit, wie etwa bezüglich des Zugangs zur Schriftkultur, sprachlicher Variation oder auch hinsichtlich der Textsorte 'Brief', und eröffnet zugleich interdisziplinär fruchtbare Forschungsfelder.[26]

Ziel der Forschungsgruppe ist es, ein größeres Publikum, und dabei insbesondere Heranwachsende, zu erreichen und für die Geschichte zu sensibilisieren, wobei stets die Möglichkeit der interdisziplinären Valorisierung der Dokumente, gerade als Grundlage für Schulmaterialien betont wird (Steuckardt 2015b, 16–17,

---

23 Cf. hierzu auch: https://www.romanistik.uni-kiel.de/de/personen-und-sprechzeiten/THUN/chsf-description-du-projet. [letzter Zugriff: 31.12.2020]
24 Einsehbar sind die Dokumente unter: https://www.romanistik.uni-kiel.de/de/personen-und-sprechzeiten/THUN/chsf_textes. [letzter Zugriff: 31.12.2020]
25 Für Informationen zu *Mission Centenaire 14–18* cf. auch: https://centenaire.org/fr. [letzter Zugriff: 31.12.2020]
26 Cf. hierzu auch: https://www.univ-montp3.fr/corpus14/Pr%C3%A9sentation.html. [letzter Zugriff: 31.12.2020]

2015b, 17). Aus dem Projekt *Corpus 14* sind neben zahlreichen Artikeln die beiden Sammelbände mit interdisziplinärer Ausrichtung *Entre village et tranchées. L'écriture de Poilus ordinaires* (Steuckardt 2015a) und *La langue sous le feu* (Roynette/ Siouffi/Steuckardt 2017) hervorgegangen. Dal Bo (2019) untersucht den schriftlichen Sprachgebrauch der Schreiber des *Corpus 14* an den Beispielen der Agglutinierung und des Morphems *que* im Spannungsfeld von kommunikativer Nähesprache und schriftlichem Medium. Die Texte des Korpus sind in diplomatischer Transliteration und von Faksimiles begleitet dem Forschenden zugänglich.[27] Aufgrund der Nähe der Texte hinsichtlich ihrer Autoren, ihres soziopolitischen Hintergrunds sowie der Epoche werden an verschiedenen Stellen der Arbeit Analysen zu den Texten dieses Korpus für eine vergleichende Perspektive herangezogen.

Eine frankophone Perspektive, über die Grenzen Frankreichs hinaus, nehmen die Forschungsarbeiten Martineaus ein, die sich in verschiedenen Projekten mit der Entwicklung des Französischen aus einer nicht auf die Elite zentrierten Perspektive beschäftigt. Im Rahmen des Projekts *Modéliser le changement: les voies du français* (MCVF)[28] von 2005 bis 2010, einem Projekt mit internationaler und interdisziplinärer Beteiligung aus Literatur-, Sprach- und Geschichtswissenschaft, der Soziologie und Geographie, des Archivwesens und der Informatik (Martineau 2010, 614) stellt sie literarische und nicht-literarische Texte mit folgendem Ziel zusammen: «L'objectif premier du projet est de comprendre les grands mouvements qui ont bouleversé la structure du français» (Martineau 2010, 615). Für das europäische Französisch wird die Zeit vom Mittelalter bis zum 17. Jahrhundert abgedeckt, für das amerikanische Französisch vom 17. bis 19. Jahrhundert. Die Datengrundlage bilden publizierte, literarische und nicht-literarische Texte mit insgesamt mehr als 2,5 Millionen Wörtern. In den drei Subgruppen Alt- und Mittelfranzösisch, Renaissance sowie klassisches Französisch werden Serien in Bezug auf Stil und Textgattung zusammengestellt (Martineau 2010, 615).

Ein zweites für die vorliegende Arbeit interessantes Projekt, das *Corpus de français familier ancien*, untersucht ebenfalls unter der Leitung von Martineau

---

27 Das Korpus ist sowohl über die Plattform TXM (https://textometrie.univ-montp3.fr/txm/) als auch unter Ortolang verfügbar: PRAXILING – UMR 5267 (PRAXILING) (2014). Corpus 14 [Corpus]. ORTOLANG (Open Resources and TOols for LANGuage) – www.ortolang.fr, https://hdl.handle.net/11403/corpus14/v1.
28 Das Korpus ist konsultierbar unter: https://diachronie.org/2016/08/01/modeliser-le-chan gement-les-voies-du-francais/. [letzter Zugriff: 31.12.2020]. Im Rahmen einer virtuellen Ausstellung wird in Kooperation mit der Universität Montréal eine Auswahl der Dokumente aus dem Korpus MCVF zur Verfügung gestellt (cf. http://www.collectionbaby.uottawa.ca/), sowohl als Faksimilé als auch in der Transkription zusammen mit sprachlichen und historischen Analysen sowie thematischen Zugängen etwa zu Sklaverei, Handel oder Aufständen (Martineau 2010, 617).

den Sprachgebrauch im privaten Raum aus diachroner Perspektive (Martineau 2010, 617). Martineau weist auf die Bedeutung von Primärquellen hin, die das *français familier* in nicht literarischen Texten durch die Sprache sozial niedrig gestellter Figuren sichtbar machen (Martineau 2007a, 202). Das Korpus umfasst mehr als 20.000 Dokumente vom 17. bis zum 20. Jahrhundert (Martineau 2018, 72) und berücksichtigt private und offizielle Briefe, Annalen, Zeitungen, Haushaltsbücher sowie soziolinguistische Interviews. Die Verfasser spiegeln die kanadische Gesellschaft wider: sie gehören den oberen gesellschaftlichen Schichten an, aber auch Schreiber aus bescheidenem Milieu sind repräsentiert.[29] Die geographische Strukturierung umfasst verschiedene Regionen, von Ontario, Ottawa, Louisiana, Acadie, Québec und Westkanada bis zum Nordwesten Frankreichs. Die Bedingung zur Integration eines Texts in das Korpus ist die Unterschrift des Autors, dessen soziohistorisches Profil (Herkunft, geographische Mobilität, Geburtsdatum, Beruf, soziales Netzwerk) zu definieren sein muss (Martineau 2010, 618).

Das Korpus ermöglicht den diachronen Vergleich dialektaler Varianten und das Nachzeichnen der Variation des populär- und familiärsprachlichen Französisch (Martineau 2007a, 202). «Il est clair que ces textes de français familier offrent une reconstitution partielle du français parlé de l'époque [...] mais comme les formes parlées sont perdues à jamais, ces textes présentent de précieux éléments pour notre compréhension de l'évolution du français» (Martineau 2007a, 202–203).[30]

Ein lexikologisches Projekt, das auf authentischen Briefen von Soldaten des Ersten Weltkriegs basiert, ist *Les mots des Poilus* (Rézeau 2018), in dem 400 Korrespondenzen mit etwa 100.000 Briefen ausgewertet sind (Rézeau 2018, 1). Es handelt sich um ein äußerst umfangreiches Projekt, mit ausgeprägt lexikographischem und lexikologischem Ansatz. Der Fokus des Korpus liegt nicht ausschließlich auf weniger geübten Schreibern, es umfasst sowohl Korrespondenzen weniger geübter als auch sehr erfahrener Schreiber, unterschiedlichen geographischen Ursprungs und mit variierendem sozio-professionellen Status (Rézeau 2018, 4). Die Konstitution des Korpus stellt gegenüber allgemeinen oder spezialisierten Wörterbüchern die Originalität der Quellen heraus, da gerade Spezialwörterbücher häufig eine be-

---

29 Bis zu einer Demokratisierung der Schriftkultur im 19. Jahrhundert sind die Briefe weniger gebildeter Schreiber in der Minderheit (Martineau 2010, 619).
30 Im *Laboratoire Polyphonies du français* stehen weiterhin die Korpora *Voix de l'Amérique française: entrevues et contes*, das orale, bei älteren Sprechern gesammelte Quellen aus der Mitte des 20. Jahrhunderts zusammenstellt, und *Théâtre et textes parodiques de France et d'Amérique française du XVIIe siècle au XXe siècle* zur Verfügung. Ersteres erlaubt die Messung des Abstands zwischen mündlichem und schriftlichem Code und die Anpassung an die schriftliche Norm (Martineau 2010, 620). Letzteres Korpus umfasst literarische sowie nicht-literarische Texte der Volks- und Umgangssprache, auch in karikierter Form.

stimmte regionale, diastratische oder diaphasische Varietät fokussieren. Ziel der Arbeit Rézeaus ist die Annäherung über die Briefe der Soldaten an das (populärsprachliche) Französisch Anfang des 20. Jahrhunderts (Rézeau 2018, 10). Rézeau nimmt in sein Korpus nur Briefe und Tagebücher auf, die während des Kriegs oder direkt danach verfasst wurden, da später geschriebene Texte keine genaue Datierung ermöglichen. Die Informationen zu den Schreibern erlauben eine grobe Situierung, jedoch keine nähere Charakterisierung. Hierfür verweist er auf Cazals' *500 témoins de la Grande Guerre* (2013), in dem eine Mehrheit seiner Autoren beschrieben ist (Rézeau 2018, 916).

Eine Vielzahl spezifischer korpusbasierter Studien mit eingegrenztem Fokus beschäftigt sich ebenfalls mit dem Sprachgebrauch weniger geübter Schreiber. So untersucht Massicot (2018) ein Korpus mit Bittbriefen von Gefängnisinsassen, sogenannten *bagnards*, in den französischen Kolonien aus dem 19. Jahrhundert. Massicot zufolge seien französischsprachige weniger geübte Schreiber nur marginal in der Forschung präsent und würden insbesondere in den Texten der *Poilus* untersucht, wobei sie lediglich auf Prein (1921) und Branca-Rosoff/Schneider (1994) verweist (Massicot 2018, 248).

Klippi (2013, 2018) untersucht die umfassende Korrespondenz eines einzelnen Schreibers, Gaston B., der als einfacher französischer Soldat bereits zu Beginn des Ersten Weltkriegs in Gefangenschaft gerät.

Bergeron-Maguire (2018) stellt ein Korpus privater Texte aus dem 17. und 18. Jahrhundert zusammen, zur Beschreibung der diastratischen und diatopischen Variation des Lexikons, ausgehend von der Region *Haute-Normandie* (Bergeron-Maguire 2018, 4). Das Korpus umfasst sowohl erfahrene als auch weniger erfahrene Schreiber (Bergeron-Maguire 2018, 7) und verschiedene Textsorten von geschäftlicher und privater Korrespondenz, über Tagebücher bis hin zu gerichtlichen und verwaltungsrechtlichen Texten (Bergeron-Maguire 2018, 9–16).

2.4.2 Korpora anderer Philologien

Die vorliegende Arbeit ist über die einzelsprachliche Philologie hinaus in einer Reihe mit verschiedenen historisch ausgerichteten, soziolinguistischen Studien zu sehen. Die folgenden Arbeiten geben einen kursorischen Eindruck unterschiedlicher Ansätze in verschiedenen Einzelphilologien.

In der Erforschung der deutschen Sprachgeschichte ist insbesondere die Untersuchung von Elspaß (2005) zum alltäglichen Sprachgebrauch des Deutschen in Briefen, die von Emigranten im 19. Jahrhundert verfasst wurden, zu erwähnen. Neben Briefen umfasst Elspaß' Korpus auch zwei Ausschnitte aus einem Tagebuch und einem Haushaltsbuch. Elspaß versteht seine Untersuchung als Beitrag zum schriftlichen Sprachgebrauch weniger geübter Schreiber mit nur elementarer Bildung und als Teil einer Sprachgeschichtsschreibung von unten (Elspaß 2005, 2). Das Korpus umfasst 648 Briefe aus allen deutschsprachigen Ländern und Regionen. Die Mehrheit der Verfasser verfügt über eine elementare Bildung (Elspaß 2007, 155). Briefe von Emigranten bilden eine Textquelle, die ein authentisches und repräsentatives Bild vom Sprachgebrauch, wie er für die große Mehrheit der deutschen Bevölkerung im 19. Jahrhundert charakteristisch war, zeichnen. «The original letters provide a wealth of linguistic data about everyday language beyond the emerging standard varieties of the 19th century» (Elspaß 2007, 151).

Diesen Blickwinkel von unten verfolgt ebenfalls die germanistische Studie von Schikorsky (1990), in deren Fokus authentische, nicht publizierte Selbstzeugnisse wie etwa Briefe und Tagebücher stehen. Das Korpus umfasst 20 Texte, die zwischen 1802 und 1905 von 18 unterschiedlichen Autoren verfasst wurden (Schikorsky 1990, 43–44). Schikorsky selegiert die aufzunehmenden Texte unter der Bedingung des Vorliegens der Handschrift im Original, einer Länge von mindestens 1.000 Wörtern sowie der Möglichkeit, die Primärtexte durch zusätzliche Daten zum Entstehungskontext sowie zur Person des Verfassers zu ergänzen (Schikorsky 1990, 40). Die Verfasser der Texte bezeichnet Schikorsky als «kleine Leute» (Schikorsky 1990, 3), die eine elementare Schulbildung sowie eine handwerkliche oder kaufmännische Ausbildung durchlaufen. Die Bezeichnung *kleine Leute* ist aufgrund des heterogenen Datenmaterials, bedingt durch die Überlieferung, bewusst offen gewählt (Schikorsky 1990, 2–3).

Innerhalb der germanistischen Erforschung einer Sprachgeschichte von unten nehmen die Arbeiten von Schiegg (2016) eine spezifische Perspektive ein. Sie beschäftigen sich mit autobiographischen Texten und Briefen von Patienten psychiatrischer Anstalten, als Repräsentanten niedriger sozialer Schichten, während des 19. und frühen 20. Jahrhunderts. Insgesamt sichtet Schiegg 6.500 Briefe einfacher Schreiber mehrheitlich aus dem 19. Jahrhundert, die sowohl der privaten als auch der öffentlichen Kommunikation zuzuordnen sind (Schiegg 2015, 171). Ein wesentlicher Forschungsansatz dieses Korpus ist die Untersuchung von Sprachkontakt in medial schriftlichen Texten (Schiegg/Sowada 2019), genauer von Kontakt zwischen lokalem Dialekt und Standarddeutsch (Schiegg 2016), sowie von sprachlicher Flexibilität und sprachlichem Bewusstsein einfacher Schreiber (Schiegg 2015).

In der niederländischen Forschung nimmt das Projekt *Letters as Loot*[31] unter der Leitung von van der Wal ebenfalls die Perspektive der Sprachgeschichte von

---

[31] Das Korpus ist über die Homepage des Forschungsprojekts zugänglich: https://www.universiteitleiden.nl/en/research/research-projects/humanities/letters-as-loot.-towards-a-non-standard-view-on-the-history-of-dutch#tab-1. [letzter Zugriff: 29.12.2020]

unten ein. Das Korpus umfasst insgesamt 15.000 Privatbriefe von Frauen, Männern und sogar Kindern aller sozialen Schichten (Rutten/van der Wal 2014, 5). Von besonderem Interesse sind die Briefe, deren Verfasser den unteren sozialen Rängen angehören, die selten schriftsprachliche Spuren hinterlassen (Rutten/van der Wal 2014, 2). Das Korpus nimmt den alltagssprachlichen Ausdruck im 17. und 18. Jahrhundert in Ego-Dokumenten wie Tagebücher und Briefe in den Blick (Rutten/van der Wal 2014, 4–5).

In der hispanophonen Erforschung der privaten Schriftlichkeit und/oder der Schriftkultur weniger geübter Schreiber sind die bereits erwähnten Arbeiten von Oesterreicher (1994, 2004, 2011) zu nennen. Weiterhin beschäftigen sich beispielsweise Schrader-Kniffki (2018) und Steffen (2011) mit Texten von als *semicultos* charakterisierten Schreibern. Steffen (2011) untersucht vier Briefe, die zu Beginn des 20. Jahrhunderts in Mexiko verfasst wurden, im Hinblick auf graphische, pragmatische und diskursive Besonderheiten. Die Briefe sind Teil eines umfangreicheren Korpus mit Korrespondenzen von soldatischen und zivilen weniger geübten Schreibern Mexikos (Steffen 2011, 151–152). Ebenfalls das Spanische in Mexiko bildet das von Schrader-Kniffki (2018) zusammengestellte Korpus von 310 Ego-Dokumenten, die von Gefangenen aus dem Gefängnis in Oaxaca oder an dortige Insassen verfasst wurden, ab. Die Analyse untersucht neben der textuellen und orthographischen Gestaltung der Briefe dem Texttyp Ego-Dokument geschuldete Formen der Autorepräsentation sowie der Höflichkeit und identifiziert sprachliche Routinen in einem determinierten Kontext. Andere hispanistische Studien beleuchten charakteristische Merkmale der kommunikativen Nähe aus kontrastiver Perspektive in Briefen aus dem 16. Jahrhundert von geübten und weniger geübten Schreibern (Fernández Alcaide 2018) oder im Zusammenhang des Schriftspracherwerbs und in Korrelation mit sozialen Variablen (Arias Álvarez/Oyosa Romero 2018). Das Korpus der letzteren Studie umfasst Privatbriefe, Petitionen und Prozessprotokolle von Indigenen und Mestizen, die von etablierten Normen abweichen und gewissermaßen eine «norma popular» (Arias Álvarez/Oyosa Romero 2018, 290) nachzeichnen.

Das größte Korpus zum Englischen, das *Corpus of Early English Correspondence* an der Universität Helsinki, wurde in den 1990er Jahren ausdrücklich für historisch-soziolinguistische Untersuchungen zusammengestellt und umfasst etwa 6.000 private Briefe von 800 Schreibern aus dem 15. bis ins 17. Jahrhundert (Nevalainen/Raumolin-Brunberg 2003, 9). Mittlerweile ist das Korpus um mehrere Subkorpora angewachsen, die teilweise publiziert wurden und die den Untersuchungszeitraum bis zum Ende des 18. Jahrhunderts ausweiten.[32]

---

[32] Cf. auch die Informationen auf der Homepage: https://www.helsinki.fi/en/researchgroups/varieng/corpus-of-early-english-correspondence. [letzter Zugriff: 31.12.2020]

2.5 Sprachhistoriographischer Beitrag

Die vorliegende Arbeit ist in der historischen Soziolinguistik zu situieren und verbindet eine Fokussierung weniger geübter Schreiber mit einer Sprachgeschichtsschreibung von unten, welche sich komplementär zu traditionellen Sprachgeschichten des Französischen verhält.

Die Ausrichtung einer Auswahl dieser traditionellen Sprachgeschichten soll im Folgenden für die Zeit des Ersten Weltkriegs kurz skizziert werden, wobei es sich nicht um eine exhaustive Aufarbeitung aller historiographischen Arbeiten zum Französischen in diesem Zeitraum handelt. Vielmehr zielt diese Darstellung darauf ab, exemplarisch aufzuzeigen, in welcher Hinsicht die vorliegende Arbeit einen Beitrag zur sprachgeschichtlichen Forschung leistet und wo sie neue Perspektiven eröffnen kann.

In der in der Nachfolge Brunots von Antoine und Martin herausgegebenen *Histoire de la langue française 1914–1945* (1995) findet der mündliche Ausdruck neben der Literatursprache größere Berücksichtigung (Antoine 1995, 10). Seit Anfang des 20. Jahrhunderts verfügbare Tondokumente bilden zum Beispiel die Grundlage der Beschreibung der Aussprache (Carton 1995). Die Darstellung der Orthographie beruht auf Wörterbüchern und Grammatiken sowie Schulbüchern (Catach 1995), die Entwicklung des Lexikons wird auf der Grundlage von Frantext, das im Wesentlichen literarische und essayistische Texte enthält, ausgeführt (Brunet 1995) und zur Syntax (Blanche-Benveniste 1995) werden Aussagen von Grammatikern und Linguisten berücksichtigt, wenngleich auf die Notwendigkeit einer diversifizierteren Datengrundlage hingewiesen wird (Blanche-Benveniste 1995, 143). Für die Darstellung der Argots werden Wörterbücher (Roques 1995), für die der *patois* linguistische Veröffentlichungen herangezogen (Chaurand 1995). Die für das vorliegende Korpus interessante Schilderung der sprachlichen Situation im Elsass konzentriert sich auf sprachplanerische und sprachpolitische Aktivitäten (Wolf 1995).[33] Einzig Rézeau (1995) zieht in seiner Betrachtung der regionalen Varietäten von 1914 bis 1945 neben literarischen Werken und sprachwissenschaftlichen Betrachtungen auch Briefe von Soldaten aus dem Ersten Weltkrieg heran. Obwohl diese eine reichhaltige Textquelle darstellten, fänden sie in Darstellungen diatopischer Variation kaum Beachtung: «Documentation abondante et riche à bien des égards, les lettres ou les carnets de soldats n'ont guère retenu l'attention comme source possible d'une étude des variétés géographiques du français de l'époque» (Rézeau 1995, 681).

---

33 Zum Französischen in Québec werden literarische, sprachwissenschaftliche und humoristisch-satirische Texte, Feuilletons, Theaterstücke von Literaten und Journalisten berücksichtigt (Poirier 1995).

Im Band der *Histoire de la langue française* (1985), der sich auf die Zeit von 1880 bis 1914 bezieht, berücksichtigt einzig der Beitrag von François (1985) zum *français populaire* neben literarischen und journalistischen Texten auch handschriftliche Dokumente der einfachen Bevölkerung, wie zum Beispiel Haushaltsbücher und Korrespondenz sowie einige wenige Tage- und Bordbücher (François 1985, 300–302).

Die Besonderheit der Sprachgeschichte Ayres-Bennetts (1996) liegt in der Tatsache begründet, dass sie die Entwicklung der französischen Sprache anhand von Texten nachvollzieht. Für die Zeit von der Revolution bis zum Ende des 20. Jahrhunderts bilden literarische (*Gaspard, Melchior & Balthazar*, Tournier und *Madame Bovary*, Flaubert) sowie jeweils ein poetischer (*Langage cuit*, Desnos), journalistischer, medizinisch-fachsprachlicher, offizieller und sprachkritischer Text die Dokumentationsgrundlage. Der regionalen Verteilung wird durch die Aufnahme einer Transkription des Regionalfranzösischen aus dem Süden und eines akadischen Theaterstücks (*La Sagouine*, Maillet) Rechnung getragen.

In der beeindruckenden Nachzeichnung der tausendjährigen Geschichte des Französischen in Rey/Duval/Siouffi (2011) wird für die Zeit des Ersten Weltkriegs die Bedeutung von Korrespondenz zwischen einer auvergnatischen Familie und amerikanischen Soldaten zwar erwähnt (Rey/Duval/Siouffi 2011, 485), nicht jedoch als Textgrundlage für eine sprachhistorische Beschreibung.

Eine Sprachgeschichte mit dezidiert soziolinguistischem Ansatz ist Lodge (2006), die jedoch mit ihrem Fokus auf die Standardisierung des Französischen keine Texte berücksichtigt, die unterhalb der Standardnorm zu verorten wären (Lodge 2006, 11). Populärsprachliche Charakteristika werden aus der Perspektive von Grammatikern, die diese zumeist stigmatisieren, behandelt (Lodge 2006, 198–199), und in Teilen mit dem *Journal d'Héroard* verglichen (Lodge 2006, 200).

Die Sprachgeschichte von Tritter (1999) nimmt für die Zeit des 19. Jahrhunderts ebenfalls vor allem eine Perspektive der Experten in Wörterbüchern und Grammatiken ein, mit einem weiteren Schwerpunkt in der Entwicklung der Philologie sowie der Dialektologie und der Phonetik.

Die genannten sprachhistoriographischen Arbeiten zeichnen sich generell durch eine ausgeprägte an der Sprachnorm orientierten Perspektive aus (cf. Ernst 2015, 99). Ansatzweise werden an einigen Stellen regionale Varietäten oder außerhalb des hexagonalen Frankreichs verfasste Schriftstücke berücksichtigt. Texte, die eine diastratisch und diaphasisch ergänzende Sichtweise ermöglichten, werden kaum in die Überlegungen miteinbezogen, da sie nicht im Forschungsinteresse dieser Sprachgeschichten stehen. In Ergänzung dazu ermöglichen die Ego-Dokumente des Analysekorpus die Betrachtung von Varietäten, die mit dem Standardfranzösischen kontrastieren und dieses zugleich ergänzen.

3 Ego-Dokumente: Konzept und Anwendung

Die Bedeutung und der Nutzen von Ego-Dokumenten für die historisch soziolinguistische Forschung wurden im Zusammenhang eines sprachhistoriographischen Ansatzes von unten bereits genannt. Um diesen Vorzug, den Ego-Dokumente auch für den vorliegenden Zugriff darstellen, zu fundieren, stellt dieses Kapitel nun zunächst das in der Geschichtswissenschaft geprägte Konzept Ego-Dokument vor und beschreibt seinen Ursprung sowie seine Entwicklung in dieser Disziplin im Zuge der Strömungen von Mikro- und Mentalitätsgeschichte. Das in der historischen Forschung zahlreicher Länder gebräuchliche Konzept wurde in den letzten Jahren immer häufiger explizit in die Sprachwissenschaft übernommen.

3.1 Das Konzept Ego-Dokument in der Geschichtswissenschaft

3.1.1 Definition und Entwicklung des Konzepts

Erstmals wird der Begriff *Ego-Dokument* in der niederländischen Geschichtswissenschaft 1958 von Jacob Presser[1] (Presser 1969b) verwendet, der ihn maßgeblich für die weitere Forschung prägt.[2] Presser fasst unter diesen Terminus all jene Dokumente, in denen ein *ich*, stellenweise auch ein *er*,[3] kontinuierlich im Text als schreibendes und beschreibendes Subjekt präsent ist (Presser 1969b, 277). Einige Jahre später präzisiert Presser seine Definition von Ego-Dokumenten dahingehend, als es sich um Texte handelt, in denen sich dieses *ich* bewusst oder unbewusst zeigt oder verbirgt (Presser 1969a, 286).[4] Diese Enthüllung des schreibenden Subjekts ist im Zusammenhang des Ausdrucks persönlicher Gefühle und Gedanken zu sehen.

---

[1] Presser lebte während seiner Kindheit in Belgien, dort wurde sein Vorname von Jacob zu Jacques geändert. Seine ab 1926 erscheinenden Publikationen veröffentlicht er jedoch unter dem Namen Jacob Presser (von Greyerz 2010, 277).

[2] Dekker (2002a, 7) betont nicht nur die neue Verwendung des Begriffs, sondern spricht von der Schaffung eines Neologismus, dessen Bedeutung durch die spätere Aufnahme in Wörterbücher des Niederländischen konsolidiert wird: «That a historian should enrich the Dutch language with a new word, is a unique event» (Dekker 2002b, 13).

[3] Presser erwähnt hier beispielsweise Cäsar oder Henry Adams, die von sich selbst in der dritten Person sprechen (Presser 1969b, 277).

[4] 1950 wurde Presser, der jüdischen Glaubens war und die deutsche Okkupation nur im Versteck überlebte, vom neu gegründeten niederländischen staatlichen Institut für Kriegsdokumentation beauftragt, die Geschichte der Juden während der Besetzung durch die Nationalsozialisten zu schreiben. In dieser Zeit seiner Forschertätigkeit spielen persönliche Berichte sowohl von Opfern als auch von Tätern eine wichtige Rolle (Dekker 2002a, 7).

Autoren geben sich in Ego-Dokumenten unter Umständen nur indirekt zu erkennen, um auszudrücken, was sie persönlich beunruhigt, beschäftigt und bewegt. Auch mit dieser als Engführung der Definition gedachten Erweiterung reichen die Formen von Ego-Dokumenten von kurzen, gelegentlichen Aufzeichnungen bis zu bewussten Versuchen, dem eigenen Leben und der eigenen Persönlichkeit schriftlich Gestalt zu geben (von der Dunk 1970, 156).

Der Ansatz Pressers und seine Definition von Ego-Dokument erfahren zunächst nur wenig Beachtung (Dekker 1996, 33; Schulze 1996a, 14).[5] Trotz der Verbreitung des Neologismus *Ego-Dokument* genießen weder die damit bezeichneten Texte, wie zum Beispiel Autobiographien, Memoiren oder Tagebücher, selbst größere Popularität noch sind sie Gegenstand tiefergehender historischer Bearbeitung (Dekker 2002b, 19). Erst durch die Wiederaufnahme von der Forschungsgruppe um den niederländischen Historiker Dekker, «a kind of avant-garde in this field» (Greyerz 2010, 273), erfährt das Konzept in den 1980er und 1990er Jahren eine (Re-)Vitalisierung und initiiert das wachsende Forschungsinteresse an in Europa verfassten autobiographischen Dokumenten. Dekker nimmt explizit die Selbstreflexion des eigenen Handelns, eigener Gefühle und Gedanken in die Definition auf und fasst das Wesentliche, das Ego-Dokumente charakterisiert, folgendermaßen: «Texts in which an author writes about his or her own acts, thoughts and feelings would be the shortest definition» (Dekker 2002a, 7).

Die Neubewertung des Konzepts wird durch die Strömungen der Mentalitätsgeschichte und der Mikrogeschichte sowie durch die Wiederbelebung der narrativen Historiographie als Gegenreaktion auf den Ansatz der *Annales*-Schule[6] begünstigt (Dekker 2002a, 10; 2002b, 22–23). Im Bereich der Mentalitätsgeschichte, die häufig unbewusst artikulierte Haltungen, Wertvorstellungen und Verhaltensweisen von Menschen umfasst, ist die Öffnung der Geschichtswissenschaft für das in den Fokus historischer Forschung rückende Individuum besonders stark spürbar (Schulze 1996a, 12).

> «Die Dynamik intensiver mentalitätshistorischer Fragestellungen hat den zunächst im Mittelpunkt stehenden Bereich des kollektiven Unbewußten überschritten und ein neues Interesse an einzelnen Personen, ihrer typischen oder singulären Vorstellungswelt, ihrer Weltsicht insgesamt hervorgerufen» (Schulze 1996a, 13).

---

5 Insbesondere das Tagebuch und die Autobiographie werden im 20. Jahrhundert aufgrund ihres konstruierten Charakters kritisch betrachtet: «In short, by the middle of the 20th century egodocuments had become sources which were regarded as extremely unreliable by traditional, political historians, while for modern social and economic historians they were simply useless» (Dekker 2002b, 21).

6 Die *Annales*-Schule betrachtet Geschichte als Sozialwissenschaft, ihre soziologischen Methoden und Techniken lassen keinen Raum für Lebensgeschichten (Dekker 2002b, 19–20).

Neben der Mentalitätsgeschichte entwickeln in den 1990er Jahren italienische Historiker um Carlo Ginzburg den Ansatz der Mikrogeschichte.[7] Nachdem anfänglich besonders juristische Texte wie Verhöre im Zentrum der Aufmerksamkeit stehen, wenden sich die Forscher im Bereich der Mikrohistorie den Ego-Dokumenten zu (Dekker 2002b, 26).[8]

Die Wendung weg von makrohistorischen Ansätzen hin zu mikrohistorischen erfolgt insbesondere dann, wenn Fragestellungen und methodologische Ansätze der Makrogeschichte zur Beantwortung bestimmter Inhalte nicht mehr ausreichen. Obwohl Sozialgeschichte ursprünglich von einer auf Kollektiva und gerade nicht auf das Individuum fokussierten Tendenz geprägt ist, wird im Rahmen dieser Disziplin in den 1990er Jahren immer intensiver nach bewussten und unbewussten menschlichen Handlungsweisen und deren methodologischen Zugriffen gefragt (Schulze 1996a, 12). In der eng mit der Sozialgeschichte verbundenen historischen Demographie zeichnet sich eine doppelte Verschiebung des Fokus ab: auf thematischer Ebene lässt sich ein «mächtige[s] neue[s] Interesse am Verhalten des einzelnen Menschen in der Geschichte, einer Gegenbewegung zu den großen Strukturfragen» (Schulze 1996a, 13) erkennen. In methodologischer Perspektive erfolgt ein Wechsel hin zu qualitativen Ansätzen, «die den Rückgriff auf den einzelnen Menschen erforderlich machten» (Schulze 1996a, 13).

Inspiriert von der historischen Anthropologie steht im Zentrum der personenbezogenen Forschung das Individuum, wobei es sich «nicht um die Reetablierung einer auf die ‹großen Männer› beschränkten politischen Geschichtsschreibung [handelt]. Vielmehr geraten Menschen und ihre Lebenswelten in den Blick, die

---

7 Der Ansatz der Mikrohistorie lässt sich folgendermaßen definieren: «Mikrogeschichte verstand – und versteht – sich als Gegenbewegung gegen eine Historiographie, die den großen Gang der Dinge und die wesentliche Struktur vergangener Gesellschaften immer schon zu kennen meint und die sich stets auf die Seite der ‹Sieger› stellt, indem sie sich den Gesichtspunkt des Fortschritts, der Modernisierung im Sinne ‹westlicher› Gesellschaften zu eigen macht» (Schlumbohm 2000, 19). Das Forschungsinteresse der Mikrogeschichte konzentriert sich auf den einzelnen Menschen in seinem spezifischen sozialen Geflecht: «Im Zentrum der Mikrogeschichte stehen jedoch nicht isolierte Individuen, sondern die sozialen Beziehungen, in denen sie ihre ‹Strategien› verfolgen. Die sozialen Gruppen und Institutionen treten den Menschen [...] nicht als objektive Gegebenheiten gegenüber, sondern sie werden von den ‹kleinen Leuten› mitgestaltet in Verhandlungen und Konflikten [...]» (Schlumbohm 2000, 22). Die Frage nach der Repräsentativität individueller Ego-Dokumente war für die italienischen Historiker von nachgeordneter Bedeutung, da individuelle Texte an sich eine wertvolle Analysegrundlage darstellen (Dekker 2002b, 25). Dem Vorwurf mangelnder Repräsentativität begegnen manche Forscher dadurch, dass sie große Textkorpora komparativ untersuchen (Dekker 2002b, 23).

8 Für Studien im Bereich der Geschichtswissenschaft in dieser Strömung cf. Dekker (2002b, 25–26).

vorher nicht oder nur als Ziffer in sozialwissenschaftlichen Statistiken auftauchten» (Rutz 2002, 1).

Dieser vielschichtig motivierte Perspektivwechsel begründet das Interesse in der historischen Forschung für Quellen, «die einen möglichst direkten Zugriff auf individuelle und kollektive Deutungen, Wertungen oder soziales Wissen ermöglichen» (Schulze 1996a, 13).

3.1.1.1 Freiwillig und unfreiwillig produzierte Ego-Dokumente

Ursprünglich führt Presser den Begriff des Ego-Dokuments zur Bezeichnung von Memoiren, Autobiographien, Tagebüchern und Privatbriefen ein (Dekker 2002b, 14). In der Nachfolge Pressers erfährt der Begriff des Ego-Dokuments in der deutschen Geschichtswissenschaft durch Schulze eine bedeutende, in Teilen kontrovers diskutierte, konzeptionelle Erweiterung.

Der Kern des Ego-Dokuments konstituiert sich in der Selbstauskunft, die ein Individuum gibt, jedoch unabhängig davon, wie diese Selbstauskunft motiviert ist. Schulze schließt neben freiwilligen Selbstzeugnissen auch Dokumente in die Definition ein, die nicht aus freien Stücken vom Autor verfasst werden, sondern in denen die Autoren «durch besondere ‹Umstände› zu Aussagen über sich selbst veranlaßt wurden» (Schulze 1996a, 21).[9] Zu diesen Umständen zählen Äußerungen und Befragungen im Zuge administrativer, wirtschaftlicher und besonders juristischer Prozesse, die unter anderem in Textformen wie Testamente, Verhöre oder Gnadengesuche berücksichtigt werden. Die Hereinnahme offizieller Texte, in denen das Zeugnis des Egos nicht direkt, sondern über Dritte vermittelt wird, ermöglicht und erleichtert den Zugang zu Dokumenten von Individuen aller sozialen Schichten. Zudem grenzt sich die Definition so von der klassischen und relativ klar umrissenen Kategorie der Selbstzeugnisse ab (Schulze 1996a, 21).[10]

Freiwillig erstellte autobiographische Dokumente und diejenigen, die unter einem irgendwie gearteten Zwang entstehen, unterscheiden sich auf der Ebene der Authentizität der Aussagen und hinsichtlich des Grads der Selbstreflexion

---

[9] Schulze rechtfertigt seine Erweiterung des Begriffs mit einer von Presser sehr weit gefassten und unspezifisch formulierten Beschreibung von Ego-Dokumenten, die durchaus nicht nur autobiographische Texte einbeziehe: «Es sollte nicht übersehen werden, daß Presser in seinem Vortrag von 1969 bewußt eine offene Formulierung gewählt hat, die keineswegs allein auf autobiographisches Material im engeren Sinne wie Tagebuch, Autobiographie, Reisebericht, Brief, Memoiren oder Interview abzielte. Er betonte vielmehr, daß Ego-Dokumente Quellen seien, in denen ‹ein ego sich absichtlich oder unabsichtlich enthüllt oder verbirgt›» (Schulze 1996a, 20).

[10] Zur Differenzierung von Ego-Dokumenten und Selbstzeugnissen, cf. Kapitel 3.1.2.2.

(Schulze 1996a, 23).[11] Zudem liegen die Unterschiede auf der Ebene der sprachlichen Darstellung dieser Inhalte. Ein abstrakter juristischer Duktus sowie Fachvokabular sind nur scheinbar präzise und können Aussagen verfälschen. Texte machen sich umso mehr der Manipulation verdächtig, als die soziale Distanz zwischen Bittsteller und Adressaten wächst (Schulze 1996a, 23–24). Der Wert unfreiwilliger Ego-Dokumente bleibt für Schulze trotz der angeführten Einwände begründbar, «weil sie – wenn auch verhüllt und durch administrative Formelsprache verfremdet – Menschen die Gelegenheit geben, sich überhaupt – in einem historisch konstatierbaren Sinne – zu äußern» (Schulze 1996a, 24). Darüber hinaus spricht das hohe Maß an Konventionalität autobiographischer Texte, insbesondere aufgrund der Beachtung strenger Regeln und der die Redaktion leitenden Vorlagen,[12] für eine Erweiterung des Konzepts Ego-Dokument (Schulze 1996a, 24). Hierbei sind auch die jeweiligen Rahmenbedingungen der Textentstehung sowie die Zugehörigkeit des Autors zu bestimmten sozialen Gruppen und damit verbunden der Einfluss vorherrschender Vorstellungen und Normen zu beachten, die zu einer Relativierung des autobiographischen Charakters sowie seiner vermuteten Originalität beitragen können und das Konstruierte der Texte herausstellen (Schulze 1996a, 25).

Das aus Schulzes Perspektive gewichtigste Argument zur Aufnahme unfreiwilliger Selbstzeugnisse bezieht sich auf die Zugehörigkeit der Autoren zu bestimmten sozialen Gruppen und auf ihre Bildung. Konzentrierte man sich ausschließlich auf autobiographische Texte, würden weniger gebildete und nicht alphabetisierte Individuen in weiten Teilen nicht berücksichtigt: «Wenn man die ‹Schwelle der Geschichtsfähigen› tatsächlich weiter nach ‹unten› absenken will, dann führt kein Weg an einer möglichst weitausgreifenden Quellensuche vorbei» (Schulze 1996a, 25–26). Die Arbeit mit dieser Art von Ego-Dokumenten erfordert jedoch ein hohes Maß an Vorsicht, denn die Texte müssten «gegen ihren unmittelbaren Sinn gelesen

---

11 Mit dieser Möglichkeit der bewussten Veränderung oder Verschleierung autobiographischer Inhalte sowie der Unmöglichkeit der Äußerung sah sich bereits Presser konfrontiert: «He was faced with people whose memories were so painful that they could not recount or even wanted to remember them, but also with people who unconsciously, but more often consciously changed and rewrote their memories» (Dekker 2002a, 8).
12 Zu Normen und Vorlagen beim Verfassen von Autobiographien und Memoiren, cf. Dekker (1996, 42): «In diesen Texten sehen wir noch eine gewisse Einförmigkeit; das Erzählen der eigenen Lebensgeschichte ist selbst gewissen Regeln unterworfen. Man kann verschiedene feststehende Modelle erkennen. In manchen Gelehrten-Autobiographien erkennen wir mitunter den Aufbau, der in humanistischen Kreisen als Ideal galt. Auch die religiösen Autobiographien, die vor allem Bekehrungsgeschichten sind, folgen feststehenden Vorbildern, in denen die ‹nähere Bekehrung› in den Memoiren den Kern bildet».

werden» (Schulze 1996a, 26).[13] Mit dieser konzeptionellen Öffnung des Begriffs gelangt Schulze zu folgender Definition:

> «Gemeinsames Kriterium aller Texte, die als Ego-Dokumente bezeichnet werden können, sollte es sein, daß Aussagen oder Aussagenpartikel vorliegen, die – wenn auch in rudimentärer und verdeckter Form – über die freiwillige oder erzwungene Selbstwahrnehmung eines Menschen in seiner Familie, seiner Gemeinde, seinem Land oder seiner sozialen Schicht Auskunft geben oder sein Verhältnis zu diesen Systemen und deren Veränderungen reflektieren. Sie sollten individuell menschliches Verhalten rechtfertigen, Ängste offenbaren, Wissensbestände darlegen, Wertvorstellungen beleuchten, Lebenserfahrungen und -erwartungen widerspiegeln» (Schulze 1996a, 28).

Ohne die unfreiwillig erzeugten Ego-Dokumente in seiner Definition zu berücksichtigen, plädiert auch Dekker grundsätzlich für einen weit gefassten Begriff von Ego-Dokument, da es sich bei einigen der erfassten Dokumente, wie dem persönlichen Tagebuch oder der Autobiographie, um relativ junge Textformen handelt, die erst im Laufe des 18. und 19. Jahrhunderts ihre moderne Gestalt annehmen und deren Bezeichnung sich häufig gleichfalls erst im 20. Jahrhundert konsolidiert und verbreitet (Dekker 1996, 34–35). Würden ausschließlich Ego-Dokumente berücksichtigt, die modernen Kriterien wie Intimität, Introspektion oder Ego-Orientierung genügten, würde eine große Anzahl an Zeugnissen von vornherein ausgeschlossen (Baggermann 2010, 67).

3.1.1.2 Ego-Dokumente und die Bedeutung des Kontexts

Eine Gemeinsamkeit der verschiedenen Perspektiven auf das Konzept Ego-Dokument liegt in der Herausstellung der Bedeutung einer genauen, detailgetreuen Kontextualisierung der untersuchten Dokumente, die für eine fruchtbare Analyse unabdingbar ist. Ego-Dokumente sind vor ihrem soziohistorischen Hintergrund

---

13 Schulze begrenzt seine methodologischen Ausführungen zum Konzept des Ego-Dokuments auf den Zeitraum, der sich vom späten Mittelalter bis zum Ende des 18. Jahrhunderts erstreckt und währenddessen die Individualisierung durch Konfessionskonflikte, steigende soziale Mobilität und die Stärkung der administrativen Apparate verbunden mit erhöhten Disziplinierungsmaßnahmen stetig vorangetrieben wird. In dieser Zeit des Umbruchs sieht Schulze eine neue und wachsende Bedeutung der Ego-Dokumente, denn «sie zielen auf die Erfahrung und Verarbeitung dieser das Leben der Menschen umwälzenden Vorgänge, die makrohistorisch zu betrachten und zu nennen wir uns angewöhnt haben» (Schulze 1996a, 28). Die Begrenzung auf den genannten Zeitraum soll die übermäßige Ausweitung des Begriffs verhindern, der Äußerungen individueller Wahrnehmung zu einem Zeitpunkt einschließt, an dem sich Individualität erst konstituierte und legitimierte. Die Betrachtung unfreiwillig erstellter Zeugnisse als Ego-Dokumente wird in dieser Hinsicht besonders deutlich: «In einer solchen historischen Konstellation bedarf es besonderer Bemühungen, die unscheinbarsten Äußerungen individueller Wahrnehmungen festzuhalten» (Schulze 1996a, 28).

3.1 Das Konzept Ego-Dokument in der Geschichtswissenschaft — 43

zu lesen und mit diesem in Beziehung zu setzen. Die Relevanz des Kontexts und der Entstehungssituation eines Textes ist ein grundsätzlich wesentlicher Aspekt des mikrohistorischen Ansatzes (Schulze 1996a, 27). Eine Analyse der Ego-Dokumente an sich ist dementsprechend noch nicht ausreichend, ihren wirklichen Wert erhalten sie erst durch die Konfrontation mit anderen Quellengattungen (Schulze 1996c, 325). Ego-Dokumente sollten insofern nicht nur als Quellen für historische Tatsachen betrachtet werden, sondern auch in ihrer Funktion in einem gegebenen sozialen Kontext (Dekker 2002b, 25).

Nur wenn der soziohistorische Kontext der Redaktion, die Motivation des Schreibers sowie der Schreibanlass möglichst detailliert rekonstruiert werden, kann der Zugang zum Ego geschaffen werden. In Texten aus weiter zurückliegenden Epochen gestaltet sich die Identifikation des Autors sowie die Etablierung des Kontextes nicht selten als problematisch, da zur Kontextualisierung keine zusätzlichen Quellen verfügbar sind (von Greyerz 2010, 280). Hierin besteht eine mit der Bezeichnung an sich verknüpfte Schwierigkeit, da Ego-Dokument diese Nähe zur Persönlichkeit des historischen Individuums suggeriert. So erachtet von Greyerz die Bezeichnung als Ego-Dokument auch nur unter der Voraussetzung einer möglichst exakten Beschreibung des Kontextes für vertretbar: «the category ‹ego-documents› may be partly acceptable in connection with an abundantly documented recent history, where this very abundance allows us to get much closer to a historical person than extant sources for the early modern period will ever permit» (von Greyerz 2010, 278).

Gleichzeitig sollte eine Überhöhung des Individuums, das eine ganze soziale Gruppe oder Epoche repräsentiert, vermieden werden:

> «Bref, la mise en contexte des livres de raison et de leurs rédacteurs est nécessaire à condition de ne pas les investir de la teneur globale d'une période, de ne pas faire le réceptacle de tout et de préserver l'irréductible originalité de l'individu. Aussi, afin d'éviter le risque de sur-interprétation inhérent à toute analyse intensive d'un unique livre de raison, son inscription dans un corpus s'avère souhaitable» (Cassan 2005, 23).

Auch wenn die Rekonstruktion des Kontexts glückt, stößt die Analyse historischer Dokumente in unterschiedlichem Maße an die Grenzen dessen, was erhellt werden kann, «and there always remains an irresolvable residue of inaccessibility or opacity and variation in accounts of the same life» (Fulbrook/Rublack 2010, 266). Daraus ergibt sich letztlich auch die Möglichkeit variierender Lesarten eines Dokuments, die in unter Umständen divergierenden Interpretationen münden können (Fulbrook/Rublack 2010, 267). In diesem Zusammenhang ist auf den grundsätzlich konstruierten Charakter von Ego-Dokumenten zu verweisen, da individuelle

Selbstaussagen vor dem Hintergrund der je gültigen sozialen Diskurse konstruiert sind:

> «[...] the very concepts people use to describe themselves, the ways in which they choose to structure and to account for their past lives, the values, norms, and common-sense explanations to which they appeal in providing meaning to their narratives, are intrinsically products of the times through which they have lived» (Fulbrook/Rublack 2010, 267).

Verbunden mit der als Konstruktion zu fassenden Selbstaussage vor einem je spezifischen sozio-historischen und diskursiven Hintergrund ist die Frage nach der Authentizität der Ego-Dokumente, die bereits in Schulzes Definition anklingt. Soll die Authentizität der Dokumente festgestellt werden, ist damit in einem weiteren Schritt die Frage nach dem direkten Zugriff auf in den Dokumenten verschriftlichte Inhalte wie Vorstellungen, Denk- und Verhaltensweisen verknüpft. Eine unkritische Herangehensweise an Ego-Dokumente und ihre Inhalte als objektive Abbildung von Realitäten, die in den 1980er Jahren verbreitet war, hält von Greyerz noch immer nicht für gänzlich überwunden, obwohl gerade diskursanalytische Ansätze gezeigt haben, wie stark vermeintlich individuelle Äußerungen dem übergeordneten kollektiven Diskurs verpflichtet sind:

> «We were strongly and repeatedly alerted to the fact that this source material is by and large constructed, and that, as a result, it offers little direct access to the daily concerns and thoughts, let alone the actions, of the author being studied. The Foucauldians and linguists furthermore reminded us of the extent to which *Selbstzeugnisse* are cast in a particular language and terminology, which gives shape to the expression of individual consciousness, and that these forms of expression are in essence collective» (von Greyerz 2010, 275; Herv. im Original).

Der indirekte Zugriff auf Mentalitäten in Ego-Dokumenten ist bei allen Verfassern, besonders aber bei weniger geübten Schreibern wie Bauern zu bedenken: «Sie [bäuerliche Selbstzeugnisse] bieten jedoch keinen direkten Zugriff zu bäuerlichen Gefühls-, Denk- und Verhaltensweisen. Der Zugang zu Mentalitäten im Bauern-Milieu mittels bäuerlicher Selbstzeugnisse ist vielfach gebrochen» (Peters 1996, 175). Die Brechung der Darstellung gilt nicht nur für bäuerliche Ego-Dokumente, sie ist vielmehr ein wesentliches Moment jeglicher Selbstreflexion, bei der die sprachliche Transposition nur eine der möglichen Brechungen ist: «Selbstzeugnisse sind vielmehr, wie es eine der möglichen arabischen Bezeichnungen festhält, Interpretationen oder Übersetzungen (von Leben und Erfahrungen in ihrer physischen und psychischen Fühlbarkeit) in ein anderes Medium – das von (verbaler) Sprache und Schrift» (Jancke/Ulbrich 2005, 26).

Die Authentizität in Ego-Dokumenten zeigt sich also stets lediglich als scheinbare Authentizität, da die Dokumente in verschiedener Hinsicht verfremdet sind. Die Verfremdungen sind von der jeweiligen Kommunikationssituation, vom Adressaten sowie von der thematischen Ausrichtung des Dokuments abhängig und variieren dementsprechend.

> «Die den bäuerlichen Autor belastende Schwierigkeit im Umgang mit der Schrift, die daraus folgende Anlehnung an Fremddiktion, die Selbst- und Fremdverstrickung in zeittypische Wertungen, Rollenspiel und Verdrängungseffekte wie auch unsere eigenen interpretativen Vorprägungen scheinen mir also die wichtigsten Stolpersteine zu sein, die den durch bäuerliche Selbstzeugnisse vermittelten Weg zu bäuerlichen Mentalitäten so schwer begehbar machen» (Peters 1996, 176).

Der Unterschied hinsichtlich der Verfremdung der transportierten Inhalte bei geübteren und bei weniger geübten Schreibern besteht in der variierenden Routine im Umgang mit der Schrift und ihren Konventionen, die sich auch auf die Erstellung längerer, zusammenhängender Texte und auf bestimmte Textsorten erstreckt. Der Zugang zu in der jeweiligen Umgebung vorherrschenden Denkweisen und Vorstellungen wird umso mehr erleichtert, je weniger der Verfasser vom Gebrauch des Mediums der Schrift eingeschränkt und dadurch am Ausdruck persönlicher Gefühle gehindert wird. «Ein gewandter bäuerlicher Verfasser von Selbstsichtzeugnissen entlastet den Interpreten von den verfremdenden Blockierungen, die die Unbeholfenheit im Umgang mit dem Fremdmittel Schrift zur Folge hat» (Peters 1996, 180). Dabei kommt auch dem, was in den Dokumenten nicht ausgedrückt wird, Bedeutung für die Rekonstruktion von Denk- und Verhaltensmustern in den jeweiligen Milieus zu (Peters 1996, 180). Auslassungen und Brüche sind wesentliche Indizien für die individuelle Selbstwahrnehmung und können Hinweise auf die der Selbstdarstellung zugeschriebene Bedeutung geben (Rutz 2002, 15).

Neben der Beherrschung der Schrift und der Routine im Umgang mit ihr, sind der konkrete Adressat oder das imaginierte Zielpublikum eines Dokuments Faktoren, die eine Verfremdung der dargestellten Inhalte wesentlich beeinflussen können. So hält Dekker für sein Korpus aus den Jahren 1500 bis 1814 fest, dass die wenigsten Ego-Dokumente allein für den Autor bestimmt waren (Dekker 1996, 51).

Der zunächst zu vermutende Wahrheitsgehalt von Ego-Dokumenten, in denen ein schreibendes Subjekt seine unmittelbare Lebenswirklichkeit beschreibt, ist also verschiedentlich gebrochen und verfremdet. Insbesondere bei Ego-Dokumenten, die aus der Retrospektive verfasst werden, ist «mit einem hohen Maß an Selbststilisierung, Verunklärung oder auch Verfälschung [...], vermittels derer die Autoren ihren jeweiligen Intentionen entsprechende Selbstbilder zu zeichnen versuchen» (Rutz 2002, 12) zu rechnen. Ego-Dokumente, die in einem relativ nahen zeitlichen Zusammenhang zur Erfahrung selbst stehen, sind ebenfalls von Brechungen und Verfremdungen betroffen, zum einen weil ihre

Redaktion mehr oder weniger stark von Vorbildern, Mustern und Traditionen geprägt sein kann und dadurch unter Umständen Interpretationen unhinterfragt übernommen werden, zum anderen weil die Selbstdarstellung stark adressatenabhängig ist (Rutz 2002, 12). Neben der detaillierten Kontextualisierung der Entstehungssituation sind demnach textuelle und kulturelle sowie soziale Vorstellungen und Handlungsroutinen wichtige Faktoren, die den direkten Zugang zu den Inhalten verfremden: «Les modèles pré-existants, les normes, les attentes, les traditions, les imaginaires et les habitudes d'écriture jouent dans ce processus un rôle aussi important que l'intention qu'a l'auteur et que ses capacités à transmuer la vie qu'il a vécu en une histoire qu'il raconte» (Ulbrich 2010, 82).

Das in den Selbstaussagen der Ego-Dokumente gezeichnete Ego ist nie eine objektive Wiedergabe des schreibenden Subjekts, sondern eine Reflexion, die der Autor jeweils in Abhängigkeit außersprachlicher Faktoren und gültiger sozialer Diskurse und Normen von sich selbst konstruiert: «Damit bewegen sich die hier behandelten Texte und die in ihnen entwickelten Ich-Konstruktionen immer in den Grenzen des in einer Epoche Denk- und Empfindbaren» (Rutz 2002, 18).

3.1.2 Konzeptionelle Abgrenzung und terminologische Diskussion

3.1.2.1 Kritik an der Bezeichnung *Ego-Dokument* und seiner Konzeption

Auch wenn die Forschung zu Ego-Dokumenten mittlerweile einen gewissen Reifegrad erreicht hat und sich der Begriff in der Geschichtswissenschaft sowie im allgemeinen Sprachgebrauch, zumindest im Niederländischen, gut etabliert hat, liegen häufig Entwicklung und Ursprung des Begriffs im Unklaren (Dekker 2002b, 18). Der Begriff des Ego-Dokuments wurde von Presser in Bezug auf Quellen geprägt, die im 20. Jahrhundert verfasst wurden. Dies gab ihm die Möglichkeit, zusätzlich zu den schriftlichen Dokumenten Interviews mit Betroffenen zu führen, wodurch zweifelsohne die Kontextualisierung der Texte erleichtert wurde.[14] Bei der Arbeit mit früher verfassten Quellen wird Pressers Begriffswahl allerdings in Frage gestellt (von Greyerz 2010, 278) und im Zusammenhang mit vor dem 20. Jahrhundert verfassten autobiographischen Texten als äußerst unglücklich kritisiert (von Greyerz 2010, 275).

---

14 Dass diese Möglichkeit nicht zwangsläufig zu einer historisch exakten Rekonstruktion der Kommunikationssituation führen muss, zeigt sich in der Frage nach der authentischen und wahrheitsgemäßen Wiedergabe von Erinnerungen.

Ein wesentlicher Kritikpunkt in der Diskussion um die Bezeichnung Ego-Dokument, den insbesondere von Greyerz vorbringt, bezieht sich auf die Benennung selbst und auf die Bedeutung des Elements *Ego* sowie seiner problematischen Assoziation mit der Forschung Sigmund Freuds (von Greyerz 2010, 280).[15] Im Bewusstsein dieser terminologischen Problematik plädiert Schulze dennoch für die Beibehaltung der Bezeichnung, zum einen in der Fortsetzung der niederländischen Forschungstradition und zum anderen in Ermangelung geeigneter Alternativen (Schulze 1996b, 344).

Frühneuzeitliche Quellen eröffnen nicht ohne weiteres den Zugang zu einem bestimmten Ego, das nach Freuds Strukturmodell der Psyche im Spannungsverhältnis von *Es*, *Ich* und *Über-Ich* zu situieren ist: «[...] a given ego, which, according to Freud, constantly has to mediate between the sexual and bodily drives of the id and the conceptions of the world offered by the super-ego» (Greyerz 2010, 280–281).[16] Diesem psychohistorischen Anspruch können insbesondere vor dem 18. Jahrhundert verfasste Texte nicht genügen. «Die frühneuzeitlichen Ichs, die uns in diesen Quellen entgegentreten, führen ja in der Regel keine tiefschürfenden Analysen ihrer selbst durch, wie dies zunehmend seit dem 18. Jahrhundert und vor allem im Jahrhundert nach Freud der Fall ist» (Rutz 2002, 4).

Die Einblicke und die Erkenntnisse, die Ego-Dokumente der Forschung ermöglichen, beziehen sich folglich nicht auf die individuellen Persönlichkeiten der Verfasser, sondern sind im Wesen relational,[17] sie geben Auskunft über «relational personhood» (Fulbrook/Rublack 2010, 270–271). Ego-Dokumente vermitteln also zugleich Wissen über Individuen und Kollektive, sie geben einen Einblick in das Verhältnis des Individuums zu seiner mittelbaren und unmittelbaren Umgebung im weitesten Sinne, in seine Wahrnehmung und der Beschreibung derselben.[18]

---

15 Diese Verbindung diskutiert Schulze bereits 1996 und fragt, ob das *Ego* in *Ego-Dokument* womöglich «ein zu hohes Maß an Ichbezogenheit suggeriert, das unsere Quellen nicht einlösen können» (Schulze 1996b, 343).

16 Bereits 1996 äußert sich von Greyerz kritisch hinsichtlich der konzeptionellen Nähe des Ego-Dokuments zu Freuds Theorie, wobei nicht grundsätzlich der Versuch einer übergeordneten Bezeichnung für freiwillige und unfreiwillige Selbstaussagen negativ bewertet wird (von Greyerz 1996, 132).

17 So hält auch von Greyerz Folgendes zum Erkenntnisinteresse, das Ego-Dokumente ermöglichen, fest: «For all practical historical purposes, what we are looking at in self-narratives are primarily persons in their specific cultural, linguistic, material and, last but not least, social embeddedness» (von Greyerz 2010, 281).

18 In der Verbindung von Individuum und Gesellschaft des mentalitätsgeschichtlichen Ansatzes lässt sich eine Parallele zur in der soziologischen Forschung etablierten biographischen Methode ziehen. Diese Methode untersucht, wie sich objektive kulturspezifische Werte und

Ein weiterer kontrovers diskutierter Aspekt im Hinblick auf das Konzept Ego-Dokument in der Prägung durch Schulze ist sein Charakter einer allumfassenden Kategorie (von Greyerz 2010, 280) sowie der damit verbundene Mangel an konzeptueller und lexikalischer Präzision:

> ««Ego documents» is a general, catch-all category, one which dredges up practically everything in its nets. This essay, for instance, uses the following terms virtually interchangeably: autobiography, text, narrative, document, account, memoir, diary, letter, and a long etc. The problem lies not only in that these words do not mean the same thing. Instead, one has carefully to distinguish their meanings if any sense is to be made of the act of authorship» (Amelang 1996, 69).

Eine undifferenzierte Klassifikation als Ego-Dokumente läuft Gefahr wesentliche Aspekte der Dokumente wie ihre Motivation, ihren Entstehungskontext sowie ihre Vorbilder und Muster zu übersehen, «when one [...] treats ego documents as an undifferentiated whole» (Amelang 1996, 69).[19] Diesem Einwand der (zu) großen Diversität der als Ego-Dokumente bezeichneten Texte stellt Schulze die Konzeption eines Kontinuums mit den äußersten Polen der durch hohe Autoreflexion geprägten Autobiographie einerseits und des Verhörs andererseits gegenüber, die den konzeptionellen Rahmen eröffnen, innerhalb dessen sich die verschiedenen Texte situieren lassen. Der Hinweis auf die spezifischen, einem Text zugrundeliegenden Interessenstrukturen minimieren die Frage nach Freiwilligkeit und Zwang weitergehend (Schulze 1996b, 343–344).

Die größere Diversität an Texten, die sich unter dem Begriff *Ego-Dokumente* vereinen lassen, birgt gleichzeitig auch einen Vorteil dieses Ansatzes. Bei der Anwendung des Konzepts in der Arbeit mit autobiographischen Texten kann so, im Gegensatz zum auf der klassischen Definition von Autobiographie beruhenden Ansatz, eine diversifiziertere Auswahl an Texten berücksichtigt werden, insbesondere bezüglich der sozialen Schicht und des Geschlechts der Autoren. Die

---

individuelle Einstellungen reziprok beeinflussen (Szczepanski 1974, 227). «Die psychischen Attitüden und die kulturellen Werte sind also eng miteinander verflochtene Faktoren der vom Soziologen zu erforschenden sozialen Wirklichkeit. Die autobiographischen Materialien gewähren die Möglichkeit, die subjektive Seite dieser Wirklichkeit zu erkennen» (Szczepanski 1974, 239–240). Die biographische Methode wird in den 1970er Jahren, nach Einführung des Terminus *Ego-Dokument* immer weniger angewendet: «In sociology itself the biographical approach, once an important method, had become controversial and marginal» (Dekker 2002b, 20).

19 Die Uneinheitlichkeit als wesentliches Merkmal der Dokumente, ob sie nun als Ego-Dokumente, Selbstzeugnisse oder *First Person Writings* bezeichnet werden, hebt auch das europäische Forschungsnetzwerk hervor: «l'hybridité est une des grandes caractéristiques de ces écrits» (Ciapelli/Ruggiu/Ulbrich s.a.a).

enge Definition der Autobiographie schließt viele Texte aus, die in die gattungsunabhängige Kategorie der Ego-Dokumente Eingang finden und sich durch eine Vielfalt des autobiographischen Ausdrucks auszeichnen (Amelang 1996, 60).[20] Eine größere Vielfalt autobiographischer Texte impliziert zugleich eine Diversifizierung der Autorschaft, insbesondere die Berücksichtigung von Autoren, die zuvor marginalisiert wurden (Amelang 1996, 65).

Zudem erweist sich die Transparenz des Terminus und seine Eingängigkeit im gesamteuropäischen Forschungskontext als positiv. Obwohl von Greyerz am pragmatischen Ansatz der niederländischen Geschichtsforschung die methodologische Diskussion der Kategorie sowie seiner Konzeption vermisst und er grundsätzlich die Verbreitung und allgemeine Akzeptanz des Begriffs bedauert, erkennt er gleichzeitig den Wert des Begriffs in der Erleichterung des internationalen wissenschaftlichen Austausches an (von Greyerz 2010, 275).

Ein von den französischen Historikern Ruggiu und Bardet 2008 initiiertes Forschungsnetzwerk mit 18 Historikern verschiedener europäischer Länder, darunter Spanien, Niederlande, Deutschland und die Schweiz, macht sich die Untersuchung von Ego-Dokumenten im europäischen Kontext zur Aufgabe. Im Übergang vom nationalen französischen Projekt *Les écrits du for privé en France de la fin du Moyen Age à 1914* (Bardet/Ruggiu 2009) zum europäischen Forschungsnetzwerk nehmen die französischen Historiker gleichzeitig den terminologischen Wechsel von *les écrits du for privé* zu *egodocuments* vor.[21] Dabei spiegelt die Beschreibung des Forschungsgegenstands des Netzwerks die terminologische und definitorische Diskussion um das Ego-Dokument wider:

> «The participants did not ever agree on the precise definition of what ‹egodocument› exactly means but they share the same general understanding of the word. All also agree to consider that any text narrating the life of a person but produced at the request of an institution (such as the Inquisition, or a diplomatic department...) or for an official purpose (such as the wills or the petitions...) does not belong to the inner core of ‹egodocuments›. However such document could well somehow be taken into account. While the participants all agree that the aim of the project is to consider the definition of ‹egodocuments› or of the several genres (‹diaries›, memoirs...) it includes, they were reluctant to come up with a too narrow definition» (Ciapelli/Ruggiu/Ulbrich s.a.b).

---

20 Von Greyerz beurteilt die Art wie Amelang Vorteile zur Anwendung des Begriffs Ego-Dokument anbietet als halbherzig, ohne jedoch diese Bewertung zu begründen: «The advantages Amelang is willing to concede result from the possibility of including in the new category a greater array of sources than under the label of ‹autobiography› and in being able to get away from the narrow group of texts canonized by historians of literature. Arguably, this is not a very convincing justification, and in fact Amelang offers it only half-heartedly» (von Greyerz 2010, 279).

21 Den terminologischen Wechsel zu *ego-document* bewertet Cassan (2005, 15–16) weniger als reell denn als formell, da der bezeichnete Inhalt im Wesentlichen unverändert bleibt.

3.1.2.2 Abgrenzung *Ego-Dokument* und *Selbstzeugnis*

Besonders in der deutschsprachigen Geschichtsforschung konkurriert der Begriff *Ego-Dokument* mit dem des Selbstzeugnisses.

In Ermangelung einer allgemeinen Definition[22] werden Selbstzeugnisse in der Forschung nicht selten durch Nennung der ihnen zugehörigen Gattungen beschrieben. Da sich diese jedoch diachron verändern können und zudem nicht immer die Gesamtheit der einer Gattung zugehörigen Texte als Selbstzeugnis betrachtet werden kann, sollte eine Definition ausgehend von inhaltlichen Kriterien, die Selbstzeugnissen gemein sind, fundiert sein. Wesentlich ist dabei die Selbstthematisierung, bei der das jedem Text inhärente implizite und handelnde Subjekt vom expliziten differenziert werden muss (von Krusenstjern 1994, 463). Die Selbstthematisierung aus der Sicht eines expliziten Selbst ist die Voraussetzung für die Bezeichnung als Selbstzeugnis: «Mit anderen Worten: die Person des Verfassers bzw. der Verfasserin tritt in ihrem Text selbst handelnd oder leidend in Erscheinung oder nimmt darin explizit auf sich selbst Bezug» (von Krusenstjern 1994, 463).[23] Diese Definition stimmt weitgehend mit Pressers Definition des Ego-Dokuments überein. Die Erweiterung um unfreiwillig erstellte Ego-Dokumente übersteigt jedoch den konzeptionellen Rahmen, da Selbstzeugnisse vom Autor aus eigener Motivation selbst verfasst, selbst geschrieben oder zumindest selbst diktiert sind (von Krusenstjern 1994, 469–470). Allerdings können Selbstzeugnisse in der weiter gefassten Kategorie der Ego-Dokumente eine Subkategorie bilden:

> «Es leuchtet nicht ein, warum es Ego-Dokument o d e r Selbstzeugnis heißen muß, wo doch beide Begriffe sich gar nicht ausschließen, sondern einander zugeordnet werden können. So wie die Autobiographie Bestandteil der Quellengruppe Selbstzeugnisse ist, so könnten diese als Bestandteil der umfassenderen Quellengruppe Ego-Dokumente angesehen werden» (Krusenstjern 1994, 470; Herv. im Original).

In Dekkers Definition von Ego-Dokument wird die freiwillige und bewusste Selbstaussage in ihnen herausgestellt, wodurch sich das niederländische Konzept des Ego-Dokuments dem deutschen Selbstzeugnis annähert. «Diesem [Selbstzeugnis] entspricht er hinsichtlich seiner Bedeutung weit mehr als dem von Schulze definierten Begriff ‹Ego-Dokument›» (Rutz 2002, 3).

In der niederländischen und angloamerikanischen Forschung ist der Gebrauch des Begriffs *ego-document* gut etabliert. Im deutschsprachigen Raum dagegen

---

[22] Die intuitive Definition des Selbstzeugnisses formuliert von Krusenstjern folgendermaßen: «Jemand legt über sich selbst Zeugnis ab» (von Krusenstjern 1994, 462).
[23] Nähme man das implizite Selbst zur Bedingung für Selbstzeugnisse, «so bedeutete dies nichts anderes als die Unbegrenzbarkeit dieser Quellenart» (von Krusenstjern 1994, 463).

konnte sich die Bezeichnung *Ego-Dokument* nicht zur Gänze durchsetzen, viele Historiker arbeiten auch weiterhin mit dem Begriff *Selbstzeugnis* (Ulbrich/Greyerz/Heiligensetzer 2005, 1–2).[24] Diese Entscheidung gründet nicht immer auf der Überzeugung der Eignung des Begriffs, auch in diesen Dokumenten ist das Selbst nicht immer umfassend erkennbar. Dennoch lassen sich zumindest einzelne Aspekte des individuellen Selbst als Gegenstand historischer Betrachtung erkennen, wohingegen keine Einblicke in die inneren Prozesse eines *Egos* ermöglicht würden (Greyerz 2010, 280). «Compared to Schulze's extended category of ego-documents, the notion of Selbstzeugnisse is quite obviously the lesser evil» (Greyerz 2010, 280).[25]

Für Schulze wiederum ist der Begriff des Selbstzeugnisses keine relevante Alternative zur Bezeichnung derjenigen Dokumente, die er als Ego-Dokumente verstanden wissen will, da Selbstzeugnis bereits zu eindeutig und exklusiv auf die klassischen Selbstaussagen, vor allem prominenter Männer, festgelegt ist, sodass «hier die traditionelle Deutung ein zu großes Hindernis für die notwendige Erweiterung dieser Quellengruppe darstellt» (Schulze 1996b, 344).[26]

Wenngleich die terminologische Diskussion abklingt, besteht weiterhin kein Konsens bezüglich des Gebrauchs der Termini (van Koert 2016a, 1). Ihre Verwendung ist abhängig von den an ein erstelltes Korpus gerichteten Forschungsfragen, wobei Quellen nicht aufgrund formaler, sondern aufgrund inhaltlicher Kriterien selektiert werden sollten (van Koert 2016b, 11). Die Gleichsetzung, wie sie Ruggiu (2013, 11) von *Ego-Dokument* mit anderen Bezeichnungen nationaler europäischer Forschungstraditionen wie z.B. *Selbstzeugnis*, *livre de famille* oder *ricordanze* vornimmt, hebt die grundsätzliche konzeptionelle Affinität aller dieser Bezeichnungen hervor.

---

24 Von Krusenstjern spricht sich für die Beibehaltung des Begriffs Selbstzeugnis aus, da er eindeutig, günstig für die Klassifikation und unabhängig von Schreibanlässen ist. Außerdem lässt sich unter diesem Begriff eine Vielzahl verschiedener schriftlicher und mündlicher Textformen zusammenfassen, die so dennoch eingrenzbar sind. Der Begriff ermöglicht die Auseinandersetzung mit den betreffenden Quellen, ohne eine vorherige Differenzierung in einzelne Textgattungen (von Krusenstjern 1994, 471).
25 Im Widerspruch zu von Greyerz' Ablehnung des Begriffs *Ego-Dokument* steht die Wahrnehmung im In- und Ausland seiner Forschungsgruppe als Ego-Dokumente-Spezialisten (von Greyerz 2010, 277).
26 Die unterschiedlichen terminologischen Ansätze werden besonders deutlich, wenn Amelang hingegen den Terminus *Autobiographie* in einem sehr weiten Sinne verwendet, der mit den wesentlichen definitorischen Aspekten des Ego-Dokuments übereinstimmt (Amelang 2010, 176).

3.1.3 Perspektiven des Ansatzes in der Geschichtswissenschaft

3.1.3.1 Konstitution umfangreicher Korpora

Ein wesentliches Interesse in der historischen Forschung zu Ego-Dokumenten besteht in der Sichtung und Zusammenstellung größerer Korpora, weshalb in der geschichtswissenschaftlichen Forschung der letzten Jahre in verschiedenen Ländern Projekte der Erfassung und systematischen Zusammenstellung großer Korpora von Ego-Dokumenten gefördert wurden.

Das für nachfolgende Arbeiten wegweisende Projekt ist das Forschungsprojekt der niederländischen Forschungsgruppe um Dekker.[27] Diesem Projekt liegt eine weit gefasste Konzeption des Begriffs zugrunde. Es nimmt Dokumente in den Blick, die früher als die Ego-Dokumente der 1950er und 1960er Jahre aus Pressers Studien verfasst wurden. Ziel des Ende der 1980er Jahre initiierten Projekts ist die Erfassung gedruckter und handschriftlicher Autobiographien, persönlicher Tagebücher und Reisetagebücher, Memoiren und persönlicher Notizen aus dem Zeitraum von 1500 bis 1814. Briefe werden explizit ausgeschlossen, unter Verweis auf den zu hohen Umfang, den das Korpus mit ihrer Integration erreichte (Dekker 1996, 34). Insgesamt schließt das Korpus über 1.121 Ego-Dokumente aus mehr als drei Jahrhunderten mit ein, die sich aus Gründen der materiellen Aufbewahrung und der steigenden Alphabetisierungsraten sowie durch die Entwicklung der Redaktion von Ego-Dokumenten zur Modeerscheinung nicht gleichmäßig auf die Jahrhunderte verteilen (Dekker 1996, 35).[28] Hinsichtlich der sozialen Verteilung der Autoren ist eine Überrepräsentation der oberen sozialen Schichten und des Mittelstands erkennbar. Im Laufe der Jahre nimmt jedoch die Zahl der weniger gut situierten Autoren zu (Dekker 1996, 46–47). In einer zweiten Phase wird das bestehende Korpus in Zusammenarbeit mit Baggermann und durch das von ihr geleitete Forschungsprojekt *Controlling Time and Shaping the Self*[29] um Ego-Dokumente aus dem langen 19. Jahrhundert bis 1914 ergänzt. Es handelt sich um ein in dieser Dimension einzigartiges Korpus in der europäischen Forschungslandschaft, das etwa 2.500 handschriftlich und gedruckte Ego-Dokumente aus der Zeit von 1500 bis 1950 umfasst mit zusätzli-

---

[27] Für andere Projekte cf. Dekker (2002b, 28–30) und Schulze (1996a, 16).
[28] Cf. auch Baggermann/Dekker (s.a.).
[29] Die zentrale Fragestellung von Baggermanns Forschungsprojekt ist die Frage nach dem Entstehen eines neuen Sinns für Temporalität, sowohl auf individueller Ebene als auch auf der Ebene des öffentlichen Bereichs. Die traditionelle Verknüpfung von autobiographischem Schreiben, wachsender Selbstbeobachtung und Individualisierung wird in Frage gestellt, da die Schreiber, indem sie schreiben, um zeitliche Erfahrungen zu kontrollieren, sich unbeabsichtigt selbst reflektieren und ihre Individualität formen (Baggermann 2001).

chen biographischen Informationen zu den jeweiligen Autoren (Baggermann 2010, 66–68). Über die Homepage *Center for the Study of Egodocuments and History* werden sowohl die Ergebnisse der Korpuskonstitution als auch die erfassten Dokumente selbst beschrieben. Darüber hinaus versteht sich das Projekt als Stimulus zur Erforschung von Ego-Dokumenten aus historischer Perspektive (Baggermann/ Dekker s.a.).

In den 80er Jahren des 20. Jahrhunderts konstituiert sich in der Schweiz ebenfalls eine Forschungsgruppe, die unter der Leitung von Kaspar von Greyerz autobiographisches Schreiben untersucht (von Greyerz 2010, 273). In drei konsekutiven Projekten werden Selbstzeugnisse inventarisiert und wissenschaftlich bearbeitet. Die Datenbank stellt der Öffentlichkeit zwischen 1500 und 1820 verfasste Selbstzeugnisse zur Verfügung, sie ist jedoch nicht als exhaustives Korpus aller Selbstzeugnisse in der Schweiz vor 1820 zu verstehen, sondern vielmehr Abbild der Überlieferung dieser Dokumente. Obwohl Briefe ausdrücklich zu den Selbstzeugnissen gezählt werden, bleiben sie aus der Datenbank aus praktischen Gründen, die bedauerlicherweise nicht weiter spezifiziert werden, ausgeschlossen (Moret Petrini s.a.).

In enger wissenschaftlicher Kooperation mit der Schweizer Forschungsgruppe steht die Gruppe von Forschern unterschiedlicher Disziplinen um Ulbrich in Berlin. Im Projekt *Selbstzeugnisse in transkultureller Perspektive* arbeiten seit 2003 in interdisziplinärer Perspektive Historiker, Literaturwissenschaftler, Japanologen und Turkologen zusammen, um Selbstzeugnisse, die außerhalb des europäischen Kulturkontextes zu verschiedenen Zeiten entstanden sind, zu untersuchen.[30] Die Darstellung des eigenen Lebens wird dabei als soziale und kulturell geprägte Handlung verstanden, die in einem bestimmten sozialen Kontext vollzogen wird: «on considère le fait d'écrire comme une pratique sociale et culturelle et l'auteur comme un acteur social qui donne forme à son texte à partir de la situation d'écriture qui lui est propre, et en direction d'un certain public» (Ulbrich 2010, 82). In der Konzeption der Texte wird weniger der Anstieg westlicher Individualität und die wachsende Autonomie des Selbst, sondern vielmehr die Konstruktion und Dokumentation sozialer Beziehungen vor dem Hintergrund transkultureller Differenzen herausgestellt (von Greyerz 2010, 277).[31]

---

30 Die Homepage der Forschungsgruppe *DFG-Forschergruppe 530. Selbstzeugnisse in transkultureller Perspektive* ist erreichbar unter: http://www.geschkult.fu-berlin.de/e/fg530/ [letzter Zugriff: 26.9.2019].

31 Aus der Arbeit der Forschergruppe geht neben verschiedenen Publikationen unter anderem auch die digitale Datenbank *Selbstzeugnisse im deutschsprachigen Raum. Autobiographien, Tagebücher und andere autobiographische Schriften. 1400–1620* (Jancke 2008) hervor, die die verschiedenen ausgewerteten Quellen auflistet und im Sinne eines Nachschlagewerks der

Das bereits erwähnte Projekt der französischen Geschichtswissenschaft *Les écrits du for privé en France de la fin du Moyen Age à 1914* unter der Leitung von Bardet und Ruggiu an der Universität Paris-Sorbonne, das sich seit 2003 mit Ego-Dokumenten beschäftigt, untersucht zunächst unter der Bezeichnung *écrits du for privé* Haus- und Familienbücher, (Reise-)Tagebücher, Autobiographien und Memoiren sowie in allgemeinerer Form Texte, die außerhalb eines institutionellen Rahmens von einem Individuum über sich selbst und über seine Umgebung verfasst wurden.[32] Zu der grundsätzlich heterogenen Gruppe der *écrits du for privé* lassen sich auch Briefe und Stadtchroniken rechnen. Da hinter diesen Textsorten eine längere Forschungstradition steht, sind sie jedoch explizit aus der Forschungsarbeit des nationalen Netzwerks ausgeschlossen (Bardet/Ruggiu 2009). Die genannten Dokumente eröffnen einen direkten Zugang auf die Aussagen über das Selbst (Ruggiu 2005, 7). Ruggiu (2005, 7–8) problematisiert die traditionell als komplex wahrgenommene Arbeit mit dieser faszinierenden Quelle, unabhängig von der jeweiligen Bezeichnung, sei es unter dem Begriff *écrits du for privé* oder unter der sich verbreitenden Bezeichnung *Ego-Dokument*. Die Bezeichnung an sich ist insofern komplex, als Teile der so gefassten Texte nicht eindeutig der Privatsphäre zugeschrieben werden können, da sich in ihnen Privates und Öffentlicheres vermischen können. In der französischen Geschichtswissenschaft sind solche Quellen seit Ende des 19. Jahrhunderts bekannt und besonders Familienbücher, die sogenannten *livres de familles*, sind Gegenstand vieler Untersuchungen bis zum Beginn des Ersten Weltkriegs (Cassan 2005, 15; Ruggiu 2005, 8–9). In den 1970er Jahren erfahren die Texte des *for privé* ein neues Interesse, verbunden mit einem Perspektivwechsel, der die «classes populaires» in den Blick nimmt (Ruggiu 2005, 9). Viel zitiertes und häufig angeführtes Beispiel dieser Forschungstradition ist die von Roche (1982) publizierte Studie des Tagebuchs von Jacques-Louis Ménétra, einem Glaser aus Paris. Den Ansätzen gemeinsam ist die Fokussierung eines Individuums, das als außergewöhnlich und repräsentativ zugleich wahrgenommen wird. Singulär ist die individuelle schriftliche Äußerung einer historischen Person, die dennoch für ihre Zeit ex-

---

Öffentlichkeit zugänglich macht. Die Tatsache, dass für Deutschland noch keine umfassende Inventarisierung vorliegt, wie etwa in der Schweiz, lässt sich mit der geographischen Ausdehnung und der hohen Zahl von Archiven und Bibliotheken erklären (Ulbrich/Greyerz/Heiligensetzer 2005, 4).

32 Ein weiteres Projekt, das die Ergebnisse in Form einer elektronischen Edition der Öffentlichkeit zugänglich macht, ist *S'écrire au XIXe siècle. Une correspondance familiale*, das die Korrespondenz einer bürgerlichen Familie im Zeitraum von 1780 bis zum Ende des Ersten Weltkriegs umfasst (Dauphin/Poublan 2018). Online werden sowohl Faksimiles als auch die hinsichtlich Orthographie und Interpunktion normalisierten Transkripte zur Verfügung gestellt (Dauphin/Poublan 2016).

emplarisch ist, da sie, unabhängig von ihrem sozialen Status, den Zugriff auf kollektive Denkweisen ermöglicht (Ruggiu 2005, 10). Im Anschluss an das im Zuge der Sozialgeschichte aufkeimende Interesse am Individuum und seinem Leben wird den *écrits du for privé* besondere Bedeutung zugeschrieben. Dieses neue Interesse am Einzelnen zeichnet sich gleichfalls durch eine hohe Interdisziplinarität und einer Überwindung nationaler Forschung aus (Ruggiu 2005, 11).

Im Projekt werden mehrere Tausend Dokumente identifiziert, deren Auflistung und detaillierte Beschreibung in einer Datenbank[33] online verfügbar gemacht werden (sollen). Die Bereitstellung der Dokumente erlaubt die Untersuchung einer umfangreicheren Serie von Dokumenten über die Analyse einzelner, isolierter Dokumente hinaus (Bardet/Ruggiu 2009). Ziel der französischen Forschungsgruppe um Bardet und Ruggiu ist die Erfassung und Beschreibung der *écrits du for privé*, die eine Vielzahl wissenschaftlicher Zugänge, wie zum Beispiel die Darstellung von Gefühlen und von Identität, die Konstruktion des Selbst, die Erkenntnis über verschiedene Beziehungen des Egos, die Verschränkung mit jeweils dominierenden Diskursen und die Reflektion zirkulierender Denkweisen in den individuellen Selbstaussagen, ermöglichen und insofern Parallelen zur Beschreibung des in der Ego-Dokumente-Forschung skizzierten Forschungsgegenstands aufweisen (Bardet/Ruggiu 2009). Auf der Grundlage dieser thematischen Entsprechungen, unabhängig von der terminologischen Erfassung in der jeweiligen nationalen Forschungstradition, initiieren Bardet und Ruggiu ab 2007 die Bildung eines transnationalen europäischen Forschungsnetzwerks (Bardet/Ruggiu 2009).[34] In der Beschreibung der Inhalte des europäischen Projekts erfolgt die terminologische Gleichsetzung der verschiedenen nationalen Bezeichnungen: «Les écrits personnels [...] appelés aussi écrits à la première personne, *egodocuments* ou *Selbstzeugnisse*» (Ciapelli/Ruggiu/Ulbrich s.a.a). Werden an dieser Stelle noch alle drei Termini nebeneinander gestellt, äußert Ruggiu (2013, 12) später Präferenzen für *first-person writings*.[35] Die europäische Forschungs-

---

[33] Die gemeinsame Datenbank der nationalen und regionalen Archive sowie der *Bibliothèque nationale de France*, des *Musée de l'Histoire de France* und der *Académie des Sciences* ist verfügbar unter: http://inv.ecritsduforprive.huma-num.fr/cdc.html [letzter Zugriff: 20.9.2019].

[34] In der hispanophonen Geschichtswissenschaft sind Ego-Dokumente oder auch «escrituras del yo» (Sierra Blas 2016, 19) lange Zeit nicht Gegenstand der Forschung, vor allem in Bezug auf Schreiber bescheidener Herkunft: «Plus exactement, cette étude ne jouissait pas d'un légitime respect et de la visibilité historiographique nécessaire» (Castillo Gómez 2010, 32). Ab den 1990er Jahren ändert sich dies, heute beschäftigen sich verschiedene Forschungsgruppen mit den sozialen Praktiken des Schreibens (Castillo Gómez 2010, 32).

[35] Zu einem späteren Zeitpunkt spricht sich Ruggiu explizit gegen die Weiterverwendung des französischen *écrits du for privé* außerhalb des französischen Kontexts aus, da er eine zu stark vereinfachende Perspektive suggeriere und für eine europäische Untersuchungsperspektive

gruppe erweitert die Dokumente, mit denen die französischen Historiker arbeiten, um private Korrespondenz: «Les correspondances, surtout les lettres échangées au sein de la famille, dont les femmes sont souvent les auteurs, commencent également à être intégrées dans le corpus» (Ciapelli/Ruggiu/Ulbrich s.a.a).[36]

In den verschiedenen europäischen Kontexten ähneln sich die Schreiber hinsichtlich ihrer sozialen Provenienz und der jeweiligen Verteilung. Wenngleich auch in den Dokumenten des europäischen Netzwerks Frauen und untere Schichten vertreten sind,[37] so dominieren doch die männlichen Schreiber. Ein Großteil der von Frauen verfassten Texte sind bis zum 18. Jahrhundert im Wesentlichen religiösen oder meditativen Charakters, erst im Anschluss steigt die Zahl der von Frauen geschriebenen Tagebücher und Autobiographien (Ciapelli/Ruggiu/Ulbrich s.a.a; Ruggiu 2010, 12).

Die Interdisziplinarität und gleichzeitige Öffnung für die sprachwissenschaftliche Erforschung, zeigt sich in der Beteiligung der kanadischen Linguistin Martineau an der aus dem europäischen Projekt hervorgegangenen Publikation,[38] die die Zurückhaltung auf Seiten der Linguisten gegenüber privaten Texten folgendermaßen begründet:

> «Les linguistes les [lettres et journaux personnels, L.S.] ont moins exploités, en partie à cause de la difficulté de les situer sur le plan linguistique: bien qu'ils relèvent sans conteste de l'écrit, ils présentent parfois des traits de l'oralité. On les a le plus souvent examinés pour des éléments saillants comme leur orthographe ou leur lexique […] ou, à l'occasion, pour un document en particulier, pour des aspects de leur grammaire» (Martineau 2010, 613–614).

Die Geschichtswissenschaft beschäftigt sich nicht nur mit der konzeptionellen und terminologischen Erfassung von Ego-Dokumenten und ihrer Verfügbarmachung in großen Korpora. Die Arbeit mit Ego-Dokumenten ermöglicht durch die Berücksichtigung individueller Akteure eine Erweiterung des historiographischen Fokus.

---

nicht hilfreich ist: «I am coming to the conclusion that the term ‹écrits du for privé›, although effective in the French context, obscures more than it helps communication on a European scale» (Ruggiu 2013, 11).

36 Neben der Erweiterung der berücksichtigten Textsorten wird in der europäischen Zusammenarbeit der Untersuchungszeitraum über 1914 hinaus erweitert, wobei sich dies in der Berücksichtigung eines italienischen Dokuments aus den 1960er Jahren konkretisiert (Ruggiu 2010, 10).

37 Leider sind diese Texte nicht online einsehbar.

38 Die initiale eurozentrische Perspektive erfährt mit der Berücksichtigung der Kulturräume Asien, Afrika und Amerika eine weitere Öffnung (Ruggiu 2013).

3.1.3.2 Erweiterung des Fokus der Historiographie

Der interdisziplinäre Charakter von Ego-Dokumenten begünstigt nicht nur ihre Erforschung aus historischer, literaturwissenschaftlicher oder kulturgeschichtlicher Perspektive, diese überlagern sich zugleich mit dem Forschungsinteresse anthropologischer, psychohistorischer und medizinhistorischer Ansätze sowie mit Fragestellungen der Gender-Forschung (Schulze 1996a, 16–17). Neben der interdisziplinären Perspektive integrieren Ego-Dokumente nicht selten einen transnationalen Blickwinkel, da die Verfasser viel reisten, sie mehrsprachig waren oder weil die Texte übersetzt wurden (Baggermann/Dekker/Mascuch 2011, 2).

Eine Herausforderung in der Arbeit mit Ego-Dokumenten ist ihre hohe Variation in Genre und Stil und die damit verbundene Vagheit in der Klassifikation (Dekker 1996, 41; 52).[39] Die Untersuchung von Ego-Dokumenten eröffnet vielfältige Perspektiven auf spezifische Themen und Fragestellungen, wie das Konzept der Person, die Bedeutung von Individualität, Zeit, Raum und Erinnerung sowie in relationaler Perspektive die unterschiedlichen Beziehungen des Individuums im sozialen, wirtschaftlichen und politischen Raum (Ulbrich/Greyerz/Heiligensetzer 2005, 6). Zugleich werfen die Texte selbst eine Vielzahl von Fragen auf und motivieren eine große Bandbreite an Zugängen, insbesondere die Frage nach der Entstehung der Texte und ihrer Gründe, nach Vorbildern und Mustern sowie nach verschiedenen Formeln, den entsprechenden Regeln und Schreibpraktiken (Schulze 1996a, 17; Ulbrich/Greyerz/Heiligensetzer 2005, 6).

> «Scholars are no longer focussing on individual texts as sources of historical knowledge, mining them only for charming anecdotes. The texts themselves have now moved into the centre of research: temporal developments, genre-conventions, differences between types of egodocuments, motives for writing, intended audiences, the differences between literary and family texts, intertextual relations between egodocuments and other texts, and between them and oral traditions. In addition, and more importantly, there has been an end to the usual one-way traffic between history and egodocuments, because by studying these texts new questions will arise, and new hypotheses can be formulated» (Dekker 2002a, 17).

Auch die Frage nach dem privaten Charakter der Dokumente und die Definition eines bestimmten Publikums, das die Schreiber im Kopf haben, ist ein aktuelles Forschungsinteresse (Dekker 2002a, 15). Eine wesentliche Fragestellung, mit der

---

[39] Am Beispiel des Tagebuchs von Anne Frank illustriert Dekker das Paradoxon von Ego-Dokumenten, das dem Leser zum einen eine, wenngleich illusorische, Nähe zur Vergangenheit und den jeweiligen Akteuren suggeriert und zum anderen in der historischen Forschung lange Zeit nur wenig Beachtung fand. «Yet it has hardly been used as a source by historians, and, until recently, was hardly the object of serious study. Anne Frank's diary, then, is a telling example of the paradox the egodocument presents, as a text that easily takes its reader back to the past, but is notoriously intransigent for professional historians» (Dekker 2002b, 36).

sich die Forschung darüber hinaus beschäftigt, ist die Identifizierung auslösender Momente, die die Schreiber zur Redaktion von Ego-Dokumenten bewegen, und ihr Zusammenhang mit bedeutenden, historischen Ereignissen (Schulze 1996a, 19). Diese Korrelation umwälzender und die Gesellschaft prägender Ereignisse mit steigender Schriftproduktion ist von besonderem Interesse mit Blick auf die Schreiber, von denen sonst nur wenige schriftliche Zeugnisse vorliegen: «Hier finden sich am ehesten Anstöße zur Schilderung des eigenen Lebens auch für die Angehörigen jener Schichten, die sonst kaum schriftliche Zeugnisse zu produzieren gewohnt sind» (Schulze 1996a, 19).[40] Die Untersuchung von Ego-Dokumenten führt insofern zu einem Wandel in der Perzeption der Bedeutung historisch einschneidender Ereignisse mit umfassenden sozialen, politischen und ökonomischen Konsequenzen, als dass die Perspektive auf die Ereignisse durch eine individuelle Wahrnehmung ergänzt wird. Ein wesentlicher Aspekt der Ego-Dokumente-Forschung besteht im bereits bei Schulze postulierten Desiderat, auch diejenigen Schichten und sozialen Gruppierungen in die Geschichtsschreibung miteinzubeziehen, die lange von der Forschung ausgeschlossen waren. Wenngleich das Interesse der historischen Forschung an autobiographischen Texten nicht neu ist, so ist es das Interesse an diesen Verfassern. Lange Zeit konzentrierte sich die Forschung vor allem auf autobiographische Zeugnisse herausragender und prominenter, meist männlicher Persönlichkeiten (Schulze 1996a, 21). Gerade autobiographische Texte wurden zumeist eng mit wichtigen und berühmten Akteuren verknüpft, denen aufgrund ihrer Nähe zu bestimmten Ereignissen eine größere Autorität in der Beschreibung derselben zugeschrieben wurde. Ein äußerst prominentes Beispiel hierfür ist Cäsars *De Bello Gallico* (Dekker 2002b, 20). Der Fokus in der Historiographie wird so insbesondere durch die Berücksichtigung von Dokumenten, die von Angehörigen niedriger sozialer Schichten sowie von Frauen aller sozialen Gruppierungen verfasst wurden, erweitert. Diese Schreiber artikulieren sich traditionell wenig und selten im Medium der Schrift, sie werden als «die schweigende Masse» (Schulze 1996a, 13) oder als «other voices» (Dekker 2002a, 16) bezeichnet. Diese Weitung der Perspektive auf schreibende Akteure in der Historiographie, die lange Zeit nicht ausreichend berücksichtigt wurden, umfasst neben Texten von beispielsweise Bauern oder Arbeitern auch Dokumente von Frauen, deren Alphabetisierung und schriftliches Verhalten so beleuchtet werden können: «Die sozialgeschichtliche und literaturwissenschaftliche Frauen- und Geschlechterforschung hat die Geschlechterblindheit der etablierten Autobiographieforschung zum Anlaß genommen, Fragen

---

40 Cf. hierzu Ruggiu (2010, 15): «Ces différences quant à la chronologie et quant aux origines des écrits du for privé, soulignent, d'ailleurs, l'intérêt d'une enquête à l'échelle européenne qui mettrait en évidence les rapprochements et les dissemblances de ces formes au sein d'une Europe marquée par des ruptures politiques, culturelles ou religieuses fortes».

nach weiblichem Schreiben, weiblicher Identität oder einem weiblichen Subjekt zu diskutieren» (Jancke/Ulbrich 2005, 14). Neben dem Geschlecht beeinflussen soziale und ökonomische Faktoren den Grad der Alphabetisierung und den Erwerb der Schriftkompetenz maßgeblich. In adligen und bürgerlichen Kreisen war die Alphabetisierungsrate höher, daher hatten Frauen in der Regel ausgeprägtere Kompetenzen im Umgang mit der Schrift (Ulbrich 1996, 207). Dennoch differieren die Geschlechter hinsichtlich ihrer Schriftkultur nicht grundlegend, sondern nur graduell (Ulbrich 1996, 208).[41]

Mit der Berücksichtigung von in der Historiographie kaum wahrgenommenen Schreibern geht die Entwicklung besonderer Fragestellungen und methodologischer Ansätze zur Aufdeckung sozialer und kultureller Wissensbestände und Praktiken sowie kollektiver und individueller Wertvorstellungen einher (Schulze 1996a, 13). Der enge Zusammenhang zwischen Ego-Dokumenten und direkten Quellen der unteren Bevölkerungsschichten, Frauen und benachteiligten sozialen Gruppen wird in der Diskussion um die Verwendung des Begriffs Ego-Dokument als Vorteil der Überwindung zu starrer Kategorien traditioneller Ansätze bewertet. So wird eine alternative Perspektive auf historische und soziopolitische Vorgänge möglich (Amelang 1996, 66). Die Studie von Ego-Dokumenten in ihrer weitgefassten Definition birgt in dieser Hinsicht das Potential, «Wissen, Bewertungen, Meinungen von Menschen zu erhalten, die diese niemals in anderer, für uns zugänglicher Form geäußert haben» (Schulze 1996c, 324). Im Vergleich zu offiziellen Quellen stellen Ego-Dokumente keinen geringeren Interessenswert dar, sie bilden die Grundlage für die Rekonstruktion der Geschichte derjenigen gesellschaftlichen Gruppen, wie Frauen, Arbeiter und ethnische Minderheiten, die in offiziellen Quellen unterrepräsentiert sind (Dekker 2002a, 16). Die Ego-Dokumente repräsentieren in dieser Perspektive eine unverzichtbare Ergänzung administrativer offizieller Quellen: «Ces derniers [documents administratifs, L.S.] ne livrent en effet qu'une vision ‹officielle› des événements tandis que les écrits du for privé, en traduisant les sentiments de leurs auteurs, restituent l'environnement social, économique et politique dans lequel ces derniers évoluent» (Even 2010, 20).

---

[41] Insbesondere für die Historiographie des 20. Jahrhunderts stellen Texte von nicht prominenten, politischen Gefangenen ein komplementäres Textmaterial dar. Cf. hierzu auch Sierra Blas (2016, 20): «[...] presos y presas anónimos, cuyas vidas, a diferencia de las de los personajes relevantes – venerados por sus cargos políticos, religiosos y militares, o reconocidos y respetados por su elevada condicicón social y económica – no alcanzaron el derecho a ser escritas en los libros del pasado, pero que todo apunta a que ocuparán un primer plano en libros del futuro. Ignoradas y silenciadas en numerosas ocasiones, consideradas poco dignas y representativas en otras tantas, las referencias a las huellas escritas de la gente común fueron durante demasiado tiempo algo anecdótico, ilustrativo, tangencial o incluso exótico en el ámbito académico».

Gerade in der Berücksichtigung von Quellen und ihren Autoren, die lange Zeit in der traditionellen Geschichtsschreibung nicht oder nur geringe Beachtung fanden, und der damit verbundenen Öffnung der Perspektive hinsichtlich der Träger der Geschichte, besteht eine wesentliche Parallele zur linguistischen Forschung und dem bereits erwähnten Ansatz der Sprachgeschichte von unten (Kapitel 2.2).

3.2 Ego-Dokumente in der linguistischen Forschung: Sprachgeschichte von unten

Die Bedeutung der sprachlichen Gestaltung von Ego-Dokumenten wird bereits in der Geschichtswissenschaft vielfach herausgestellt: «Sprache erzählt uns viel über Ego-Dokumente, und Ego-Dokumente erzählen uns umgekehrt viel über Sprache» (Dekker 1996, 43). Die in der Nachfolge Pressers im Zuge der Mentalitäts- und der Mikrogeschichte neu belebte Diskussion um das Konzept Ego-Dokument wird zusätzlich durch die Berücksichtigung der sprachlichen Materialität der Dokumente geprägt:

> «The ‹linguistic turn› was a development that taught historians to treat such sources differently. The textual aspect is only now getting the attention it deserves, egodocuments are no longer simply regarded as ‹sources›, but as part of historical research itself, as texts that raise new questions rather than answer old ones» (Dekker 2002b, 37).

Die Prädestination der Ego-Dokumente für eine sprachwissenschaftliche Untersuchung begründet sich auch durch die Korrelation von Individuum und Gesellschaft und der Verknüpfung der individuellen Texte mit übergeordneten Diskursen: «[...] personal narratives, both in reproducing and in creating discourse, are deeply embedded in a collective context» (von Greyerz 2010, 276). Aus geschichtswissenschaftlicher Perspektive ist ein Beitrag der Sprachwissenschaft die Herausarbeitung der «Stimme des einzelnen» aus den Texten (Ulbricht 1996, 172). Viele historische Ansätze beziehen also bereits die Möglichkeit sprachwissenschaftlicher Analyse mit ein, oder denken sie zumindest mit, und zeigen ihren Mehrwert auf: «Sie [die Sprachwissenschaft, L.S.] könnte nämlich einmal helfen, die unterschiedlichen Spracharten und -ebenen (Fachsprache, Umgangssprache) innerhalb einer Supplikation herauszufiltern, zum anderen helfen, der verdeckten Emotionalität auf die Spur zu kommen» (Ulbricht 1996, 171).

Die Berücksichtigung von unter Ego-Dokumente gefassten schriftlichen Produktionen von Schreibern aller oder zumindest einer Vielzahl sozialer Gruppierungen, insbesondere derjenigen, die lange Zeit ungehört waren, ist in der Geschichtswissenschaft ein konstitutives Element der Definition des Konzepts Ego-Dokument und bildet zugleich die Grundlage für seine Übernahme in die lin-

3.2 Ego-Dokumente in der linguistischen Forschung: Sprachgeschichte von unten — 61

guistische Forschung. So wurden in der Erläuterung des sprachhistoriographischen Ansatzes einer Sprachgeschichte von unten (Kapitel 2.2.2) Ego-Dokumente als dasjenige Textmaterial identifiziert, das einem informellen Sprachgebrauch der kommunikativen Nähe so nahe als im schriftlichen Medium eben möglich kommt. Als besonders geeignet erweisen sich Tagebücher und Briefe.

Der Terminus *Ego-Dokument* wird in der jüngeren Vergangenheit in der sprachwissenschaftlichen Forschung im Rahmen der historischen Soziolinguistik im Wesentlichen aus zwei grundlegenden Motiven gebraucht, die in ähnlicher Weise bereits in der Definition der Geschichtswissenschaften angelegt sind. Zum einen werden darunter schriftliche Zeugnisse gefasst, die lange Zeit nicht ausreichend in der Sprachgeschichtsschreibung Berücksichtigung fanden, und damit verbunden die entsprechenden Verfasser, zum anderen wird so die subjektive Perspektive des individuellen Sprachgebrauchs betont, der in der Summe der Dokumente das sprachliche Verhalten sozialer Gruppen abbilden soll. Die Verwendung des Terminus erfolgt in linguistischen Arbeiten allerdings häufig ohne eine theoretische Fundierung und ohne Begründung seiner Vorzüge für eine Analyse der Texte, sodass die Bezeichnung *Ego-Dokument* grundsätzlich durch andere Termini substituierbar erscheint.

Wie in Kapitel 2.2 erläutert, bildet Elspaß' Studie zum Alltagsdeutsch in Briefen von Immigranten in den USA eine wichtige Referenz, sowohl in der Arbeit mit Privatbriefen als auch insbesondere in einem Ansatz einer Sprachgeschichte von unten. Obgleich Elspaß in späteren Arbeiten vielfach auf die Bedeutung von *Ego-Dokumenten* in einer von der informellen Sprachverwendung ausgehenden Sprachgeschichte hinweist, verwendet er in seiner wegweisenden Studie diesen Terminus noch nicht. In der Untersuchung der niederländischen *Letters as Loot* (Rutten/van der Wal 2014) wird die Bezeichnung *Ego-Dokument* in Bezug auf die untersuchten Briefe gebraucht, die Autoren verzichten jedoch zunächst auf eine theoretische Fundierung. Dies mag dadurch begründet sein, dass der Begriff in der niederländischen Geschichtsforschung lange konsolidiert ist und sogar Eingang in den allgemeinen Sprachgebrauch gefunden hat. Im Sammelband *Touching the Past* (van der Wal/Rutten 2013b), der bereits im Titel den Ego-Dokumenten aus der Perspektive der historischen Soziolinguistik gewidmet ist, werden diesen terminologisch die «first-person writings» (van der Wal/Rutten 2013c, 1) zur Seite gestellt. Unter Ego-Dokumente werden hier Briefe und autobiographische Texte wie Memoiren, Tagebücher und Reisetagebücher gefasst (van der Wal/Rutten 2013c, 1). Im Gegensatz zur Monographie *Letters as Loot* wird in *Touching the Past* den verschiedenen Beiträgen eine kurze Definition der Ego-Dokumente vorangestellt: «The term ego-document was coined about 1955 by the Dutch historian Jacques Presser who initiated historical research of this text type [..]. He defined egodocuments as writings in which the I, the writer, is continuously present in the text as the writing and describing subject» (van der Wal/Rutten 2013c, 1).[42]

Ernsts Beschreibung nicht-literarischer Texte von Schreibern mit weniger Erfahrung entspricht in den wesentlichen Zügen der Definition von Ego-Dokument:

> «Häufig sind das Texte autobiographischen und privaten Charakters. Ich meine damit Texte, welche den beiden folgenden Bedingungen genügen: a) Der Autor befaßt sich hierin zumindest teilweise auch mit seiner Lebenswirklichkeit. b) Der Autor schreibt seinen Text in erster Linie für sich selbst; als potentielle Leser kommen daneben allenfalls noch enge Familienangehörige in Frage. Ausgeschlossen sind also solche Autobiographien, Memoiren, Tagebücher, für die der Autor bereits bei der Niederschrift mit einer späteren Veröffentlichung rechnete» (Ernst 1995, 46).

Einige der wenigen Studien, die das Konzept Ego-Dokument in seinen theoretischen Ursprüngen motiviert ist Klippi (2018), die Ego-Dokumente als Dokumente mit einer dezidiert mikrohistorischen Ausrichtung, komplementär zur Makrogeschichte betrachtet. In der 1. Person Singular verfasste Texte wie Briefe, Tagebücher, Memoiren, Autobiographien, Haushaltsbücher oder Familienbücher eröffnen «une fenêtre sur l'histoire de la vie privée et permettant de prendre la défense de l'homme ordinaire, d'accéder à ses pensées ou sentiments et de revivre ses expériences» (Klippi 2018, 100). Dieser Ansatz konzeptualisiert Interdisziplinarität und Individualität vor dem Hintergrund zeitgenössischer Diskurse folgendermaßen: «En raison de sa focalisation sur l'individu et son vécu, cette approche participe, d'une part, au *tournant biographique* des sciences historiques et sociales, et d'autre part, relève de *l'individualisme méthodologique* qui prend les rationalités de l'acteur comme sa seule unité de référence» (Klippi 2018, 102–103; Herv. im Original).

Generell werden Ego-Dokumente unter konzeptionellem Blickwinkel für sprachwissenschaftliche Untersuchungen einerseits unter einem methodologischen Gesichtspunkt und andererseits in der Perspektive einer diasystematischen Erweiterung der Textgrundlage, insbesondere in diaphasischer und diastratischer Hinsicht, fruchtbar gemacht.[43]

---

[42] Ähnlich wie in *Letters as Loot* (Rutten/van der Wal 2014) scheinen die Herausgeber nicht die Notwendigkeit einer ausführlichen Definition zu sehen, da die vorhergehende Präzisierung in einer Fußnote erfolgt.

[43] Die Erweiterung der diatopischen Untersuchungsperspektive geht einher mit der Berücksichtigung eines erweiterten Kreises sprachlicher Akteure sowie dem Fokus auf informelle Register.

3.2.1 Methodologischer Ansatz

In einer methodologisch-konzeptuellen Sichtweise bilden Ego-Dokumente die Grundlage für den Ansatz einer Sprachgeschichte von unten «in its own right» (van der Wal/Rutten 2013c, 1). Im Fokus dieses Ansatzes steht die Untersuchung des Sprachgebrauchs mittlerer und niedrigerer sozialer Schichten einer bestimmten Gesellschaft, unterhalb des Einflussbereichs einer überformten Standardnorm.

> «Furthermore, it is the language history from below approach that constitutes an appropriate historical-sociolinguistic framework. This approach not only focuses on the written language of ego-documents, thus differing from more traditional accounts of language history largely based on edited and published literary language, it also shifts from the traditional focus on the language of the elite, mainly men from the upper ranks of society, to an emphasis on the language of the lower and middle ranks, both men and women» (van der Wal/Rutten 2016, 198).

Die Betrachtung von Briefen als Ego-Dokumente differiert von vielen historischen Ansätzen, in denen Korrespondenzen häufig explizit aus dem Untersuchungskorpus ausgeschlossen werden. Die angenommene Nähe von Privatbriefen und grundsätzlich auch von Tagebüchern zur gesprochenen Sprache gibt einen wertvollen Einblick in Variation und Sprachwandel, durch deren historisch-soziolinguistische Beschreibung eine alternative Perspektive auf Sprachgeschichte möglich wird, die zusammen mit der Verwendung neu entdeckter Quellen die traditionelle Sprachgeschichte ergänzen und komplettieren soll (Rutten/van der Wal 2014, 20). Private Briefe stellen eine besonders reiche Quelle für historisch-soziolinguistische Ansätze dar, da sie eine «unprecedented opportunity to gain access to the everyday language of the past» eröffnen (van der Wal/Rutten 2013a, 20).

Außerdem weicht im Vergleich zur historischen Forschung aus sprachwissenschaftlicher Perspektive die Bewertung der vielfältigen, als Ego-Dokumente gefassten Textsorten abhängig vom jeweils spezifischen Forschungsinteresse zum Teil ab. Texte, die gewinnbringende historische Analysen erlauben, eignen sich weniger für die Untersuchung des schriftsprachlichen Ausdrucks mit Blick auf orthographische oder grammatikalische Aspekte. Auch die Länge der Texte ist in der Auswahl der Texte in Abhängigkeit der Forschungsfragen entscheidend. Innerhalb der Ego-Dokumente stellen private Briefe und Tagebücher, inklusive Familienbücher, die geeignetsten Dokumente zur Rekonstruktion eines Porträts soziolinguistischer Dynamiken dar (Martineau 2010, 619).

Neben einer von der demographischen Mehrheit ausgehenden Sprachgeschichtsschreibung können Ego-Dokumente in der Sprachwissenschaft einen Beitrag zur Alphabetisierungsgeschichte leisten (cf. hierzu auch Thun 2011, 364):

«Les statistiques concernant l'alphabétisation d'une population ne permettent pas de conclure toujours comment les compétences à l'écrit ont été déterminées et mesurées. Dans les études de littératie, pourtant, le concept de langue écrite devient polysémique et graduel dans la mesure où l'énoncé *Je sais écrire* possède différents sens selon son contexte d'usage: il s'étend d'une simple capacité de signer son nom jusqu'à la capacité élaborée d'employer une expression et un style élégants dans différents genres» (Klippi 2018, 109; Herv. im Original).

Aus dieser Perspektive tragen Ego-Dokumente maßgeblich zu einem tieferen Verständnis bei, wie Schreiber unterschiedlicher sozialer Herkunft sich die Schrift aneignen und mit welchen kommunikativen Funktionen sie sie gebrauchen.

3.2.2 Diastratische Erweiterung

In der sprachwissenschaftlichen Forschung bilden Ego-Dokumente in jüngerer Vergangenheit insofern den Gegenstand von Untersuchungen, als sie schriftliche Texte von Autoren bezeichnen, die lange Zeit in der Sprachhistoriographie vernachlässigt wurden. Diese Autoren repräsentieren jedoch mit etwa 95% der Gesellschaft ihre demographische Mehrheit (Elspaß 2005, 75). Ihre Berücksichtigung kommt einer Demokratisierung der Sprachgeschichtsschreibung gleich, die der Pluralität der sprachlichen Wirklichkeit näher steht: «y ha sido gracias a ellos [textos personales de la gente común, L.S.] como se ha logrado escribir una historia más justa, más democrática y, por tanto, más próxima también a las verdades, siempre plurales» (Sierra Blas 2016, 20).

Um der unterschiedlichen sozialen Herkunft der Verfasser ihres Briefkorpus und dem Schriftsprachgebrauch in einer spezifischen Kommunikationssituation Rechnung zu tragen, wählt Schrader-Kniffki (2018) für die Dokumente ihres Korpus die Bezeichnung *Ego-Dokument* und richtet so den Blick auf die subjektive Rekonstruktion der historischen Realität und des Subjekts selbst (Schrader-Kniffki 2018, 302–303). Ego-Dokumente verknüpfen auf diese Art sowohl inhaltlich als auch terminologisch historische Soziolinguistik und individuellen Schriftsprachgebrauch in all seinen Facetten: «Desde esta perspectiva, cartas como textos autógrafos se consideran como prototipo del ego-documento» (Schrader-Kniffki 2018, 303).

Die Bedeutung historisch wichtiger Ereignisse für die Produktion von Ego-Dokumenten von Schreibern, die keine regelmäßige Routine im Umgang mit der Schriftkultur haben, und die häufig akzidentelle Überlieferung werden auch in der Linguistik herausgestellt (van der Wal/Rutten 2013c, 15). Dementsprechend stellen Ego-Dokumente zumeist kein homogenes Quellenkorpus dar, sie zeichnen sich vielmehr durch eine Hybridität der Textformen aus, die insbesondere im Zusammenspiel von typischen Elementen schriftlicher Kommunikation und Einflüssen der Mündlichkeit manifest wird (van der Wal/Rutten 2013c, 14). Dieses bereits aus geschichtswissenschaftlicher Perspektive thematisierte Charakteristikum der Hybridität findet seine Fortsetzung in der Verwendung unfreiwillig erzeugter Ego-Dokumente auch in der Sprachwissenschaft, wie etwa bei Wright (2013), die unfreiwillig produzierte Ego-Dokumente von Sklaven untersucht.

Sprachliche Gewohnheiten und Verhaltensweisen nicht alphabetisierter oder teilweise alphabetisierter Bevölkerungsgruppen aus der Vergangenheit sind im Wesentlichen für die Forschung unzugänglich. Auch wenn es sich hierbei um eine nicht zu ändernde Tatsache handelt, können Ego-Dokumente zumindest eine gewisse Annäherung an kulturelle und sprachliche Praktiken spezifischer Bevölkerungsgruppen ermöglichen: «As has been argued over the past years, however, so-called ego-documents such as private letters can be used to assess the linguistic practices of less-skilled writers, and may give an insight into the spoken language of the past» (van der Wal/Rutten 2016, 198). Martineau schließt sich der Bewertung von Ego-Dokumenten als vielversprechendem Quellentyp, unter der Einschränkung einer extensiven Kontextualisierung, für die linguistische Forschung dezidiert an. Für sprachwissenschaftliche Untersuchungen sollten die Dokumente in ihrem jeweils spezifischen Kontext der Produktion situierbar sein, nach sprachlichen Kriterien selektiert werden und in einer umfassenderen Serie vorliegen:

> «Les documents de nature privée sont des sources précieuses pour l'étude de la langue ancienne, mais demeurent néanmoins des documents écrits qui ne jettent qu'un éclairage partiel sur la langue ancienne. Pour tirer parti de ces documents privés, il est essentiel qu'ils soient situés dans leur contexte de production, qu'ils soient sélectionnés selon des critères linguistiques et qu'ils soient assez nombreux pour permettre de dégager des tendances sur l'évolution linguistique» (Martineau 2010, 621).

Die Bedeutung des Kontextes, der bereits in der geschichtswissenschaftlichen Auseinandersetzung mit dem Konzept betont wird, ist auch für seine Anwendung in der Sprachwissenschaft von äußerster Wichtigkeit. Vielfach wird die detaillierte und umfassende Kontextualisierung auch hinsichtlich kultureller und sozialer Aspekte der Texte herausgestellt (Conde Silvestre 2007, 51–52). Sowohl Ernst (1995, 47) als auch Klippi (2018, 106) betonen die Bedeutung der individuellen Biographie eines Schreibers für das Schreiben. Soziale Herkunft allein erklärt die Vertrautheit mit der Schriftsprache und ihre Beherrschung nicht hinreichend. Mit dem Kriterium des abgeschlossenen Adressatenkreis ist häufig ein bestimmter Bildungsgrad und eine bestimmte soziale Herkunft verknüpft, da Schreibern aus weniger privilegierten sozialen Schichten das Schreiben für ein öffentlicheres Publikum zumeist fremd ist (Ernst 1995, 47). Mit der Nutzung von Ego-Dokumenten erweitert sich nicht nur der Fokus der sprachlichen Akteure, auch die systematische Korrelation sozialer Variablen wie Gender, sozioökonomischer Status, Bildung und Mobilität mit sprachlichen Varianten wird möglich (Nevalainen/Raumolin-Brunberg 2012, 24).

Ein grundlegendes methodisches Problem, das Ego-Dokumente aufwerfen, ist die Frage nach der Autorschaft der Texte. Je früher ein Text verfasst wurde, desto geringer ist die Alphabetisierungsrate der Gesellschaft und desto wahrscheinlicher ist es, dass Texte nicht von ihrem Sender verfasst wurden (van der Wal/Rutten 2013c, 12). Die Frage, wie nicht-autographische Texte zu untersuchen sind und wem der Sprachgebrauch zuzuschreiben ist, soll hier nicht weiter vertieft werden, da sie für die vorliegende Untersuchung eine untergeordnete Rolle spielt. Ende des 19. und Anfang des 20. Jahrhunderts kann in Frankreich von einer relativ vollständigen Alphabetisierung ausgegangen werden, wie für das Korpus durch die Rekonstruktion der Schreiberbiographien und dem Erwerb der Schriftkompetenz bestätigt wird.[44]

3.2.3 Diaphasische Erweiterung

Neben der Zuwendung zu Schreibern, die hinsichtlich ihrer sozialen Stellung, ihres Geschlechts und ihrer Herkunft diversifizierter sind, steht die Verwendung von Ego-Dokumenten zumeist in direktem Zusammenhang mit dem alltäglichen Sprachgebrauch und informellen Registern: «More in particular, our research tied in with an approach from the perspective of language history from below, which focuses on non-literary everyday language, presumably found in ego-documents such as letters and diaries from lower- and middle-class writers» (Rutten/van der Wal 2014, 4–5). Hierbei werden Ego-Dokumente vielfach als Quellen zur Rekonstruktion der gesprochenen Alltagssprache historischer Sprachstände gesehen, die sich so weit es nicht-fiktionalen historischen Texten möglich ist den verlorenen Sprachzeugnissen medial mündlicher Kommunikation annähern, ohne selbstverständlich jemals Kongruenz zu erreichen (Rutten/van der Wal 2018, 244; van der Wal/Rutten 2013c, 1).[45] Wichtig ist in diesem Zusammenhang die Ego-Dokumente nicht mit gesprochener Sprache gleichzusetzen: «Un document écrit par un scripteur peu lettré présentant une maîtrise imparfaite de l'orthographe demeure malgré

---

[44] Cf. hierzu auch Klippi (2018, 111): «Avant la guerre, la littératie s'était répandue quasi uniformément sur le territoire national, le savoir lire et écrire avait atteint l'ensemble de la population et le code standard avait couvert les espaces linguistiques locaux».
[45] Dieser Ansatz ist allen Beiträgen in *Touching the Past* (2013) gemein, gleichzeitig wird er in allen auf unterschiedliche Weise hinterfragt (van der Wal/Rutten 2013c, 12).

tout un document écrit» (Martineau 2010, 620).⁴⁶ In der historischen Soziolinguistik sind Ego-Dokumente als private Texte in verschiedenen Registern eine vielversprechende Ergänzung für variationslinguistische Studien:

> «L'étude de la variation et de l'évolution linguistiques doit tenir compte de l'impact des conditions socio-historiques: classe sociale, région ou dialecte, âge, niveau d'éducation, etc. Il est important, pour mesurer ces facteurs, d'avoir accès à des documents de différents registres: public mais aussi privé, où la nature du document – journal personnel ou lettre familiale – permet parfois une plus grande liberté linguistique» (Martineau 2010, 614).

Durch ihre Affinität zur kommunikativen Nähe und zu typischen Ausdrucksformen der Mündlichkeit bieten Ego-Dokumente im Rückbezug auf den methodologischen Aspekt (3.2.1) die Möglichkeit eine traditionell ausgerichtete Sprachgeschichtsschreibung zu ergänzen: «filling in the blanks left by traditional historical linguistics that in many cases had a teleological perspective on language history, mainly focussing on literary texts and formal texts from higher registers» (van der Wal/Rutten 2013c, 1). Eines der Forschungsziele von Rutten/van der Wal (2014) ist daher die Vervollständigung, zumindest in Teilen, der niederländischen Sprachgeschichte (Rutten/van der Wal 2014, 5).

Auf Grundlage dieser Erläuterungen stellt der folgende Abschnitt das Verständnis von Ego-Dokumenten in dieser Arbeit sowie die darunter gefassten Texte vor.

3.3 Die Ego-Dokumente des Analysekorpus

3.3.1 Zugrundeliegende Definition von Ego-Dokument

In Ergänzung zu den sprachwissenschaftlichen Studien, die sich mit Ego-Dokumenten beschäftigen, trägt die vorliegende Arbeit durch die theoretische Fundierung des Konzepts Ego-Dokument in der Geschichtswissenschaft sowie durch das Aufzeigen seiner wesentlichen Merkmale und analytischen Ansatzpunkte zu einer konzeptuellen Präzisierung des Konzepts in der Sprachwissenschaft bei.

Ego-Dokument soll hier nicht als austauschbare Denomination gebraucht werden. Die Bezeichnung wird vielmehr deshalb verwendet, da sie eine genuin subjektive und individualisierende Blickrichtung enthält. Dem ersten Element *Ego* wird in dieser Arbeit Rechnung getragen, indem der soziobiographische

---

46 Dies bedeutet nicht, dass in den Texten keinerlei Spuren von Mündlichkeit enthalten sind. Nach mediävistischem Vorbild identifiziert Steuckardt (2014, 355) konzeptionell Gesprochenes in der Korrespondenz des Ersten Weltkriegs.

Hintergrund des einzelnen Schreibers die Argumentationsgrundlage für sprachliche Variation bildet. Damit wird herausgestellt, dass Ego-Dokumente die singuläre Betrachtungsweise einer gegeben historischen Realität von einem identifizierbaren subjektiven Blickpunkt abbilden und die sprachliche Gestaltung mit dieser Origo zu korrelieren ist. Die individuelle Schreibkompetenz und der schriftsprachliche Ausdruck sollen stärker mit der jeweiligen Schreiberbiographie sowie mit dem soziohistorischen und politischen Hintergrund, vor dem das Individuum schreibt, verknüpft werden. Methodologisch beleuchtet diese Vorgehensweise, wie die Konzeption von Ego-Dokumenten in der Sprachwissenschaft gewinnbringend angewandt werden kann, nicht nur als austauschbarer Terminus, der auf eine heterogene Sammlung von Texten referiert, sondern vielmehr in der Fokussierung des schreibenden Subjekts in seinen soziobiographischen Zusammenhängen, seiner Schriftsozialisation, seiner Mehrsprachigkeit und seines dialektalen Hintergrunds.

Das für das Schreiben derer, die sich traditionell nicht schriftlich ausdrücken, wesentliche Motiv ist eines der konstitutiven Merkmale des Korpus. Das auslösende Moment, das die Redaktion der Ego-Dokumente im Analysekorpus motiviert, ist der Erste Weltkrieg. Mit der allgemeinen Mobilmachung 1914 werden sukzessive zahlreiche Jahrgänge französischer Männer zur Armee eingezogen. Dies impliziert eine Trennung von der Familie, von Freunden und Bekannten, vom Alltag und seinen Aufgaben, die die Schreiber des Analysekorpus durch das Verfassen von Briefen und Tagebüchern zu kompensieren versuchen. Die Verfasser der Ego-Dokumente können in der Folge des Konzepts *peu lettré* (cf. Kapitel 2.3) als weniger geübte und weniger routinierte Schreiber charakterisiert werden. Für einen Großteil von ihnen war die Schriftkultur kein wesentlicher Bestandteil ihres Alltags vor Ausbruch des Krieges. Erst das historische Ereignis des Ersten Weltkriegs mit seinen umwälzenden sozialen, politischen und kulturellen Konsequenzen zwingt sie zu schreiben. Es handelt sich um den Sprachgebrauch einfacher Leute, die nur für sich und für ihre Familie sowie für Freunde schrieben. Vor diesem Hintergrund und im Kontext der historischen kommunikativen Situation ist die schriftliche Ausdrucksweise der Schreiber entsprechend zu bewerten, weshalb im Folgenden der Kontextualisierung sprachlicher Formen eine wesentliche Bedeutung zugeschrieben wird.

Die Ego-Dokumente tragen zu unseren Kenntnissen des Sprachgebrauchs Ende des 19. und Anfang des 20. Jahrhunderts, des Schriftspracherwerbs und medial schriftlicher historischer Mehrsprachigkeit in bestimmten Kontakträumen sowie des Wissens um Textformen und deren sprachliche Ausgestaltung durch diskursive Muster bei. Die folgenden Analysen verstehen sich als Beitrag zur Enthüllung verschiedener Schichten der individuellen Kompetenzen im schriftsprachlichen Ausdruck, die die orthographischen, lexikalischen, morphosyntaktischen und diskursiven Mittel, die den Schreibern zur Verfügung stehen, umfassen, darüber hinaus aber auch die Aneignung kommunikativer Routinen und Textsorten-Kenntnisse betreffen. Die Betonung der subjektiven Sichtweise führt zu einer individuellen sprachlichen Perspektivierung des historischen Ereignisses des Ersten Weltkriegs, die von einem Standpunkt der historischen Soziolinguistik durch die Hereinnahme von Schreibern, die nicht durch gesellschaftliches Prestige herausragen, nicht prominent oder als wichtige Akteure in der Geschichte aufgetreten sind, einen Beitrag zur Sprachgeschichtsschreibung von unten leisten möchte.

Der folgenden Analyse der in den Jahren 1914 bis 1918 verfassten Ego-Dokumente wird insofern ein enger Begriff von Ego-Dokument zugrunde gelegt, als sich die Untersuchung auf freiwillig niedergeschriebene Ego-Dokumente beschränkt. Diese postulierte Freiwilligkeit der Redaktion der Texte muss allerdings eingeschränkt werden, da das historische Ereignis des Ersten Weltkriegs die Schreiber erst in eine Situation bringt, schreiben zu müssen bzw. zu wollen. Es erscheint unzweifelhaft fraglich, ob die Schreiber des Analysekorpus unter anderen, friedlichen historischen Umständen eine so umfangreiche schriftliche Produktion hinterlassen hätten.[47]

3.3.2 Korrespondenz und Tagebücher: die Ego-Dokumente im Analysekorpus

Im Korpus[48] sind Postkarten, Briefe und Tagebücher enthalten. Die Briefe und Postkarten werden zwischen der Front und dem Hinterland ausgetauscht, die Tagebücher und tagebuchartigen Aufzeichnungen werden ausschließlich von Soldaten an der Front, während der Kriegsgefangenschaft oder im Lazarett geschrieben.

Während des gesamten Konflikts werden ungefähr 10 Milliarden Briefe verschickt. Allein im Jahr 1915 beläuft sich die Zahl auf etwa 4 Millionen pro Tag. Die Postkarte, deren goldenes Zeitalter generell auf die Jahre 1900 bis 1920 fällt, ist zu Beginn des Kriegs das privilegierte Mittel für eine schnelle und effiziente Kommunikation (Mercier 2015, 20).

Im Zusammenhang mit der Erweiterung sprachhistoriographischer Ansätze wird vielfach auf die Affinität von Ego-Dokumenten und der kommunikativen Nähe hingewiesen, wie zum Beispiel: «Cet épisode historique [la Grande Guerre, L.S.] met ainsi au premier plan un écrit de type familial, ancré dans un immédiat communicatif dont les scripteurs appartiennent aux premières générations

---

47 Überdies erscheint fraglich, ob eine derartige schriftliche Produktion ohne den Anlass des Ersten Weltkriegs bis zum heutigen Datum aufbewahrt und schließlich Archiven überlassen worden wäre.
48 Zur Konstitution des Korpus und zu den Selektionskriterien der Dokumente cf. Kapitel 4.

d'hommes et de femmes alphabétisés en français» (Carles/Glessgen 2020, 1). Die Repräsentation von Nähesprache in Texten wie Privatbriefen und Tagebüchern ist als Gegenstand zahlreicher Studien unter unterschiedlichen Gesichtspunkten beleuchtet und bestätigt worden (cf. u.a. Elspaß 2005; Ernst 1999; Martineau 2018; Massicot 2018; Steuckardt 2014). Die spezifische Ausprägung des Sprachgebrauchs in Abhängigkeit von Nähe- und Distanzsprache mit einer ausgeprägten Neigung zur kommunikativen Nähe wird auch als «parlé graphique» bezeichnet (Steuckardt 2014, 354).

Das von Koch/Oesterreicher (1986, 2011) entwickelte Modell zur Erfassung von Mündlichkeit und Schriftlichkeit folgt der bereits in Söll (1974) angelegten Differenzierung einer binären Dichotomie von graphischem und oralem Code sowie der Konzeption eines Textes. Letztere Dimension ist aufgrund ihrer verschiedenartigen Ausprägungen als Kontinuum zu verstehen, das sich zwischen den beiden Polen der kommunikativen Nähe und der kommunikativen Distanz eröffnet (Koch/Oesterreicher 2011, 3–4). Aus den an einer konkreten Kommunikation beteiligten Instanzen und den sie determinierenden Faktoren lassen sich Kommunikationsbedingungen und Versprachlichungsstrategien deduzieren, die die konzeptionelle Ausrichtung eines Textes maßgeblich bedingen (Koch/Oesterreicher 2011, 6).[49] Texte lassen sich hinsichtlich des Grads der Öffentlichkeit, der Vertrautheit zwischen den Interaktionspartnern sowie ihrer emotionalen Beteiligung, des Grads der Handlungs- und Situationseinbindung, der Möglichkeit der Referenz auf die Origo des Sprechers, der physischen Nähe der Interaktionspartner, der Möglichkeit der Kooperation, des Grads der dialogischen Konfiguration und der Spontaneität sowie ihrer thematischen Fixierung charakterisieren (Koch/Oesterreicher 2011, 7).

> «En bref, sous l'angle des propriétés *syntaxiques et textuelles* des discours, sous l'angle *cognitif* de leurs conditions de production et l'angle *pragmatique* de leurs contextes et de leurs finalités, l'opposition *oral vs écrit* constitue les deux pôles d'un continuum embrassant toute la diversité des pratiques discursives» (Mahrer 2017, 10; Herv. im Original).[50]

Die sprachliche Gestaltung der Ego-Dokumente ist auf diese verschiedenen Instanzen der Kommunikation zurückzuführen. Während die medial schriftliche Kommunikation grundsätzlich Affinitäten mit der kommunikativen Distanz aufweist, sind die private Kommunikationssituation sowie die Charakteristika der

---

49 Für eine Darstellung des Modells auf Französisch und zur französischen Terminologie, cf. Krefeld (2015) und Pusch (2020).
50 Die kognitive Dimension beruht auf der Betrachtung der Diaphasik nicht nur innerhalb der Diasystematik, sondern mit Bezug auf die Schreiberkompetenz und die Fähigkeit der Anpassung des sprachlichen Ausdrucks an die Kommunikationssituation (Mahrer 2017, 41).

Schreiber tendenziell im nähesprachlichen Bereich zu verorten (Ernst 1999, 91). Darüber hinaus müssen andere Faktoren, die beispielsweise die Beziehung der Kommunikationspartner betreffen, berücksichtigt werden. All diese Faktoren wirken sich nicht nur auf die graphische Gestaltung eines Textes aus, wie etwa Ernst (1999) untersucht, sondern insbesondere auch auf die lexikalische, morphosyntaktische und diskursive Ausarbeitung eines Textes.

Für die konzeptionelle Gestaltung eines Texts ist weniger das Medium ausschlaggebend, denn die Produktionsbedingungen, unter denen ein Text verfasst wird. Hinzu kommen bestimmte Vorstellungen, die die Schreiber davon haben, was geschrieben oder was gesprochen wird und in welchen diskursiven Formen sich dies vollzieht (Mahrer 2017, 11).

Ausgehend von den oben genannten zehn Bedingungen der Kommunikation können die Ego-Dokumente des Korpus folgendermaßen innerhalb des nähe- und distanzsprachlichen Kontinuums charakterisiert werden:[51]

1. Die Kommunikation ist privat, allerdings werden Briefe und Postkarten häufig von einem größeren Kreis gelesen, als Adressaten direkt angesprochen werden. Zudem muss die Korrespondenz die militärische Zensur passieren, wodurch der private Charakter der Texte in Teilen eingeschränkt wird.
2. Die Interaktionspartner sind sehr vertraut miteinander und können auf ein umfangreiches gemeinsames Wissen zurückgreifen, da sie meist einer Familie angehören oder enge Freunde sind.
3. Die emotionale Beteiligung ist in der Regel hoch, sowohl in affektiver auf den Interaktionspartner als auch in expressiver auf den Inhalt der Kommunikation bezogenen Hinsicht.
4. Die Situationseinbindung ist nicht gegeben, die Handlungseinbindung nur äußerst eingeschränkt.
5. Es besteht keine Möglichkeit der Referenz auf die Origo des Sprechers.
6. Die Kommunikation erfolgt in und aufgrund physischer Distanz.
7. Den Interaktionspartnern ist es unmöglich, in der Produktion der Kommunikation zu kooperieren.
8. Briefe und Tagebücher differieren hinsichtlich ihrer dialogischen Organisation. Die der Korrespondenz ist insofern geregelt, als sich ein Brief oder eine Postkarte auf vorhergehende und folgende Texte bezieht und diese einfordert. Andererseits wird dieser Ablauf nicht immer eingehalten, wenn mehrere Briefe, ohne eine Antwort erhalten zu haben, abgeschickt werden.

---

51 Für eine Analyse nähe- und distanzsprachlicher Charakteristika in französischer Sprache, cf. auch Sowada (2018), für eine exemplarische Analyse in den Texten eines Schreibers, cf. Große (2019).

In ihrer Konzeption weisen einige epistoläre Ego-Dokumente sprachliche Formen, die einen Dialog imitieren könnten, auf.⁵² Tagebücher hingegen sind konzeptionell ausschließlich monologisch.⁵³
9. Die Kommunikation erfolgt relativ spontan, wenngleich sie von der Situation erfordert wird.
10. Die Ego-Dokumente zeigen eine relative Freiheit hinsichtlich der behandelten Themen, wenngleich einige Themen wie Gesundheit, Korrespondenz und Familie konstante Größen darstellen.

Besonders die ersten drei Kommunikationsbedingungen scheinen die nähesprachliche Prägung der Texte maßgeblich zu determinieren. Dieser Eindruck der nähesprachlichen Kommunikation in den Ego-Dokumenten kann mit einer Assoziation der Kommunikationssituation mit tendenziell dem mündlichen Medium vorbehaltenen Situationen erklärt werden (Mahrer 2017, 17).

Bestimmte Partikularitäten der Ego-Dokumente sind jedoch nicht mit der nähesprachlichen Ausrichtung der Texte zu begründen und lassen sich zum einen auf eine spezifische Schriftsprachkompetenz zurückführen, zum anderen auf Strategien der Versprachlichung oder auf das schriftliche Medium selbst. Bei der Redaktion müssen die Verfasser der Ego-Dokumente eine Transition vom Gesprochenen zum Geschriebenen leisten, die Mahrer (2017, 12) als Transsubstantiation bezeichnet und die die Transcodierung sowie eine Änderung der Praktiken und der jeweils geltenden Normen impliziert.

Die Annahme einer grundsätzlichen Affinität der Ego-Dokumente mit den kommunikativen Parametern des nähesprachlichen Bereichs liegt den folgenden Analysekapiteln zugrunde, unter gleichzeitiger Herausstellung einiger konzentrierter spezifisch distanzsprachlicher Einflüsse, die sich auf unterschiedlichen Ebenen des schriftlichen Sprachgebrauchs konkretisieren.

---

52 Cf. hierzu auch Steuckardt (2014, 356) sowie Schrott (2015, 486): «Denn private Briefe sind als schriftliche Fortsetzung eines Gesprächs konzipiert und bedürfen damit einer nähesprachlichen Prägung».
53 In ihrer Konzeption können Tagebücher ebenso informell und ungeplant wie Briefe sein, sie sind jedoch gewöhnlich weniger konzeptionell mündlich (cf. auch Elspaß 2012, 162).

4 Beschreibung des Analysekorpus

4.1 Vorbemerkungen

Die die Grundlage dieser Arbeit bildenden Briefe, Postkarten und Tagebücher von weniger geübten Schreibern zeichnen sich durch eine ausgesprochene Heterogenität aus. Ihre Partikularitäten präzisieren sich in Abhängigkeit verschiedener individueller Charakteristika der Verfasser, wie Wohnort, Ausbildung, Beruf und Alter, aber auch unter dem Einfluss sozialer und historischer Faktoren.

Die Recherche der Ego-Dokumente und die anschließende Selektion der in das Analysekorpus aufzunehmenden Dokumente vollziehen sich in mehreren konsekutiven Schritten. In den verschiedenen Phasen der Selektion konnte die jeweils aktuelle Auswahl der Dokumente für das Korpus je nach Status der Bearbeitung der Texte verfeinert werden. So wurden beispielsweise einige Korrespondenzen erst nach der Transliteration und der damit verbundenen tiefergehenden Kenntnis des Textes aus dem Analysekorpus ausgeschlossen.

Eine wichtige und grundsätzliche Einschränkung bei der Zusammenstellung eines Korpus historischer Dokumente bezieht sich auf die Verfügbarkeit dieser Dokumente. Die Komposition des Korpus ist abhängig von den grundsätzlich verfügbaren Texten: Das Korpus kann nur diejenigen Ego-Dokumente aufnehmen, die zunächst von Angehörigen aufbewahrt und in einem zweiten Schritt auch an Archive weitergegeben wurden. Nur sofern diese beiden essentiellen Voraussetzungen zutreffen, sind die Ego-Dokumente überhaupt für die Öffentlichkeit sichtbar und zugänglich. Ähnlich verhält es sich mit den Metadaten zu den jeweiligen Ego-Dokumenten: Auch hier können nur diejenigen Daten verwendet werden, die in irgendeiner Form von Archiven, Privatpersonen oder Institutionen zur Verfügung gestellt werden.

4.2 Kollektion, Selektion und Transliteration

Die Dokumente des Analysekorpus entstammen den folgenden Archiven: *Archives municipales* Nancy, *Archives municipales* Tourcoing, *Archives départementales du Bas-Rhin* Straßburg, Archiv der *Association pour l'Autobiographie* Ambérieu-en-Bugey, *Archives municipales* Belfort.

Die Recherche der Ego-Dokumente erfolgte in verschiedenen Etappen. In einem ersten Schritt wurden über die Internetauftritte der in der deutsch-französischen Grenzregion liegenden Archive mögliche Fonds eruiert und die jeweiligen Archive kontaktiert. Auch an diejenigen Archive, die auf den Homepages zunächst nicht explizit auf mögliche für die Analyse interessante Fonds hinweisen, wurde eine Anfrage gerichtet. Diese Anfrage bezog sich sehr allgemein auf die Archivierung französischsprachiger Feldpost aus dem Ersten Weltkrieg, die von einfachen Leuten verfasst wurde. Je nach Antwort der kontaktierten Archive erfolgte im Anschluss an diese erste Phase der Recherche die Konsultation der Dokumente vor Ort. Nach einer ersten Sichtung wurden alle potentiell interessanten Dokumente fotografiert und gesichert. In einigen wenigen Archiven war die Digitalisierung der in Frage kommenden Dokumente bereits im Vorfeld professionell durchgeführt worden.[1]

Die auf diese Weise digitalisierten Dokumente wurden bearbeitet und zugeschnitten sowie nach Schreiber und Datum der Abfassung des Textes klassifiziert. So wird jedes Faksimile und jede Transliteration eindeutig identifiziert und einem Schreiber zugeordnet. Die Ego-Dokumente des Analysekorpus wurden diplomatisch transliteriert: Schreibung und Interpunktion entsprechen in der Transliteration exakt der vom Schreiber vorgenommenen Realisierung. In dieser Hinsicht sind besonders häufig diakritische Zeichen schwierig zu beurteilen, da gerade die Akzente im Schreibfluss undeutlich angezeigt werden können. Fällt eine eindeutige Zuordnung schwer, wird im Zweifelsfall in der Transliteration die der Norm entsprechende Schreibung gewählt.

4.3 Konstitution des Korpus: Auswahlkriterien

Die im Folgenden dargestellten Kriterien zur Auswahl der Dokumente für die Konstitution des Analysekorpus entsprechen in ihrer hierarchisierten Anordnung der chronologischen Vorgehensweise insofern als das erste Kriterium bzw. vorhergehende Kriterien die nachfolgenden einschränken.

Das erste und grundlegende Selektionskriterium legt den Zeitraum fest, in welchem die Ego-Dokumente verfasst sein sollen. Dies impliziert den Ausschluss anderer Dokumente, die möglicherweise die folgenden Selektionskriterien erfüllten. Dokumente, die sich auf die Zeit des Ersten Weltkriegs beziehen oder diese Thematik beanspruchen, jedoch später verfasst wurden, wie beispielsweise nachträglich verfasste Kriegserinnerungen und Memoiren, werden daher nicht berücksichtigt.

Die weiteren Kriterien beziehen sich auf den Schreiber, auf seine geographische Herkunft, seinen Alphabetisierungsgrad sowie den Umfang der von ihm

---

[1] Dies war der Fall in den *Archives municipales de Nancy* und den *Archives départementales du Bas-Rhin* in Straßburg.

verfassten Texte. Die Identität des schreibenden Ichs muss eindeutig zu identifizieren sein. Grundlegende Informationen sind hierbei der vollständige Name des Individuums, sein Wohnort, das Regiment der Soldaten und wenn möglich der Familienstand sowie das Alter. Kann der Schreiber dergestalt charakterisiert werden, soll sein Alphabetisierungsgrad beschrieben werden.

Häufig können Beziehungen zwischen einzelnen Schreibern erst nach eingehender Lektüre der jeweiligen Texte näher beschrieben und festgelegt werden. Dies impliziert, dass für einige Schreiber erst nach dieser Lektüre durch intensive weiterführende Recherche detailliertere Beschreibungen angelegt werden können.

Eine grundsätzliche Schwierigkeit bei der Arbeit mit von weniger routinierten Schreibern verfassten Ego-Dokumenten ist die Gewährleistung der Handhabbarkeit des Analysekorpus. Die Ego-Dokumente in dieser Arbeit werden sowohl quantitativ als auch qualitativ analysiert, wobei auf computergestützte Programme nur bedingt zurückgegriffen werden kann bzw. erst nach gründlicher vorhergehender Aufbereitung.

Die für die Konstitution des Analysekorpus angewandten Selektionskriterien sind, mit Ausnahme des ersten, nicht als apodiktisch zu verstehen. Die Dokumente, die schlussendlich in das Analysekorpus aufgenommen wurden, entsprechen einem großen Teil der vorgestellten Kriterien. In den Fällen, in denen aufgenommene Dokumente einem Kriterium widersprechen, wird diese Entscheidung begründet. In den verschiedenen Phasen der Recherche, der Kollektion, der Selektion und der Transliteration werden die angewandten Kriterien immer wieder einer erneuten Prüfung unterzogen und gegebenenfalls revidiert. So wird die Selektion in den verschiedenen Phasen präzisiert.

4.3.1 Zeitliche Einordnung: Erster Weltkrieg 1914–1918

Die Erfüllung dieses ersten Auswahlkriteriums ist grundlegende Voraussetzung für die Berücksichtigung der Ego-Dokumente. Zugleich ist es gewissermaßen die *raison d'être* der Korrespondenz und Tagebücher. Das historische Ereignis des Ersten Weltkriegs wirkt als auslösendes Moment für eine sich bis dahin kaum schriftlich ausdrückende demographische Mehrheit. Der Alltag weniger geübter Schreiber vor der Mobilisierung im August 1914 bot wenig oder keinen Anlass zu schreiben. Erst mit der Mobilmachung und der damit eintretenden räumlichen Trennung sowie dem Aufbrechen der festen sozialen Strukturen sahen sich sowohl Soldaten als auch ihre Angehörigen, Freunde und Nachbarn gezwungen, zu Stift und Papier zu greifen, um den Kontakt und die Beziehungen aufrechtzuerhalten. Briefeschreiben wird zur täglichen Routine in allen Familien, auch in denen, die am wenigsten mit der Schrift vertraut sind. Während des gesamten Konflikts werden 10 Milliarden Briefe verfasst (Baconnier/Minet/Soler 1985, 29).

Die Bedeutung epochaler, umwälzender historischer Ereignisse für die Schreibproduktion wird vielfach betont. Die externen Bedingungen beeinflussen nicht nur die Produktion, sondern auch die Texttypen, in denen sich Schreiber ausdrücken. In der Forschung der letzten Jahre werden Texte, die an die Front und von dort in die Heimat verschickt werden, als prototypisch für weniger geübte Schreiber bewertet (Fresu 2016, 335). Aus diesem Grund erfährt der Erste Weltkrieg in der Forschung, nicht nur in der linguistischen, insbesondere anlässlich seines 100jährigen Gedenkens neue Aufmerksamkeit, die sich in der Erschließung, der Valorisierung und der digitalen Bereitstellung der Dokumente niederschlägt (Fresu 2016, 336).

4.3.2 Geographische Situierung: Das deutsch-französische Grenzgebiet

Die Ego-Dokumente stammen zum überwiegenden Teil aus dem deutsch-französischen Grenzgebiet in einem weiteren Sinne, mit einer deutlichen Konzentration auf das sogenannte *Reichsland Elsaß-Lothringen* sowie auf den daran angrenzenden französischen Raum, wie zum Beispiel Saint-Maurice-sur-Moselle in den Vogesen. Dieses Kriterium ergibt sich zunächst aus der Wahl der kontaktierten Archive und der dortigen Archivierung von Dokumenten mit engem Bezug auf das Departement oder die Gemeinde. Allerdings werden in einigen Archiven aus unterschiedlichen Gründen auch Texte aufbewahrt, die in der regionalen Situierung über den Einzugsbereich der Archive hinausgehen. Entsprechen diese Texte den anderen Selektionskriterien, werden sie ins Korpus aufgenommen. Ausgehend von einem Schwerpunkt in den Regionen Elsass und Lothringen erstreckt sich die geographische Ausdehnung in ihrem südlichsten Punkt von Saint-Maurice-sur-Moselle bis Tourcoing (Nord) im Norden. Punktuell weichen hiervon nach Südwesten Montceau-les-Mines (Saône-et-Loire), La Mothe-Achard (Vendée) sowie nach Süden Aveyron und in Richtung Zentrum Orléans (Loiret) ab.

Das vorliegende Korpus grenzt sich in dieser geographischen Situierung des Untersuchungsgegenstandes sowohl vom Projekt *Corpus 14*, das sich im Wesentlichen auf den Süden Frankreichs und die Bretagne konzentriert, als auch vom CHSF ab, dessen Anspruch sowohl in geographischer als auch in zeitlicher Hinsicht über den Untersuchungsgegenstand dieser Arbeit hinausgeht.

4.3.3 Identifikation des schreibenden Egos

Das dritte Kriterium zur Auswahl der Ego-Dokumente beruht auf den über das schreibende Ich verfügbaren und aktivierbaren Informationen. Zur Analyse des schriftsprachlichen Ausdrucks weniger geübter Schreiber ist der Einbezug des jeweiligen Kommunikationskontexts unerlässlich. Dazu gehören auch die sprachlichen Kompetenzen im schriftlichen und mündlichen Ausdruck, die Schulbildung sowie die berufliche Tätigkeit der Schreiber. Für eine Untersuchung der schriftsprachlichen Kompetenzen ist es erforderlich, das Individuum vor seinem spezifischen soziobiographischen Hintergrund zu beschreiben, um seinen sprachlichen Ausdruck einordnen zu können.

Alle Schreiber des Analysekorpus sind hinsichtlich folgender Daten charakterisiert: Name, Geschlecht, Herkunft, ungefähres Alter. Zu zahlreichen zentralen Schreibern der Fonds, die sich durch einen hohen Anteil an einer Korrespondenz auszeichnen, wie zum Beispiel die Söhne der Familie Grandemange im Fonds *Grandemange*, liegen außerdem Details zu ihrem biographischen Werdegang mit Informationen bezüglich Bildung, Ausbildung, Beruf und familiäre Situation vor.[2]

Der Zugang zu den biographischen Daten erfolgte zum einen während der Recherche in den Archiven, wenn dort zusätzliche Dokumente archiviert waren. Dies konnten sowohl zeitgenössische administrative Dokumente, wie Militärpässe, offizielle Korrespondenz oder Sterbeurkunden sein, oder von Angehörigen oder Archivaren verfasste Dossiers zu einzelnen Personen. Zum anderen wird der biographische und soziokulturelle Hintergrund des Egos durch weiterführende Recherchen und Kontaktaufnahme mit Nachkommen ergänzt. Hierbei sind insbesondere die Zivilregister zu den Personenstandsdaten der jeweiligen Archive von großer Relevanz. Zu Angehörigen des Militärs können darüber hinaus in der Datenbank *Grand Mémorial*[3] des *Ministère de la Culture* Recherchen durchgeführt werden und zum Teil der Auszug aus dem Militärregister und gegebenenfalls die Todesurkunde konsultiert werden.

---

[2] Aus Gründen des Umfangs dieser Arbeit sowie ihrer Lesbarkeit wird darauf verzichtet, alle für die Schreiber vorliegenden Informationen tabellarisch zur Verfügung zu stellen. Exemplarisch wird in Kapitel 8 eine Gegenüberstellung zweier Schreiberbiographien unter Berücksichtigung des Sprachgebrauchs erstellt. Für die Analyse des Sprachgebrauchs in einem mehrsprachigen Raum werden jeweils drei Biographien ausführlich vorgestellt (cf. Kapitel 6.2.2), in den anderen Kapiteln werden die biographischen Informationen jeweils an den entsprechenden Stellen der Analyse herangezogen.
[3] Cf. http://www.culture.fr/Genealogie/Grand-Memorial. [letzter Zugriff: 31.12.2020]

Die Texte selbst bilden eine weitere Quelle für die Rekonstruktion der sozialen Wirklichkeit der Schreiber, ihrer sozioökonomischen Position, ihrer beruflichen Qualifikation, ihrer (kulturellen) Interessen, des Stellenwerts, den sie Bildung beimessen, des politischen Bewusstseins und der politischen Haltung, ihrer Herkunft sowie der von ihnen vertretenen Werte.

Die Anwendung dieses Kriteriums führt zum Ausschluss sprachlich sehr interessanter Dokumente, wie zum Beispiel einer anonym verfassten Karte aus den *Archives départementales du Bas-Rhin* in Straßburg, die die Exekution eines Soldaten nach seiner bewussten Selbstverletzung beschreibt, oder der in den *Archives municipales* in Sélestat archivierten Postkarte von Marguerite König, die als Einzelstück erhalten ist. Das schreibende Individuum ist in diesen Fällen entweder nicht identifizierbar oder nicht näher beschreibbar, da sein Schriftstück als isolierter Einzeltext aufbewahrt ist und auch weiterführende Recherchen keine biographischen Informationen ergeben.

Aus diesem Grund wurde die eigentlich hoch interessante Korrespondenz Andlauer[4] ebenfalls aus dem allgemeinen Analysekorpus ausgeschlossen, da die beteiligten Schreiber zum Teil nicht einmal mit dem vollständigen Namen identifiziert werden können. Aufgrund der in den Briefen reichhaltig abgebildeten sprachkontaktinduzierten Formen, wird dieser Fonds jedoch als ergänzendes Material in Kapitel 6 herangezogen (cf. Kapitel 6.4.2).

In vielen Fällen konnten Schreiberidentitäten erst nach intensiver Lektüre der Korrespondenzen beschrieben und durch daran anschließende Recherche in den Archiven verfeinert werden. Auch die Beziehungen der Schreiber innerhalb längerer und umfassender Korrespondenzen können erst durch die Texte selbst etabliert und genauer charakterisiert werden.

Die detaillierte Charakterisierung des jeweiligen biographischen Kontexts der Schreiber soll eine reduktionistische Korrelation von sprachlichen Ausdrucksformen und sozialem Status vermeiden (cf. auch Elspaß 2005, 44).

Aufgrund der Datenlage konnte die Einhaltung dieses Kriteriums in Einzelfällen nicht gewährleistet werden. In diesen Fällen handelt es sich jedoch nicht um die hauptsächlichen Schreiber eines Fonds, sondern um Schreiber, die stets in ihrer Beziehung zu einem der Hauptvertreter eines Fonds charakterisiert werden. Dadurch ist es möglich, die geographische Herkunft, das ungefähre Alter und eine grobe berufliche Orientierung zu identifizieren.

---

4 Fonds Andlauer, archiviert in den *Archives départementales du Bas-Rhin* in Straßburg, Referenz: FRAD067_GC_166_ANDLAUER_02_001 bis FRAD067_GC_166_ANDLAUER_02_146, Digitalisierung: *Archives départementales du Bas-Rhin*.

4.3.4 Soziales Kriterium: Alphabetisierungsgrad

Das vierte Kriterium ist eng mit dem vorhergehenden der Schreiberidentität verknüpft und bezieht die soziale Situation der Schreibenden hinsichtlich ihres Alphabetisierungsgrades und Bildungshintergrunds in den Auswahlprozess ein.

Die Anwendung dieses Kriteriums erweist sich als äußerst delikat, da es sich bei der Bewertung der Schreibkompetenz um eine graduelle, häufig subjektive Einschätzung handelt. Schreiber mit einer elementaren Bildung sowie diejenigen, die über eine geringe Schreiberfahrung verfügen oder deren Schreiberfahrung lange zurückliegt, bilden eine sehr heterogene und diversifizierte Gruppe, die sich zwischen Analphabetentum und vollendeter normentsprechender Schreibkompetenz unterschiedlich einordnen lassen. Die unterschiedlichen Ausprägungen der Schreibkompetenz, die weder dem vollendeten normgerechten Schriftspracherwerb noch einer Unkenntnis der Schrift entsprechen, entziehen sich der Beschreibung in einer binären Opposition.

Als entscheidendes Kriterium wurde der Text herangezogen sowie die Beschreibungen der Soldaten in den Militärpässen und die Klassifizierung im Militärregister.

Zugunsten des dritten Selektionskriteriums, der Identifikation und Charakterisierung des schreibenden Egos wurden einige Texte, die diesem Kriterium der Schreibkompetenz entsprächen, nicht aufgenommen, obwohl sie im Vergleich als Schriftstücke weniger geübter Autoren betrachtet werden können. Da sie jedoch keine oder nur geringe Ansatzmöglichkeiten zur näheren Beschreibung ihrer Autoren bieten, wurden sie nicht in das Korpus integriert.

Aufgrund der Subjektivität des Kriteriums und der Schwierigkeit seiner Anwendung wurde dieses Kriterium als Ergänzung zum dritten Selektionskriterium zur Charakterisierung der Identität behandelt. Für die Beschreibung des Alphabetisierungsgrades der Soldaten konnte die Kategorisierung in ihren Militärregistern herangezogen werden. Die dort mit dem Instruktionsniveau III klassifizierten Soldaten, diejenigen also, die lesen und schreiben können, jedoch über keinen weiterführenden Schulabschluss verfügen, entsprechen dem hier verfolgten Ansatz. Die Erfüllung dieses Kriteriums ist keine hinreichende Begründung zur Aufnahme in das Analysekorpus, da es ohnehin nur auf männliche Schreiber anwendbar ist. Es findet seine Anwendung in Verbindung mit der beschriebenen Identifizierung des Individuums.

4.3.5 Umfangreiche Korrespondenz

Das Kriterium der Länge und des Umfangs der Korrespondenz schließt einzelne oder isolierte Dokumente aus. Es impliziert ebenfalls die Reziprozität der Korrespondenz. Einschränkend muss erwähnt werden, dass die archivierten Korrespondenzen ein gewisses Ungleichgewicht aufweisen, was die Verteilung der Schreiber angeht: Es liegen deutlich mehr Briefe und Postkarten der Soldaten als von ihren Familien vor. Dies lässt sich durch den Umstand erklären, dass es für die Soldaten an der Front aufgrund ihres Kriegseinsatzes und der ständigen Bewegung mitunter sehr kompliziert war, die erhaltenen Postkarten und Briefe langfristig aufzubewahren. Auf Seiten der Soldaten erfolgte hier vermutlich eine Selektion der für sie wichtigsten Briefe und Karten, die aufbewahrt wurden. In Teilen ist es ebenfalls denkbar, dass die Männer manche erhaltenen Briefe mit der Bitte um Aufbewahrung nach Hause schickten. Die meisten Soldaten sahen sich jedoch wahrscheinlich gezwungen, sich zugunsten eines tragbaren Gepäcks ihrer Post zu entledigen. Hier wird die eingangs erwähnte Abhängigkeit von der Aufbewahrung der Ego-Dokumente besonders deutlich. Die Familien und Frauen zu Hause konnten die von der Front nach Hause geschickten Briefe viel leichter aufbewahren.

Stellen einige wenige Schriftstücke eines Schreibers einen Teil einer umfangreicheren und längeren Korrespondenz dar, werden auch diese, sofern sie den vorhergehenden Kriterien entsprechen, aufgenommen. So werden beispielsweise mit dem Fonds *Grandemange* auch Briefe und Karten einzelner Schreiber in geringer Anzahl aufgenommen. Diese gehören jedoch zur Gesamtheit der Korrespondenz und können bestimmte Zusammenhänge der in den anderen Texten verhandelten Inhalte erhellen und somit zur Vertiefung des dritten Kriteriums, der Identifikation der Schreibenden, und letztlich zur genaueren Definition des schreibenden Ichs beitragen. Diese Interdependenz der der Zusammensetzung des Analysekorpus zugrunde gelegten Kriterien führt in den verschiedenen Phasen der Bearbeitung zu eben jenem nachträglichen Ausschließen einiger Dokumente.

Dieses Kriterium der Länge und des Umfangs ist nicht nur in Bezug auf epistoläre Korrespondenzen relevant, sondern ebenfalls in Bezug auf die Kriegstagebücher. Es ist offenkundig, dass die Tagebücher in Bezug auf die Reziprozität eine Ausnahme bilden, da sie natürlicherweise nur von einem Autor nicht unbedingt für einen Leser verfasst sind. Die Schreiber der Tagebücher des Analysekorpus sind jedoch mit soziobiographischen Details ebenso zu charakterisieren wie die Schreiber der Feldpost. Hierbei wird zwischen *carnets* oder *journaux de guerre* gegenüber *carnets de route* unterschieden. Letztere werden nicht in das Korpus aufgenommen, da sie im Allgemeinen über die zum

Teil stichwortartige Beschreibung der Marschroute hinaus keine weiteren Informationen liefern. Aus diesem Grund wurde das *carnet de route* mit dem Titel *Souvenirs de la campagne 1914–1915* von Paul Boudier[5] ausgeschlossen, da die enthaltenen Informationen kaum mehr als eine Aufzählung der vom Regiment passierten Standorte darstellen.

4.4 Beschreibung des primären Korpus

4.4.1 Gesamtkorpus

Das gesamte Korpus umfasst 584 Briefe und Postkarten sowie acht Tagebücher. Insgesamt werden diese Texte von 72 Schreibern verfasst, davon 18 Frauen und 54 Männer. Die Ego-Dokumente verteilen sich auf 14 Fonds.

4.4.2 Fonds Grandemange

Der Fonds Grandemange[6] umfasst 445 Briefe und Postkarten von 39 Schreibern. Den Kern der Korrespondenz (363 Briefe und Postkarten) bildet die Familie Grandemange mit den Eltern Joseph und Marie Anne, den drei Söhnen Joseph, Paul, Aloïs sowie Marie Annes Tochter Joséphine aus einer ersten Ehe. Marie Anne und Joseph senior sind Weber, Paul arbeitet in einer Kooperative, Aloïs wird kurz vor seiner Mobilmachung als Schreiber im Rathaus beschäftigt. Die Familienmitglieder unterhalten eine relativ ausführliche Korrespondenz, wobei die Aufbewahrung der Korrespondenz von einer deutlichen Asymmetrie geprägt ist: Ein großer Teil der erhaltenen Briefe stammt von den zum Kriegsdienst eingezogenen Söhnen Joseph, Paul und Aloïs. Die asymmetrisch gewichteten Korrespondenzen sind weiterhin zum einen durch persönliche Affinitäten zum Schreiben an sich gekennzeichnet. Joséphine schreibt offenbar nicht gerne, was von anderen Familienmitgliedern kommentiert wird. Zum anderen sind von Joseph junior die am spätesten datierten Dokumente erhalten, da Joseph

---

5 Das *carnet de route* Paul Boudiers ist neben biographischen Dokumenten und Fotos in den *Archives départementales du Bas-Rhin* archiviert. Referenz: FRAD067_GC_177_BOUDIER.
6 Der Fonds Grandemange ist in den *Archives municipales* Belfort unter 3Z archiviert. Die biographischen Informationen entstammen einer von Fanny Girardot erstellten Beschreibung des Fonds. Zusätzlich ergänzen eigene Archivrecherchen die Biographien.

1915 in deutsche Kriegsgefangenschaft gerät und in den Lagern Heuberg und Mannheim interniert ist.[7]

Familie Grandemange unterhält außerdem einen regen Briefwechsel mit anderen Verwandten, Nachbarn und Freunden aus dem Dorf La-Goutte-du-Rieux (Vosges). Diese verwandtschaftlichen, nachbarschaftlichen, aber auch wirtschaftlichen Beziehungen bilden die Grundlage für die nicht von der Familie Grandemange verfassten Dokumente. Die Korrespondenz bildet zum Teil die vor Ausbruch des Krieges gültigen sozialen Strukturen, in denen sich die einzelnen Schreiber bewegten, ab und trägt zu deren Aufrechterhaltung bei. So sind einige der Schreiber durch die gemeinsame Betreibung einer Kooperative auch wirtschaftlich miteinander verbunden, an deren geschäftlichem Leben sie auch nach der Mobilisierung noch teilzunehmen versuchen. Wichtige Bezugspersonen sind die Mitglieder der Familie Pierrel, ebenfalls Weber, die zunächst in La-Goutte-du-Rieux leben und später nach Lure umziehen, wo sie das *Hotel du Cheval Blanc* übernehmen.

4.4.3 Fonds Jeandon

Der Fonds Jeandon[8] umfasst 10 französischsprachige Briefe und Postkarten des Ehepaars Jeandon aus Lapoutroie, von Marie Jeandons Bruder Joseph Antoine, von Auguste Jeandons Bruder sowie seiner Nichte Berthe. Des Weiteren sind von Auguste Jeandon 145 Postkarten in deutscher Sprache sowie ein französischsprachiges Tagebuch erhalten. Die ausführliche Biographie des Gemeindedieners Auguste Jeandon wird in Kapitel 6.2.2.1 vorgestellt.

4.4.4 Fonds Perrin

Der Landwirt Hubert Perrin[9] lebt mit seiner Frau Antoinette und seinen drei Kindern Suzanne, Hubert und André in Bainville-sur-Madon in der Nähe von Nancy. Die Korrespondenz besteht aus 49 Briefen und Postkarten, die zwischen verschiedenen Familienmitgliedern ausgetauscht werden. Hubert Per-

---

7 Zur Analyse der Korrespondenz Joseph Grandemanges während seiner Gefangenschaft, cf. Große (2019).
8 Der Fonds Jeandon ist in den *Archives municipales* Nancy archiviert unter: 100_Num_134. Die Informationen zu den Schreibern entstammen demselben Fonds.
9 Der Fonds Perrin ist in den *Archives municipales* Nancy archiviert unter: 100_Num_044. Die Informationen zu den Schreibern entstammen demselben Fonds.

rin ist im Camp d'Avord (Cher) stationiert, im Jahr 1914/1915 wird er ins Militärkrankenhaus in Montmarillon eingeliefert.

4.4.5 Fonds Labriet

Paul Labriet,[10] geboren 1881, ist ebenfalls Landwirt in Chambley-Bussières (Meurthe-et-Moselle). Er ist verheiratet mit Appoline, geborene Dupré, und hat zwei Kinder. Im Oktober 1914 wird er ein erstes Mal verletzt und verbringt seine Genesung im Lazarett in Cannes, zeitgleich mit Appolines Bruder Eugène. Später zieht sich Paul Labriet eine weitere Verletzung am Daumen zu. Am 24.2.1916 fällt er in der Nähe von Baumont. Der Fonds enthält 20 Briefe und Postkarten von Paul Labriet an seine Frau und seine Familie sowie von Eugène Dupré an seine Verlobte Joséphine Breton.

4.4.6 Fonds Cablé

Henri Auguste Cablé[11] wurde 1880 in Rozerotte-et-Ménil (Vosges) geboren. Er arbeitet als Landwirt und ist verheiratet mit Juliette, mit der er drei Kinder hat. Als sein viertes Kind geboren wird, wird er 1916 von der Front abgezogen und verbringt den Rest des Krieges als Chauffeur, Gendarm und Zuständiger für die Feldpost hinter der Front. Henri Auguste Cablés Bruder wurde im Herbst 1914 gefangen genommen. Der Fonds umfasst 17 Briefe und Karten von Henri, zwei Karten von Juliette und eine Karte der Kinder aus dem Zeitraum vom 09.10.1914 bis zum 28.07.1918.

4.4.7 Fonds Saunier

Im Zentrum des Fonds der Familie Saunier[12] aus Saint-Montceau-les-Mines (Saône-et-Loire) steht die Tochter Laurence, die von ihrem Bruder André, Jahrgang 1900,

---

10 Der Fonds Labriet ist in den *Archives municipales* Nancy archiviert unter: 100_Num_003. Die Informationen zu den Schreibern entstammen demselben Fonds.
11 Der Fonds Cablé ist in den *Archives municipales* Nancy archiviert unter: 100_Num_003. Die Informationen zu den Schreibern entstammen demselben Fonds.
12 Der Fonds Saunier ist im Archiv der *Association pour l'Autobiographie* Ambérieu-en-Bugey archiviert. Die Informationen stammen aus einem mitarchivierten Dossier, das Nicole Rousseau Payen, die Enkelin von Claude Philiberts Schwester, erstellt hat und der an dieser Stelle

und ihrer Mutter Maria Briefe erhält. Außerdem schreibt ihr ihr späterer Verlobter Claude Philibert, geboren 1898, von der Front. Maria Saunier ist 1868 oder 1869 geboren und hat keine Ausbildung absolviert. André Saunier wird später Bäcker und Claude Philibert Mechaniker.

4.4.8 Fonds Provot

Albert Provot,[13] geboren 1895 in Nevers, ist der einzige Autor dieser Korrespondenz, er verfasst 11 in Teilen tagebuchartige Briefe an seine Eltern. Im Oktober 1915 wird er in der Champagne als vermisst gemeldet. Über den Schreiber liegen keine Informationen bezüglich seines Alphabetisierungsgrads vor, anhand seiner Texte kann auf einen relativ routinierten Schreiber geschlossen werden. Seine umfangreiche Korrespondenz enthält reichhaltige narrative Passagen des Alltags an der Front.

4.4.9 Fonds Braun

Paul Braun[14] schreibt eine Postkarte und einen Brief auf Französisch an seine Frau Louise. Der Fonds enthält zudem 17 deutschsprachige Ego-Dokumente des Holzhändlers aus Oberhaslach. Für eine nähere Beschreibung Paul Brauns Biographie, cf. Kapitel 6.2.2.2.

4.4.10 Fonds Desmettre

Paul Desmettre[15] wird 1887 in Tourcoing geboren und wird als Sergent-Major im Krieg eingesetzt. Von August 1914 bis Juni 1915 schreibt er 19 Briefe an seine Frau Élisa. Im Juni 1915 fällt er an der Somme.

---

herzlich gedankt sei. Die Informationen wurden durch eigene weiterführende Recherchen ergänzt.
13 Der Fonds Provot ist unter FRAD067_GC_193_PROVOT in den *Archives départementales du Bas-Rhin* Straßburg archiviert. Die Informationen stammen aus demselben Fonds.
14 Der Fonds Braun ist unter FRAD067_GC_204_BRAUN in den *Archives départementales du Bas-Rhin* Straßburg archiviert. Die Informationen stammen aus demselben Fonds.
15 Der Fonds Desmettre ist in den *Archives municipales* Tourcoing archiviert. Die Informationen entstammen seinen Briefen sowie zusätzlichen Archivrecherchen.

4.4.11 Fonds Lacombe

Das Tagebuch Germain Lacombes[16] ist Teil des Subkorpus zur Untersuchung des Sprachkontakts. In Kapitel 6.2.2.3 wird seine Biographie vorgestellt.

4.4.12 Fonds Mayzaud

Die tagebuchartigen Aufzeichnungen von Léon Mayzaud,[17] geboren 1892, geben einen Ausschnitt nach seiner Gefangennahme an der Westfront und seinen Transport im Sanitätszug nach Polen wieder.

4.4.13 Fonds Poinçot

Justin Poinçot[18] wird 1886 in Royaumeix (Meurthe-en-Moselle) geboren und arbeitet als Landwirt. In der Schlacht bei Morhange im August 1914 wird er verletzt und gefangen genommen. Er wird zunächst in Kriegsgefangenenlagern in Ulm und Münsingen interniert. In seinem Tagebuch beschreibt Justin Poinçot seine Gefangennahme, den Transport nach Deutschland sowie das Leben im Lager.

4.4.14 Fonds Garnier

Émile Garnier,[19] Konditor aus Orléans, wird 1879 geboren und in die *Infanterie Territoriale* eingezogen. Während seiner Zeit an der Front verfasst er ein Tagebuch.

---

16 Das Tagebuch Germain Lacombes ist im Archiv der *Association pour l'Autobiographie* Ambérieu-en-Bugey archiviert, die Informationen sind dem Dokument selbst entnommen und stammen aus zusätzlichen Recherchen.
17 Der Fonds Mayzaud ist unter FRAD067_GC_121_MAYZAUD in den *Archives départementales du Bas-Rhin* Straßburg archiviert. Die Informationen stammen aus demselben Fonds.
18 Der Fonds Poinçot ist unter 100_Num_022 in den *Archives municipales* Nancy archiviert. Die Informationen zu den Schreibern entstammen demselben Fonds.
19 Der Fonds Garnier ist unter FRAD067_GC_220_GARNIER in den *Archives départementales du Bas-Rhin* Straßburg archiviert. Die Informationen stammen aus demselben Fonds.

4.4.15 Fonds Pachoud

Aus den Archiven der *Association pour l'Autobiographie* liegt ein Tagebuch vor, das die Krankenschwester Madeleine Pachoud offenbar ihren Patienten gab, damit diese ihre Kriegserfahrungen festhielten.[20] Das Tagebuch enthält zahlreiche Einträge von verschiedenen Schreibern, die alle mit ihrem Namen signieren und so theoretisch identifizierbar sind. Jedoch enthält das Tagebuch wenig weiterführende biographische Details. Im Archiv selbst wurden keine zusätzlichen Dokumente zu den Schreibern oder zu Madeleine Pachoud archiviert. In nachgelagerten Archivrecherchen konnten einige der Autoren identifiziert werden. Drei von ihnen entsprechen den Kriterien der Korpuskonstitution, ihre Texte wurden daher aufgenommen. Es handelt sich um Eugène Henri Victor Lorieau, geboren 1881, Landwirt aus La Mothe-Achard (Vendée), Henri Adolphe Jonathan Guerton, geboren 1889, Landwirt aus Arpajon (Essonne) und Louis Émile Vuibert, geboren 1894, Landwirt aus Mazerny (Ardennes).

4.5 Bearbeitung und Auswahl der Subkorpora

Bei den beschriebenen Dokumenten handelt es sich in keiner Weise um ein ausgewogenes Korpus, die Texte sowie die Autoren sind in vielfältiger Hinsicht heterogen. Diese Heterogenität wird als grundlegend hingenommen, fern jeglichen Anspruches auf Repräsentativität. Dieses Korpus soll eine exemplarische Analysegrundlage sein.

Die Texte wurden, wie es auch in vielen anderen historisch-soziolinguistischen Arbeiten üblich ist, diplomatisch transliteriert (Elspaß 2012, 164; Martineau 2010, 618; cf. u.a. Spitzer 1921, 46; Thun 2018b, 267). Für jedes der drei folgenden Analysekapitel wird aus dem oben beschriebenen primären Gesamtkorpus jeweils ein spezifisches Analysekorpus zusammengestellt, das den konkreten Fragestellungen entspricht und das zu Beginn eines jeden Kapitels charakterisiert wird.

Bei der Arbeit mit Ego-Dokumenten ist es unmöglich, sich nicht bisweilen als Eindringling zu fühlen, der in Welten, Vorstellungen und Kommunikationsräume vordringt, die ihm eigentlich verwehrt bleiben sollten. Dieses Gefühl der Indiskretion vermengt sich mit dem Gefühl, die Schreibenden zu kennen und sich ihnen zu nähern. So schreibt Rézeau (2020, 39): «Hereux surtout d'avoir

---

[20] Das Tagebuch der Krankenschwester Madeleine Pachoud ist im Archiv der *Association pour l'Autobiographie* Ambérieu-en-Bugey archiviert, die Informationen stammen aus zusätzlichen Recherchen.

rencontré des hommes et des femmes qui se sont montrés à la hauteur des circonstances, exceptionnels, et pour lesquels on ne saurait éprouver qu'un infini respect et qu'une infinie tendresse». Die Schreiber hatten sich sicher nicht vorgestellt und vielleicht auch nicht gewünscht, dass ihre Texte einmal veröffentlicht und Gegenstand wissenschaftlicher Untersuchung würden (Elspaß 2012, 166). Deswegen ist neben der selbstverständlichen Einhaltung rechtlicher Vorgaben unbedingt jedem einzelnen Text und dem darin präsenten Schreiber mit ausgesprochenem Respekt zu begegnen.

5 Variation im schriftsprachlichen Ausdruck

In diesem Kapitel werden die Charakteristika des schriftsprachlichen Ausdrucks der Verfasser der Ego-Dokumente in den Blick genommen. Im Zentrum steht die Frage, wie sich die Schreibkompetenz weniger geübter Schreiber hinsichtlich der verwendeten Graphie, ihres Lexikons, der morphosyntaktischen und diskursiven Gestaltung darstellt. Ausgehend von dieser umfassenden Frage lassen sich die folgenden weiterführenden Fragestellungen präzisieren:
– Wie lassen sich die von den Schreibern aus der Menge der möglichen Varianten gewählten sprachlichen Formen begründen und auf welche Subsysteme der französischen Orthographie oder welche sprachlichen Kommunikationskontexte sind sie zurückzuführen?
– Welche Strategien wenden weniger geübte Schreiber bei der Verschriftlichung an und lassen sich dabei bestimmte Muster erkennen?
– Welche Kenntnisse und Mechanismen werden aktiviert, wenn die Schreiber offenbar nicht über eine graphische Vorstellung eines Lexems verfügen?

Bei der Beschreibung und Analyse der individuellen Schreibkompetenz weniger geübter Schreiber werden in diesem Kapitel zwei Perspektiven eingenommen: zum einen die Perspektive der Schreibalphabetisierung mit der daraus resultierenden spezifischen Schreibkompetenz und zum anderen die Perspektive der Schreibsozialisation der Schreiber. Schreibsozialisation wird verstanden als individuelle Entwicklung der Schreiber innerhalb der Schreib- bzw. Sprachgemeinschaft und die Internalisierung bestimmter schriftsprachlicher Handlungsweisen und Gebrauchsformen sowie die Anpassung an geltende soziale Normen. Der Kontext, in dem die Schreibsozialisation untersucht wird, ist das Schreiben der kommunikativen Nähe aus historischer Perspektive und der schriftsprachliche Ausdruck weniger geübter Schreiber in einem privaten Kommunikationsraum. Zur Darstellung der Schreibalphabetisierung ist eine systematische Erfassung der sprachlichen Formen und derjenigen Bereiche, die sich als besonders anfällig für Variation auszeichnen, notwendig. Der Zusammenhang von Schriftspracherwerb und Schreibsozialisation erscheint maßgeblich durch die drei Bereiche der Kognition und der am Schreibvorgang beteiligten mentalen Prozesse[1] sowie der Norm und der Tradition, die eng miteinander verwoben sind, bestimmt. Als Tradition sollen bestimmte Affinitäten und Präferenzen für sprachliche Strukturen und Formulierungen verstanden werden, die sich stetig verfestigen und dadurch besser beherrscht

---

[1] Martineau (2007a, 218) weist ebenfalls auf das bessere Verständnis der Schreibpraktiken weniger geübter Schreiber unter Berücksichtigung der Schreibaneignung und der Schreibvermittlung hin.

und abgerufen werden. Dies bezieht sich sowohl auf die individuelle Perspektive des einzelnen Schreibers als auch auf die Schreiber- bzw. Sprachgemeinschaft. Die kommunikative Nähe, der die Texte zuzuordnen sind, favorisiert bestimmte sprachliche Ausdrucksformen und bestimmte Muster der Versprachlichung, insbesondere im Bereich der Lexik, der Syntax und Morphosyntax. Die normative Perspektive ist für den orthographischen Bereich von besonderer Relevanz, da hier der unvollständige Schriftspracherwerb bzw. die mangelhafte Regelkompetenz am deutlichsten zutage tritt. Der erste Teil der Analyse (5.1) konzentriert sich auf die Frage: Welches sind diejenigen sprachlichen Bereiche der französischen Orthographie, in denen die weniger geübten Schreiber am häufigsten Varianten wählen? Mithilfe einer quantitativen Analyse werden diese Bereiche herausgearbeitet, um daraufhin in einer qualitativen Perspektive die Herausforderungen beim Umsetzen einer abstrakten orthographischen Norm zu beleuchten.

Im Anschluss an die Untersuchung orthographischer Charakteristika des schriftsprachlichen Ausdrucks weniger geübter Schreiber werden jeweils ausgewählte sprachliche Formen auf den Ebenen des Wortschatzes (5.2), der Morphosyntax (5.3) sowie der Diskursorganisation (5.4) untersucht, um die Spezifik der Schriftsprachlichkeit in Briefen und Tagebüchern, die in einem privaten Kommunikationskontext zu Beginn des 20. Jahrhunderts entstanden sind, auch in diesen Bereichen aufzuzeigen.

5.1 Orthographische Variation im Analysekorpus

5.1.1 Die französische Orthographie

Alphabetische Orthographien stehen grundsätzlich in einer gewissen Abhängigkeit zur gesprochenen Sprache, da ihre erste Funktion die sequentielle Transkription der lautlichen Abfolge ist. Dabei wurde die Linearität der gesprochenen Sprache nicht einfach in ein anderes Medium überführt: «Articulant un système à processus (acoustiques) à un système de traces (graphiques), elles ont couplé signifiance dans le temps et signifiance dans l'espace, deux univers sémiologiques» (Mahrer 2017, 81). In der historischen Entwicklung der alphabetischen Schriften entfernen sich die Entsprechungen zwischen Lauten und Graphemen jedoch immer weiter vom Gesprochenen. Für das Französische ist diese Entfernung zwischen der gesprochenen Sprache und ihrer orthographischen Wiedergabe besonders ausgeprägt: «En français, le décalage entre l'oral et la codification graphique est si grand que l'on parle d'opacité phonétique de l'orthographe» (Riegel/Pellat/Rioul 2016, 115). Für die französische Orthographie, als historisch und sozial determinierte Realisierung der französischen Schrift, sind neben der Korrespondenz mit der gesprochenen Sprache als grundlegendes Prinzip alphabetischer Schriften zwei weitere Prinzipien wesentlich: die visuelle Etablierung grammatikalischer und semantischer Verbindungen sowie die Darstellung etymologischer Beziehungen (Riegel/Pellat/Rioul 2016, 115). Diese drei Prinzipien können sich in Teilen überschneiden, sie können sich jedoch auch widersprechen.

> «L'orthographe, c'est la manière d'écrire les sons ou les mots d'une langue, en conformité d'une part avec le système de transcription graphique propre à cette langue, d'autre part suivant certains rapports établis avec les autres sous-systèmes de langues (morphologie, syntaxe, lexique). Plus ces rapports sont complexes, plus le rôle de l'orthographe grandit. De plus, un tissu d'antagonismes se crée entre les relations phonie/graphie, et les autres considérations qui entrent en ligne de compte» (Catach 1980, 26).

Dem phonographischen Prinzip entsprechend repräsentieren Grapheme Phoneme, wobei die Entsprechung eindeutig sein kann, indem ein Graphem einem Phonem entspricht. In den meisten Fällen ist sie es jedoch nicht, es handelt sich vielmehr um ein mehrschichtiges Verhältnis, da ein Graphem unterschiedlichen Phonemen entsprechen kann und umgekehrt (Riegel/Pellat/Rioul 2016, 115). In diesen Fällen der nicht eindeutigen Entsprechung muss der Schreiber aus einer Fülle an möglichen Graphemen auswählen: «Il est nécessaire d'établir des règles de correspondance phonographiques (règles de transcription) qui indiquent, suivant la position dans le mot et les possibilités de combinaison, quel graphème choisir correspondant à tel phonème» (Riegel/Pellat/Rioul 2016, 115).

Nach dem semiographischen[2] Prinzip beziehen sich Zeichen auf den Sinn und nicht auf Laute. Die Semiographie «consiste à assigner aux expressions graphiques des contenus de sens sans la médiation de la langue orale» (Mahrer 2017, 114). Indem Grapheme und graphische Zeichen auf grammatikalische oder semantische Aspekte verweisen, haben sie nicht zwingenderweise eine Entsprechung auf lautlicher Ebene. Unter das semiographische Prinzip fallen nicht ausgesprochene Grapheme, die besonders bei homophonen Lexemen relevant werden. Zudem vereint dieses Prinzip graphisch auch Wortfamilien und stellt die Homogenität grammatikalischer Marker her (Riegel/Pellat/Rioul 2016, 115–116).

Da das phonographische und das semiographische Prinzip das Funktionieren der französischen Orthographie nicht zur Gänze erklären, wird zusätzlich ein etymologisches und historisches Prinzip definiert. Die französische Orthographie trägt Spuren historischer Entwicklungen in sich, die weder phono- noch semio-

---

2 *Semiographie* bezeichnet die graphische Wiedergabe von Worten oder Morphemen: «On préfère aujourd'hui le terme de *sémiographie* au terme d'*idéographie* inventé par Champollion pour expliquer les signes-mots (idéogrammes) de l'égyptien, qui renvoient directement et globalement au sens» (Riegel/Pellat/Rioul 2016, 116; Herv. im Original).

graphischen Ursprungs sind. Es handelt sich einerseits um etymologische Beziehungen zum Lateinischen, zum Griechischen und zu anderen Sprachen und andererseits um interne französische Entwicklungen (Riegel/Pellat/Rioul 2016, 116).

Auch wenn der wesentliche Grundsatz alphabetischer Schriften die Entsprechung zwischen Graphemen und Phonemen ist, stellen alphabetische Schriften weit mehr als die Transkription von Lauten dar:

> «[...] elles entretiennent des relations privilégiées avec l'oral, surtout dans leurs commencements, mais non pas exclusives, car elles véhiculent des informations grammaticales et lexicales. De manière souvent complexe, la phonographie fournit les éléments de la structure graphique, que la sémiographie réanalyse à ses fins sémantiques propres» (Riegel/Pellat/Rioul 2016, 130).

Hieraus geht auch die Verknüpfung und enge Verflechtung der drei oben genannten Prinzipien hervor: eine graphische Einheit übernimmt häufig gleichzeitig verschiedene Werte unterschiedlicher Ebenen (Riegel/Pellat/Rioul 2016, 129). Die Polyvalenz einzelner graphischer Einheiten lässt sich mit den spezifischen Qualitäten einer Schrift, die als Kulturtechnik[3] zur Transmission und Fixierung von Informationen verstanden wird, in Verbindung bringen. Als diese spezifischen Qualitäten der Schrift gelten Ökonomie der Kommunikation und notwendige Redundanz syntagmatischer und paradigmatischer Information. Traditionelle Graphien fungieren als *Points d'ancrage visuels* und ermöglichen so den direkten Übergang von der Schreibung zum *signifié* ohne eine lautliche Vermittlung. Diese erste Eigenschaft gemischter Schriften wird besonders deutlich bei Homophonen, die durch die Graphie identifiziert werden. Eine gewisse Redundanz syntagmatischer Information ist notwendig und nützlich, wenn das System ausfällt, da die Wiederholung der Information mehr Flexibilität und mehr Kohäsion bietet. Die auf der vertikalen Ebene nicht materialisierte paradigmatische Information liefert Ansatzpunkte für Derivate oder die Genusalternation, die im Gesprochenen in der Regel nicht wiedergegeben werden (Catach 1980, 24–25).

Der gemischte Charakter der französischen Orthographie impliziert notwendigerweise die Hierarchisierung der genannten Prinzipien:

> «La relation entre phonèmes et graphèmes, principe majeur du système graphique du français, n'est en rien contradictoire avec la présence d'aspects plus spécifiques, notam-

---

3 Die Konzeption von Schrift als kulturelle Technik und als Instrument zur Fixierung und Weitergabe von Information macht die soziale Dimension von Schrift besonders deutlich. Die Schrift muss sich parallel mit der gesprochenen Sprache entwickeln, wobei sich diese Entwicklung für die Schriftsprache langsamer als für die gesprochene Sprache vollzieht. Sie ist jedoch notwendig, um die bestmögliche Adaptation an die soziolinguistischen Anforderungen einer bestimmten Gesellschaft zu gewährleisten (Catch 1980, 27).

ment syntagmatiques. Les phonogrammes sont en effet destinés à être mis en séquences, selon des agencements régis par des phénomènes tels que la distribution micro-contextuelle» (Jaffré 1992, 30).

Das phono- und das semiographische sowie das etymologische und historische Prinzip dienen nicht nur zur Beschreibung der Funktionsweise der französischen Orthographie, sondern tragen auch zur Unterscheidung verschiedener alphabetischer Schriften bei, da nicht alle den gleichen Grad an phonographischer Übereinstimmung aufweisen. Wie oben bereits erwähnt, ist das Französische phonographisch höchst opak, im Gegensatz etwa zum Spanischen, das phonographisch relativ transparent ist. Auch mit Blick auf die Semiographie lassen sich unterschiedliche Grade von Transparenz und Opazität ausmachen. Ist der semiographische Grad in der koreanischen Orthographie relativ gering, ist er im Französischen aufgrund des bedeutenden Anteils von hinzugefügten rein graphischen Elementen relativ hoch, ebenso beispielsweise im Englischen oder Chinesischen (Riegel/Pellat/Rioul 2016, 130–131).

Das vom Lateinischen übernommene Alphabet, das wiederum selbst vom Griechischen abgeleitet wurde, musste für die französische Sprache angepasst und erweitert werden, um diejenigen Unterscheidungen abzubilden, die im Lateinischen nicht angelegt sind, wie beispielsweise die Oppositionen /i/ – /j/ oder /u/ – /v/ sowie die Kennzeichnung von Nasalvokalen oder Vokalen im Allgemeinen. Die relative Unzulänglichkeit des lateinischen Alphabets für die Realität der französischen Aussprache erklärt zumindest im Teil die komplizierte Orthographie (Riegel/Pellat/Rioul 2016, 114).

Bereits seit dem 16. Jahrhundert gibt die aus der Opazität resultierende Komplexität der französischen Orthographie sowie ihre Inkohärenz und Arbitrarität Anlass zu Klage: «[...] les hasards ou les caprices de l'histoire ne permettent guère de dégager des régularités et les règles semblent s'atomiser en de nombreux faits particuliers ou se diluer dans une mare d'exceptions, généralement imprévisibles si l'on ne s'appuie pas sur des connaissances historiques ou étymologiques» (Riegel/Pellat/Rioul 2016, 121).

Im 19. Jahrhundert, noch vor den Schulreformen von Jules Ferry, wird die Orthographie zu einem wichtigen Anliegen der Primarbildung erklärt und finanzielle Mittel werden sowohl für die Ausbildung von Lehrkräften als auch für die Ausarbeitung von Lehrmaterialien bereitgestellt (Pellat 2015, 68).

Ab dem 19. Jahrhundert erhält die Orthographie die Bedeutung eines Indikators der sozialen Position des Schreibers, vielfach verbunden mit einer moralischen Bewertung (Cazal 2012, 169). In der Charakterisierung von Personen wird eine deviante Orthographie mit einer niedrigeren Herkunft und geringeren Intelligenz des Schreibers assoziiert. Aus dieser Perspektive ist Orthographie weit mehr als eine unverfängliche Form der Transkription (Blanche-Benveniste 1997, 26–27;

Cazal 2012, 170; Weth 2015, 91), sie ist eine «marque d'excellence culturelle» (Mahrer 2017, 110). Auch Elspaß (2005, 413) betont die Bedeutung der Orthographie für die Charakterisierung eines Schreibenden als kompetent und gebildet oder als weniger kompetent und weniger gebildet, wobei andere zur Redaktion eines Textes relevante Bereiche deutlich weniger Berücksichtigung finden.

Die drei konstitutiven Prinzipien der französischen Alphabetschrift, das phono- und das semiographische sowie das etymologische Prinzip, sind ebenfalls im Analyseschema der vorliegenden Untersuchung angelegt und finden sich teilweise in den von den Schreibern angewandten Strategien der Verschriftlichung.

5.1.2 Schriftspracherwerb: Die kognitive Perspektive auf den Schreibprozess

Der Erwerb schriftsprachlicher Kompetenzen, sowohl auf der produktiven als auch auf der rezeptiven Ebene, ist nicht auf das Erlernen eines alphabetischen Prinzips zu beschränken, denn zu Schriftsprachkompetenzen gehören auch Aspekte wie die Segmentierung in Wörter, Digraphen, Diakritika oder die Wiedergabe stummer graphischer Konsonanten im Auslaut oder darüber hinaus Wissen über Funktionsmechanismen von Texten und die entsprechenden kulturellen Dispositionen (David 2015, 20).

Unter dem Terminus *literacy*[4] wird in einer Minimaldefinition die Gesamtheit graphischer und sprachlicher Kompetenzen, die bei Lese- und Schreibprozessen angewandt werden, zusammengefasst. Eine weiter ausgreifende Definition bezieht zudem das Verhältnis des Geschriebenen mit der Gesamtheit aller Kenntnisse, die es zu konstruieren erlaubt, mit ein. Da sich mit dem Konzept der *literacy* die Dependenz- und Autonomierelationen zwischen den Charakteristika einer Schrift und ihrer Aneignung beschreiben lassen, integriert dieser Ansatz eine Perspektive an der Schnittstelle von Sprachwissenschaften und Psychologie (David 2015, 11). Psycholinguistische Studien zu kognitiven Mechanismen des Lesens und Schreibens differenzieren häufig Strategien erwachsener erfahrener Schreiber und Strategien, die Kinder anwenden (Riegel/Pellat/Rioul 2016, 139). Die Forschung zur Schriftsprachaneignung privilegiert lange Zeit die Leseforschung und somit den rezeptiven Aspekt:

> «Sur l'acquisition de l'écrit, il existe aujourd'hui un nombre extrêmement important de travaux concernant la lecture [...]. Il n'en va pas de même en orthographe, domaine où les

---

4 Unter *literacy* oder *litéracie* lassen sich Studien verschiedener Fachdisziplinen, wie zum Beispiel der Anthropologie, der Psychologie, Philosophie, Sprachwissenschaft und Didaktik, vereinen, die sich alle mit dem Schriftspracherwerb beschäftigen (David 2015, 9).

situations d'observation sont encore peu nombreuses. Les premiers résultats dont on dispose sont issus d'épreuves au cours desquelles on dicte des mots préalablement sélectionnés à l'aide de critères linguistiques. Ils sont le plus souvent associés aux travaux sur la lecture» (Jaffré 1992, 28).[5]

Der Erwerb der Schriftsprache und der damit verbundenen produktiven Kompetenzen ist in der Forschung generell unterrepräsentiert. Zusätzlich zeichnet sich ein weiteres wesentliches Desiderat ab: Die Studien zur geschriebenen Sprache und ihrer Aneignung in Form von redaktionellen Kompetenzen konzentrieren sich auf Untersuchungen zum Schriftspracherwerb bei Kindern und die von ihnen angewandten Strategien der Verschriftlichung. Erwachsene, die über eine lediglich unvollständige Schreibalphabetisierung verfügen, und ihre Verschriftlichungsmuster werden weitgehend ausgeklammert. Dabei handelt es sich bei der Fähigkeit zu lesen und zu schreiben um eine rein kulturelle Errungenschaft, die in bestimmten Fällen vielleicht nie erreicht wird (Kellogg 2008, 2). Aufgrund der Forschungslage ist den im Folgenden berücksichtigten Ansätzen zur Erforschung des Schriftspracherwerbs gemein, dass sie sich auf die schriftliche Alphabetisierung von Kindern beziehen.[6] Der Schriftspracherwerb, der erst im Erwachsenenalter beginnt, oder ein nicht abgeschlossener Erwerb der Schreibkompetenz in jungen Jahren und eine damit verbundene unvollständige schriftliche Alphabetisierung von Erwachsenen werden bedauerlicherweise nur selten theoretisch modelliert. Eine Ausnahme bildet in der italianistischen Forschung der Hinweis auf die Parallelismen, die sich in den Strategien, die weniger geübte Schreiber, Kinder oder erwachsene Lerner einer Fremdsprache anwenden, manifestieren:

> «Andrà inoltre ricordato che molti di tratti ricorrenti nelle scritture semicolte coincidono con i fenomeni riscontrabili nelle varietà di apprendimento dell'italiano (soprattutto per quel che riguarda le devianze ortografiche e i fenomeni generati dall'analogia), sia nei bambini sia nei discenti stranieri ai primi livelli» (Fresu 2016, 330).

Bei der Produktion eines geschriebenen Textes muss ein Schreiber im Wesentlichen über zwei Schlüsselkompetenzen verfügen: zum einen die mentale Generierung eines sprachlichen Inhalts und zum anderen die Transposition dieses Inhalts ins schriftliche Medium (McCutchen 2011, 56).[7] In der Forschung besteht

---

5 Auch im Vergleich mit der mündlichen Sprachproduktion schneidet die Erforschung der Schriftsprachproduktion schlechter ab, denn die bei der Produktion gesprochener Sprache aktivierten Prozesse sind deutlich besser dokumentiert (McCutchen 2011, 60; Matlin 2003, 342).
6 Cf. u.a. Hayes und Flower (1980), Göpferich (2015), Philipp (2017), Günther (1993).
7 Die Redaktion eines Textes erfordert natürlicherweise noch eine Vielzahl weiterer kognitiver Kompetenzen, die eng mit dem sozialen Kontext verknüpft sind: Aufmerksamkeit, Vorstellungskraft, Weltwissen, Metakognition, Leseverstehen, die Fähigkeit zum Problemlösen, Kreativität und Argumentation sowie Entscheidungsfähigkeit (Matlin 2003, 342). Der Prozess des Schrift-

Einigkeit darüber, dass sich der Schreibprozess im engeren Sinn wiederum in drei Subprozesse gliedern lässt (Philipp 2017, 45). Diese sind erstens die Planung, die eine ausgeprägt pragmatische Ausrichtung wie Informationsgenerierung und -organisation bezüglich des Schreibziels sowie die Festsetzung dieser Ziele integriert, zweitens die Übertragung der Information ins schriftliche Medium und drittens die Revision des Geschriebenen (Hayes/Flower 1980, 12–13). Es handelt sich bei diesen drei Unterprozessen explizit nicht um aufeinander aufbauende Etappen, bei der nur der Abschluss der vorhergehenden die nachfolgende konditioniert (Göpferich 2015, 112; Hayes/Flower 1980, 29). Oftmals ist die Revision und Evaluierung des eigenen Textes gerade bei jüngeren Schreibern nur approximativ, insbesondere wenn die Verschriftlichung selbst einen Großteil der kognitiven Kapazität erfordert (Philipp 2015, 50). Dies entspricht jedoch dem üblichen Verlauf der Schriftsprachaneignung und ist somit ein Indiz für ein bestimmtes Stadium im Schriftspracherwerb. Schreiber lernen zuerst das, was sie wissen, zu verschriftlichen. Erst danach lernen sie ihre eigene Perspektive in die Verschriftlichung zu integrieren und schließlich ihr Wissen mit Blick auf den Leser anzupassen (Kellogg 2008, 3).[8]

Bei der Modellierung der drei Teilprozesse Planung, Transposition und Revision wird der tatsächliche Übergang zwischen der schriftlichen Realisierung von in der Planungsphase generierten Gedanken nicht spezifiziert.[9] Diesen Aspekt nimmt das von Günther ausgearbeitete inkrementelle POPS-Modell (*phrase-oriented production system*) auf: «POPS is intended to describe the cognitive processes that occur at the transition from sentence planning to sentence realization» (Göpferich 2015, 121). In diesem Modell differenziert Günther (1993, 82–83) zentrale und periphere Schreibprozesse. Zentrale Prozesse bei der Redaktion umfassen die Aktivierung und die Selektion von Wissen, seine Linearisierung sowie die Generierung von Sätzen. Unter die peripheren Schreibprozesse fallen die Generierung des Schreibprogramms und die grapho-motorische Umsetzung.[10]

---

spracherwerbs zeichnet sich gerade durch die Aktivierung und Koordinierung verschiedener, bereits existierender kognitiver Kompetenzen aus, an dessen Ende eine Automatisierung in der Anwendung dieser Funktionen steht (Steinbrink/Lachmann 2014, 18).
8 Diese dreischrittige Entwicklung der Revision und Reflexion wurde von Kellogg nach dem Ansatz von Bereiter/Scardamiglia (1987) fortgeführt.
9 Das erste Modell, das diese drei Subprozesse und ihre Interrelationen identifiziert, ist das Modell nach Hayes/Flower (1980), das den Schreibvorgang auf der Basis von Protokollen, die das laute Denken der Studienteilnehmer wiedergeben, studiert. Das Modell wurde vor allem aufgrund seiner starken Fokussierung des rationalen Aspekts des Schreibprozesses kritisiert (Günther 1993, 20).
10 Für weiterführende Informationen zu Günthers Modell, cf. Göpferich (2015, 120–124).

Die Schriftspracherwerbsforschung postuliert zwei interdependente mentale Lexika, eines für die Wiedererkennung von geschriebenen Wörtern und eines für ihre Produktion. Bei der Schreibproduktion ist besonders das Lexikon, das den schriftlichen Output liefert, involviert: «Cela [construire des manifestations linguistiques tangibles qui soient capables d'évoquer et d'agencer des mots, L.S.] suppose que les usagers appliquent à leurs représentations internes une série de processus opératoires permettant de passer d'un niveau virtuel à un niveau actuel. Ces transformations potentielles dépendent évidemment de la nature des unités engrammées» (Jaffré 1991, 39).

Bei einem erwachsenen Schreiber[11] ist das orthographische Ausgangslexikon eine relativ autonome Einheit, das aus bedeutungstragenden Minimaleinheiten aufgebaut ist, im Falle des Französischen aus Lexemen und Morphemen, und auf das die Zugriffsweisen automatisiert sind. Um die Orthographie zu erlernen, muss ein Schreiber mit dem Aufbau seines orthographischen Ausgangslexikons beginnen, indem er dort minimale Bedeutungseinheiten speichert:

«Ainsi, à chaque fois que la forme d'un mot nouveau est apprise, une entrée correspondant à ce mot est engrammée dans le LOS [lexique orthographique de sortie, L.S.] et par la suite, à chaque fois qu'un usager voudra écrire ce mot il devra en réactiver la représentation. C'est ce qu'on appelle l'adressage. Chaque unité significative comporte ainsi une ‹adresse›, un lieu mental où on peut la retrouver en cas de nécessité. Il arrive cependant que les usagers aient besoin d'une forme graphique qui ne se trouve pas encore dans leur LOS ou qu'ils ne parviennent pas à y retrouver. Si la forme équivalente est disponible à l'oral, la tendance cénémique[12] permet alors de (re)constituer ladite forme en prenant appui sur le lexique phonologique et en utilisant un système de conversion phonographique (syllabogramme ou alphabet). C'est ce qu'on appelle l'assemblage» (Jaffré 1991, 39).

Grundsätzlich bestehen also zwei Zugangsmöglichkeiten zum orthographischen Ausgangslexikon, einmal der direkte Zugang *adressage*, durch den abstrakte, gebrauchsfertige Einheiten abgerufen werden können, und zweitens der indirekte Zugang *assemblage*, bei dem mit Hilfe verschiedener Regeln, wie phonogrammischer, morphogrammischer oder analoger Strategien die Graphie abgeleitet wird

---

11 Hier bezieht sich Jaffré vermutlich auf erwachsene und vollständig alphabetisierte Schreiber und nicht auf Schreiber, deren Schriftspracherwerb nie vollendet und/oder durch regelmäßige Übung gepflegt wurde.

12 Schriftsysteme können auf zwei universelle kognitive Operationen zurückgreifen, eine Operation, die sich auf die Abbildung der lautlichen Elemente stützt, von Jaffré *cénèmes* genannt (Silben, Phoneme), und eine Operation, die auf die Abbildung von Einheiten zielt, die einen irgendwie gearteten Sinn wiedergeben, von Jaffré *plérèmes* genannt, etwa Morpheme oder Wörter (Jaffré 1992, 29). «De ce point de vue, le système d'écriture du français appartient bien à la famille ‹alphabétique› mais il n'en représente pas une forme très économique» (Jaffré 1992, 29).

(Jaffré 1991, 40). Geübte und weniger geübte Schreiber unterscheiden sich hinsichtlich ihres Zugriffs auf die Bedeutungseinheiten, die sie in ihrem orthographischen Ausgangslexikon gespeichert haben: je schneller ein Schreiber auf die Einheiten zugreift, je mehr er also die Zugriffsweise der *adressage* anwendet und je weniger die der *assemblage*, desto effizienter ist er (Jaffré 1991, 41). Diese Konzeptualisierung der unterschiedlichen Verschriftlichung in Abhängigkeit der Schreiberfahrung eröffnet für die Beschreibung graphischer Varianten weniger geübter Schreiber aufschlussreiche Einsichten. Ein weiterer Unterschied zwischen erfahrenen und weniger routinierten Schreibern besteht hinsichtlich des Gedächtnisses, das sowohl das Langzeitgedächtnis[13] als auch den Arbeitsspeicher[14] umfasst. Der Arbeitsspeicher unerfahrener Schreiber ist aufgrund der fehlenden Flüssigkeit in der Textproduktion und mangelnder extensiver Schreibkenntnisse begrenzter (McCutchen 2011, 63). In diesem Zusammenhang betonen Fayol und Largy (1992) nicht nur das Vorhandensein bestimmter deklarativer und prozeduraler Kenntnisse, sondern vielmehr die Bedeutung der Steuerung dieser Kenntnisse in Echtzeit im Rahmen komplexerer, parallel verlaufender kognitiver Prozesse (Fayol/Largy 1992, 96).

Auf der Grundlage dieser elementaren Phasen des Schriftsprach- und Orthographieerwerbs wird im folgenden Kapitel die Frage nach den Entwicklungsstadien der Aneignung gestellt, die der kompetente Schreiber durchlaufen muss.

5.1.2.1 Entwicklung des Schriftspracherwerbs

Die Diskrepanz zwischen Regeln der Orthographie und Oberflächenformen bildet die Grundlage für die Schwierigkeiten im Schriftspracherwerb und bedingt die Weiterentwicklung des orthographischen Lexikons. Dabei sind nicht alle Schriftzeichen gleich zu gewichten.

---

[13] «Some important components of long-term memory include the writer's semantic memory, specific knowledge about the topic, general schemas, knowledge about the audience for whom the paper is intended, and knowledge about the writing style to be used for the particular assignment» (Matlin 2003, 344).

[14] «Working memory refers to the brief, immediate memory for material we are currently processing, as well as the coordination of our ongoing mental activities. One component of working memory, the phonological loop, stores a limited number of sounds for a short period of time. People often talk to themselves as they generate sentences during writing – a procedure that requires the phonological loop. Another component of working memory, the visuo-spatial sketch pad, stores both visual and spatial information. The visuo-spatial sketch pad is useful when writers try to visualize the order of the sections of a paper and when they need to include figures and graphs in their paper» (Matlin 2003, 343).

«Leurs valeurs, leurs fonctions, leurs effets sont multiples et recouvrent une diversité d'usage que les apprentis lecteurs-scripteurs vont progressivement appréhender selon les deux plans déjà énoncés: un plan linguistique où dominent les graphèmes fondamentaux dans leurs fonctions phonogrammique et morphogrammique, et un plan extralinguistique où apparaissent un ensemble divers de signes plus ou moins facultatifs et conventionnels» (David 2015, 19).

Zu Beginn des Schriftspracherwerbs existiert das orthographische Ausgangslexikon lediglich als eine Art Prototyp mit denjenigen Wörtern, die Kinder als globale Einheiten kennen. Mit den steigenden Anforderungen im Schreiben müssen Organisationsformen gefunden werden, um möglichst effizient und ökonomisch eine große Anzahl von Einheiten zu speichern. Ein effizientes Verfahren besteht dabei in der Anheftung (*greffer*) geschriebener bedeutungstragender Einheiten an mündliche bedeutungstragende Einheiten über phonogrammische Regeln sowie Regeln der Analogie. Um dieses Anheften zu erreichen, greifen Schreiber auf verschiedene vereinfachende Operationen zurück. Auf dieser Ebene lässt sich die Zugriffsweise der *assemblage* situieren (Jaffré 1991, 42).

Je weiter der Prozess der Schriftaneignung fortschreitet, desto dominanter wird im langsamen Prozess der kognitiven Konstruktion der Mechanismus der *adressage*. Die Etappen des Schriftspracherwerbs sind charakterisiert durch die progressive Unterdrückung des Lautes als Zwischenschritt zwischen dem Sinn und der Schreibung (Catach 1980, 22). Während der Zwischenphasen ist der lernende Schreiber für jegliche kompensatorische Technik, die seine Arbeit erleichtert, anfällig. Aktuelle Entwicklungen dieses doppelten Zugriffsmodells postulieren das gewöhnlicherweise gemeinsame Funktionieren der beiden distinkten Zugangsweisen zu einer bestimmten Graphie (Mahrer 2017, 122).

Hinsichtlich der Entwicklung der Kenntnisse zur Verschriftlichung von Inhalten wird zumeist das in der Psychologie entwickelte Modell von Bereiter (1980) angeführt, das die Entwicklung der Schreibkompetenzen in den folgenden fünf möglichen Organisationsformen modelliert:

- *associative writing*
- *performative writing*
- *communicative writing*
- *unified writing*
- *epistemic writing*

Jede Organisationsform stellt einen bestimmten Aspekt der Redaktion in den Vordergrund (Philipp 2015, 49). Die von Bereiter konzipierten aufeinanderfolgenden Organisationsformen sind das assoziative Schreiben (*associative writing*), das performative Schreiben (*performative writing*), das kommunikative Schreiben (*communicative writing*), das vereinheitlichte Schreiben (*unified writing*) und das epistemische Schreiben (*epistemic writing*) (Bereiter 1980, 83–88). Die Grundlage des Modells bilden die vom Schreibenden während des Schriftspracherwerbs schrittweise erlernten Kompetenzen der Flüssigkeit in der Redaktion, der Flüssigkeit in der Generierung von Inhalten, der Beherrschung der Schriftkonventionen, der sozialen Kognition wie der Berücksichtigung anderer Perspektiven und des Lesers, des kritischen Urteilsvermögens und schließlich der Reflexionsfähigkeit (Bereiter 1980, 82).[15] Diese Kompetenzen werden dem Modell zufolge sukzessive in den fünf Organisationsformen erlernt. Das assoziative Schreiben erfordert den geringsten Anspruch, es kombiniert die Flüssigkeit in der Redaktion mit der Flüssigkeit in der Generierung von Inhalten. Der Schreiber identifiziert die Ideen und verschriftlicht sie in dem Maße, wie sie ihm in den Kopf kommen und ohne zwingenderweise den Leser mit zu berücksichtigen (Bereiter 1980, 83). Die Integration des assoziativen Schreibens mit einem normativen und stilistischen Wissen vollzieht sich in der Organisationsform des performativen Schreibens. Hier werden beispielsweise orthographische, grammatikalische und lexikalische Kenntnisse erworben (Bereiter 1980, 85). Aus der Kombination des performativen Schreibens und der sozialen Kognition, wie zum Beispiel der Berücksichtigung des Lesers oder einer möglichen Leserschaft, entspringt die Organisationsform des kommunikativen Schreibens (Bereiter 1980, 86). Dies wird im vereinheitlichten Schreiben perfektioniert, indem nicht nur die Perspektiven anderer Personen miteinbezogen werden, sondern ebenfalls eine Bewusstwerdung der eigenen Perspektive als Leser vollzogen wird (Bereiter 1980, 87). Der Erwerb redaktioneller Fähigkeiten findet seinen Abschluss im epistemischen Schreiben, da sich hier das Schreiben mit einer persönlichen Suche nach Sinn verbindet. Epistemisches Schreiben ist nicht mehr nur ein Produkt der Gedanken des Schreibers, sondern wird zu einem integralen Bestandteil des Denkens (Bereiter 1980, 87–88).

Werden diese verschiedenen Organisationsformen des Schriftspracherwerbs auf das vorliegende Analysekorpus angewandt, lassen sich folgende Aussagen treffen, die die schriftliche Konzeption der Texte erhellen: Alle fünf Organisationsformen (assoziatives, performatives, kommunikatives, vereinheitlichtes und epistemisches Schreiben) sind in den Ego-Dokumenten weniger geübter Schreiber materialisiert, wobei sich Differenzen in der Aktivierung der Phasen in Abhängigkeit des Schreibers oder der Schreiberin, der Textsorte und des Grades der Verinnerlichung der sechs grundlegenden Teilkompetenzen des Schriftspracherwerbs (Flüssigkeit in der Redaktion und in der Generierung von Inhalten, Beherrschung der Schriftkonventionen, soziale Kognition, kritisches Urteilsvermögens und Reflexionsfähigkeit) ergeben. Die ersten beiden Formen des assoziativen

---

[15] Cf. hierzu auch Philipp (2015, 40–52).

und des performativen Schreibens erscheinen auf den ersten Blick am salientesten für das Korpus weniger geübter Schreiber. Die Schreiber verschriftlichen ihre Gedanken nicht selten ohne umfassende Planung, die aufgrund der spezifischen Kommunikationssituationen im Krieg zusätzlich erschwert ist. Dabei zeigen die Texte vielfach Varianten in der Graphie, die sich mit unterschiedlichen Aspekten der französischen Orthographie in Verbindung bringen lassen. In Teilen scheinen zudem die in diesen Organisationsformen erworbenen Kenntnisse bzw. ihre mangelnde Anwendung die folgenden Organisationsformen des Schreibens zu verdecken. So kann die Darstellung eines Gedankenstroms ohne Interpunktionszeichen und mit von der Norm abweichender Graphie die Leistung bezüglich sozialer Kognition, der Vereinheitlichung von Perspektiven und vor allem bezüglich einer Integration des Schreibens als einer Form der Reflexion maskieren. Gibt der Schreiber schriftlich nur sein Wissen wieder, ist dies vielfach durch die Juxtaposition von Inhalten dominiert und der Schreiber orientiert sich zudem stark am Text selbst (Kellogg 2008, 6). In dieser Phase muss der Leser aktiv in der Retrospektive die Kohärenz des Textes konstruieren (Philipp 2015, 55). Die Schreiber berücksichtigen durchaus auch die Perspektive ihres Gesprächspartners, wie es im kommunikativen Schreiben gefordert wird. Sie tun dies jedoch in unterschiedlichem Maße, wenn sie beispielsweise explizit auf ihren Leser eingehen und ihn ansprechen. Die noch nicht erlangte Sicherheit in dieser Phase wird dabei durch ein Oszillieren in der Ansprache eines Kollektivs und einer einzigen Person deutlich. Die vereinheitlichende Organisationsform ist diejenige, die für das vorliegende Analysekorpus am wenigsten eindeutig ist, da der Zugang zur Perspektive des Schreibers als Leser graphisch maximal in den Autokorrekturen und inhaltlich in der Reaktion auf erhaltene bzw. nicht erhaltene Korrespondenz sichtbar wird. Die letzte Phase der Organisationsformen, das epistemische Schreiben, scheint besonders in der Textsorte Tagebuch relevant zu werden, da hier ein Raum für Reflexionen eröffnet wird. Es muss jedoch einschränkend hinzugefügt werden, dass das Tagebuch im Ersten Weltkrieg in vielen Fällen eine eher dokumentarische, denn autoreflexive Funktion erfüllt.[16]

---

[16] Ungeübte Schreiber hinterlassen generell weniger Tagebücher, da zum einen eine Entfernung von ihrem ursprünglichen Lebensraum, wie sie als auslösendes Moment für das Verfassen von Korrespondenz definiert werden kann, nicht zwangsläufig zur Redaktion eines Tagebuchs führt. Und zum anderen erfordert das Schreiben eines Tagebuchs eine regelmäßige Ausübung der Schrift, die häufig nicht der Kompetenz der Schreiber entspricht. Tagebücher von weniger geübten Schreibern finden sich häufig als hybride Textsorten in anderen Texten, wie etwa Haushalts- oder Rechnungsbücher, integriert (Martineau 2018, 76–77).

5.1.2.2 Graphische Strategien

Neben den kognitiven (Teil-)Prozessen des Schreibvorgangs stellt sich die Frage, wie sich der Erwerb der Schriftsprachkompetenz konkret gestaltet und welche Strategien den Schreibern in den unterschiedlichen Stadien der Aneignung für die Verschriftlichung zur Verfügung stehen.

Eines der ersten Modelle, das den Vorgang der Aneignung der Schreibkompetenz in den Blick nimmt, ist der für das Englische ausgearbeitete entwicklungspsychologische Ansatz nach Frith (1985),[17] die für den Prozess des Schreiberwerbs beim lernenden Kind eine Dreiteilung in die qualitativen Ansätze des logographischen, des alphabetischen und des orthographischen Schreibens vorschlägt. Ausgehend von diesem Modell erarbeitet Günther (1986, 1989) ein Mehrebenen-Modell, das eine zusätzliche vorgeschaltete initiale Phase sowie eine finale Phase der Integration und Automatisierung umfasst (Günther 1986, 33). Der logographische Ansatz bedeutet, dass ein Kind Lexeme in einer globalen Form erkennen kann, ohne die jeweiligen Grapheme als Bestandteile zu identifizieren. Diese Strategie des Schreibens entspricht vielmehr einer Imitation des visuellen Bildes eines Lexems (Schründer-Lenzen 2013, 68). Mit dem alphabetischen Ansatz erfasst das Kind die phonetisch-phonologischen Prinzipien der Schrift und die Struktur eines Wortes in Buchstaben (Schründer-Lenzen 2013, 69). In dieser Phase spielt die Eindeutigkeit der Phonem-Graphem-Korrespondenzen eine entscheidende Rolle. Außerdem kann es hier zu Beeinflussungen der graphischen Wiedergabe durch eine beispielsweise dialektale Aussprache kommen (Steinbrink/Lachmann 2014, 27). Die entscheidende Phase für das Erreichen des schriftsprachlichen Standards besteht im orthographischen Ansatz, da das Kind nicht mehr das verschriftlicht, was es hört, sondern sich gleichzeitig der orthographischen Regeln bedient, die es in dieser Phase erwirbt (Schründer-Lenzen 2013, 72–73). Orthographisches Wissen kann in dieser Phase zu Übergeneralisierungen führen, wenn der Schreiber bestimmte Regeln auf Zusammenhänge anwendet, die über die eigentlichen Anwendungsgebiete hinausgehen (Steinbrink/Lachmann 2014, 28).

Auf der Grundlage von französischsprachigen Texten, deren Autoren noch im Prozess des Schriftspracherwerbs begriffen sind und daher den Autoren des Analysekorpus ähneln, identifiziert Jaffré (1992) verschiedene von den Schreibern angewandte Vorgehensweisen, die bestimmte psycholinguistische Operationen deutlich machen. Der gebrauchte Terminus *procédure* soll die systematische

---

[17] Frith (1985) behandelt in ihrem Modell sowohl den Schreiberwerb als auch den Erwerb der Lesekompetenz. Für die vorliegende Beschreibung wird der Fokus auf die Aneignung des Schreibens gelegt.

Natur dieser Operationen herausstellen (Jaffré 1992, 32). In einem ersten Schritt unterscheidet Jaffré funktionale von nichtfunktionalen graphischen Strategien, wobei letztere nicht der Kommunikation oder der Fixierung von Informationen dienen und daher hier vernachlässigbar sind. Innerhalb der funktionalen Strategien wiederum lassen sich logographische und phonographische Strategien differenzieren (Jaffré 1992, 33). «Les procédures logographiques se définissent par la mise en relation d'une séquence de lettres, aléatoire ou non, avec un ou plusieurs signes linguistiques. Ces procédures permettent aux enfants de reproduire globalement un mot ou une expression orale. Réitérée, cette reproduction finit par se constituer en routine» (Jaffré 1992, 35). Phonographische Strategien implizieren die Wiedergabe bestimmter Aspekte der lautlichen Dimension graphischer Einheiten und umfassen verschiedene untergeordnete Strategien in Abhängigkeit des Niveaus der bereits erworbenen Schriftkompetenzen. Bei der phonographischen Vorgehensweise handelt es sich um eine «[é]tape de l'apprentissage de l'orthographe où l'apprenti établit une relation entre les segments sonores et les segments graphiques et utilise des phonogrammes dans ses productions écrites» (Campolini/van Hövell/Vansteelandt 2000, 65). Die Verwendung von Phonogrammen ist vor allem typisch für die phonogrammische Strategie, die neben der buchstabierenden und der syllabischen eine der phonographischen Substrategien darstellt. Diesen ist gemein, dass sie einer lautlichen Form, mehr oder weniger systematisch, eine graphische Gestalt geben (Jaffré 1992, 36). Im Fokus der buchstabierenden Strategie[18] steht das Graphem, das bestimmte Segmente der Lautkette erfasst und graphisch abbildet (Jaffré 1992, 36). Da die Bezeichnung des Graphems die Projizierung auf das lautliche Kontinuum erlaubt, liegt der Bezugspunkt der buchstabierenden Strategie klar auf der graphischen Seite. «Pour être tout à fait exact, il faudrait donc dire que l'épellation relève de processus graphophoniques» (Jaffré 1992, 38).

Die Silbe ist Referenzpunkt der syllabischen Strategie und etabliert häufig eine Verbindung zwischen der Silbenstruktur einer gesprochenen Sequenz und der Anzahl effektiv transkribierter Buchstaben. Zwischen der aus der Lautkette isolierten Silbe und dem Buchstaben, der sie wiedergibt, muss nicht immer eine phonographische Beziehung bestehen. Die aus einem Buchstaben bestehenden Silben sind unterschiedlichen Ursprungs: einige basieren auf Vokalen, andere auf Konsonanten und wiederum andere gegebenenfalls auf Ziffern (Jaffré 1992, 38).

---

[18] Im Zusammenhang mit dem Wissen um Grapheme und der Fähigkeit zu buchstabieren spielt die phonologische Bewusstheit, die das Erkennen der lautlichen Einheiten der Sprache sowie ihre Manipulation beschreibt, eine wichtige Rolle (Steinbrink/Lachmann 2014, 20).

Die dritte der phonographischen Strategien, die phonogrammische Strategie, ist diejenige mit der höchsten Relevanz für die vorliegende Arbeit, da sie Phoneme und Grapheme in Beziehung setzt: «Les procédures phonogrammiques impliquent des choix qualitatifs. Il ne s'agit pas seulement de représenter des phonèmes mais de les représenter à l'aide des outils graphiques valides dans le cadre d'un système d'écriture donné» (Jaffré 1992, 40). In einer frühen Phase des Schriftspracherwerbs kann es bei der phonogrammischen Strategie auf der idiolektalen Ebene zu Schwierigkeiten für die Lernenden kommen, da die phonogrammische Vorgehensweise in sehr starkem Maße davon abhängt, wie gut die Lernenden das lautliche Material analysieren können. Die Aussprache ist ein wesentlicher Bezugspunkt in dieser Phase des Schriftspracherwerbs, daher ist hier auch eine Beeinflussung durch idiolektale Ausspracheweisen durchaus möglich (Jaffré 1992, 41). Bei der Artikulation oder bei ihrer Wahrnehmung kann es bisweilen zu einer Überartikulation kommen, die in der Hinzufügung eines zusätzlichen Lautes, in der Veränderung eines bestehenden Lautes durch Hinzufügung oder in der Auslassung von Lauten mündet (Jaffré 1992, 41). Da die phonogrammische Vorgehensweise eng mit der Repräsentation von Phonemen verbunden ist, spielen auch visuell-graphische Aspekte eine wichtige Rolle. Insbesondere spezifisch graphische Elemente wie Diakritika oder sehr rekurrente Grapheme sind hierbei von Bedeutung (Jaffré 1992, 42). Unter Rückgriff auf die Aussprache sowie unter Anwendung verschiedener Techniken können Lernende der französischen Orthographie Oberflächenformen schreiben, die als Zwischenformen zur normgerechten Schreibung nur noch verfeinert werden müssen. «Seule la tendance cénémique permet des tentatives graphiques comme celle de ‹bouate› (pour ‹boîte›) qui, bien que non normée, n'en reste pas moins plausible» (Jaffré 1991, 44). Die phonogrammische Strategie führt zur Schreibung von Oberflächenformen, die sich der Norm bereits relativ stark annähern, ohne jedoch distributionelle Varianten zu berücksichtigen (Campolini/van Hövell/Vansteelandt 2000, 65). Die Phase der phonographischen Strategien wird abgeschlossen, wenn tatsächlich alle Phonogramme eines Wortes verschriftlicht werden. Es handelt sich hierbei nach Jaffré noch um phonogrammische Skelette, ohne Berücksichtigung der distributionellen Varianten, an der Schnittstelle zwischen Gesprochenem und Geschriebenem (Jaffré 1992, 44–45). Der Schriftspracherwerb findet seinen Abschluss in der Überwindung der rein phonogrammischen Phase und im Erreichen der orthographischen Vorgehensweise: «Or qu'est-ce que cette logique orthographique sinon précisément le moment où la connaissance orthographique se constitue en signes-mots et non plus en règles phonogrammiques» (Jaffré 1991, 44). Da ausschließlich auf der Grundlage phonogrammischer Relationen jedem phonischen Wort zwar ein graphisches zugewiesen werden kann, dieses graphische Wort jedoch nicht dem- oder denjenigen im Inventar des Französischen codierten Wort bzw. Worten entspricht (Mahrer 2017, 111), müssen die Schreiber weitere Kompetenzen erlernen. Im Zuge des Erwerbs der französischen Orthographie muss sich der Lernende sukzessive durch die verschiedenen Stadien der logographischen, der phonographischen und der morphographischen Strategie arbeiten und sich die jeweiligen Kompetenzen aneignen. Die morphographische Dimension ist dabei die komplexeste, da sie auf der Kovarianz bestimmter Elemente beruht (Riegel/Pellat/Rioul 2016, 138) und sich im Vergleich zur logo- und phonogrammischen Strategie nicht nur auf einzelne Elemente bezieht: «on remarquera que la difficulté d'acquisition de ce dernier principe réside précisément en ceci qu'il vient complexifier les deux principes précédents dans la mesure où il transcende les isolats que constituent les mots pour tisser des rapports entre eux» (Jaffré/Bessonnat 1993, 27).

Der effektive Abschluss des Orthographieerwerbs zeichnet sich dadurch aus, dass die konventionalisierten orthographischen Formen für den Schreiber natürlich werden und dass graphisches und phonisches Wort als eine Einheit wahrgenommen werden.

> «Comme toute convention bien rodée, le système de conversion phonographique, fortement sollicité dès les premières heures de l'acquisition de l'écriture, finit par faire passer pour naturelles les relations qu'il code. Le même mot nous semble à la fois oral et écrit, les disparités dans la distribution des marques morphologiques orales et écrites ne nous apparaissent plus guère, les ‹mots›, si bien enchaînés à l'oral, nous semblent avoir de francs contours» (Mahrer 2017, 114).

Es handelt sich bei den beschriebenen Ansätzen um unterschiedliche Formen der Annäherung an das Geschriebene, wobei es sich weniger um sukzessive Niveaus der Schreibkompetenz, als um Strategien handelt, die der Schreibende verwendet. Die jeweils dominierende Strategie hängt auch von dem zu verschriftlichenden Inhalt ab, sodass für rekurrente Elemente schneller die orthographische Strategie eingesetzt werden kann (Schründer-Lenzen 2013, 75).

Diese Formen der Konzeptualisierung des Schriftspracherwerbs situieren sich an einer Schnittstelle von kognitiven und graphisch-sprachlichen Aspekten sowie Spezifika der Orthographie und der Redaktion. Dabei impliziert das schriftliche Verfassen eines Textes stets auch eine soziale Dimension: eine Textsorte entspricht gewissen Traditionen hinsichtlich ihrer Struktur und ihres Inhalts, sie enthält konventionelle Formulierungen oder entspricht gewissen Zielen auf Seiten des Schreibers und bestimmten Erwartungen auf Seiten des Lesers. Handeln in sozialen Situationen und Schreiben sind eng miteinander verwoben:

> «In Handlungen lernt das Kind Sprache, ihre ‹korrekte› Anwendung in sozialen Situationen, und durch Sprachhandlungen lernt es auch ‹Welt›, d.h. die Kategorien, die ihm in

dieser bestimmten Gruppe zur Erfassung der Welt bereitgestellt werden. Durch das Leben in sozialen Zusammenhängen lernt es Sprache und mit Hilfe von Sprache zu kommunizieren und zu interagieren» (Schlieben-Lange 1991, 22).

Die Schreibsozialisation eines Individuums ist ein dynamischer Prozess, der verschiedene Teilprozesse integriert, die wiederum während des gesamten Lebens des Schreibers seine Motivation zu schreiben, sein Verhalten im schriftlichen Ausdruck und seine Fähigkeiten in der Redaktion hinsichtlich verschiedener Textsorten und unterschiedlicher Kommunikationssituationen beeinflussen. Die Schriftaneignung als Schreibsozialisierung schließt aus dieser Perspektive mehr als die individuellen Charakteristika eines Schreibers mit ein. Sie umfasst darüber hinausgehend soziale Einflüsse in interaktionalen Kontexten wie zum Beispiel die Schule, die berufliche Ausbildung, das Studium oder Familie und Freunde (Philipp 2015, 58). In Korrelation mit diesen Akteuren der Schreibsozialisation lassen sich verschiedene Ebenen, auf denen sich die schriftliche Sozialisierung vollzieht, ausmachen (Philipp 2015, 68–76). Auf einer Makro-Ebene sind die Gesellschaft und die Sprachgemeinschaft zu situieren, der gegenüber das Individuum auf der Mikro-Ebene anzusiedeln ist. Das Individuum schreibt in einer historisch und politisch sowie sozial determinierten Kommunikationssituation. Es ist Teil einer Gemeinschaft, deren Interaktionen von Normen und Werten bestimmt sind und die auch die Bedeutung von Schrift und Schrifterwerb festlegt. Zwischen Einzelperson und Gemeinschaft wird ein Raum eröffnet, in dem bestimmte Instanzen der Sozialisation eine Vermittlungsfunktion zwischen den sozialen Normen und Werten und dem Individuum übernehmen (Philipp 2015, 68). Auf dieser Meso-Ebene fällt der Schule, der Familie und der Peer-Group eine wesentliche Rolle zu.[19]

Im Zusammenhang von Orthographie- und Schriftspracherwerb hat das Konzept einer präskriptiven Norm, die es zu erfüllen gilt, großes Gewicht. Notwendigerweise wird die Schriftsprachkompetenz in Referenz auf diese Norm bewertet. Einige Untersuchungen wie die Arbeiten von Ernst (1999, 2003) und Pellat (2015) zeichnen sich durch einen ausgeprägt normativen Fokus aus.

Im Rahmen des Schriftspracherwerbs spielen natürlich auch die institutionalisierte Alphabetisierung und die schulische Ausbildung eine wesentliche Rolle: «(Ortho)Graphie ist derjenige Teil des Sprachvermögens, der nur über die Schule, d. h. nahe an der Norm der Zeit erlernt wurde» (Ernst 1999, 100). Gleichzeitig eröffnet die Norm einen Raum, der ebenfalls in Referenz zur ihr definiert wird, allerdings mit negativem Vorzeichen.

«Toutes les discussions autour de la norme linguistique impliquent nécessairement l'idée de la non-norme, qui peut exister sous des formes différentes: a) absence d'une norme

---

[19] Zum Aspekt der Schreibsozialisation cf. Große/Sowada (2020).

obligatoire ou faible obligatorieté d'une norme linguistique dans la conscience de la société; b) ignorance d'une norme existante, ignorance qui se manifeste dans les textes; c) conscience de l'existence d'une norme linguistique, mais maîtrise insuffisante ou – plus rarement – refus de celle-ci (toujours manifesté(e) dans les textes, c'est-à-dire dans la parole)» (Ernst 2003, 83).

Aus einer Perspektive, die die Annäherung an die Verschriftlichung als unterschiedliche Strategien von den Schreibern konzipiert, geben von der orthographischen Norm abweichende Graphien jeweils an, dass der betreffende Ansatz noch nicht zur Gänze vom Individuum verinnerlicht wurde. Im Vorgang des Spracherwerbs drücken deviante Formen also nicht ein bestimmtes Unvermögen aus, sondern geben an, wie der Schreiber auf Schrift zugreift und erlauben seine Situierung auf einem Kontinuum der Schriftsprachentwicklung (Schründer-Lenzen 2013, 71). Hierbei ist nicht davon auszugehen, dass sich alle Schreiber immer jede Strategie vollständig aneignen (Günther 1988, 183).

Aus einer Perspektive, die den Fokus auf die kognitive Leistung beim Schriftspracherwerb und auf die dabei intervenierenden Prozesse legt, beschreibt die folgende Analyse keine *Fehler*, sondern schließt sich Thun (2018b, 273) an: «Natürlich nehmen wir nicht die wertende oder gar abwertende Haltung der rabiaten Normvertreter ein, sondern konstatieren nur und vermeiden Termini wie *faute*, *erreur*, *barbarisme* und selbst *incorrect*». Vielmehr zielt diese Arbeit darauf ab, die Spuren kognitiver Arbeit nachzuzeichnen:

> «[N]ous essayons d'identifier les procédures qui permettent aux apprentis d'écrire des mots dont ils ignorent la forme normée. Les textes produits par cette démarche présentent des écarts orthographiques qui sont traités, non pas comme des erreurs, mais comme la trace d'une activité cognitive» (Jaffré 1992, 31–32).

Die Verwendung von *Variante* anstelle von *Fehler* kann nicht darüber hinwegtäuschen, dass die präskriptive Norm des Französischen die Referenz für die Identifizierung der Varianten darstellt. Die Existenz der Norm selbst soll nicht in Frage gestellt werden, vielmehr wird eine Änderung der Bewertung von nicht dieser Norm entsprechenden Formen angestrebt, weg von einer rein relationalen Bewertung, hin zu einer Interpretation als für sich genommenen Schriftsprachgebrauch. In einem ersten Schritt wird deshalb die Bezeichnung *Variante* gewählt, um in einem zweiten Schritt die Mechanismen und Prozesse, die zur Wahl dieser Formen führen, aufzudecken. Die Qualifizierung eines sprachlichen Elements als Fehler mag so an Bedeutung verlieren, Gleiches gilt für die als richtig wahrgenommenen Formen, denn beide Bewertungen sind abhängig von der Norm. Von Varianten auszugehen bedeutet in diesem Zusammenhang, mehr noch als Erklärungen für die Varianten zu suchen, die Prozesse, die zur Wahl bestimmter Graphien führen, offenzulegen. So sollen die diesen Sprachgebrauch konstituierenden Formen als Ausdruck heterogener Schreibkompetenzen mit unterschiedlichen kommunikativen Funktionen als vollwertiger Untersuchungsgegenstand herausgestellt werden.

Nach diesen einführenden Erläuterungen zur französischen Orthographie und ihrem Erwerb wird im Folgenden ein Modell vorgestellt, das die Systematik der französischen Orthographie erfasst und die Korrelationen von verschiedenen Varianten und den jeweiligen Subsystemen der Orthographie darstellt.

5.1.3 Das Analyseschema *Grille typologique des erreurs d'orthographe* nach Catach (1980)

Die seit dem 16. Jahrhundert von Grammatikern und Pädagogen beklagte Inkohärenz und Arbitrarität der französischen Orthographie stand bisweilen einer wissenschaftlichen Beschreibung ihrer Systematik und Regelmäßigkeiten im Weg (Riegel/Pellat/Rioul 2016, 121). Eine der prominentesten Linguistinnen, die sich über mehrere Jahrzehnte mit der französischen Orthographie beschäftigt, betrachtet die französische Orthographie als ein Plurisystem, ein System aus Systemen: «C'est pourquoi il n'est possible de parler de système graphique du français que dans la mesure où l'on parvient à justifier le choix des graphèmes d'après leurs rapports avec le système phonique d'une part, avec l'un ou l'autre sous-système de la langue d'autre part» (Catch 1980, 27). Auf der Grundlage der konstitutiven Zonen des graphischen Systems des Französischen entwickelt Catch (1980) ein Klassifikationsraster zur systematischen Erfassung von *Fehlern*[20] und ihren Relationen zu den Subsystemen der französischen Orthographie. Grundlage sind die Texte junger Franzosen, die die französische Schriftsprache erlernen. Die drei grundlegenden Einheiten des graphischen Systems sind Phoneme bzw. Phonogramme, Morpheme bzw. Morphogramme und Lexeme bzw. Logogramme. Hinzu kommen etymologische und historische Grapheme, die vergangenen Sprachständen angehören und nicht immer als dem System zugehörig in die vorhergehenden Bereiche Eingang finden (Catch 1980, 27–28).

Die Kategorien, aus denen sich das Klassifikationsraster zusammensetzt, entsprechen den wesentlichen Subsystemen der französischen Orthographie, die gemeinsam das Plurisystem bilden. Im Folgenden wird das von Catch (1980)

---

[20] Wenn auf das Originalraster von Catch Bezug genommen wird, wird gleichzeitig auch die von ihr verwendete Terminologie *Fehler* übernommen, die jedoch als Ausdruck der Distanzierung kursiv gesetzt wird. Dies bedeutet nicht, dass in dieser Arbeit die gleiche stark normative Perspektive eingenommen wird. Im Folgenden wird der weniger wertende Terminus *Variante* verwendet.

entworfene typologische Raster orthographischer *Fehler* dargestellt, das als Grundlage für die Analyse der Varianten im schriftlichen Ausdruck weniger geübter Schreiber dient.[21]

Tabelle 1: Grille typologique des erreurs d'orthographe (Catach 1980, 288–289).

Catégories d'erreurs	Remarques	Exemples
Erreurs extragraphiques		
0. Erreurs à dominante calligraphique	Ajout ou absence de jambages, etc.	* mid (nid)
0. bis. Reconnaissance et coupure des mots	Peut se retrouver dans toutes les catégories suivantes	* le lévier (l'évier)
1. ERREURS A DOMINANTE EXTRAGRAPHIQUE (en particulier phonétique) – enrichir la grille des principales oppositions des phonèmes (voyelles, semi-voyelles, consonnes)	– Omission et adjonction de phonèmes – Confusion de consonnes – Confusion de voyelles: ex. [ɔ] / [ə]	* maitenant (maintenant) * suchoter (chuchoter) * moner (mener)
Erreurs graphiques proprement dites		
2. ERREURS A DOMINANTE PHONOGRAMMIQUE (règles fondamentales de transcription et de position) – enrichir la grille en se fondant sur les archigraphèmes (voyelles, semi-voyelles, consonnes)	– Altérant la valeur phonique – N'altérant pas la valeur phonique	* merite (mérite) * briler (briller) * recu (reçu) * binètte (binette) * pingoin (pingouin) * guorille (gorille)

---

[21] Bei den Beispielen handelt es sich um die von Catach angeführten, die Belege des Analysekorpus finden sich in den Übersichten ab Kapitel 5.1.7.

Tabelle 1 (fortgesetzt)

Catégories d'erreurs	Remarques	Exemples
3. ERREURS A DOMINANTE MORPHOGRAMMIQUE – enrichir la grille en se fondant sur les principaux morphogrammes et les principales catégories d'accords		
1. Morphogrammes grammaticaux	– Confusion de nature, de catégorie, de genre, de nombre, de forme verbale, etc. – Omission ou adjonction erronée d'accords étroits – Omission ou adjonction erronée d'accords larges	* chevaus (chevaux) * les rue (les rues) ceux qu'ils ont *vu (vus)
2. Morphogrammes lexicaux	– Marques du radical – Marques préf. / suffixes	* canart (canard) * anterremant (enterrement) * annui (ennui)
4. ERREURS A DOMINANTE LOGOGRAMMIQUE	– Logogrammes lexicaux – Logogrammes grammaticaux	j'ai pris du *vain (vin) ils *ce sont dit (se)
5. ERREURS A DOMINANTE IDEOGRAMMIQUE	– Majuscules – Ponctuation – Apostrophe – Trait d'union	l'*état (l'Etat) * et, lui (et lui) * létat (l'Etat) * mot-composé (mot composé)
6. ERREURS A DOMINANTE NON FONCTIONNELLE	– lettres étymologiques – consonnes simples ou doubles non fonctionnelles	* sculteur, * rume (sculpteur, rhume) * boursouffler (boursoufler)

Da die von Catach etablierten Kategorien im Wesentlichen als Grundlage für die Beschreibung der orthographischen Variation dieser Arbeit dienen und vor allem erweitert wurden, werden sie im Folgenden erläutert. Um Verwechslungen zwischen den ursprünglichen Kategorien Catachs und den adaptierten Kategorien der hier dargestellten Analyse zu vermeiden, werden Catachs Kategorien in ihrer ursprünglichen Bezeichnung auf Französisch in Kursivschreibung zitiert.

Unter die nicht im eigentlichen Sinne graphischen *Fehler* fasst Catch die drei Subkategorien der *Erreurs à dominante calligraphique*, der *Reconnaissance et coupure des mots* und der *Erreurs à dominante extragraphique*. Außergraphische *Fehler* sind eng verknüpft mit lautlichen, morphologischen, syntaktischen, lexikalischen und semantischen Grundkenntnissen der Schreiber. Erst wenn diese Kenntnisse gesichert sind, kann von graphischen *Fehlern* im eigentlichen Sinne gesprochen werden. Es geht hier also um die Frage, wie weit der Spracherwerb der Schreiber auf der Ebene des mündlichen Ausdrucks fortgeschritten ist und in welchen Bereichen noch Schwierigkeiten in der mündlichen Sprachproduktion bestehen. Der Aspekt der Worterkennung und Segmentierung, dieses «redoutable problème» (Catach 1980, 287), ist so bedeutend für den schriftsprachlichen Ausdruck im Französischen, dass er eine Kategorie für sich allein darstellt. Kalligraphische *Fehler* beziehen sich auf die Darstellung von Buchstaben und schließen für Catach zum Beispiel das Auslassen oder Hinzufügen von Bögen oder die Inversion von Buchstaben mit ein. Schwierigkeiten in diesem Bereich können auch auf psychopädagogische Störungen hinweisen (Catach 1980, 287).

Im Gegensatz zu den nicht im eigentlichen Sinne graphischen *Fehlern* zählen die Kategorien 2 bis 6 zu den graphischen *Fehlern*, da sie sich auf die unterschiedlichen Subsysteme der französischen Orthographie beziehen. *Fehler* der Kategorie *Erreurs à dominante phonogrammique*, die in den ersten Jahren des Schriftspracherwerbs besonders häufig sind, beziehen sich auf die grundlegenden Positions- und Transkriptionsregeln als deren Bezugsgröße stets das Archiphonem oder das Archigraphem gelten (Catach 1980, 287). Die wesentlichen Morphogramme und die grundlegenden Kategorien der Angleichung stellen die Grundlage für die Kategorie der *Erreurs à dominante morphogrammique* dar, deren Einheiten grammatikalische und lexikalische Morphogramme sind. Morphogramme haben nach Catach im Wesentlichen vier Funktionen: Sie sorgen für den graphischen Erhalt einer 'aufblitzenden Morphologie', «une morphologie ‹clignotante›» (Catach 1980, 209), und geben graphisch das wieder, was nur in einigen Fällen auch gesprochen realisiert wird. Morphogramme liefern zusätzliche morphosyntaktische Informationen, die in der Regel redundant sind. Zudem sorgen Morphogramme für syntagmatische Kohäsion, indem sie visuelle Beziehungen zwischen Elementen gleicher Natur oder gleicher Funktion herstellen. Visuelle Beziehungen werden von Morphogrammen ebenfalls durch die Bereitstellung paradigmatischer Information, die eng verbundene Lexeme gleicher Funktion oder gleicher Bedeutung, wie beispielsweise durch die Alternation des Genus, oder locker verbundene Lexeme, wie etwa die Alternation von Derivaten mit ihren Basislexemen, miteinander in Beziehung setzt, etabliert (Catach 1980, 209). Die Kategorie der Morphogramme ist eng mit der nachfolgenden Kategorie der Logogramme, der sogenannten *Erreurs à dominante logogrammi-*

que, verknüpft, da in Abhängigkeit des Kenntnisstands der lernenden Person ein Lexem als Logogramm oder als Morphogramm klassifiziert werden kann. Bei Logogrammen handelt es sich um globale Graphien von Lexemen, deren Funktion es ist, homophonen heterographen Lexemen ein spezifisches graphisches Bild zu geben, um die Erkennung der Bedeutung zu erleichtern. Zur Differenzierung der homophonen Lexeme werden vor allem etymologische und historische Buchstaben verwandt, aber auch phonographische Varianten oder morphologische Markierungen (Catach 1980, 268). Die Kategorie der Ideogramme, *Erreurs à dominante idéogrammique*, beruht im Gegensatz zu allen anderen Kategorien auf einem eher stilistischen und syntaktischen Ansatz, da sie die Verwendung von Majuskeln, Interpunktionszeichen und Apostrophen oder Bindestrichen umfasst (Catach 1980, 288). In der letzten Kategorie des typologischen Rasters *Erreurs à dominante non fonctionnelle* sind zusätzlich zu den bereits erwähnten etymologischen und historischen Graphemen Doppelkonsonanten und systemische Abweichungen inbegriffen, die mit der jeweiligen sprachlichen Kompetenz des Lernenden nur schwierig zu erklären sind (Catach 1980, 288).

Aus terminologischer Sicht ist eine für Catachs Modell wichtige Differenzierung hinsichtlich der Bezeichnungen *graphisch* und *grammisch* zu erläutern, die bereits innerhalb der von den Lernenden angewandten Vorgehensweisen im Schriftspracherwerb angesprochen wurde und die in der Gegenüberstellung von *phonogrammisch* und *phonographisch* besonders deutlich wird. Das im Deutschen seltene Adjektiv *grammisch* bezieht sich auf die Wiedergabe von Phonemen durch Grapheme und entspricht dem wiederum gebräuchlichen Terminus *Phonogramm*. Im Unterschied dazu werden unter *phonographisch* verschiedene von den Schreibern angewandte Strategien der Verschriftlichung zusammengefasst, die sich nicht nur auf die Repräsentation von Lauten durch Grapheme, sondern auch durch andere Zeichen beziehen, wenn die orthographische Kompetenz noch nicht vollständig erreicht wurde. Die phonogrammischen Varianten im Modell nach Catach beziehen sich bereits auf ein fortgeschritteneres Stadium des Orthographieerwerbs und implizieren die Wiedergabe der Lautfolge unter Verwendung der Phonogramme.

Die dieser Arbeit zugrunde gelegte Anpassung des typologischen Rasters Catachs wurde im Vergleich zum ursprünglichen Modell in mehrerlei Punkten erweitert. Das Klassifikationsraster, das Catach für die Erfassung von Abweichungen in der französischen Orthographie entworfen hat, wird zunächst terminologisch adaptiert, indem nicht *Fehler* (frz. *erreur*) beschrieben werden, sondern *Varianten* und *Variation*. Ziel dieser Arbeit ist nicht das Aufdecken von Fehlern und Devianzen und ihre Zählung, sondern vielmehr die Beobachtung sprachlicher Ausdrucksweisen und ihre Beschreibung, so wie es Pellat für das *Corpus 14* beschreibt: «[I]l ne s'agit pas ici de relever les fautes, mais d'observer les usages graphiques des Poilus, un peu comme les spécialistes du Moyen Âge, époque où l'orthographe du français n'était pas fixée (d'ailleurs, certains usages de nos scripteurs se trouvent déjà dans les manuscrits du Moyen Âge)» (Pellat 2015, 69).[22]

Ein wesentlicher Unterschied zwischen dem von Catach ausgearbeiteten Klassifikationsraster und der Anwendung in der vorliegenden Arbeit besteht in der Zielgruppe, auf deren Texte das Raster angewandt wird. Catach versteht ihre Ausarbeitung als Grundlage für den Französischunterricht und dementsprechend für die Arbeit mit Schülerinnen und Schülern, die noch im Prozess der Aneignung der Schriftsprache stehen. Obwohl die Schreiber des vorliegenden Analysekorpus die Phase des Prozesses der Schriftsprachaneignung bereits abgeschlossen haben, haben auch sie sich die Schriftsprache nicht in allen Aspekten vollständig zu eigen gemacht. Von grundlegender Bedeutung ist jedoch, dass Catach von einem Kontakt zu den Urhebern der Texte ausgeht, der auch den Zugriff auf wichtige, die Schriftsprachaneignung begleitende Aspekte, wie zum Beispiel eine normgerechte Aussprache oder individuelle Lernschwächen, ermöglicht. Im Prozess der Schriftsprachaneignung durchlaufen die Lernenden verschiedene Stadien in ihrem Verständnis der französischen Orthographie, sodass verschiedene Phänomene zu unterschiedlichen Momenten im Lernprozess auch unterschiedlich beurteilt werden müssten. Da ein Korpus historischer Texte keinen Zugang zu Fragen der individuellen Lernbiographie, zu den je konkreten gesprochenen Realisierungen oder zum jeweiligen sprachlichen und grammatikalischen Kenntnisstand bietet, ist diese flexible Gestaltung und Anwendung von Catachs Klassifikationsraster in dieser Arbeit nicht möglich.

In inhaltlicher Perspektive berücksichtigt Catachs typologisches Raster vor allem fehlende graphische Einheiten, genauer gesagt die fehlende Verschriftung nicht hörbarer Grapheme. Von Schreibern hinzugefügte Grapheme ohne Konsequenzen für die Aussprache werden von Catach lediglich gestreift. Die Addition graphischer Elemente und die übergeneralisierende Anwendung bestimmter erlernter Regeln scheint jedoch im vorliegenden Korpus in nicht unerheblichem Maße das Schreiben weniger geübter Schreiber zu charakterisieren, weshalb es jeweils in eigenen Kategorien erfasst wird.

Die grundlegende Zweiteilung in Catachs Klassifikationsraster in extragraphische und graphische *Fehler* (*Erreurs extragraphiques* und *Erreurs graphiques proprement dites*) birgt weitere Schwierigkeiten, da einerseits die drei Bereiche des Extragraphischen nicht im Detail beschrieben werden und andererseits die terminologische Übereinstimmung der übergeordneten Kategorie *Erreurs extragraphi-*

---

[22] Beispielhaft für bereits in mittelalterlichen Texten attestierte Varianten sei der folgende Beleg einer Agglutination des Pronomens *y* genannt: *tuit iacorent* 'tous y accourent' (Baddeley/Biedermann-Pasques 2003, 13).

ques und der hier eingeordneten Kategorie *Erreurs à dominante extragraphiques* zu Uneindeutigkeit führt. Zudem wird die Kategorie *Reconnaissance et coupure des mots* zwar zu den extragraphischen Kategorien gezählt, sie ist jedoch durch die Markierung *O. bis* explizit in allen weiteren, genuin graphischen *Fehler*-Kategorien zu finden. Dieser Widerspruch zwischen der Zugehörigkeit zum außergraphischen Bereich, aber die gleichzeitige Beeinflussung aller weiteren graphischen Bereiche sowie die Überlappungen in der Denomination wurden im adaptierten Analyseschema der vorliegenden Arbeit insofern aufgelöst, als eine grundsätzliche Zweiteilung in außer- und innergraphische Varianten aufgegeben wurde und die Variationsdimension der Worterkennung und Segmentierung als eigenständige Kategorie den bei Catach graphischen *Fehler*-Kategorien vorangestellt wurde.

Eine Schwierigkeit, die sich wohl nicht allein auf das Klassifikationsraster von Catach (1980) beziehen lässt, sondern vielmehr ein grundlegendes Moment von Analyseinstrumenten ist, zeigt sich in einer eindeutigen Zuordnung einer bestimmten sprachlichen Form zu einer Kategorie, wodurch keine Nuancierungen zugelassen werden, die jedoch bei der Untersuchung natürlicher Sprache in spezifischen Kommunikationskontexten eigentlich unabdingbar sind. Zum Ziel der Nuancierung und Darstellung von sich überschneidenden Funktionen könnten Zwischenkategorien eingeführt werden, wie sie beispielsweise in der Forschung mit der intermediären Klasse des Morphonogramms diskutiert wurde. Diese Kategorie gilt für Fälle der Überlappung phonogrammischer und morphogrammischer Variation, wie beispielsweise für den Fall des Digramms <ai>, das sowohl einem Phonem entspricht als auch über einen morphologischen Wert verfügt (Riegel/Pellat/Rioul 2016, 127). Die Aufstellung neuer intermediärer Kategorien wie die des Morphonogramms ist für die vorliegende Arbeit nicht sinnvoll, da so eine eindeutige Zuordnung einer Form zu einer Kategorie nicht mehr geleistet werden kann. Diese eindeutige Zuordnung ist jedoch für eine Quantifizierung der sprachlichen Formen notwendig. Um eine quantifizierende Übersicht der sprachlichen Formen im Analysekorpus zu erreichen, die zur Identifizierung von Bereichen, die besonders viel Variation aufweisen, führen könnte, wurde in der methodologischen Vorgehensweise daher die Zuweisung einer Form zu mehr als einer Kategorie vermieden. Dies impliziert, dass eine bestimmte Hierarchisierung der Kategorien vorgenommen wird (cf. Kapitel 5.1.5).

5.1.4 Beschreibungsrahmen: Adaptation des Analyseschemas graphischer Varianten

Wie bei Catach ist der Ausgangspunkt für die Beschreibung der orthographischen Variation in den Texten weniger geübter Schreiber das Geschriebene, die graphische Realisierung in seinem Verhältnis zur orthographischen Norm. Die graphischen Formen, die nicht der Norm entsprechen, werden identifiziert und entsprechend ihrer Zugehörigkeit zu einem der Subsysteme klassifiziert. So sollen die einzelnen Belege nach dem Grund ihrer Variation zusammengefasst werden. Ausgehend von den Texten der Schreiber des Analysekorpus werden die von Catach etablierten Kategorien, in die sich die nicht der orthographischen Norm entsprechenden graphischen Realisierungen einordnen lassen, erweitert. Die folgenden Kategorien mit ihren jeweiligen Subkategorien sind als Variationsdimensionen im überarbeiteten und erweiterten Klassifikationsschema enthalten.

Nach einem kurzen Überblick über die bei der Codierung des Analysekorpus angewandte Vorgehensweise folgt die Beschreibung und Analyse der einzelnen Variationsdimensionen mit den zugehörigen Korpusbelegen.

5.1.5 Methodologie

Ausgangspunkt für die Beschreibung und Einordnung der Korpusbelege ist die graphische Realisierung, wobei die französische Orthographienorm bzw., aus einer auf den Schreiber zentrierten Perspektive, die vollständige schriftsprachliche Alphabetisierung als Referenzpunkt dient. Da kein unmittelbarer Zugriff auf den individuellen Kenntnisstand der Schreiber mit dem entsprechenden sprachlichen und grammatischen Wissen besteht und das Raster daher nicht flexibel angepasst werden kann, wird für alle Schreiber gleichermaßen die orthographische Norm des Französischen als Bezugsgröße angesetzt, gleichzeitig ausgehend von einer Vollalphabetisierung oder vollständigen Schreibkompetenz der Verfasser der Ego-Dokumente. Die unterschiedlichen Ausprägungen der Aneignung der orthographischen Standardnorm werden als *Varianten* bezeichnet, um einen vergleichsweise neutralen Terminus zu verwenden. Bei der Beschreibung der einzelnen sprachlichen Formen innerhalb des französischen Orthographiesystems wurde einerseits der Bezug zum System der Laute hergestellt, indem die Wahl der Grapheme aufgrund der Korrespondenzen zum Phonem-System begründet wurde, und andererseits der Bezug zu den verschiedenen Subsystemen der französischen Sprache (cf. Catach 1980, 27).

Codiert wurden nicht nur Einzelbelege, sondern alle sprachlichen Formen im Analysekorpus mit variierender Orthographie.[23] Zur Bearbeitung des Korpus

---

23 Häufig greifen Arbeiten zum schriftsprachlichen Ausdruck weniger geübter Schreiber einzelne Aspekte heraus und behandeln Variation nicht in ihrer Gesamtheit. Ernst (1985, 34) beschreibt beispielsweise universelle Merkmale des Gesprochenen kursorisch zum Beweis der Authentizität oder lexikalische Aspekte nur in Form einer Lemmata-Liste. Aus Orthographie

Kalligraphische Variation (5.1.6)
Extragraphische und graphisch-visuelle Variation (5.1.7)
Ideogrammische Variation (5.1.8)
1. Reduktion des Bindestrichs
2. Übergeneralisierung des Bindestrichs
3. Apostroph
Worterkennung und Segmentierung (5.1.9)
1. Untersegmentierung
2. Übersegmentierung
3. Differierende Segmentierung
4. Worterkennung
Phonogrammische Variation (5.1.10)
1. Phonogrammische Variation ohne Änderung des phonologischen Wertes
2. Übergeneralisierungen
3. Phonogrammische Variation mit Änderung des phonologischen Wertes
Morphogrammische Variation (5.1.11)
1. Grammatikalische Morphogramme
2. Übergeneralisierungen grammatikalischer Morphogramme
3. Lexikalische Morphogramme
4. Übergeneralisierungen lexikalischer Morphogramme
Logogrammische Variation (5.1.12)
1. Grammatikalische Logogramme
2. Übergeneralisierungen grammatikalischer Logogramme
3. Lexikalische Logogramme
Nicht-funktionale Variation (5.1.13)
1. Doppelkonsonanten
   a. Reduktion nichtfunktionaler Doppelkonsonanten
   b. Addition nichtfunktionaler Doppelkonsonanten
2. Etymologische Buchstaben
   a. Reduktion etymologischer Grapheme
   b. Addition hypothetischer etymologischer Grapheme
Nicht einzuordnende Zweifelsfälle (5.1.14)

Abbildung 1: Erweitertes Analyseschema in Anlehnung an Catach (1980).

und zur Analyse aller graphischen Varianten wird das Programm MAXQDA verwendet. Die unter 5.1.4 vorgestellten Variationsdimensionen werden als Codes, als analytische Kategorien zur Auswertung der Daten, in das Programm eingespeist. Unter der Bezeichnung *codieren* wird die Zuweisung eines Textsegments

---

und Grammatik werden einzelne Aspekte herausgegriffen, ohne eine umfassende quantifizierende und interpretative Analyse des gesamten Korpus.

zu einer konzeptuellen Kategorie, in diesem Falle einer Variationsdimension, verstanden. Als Codings werden die einzelnen codierten Textsegmente bezeichnet.

Nicht berücksichtigt wurden Zeichen der Interpunktion und Majuskeln, wenngleich gerade der Bereich der Interpunktion in einer ersten Lektüre für den Schriftsprachgebrauch der Autoren besonders einprägsam ist. Die Codierung von Interpunktion gestaltet sich als schwierig, da die Schreiber sie nur sehr spärlich verwenden und in sehr vielen Fällen die Satzgrenzen nicht eindeutig identifizierbar sind. Die Rekonstruktion fehlender Interpunktionszeichen bedeutete einen zu großen interpretatorischen Eingriff in die syntaktische Organisation der Texte sowie in Teilen ihre syntaktische Reorganisation, weshalb auf die Codierung verzichtet wurde. Die Differenzierung von Majuskeln und Minuskeln ist oft nicht eindeutig sowie in vielen Fällen jeweils nur individuell und graduell bestimmbar. Außerdem erscheint das Informationspotential, das von dieser Differenzierung ausgeht, als weniger relevant, weshalb die Schreibung von Majuskeln anstelle von Minuskeln oder das Unterlassen ihrer Verwendung nicht codiert werden.[24]

Hinsichtlich der Akzentsetzung wurden Auslassungen sowie irrtümliche Hinzufügungen von Zirkumflex, Akut und Gravis mit spezifischer logogrammischer und morphogrammischer Funktion codiert. Auf die Codierung von Akut und Gravis in phonogrammischer Funktion zur Markierung der Öffnung eines Vokals wurde verzichtet, da sehr häufig nicht eindeutig entschieden werden kann, um welchen der beiden Akzente es sich handelt oder ob es sich womöglich um eine Zwischenform handelt. Zur Charakterisierung von Akut und Gravis müssten jeweils die Akzentuierungen für jeden Schreiber einzeln betrachtet werden, um eventuelle individuelle Systematiken oder aleatorische Verwendungen herauszuarbeiten.

Bei der Anwendung der *Grille typologique des erreurs orthographiques* nach Catach ergeben sich nicht immer eindeutige Zuweisungen zu den Kategorien, vielfach wären Mehrfachzuordnungen möglich. Dies resultiert aus der grundsätzlichen Polyvalenz graphischer Einheiten bedingt durch die enge Verwobenheit von Phono- und Semiographie. Am Beispiel von *faim* wird dies deutlich: <aim> erfüllt zugleich eine phonogrammische Funktion in der Wiedergabe von /ɛ̃/, eine morphogrammische in der paradigmatischen Beziehung von *faim* zu bei-

---

24 Auch Ernst (1999, 97) beschreibt die Schwierigkeit der Differenzierung von Minuskeln und Majuskeln in seinem Korpus und definiert Majuskeln als «besonders repräsentative, dekorative Buchstabenformen [...], die ausschließlich am Wortanfang auftreten» (Ernst 1999, 97). In dieser Definition wird einerseits die Schwierigkeit der Identifikation von Majuskeln evident und andererseits deutet sich die geringere Aussagekraft für die Untersuchung der orthographischen Kompetenz im Französischen an, weshalb auch Ernst in seinem Korpus auf die Kennzeichnung von Majuskeln und Minuskeln verzichtet (Ernst 1995, 58).

spielsweise *affamé* und zuletzt eine logogrammische Funktion in der Differenzierung von *faim* und *fin* (Riegel/Pellat/Rioul 2016, 129). Ein wichtiger Punkt in der Vorgehensweise besteht nun genau in der Vermeidung solcher Mehrfachcodierungen, um zumindest im Ansatz eine quantifizierende Beschreibung leisten zu können. Die Vermeidung von Mehrfachcodierungen impliziert, dass bestimmte Variationsdimensionen hierarchisch höher gewertet werden. So könnten beispielsweise die Variationsdimension «Worterkennung und Segmentierung» sowie die Variationsdimension der Phonogramme in vielen Fällen der Zuordnung von sprachlichen Formen zu anderen Variationsdimensionen auch als Motivation herangezogen werden. Sie werden jedoch als nachgeordnet betrachtet, da sie grundsätzlich mitzudenken sind. Die Nachordnung soll indes in keinem Fall eine geringere Bedeutung dieser beiden Variationsdimensionen signalisieren. Im Gegenteil, die Tatsache, dass sie in vielen weiteren Zuordnungen zusätzlich als Motivation betrachtet werden können, unterstreicht vielmehr ihre Bedeutung. In diesem Zusammenhang wurde die Bezeichnung *bis* in *0. bis. Reconnaissance et coupure des mots* aus Catachs Raster nicht übernommen, da ansonsten Mehrfachcodierungen vorgenommen werden müssten, die wohl stets mitgedacht, jedoch nicht codiert werden. Zur Vermeidung von mehrfachen Codierungen einer graphischen Einheit wurden zudem in Teilen einzelne Grapheme, die eine Variationsdimension repräsentieren, codiert.

Grundsätzlich war die Gleichbehandlung ähnlicher Phänomene ein wichtiges Anliegen der Methodik, weswegen in ähnlichen Kontexten auftretende ähnliche Formen auf die gleiche Weise codiert wurden. Die konkrete Zuweisung sprachlicher Varianten zu den einzelnen Kategorien gestaltet sich mitunter als schwierig und benötigt in vielen Fällen eine detaillierte Prüfung, insbesondere wenn es sich um die Frage nach der jeweiligen Etymologie handelt. Graphische Varianten, die zunächst nicht eindeutig zuzuordnen sind, werden zunächst einer eigenen Kategorie «Nicht einzuordnende Zweifelsfälle» (5.1.15) zugeordnet, um sie schrittweise in die anderen Kategorien aufnehmen zu können. Diese Kategorie wurde bis auf einige wenige Ausnahmen, die letztlich als Zweifelsfälle weiter bestehen, in die anderen Variationsdimensionen eingearbeitet.[25]

Bei der Codierung ist methodische Umsicht geboten und eine ständige Rückspiegelung auf den Schreiber, auf die konkrete Kommunikationssituation sowie auf die spezifische (Schreib-)Biographie angezeigt.

---

[25] Es ist unmöglich, bei der angewandten Methodik der Zuweisung von bestimmten sprachlichen Formen zu einer Kategorie jegliche subjektive Einschätzung auszuschließen, auch wenn die Kriterien, die der Zuordnung jeweils zugrunde gelegt wurden, eindeutig und explizit beschrieben werden. Um der Subjektivität zusätzlich entgegenzuwirken, wurden die Zuordnungen mehrfach in Forschungskolloquien vorgestellt und diskutiert.

«Les inductions que l'on peut tirer de l'écrit peu lettré, parce que ce ne sont que des inductions, requièrent des précautions méthodologiques: ces indices demandent à être recoupés, confirmés, étayés. Par le passé, l'exploitation de ce type de ressources a pu susciter des réserves qui engagent le linguiste contemporain qui se risquerait sur cette voie à la plus grande prudence» (Steuckardt 2014, 357).

Neben diesen methodologischen Kriterien, die grundsätzlich bei der Charakterisierung der sprachlichen Formen im Korpus herangezogen wurden, gelten für die einzelnen Variationsdimensionen zusätzlich spezifische Kriterien der Zuordnung. Im Folgenden sind die einzelnen Dimensionen mit den zugehörigen Varianten und die jeweils zugrunde gelegten Auswahlkriterien für die Zuordnung dargestellt. In den tabellarischen Übersichten, die jede Variationsdimension begleiten, wird jeweils eine Auswahl als besonders relevant erachteter Belege dargestellt.[26]

5.1.6 Verteilung der Codings in den Variationsdimensionen

Als Einstieg in die Analyse gibt die untenstehende Tabelle einen Überblick über die Häufigkeitsverteilungen der Codings in den einzelnen Variationsdimensionen, dargestellt in absteigender Form ausgehend von der Variationsdimension mit der größten Anzahl an Codings. Diese Verteilung gibt Aufschluss über diejenigen Bereiche der französischen Orthographie, in denen die weniger geübten Schreiberinnen und Schreiber die meisten Varianten der orthographischen Norm präsentieren. Insgesamt dokumentiert das Korpus über 12.000 graphische Varianten. Der Bereich, in dem sich die höchste Zahl an graphischen Varianten konzentriert, ist die Variationsdimension der Morphogramme mit beinahe der Hälfte aller Okkurrenzen, gefolgt von den Variationsdimensionen der Logogramme mit über 2.000 Varianten und der nicht-funktionalen Variationsdimension mit knapp 2.000 Okkurrenzen.

---

[26] Alle in der orthographischen Variation codierten Okkurrenzen finden sich als Zusatzmaterial im Anhang auf der Seite des Verlages und sind dort frei einsehbar.

Tabelle 2: Häufigkeitsverteilung der Codings in den einzelnen Subkategorien.

Variationsdimension	Anzahl Codings
Morphogrammische Variation	5.102
Grammatikalische Morphogramme	4.843
Lexikalische Morphogramme	259
Logogrammische Variation	2.177
Nicht-funktionale Variation	1.854
Phonogrammische Variation	848
Ideogrammische Variation	730
Worterkennung und Segmentierung	699
Kalligraphische Variation	664
Extragraphische und graphisch-visuelle Variation	135
Nicht einzuordnende Zweifelsfälle	14
Gesamt	**12.223**

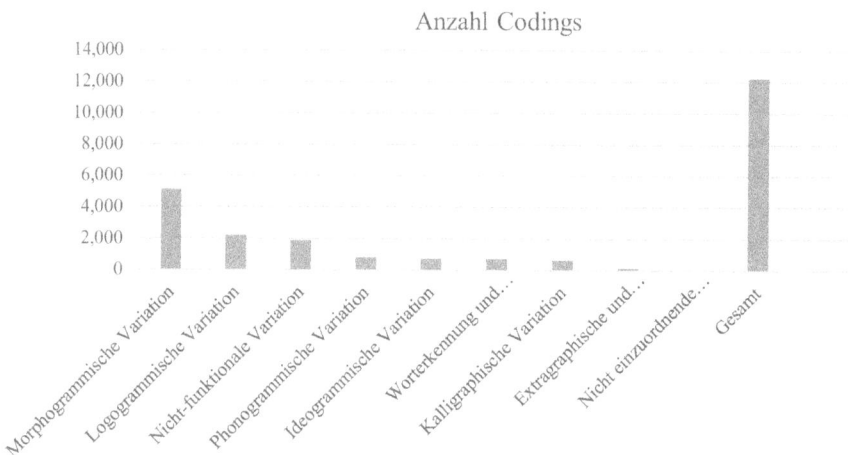

Abbildung 2: Diagramm der Häufigkeitsverteilung der Codings in den einzelnen Subkategorien.

5.1.7 Kalligraphische Variation

In der kalligraphischen Variationsdimension wurden ausschließlich die Korpusbelege zusammengefasst, die kalligraphische Varianten abbilden oder Besonderheiten in der Kalligraphie darstellen. Die folgenden Formen wurden hier aufgenommen: Ein intermediäres Spezialgraphem <T> zwischen <d> und <t>, Varianten in der Differenzierung von <a> und <o> sowie von <m> und <n>, die Verwendung von <ß> und die Schreibung <q> anstelle von <qu>. Die folgende Tabelle gibt die Häufigkeiten der kalligraphischen Varianten in den einzelnen Subkategorien wieder:

Tabelle 3: Kalligraphische Varianten und ihre Verteilung.

Subkategorie	Anzahl	Beispiele
Spezialgraphem <T>	510	*Tabac* 'tabac' *Tans* 'dans'
Differenzierung <a> – <o>	107	*naus* 'nous' *téléphaniste* 'téléphoniste' *taujaurs* 'toujours'
Differenzierung <n> – <m>	42	*comne* 'comme' *mous* 'nous' *mène* 'même'
<ß>	3	*adreße* 'adresse' *adreßer* 'adresser' *paßent* 'passent'
<q> statt <qu>	2	*Qand* 'quand' *qartier* 'quartier'
Gesamt[27]	664	

Die frequenteste Form der kalligraphischen Variation ist mit 510 Okkurrenzen das spezielle Graphem <T>, das ausschließlich von einer Schreiberin, Marie Anne Grandemange, verwendet wird. Die Wahl dieses intermediären Graphems mit der Majuskel <T> zu codieren birgt das Risiko der Verwechslung mit der tatsächlichen Majuskel. Da Marie Anne Grandemange jedoch generell kaum

---

[27] Die in den Tabellen angegebene Gesamtzahl der Codings entspricht nicht immer der Summe der aufgeführten Belege, da nicht immer alle Beispiele einer Subkategorie genannt werden können. Für eine Bewertung der Relationen wird dennoch für jede Variationsdimension die Gesamtzahl der codierten Varianten angegeben.

Majuskeln verwendet und wenn, dann nur für bestimmte Nomina wie *Monsieur*, *Dieu* oder in der Kollokation von *Cher* mit Eigennamen, kann eine Überschneidung der beiden Grapheme ausgeschlossen werden. In 26 Briefen verwendet Marie Anne Grandemange 510-mal ein Graphem, das in der graphischen Darstellung eine Form zwischen <d> und <t> annimmt und das in Kontexten, in denen entweder <d> oder <t> stünde, auftritt. Die folgenden beiden Ausschnitte aus ihren Briefen dokumentieren die Verwendung des intermediären Graphems.

(1) […] *ᵽ je pense*
 toujour a un et a l'autre
 mais sourtout a Toi notre chère
 petit que tu Te prive bien
 des choses pour Tes frère
 nous avons encore eut Tes
 nouvels de notre chère Joseph
 il peut se cuisiner maintenant
 nous lui envoyons Te coi
 a manger
 (Marie Anne Grandemange, 4.6.1916)

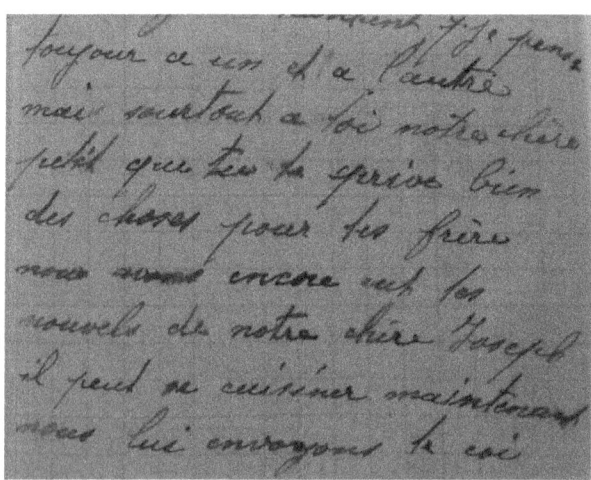

Abbildung 3: Marie Anne Grandemange an Aloïs Grandemange am 4.6.1916.

(2) *qui nous demantais du lard*
 du sucre du cafè et Te Tout
 et le Tabac Toujour Tans
 chaque colis 4 paquet de Tabac

et il nous a encore demandez
de l'argent Toutes Te suites
je suis aller a la poste
(Marie Anne Grandemange, 18.5.1916)

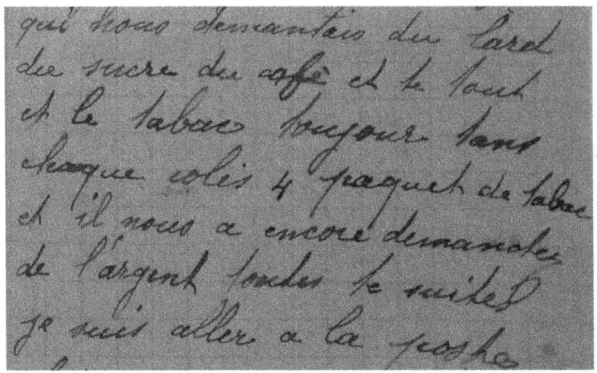

Abbildung 4: Marie Anne Grandemange an Aloïs Grandemange am 18.5.1916.

Die in Saint-Maurice-sur-Moselle im Departement Vosges lebende Schreiberin Marie Anne Grandemange, geborene Vogensthal, wird 1860 in Urbès geboren, das als Teil des Departement Haut-Rhin nach dem deutsch-französischen Krieg annektiert und unter preußische Herrschaft gestellt wurde. Da die erste Heirat Marie Anne Vogensthals 1887 mit Alphonse Antoine in Saint-Maurice-sur-Moselle belegt ist, verließ sie wahrscheinlich das Elsass vor der Annektion durch Preußen. Für das im Elsass gesprochene Französisch ist die Tendenz einer Desonorisierung stimmhafter Konsonanten in allen Positionen belegt sowie eine Auflösung der phonologischen Opposition stimmhafter und stimmloser Okklusive (Carton et al. 1983, 15). Marie Anne Grandemanges Geburt im Elsass verbunden mit der Wahrscheinlichkeit, dass sie ihre ersten Lebensjahre dort verbrachte, sowie die Prägung ihres familiären Umfelds lassen eine sprachliche Beeinflussung von dialektalen Charakteristika des elsässischen Französisch vermuten. Marie Anne Grandemange zeigt grundsätzlich Variation in der graphischen Wiedergabe der Okklusive, insbesondere in der Differenzierung der Stimmbeteiligung (cf. 5.1.11.3). Möglicherweise spiegelt die Verwendung des Zwischengraphems die fehlende Wahrnehmung des Unterschieds zwischen stimmhaftem und stimmlosem dentalen Okklusiv wider. Nicht auszuschließen bleibt ebenfalls eine nicht intentionale Realisierung, ohne sich des Nebeneinanders von <d>, <t> und <T> bewusst zu sein.

Das Korpus belegt des Weiteren ambige Graphien von <a> und <o>, die in den Texten von vier Schreibern in einigen Fällen nicht eindeutig zu differenzieren sind. In den Texten des Ehepaars Pierrel und ihrer Tochter Eugénie sowie von R. Valdenaire ist die Unterscheidung zwischen <a> und <o> häufig graduell und nur individuell bestimmbar. Die betreffenden Grapheme, die zunächst nicht eindeutig als <a> oder <o> zu identifizieren waren, wurden mit anderen, eindeutigen Okkurrenzen von <a> und <o> desselben Schreibers verglichen. Jede Form wurde so einzeln geprüft und anschließend dem Graphem zugeordnet, dem es am ehesten zu entsprechen scheint, wobei sich Diskrepanzen bezüglich der Aussprache ergeben können. Da die kalligraphische Realisierung in diesen Fällen nicht die gewöhnliche Desambiguierung leistet, wurden diese Okkurrenzen hier aufgeführt.

(3) *chevaux des biciclèttes pendans 4 jours a pied **a**u*
    *en haut**a**t ou a cheval la nuit le jours ma fais*
    (Marie Pierrel, 5.9.1915)

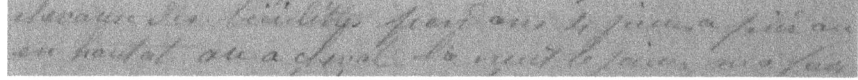

Abbildung 5: Marie Pierrel an Aloïs Grandemange am 5.9.1915.

(4) *nous avion l'etap Magor qui mongais*
    *chez n**a**us v**a**us penser que faurbi il animai*
    *sur mon f**a**urneau v**a**us voyai sa disi que d'omage*
    (Jean-Baptiste Pierrel, 1.4.1916)

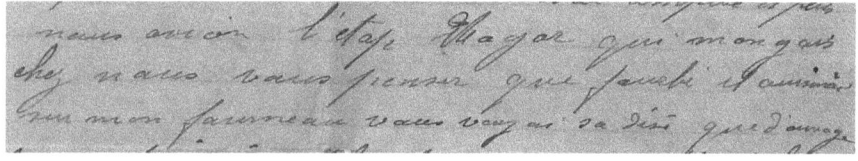

Abbildung 6: Jean-Baptiste Pierrel an Aloïs Grandemange am 1.4.1916.

Auch die Differenzierung von <m> und <n> ist, insbesondere am Zeilenende und bei vermutetem hastigen Schreiben, nicht immer eindeutig, was sich dadurch erklären lässt, dass das Hinzufügen oder Auslassen eines Bogens die Grapheme differenziert. Eine Beeinträchtigung des Verständnisses ist jedoch nicht zu vermuten, da entweder der Kontext oder die betreffende Form selbst jeweils eine eindeutige Zuordnung ermöglichen.

(5) *je ne sais plus rien a vous raconter je suis en bome*
    santée et j'espère que ma
    présente vous trouvera de même
    (Philomène Angly, 28.3.1916)

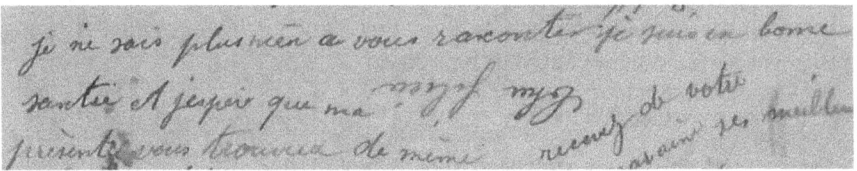

Abbildung 7: Philomène Angly an Aloïs Grandemange am 28.3.1916.

Die beiden letzten Subkategorien kalligraphischer Varianten beziehen sich auf die Verwendung des im Französischen unüblichen Graphems <ß> und die Schreibung von <q> für den Digraphen <qu>. Es handelt sich in beiden Fällen um minimale Frequenzen: <ß> wird lediglich dreimal von Paul Desmettre aus Tourcoing verwandt, <q> statt <qu> zweimal, einmal von Auguste Jeandon und einmal von Jules Laly. Der Digraph <qu> wird aus dem lateinischen Alphabet übernommen und wird im Französischen nur in zwei Fällen, nämlich in *cinq* und *coq*, ohne das zweite Element <u> verwendet (Catach 1980, 147).

Auch wenn die kalligraphische Variationsdimension im Vergleich zu den anderen Dimensionen vielleicht weniger relevant erscheint, kommt der kalligraphischen Qualität und der graphischen Ästhetik in der Wahrnehmung der Schreiber mit weniger Erfahrung eine äußerst prominente Rolle zu. Die Schreiber empfinden die kalligraphische Güte ihrer Texte als wichtig, so werden beispielsweise mögliche äußere Umstände, die die Kalligraphie negativ beeinflussen könnten, als Entschuldigungen angeführt, wohingegen grammatische und orthographische Abweichungen beinahe nachlässig behandelt werden (Elspaß 2005, 151). Zwei Schreiber explizieren dies folgendermaßen im Korpus:

(6) *P.S. Excusez mon griffonnage car je ne*
    suis pas bien placé et je suis très pressé.
    (Joseph Grandemange jun., 25.8.1915)

(7) *Vous excuserez mon écriture car je suis*
    bien faible et je tremble encore beaucoup.
    (Joseph Grandemange jun., 1.11.1918)

(8) *Excusez mon barbouillage car voici la
soupe c'est pour ça. Polo.*
(Paul Grandemange, 3.6.1918, Brief 2)

Natürlich handelt es sich hier, dass den Brüdern Grandemange die Thematisierung ihrer als nicht ästhetisch empfundenen Handschrift und eine Erklärung dafür wichtig ist, um individuelle Charakterzüge.

5.1.8 Extragraphische und graphisch-visuelle Variation

Unter dieser Kategorie wurden verschiedene Ausprägungen von Variation zusammengefasst, die sich nicht in erster Linie mit einer unzureichenden Regelkompetenz im Bereich der Orthographie erklären lassen. Es handelt sich um den Einfluss des gesprochenen Französisch, über die Aussprache einzelner Laute hinaus, auf die graphische Realisierung und um Transfer visueller Art innerhalb des Systems graphischer Repräsentationen. Die hier eingeordneten Okkurrenzen sind nicht im eigentlichen Sinne Varianten der Orthographie, sondern zeigen Einflüsse bei der Verschriftlichung, die sich nicht mit einem Fehlen von normativem Wissen bei den Schreibern erklären lassen. Neben Varianten, die auf das gesprochene Französisch zurückgehen, wie Verschleifungen, unterlassene Elidierungen und durch Sprachkontakt bedingte Formen, scheint es sich vielmehr um Graphien zu handeln, die durch eine visuelle Nähe zu einem anderen Lexem oder Element gewählt werden. Innerhalb dieser graphisch-visuellen Varianten sind zudem Geminierungen einzelner Silben oder die Addition graphischer Elemente durch Antizipation des folgenden sprachlichen Kontexts zu situieren. Auf die gesprochene Sprache zurückgehende Varianten könnten mit Catach als *extragraphisch* bezeichnet werden, wohingegen die andere Untergruppe an Varianten eher innerhalb der graphischen Repräsentationen, ohne ausgeprägten Bezug zu einem der Subsysteme der Orthographie, anzusiedeln ist. Catach verwendet die Kategorie der extragraphischen *Fehler* für Abweichungen auf der phonetischen Ebene, die aus einer unzureichenden Aussprache der Lernenden resultieren. Da der Zugriff auf die Aussprache der Schreibenden hier nicht möglich ist, wird diese Kategorie in dieser Form nicht in das Analyseschema übernommen. Die Häufigkeitsverteilung der Codings in der auf die gesprochene Sprache sowie auf graphisch-visuelle Identifikation zurückgehenden Variationsdimension gestaltet sich wie folgt:[28]

---

[28] In dieser Variationsdimension besteht eine enge Verbindung zur diskursiven Gestaltung, die bestimmte Produktionsmodi der gesprochenen Sprache offenlegt (cf. Kapitel 5.4.1).

Tabelle 4: Extragraphische und graphisch-visuelle Varianten sowie ihre Verteilung.

Subkategorie	Anzahl	Belege
graphisch-visuelle Variation		
Reduktion	12	*n'est pas* 'n'est-ce pas' *nouls* 'nouvelles' *qui* 'quitte'[29]
Geminierung bzw. Addition	7	*t'envoyonons* 't'envoyons' *Kilogmètres* 'kilomètres' *bleure d'encre* 'bleu' *contentenant* 'contenant'
Graphische Konfusion	5	*tu* 'tout' *par* 'pour' *raison* 'raisin'
Extragraphische Variation		
Verschleifungen der gesprochenen Sprache	61	*i* 'il'/'ils' *not* 'notre' *queques* 'quelques' *prend* 'prendre'
Unterlassene Elidierung	46	*que on* 'qu'on' *de Alois* 'd'Aloïs' *je ai* 'j'ai' *le'Ain* 'l'Ain'
Kontakt mit dem Deutschen	2	*Mülhouse, Cammerade*
Gesamt	**135**	

Werden lediglich Silben innerhalb eines Wortes oder an seinem Ende ausgelassen, kann die Rekonstruktion unter Umständen schwieriger sein. Im folgenden Beispiel (9) ist das Wissen um das Toponym *Bois-le-Prêtre* unabdingbar, um die fehlende Silbe zu rekonstruieren. Da der Schreiber ansonsten von der Zensur unbehelligt seinen Aufenthaltsort in den Briefen weitergibt, scheint eine Selbstzensur nicht wahrscheinlich.

---

29 Die Auslassung des finalen <-tte> scheint dem Schreiber nicht aufzufallen, da ihm die visuelle Repräsentation von <qui> als Relativpronomen aus anderen Kontexten vertraut ist, cf. Beispiel 10.

(9) *Nous sommes maintenant sortie du Bois.le.**Pre[tre]***
nous avons embarqué hier a Toul et nous avons descendu
a la Meuville au pont.
(Henri Cablé, 4.7.1915)

In den folgenden Belegen gibt der Kontext Aufschluss über das zu rekonstruierende Element:

(10) *Je vous **qui[tte]** pour ce soir*
en vous joignant mes
amitiés les plus profondes
(Paul Grandemange, 6.6.1918)

(11) *Eh bien Cher Aloïs dans ta prochai*
*ne lettre tu nous diras si tu as **re[çu]***
le petit colis que nous t'avons envoye
le 10 écoulé avec la ceinture.
(Joseph Grandemange sen., 16.3.1916)

(12) *Je'me rejaui de vous revoirs si vous*
avez l'acosion de voi[r] victorin d[onn]e lui le bonjour
*et dailleur **j** vais lui écrirs et a Marthe aussi*
(Marie Pierrel, 5.9.1915)

(13) *il faut **prend[re]** courage et espoir cela viendra avec*
la paciense.
(Eugénie Pierrel, 21.9.1915)

Die letzten beiden Beispiele unterscheiden sich von den vorhergehenden insofern, als sie gleichzeitig eine Beeinflussung des gesprochenen Französisch anzeigen, das vielfach das /ə/ des Personalpronomens *je* sowie die finale Silbe <-re> apokopiert. Die Elision von <e> im Personalpronomen *je* ist besonders frequent im *français populaire* (Bauche 1920, 36), so wie die Reduktion eines <r> im Auslaut ein charakteristisches Merkmal der Aussprache des *français populaire* ist (Bauche 1920, 50).

Grundsätzlich scheinen bei den erwähnten Belegen außersprachliche, eng mit der Kommunikationssituation verwobene Faktoren eine Rolle zu spielen. So scheinen Hast, Unruhe oder Unterbrechungen des Redaktionsflusses mögliche Gründe für die Auslassungen zu sein. Diese Faktoren sind ebenso mögliche Erklärungen für Varianten in umgekehrter Richtung, nämlich der Doppelung sowie der Hinzufügung einzelner Silben. Das Korpus belegt die Doppelung von Graphemen oder Silben:

(14) *nous mous arrangerons bien **plust**
tard pour tout le reste tu le sais bien*
(Henri Cablé, 31.10.1914)

(15) *elle partira vendredi par le tram de
9 **heureur** du Matin car le soir il fait
trop froie.*
(Eugénie Pierrel, 23.10.1915)

(16) *Monsieur et Madame Cuny
ont dit a maman qu'ils t'**envoyonons**
leurs meilleurs Amitiés*
(Joseph Grandemange sen., 16.3.1916)

(17) *nous serons bien content de
voir le beau petit soldat que tu est
a ta premiére **permisssion***
(Jules Valdenaire, 20.1.1916)

(18) *de Martille à Morhange environ 8 **Kilogmètres***
(Justin Poinçot, 22.8.1914)

In Beispiel (14) handelt es sich nicht um die Doppelung einer Silbe, sondern um die Doppelung eines Graphems am Zeilenende, das die Segmentierung zu bedingen scheint, wobei der Schreiber übersieht, die Doppelung des <t> rückgängig zu machen. In Beispiel (18) scheint die Nähe zu *kilogramme* die Hinzufügung zu bedingen.

Neben den genannten Auslassungen und Doppelungen auf Silben- und Wortebene legen fünf Okkurrenzen die Substitution ganzer Lexeme aufgrund einer graphischen Ähnlichkeit nahe. Die Graphie dieser fünf Belege ähnelt sich so, dass die Schreiber beim Verfassen ihres Textes aufgrund seiner graphischen Ähnlichkeit einen anderen Ausdruck schreiben: *tu* statt *tout*, *un peu* statt *on peut*, *par* statt *pour*, *raison* statt *raisin* und *en* statt *un*.

(19) *J'ai toujours eu confiance en toi et je te
sais capable à faire **tu** ce que tu peux.*
(Joseph Grandemange jun., 9.11.1914)

(20) *mais c'est que le N° d'un secteur*
c'est grand vous savez, **un peu** *quelquefois*
avoir le même secteur et ne jamais se
voir.
(Joseph Grandemange jun., 17.7.1915)

(21) **par** *moi toujours*
bonne santé. je demande qu'il
en soit de même pour toute la
famille
(Henri Cablé, 3.6.1915)

(22) *à ce moment une cantine fut*
installé, on y vendait le pain à **raison** *de ± 60 centimes le Kilog.*
(Justin Poinçot, 12.10.1914)

(23) *il ne faut*
pas perdre courage et être confiants dans l'avenir,
l'on se retrouvera tous **en** *jour en famille, en*
attendant nous vous souhaitons bonne chance
(Joseph Colle, 22.2.1916)

In einigen Belegen, wie zum Beispiel in (19) und in (23), scheinen die Schreiber eine folgende, graphisch sehr ähnliche Form zu antizipieren, was zur Substitution der eigentlich zu schreibenden Form führt.

Innerhalb der Variationsdimension «Extragraphische und graphisch-visuelle Variation» lassen sich die drei Subkategorien «Verschleifungen der gesprochenen Sprache», «Unterlassene Elidierung» und «Kontakt mit dem Deutschen» unter der Bezeichnung «Extragraphische Variation» zusammenfassen, wobei hier nicht von phonetischen Problemen der Schreiber im Sinne von Catach auszugehen ist. Es handelt sich vielmehr um Beeinflussungen der gesprochenen Sprache, die bei der graphischen Realisierung einiger Formen deutlich wird. Es finden sich 61 Okkurrenzen, die eine im mündlichen Sprachgebrauch übliche Verschleifung schriftlich wiedergeben. Die der kommunikativen Nähe zuzuordnenden allomorphen Formen [il] und [i] repräsentieren den überwiegenden Anteil dieser Verschleifungen. In vier Fällen handelt es sich um die Pluralform des Personalpronomens *ils*, die aufgrund ihrer Homophonie mit der Singularform im Korpus ebenfalls zu Verschleifungen führt. Dass es sich bei dieser Allomorphie keineswegs um eine Innovation des mündlichen Sprachgebrauchs des 20. Jahrhunderts handelt, zeigt der Beleg dieser Form im

17. und 18. Jahrhundert. Dabei ist jedoch der Status der Form ein anderer, da zu dieser Zeit [i] als die elegantere Form galt:

> «Tout le monde demeure d'accord (& c'eſt la pratique des gens polis) que devant les Verbes qui commencent par une conſone, on ne prononce jamais les conſonantes finales de ces Pronoms perſonnels, *nous, vous, il, ils, elles*. Ainſi, au-lieu de dire, *Nous* portons, *vous* portez, on prononce, *Nou* portons, *vou* portez, & au lieu de *il porte, ils* & *elles* portent, on prononce *i' porte, i'* & *elle' portent*» (Vairasse d'Allais 1681, 249).

Koch und Oesterreicher (2011, 167) führen die Allomorphie der Personalpronomen [il] und [i] als Charakteristikum der konzeptionellen Mündlichkeit im Französischen im engeren Sinne an. Die Verkürzung des Personalpronomens führt in zwei Fällen bei einer Schreiberin dazu, dass die Graphie des Personalpronomens der 3. Person Singular mit der Graphie des Adverbs *y* verwechselt wird.

(24) *Aloyse il se plait*
 Très bien Te son mètier
 Grèfier de la Mairie
 et y ligiTe Te Temps en Temps
 le reste Te la Coopèrative
 (Marie Anne Grandemange, 9.5.1915)

(25) *et si y Te faut autre*
 chose chos Tu nous le Tiras aussi vittees
 (Marie Anne Grandemange, 9.5.1915)

Mit Ausnahme der beiden erwähnten Beispiele tritt die reduzierte Form von *il* bzw. *ils* nicht alleine auf, sondern immer in Verbindung mit *que* oder *si*. Die Reduktion des Personalpronomens zu [i] führt in der Verwendung im sprachlichen Kontext mit *que* und *si* und einer gleichzeitigen unterlassenen Segmentierung dazu, dass die eigentlichen Formen *qu'il* und *s'il* mit dem Relativpronomen *qui* oder mit der Konjunktion *si* homophon werden. In ihrer Studie zum gesprochenen Französisch bezeichnet Blanche-Benveniste (1997, 31) das Nebeneinander von [i] und [il] für *il* und *ils*, von [ki] und [kil] für *qu'il* ebenso wie von [ja], [ilja] oder [ilija] für *il y a* als «faits ordinaires» (Blanche-Benveniste 1997, 30), die sehr frequent und daher banal sind.[30] Diese untersegmentierten Formen werden weiter unten im Zusammenhang mit der Variationsdimension der Segmentierung besprochen (cf. Kapitel 5.1.10).

---

[30] Verschleifungen dieser Art sind bereits in Briefen aus dem 19. Jahrhundert dokumentiert. Massicot argumentiert ebenfalls mit dem Einfluss der konzeptionellen Nähesprache und dem homophonen Relativum *qui*. In ihrem Korpus zeichnet sich jedoch ein deutliches Überge-

In drei Okkurrenzen wird der Possessivbegleiter *notre* verkürzt als *not* wiedergegeben, einmal mit Geminierung des Konsonanten als *notte*. Diese Reduktion von finalem /r/, insbesondere nach Konsonant, ist ein Merkmal des *français populaire* (François 1985, 323). Hier wird die Überlappung mit der phonogrammischen und dialektbedingten Variation deutlich, da die Reduktion finaler Konsonantengruppen wie in *not* 'notre' oder *prend* 'prendre' von Carton als Charakteristikum des Regionalfranzösischen im Elsass beobachtet und eingeschätzt wird (Carton et al. 1983, 15). Derartige Reduktionen der Konsonantengruppe Okklusiv + Liquid in finaler Position ist bereits in Texten des 17. und 18. Jahrhunderts belegt (Ernst 2015, 95). Eine weitere, im Mündlichen sehr häufige Auslassung zeigt sich in der Schreibung *queques* für *quelques*, die nach Blanche-Benveniste (1997, 38–41) im gesprochenen Französisch Ende des 20. Jahrhunderts eine frequente Form bei allen Sprechern und unabhängig von der jeweiligen Schulbildung ist. Der Ausfall von <l> in *queque* ist bereits im *Journal d'Héroard* (17. Jahrhundert) für *quelque* und *quelqu'un* belegt (Ernst 1985, 53).

Neben den aus der gesprochenen Sprache übernommenen Verschleifungen werden unter die extragraphisch bedingten Varianten auch unterlassene Elidierungen von [ə] vor Vokal gefasst. Im gesprochenen Französisch Ende des 20. Jahrhunderts wird das finale <e> in *que* nicht immer elidiert: «On observe que la [ə] final de *que* ne s'élide pas toujours devant une voyelle suivante» (Blanche-Benveniste 1997, 139). Das Korpus belegt 27 Okkurrenzen von nicht elidiertem <e> in *que* vor Vokal. Darüber hinaus zeigt das Korpus 16 Okkurrenzen für nicht elidiertes <e> in *de*, zwei Okkurrenzen für nicht elidiertes <e> im Personalpronomen *je* und eine Okkurrenz für nicht elidiertes <e> im definiten Artikel *le*. Bei den auf das erhaltene <e> folgenden Elementen handelt es sich zumeist um Eigennamen, wie zum Beispiel Aloïs, Ernest, Alice und Émile. Die unterlassene Elidierung erfolgt sowohl in der Verwendung von *que* oder *de* in ihrer Funktion als Relativpronomen bzw. Konjunktion oder als Präposition als auch als Teil einer Kollokation oder mehrgliedrigen Konjunktion, wie zum Beispiel *jusque à*, *parceque il*, *par suite de impossibilité* oder *A l'occasion de hier*.

In einigen Fällen könnte eine aggregative Versprachlichung mit der Verwendung von Appositionen das nicht elidierte <e> erklären.

(26) *tu*
 guèris un peu trop vitte peu être
 parcque *en se moment la-bas*

---

wicht der distanzsprachlichen Variante [il] ab, bei gleichzeitiger intra-individueller Variation (Massicot 2018, 247–248).

sa en Alsaces les grande batâille
s'engage
(Marie Anne Grandemange, 16.2.1915)

Ein letzter Aspekt der extragraphischen Variation bezieht sich auf die Beeinflussung des Deutschen bzw. der germanischen Dialekte, die sich auf der Ebene der graphischen Realisierung in zwei Belegen in Paul Brauns Texten finden. In der Schreibung *Mülhouse* wählt der Schreiber aus dem deutschen Alphabet, ohne dass eine Änderung der Aussprache vermutet werden könnte. In *Cammerade* hingegen, bei dessen Schreibung auch eine Analogie zu dt. *Kamerad* vermutet werden kann, könnte allerdings die Aussprache beeinflusst sein. Da es sich um einen posttonischen Vokal handelt, scheint die Aussprache ohnehin eine Zwischenform zwischen /a/ und /ɛ/ anzunehmen, weshalb die Differenzierung für den Schreiber möglicherweise nicht eindeutig ist. Die wechselseitige Beeinflussung des Französischen und des Deutschen und ihre unterschiedlichen Ausprägungen im Analysekorpus im Allgemeinen sind Gegenstand des Kapitels 6.

Für Catach ist der Rückgriff auf die jeweilige konkrete Aussprache der Schüler, deren Schreibungen untersucht werden, möglich, weshalb sie eindeutige Zuordnungen zu einer auf der Aussprache beruhenden Variationsdimension vornehmen kann. Für das vorliegende Analysekorpus ist die jeweilige individuelle Aussprache der Schreiber dem Zugriff entzogen. Die Aussprache kann so für die Analyse keine verlässliche Grundlage bei der Zuordnung zu den Variationsdimensionen bilden und wird daher nicht berücksichtigt. Vielmehr kann die Schreibung in Teilen und mit der gebotenen Umsicht auf eine Aussprache zurückweisen, nicht jedoch umgekehrt.[31]

Auch wenn manche Okkurrenzen in ihrer graphischen Realisierung unwahrscheinlich sein mögen und eher auf ein Versehen hindeuten und die Okkurrenzen so in der extragraphischen Variationsdimension eingeordnet würden, wird dies zur Vermeidung einer Überinterpretation nicht als Begründung herangezogen. In dieser extragraphischen und graphisch-visuellen Variationsdimension werden daher nur Doppelungen oder Auslassungen aufgenommen, die sich auf Ebene der Silben manifestieren, da hier mit einiger Wahrscheinlichkeit von einem Einfluss außerhalb der rein graphischen Materialisierung auszugehen ist.

---

31 Diesen Zirkelschluss, aus der Schreibung die Aussprache zu interpretieren und gleichzeitig mit der Aussprache die Schreibung zu erklären, bezeichnet Ernst als Gefahr eines «circulus vitiosus» (Ernst 1999, 105–106).

5.1.9 Ideogrammische Variation

Wie bereits unter 5.1.5 beschrieben, werden Majuskeln[32] sowie Zeichen der Interpunktion[33] in der Codierung nicht berücksichtigt und finden somit in der Beschreibung der ideogrammischen Variationsdimension keine Erwähnung. Als ideogrammische Varianten wurden sowohl unterlassene als auch übermäßig hinzugefügte Bindestriche codiert. Ebenfalls als ideogrammische Variation wurde das Auslassen von Apostrophen gezählt, die gewöhnlich die Segmentierung graphisch begleiten. In diese Subkategorie wurden jedoch nur diejenigen Okkurrenzen aufgenommen, deren Segmentierung der einzelnen Elemente nicht betroffen ist. Differiert die Segmentierung jedoch, sind diese Formen unter der Variationsdimension der «Worterkennung und Segmentierung» aufgeführt.

Die folgende Tabelle gibt einen Eindruck der Häufigkeiten der Codings in den drei erwähnten Subkategorien:

Tabelle 5: Ideogrammische Varianten und ihre Verteilung.

Subkategorie	Anzahl	Beispiele
Auslassung Bindestrich	586	*là haut* 'là-haut' *faites leurs* 'faites-leur' *après midi* 'après-midi' *est elle* 'est-elle' *Montceau les Mines* 'Montceau-les-Mines' *quelque un* 'quelques-uns'
Auslassung Apostroph	101	*j ai* 'j'ai' *n avancons* 'n'avançons' *aujourd hui* 'aujourd'hui'

---

[32] Majuskeln werden im Korpus vor allem zur Bezeichnung von familiären Beziehungen verwendet, wie beispielsweise *Frère*, *Père*, *Mère* oder *Parents*, auch wenn die betreffenden Lexeme nicht am Satzanfang stehen.

[33] Die spärlichen Belege im Korpus für Interpunktionszeichen und damit verbunden für Majuskeln, die jedoch in geringerem Maße betroffen sind, zeugen offenbar von Schwierigkeiten in der Verwendung. Nach Pellat lassen sich diese auch auf den Unterricht zurückführen: «Ces insuffisances peuvent être dues en bonne partie aux choix de l'enseignement, qui ne peut pas se battre sur tous les fronts graphiques et qui néglige certains domaines, comme la ponctuation, les majuscules et les ‹signes orthographiques› (autres que les lettres: accents, apostrophe, trait d'union, cédille)» (Pellat 2015, 70).

Tabelle 5 (fortgesetzt)

Subkategorie	Anzahl	Beispiele
Hinzufügung Bindestrich	43	*chez-nous* 'chez nous' *tu-est* 'tu es' *parce-que* 'parce que'
Gesamt	**730**	

Der Großteil der Okkurrenzen innerhalb dieser Variationsdimension betrifft die Auslassung des Bindestrichs bei gleichzeitiger Einhaltung der Wortgrenzen. In 190 Fällen wird der Bindestrich bei einem angehängten oder vorangestellten Adverb wie beispielsweise in *là haut* oder bei Kombinationen mit *-ci* und *-là* in einer mehrgliedrigen adverbialen Struktur wie *c'est-à-dire* oder *peut-être* ausgelassen. Den zweitgrößten Anteil an der Auslassung des Bindestrichs haben Imperative mit nachgestelltem Pronomen, das ohne graphisches Verbindungselement angehängt wird: *mettez le, répondez moi, faites leurs, ecris moi*. Auch Komposita wie *grand chose, sang froid, carte lettre* oder *après midi* und die Inversion von Subjekt und Verb, zum Beispiel *est ce, est elle, voulez vous* oder *as tu*, scheinen für die Auslassung anfällig, jedoch in geringerem Maße als die beiden vorhergehenden Kategorien. In der graphischen Wiedergabe von Toponymen wählen die weniger geübten Schreiber aus unterschiedlichen Perspektiven vielfach Varianten, insbesondere wenn es sich um Orte handelt, die außerhalb ihres gewohnten Umfelds liegen und die sie vielleicht erst durch die Mobilmachung kennen lernen, wie etwa *Bar-le-Duc, Audun-le-Roman* oder *Norroy-le-Sec*. Dennoch werden auch bei der Bezeichnung der jeweiligen Heimatorte Bindestriche ausgelassen, wie in *Montceau-les-Mines* oder *Saint-Maurice-sur-Moselle*. Lediglich in drei Fällen betrifft der Ausfall des Bindestrichs die indefiniten Pronomina *quelques-uns* und *quelques-unes* sowie in nur einem Fall das Numeral *vingt-et-unième*.

Die Subkategorie mit der zweithöchsten Anzahl ideogrammischer Varianten betrifft die Auslassung des Apostrophs, der eine Elision des letzten Vokals eines Wortes vor einem folgenden Vokal anzeigt. In der Regel handelt es sich um ein <e>, seltener um ein <a> oder ein <i> (Catach 1980, 74–75). Das Korpus belegt die Elision von <e> ohne Markierung durch Apostroph in der Verwendung des Personalpronomens *je* (38 Okkurrenzen), der Negationspartikel *ne* (20 Okkurrenzen), der Konjunktion bzw. des Relativpronomens *que* (10 Okkurrenzen), der Präposition *de* (8 Okkurrenzen), des definiten Artikels *le* (3 Okkurrenzen), der Objektpronomen *me* und *te* (7 Okkurrenzen), des Subjektpronomens *ce* sowie des Reflexivpronomens *se* (jeweils 3 Okkurrenzen). Die Elision von <a> wird in vier Okkurrenzen des femininen definiten Artikels *la* belegt. Außerdem belegen fünf Okkurrenzen die Auslassung des Apostrophs im Adverb *aujourd hui* 'aujourd'hui'. Alle Auslassungen des Apostrophs im Korpus weisen eine normgerechte Segmentierung der einzelnen Elemente auf. Der elidierte Vokal ist lediglich nicht graphisch durch den Apostroph markiert.

Die Subkategorie der ideogrammischen Variationsdimension mit der geringsten Anzahl an Varianten umfasst vom Schreiber zusätzlich hinzugefügte Bindestriche. Die überflüssigen Bindestriche finden sich in 16 Verbalformen, davon vier Imperative, bei deren Schreibung jeweils eine Regel für die Verwendung eines Bindestrichs übergeneralisiert wurde. So haben die Schreiber gelernt, dass ein Bindestrich ein dem Imperativ nachgestelltes Pronomen mit dem Verb verbindet, weshalb sie diese Regel auch auf die folgenden Fälle anwenden, bei denen es sich um dem Imperativ nachfolgende Elemente handelt, jedoch nicht um Pronomina: *Dites-bien, m'envoyez-plus, Dites-voir, écris-donc*. In ähnlicher Weise wird die Verwendung des die Inversion markierenden Bindestrichs ausgeweitet: *vous devez-être, as-tu-trouver, Leur-as tu, Ne pourrais-tu-pas, n'est-ce pas* oder auch *n'est ce-pas*. In einigen Fällen, wie letzterem, könnte der Apostroph in der Schreibbewegung auch lediglich in der Position zwischen den Einheiten verrutscht sein. Weiterhin zeigt das Korpus hinzugefügte Bindestriche in Nomina, wie bei *Mardi-Gras, petits-postes* oder *faux-cols*, in der Konjunktion *parce-que*, jeweils in den Adverbien *bien-mieux* und *à peu-près* sowie in der Präposition *chez-nous* und schließlich in der Struktur *pas-vrai*. Die Schreibung von *chez-nous* mit Bindestrich könnte in Anlehnung an die Abstrakta *chez-soi* und *chez-moi* gebildet worden sein, obwohl die Form im Korpus nicht in substantivischer Form auftritt, sondern als Präposition. Die Verwendung des Bindestrichs in diesen Belegen legt eine graphische Markierung von als zusammengehörig wahrgenommener Syntagmen nahe.

In 13 Fällen wird die Reduktion eines Bindestrichs in mehrgliedrigen Toponymen belegt. Die Okkurrenzen beziehen sich allesamt auf das Toponym *La Goutte du Rieux*, aus dem die Schreiber der Familie Grandemange stammen. Offensichtlich führt das Wohnen in diesem Ort nicht dazu, dass die Details der Schreibung mit Bindestrich verinnerlicht wurden. Die einzige Okkurrenz eines anderen Toponyms im Zusammenhang mit überflüssigem Bindestrich ist ebenfalls der Wohnort des Schreibers selbst: *Montceau-les-Mines*, das sich tatsächlich mit Bindestrich schreibt. Der Schreiber scheint, nachdem er seinen Brief mit der Angabe des Ortes eröffnet, jedoch die Kurzform gewählt zu haben, *Montceau* ohne Bindestrich, da direkt danach das Datum folgt: *Montceau-le 4 Janvier 1917* (André Saunier, 4.1.1917). Anders als bei den vorhergehenden Okkurrenzen eines irrtümlich hinzugefügten Bindestrichs werden hier die Textorganisation und der Prozess des Schreibens offengelegt.

5.1.10 Worterkennung und Segmentierung

5.1.10.1 Theoretische und methodische Erläuterungen

Bei der Variationsdimension der Worterkennung und der Segmentierung, abgeleitet aus der bei Catch noch unter den extragraphischen Fehlern geführten gleichnamigen *Reconnaissance et coupure des mots*, handelt es sich um eine für die orthographische Kompetenz der Schreiber äußerst relevante und aussagekräftige Kategorie, die ebenfalls die anderen systematischen Variationsdimensionen beeinflusst, weswegen sie in der Adaptation des Analyseschemas eine eigenständige Variationsdimension bildet. Gleichzeitig wurde, wie oben bereits erwähnt, die explizite Formulierung *bis*, die bei Catch die Kategorie begleitete, entfernt, um Mehrfachcodierungen zu vermeiden. Es bleibt unbestritten, dass die Dimension der Worterkennung und der Segmentierung auch in der Zuordnung zu den anderen systematischen Ebenen der orthographischen Variation eine nicht unbedeutende Rolle spielt.

In Anlehnung an Catch umfasst diese Variationsdimension zwei Bereiche, zum einen die Worterkennung und zum anderen die Segmentierung von lexikalischen Einheiten. Beide Bereiche haben als Ausgangspunkt ein eindeutiges Schriftbild mit klaren Grenzen, das mit einer lautlichen Vorstellung eines Wortes korreliert. Bei der Worterkennung wird dieses Schriftbild nur im Ansatz zugeordnet, bei der Segmentierung sind es die Wortgrenzen, die vom Schreiber nicht klar erkannt werden. Da es sich bei der Erkennung und Zuordnung des Schriftbildes um eine graduelle Entscheidung handelt, werden als «Schriftbild nicht erkannt» nur diejenigen Varianten gewertet, die sich in ihrer graphischen Darstellung so weit vom eigentlichen Lexem entfernen, dass keine der anderen Variationsdimensionen eine hinreichende Erklärung für die betreffende Form liefert. Die Schreiber greifen dann auf eine mehr oder weniger phonetische Transkription dessen, was sie offensichtlich artikulieren, zurück. Im Bereich der Segmentierung werden drei Subkategorien eröffnet: Untersegmentierung für eine agglutinierende Segmentierung, Übersegmentierung für deglutinierende Segmentierung und schließlich die differierende Segmentierung, bei der die Segmentierung an einer anderen Position erfolgt.

Varianten, die hier eingeordnet werden, tragen oft zusätzliche Markierungen der anderen Variationsdimensionen. Wenn ein Lexem als unter- oder übersegmentiert bzw. differierend segmentiert klassifiziert wurde, wurde auf eine zusätzliche Codierung der anderen Variationsdimensionen verzichtet, da davon auszugehen ist, dass ein Sprecher, wenn er nicht normgerecht segmentiert, das Lexem auch nicht in seiner phonogrammischen, morphogrammischen oder etymologischen Dimension erfasst und im Schriftbild wiedergibt.

Die folgende Tabelle gibt die Häufigkeiten und Beispiele der Varianten in den vier Subkategorien im Bereich der Worterkennung und Segmentierung wieder:

Tabelle 6: Varianten der Worterkennung und der Segmentierung und ihre Verteilung.

Subkategorien	Anzahl	Beispiele
Untersegmentierung	474	*on en* 'on n'en' *jai* 'j'ai' *settait* 'c'était' *serevoir* 'se revoir' *laire* 'l'air' *plutard* 'plus tard'
Übersegmentierung	180	*J'usqu* 'jusque' *L'endemain* 'lendemain' *s'ait* 'sait' *qu'elque* 'quelque' *un pasience* 'impatience'
Schriftbild nicht erkannt	42	*set* 'c'est' *lessepassé* 'laissez-passer' *lécoide* 'l'escouade' *gand* 'j'en' *pèt'être* 'peut-être'
differierende Segmentierung	3	*q'ua* 'qu'à' *jusq'u* 'jusqu'
Gesamt	699	

5.1.10.2 Untersegmentierung

Die größte Anzahl an Varianten in dieser Variationsdimension konzentriert sich im Bereich der Agglutinierung zweier oder mehrere Elemente, die der französischen Orthographie entsprechend durch unterschiedliche graphische Markierungen getrennt zu schreiben sind. Das Korpus belegt 474 Formen der Untersegmentierung, wobei die Mehrheit der agglutinierten Formen (241 Okkurrenzen) in Kombination mit Pronomina und Artikel auftritt. Dies entspricht den Beobachtungen aus anderen Korpora von Texten weniger geübter Schreiber. Die Wortarten, die klassischerweise agglutiniert werden, sind vor allem diejenigen mit überwiegend grammatikalischer Funktion, wie etwa Artikel, Präpositionen, Pronomina sowie vor einem Vokal die Konjunktion *que* und die Negationspartikel *ne*. Bei diesen Funktionswörtern scheint die silbische Wahrnehmung trotz des Erlernens im schulischen Kontext zu dominieren (Steuckardt 2014, 359).

Das vorliegende Analysekorpus belegt neben Agglutinierungen von Pronomina und Artikel auch Agglutinierungen mit den Präpositionen *à, de* und *sans*, mit den Konjunktionen *que, si* und *parce que* sowie mit der Negationspartikel *ne*. Darüberhinaus zeigt das Korpus auch Agglutinierungen bei Verbalformen, bei Nomina sowie Adjektiven und Adverbien. Im Folgenden werden jeweils einige sprachliche Formen beispielhaft vorgestellt.

Im Bereich der agglutinierten Pronomina und Artikel finden sich im Korpus definite Artikel, Demonstrativpronomen sowie -begleiter, Personalpronomen in unterschiedlichen Formen, Possessivbegleiter sowie die Pronomen *en* und *y*.

Innerhalb der Personalpronomina belegt das Korpus die Subjektpronomen *je, nous* und *il* bzw. *ils*. Dem Texttyp Ego-Dokument entsprechend zeigt sich die häufigste Agglutinierung mit 92 Okkurrenzen beim Personalpronomen *je*, das, mit Ausnahme einer Okkurrenz, mit Elision und ohne Apostroph mit dem nachfolgenden Element eine graphische Einheit bildet. Die Hälfte der Agglutinierungen bilden *je* und die flektierte Form von *avoir*, in unterschiedlichen graphischen Varianten: *jai, ge, jaie* oder *jais*. Ein weiteres frequentes Verb, das mit dem Personalpronomen eine graphische Einheit bildet, ist *espérer*, was der Kommunikationssituation und der räumlichen Trennung geschuldet sein mag. In nur zwei Kontexten tritt *je* agglutiniert mit einer anderen Wortart als einem Verb auf: fünf Okkurrenzen belegen die Agglutination von *je* mit dem Pronomen *en* und eine die Kontraktion von *je* und dem Objektpronomen *vous*. Bei diesem letzten Beleg muss einschränkend hinzugefügt werden, dass es sich um die Kinder von Henri Auguste Cablé handelt, die ganz am Anfang des Schriftspracherwerbs stehen. Von ihnen stammen auch die einzigen drei Belege für die Agglutinierung von *il* und *ils* mit der nachfolgenden finiten Form von *avoir*: zwei Okkurrenzen *ila* und eine *ilon*. Das Personalpronomen *nous* wird in zwei Belegen mit dem nachfolgenden Verb kontrahiert, einmal mit Apokopierung des <s> und einmal ohne: *nouvenons, nousdevont*.

Vielfach werden Personalpronomen in der syntaktischen Funktion eines Objekts agglutiniert. Im Korpus werden *me, te, le* und *la* in 62 Fällen mit dem nachfolgenden Element, das in der Regel ein Verb ist, verbunden. Beispielhaft seien folgende Belege erwähnt: *lai, lavez, laime, mavez, mècrire, menvoiyez, Taime, tenvoie, tembrasse*. Ist das zweite Element kein Verb, handelt es sich um das Pronomen *en*, wie in *men* und *ten*. In lediglich zwei Okkurrenzen ist das Pronomen mit einem vorangehenden Imperativ verbunden: *embrasseles, ecrimoi*.

Neben der silbischen Wahrnehmung von Personalpronomina zusammen mit der folgenden Verbalform scheint die Inversion die Agglutinierung von Verbalformen zu begünstigen: *at-elle, estil, irat-il*. Insbesondere das bei Inversion eingefügte phonetisch instabile -t- ist Gegestand differierender Segmentierung (Catach 1980, 56). Gleichzeitig entspricht dieses zur Liaison eingefügte <t> einem der Morphogramme der Verbalflexion (cf. Kapitel 5.1.12). «Cette tendance de la langue [la distanciation entre l'écrit et l'oral dans le cas du <t> euphonique, L.S.], qui contredit effectivement les marques écrites actuelles des formes non inversées, prouve en tous cas que le morphogramme T a une réelle existence dans la conscience du locuteur, qui en rajoute même parfois (il aime [t] à jouer, il devra [t] être, etc.)» (Catach 1980, 242).

Der definite Artikel wird im Korpus 34-mal von den Schreibern mit dem folgenden Element agglutiniert, wie zum Beispiel in *lartilrie*, *leau*, *leure*, *laprès* [-*midi*], *laire*, *lon* oder *lexersisse*. Die einzige Ausnahme hinsichtlich der Stellung des definiten Artikels bildet *avoirla*, mit *la* in der zweiten Position. Zwei Belege von *lavie* zeigen außerdem, dass nicht nur definite Artikel mit elidiertem <e> agglutiniert werden können. Anhand der Beispiele *laut* 'l'eau' und *leure* 'l'heure' können zwei unterschiedliche Arten der Agglutinierung beobachtet werden. Zum einen können Schreiber die graphische Markierung, die gewöhnlich zwei Elemente trennt, auslassen, ohne dass die ursprünglichen Bestandteile der Agglutinationen wesentlich beeinträchtigt wären, wie beispielsweise in *leure*. Es handelt sich dann um die Kontraktion der beiden graphisch fast unveränderten Elemente, mit Ausnahme der Auslassung des stummen <h>. Zum anderen kann eine Agglutinierung mit Schwierigkeiten in der Identifikation der einzelnen Bestandteile einhergehen, wie in *laut*. In diesem Fall sind die ursprünglichen Bestandteile der Sequenz nicht mehr sofort erkennbar. Ein Beispiel hierfür liefert das Paar *jai* und *ge*, die beide für 'j'ai' stehen und als Einheit wahrgenommen werden. Im ersten Fall wird lediglich der Apostroph ausgelassen und Personalpronomen und Verb werden graphisch kontrahiert, wohingegen im zweiten Beispiel diese beiden Bestandteile nicht mehr erkennbar sind und nur über die Aussprache sowie den sprachlichen Kontext rekonstruiert werden können. Diese beiden Arten der Agglutinierung finden sich in unterschiedlicher Ausprägung mit verschiedenen Wortarten im Korpus.

Die Präposition *en* kann in Formen des *Gérondif* agglutiniert auftreten, wie zum Beispiel in *enattendans* oder *envisant*, in festen Verbindungen wie *eneffet*, in Verbgefügen wie *des hommes qui s'envont* (Aloïs Grandemange, 3.10.1914) oder *Je ne vous endis pas plus long* (M. Causelles, 23.7.1918). Im Beispiel *il annavais* 'il en avait' geht die Untersegmentierung mit einer Doppelung des Konsonanten einher, die eventuell darauf hindeutet, dass der Schreiber die einzelnen Bestandteile nicht zweifelsfrei identifiziert. In einigen Fällen ist die Präposition *en* auch Teil einer Agglutinierung von drei Elementen, wie zum Beispiel in der Wendung *anlaire* 'en l'air' oder *ensemoment* 'en ce moment'. Der in diesem zweiten Beispiel agglutinierte Demonstrativbegleiter *ce* ist ebenfalls in seiner pronominalen Form Teil untersegmentierter Formen. Neben zwei Okkurrenzen von *sequi* und *seque* tritt *ce* in pronominaler Funktion in untersegmentierten Sequenzen mit verschiedenen Formen des Verbs *être* auf: *cest* 'c'est', *sesera* 'ce sera', *seserais* 'ce serait', *setais* 'c'étais', *settait* 'c'était'. Im Beleg *Ça été* 'ça a été' wird die Beeinflussung einer phonetischen Notation deutlich, da im Gesprochenen die beiden Vokale in *ça a* kontrahiert werden und häufig nicht mehr klar differenzierbar sind.

Die Funktion der Präpositionen und ihre enge Verbindung zu den nachfolgenden Elementen können zu einer Agglutinierung mit diesen Elementen führen. Dies wird besonders an *à* und *de* deutlich, die oft als Bestandteil fester Kollokationen untersegmentiert auftreten: *Afforce* 'à force', *apied* 'à pied', *apresent* 'à présent' und *jusquau* 'jusqu'au' oder *dabord* 'd'abord', *dailleur* 'd'ailleurs', *Darc* 'd'Arc' und *dici* 'd'ici'. Vor allem *de* kann auch mit einem nachfolgenden Infinitiv agglutiniert werden: *dallé* 'd'aller', *defaire* 'de faire', *detre* 'd'être'.

Aufgrund der silbischen Einheit im Gesprochenen wird die Negationspartikel *ne* graphisch vielfach als Einheit mit dem nachfolgenden Verb abgebildet. Im Korpus ist dies vor allem mit dem Verb *avoir* belegt: *na, nà, nai, nas, navons, navez, navait, naurais*. Ein Beispiel, das über eine einfache Agglutinierung der Negationspartikel *ne* hinausgeht, zeigt der folgende Auszug aus einem Brief Maria Sauniers:

(27) *on commense de donner des carte po[ur]*
 le sucre **on en** *vas touché*
 que *700 grame par personne et par*
 moi
 (Maria Saunier, 20.11.1916)

Im Beispiel wird die Negationspartikel nicht agglutiniert, sie wird gewissermaßen in der graphischen Wiedergabe reduziert, da sie im Zusammentreffen von auslautendem <n> von *on* und der Liaison vor *en* in der lautlichen Struktur kaum wahrnehmbar ist. Hinzu kommt, dass in der Kommunikation der Nähesprache *ne* in vielen Fällen nicht realisiert wird und im vorliegenden Beispiel von der Schreiberin vielleicht nicht intendiert war. Die unterlassene Realisierung von *ne* im gesprochenen Französisch ist so frequent, dass sie, so Blanche-Benveniste, nicht mehr als Fehler zu werten ist (Blanche-Benveniste 1997, 37). Dennoch begünstigt das von Catach als «homymie de discours»[34] (Catach 1980, 271) bezeichnete Phänomen die Auslassung von *ne* in obigem Kontext.

---

34 Als «Homonymie im Diskurs» bezeichnet Catach Formen, die erst in der linearen Realisierung in einem bestimmten Kontext homophon werden, wie etwa *l'asymétrie – la symétrie* oder *détresse – des tresses*. Es handele sich hier um ein komplexes und von den Schreibern gefürchtetes, aber vorübergehendes Phänomen (Catach 1980, 271).

Im Bereich der Konjunktionen ist die Kontraktion von *parce que* sowie die Agglutinierung von *que* mit nachfolgender Präposition *à*, nachfolgendem Personalpronomen *il* oder *on* sowie am Wortende zu erwähnen. Die Untersegmentierung von Formen mit *que* als zweitem Element ist quantitativ deutlich weniger präsent. In drei von fünf Okkurrenzen handelt es sich um die Sequenz *est-ce que*, bei der mit der Agglutinierung zugleich das mittlere Element *ce* ausgelassen wird: *esque ce n'est pas la qui est ton oncle* (Maria Saunier, 25.12.1916). Hierin zeigt sich deutlich, dass die silbische Struktur der mündlichen Wahrnehmung die schriftliche Wiedergabe dominiert.

Wie im Bereich der extragraphischen Variation in der Variationsdimension in Kapitel 5.1.8 dargestellt, wird das Pronomen *il* vielfach zu *i* verkürzt, wodurch in der Folge die Sequenz *qu'il* homophon mit dem Relativpronomen *qui* wird. Im Korpus sind 49 Okkurrenzen der Verschleifung des Personalpronomens im Singular oder im Plural zu *i* und gleichzeitiger Agglutinierung mit *que* belegt. In den Beispielen (28) und (29) führt dies zur graphischen und phonologischen Übereinstimmung mit *ce qu'ils* bzw. *qu'il*, wodurch die syntaktische Analyse und das Verständnis deutlich erschwert werden.

(28) *tu*
me diras ce qu'il t'on dit au
sujet de tes bons et de ton
allocation pour voir si tu
*vas toucher tout **ce qui** te*
doivent
(Paul Labriet, 30.1.1916)

(29) *une chose qui vous manque navez vous pas*
encore fait quelque connaissance d'une petite
Bellette pour vous donner un peu de mousse
*ou j'appercoit **qui** n'y en a pas ou le photogra-*
fier l'a oublier
(Philomène Angly, 28.3.1916)

Die Reduktion von *il* zu *i* mit gleichzeitiger Agglutinierung zu *qui* ist auch im *Corpus 14* belegt (Steuckardt 2014, 360) sowie in der von Ernst untersuchten *Chronique memorial* von Pierre-Ignace Chavatte (Ernst 2003, 90). Diese Homophonie von *qui* und *qu'il* bei weniger geübten Schreibern impliziert bedeutende

Konsequenzen für die Syntax und die Textkohäsion (Ernst 2003, 90).[35] Die mit der Agglutinierung verbundene Einschränkung der Textkohäsion und der syntaktischen Ordnung beschränkt sich im vorliegenden Korpus bezeichnenderweise auf einige wenige Schreiber, die im Vergleich aller Schreiber insgesamt eine relativ hohe Zahl von Varianten verwenden, woraus auf größere Schwierigkeiten in der Umsetzung der französischen Orthographie geschlossen werden kann. 36 der 49 Okkurrenzen stammen zudem von einer Schreiberin, Marie Anne Grandemange, deren Texte, wie die folgenden Beispiele belegen, grundsätzlich hohe Variation sowohl im Bereich der Phono- und der Morphogramme als auch der Textstrukturierung aufweisen.

(30) *Chère Aloïse*
nous avons encore eut des
nouvels de notre chère Joseph
Toujour en bonne santè et
il nous demande Toujour
règulierement des colis ainsi
que le pain je viend de lui
envoyez un gros colis de 5 ^{kos}
qui *nous demantais du lard*
du sucre du cafè et Te Tout
et le Tabac Toujour Tans
chaque colis 4 paquet de Tabac
(Marie Anne Grandemange, 18.5.1916)

(31) *si cette Terrible guerre se terminerait*
seulment mais hèlas personne ne
sait rien s je ne pense q'ua mes
peauvre enfant qui on deja Tant soufert
et qui s'ait ce **qui** *verrons encore*
gusqua la fin nous sommes encore
pas au bout
(Marie Anne Grandemange, 9.5.1915)

---

35 In Analogie zur Form *qu'il* anstelle des Relativpronomens *qui* erkennt Ernst im Text Chavattes eine entsprechende feminine Form *qu'elle*, die dem Relativpronomen *qui* entspricht (Ernst 2003, 91). Diese Form ist im vorliegenden Analysekorpus jedoch nicht belegt.

Das letzte Beispiel legt die Vermutung nahe, dass in diesem spezifischen Kontext die vorhergehende, zweifache Verwendung des Relativpronomens *qui* die Agglutinierung begünstigt haben könnte. Eine parallele Entwicklung zeigt sich in der Agglutinierung von *si* und *il* in seiner reduzierten Form, die ebenfalls die Kohäsion des Textes beeinträchtigt, da die Konjunktion *si* und die Sequenz *s'il* so graphisch und phonetisch zusammenfallen. Das Korpus belegt fünf Okkurrenzen dieses Zusammenfalls, wovon drei aus der Feder von Marie Anne Grandemange stammen. In folgendem Beleg treten die agglutinierten Formen *qui* und *si* zusammen auf:

(32) *s'est a savoir **qui** reçoit tout*
*ces colis pour **qui** na pas*
*faim **si** reçoit Tout que nous*
lui envoyons il n'aura pas
Te misère
(Marie Anne Grandemange, ohne Datum)

Nach Catach bilden die Funktionswörter wie Pronomina und Artikel einen Schlüsselbereich der französischen Orthographie. Ihre phonetische Instabilität durch Elision oder Liaison vor Vokal, nicht jedoch vor Konsonant, und die daraus resultierende Schwierigkeit in der Segmentierung führt zu einer starken Abhängigkeit vom folgenden Wort, mit dem eventuell neue Assoziationen gebildet werden, die wiederum mit anderen Wörtern homophon sein können (Catach 1980, 56). An dieser grundsätzlichen Kontextabhängigkeit der Pronomina und Artikel wird die Bedeutung für die Schreibkompetenz und die Komplexität in der Umsetzung für weniger geübte Schreiber deutlich. Den Konflikt zwischen der Organisation in graphische Lexeme und der Agglutinierung von Syntagmen oder Teilen von Syntagmen lösen sie vielfach durch eine Reinterpretation der wahrgenommenen Silben: «[...] la conscience du mot graphique s'efface alors, au profit d'une réinterprétation virtuelle de la langue où clitiques et particules perdraient leur autonomie graphique» (Seguin 1998, 122).[36] In vielen Fällen erfolgt jedoch im Korpus eine regelgerechte Worttrennung. Dies belegt, so Ernst, dass

---

[36] Die Reinterpretation der Einheit des graphischen Wortes in der Unter- und Übersegmentierung, die zumeist Funktionswörter betrifft, wirft die Frage nach der mentalen Repräsentation von Wörtern und dem Einfluss von Phonologie auf die Wiedergabe morphosyntaktischer Formen auf. Für die Wiedergabe in der Oberflächenstruktur ist der semantische Gehalt eines Wortes entscheidend. Da Funktionswörter keinen unabhängigen semantischen Beitrag zur Äußerung leisten, ist ihre Auslassung potentiell rekonstruierbar (Selkirk 2001, 262). Das relevante Kriterium

«[...] bei den Schreibern ein Bewußtsein der segmentalen Einheit ‹Wort› vorhanden war, daß jedoch beim handschriftlichen Schreiben eine Tendenz zur Agglutination von Funktionswort und syntaktisch eng verbundenem Wort bestand; nur in Einzelfällen erfolgte die Zusammenschreibung mechanisch, d.h. nach (oder sogar vor) einem Funktionswort, ohne enge syntaktische Verbindung» (Ernst 1999, 97).

Eine normgerechte Segmentierung von Syntagmen mit Funktionswörtern ist so komplex, da für ihre Identifizierung und Unterscheidung von den folgenden Elementen eine syntaktische und grammatikalische Funktionsanalyse der einzelnen Segmente erforderlich ist. Für Catach sind Schülerinnen und Schüler, die im Prozess des Schriftspracherwerbs begriffen sind, lange Zeit nicht imstande, eine derartige Analyse durchzuführen: «On n'a pas, jusqu'ici, accordé une attention suffisante à ces mots, qu'il est difficile à un enfant de distinguer (entre eux et des mots qui suivent) sinon par une analyse dont il est longtemps incapable» (Catach 1980, 56). Für die weniger geübten Schreiber des Analysekorpus bedeutet dies, dass der Schriftspracherwerb möglicherweise beendet wurde, bevor diese Phase vollständig abgeschlossen werden konnte.

Neben Beispielen für graphische Varianten in der Segmentierung im Zusammenhang mit Funktionswörtern liefert das Korpus einige wenige Belege (34 Okkurrenzen) für die Zusammenschreibung von Wörtern, deren Bedeutung nicht essentiell funktional ist, wie Adjektive, Nomina und Adverbien. In sechs Fällen wird ein Adjektiv mit einem folgenden Substantiv agglutiniert, wie zum Beispiel in *beautenps* oder *seulefin*. Nur in einem Fall handelt es sich um ein nachgestelltes Adjektiv in *templong*, wobei hier der Kollokationscharakter von *avoir le temps long* die Kontraktion mitfavorisieren könnte. Bezüglich der untersegmentierten Formen mit Adjektiven handelt es sich um die Agglutinierung von Elementen, die stets durch ein Leerzeichen getrennt und nicht durch verschiedene graphische Markierungen wie etwa Apostroph oder Bindestrich verbunden sind. Auch Adverbien können von Agglutinierung betroffen sein, insbesondere *labas* (8 Okkurrenzen) und *plutard* bzw. *plustard* (12 Okkurrenzen). Wenngleich *là-bas* in seiner normgerechten Schreibung zumindest graphisch mit Bindestrich verbunden ist, ist die Kontraktion des Komparativs *plus tard* überraschender. Sie könnte sich als eine analoge Bildung zu *plutôt* erklären.

Lassen sich bei den vorhergehenden Beispielen im Bereich der Adjektive und Adverbien noch alle Bestandteile der kontrahierten Sequenzen erkennen, liefert das Korpus auch Belege, deren Schreibungen nahelegen, dass die Schreiber die einzelnen Elemente nicht immer identifzieren. In den folgenden beiden

---

der Möglichkeit der Wiederherstellung ist in den Belegen aus dem Korpus nahezu immer über die gesprochene Sprache gegeben.

Beispielen weicht jeweils das erste Element der agglutinierten Sequenz deutlich von der ursprünglichen Graphie ab: *Orevoir* und *temmieu*. Es zeigen sich hier Affinitäten zwischen den beiden Subkategorien der Untersegmentierung und «Schriftbild nicht erkannt».

Im Bereich der agglutinierten Nomina handelt es sich, mit Ausnahme des Patronyms *suzanneperrin* und *quelquechose*, immer um durch Bindestrich getrennte Elemente eines Kompositums, wie zum Beispiel *apremidi* 'après-midi', *chachnée* 'cache-nez' oder das Toponym *Chaudesaigues* 'Chaudes-Aigues'. Die Agglutinierung des eigenen Namens nimmt Hubert Perrins Tochter vor, die erst am Beginn des Schriftsprachwerbs steht.

Auch das *Corpus 14* belegt silbische Segmentierungen bei nicht-funktionalen Wörtern, wie beispielsweise *ma vez* 'm'avez' oder *lonve* 'l'on veut'. Sogar Vornamen unterstreichen im *Corpus 14* den Konflikt zwischen silbischer Segmentierung und graphischer Wiedergabe, wie zum Beispiel *Eléonore*, das unter anderem *et l'Eonore* geschrieben wird (Steuckardt 2014, 359). Die Segmentierung ist eine der Partikularitäten, die Thun zur sprachlichen Charakterisierung der *écriture populaire* heranzieht. Die deglutinierende *fausse coupe* orientiert sich an einer silbischen Struktur und wird diachron schneller abgebaut als die *fausse agglutination*, die auf der intuitiven Erfassung des *mot phonétique* beruht (Thun 2018b, 278). In Auszug (31) von Marie Anne Grandemange deutet sich bereits an, dass neben untersegmentierten Formen wie *qui* auch die gewissermaßen gegenläufige Tendenz der Übersegmentierung, im Beispiel die Form *s'ait* 'sait', für das Schreiben der weniger geübten Autoren der Ego-Dokumente eine Rolle spielt. Das folgende Unterkapitel stellt hierfür Belege aus dem Korpus vor.

5.1.10.3 Übersegmentierung

Wie oben erwähnt wurde bei übersegmentierten Formen auf eine zusätzliche Codierung von weiteren, hinzukommenden Aspekten anderer Variationsdimensionen der einzelnen Elemente verzichtet. In einem sich anschließenden Schritt werden jedoch mögliche logogrammische, morphogrammische, etymologische oder phonogrammische Motivationen herangezogen, um eventuelle Interpretationen für die einzelnen Bestandteile, in die der Schreiber das Lexem segmentiert, anführen zu können. So wurden beispielsweise die Belege *et clat* 'éclat' oder *vrais mant* 'vraiment' aus dem Korpus nicht zusätzlich logogrammisch oder morphogrammisch codiert, um sowohl die quantitative Analyse nicht zu verfälschen als auch um einer zu weit greifenden Interpretation vorzubeugen. Bei der tatsächlichen Segmentierung der einzelnen Formen könnten jedoch im Falle von *et* logogrammische und im Falle von *vrais* morphogrammische Motivationen aufgrund der Anfügung eines *-s* im Sinne eines Pluralmorphems angeführt werden.

Der Schreiber aktiviert graphische Muster, die ihm von anderen Lexemen bekannt sind, und wendet sie bei der Segmentierung an.

Im Fall von übersegmentierten Lexemen, die zusätzlich mit Bindestrich oder Apostroph graphisch markiert wurden, wurde nur die Übersegmentierung und nicht die zusätzliche Verwendung eines Interpunktionszeichens codiert. Bindestrich oder Apostroph sind hier lediglich das graphische Symptom, das die Nichterkennung des Wortes in seinen Einheiten anzeigt, wie zum Beispiel in den Belegen *long-temps* 'longtemps' und *d'orenavant* 'dorénavant'.

Die Übersegmentierung oder Deglutination von eigentlich zusammengeschriebenen Einheiten ist insofern relevant, als dass der *blanc graphique*, das Leerzeichen, ein Zeichen lexikalischer Disjunktion ist: «le premier et le principal signe de disjonction lexicale» (Catach 1980, 75). Das Analysekorpus liefert 179 Belege für übersegmentierte Formen, die deutlich unter der Häufigkeit untersegmentierter Sequenzen liegen. Dies entspricht auch der Beobachtung von Ernst (2015, 95) in Bezug auf Texte aus dem 17. bis 18. Jahrhundert. Die Belege des Analysekorpus zeigen, dass die Schreiber die Mechanismen der graphischen Trennung, die in der oben beschriebenen Untersegmentierung unterlassen wurden, teilweise auf Kontexte ausweiten, in denen sie nicht vorgesehen sind. So werden irrtümlicherweise Elemente eines Lexems getrennt, weil sie offensichtlich mit Funktionswörtern wie zum Beispiel dem definiten Artikel, Personalpronomina, der Negationspartikel oder Präpositionen identifiziert werden.

Im Korpus finden sich Deglutinierungen, die vermutlich analog zu den Personalpronomina *je*, *te* und *se*, die vor Vokal in einer elidierten Form verwendet werden, gebildet werden. Für die Abtrennung von <t'> sind lediglich vier Okkurrenzen von *t'endrement* belegt. Für die Deglutinierung von <s'> in Anlehnung an das Reflexivpronomen *se* gibt es acht Belege, zum Beispiel *s'avons* 'savons', *s'ait* 'sait' und *s'aurait* 'saurait'. In diesen Belegen wird ein tatsächlich realisiertes <s>, das Teil des Basislexems *savoir* ist, irrtümlicherweise abgetrennt. In einem weiteren Beleg wird das deglutinierte <s'> der betreffenden Sequenz in der *chaîne parlée* entnommen, in der es aufgrund der Liaison gesprochen realisiert wird: *vous s'etes* 'vous êtes'. In 53 Fällen wird nach Vorbild des Personalpronomens *je*, dessen <e> vor mit Vokal beginnendem Verb elidiert wird, ein initiales <j> mit Apostroph abgetrennt: *j'usqu* 'jusqu', *j'uste* 'juste' und *J'e* 'Je'. Die Präposition *jusque* macht bei dieser Art der Übersegmentierung den größten Teil der Okkurrenzen aus (cf. Beispiele 33 und 34). Außerdem produzieren zwei Schreiber den überwiegenden Anteil der Variante *j'usque*. Es handelt sich hierbei um die Brüder Joseph und Paul Grandemange, deren Korrespondenz mit Eltern und Freunden auch von der leider nicht erhaltenen Briefkorrespondenz untereinander zeugt. Dadurch erscheint eine gegenseitige Beeinflussung in der Übernahme der Schreibroutinen des Anderen möglich. Außerdem könnte es sich, da Joseph und Paul Grandemange relativ versierte Schreiber sind, um eine Art Übergeneralisierung erlernter Regeln handeln.

(33) *Songez*
aux familles encore plus éprouvées
que nous et remerçions Dieu de
*nous avoir protégés **j'usqu**'à présent*
Espérons de grand coeur qu'il en sera
*de même **j'usqu**'à la fin de ce mau*
dit et long fléau!
(Paul Grandemange, 10.1.1916)

(34) *Je vois d'aprés votre lettre qu'Aloïs*
doit partir sous peu. Que voulez-vous il
faut s'y résigner comme vous l'avez
*fait **j'usqu**'à présent pour nous.*
(Joseph Grandemange jun., 17.12.1915)

Paul Grandemanges Anteil der Deglutination eines definiten Artikels <l'> ist ebenfalls verhältnismäßig hoch. Fast die Hälfte aller 23 Okkurrenzen stammt von ihm. Besonders die Konjunktion *lorsque* scheint sich, nicht nur für Paul Grandemange, sondern auch für andere Schreiber, für eine Deglutinierung anzubieten, indem sie in einen hypothetischen Artikel *l'* und ein fiktives Lexem *orsque* getrennt wird. Weitere Beispiele für eine Deglutinierung eines angenommenen definiten Artikels sind *l'aquelle* 'laquelle', *l'endemain* 'lendemain', *l'aisse* 'laisse' und *l'es* 'les'. Nicht nur die elidierte Form des definiten Artikels tritt in deglutinierten Formen auf, das Korpus belegt auch die Abtrennung des femininen definiten Artikels: *la quelle* 'laquelle' und *la brique* 'l'abri'. Erfolgt im ersten Beispiel lediglich eine Trennung in die einzelnen Bestandteile des Lexems, führt die Deglutinierung eines nicht angelegten femininen Artikels *la* und eines hypothetischen Nomens *brique* im zweiten Bespiel zu erheblichen Verständnisschwierigkeiten, die nur aufgrund des sprachlichen Kontexts gelöst werden können.

(35) *il nous falais nous*
faire des maison pour pouvoie
*nous mètres **à la brique***
des marmite des boche
(Eugène Lorieau, Oktober 1914)

Nicht nur der definite Artikel wird von den Schreibern als separates Element interpretiert. Drei Okkurrenzen von *un pasiense* 'impatience' belegen, dass auch der indefinite Artikel von einer derartigen Reinterpretation betroffen sein kann. Ebenso verhält es sich mit dem Demonstrativpronomen *ça*, das in *c'à* oder *ç'à* möglicherweise analog zu *c'est* in ein erstes Element *c'* oder *ç'* und ein zweites Element *à* segmentiert wird. Für das zweite Element scheint das Schriftbild der Präposition *à* eine Rolle zu spielen.

Dass Präpositionen als Funktionswörter von unterlassener Segmentierung betroffen sein können, wurde unter 5.1.10.1 gezeigt. In den folgenden Beispielen scheint jedoch ein intitales <d> als Präposition reinterpretiert worden zu sein, das dementsprechend graphisch abgetrennt wird: *d'avantage, d'omage, d'essus, d'eshabilla, d'ont* und *D-orénavent*. Ebenso gibt es Fälle, die eine Deglutinierung eines hypothetischen *à* nahelegen: *a près* 'après', *a von* 'avons', *à fin de* 'afin de'. In einigen Fällen von deglutinierten Formen mit hypothetischen Präpositionen handelt es sich um die graphische Trennung der tatsächlichen Bestandteile eines Lexems, wie beispielsweise in *Au jour Thui*, im Verb *en tête* und im Adverb *en suite*. In den Fällen allerdings, die nicht lediglich die Zusammensetzung der einzelnen Bestandteile graphisch deutlich machen, scheint zudem eine Kenntnis des Schriftbilds und ein Verständnis des Lexems nicht oder nur eingeschränkt gegeben. So wird beispielsweise in *d'eshabilla* das Basislexem *habiller* und das Präfix *dés* nicht identifiziert oder die Funktion von *dont* in *d'ont* reinterpretiert und mit jeweils anderen bekannten Mustern verbunden. Im Beispiel *d'ont* wäre dies eine Präposition *de* und das finite Verb *ont*.

Paul Grandemange, der *d'ont* statt *dont* verwendet, fügt auch in einem weiteren Beispiel eine vermeintliche finite Verbform von *avoir* ein. So schreibt er die periphrastische Futurform *le Rég^{nt} va a attaquer* mit einem möglicherweise aus der gesprochenen Sequenz übernommenen zusätzlichen Auxiliar *a*.[37] Eine derartige Reanalyse der *chaîne parlée*, die in zusätzlichen graphischen Elementen mündet, zeigt sich auch in folgenden Beispielen der Interpretation einer zusätzlichen Negationspartikel:

(36) *les Communiqués Officiels n'ent n'ont pas relatés*
   (Paul Grandemange, 20.8.1915)

---

[37] In diesem Beispiel wäre ebenfalls denkbar, *a* sei ein Logogramm zu *à*, das eine präpositionale Variante des periphrastischen Futurs ausdrückte oder dass es sich um eine Änderung der ursprünglich geplanten Satzstruktur handelte.

(37) *car il nen **n**ovais pas l'aire*
(Marie Pierrel, 5.9.1915)

(38) *Pour les permissions
il n'en **n**'est pas parti d'autres*
(Paul Grandemange, 18.9.1918)

In den drei Belegen liegt jeweils eine negierte Proposition vor, der aufgrund einer vermuteten Reanalyse der gesprochenen Sequenz eine zusätzliche Negationspartikel *ne* hinzugefügt wird. Die Übersegmentierung resultiert aus der Interpretation des auslautenden <n> der Präposition *en*, das mündlich in der Liaison vor Vokal realisiert und dadurch wahrnehmbar wird. Martineau hebt in diesem Zusammenhang die Bedeutung der silbischen Struktur hervor, die unter anderem das Hinzufügen von Konsonanten zur Liaison in der graphischen Segmentierung erklärt (Martineau 2007a, 218). Diese Reanalyse einer Negation tritt auch in Kontexten auf, die eigentlich keine negierte Proposition aufweisen, wie zum Beispiel bei einem *Gérondif en n'apprenant*, bei Voranstellung der Präposition *en* in *men n'enverras* oder *on nen vois* oder auch in Formen wie *l'on n'a* 'on a'. Eine doppelte Negation liegt auch in folgendem Beleg vor:

(39) *21.7. On ne sai presque pas
ou se cachez, nous **ne navont**
que de mauvaise baraques*
(Auguste Jeandon, 21.7.1917)

Möglicherweise führt die Reanalyse der gesprochenen Sequenz hier zu einer neuen Interpretation der finiten Form von *avoir* in der 1. Person Plural. Es scheint im vorliegenden Beispiel ebenso denkbar, dass der Schreiber die Negation der Proposition beginnt und im Schreibfluss aufgrund des mit Vokal beginnenden *avons* die Variante *n'* wählt, ohne die mit *ne* begonnene Proposition zu streichen. In diesem Fall handelte es sich nicht um eine Übersegmentierung, sondern um eine syntaktische Kontamination mit agglutinierter Verbalform.

Lediglich eine Okkurrenz im Korpus belegt die Abtrennung einer hypothetischen Negationspartikel *n'*, die tatsächlich Teil des Basislexems *nettoyer* ist: *n'ettoyer*.

Insgesamt belegt das Korpus zwar nur 12 Okkurrenzen der Übersegmentierung einer hypothetischen Negationspartikel *ne*, die belegten Okkurrenzen sind jedoch aus einer auf die von den Schreibern angewandten Strategien zentrierten Perspektive aufschlussreich. Im Zusammenhang mit Entlehnungen thematisiert Winter-Froemel (2011, 288–289) die Reanalyse einzelner sprachlicher Formen explizit im Medium des Mündlichen: Zeichenausdrücke als Teil der *chaîne parlée* werden (re)analysiert, woraus Agglutinationen oder Deglutinationen entstehen können. So werden Lexeme zum Teil mit dem definiten Artikel, in ihrer flektierten Form oder zusammen mit Elementen, die die Liaison ermöglichen, entlehnt.

Die graphische Segmentierung ist zwar im Medium des Schriftlichen zu situieren, dennoch spielt die Analyse bestimmter sprachlicher Formen im Mündlichen und deren Übertragung in das schriftliche Medium eine wichtige Rolle. Dieser Mechanismus der (Re)analyse greift, wenn die Schreiber über keine graphische Vorstellung des Wortes verfügen. Sie bedienen sich der mündlichen Vorstellung des Wortes und der phonographischen Korrespondenzen, um eine bestimmte Einheit graphisch wiederzugeben. Dabei erfolgt gleichzeitig die Analyse der einzelnen Elemente, die im Mündlichen eine Sequenz darstellen. Hierbei werden offenbar die syntaktischen und grammatikalischen Strukturen der zu schreibenden Formen nicht immer ausreichend analysiert. Bezugnehmend auf die beiden Strategien der Verschriftlichung nach Jaffré können die Schreiber mittels der Strategie der *adressage* auf die visuelle Repräsentation eines Lexems zugreifen, wenn sie bereits über einen Eintrag in ihrem mentalen orthographischen Ausgangslexikon verfügen. Handelt es sich jedoch um ein noch nicht erlerntes Lexem ohne Eintrag im Lexikon des Schreibers, muss die Verschriftlichung auf die Strategie des *assemblage* zurückgreifen. Die Schreibung stützt sich unter anderem auf phonogrammische Korrespondenzen und ist anfällig für Transferenzen.[38]

Die Segmentierung der Konjunktionen *que* und *si* wurden bereits als Agglutinierungen besprochen (Kapitel 5.1.10.2) beide Konjunktionen treten auch in Deglutinierungen im Korpus auf. Zum einen wird im Determinanten *quelque* und seinen verschiedenen Formen das initiale <qu> mit Apostroph abgetrennt, in Analogie zu Formen, in denen das auslautende <e> der Konjunktion oder des Relativpronomens *que* vor Vokal elidiert wird. Diese Deglutination erfolgt auch bei der Konjunktion *qu'and* 'quand' und dem Relativpronomen *qu'y* bzw. *qu'i* 'qui'. Zum anderen kann eine Deglutinierung auch in Form einer Interpretation eines hypothetischen Relativpronomens *qui* in der Sequenz *qu'il* erfolgen. In Beispiel (40) wird aus der silbischen Struktur zusätzlich ein direktes Objektpronomen *l'* identifiziert.

---

38 Der ursprünglich in der Sprachkontaktforschung (Haugen 1956; Weinreich 1963) geprägte Terminus wird in den 1960er Jahren auch in der Spracherwerbsforschung, die den Sprachbenutzer ins Zentrum stellt, gebraucht. Verschiedene Formen innersprachlicher Bezugnahme werden als Strategien der Lernenden klassifiziert (Reinfried 1999, 97). In diesem Sinne soll hier Transfer als Übertragung von Sprachwissen auf andere Kontexte verstanden werden.

(40) la prière **qui il** l'avait donné
(Joséphine Grandemange, ohne Datum)

(41) Chère Aloïse nous esperons **qui
il** a pas Te misère
(Marie Anne Grandemange, 12.4.1916)

Diese Identifizierung einer vermeintlichen nicht elidierten Form aus einer Analyse der gesprochenen Sprache zeigt sich auch in Graphien der Konjunktion *si*. In den folgenden Beispielen wird anstatt einer elidierten Form die Vollvariante gewählt, unter gleichzeitiger Verwendung einer durch die Reduktion des Personalpronomens *il* im Gesprochenen bedingten Variante in (44).

(42) **si il** est encore a Colmar ou
plus loin
(Marie Anne Grandemange, 3.10.1914)

(43) **si il** nous revient
(Paul Grandemange, 5.7.1918)

(44) et **si y** Te faut autre
chose ~~chos~~ Tu nous le Tiras aussi vit~~tees~~
(Marie Anne Grandemange, 9.5.1915)

Andere Konjunktionen, die eine Deglutinierung aufweisen, sind zum Beispiel *par ce que*, *puis que*, *jus que* und *pour vu*. Diese Konjunktionen werden entsprechend ihrer silbischen Bestandteile getrennt, die in der französischen Sprache in dieser Form in anderen Kontexten tatsächlich auch einzeln auftreten können. Lediglich bei *jus que* weicht die Bedeutung dieser einzelnen Bestandteile stark von der Bedeutung der Konjunktion ab.

Im Bereich der Untersegmentierung wurde gezeigt, dass insbesondere Wörter mit grammatikalischer Funktion diese Graphien begünstigen. Im Kontext der Übersegmentierung lassen sich zwei Tendenzen erkennen: Entweder realisieren die Schreiber die tatsächlichen Bestandteile eines Lexems oder Syntagmas graphisch getrennt oder sie trennen einzelne Elemente eines Bestandteils in Analogie zu ihnen bekannten graphischen Mustern ab. Letztere Tendenz könnte einen Zusammenhang mit einer vermuteten grammatikalischen Funktion, die die Schreiber in den jeweils abgetrennten Elementen sehen, andeuten. Zu Beginn dieses Unterkapitels wurden im Zusammenhang mit der Vorgehensweise bei der Codierung die Formen von *vrais mant* 'vraiment', das graphisch in seine tatsächlichen Bestandteile des Adjektivs und des adverbialen Suffixes zerlegt wird, und *et Clat* 'éclat', das durch eine Reinterpretation in vermeintliche Bestandteile getrennt wird, vorgestellt. Weitere Nomina und Adverbien, die eine Deglutinierung in die tatsächlichen Komponenten zeigen, sind *male chance* 'malchance' oder *Porte-Feuille* 'portefeuille' sowie *Toutes fois* bzw. *toute foi* 'toutefois', *bien tôt* 'bientôt' oder *long temps* 'longtemps'. Die folgenden beiden Beispiele demonstrieren, wie die Schreiber eine Sequenz graphisch interpretieren und dabei auf bekannte graphische Muster zurückgreifen:

(45) *on*
nous a condruis et changer
dans doie *mes nous avant*
partie a baumont
(Eugène Lorieau, Oktober 1914)

(46) *Nous*
voila bientot arrivé au fête de Pâque
et nous faut encore triner **par rei**
dans la Pologne
(Jean-Baptiste Jeandon, 28.3.1915)

An den Beispielen wird deutlich, dass die Subkategorien der Übersegmentierung und des nicht zugeordneten Schriftbildes eng miteinander verwoben sind. Die beiden Schreiber scheinen jeweils nur über eine approximative Vorstellung eines Schriftbilds zu verfügen und greifen dann auf andere Strategien der Verschriftlichung zurück, sowohl phonogrammischer Art als auch visueller bzw. logogrammischer Art. In beiden Beispielen orientiert sich die Schreibung des ersten Elements in *dans doie* 'd'endroit' und *par rei* 'pareil', offenbar aufgrund der Homophonie, an der Schreibung der Präpositionen *dans* und *par*. Für die jeweils zweiten Elemente liegt keine Analogie zu anderen Lexemen nahe, die Schreiber scheinen vielmehr auf phonogrammische Korrespondenzen für die Verschriftlichung dieser zweiten Bestandteile zurückzugreifen. Dabei werden wie im Beispiel (46) alle Laute des gesprochenen Segments wiedergegeben oder, wie im Beispiel (45), nur ein Teil. Ob die Auslassung des <r> in *endroit* versehentlich erfolgt oder weil es nicht wahrgenommen wird, muss unbeantwortet bleiben.

Die beiden konträren Ausprägungen in der Segmentierung von Agglutination und Deglutination finden sich auch im *Corpus 14* wieder. Agglutinierungen liegen häufig in Verbindung mit Pronomina und Artikeln vor, aber auch bei feststehenden Ausdrücken wie zum Beispiel *ébien, tanpis, labas, peutétre*. Deglutinierungen werden durch Leerzeichen, z.B. *men voyer* oder *en na prenant*, oder seltener auch durch Apostrophe, wie bei *qu'elque*, *l'orsque*, *l'etre* 'lettre', gekennzeichnet (Pellat 2015, 71). Auch Ernst konstatiert bei allen Autoren seines Korpus die Instabilität der Wortgrenzen. Agglutinierungen kommen vielfach in syntaktisch engen Verbindungen vor, insbesondere in Kombinationen mit Funktionswörtern (Ernst 1999, 96). Im 18. Jahrhundert agglutiniert der Glaser Ménétra in seinem Tagebuch definite Artikel, proklitische Pronomina sowie *de* und *ne* mit dem folgenden Lexem. Eine gewissermaßen automatische Agglutinierung erfolgt durch die Auslassung des Apostrophs, wobei auch längere Konglomerate entstehen können (Seguin 1998, 120). Abweichende Segmentierungen sind bereits in sehr frühen Texten belegt. In ihrer Studie zu Manuskripten aus dem Mittelalter stellen Andrieux-Reix und Monsonego die Agglutination von ganzen Syntagmen oder von Teilen eines Syntagmas fest (Andrieux-Reix/Monsonego 1998, 31). Einige Sequenzen dominieren über unterschiedliche Epochen und Textsorten hinweg im Korpus dieser Manuskripte, sodass sie nach dem jeweils ersten Element der Sequenz folgende Hierarchie aufstellen: Präposition und Nominalform, definiter Artikel und Nomen, Personalpronomen und Verbalform (Andrieux-Reix/Monsonego 1998, 33).

Die *chaîne parlée* als Ausgangspunkt der Analyse zur graphischen Repräsentation bestimmter Syntagmen wird auch in Seguins Analyse graphischer Segmente im 18. Jahrhundert anhand des *Journal* von Ménétra deutlich: «L'autonomie du mot, inconsciemment sentie comme graphiquement facultative, se fond dans un groupe graphique plus large, tantôt syntaxiquement cohérent, tantôt fantaisiste» (Seguin 1998, 122).

5.1.10.4 Schriftbild nicht erkannt

Die letzte Subkategorie der Variationsdimension «Worterkennung und Segmentierung» bildet die Kategorie «Schriftbild nicht erkannt», die den geringsten Anteil der Varianten in der Variationsdimension enthält. Lediglich 42 Okkurrenzen zeugen davon, dass die Schreiber einer Lautform nur näherungsweise ein Schriftbild zuweisen können. Es handelt sich um eine kleine Gruppe von fünf Schreibern mit dem Ehepaar Pierrel und ihrer Tochter Eugénie, Marie Anne Grandemange und Eugène Lorieau, deren Texte alle eine Vielzahl graphischer Varianten aufweist.

Den überwiegenden Teil der Okkurrenzen macht die Form *c'est* aus, die 37-mal in zwei graphischen Formen auftritt: *set* (19 Okkurrenzen) und *s'ait* (18 Okkurrenzen). Ganz offensichtlich ist einigen wenigen Schreibern die Graphie unbekannt, das Lexem wird nicht in seinen einzelnen Bestandteilen identifiziert. Die Okkurrenzen werden daher unter «Schriftbild nicht erkannt» klassifiziert.

Zur Vermeidung von Überinterpretation wurde die Okkurrenz *s'ait* 'c'est' bei der Codierung nicht als eine Kombination zweier Logogramme *se* – *ce* und *ait* – *est* kategorisiert. In einer zweiten, nachgelagerten Beschreibung könnte jedoch diese graphische Assoziation von globalen Graphien mit bestimmten Lautfolgen angeführt werden, um die betreffende Schreibung zu erklären. Während diese beiden Graphien in *s'ait* noch zu differenzieren sind und ein Bewusstsein für die Komposition aus zwei unterschiedlichen lexikalischen und grammatikalischen Bestandteilen angelegt scheint, zeigt *set* eine zusätzliche Agglutinierung der Elemente. Bei dieser Form scheint die logogrammische Korrespondenz weniger eindeutig, zumindest ließe sich die Homophonie von *est* und *et* als mögliche Erklärung für den zweiten Teil der Schreibung anführen.

5.1.10.5 Zusammenführung

Wenn ein Schreiber syntaktische Funktionen der Konstituenten eines Satzes nicht oder nicht ausreichend analysiert, kann dies zur Agglutinierung oder Deglutinierung von Einheiten führen. Die über- und untersegmentierten Formen im Analysekorpus zeugen, wie Steuckardt (2014, 359) ebenso für das *Corpus 14* festhält, in unterschiedlichem Ausmaß von einer silbischen Wahrnehmung einer Struktur, einem semiotischen Bewusstsein des Wortes und der Kenntnis normgerechter Graphien. Die Segmentierung stellt für Lernende der französischen Schriftsprache eine besondere Herausforderung dar, da aufgrund der prosodischen Anlagen des Französischen, wie der *Liaison*, lexikalische Einheiten sowie ihre morphologischen Markierungen in der konkreten Äußerung gewissermaßen verdeckt werden (Weth 2015, 89). Das Textverständnis ist besonders dann erschwert, wenn durch De- und Agglutinierungen oder durch eine differierende Segmentierung neue, homophone Schreibungen entstehen, die andere syntaktische Funktionen implizieren, wie etwa anhand der untersegmentierten Sequenz *qu'il* und der daraus resultierenden Homophonie mit dem Relativpronomen *qui* gezeigt wurde. Die kategoriengestützte quantifizierende Analyse ermöglicht hier eine differenziertere Bewertung dieser in einer ersten Lektüre der Texte als besonders salient wahrgenommenen Kategorie.

Die Segmentierung in von der orthographischen Norm abweichenden Bedeutungseinheiten ist ein Charakteristikum des *français populaire* (François 1985, 323). Darüber hinaus handelt es sich hierbei um ein übersprachliches und überzeitliches Charakteristikum des Schreibens weniger geübter Schreiber: «Le phénomène [de la segmentation erronée, L.S.] en lui-même n'est pas lié d'une façon spécifique à une certaine période et même pas à une seule langue, mais plutôt à l'écriture des auteurs peu lettrés» (Ernst 2010, 62). Exemplarisch belegt Ernst (2020, 23) Agglutinierungen für Schreiber mit unterschiedlichem sozialen Status für das Französische und das Italienische, Deglutinierungen hingegen sind typisch für weniger geübte Schreiber.

Die an vielen Stellen bereits angesprochene Bedeutung der gesprochenen Sprache für die Segmentierung und die Reanalyse einzelner gesprochener Sequenzen für die schriftliche Wiedergabe unterstreicht auch Steuckardt:

> «La variation dans la segmentation graphique témoigne donc, chez les scripteurs peu lettrés, d'une perception de discontinuités, de liaisons, d'ellipses qui sont celles de la chaîne parlée. Plus spécifiquement, on peut chercher dans les correspondances phonogrammiques qu'ils proposent des indices de leurs manières de prononcer» (Steuckardt 2014, 360).

Hier wird nicht nur die enge Verbindung der Segmentation mit der gesprochenen Sprache deutlich, sondern auch die Bedeutung der phonogrammischen Korrespondenzen, derer sich die Schreiber bedienen. Die sich aus der Anwendung dieser Entsprechungen ergebenden Varianten sind Gegenstand des folgenden Unterkapitels.

5.1.11 Phonogrammische Variation

5.1.11.1 Theoretische und methodische Erläuterungen

Die essentielle Funktion von Phonogrammen, die graphische Wiedergabe von Phonemen, entspricht ganz explizit dem phonographischen Prinzip der schriftlichen Darstellung lautlicher Einheiten (Riegel/Pellat/Rioul 2016, 121). Nach Catach sind 80–85% eines durchschnittlichen französischen Texts Phonogramme, da die französische Orthographie im Wesentlichen phonogrammisch bestimmt ist (Catach 1980, 23). Die Basis für die Variationsdimension der Phonogramme bilden die grundlegenden Regeln der Transkription und der Position bei der schriftlichen Wiedergabe von Lautfolgen. Dabei beruht die Wiedererkennung von Graphemen auf vier Bedingungen: Zunächst sind die Frequenz und die Wahrscheinlichkeit des Auftretens zu nennen (Catach 1980, 30), daraufhin der Grad der Kohäsion, der Stabilität und der Autonomie, insbesondere bei Di- und Trigraphen, die zusammen ein Drittel der elementaren Grapheme ausmachen.

> «Un graphème est reconnu comme tel s'il se retrouve intact dans divers contextes, en toutes places du mot ou du groupe de mots, sans modification substantielle [...]. Une des conditions de cette stabilité est, comme on voit, la référence à un seul et même phonème, ou archiphonème. Autre conséquence: les lettres muettes finales seront expressément distinguées des groupes stables qui les précèdent [...]» (Catach 1980, 30).

Die dritte Bedingung zur Wiedererkennung von Graphemen bezieht sich auf die im Zitat genannte Beziehung zum Phonem, die direkt oder weniger direkt sein kann. In diesem Zusammenhang können Doppelkonsonanten trotz ihrer relativen Frequenz schwierig zu speichern sein, da ihre Beziehung zum Phonem häufig aleatorisch und instabil ist.

> «Plus une unité est *indépendante* du contexte, *directement reliée* à l'oral, plus sa charge d'information sera grande. C'est pourquoi les graphèmes formés d'un seul signe sont en général moins ambigus que les graphèmes constitués de deux ou plusieurs signes. Un graphème qui perd entièrement le contact avec l'oral est un graphème qui se détache du système (comme le *s* de *certes*, *souris* etc.)» (Catach 1980, 30; Herv. im Original).

Die letzte Bedingung, die die Wiedererkennung eines Graphems gewährleistet, ist der Grad seiner Rentabilität oder seiner sprachlichen Kreativität:

> «Parmi les graphèmes muets, et même parmi les variantes des graphèmes prononcés, la référence n'est pas le phonème, mais le lien d'ordre sémantique ou grammatical avec les *morphèmes* de la langue, sur le plan de la syntaxe ou du lexique (liaison matérielle sur la chaîne écrite) ou sur le plan du paradigme (relation théorique avec un ensemble ayant certaines caractéristiques communes)» (Catach 1980, 31; Herv. im Original).

Aus der Menge der insgesamt 130 Grapheme des Französischen für 36 Phoneme wird zur Reduzierung dieser Asymmetrie unter Anwendung der vier genannten Kriterien eine Hierarchisierung der Grapheme vorgenommen (Riegel/Pellat/Rioul 2016, 122). In Anlehnung an Catach können so innerhalb der 130 Grapheme drei hierarchisierte, miteinander verwobene Ebenen unterschieden werden. Die erste Ebene entspricht den 33 Archigraphemen als idealem graphischem Kern. Es handelt sich um maximal stabile Formen, die aus einer Serie von Graphemen, die ein einziges Phonem wiedergeben, als Prototyp ausgewählt wurden. Die zweite Ebene konstituieren die 45 Basisgrapheme des Französischen, die die wesentlichen Anforderungen der Transkription von Lauten abdecken. Die dritte Ebene umfasst mit 70 Graphemen mehr distributionelle Varianten als die beiden vorhergehenden Niveaus (Riegel/Pellat/Rioul 2016, 122). Am Ende der Primarstufe sollten Schüler die zweite Stufe der 70 Grapheme beherrschen (Catach 1980, 10).

Die genannten Kriterien, insbesondere die Frequenz und die Rentabilität, nuancieren die Polyvalenz der Phonogramme und ermöglichen die Erstellung eines funktionalen Alphabets basierend auf den Archigraphemen. Dennoch bleibt für den Schreiber die Notwendigkeit der Auswahl eines Graphems aus einer Serie von möglichen Graphemen bestehen: «Elle [la notion d'archigraphème, L.S.] ne résout pas tous les problèmes pour autant et la polyvalence des phonogrammes pose aux apprentis la redoutable question du mode de sélection des unités» (Jaffré 1992, 30).

Aufgrund der privilegierten Beziehungen zwischen Graphem und Phonem wird zuerst der lautliche Wert eines Graphems, seine Korrespondenz zur lautlichen Ebene, untersucht (Catach 1980, 35). Ausgehend vom Geschriebenen zum Mündlichen, lassen sich vier Arten von Phonogrammen unterscheiden: einfache Grapheme, die einem Phonem entsprechen, einfache Grapheme mit Diakritikum wie Akzent, Trema oder Cedille sowie Di- und Trigramme, die je einem Phonem entsprechen (Riegel/Pellat/Rioul 2016, 121–122). Diakritika sind dabei keine eigen- oder vollständigen Phonogramme, sie tragen jedoch wesentlich zur Charakterisierung des phonologischen Wertes eines Graphems bei. Als Diakritika sind in diesem Sinne sowohl Akzente, als auch Grapheme wie ‹s›, ‹r› oder ‹t›, die eine doppelte Rolle ausfüllen, zu betrachten: «Dans un mot comme ‹des›, le ‹s› indique le pluriel mais il modifie la valeur phonogrammique du ‹e› qui précède ([ø] -> [e]). C'est par cette voie que les lettres non directement phonogrammiques semblent s'intégrer aux productions enfantines via les procédures phonogrammiques» (Jaffré 1992, 42).

Die phonogrammische Variationsdimension umfasst insgesamt 818 Okkurrenzen, die sich zunächst auf zwei Subkategorien verteilen, die so auch bereits bei Catach (1980) angelegt sind und die sich hinsichtlich des phonologischen Werts eines Phonogramms unterscheiden. Es wird differenziert in phonogrammische Varianten mit einem äquivalenten phonologischen Wert und in phonogrammische Varianten, die eine Änderung des phonologischen Wertes implizieren. Die erste der beiden genannten Subkategorien wurde in der Anpassung des Analyseschemas nach Catach durch eine weitere Unterteilung in «Übergeneralisierte Phonogramme» erweitert. Als Übergeneralisierung wird in der Spracherwerbsforschung sowie der Sprachdidaktik die Anwendung einer vom Schreiber erworbenen Regel über den eigentlichen Geltungsbereich hinaus verstanden (Glück/ Rödel 2016, 731). In der psycholinguistischen Forschung wurde festgestellt, dass Übergeneralisierungen besonders bei Kindern in der Lernphase frequent sind (Riegel/Pellat/Rioul 2016, 139). Die Erweiterung der phonogrammischen Variation um diese Kategorie umfasst dementsprechend Varianten, die darauf zurückzuführen sind, dass ein Schreiber bestimmte Regeln der Position bzw. der Transkription auf Kontexte anwendet, in denen sie nicht vorgesehen sind.

Der hier verfolgte Ansatz geht nicht davon aus, dass der Sprachgebrauch im Korpus eine getreue Abbildung der gesprochenen Sprache darstellt, im Gegenteil, die Schreiber scheinen sich sowohl des Mediums, dessen sie sich bedienen, als auch der teilweise zur kommunikativen Distanz hin verschobenen Kommunikationsbedingungen im Klaren zu sein. Dennoch ist es mit aller gebotenen Umsicht möglich, einige im Korpus dokumentierte sprachliche Formen der konzeptionellen gesprochenen Sprache zu identifizieren und zudem bestimmte Charakteristika der Aussprache zu rekonstruieren (Steuckardt 2014, 358–359).

Im Folgenden werden die beiden Unterbereiche der phonogrammischen Variationsdimension mit den zugehörigen Charakteristika einzeln vorgestellt. Dabei wird an einigen Belegen beispielhaft dargestellt, welche phonogrammischen Muster den schriftsprachlichen Ausdruck der Ego-Dokumente des Korpus prägen. Die tabellarischen Übersichten geben einen Überblick relevanter und aussagekräftiger Beispiele.

5.1.11.2 Phonogrammische Variation mit äquivalentem phonologischem Wert

Die folgende Übersicht zeigt die von den Schreibern verwendeten 159 Varianten der Phonogramme mit einem äquivalenten phonologischen Wert und ihre Häufigkeiten. Dabei werden zusätzlich übergeneralisierte Phonogramme unterschieden.

Tabelle 7: Phonogrammische Varianten mit äquivalentem phonologischem Wert.

Subkategorie	Anzahl	Belege
Äquivalenter phonologischer Wert		
/ɛ̃/ <in> statt <ein>	2	sinture, cinture 'ceinture'
Übergeneralisierte Phonogramme		
/s/ <ç> vor <e> und <i>	146	reçevoir 'recevoir' ; çe 'ce' ; France 'France' ; remerçier 'remercier' ; çi 'ci' ; merçi 'merci' ; serviçe 'service'
/ã/ <ean> statt <an>	4	cheance 'chance' ; passeant 'passant'
/ʒ/ <ge> statt <g>	1	logeions 'logions'
/g/ <gu> statt <g>	1	fatiguant 'fatigant'
Gesamt	**159**	

Die geringe Anzahl von 173 Okkurrenzen im Bereich der phonogrammischen Variation mit äquivalentem phonologischen Wert erklärt sich aus der Tatsache, dass in den meisten Fällen, in denen die Schreiber graphische Varianten von Phonogrammen verwenden, die Etymologie die Schreibung bedingt und diese Formen daher unter «Nicht-funktionale Variationsdimension» aufgeführt sind, wie etwa *paciense* 'patience', von lat. PATIENTIA.

Eine graphische Alternation bei der Auswahl von Phonogrammen für die Wiedergabe des Nasalvokals [ɛ̃] zeigen die beiden Belege *sinture* und *cinture* für 'ceinture'.

Im Gegensatz zu den erwähnten Phonogrammen sind die übergeneralisierten Phonogramme im Analysekorpus bereits deutlich frequenter, obwohl auch diese Anzahl im Vergleich mit anderen Variationsdimensionen eher gering ausfällt. 146 von 155 Okkurrenzen beziehen sich auf die Schreibung von /s/ als <ç>

vor <e> und <i>. Den größten Anteil wiederum an dieser Schreibung hat das Verb *recevoir* mit den entsprechenden finiten Formen: *Reçevez* 'Recevez', *nous reçevont* 'nous recevons', *je reçevrais* 'je recevrais' oder *tu reçevras* 'tu recevras'. Weitere Belege für die Wahl von <ç> für /s/ in der Position vor <e> oder <i> sind *çe* 'ce', *France* 'France', die finiten Formen von *remerçier* 'remercier', *çi* 'ci', *merçi* 'merci' und *serviçe* 'service'. Die Schreiber haben offenbar gelernt, dass in bestimmten Kontexten das Diakritikum Cedille zusätzlich zum Graphem <c> verwendet werden muss, um die Aussprache als /s/ zu wahren. Jedoch scheinen sie nicht in jedem Fall die Regel verinnerlicht zu haben, sodass sie sie auch auf diejenigen Kontexte anwenden, die keine Cedille erfordern, wie etwa vor <e> und <i>. Besonders Paul Grandemange hat sich diese Schreibung angeeignet und produziert mit 111 Formen den Großteil der Okkurrenzen von <ç> vor <e> und <i>. Dabei fällt auf, dass drei Viertel der Fälle sich auf zwei Formen beschränken: Paul Grandemange verwendet <ç> für <c> 37-mal im Imperativ *Reçevez* und 45-mal im Infinitiv *reçevoir*.

Die Konstitution einer idiosynkratischen Formel zur Verabschiedung und deren mehrfache Verwendung mögen zur Konsolidierung dieser Graphie bei Paul Grandemange beitragen:

(47) **Reçevez** mes Biens Chers Parents
mes meilleurs Baisers d'amitié.
"Votre fils qui vous aime:
Grandemange P.
(Paul Grandemange, 23.10.1915)

Weitere positionelle Varianten eines Graphems sind <ge> für /ʒ/ vor /a/ und /o/, <gu> für /g/ vor /e/ und /i/ oder <ss> für /s/ in intervokalischer Position (Riegel/Pellat/Rioul 2016, 122). Die übergeneralisierte Anwendung dieser positionellen Varianten für /g/ und /ʒ/ sind in sehr geringem Maß auch im Korpus vertreten: /ʒ/ als <ge> statt <g> in *logeions* 'logions' und /g/ als <gu> statt <g> in *fatiguant* 'fatigant'. Die Kenntnis der Regel, dass in einigen Kontexten ein <e> nach <c> oder <g> eingefügt werden muss, um eine Aussprache als /ʒ/ zu gewährleisten, wird in vier Belegen auch auf andere Kontexte ausgeweitet: drei Formen zeigen die Einfügung eines hypothetisch diakritischen <e> nach <ch> in *cheance* 'chance' und eine Form nach <ss> in *passeant* 'passant'.

Aufgrund der Überschneidungen mit der Variationsdimension «Nicht-funktionale Variation» sind die Phonogramme, die eine Änderung des phonologischen Werts implizieren, im Gegensatz zu Phonogrammen mit äquivalentem phonologischem Wert im Analysekorpus quantitativ deutlich stärker vertreten, wie das folgende Unterkapitel zeigt.

5.1.11.3 Phonogrammische Variation mit alternierendem phonologischem Wert

Als phonogrammische Varianten, die eine Änderung des phonologischen Werts einschließen, wurden insgesamt 689 Okkurrenzen bewertet. Im Folgenden werden konsonantische und vokalische Varianten sowie die Subkategorie der Konfusion von Lauten unterschieden, für die jeweils exemplarisch Belege angeführt werden.

Einige der in der phonogrammischen Variationsdimension mit Änderung des phonologischen Werts eingeordneten Phonem-Graphem-Korrespondenzen zeigen deutliche Affinitäten mit der nicht-funktionalen Variationsdimension, da die jeweilige normgerechte Schreibung mit der Etymologie erklärt werden kann. Diese Formen wurden dennoch der phonogrammischen Variationsdimension zugewiesen, weil der Schreiber, wenn er über umfassende Kenntnisse der französischen Phonem-Graphem-Korrespondenzen verfügte, seine eigene Schreibung als nicht der Aussprache entsprechend erkennen müsste. Wählen die Schreiber ein Graphem aus den für ein Phonem möglichen Varianten, das den Laut korrekt wiedergibt, jedoch nicht der normgerechten Orthographie entspricht, wird diese Variante nicht als phonogrammisch codiert, sofern der Laut eine etymologische Begründung hat. Verändert sich jedoch durch die Wahl des Graphems der phonologische Wert, wird diese Variante in der phonogrammischen Variation eingeordnet, da der Schreiber, auch wenn er die Etymologie eines Wortes nicht kennt, über die Phonem-Graphem-Korrespondenzen erkennen können müsste, dass seine graphische Realisierung nicht der Aussprache entspricht. Ein versierter Schreiber müsste so zumindest bestimmte Grapheme ausschließen können.

Konsonantische Variation

Tabelle 8: Konsonantische phonogrammische Varianten mit Alternation des phonologischen Werts.

Alternierender phonologischer Wert: Konsonantische Variation		
Subkategorie	Anzahl	Beispiele
/s/ <c> vor <a>, <o>, <u>	102	*recois* 'reçois' *ca* 'ça' *francais* 'français' *Besancon* 'Besançon'
/z/ statt /s/ <s> in intervokalischer Position	71	<ss>: *permision* 'permission' <c>: *fasile* 'facile' <sc>: *convalaisance* 'convalescence' <t>: *inpasiense* 'impatience' <ç>: *resut* 'reçu'

Tabelle 8 (fortgesetzt)

Alternierender phonologischer Wert: Konsonantische Variation		
Subkategorie	Anzahl	Beispiele
/s/ statt /k/ <c> vor <e>, <i>	3	*ceauser* 'causer' *ceuilli* 'cueilli'
/s/ statt /z/	11	*cuissine* 'cuisine' *faissions* 'faisions' *choce* 'chose'
<x> /gz/ statt /ks/ /s/ statt /ks/ /ksk/ statt /gz/	14	*exellent* 'excellent' *espedier* 'expédier' *excauser* 'exaucer'
Konfusion /g/ und /ʒ/ <g> vor <e>, <i> für /g/ <g> vor <a>, <o>, <u> für /ʒ/	14	*geurre* 'guerre', *geris* 'guéris' *mangons* 'mangeons', *egorgait* 'égorgeait'
/g/ statt /ʒ/ (<g> statt <j>)	3	*magor* 'major' *gusque* 'jusque'
Sonorisierung von /ʃ/	3	*gense* 'chance' *trangées* 'tranchées'
/l/ statt /j/	20	*filieul* 'filleul' *artilerie* 'artillerie' *travailier* 'travailler'
<lli> statt <ll>	14	*meillieurs* 'meilleurs' *fillieul* 'filleul' *battallion* 'battaillon'
/ɲ/ <n> statt <gn> <gni> statt <ni> <gni> statt <gn>	6	*soyne* 'soigne' *magniere* 'manière', *pagniere* 'panière' *soignier* 'soigner', *Siegnier* 'signé'

Graphische Varianten für /s/

Der Bereich der konsonantischen Phonogramme zeigt eine für Variation offenbar besonders anfällige graphische Wiedergabe von /s/. In 102 Okkurrenzen wird durch die Wahl des Graphems <c> ohne Diakritikum vor <a>, <o> und <u> der phonologische Wert von /s/ zu /k/ verändert. Hinzu kommen 71 Okkurrenzen, die durch die Wahl der distributionellen Varianten eine Sonorisierung von /s/ aufweisen, und elf Okkurrenzen, in denen eine Desonorisierung von /z/ erfolgt.

Die Nichtbeachtung der distributionellen Variante <ç> von <c> vor <a>, <o> und <u> bedingt in 102 Belegen die Änderung des phonologischen Werts von /s/ zu /k/.[39] Besonders häufig geschieht dies beim Partizip der Vergangenheit des Verbs *recevoir*, das *recu* 'reçu' geschrieben wird, sowie bei anderen finiten Formen desselben Verbs, wie beispielsweise *recois* 'reçois' oder *recoit* 'reçoit'. Andere Beispiele für die Wahl des Phonogramms <c> sind *ca* 'ça', *francais* 'français', *commencait* 'commençait' oder *commenca* 'commença' sowie das Toponym *Besancon* 'Besançon'. Die Anfälligkeit dieses Phonogramms für Variation wird durch die Tatsache hervorgehoben, dass sich die belegten 102 Okkurrenzen auf verschiedene Schreiber des Korpus verteilen und nicht individuell beschränkt bleiben. Die Auslassung des Diakritikums Cedille bei der Wiedergabe von /s/ durch <c> vor <a>, <o> oder <u> ist ebenfalls für die Schreiber des *Corpus 14* belegt: «Quant à la cédille, elle est assez rare (reçu ou recu, recoi ou reçoi), parfois utilisée sans nécessité (çi (=si), çe, reçevoir)» (Pellat 2015, 71). Es handelt sich bei der komplementären Verteilung von <ç> vor <a>, <o>, <u> und <c> vor <e>, <i> um eine Schwierigkeit, die sich für Schreiber über den Abschluss der Phase des Schriftspracherwerbs hinaus stellt (Jaffré 1992, 31).

Die Komplexität der graphischen Realisierung von /s/ resultiert auch aus der relativ großen Zahl möglicher Phonogramme, aus der die Schreiber wählen müssen. Für die Wiedergabe des stimmlosen Frikativs /s/ in intervokalischer Position stehen neben <ç> die Grapheme <ss>, <t>, <c> und <sc> zur Verfügung. Die Nichtbeachtung dieser genannten distributionellen Varianten von /s/ in intervokalischer Position durch die Wahl des Graphems <s> führt in 71 Fällen zu einer theoretischen Sonorisierung des Konsonanten /s/ zu /z/. In initialer und finaler Position würde <s> tatsächlich den stimmlosen Frikativ /s/ abbilden, in intervokalischer Stellung führen die Schreiber jedoch eine Änderung des phonologischen Werts des Konsonanten herbei. Anstelle des Digraphen <ss> finden sich im Korpus folgende Formen: *permision* 'permission', *ausi* 'aussi', *reusi* 'réussi' oder *reusite* 'réussite' sowie *chausettes* 'chaussettes'. In geringerer Anzahl ist <s> auch für die graphischen Varianten <c>, <sc> und <t> im Korpus belegt: *plase* 'place', *isi* 'ici', *fasile* 'facile', *excauser* 'exaucer' für <c>, *convalaisance* 'convalescence' für <sc> sowie *inpasiense* 'impatience', *intasion* 'intention' und *internasiaunal* 'international' für <t>. Eine Okkurrenz von *resut* 'reçu' führt die bei den übergene-

---

[39] Die umgekehrte Änderung des phonologischen Wertes von /s/ anstelle von /k/ durch das Einfügen eines <e> nach <c> ist lediglich dreimal im Korpus belegt: in zwei Okkurrenzen von *ceauser* 'causer' und einer von *ceuilli* 'cueilli'.

ralisierten Phonogrammen bereits erwähnte komplexe Verteilung der Varianten <c> und <ç> für /s/ fort, da der Schreiber hier offenbar nicht nur das distributionell bedingte Graphem <ç> abwählt, sondern zugleich eine Sonorisierung des Frikativs wiedergibt. Die Transkription von /s/ in intervokalischer Position als <s> und die damit verbundene Veränderung des phonologischen Werts des Phonems zeigen ebenfalls die Texte weniger geübter Schreiber aus dem Süden Frankreichs im *Corpus 14* (Pellat 2015, 72). Auch das von Ernst untersuchte Korpus privater Texte weniger geübter Schreiber des 17. und 18. Jahrhunderts belegt Variation in der graphischen Abbildung der Konsonanten /s/ und /z/ (Ernst 1999, 102). Variation in Bezug auf die graphische Wiedergabe der Sonorität zeigt sich übereinzelsprachlich auch in deutschen und italienischen Texten, wobei insbesondere beim Deutschen ein dialektaler Einfluss bedacht werden muss (Ernst 2020, 27–28). Das vorliegende Korpus enthält zudem elf Okkurrenzen, die die entgegengesetzte Änderung des phonologischen Werts der Desonorisierung demonstrieren. Durch die Wahl von <ss> oder <c> für <s> erfolgt unter anderem in *cuissine* 'cuisine', *faissions* 'faisions', *Prissonier* 'prisonnier' und *choce* 'chose' graphisch eine Desonorisierung des stimmhaften Frikativs /z/.

Anhand der Phonem-Graphem-Korrespondenzen müsste ein Schreiber die erwähnten Schreibungen eigentlich als von der üblichen Aussprache abweichend erkennen. Voraussetzung dafür ist einerseits eine umfassende Kenntnis der phonogrammischen Korrespondenzen und andererseits eine normgerechte Aussprache. Es erscheint unwahrscheinlich, dass die genannten Schreibungen eine getreue Abbildung der Aussprache darstellen. Ernst schließt dies für sein Korpus gänzlich aus und sieht darin vielmehr ein rein graphisches Phänomen (Ernst 2010, 62).[40] Schreibungen, die zum Beispiel eine Sonorisierung implizieren, zeigen, so Ernst, «keinesfalls eine Aussprache [z]; sie zeigen nur, daß der Schreiber die Entsprechungsregel [s] ↔ <s> über die Einschränkung ‹Wortanfang; vor Konsonant› hinaus generalisiert hat» (Ernst 1999, 106). Für das vorliegende Korpus erscheint eine derart kategorische Bewertung aus zwei Gründen problematischer. Zum einen belegt Bauche für das *français populaire* die Tendenz von /s/ zur Sonorisierung, insbesondere in intervokalischer Position oder nach /n/ und vor stimmhaftem Konsonanten (Bauche 1920, 46). Zum anderen weist der dialektale Großraum, aus dem die Schreiber stammen, gewisse Züge auf, die zumindest Schwankungen in der Schreibung des Frikativs /s/ beeinflussen können. Carton stellt in seiner Studie zu den Akzenten des Französischen für das Elsass eine Auflösung der phonologischen Opposition stimmhafter und

---

40 Martineau beschreibt die graphische Wiedergabe typischer kanadisch-französischer Aussprachevarianten im Tagebuch Charles Morins (Martineau 2018, 86).

stimmloser Okklusive, eine mögliche Sonorisierung der stimmlosen Frikative /f/ und /s/ sowie eine Desonorisierung stimmhafter Frikative wie /ʒ/ fest. Zudem verwenden elsässische Sprecher des Regionalfranzösischen häufig eine intermediäre Form für die Okklusive, die als sogenannte «douces sourdes» bezeichnet werden (Carton et al. 1983, 15). Für Lothringen belegt seine Studie eine Desonorisierung stimmhafter Frikative im Auslaut und eine mögliche Assimilierung stimmloser Konsonanten hinsichtlich der Sonorität in einem Aufeinandertreffen mit stimmhaften Konsonanten (Carton et al. 1983, 20).[41] Für Remiremont im Departement Vosges belegt Bloch die Desonorisierung finaler Konsonanten (Bloch 1921, 21). Die Desonorisierung des Frikativs /ʒ/ ist insbesondere im Suffix *-age* auch in gehobeneren Gesellschaftsschichten weit verbreitet (Bloch 1921, 123). Diese regionalen Charakteristika begründen nicht direkt die weiter oben diskutierten Schreibungen. Sie zeigen jedoch an, dass im Regionalfranzösischen im Elsass und in Lothringen stimmhafte und stimmlose Frikative in der gesprochenen Sprache nicht immer exakt differenziert werden. Dies könnte die Schwierigkeit für die aus dieser Dialektzone stammenden Schreiber in der graphischen Wiedergabe der Frikative und ihrer Differenzierung bezüglich der Stimmbeteiligung erklären. Wenn eine Distinktion im Gesprochenen nicht wahrgenommen oder nicht realisiert wird, erscheint eine Differenzierung im Geschriebenen deutlich erschwert. Eine unterlassene Differenzierung der Stimmbeteiligung im Geschriebenen zeigt ein weiteres Beispiel aus dem Korpus, das allerdings mit einer sehr geringen Anzahl an Belegen vertreten ist. Drei Okkurrenzen der in Urbès im Elsass geborenen Schreiberin Marie Anne Grandemange belegen die Sonorisierung des stimmlosen Frikativs /ʃ/, wie sie für das Elsass belegt ist: *gense* 'chance' und *trangées* 'tranchées'. Auch diese Sonorisierung könnte mit einer für das *français populaire* charakteristischen Aussprachevariante in Verbindung gebracht werden, da /ʃ/ in intervokalischer Position die Tendenz zur Sonorisierung zeigt (Bauche 1920, 47). Die geringe Zahl der Belege, die zudem von nur einer Sprecherin stammen, schränkt die Aussagekraft der Interpretation dieser Sonorisierung als Element des *français populaire* ein. Die grundsätzliche Möglichkeit einer registerspezifischen Beeinflussung bleibt jedoch gegeben.

In Kapitel 5.1.2.2 wurden verschiedene Operationen vorgestellt, die Lernende während des Prozesses der Schriftaneignung anwenden, um von der lautlichen Repräsentation zur graphischen Darstellung zu gelangen. Die Aussprache stellt während einer frühen Phase der phonogrammischen Vorgehensweise einen wich-

---

[41] Die Repräsentativität der Studie Cartons ist einzuschränken, da sie sich für jede Region auf die Umfrage in nur einem Ort stützt (cf. hierzu auch Lengert 2015, 373).

tigen Bezugspunkt dar, weshalb gerade hier idiolektale Ausspracheformen Einfluss auf die Schreibung nehmen können. Nach Jaffré kann es beim Erwerb der orthographischen Kompetenz bei der Identifizierung von stimmhaften und stimmlosen Konsonanten zur Konfusion der Beteiligung der Stimme kommen, sodass stimmhafte Konsonanten mit stimmlosen wiedergegeben werden und umgekehrt. Dabei müssen die graphischen Konfusionen nicht zwingend auf eine abweichende Aussprache hinweisen, sie können auch rein graphischer Natur sein (Jaffré 1992, 41). Wenn also die Analyse des Gesprochenen für die Identifizierung der Stimmbeteiligung nicht ausreicht, muss sich der Schreiber bestimmte Distributionsregeln aneignen, um zu wissen, wann beispielsweise /z/ und wann /s/ gesprochen wird. Neben dialektalen Einflüssen spielen im Zusammenhang mit der graphischen Realisierung von /s/ sowie der graphischen Differenzierung von /s/ und /z/ die Positionsbestimmungen der Grapheme eine wesentliche Rolle, die während des Schriftspracherwerbs erlernt werden müssen. Jaffré bezeichnet dies als *Syntax der Wörter*, die für den Schriftspracherwerb besonders komplex ist:

> «Les graphèmes sont déterminés par une ‹syntaxe› de mots suffisamment complexe pour poser de nombreux problèmes, au cours de l'acquisition et au-delà. De nombreux phonogrammes sont en distribution complémentaire [...] et l'apparition de confusions à ce niveau souligne bien les difficultés du choix» (Jaffré 1992, 31).

Im Vergleich der Frequenzen ist /s/ nach /R/ und /l/ sowie vor /t/ einer der häufigsten Konsonanten im Französischen (Catach 1980, 51–53). Dies trägt wahrscheinlich neben den erwähnten Schwierigkeiten durch die Positionsbeschränkungen und durch eine dialektbedingte nicht realisierte Differenzierung zur hohen Zahl der im Korpus belegten Okkurrenzen bei.

Distributionelle Varianten für /g/ und /ʒ/
Neben den graphischen Varianten für die Phoneme /s/ und /z/ gibt die französische Orthographie bestimmte distributionell komplementäre Grapheme für /g/ und /ʒ/ vor. Im Korpus führt die Nichtbeachtung dieser Verteilung zur Konfusion der phonologischen Werte von <g>. Von insgesamt 14 Formen belegen sieben die Realisierung als /ʒ/ in Kontexten, in denen /g/ stehen, und als /g/ in Kontexten, in denen durch Hinzufügung eines <e> <g> als /ʒ/ realisiert werden müsste. Beispielhaft seien hier für den nicht realisierten Okklusiv *geurre* 'guerre' sowie *geris* 'guéri' oder *geurriei* 'guéri' genannt und für den graphisch abgebildeten Okklusiv *mangons* 'mangeons', *egorgait* 'égorgeait' oder *goege* 'Georges'. Die Konfusion des phonologischen Wertes von <g> in Abhängigkeit des sprachlichen Kontextes führt in drei Fällen zur Wahl des Graphems <g> für <j>: *magor* 'major' und *magare* 'major' sowie *gusque* 'jusque'.

Reduktion und Modifikation von /j/
Ein deutlich weniger stark ausgeprägtes Phänomen im Korpus, das die konsonantische Alternation in der Auswahl von Phonogrammen belegt, besteht in der zweifachen Funktion des Digraphen <ll>, der in unterschiedlichen Kontexten unterschiedliche Werte annehmen kann. Es gilt hierbei zwischen <ll> als Doppelkonsonant für /l/ und <ll> mit dem phonologischen Wert /j/ zu differenzieren. Wird durch Reduktion eines <l> der phonologische Wert verändert, handelt es sich also nicht um einen Doppelkonsonanten, werden diese Formen als phonogrammische Varianten betrachtet. Doppelkonsonanten, die als einfache Grapheme wiedergegeben werden, sind in der nicht-funktionalen Variationsdimension (cf. Kapitel 5.1.14.2) eingeordnet. In 20 Okkurrenzen wird von den Schreibern der phonologische Wert von /j/ zu /l/ (oder auch /lj/) modifiziert, zumindest wenn die gewählten graphischen Varianten als Ausgangspunkt dienen, wie zum Beispiel in *filieul* 'filleul', *artilerie* 'artillerie', *travailier* 'travailler', *famil* 'famille', *mitralieur* 'mitrailleur' und *crapoulot* 'crapouillot'. Das Korpus belegt auch Okkurrenzen für /j/, das anstelle des normgerechten <ll> mit der Variante <lli> wiedergegeben wird. Drei Lexeme belegen diese Wahl in unterschiedlichen Formen: *meillieurs* 'meilleurs', *fillieul* 'filleul' und *battallion* 'bataillon'. Diese Substitution der Graphem-Phonem-Entsprechungen könnte durch eine für das *français populaire* charakteristische Aussprache begünstigt werden. So bemerkt Bauche: «Il y a aujourd'hui en LP. une certaine confusion entres les sons *ill* (*l* mouillé comme dans ‹paille›), *ll* (*l* double comme dans ‹aller›), *li*, *ly*, *y* et *i* consonnes. Ainsi on entend en LP. ‹ailleurs› comme en fr. (‹ayeùr›), et *allieurs* (*alyeur*)» (Bauche 1920, 49). Die Konfusion von /l/ und /j/ im *français populaire* kann dazu beitragen, dass die Schreiber die Laute schriftlich nicht differenzieren und verschiedene Graphemkombinationen für die Wiedergabe wählen. Die Formen *filieul*, *travailier*, *mitralieur*, *fillieul* oder *battallion* könnten außerdem auf den ehemaligen palatalen Lateral /ʎ/ zurückgehen, der im 17. Jahrhundert von /j/ ersetzt wurde (Bourciez/Bourciez 1967, 189; Grevisse/Goosse 2016, 43). Die Reduktion von intervokalischem /lj/ durch /j/ ist im Wesentlichen in der Nordhälfte Frankreichs dokumentiert (Thibault 2020a, 106), was ebenso der Ausrichtung des Korpus entspricht.

Wiedergabe des palatalen Nasals /ɲ/
Das Korpus liefert Belege für eine Entwicklung des französischen Phonemsystems im Laufe des 20. Jahrhunderts. Die Schreiber zeigen eine gewisse Tendenz zur Variation in der Wahl der Graphien für die Wiedergabe des palatalen Nasals /ɲ/, für dessen graphische Darstellung <gni> statt <gn> gewählt wird, wie in *soignier* 'soigner' und *Siegnier* 'signé'. Die Reduktion des palatalen Elements

im Geschriebenen wird ebenfalls dokumentiert: *soyne* 'soigne'. Zwei Belege illustrieren zudem die graphische Markierung der palatalen Aussprache, wie an den Beispielen *magniere* 'manière' und *pagniere* 'panière' ersichtlich wird. Dies lässt weniger eine derartige Aussprache vermuten, sondern deutet vielmehr an, dass die Schreiber die betreffenden Nasalqualitäten nicht ausreichend differenzieren und dementsprechend nicht schriftlich abbilden. Martinet (1945, 170–173) weist die Inkonsistenz in der Erhaltung der Opposition von /ɲ/ und /nj/ nach, auch in initialer Position. In ihrer Studie zur Phonologie des Französischen dokumentiert Walter (1977, 110), dass die Hälfte ihrer Informanten die Opposition von /ɲ/ und /nj/ in intervokalischer Position zugunsten von /nj/ aufgibt. Zwar dokumentieren die Ego-Dokumente nur sechs Okkurrenzen, jedoch weisen diese Beispiele die Entwicklung relativ früh und im Medium des Schriftlichen nach. Die von den Schreibern gewählten Varianten belegen so zumindest im Ansatz eine fehlende Wahrnehmung des palatalen Nasals und eine daraus resultierende unzureichende graphische Auszeichnung.

Neben konsonantischen phonogrammischen Varianten, die eine Alternation des phonologischen Wertes implizieren, dokumentiert das Korpus auch vokalische Varianten dieser Art, wenngleich in deutlich geringerer Zahl.

Vokalische Variation

Tabelle 9: Phonogrammische vokalische Varianten mit Alternation des phonologischen Werts.

Alternierender phonologischer Wert: Vokalische Variation		
Subkategorie	Anzahl	Beispiele
Hiat – Diphthong Junktion	33	*Alois* 'Aloïs', *coincidence* 'coïncidence', *bayonette*, *baionette* 'baïonnette'
Disjunktion		*soïf* 'soif', *pareïl* 'pareil', *oeïl* 'œil'
/a/ – /ɑ/	13	*tacher* 'tâcher'

Eine Alternation in der Wahl vokalischer Phonogramme wird herbeigeführt, wenn zwei oder mehr Vokale in einer Folge aufeinandertreffen. Die diakritische Differenzierung von Hiat und Diphthong durch das Trema, in der Regel auf dem zweiten bzw. letzten Element, stellt hierbei eine komplexe Graphie dar (Catach 1980, 73–74). Es sei hier herausgestellt, dass es sich nicht um die Rekonstruktion einer möglichen Aussprache handelt. Die Variation bezieht sich auf die graphische Markierung eines Hiats oder eines Diphthongs. In 28 Fällen wird in der Graphie des Patronyms *Aloïs* der ursprüngliche Hiat <oï> bzw. /oi/ durch die Wahl des Digraphen <oi> mit dem phonologischen Wert /wa/ aufgelöst. Ebenso wird die Disjunktion von /oɛ̃/ im Beleg *coincidence* 'coïncidence' graphisch aufgehoben. Die Auslassung des diakritischen Tremas ist auch in zwei weiteren Belegen eines Trigraphen der Grund für eine Veränderung des phonologischen Werts von /aio/ zu /ajo/: *bayonette*, *baionette* 'baïonette'. Die graphische Modifikation eines Diphtongs zu einem Hiat durch das Hinzufügen eines Tremas wird in *soïf* 'soif', *pareïl* 'pareil' und *oeïl* 'œil' belegt.[42]

In 13 Fällen ist außerdem die graphisch nicht realisierte Differenzierung von /a/ – /ɑ/ belegt, ausschließlich in Zusammenhang mit dem Verb *tâcher*. Aus einer auf die Graphie gerichteten Perspektive übernimmt der Zirkumflex hier logogrammische Funktion in der Distinktion der beiden Verben *tâcher* und *tacher*. Die distinktive Opposition der beiden Vokale ist reduziert, da viele Sprecher sie nicht realisieren (Walter 1977, 112), insbesondere im Süden, Osten und Norden Frankreichs (Grevisse/Goosse 2016, 38) und entsprechend auch nicht mehr wahrnehmen. Die im Korpus belegte Variation in der Graphie von /ɑ/ könnte auf eine derartige Reduktion der Opposition hindeuten.

5.1.11.4 Vokalische und konsonantische Konfusion

Die Affinität der phonogrammischen Variationsdimension zur extragraphischen Variationsdimension wurde im Zusammenhang möglicher dialektaler Beeinflussungen in der sonorisierten und desonorisierten Darstellung der Frikative bereits angesprochen (5.1.11.3). Ein weiterer, als phonogrammisch betrachteter Bereich zeigt Überschneidungen mit der extragraphischen Variationsdimension. Die hier behandelten Phänomene resultieren weniger aus der Anwendung der Positions- und Transkriptionsregeln oder aus der Tatsache, dass diese unberücksichtigt blieben. Die als «Konfusion von Lauten» klassifizierten Graphien könnten auch als extragraphische Variation verstanden werden, wenn beispielsweise Laute verwechselt, ausgelassen oder vertauscht werden. Da jedoch kein Zugang zum Gesprochenen besteht, scheint es, anders als bei dialektalen Einflüssen, deutlich schwieriger von der gesprochenen Sprache auszugehen oder extragraphische

---

42 Auch die graphische Wiedergabe von Diphthongen zeigt sich stellenweise anfällig für Variation, zum Beispiel in der Reduktion des Halbvokals /j/, in *inquit* oder *inquet* 'inquiet', *veillir* 'vieillir' oder *leutenant* 'lieutenant', und in der Hinzufügung des Halbvokals, etwa in *diernier* 'dernier', *baisiers* 'baiser' oder *prisionnier* 'prisonnier' (cf. Kap. 5.1.11.4).

Gründe, wie etwa das Vergessen oder eventuelle Sprachfehler, als Motivation anzubringen. Es handelt sich um eine intermediäre Teil-Dimension, die zwischen phonogrammischer und extragraphischer Dimension anzusiedeln ist.

Vokalische Konfusion

Tabelle 10: Konfusion vokalischer Werte und ihre Verteilung.

Konfusion der Laute: Vokalische Variation		
Denasalisierung von Nasalvokalen	20	*saté* 'santé'
		intasion 'intention'
Nasalisierung von Oralvokalen		*manman* 'maman'
		repon 'repos'
Änderung Timbre Nasalvokal	62	
/ɔ̃/		*an* 'on'/'ont', *en* 'on'/'ont'
		corespentanse 'correspondance'
/ɑ̃/		*oncore* 'encore'
		en embrassons 'en embrassant'
/œ̃/		*en* 'un'
		lindie 'lundi'
Reduktion des Halbvokals /j/	6	*inquit, inquet* 'inquiet'
		leutenant 'lieutenant'
Hinzufügung des Halbvokals /j/	3	*diernier* 'dernier'
		baisiers 'baiser'
		prisionnier 'prisonnier'
Vokalöffnung	9	
/ɛ/ statt /e/		*poësie* 'poésie'
/a/ statt /ɛ/		*amable* 'aimable'
/a/ statt /ə/		*Allamagne* 'Allemagne'
/a/ statt /e/		*lagère* 'légère'
/e/ statt /i/		*destribuer* 'distribuer'
Vokalschließung	3	
/ɛ/ statt /a/		*aimie* 'amie'
/i/ statt /e/		*diffilions* 'défilions'
/e/ statt /ɛ/		*assésonés* 'assaisonnés'
Konfusion	6	
/u/ statt /o/		*rapourter* 'rapporter'
/o/ statt /u/		*trovent* 'trouvent'

Tabelle 10 (fortgesetzt)

Konfusion der Laute: Vokalische Variation	
Konfusion	19
/u/ statt /y/	*sourtout* 'surtout'
/y/ statt /u/	*curagé* 'courage'

Denasalisierung nasaler Vokale und Nasalisierung oraler Vokale

Als Konfusion vokalischer Phonogramme wurden unter anderem diejenigen graphischen Realisierungen aufgenommen, die eine Änderung der Nasalqualität von Vokalen anzeigen. In insgesamt 19 Okkurrenzen erfolgt in der Graphie eine Nasalisierung von Vokalen oder eine Denasalisierung von Nasalen. Die Mehrheit der Okkurrenzen beschreibt die Wiedergabe eines Oralvokals statt eines Nasalvokals, durch die Reduktion eines auf den Vokal folgenden <n>: *maitenant* 'maintenant', *a* 'en', *atendu* 'entendu', *entedez* 'entendez', *ecore* 'encore', *saté* 'santé', *mois* 'moins', *intasion* 'intention', *cosigner* 'consigner' oder *medicamet* 'médicament'. Ein geringerer Anteil zeigt die überflüssige Hinzufügung eines <n>, wodurch die Veränderung der Qualität des Vokals bewirkt wird: *manman* 'maman', *repon* 'repos', *on* 'oh', *entension* 'attention' oder *lingnes* 'lignes'. Diese Verwendung von <n> entspricht der Funktion eines Diakritikums zur Markierung der Nasalisierung. Konsequenzen für die tatsächliche Aussprache der beschriebenen Lexeme sind, so Ernst, nicht zu erwarten: «Eine Aussprache mit Oral- statt Nasalvokal ist jedoch in diesen Fällen sehr unwahrscheinlich» (Ernst 1999, 106). In bestimmten Kontexten kann allerdings eine Denasalisierung in der Graphie auch eine denasalisierte Aussprache andeuten. Die im *Corpus 14* nachgewiesene Graphie <a> für <en> oder <an> (Branca-Rosoff 2018, 57; Géa 2015, 59; Steuckardt 2014, 360) impliziert eine Denasalisierung, die Géa auf das okzitanische Substrat zurückführt und als «stéréotype des accents méridionaux» (Géa 2015, 57) bezeichnet. Obwohl die denasalisierten Formen als Resultate des Kontakts mit dem Okzitanischen eingestuft werden, bestehen Berührungspunkte mit bereits in früheren Sprachständen attestierten Variationsbereichen oder Bereichen, in denen die Norm lange Zeit instabil war (Géa 2015, 59). Die wiederkehrenden Schreibungen bei mehreren Schreibern aus dem Süden Frankreichs deuten insgesamt auf eine unvollständige Nasalisierung hin (Steuckardt 2014, 361).

Ähnlich wie in der Sprachkontaktsituation des Französischen mit dem Okzitanischen im Süden Frankreichs ist die Denasalisierung charakteristisch für die meridionalen Dialekte der Vogesen (Bloch 1917b, 56–57) und generell für das Regionalfranzösische im Departement Moselle (Carton et al. 1983, 19). Alle sechs Schreiber, die die genannten Okkurrenzen (de-)nasalisierter Vokale produzieren, stammen aus der Region um Saint-Maurice-sur-Moselle im südlichen Teil der Vogesen. Eine der Schreiberinnen ist Marie Anne Grandemange, die in Urbès im Elsass geboren ist und vermutlich die ersten Lebensjahre auch dort verbracht hat (cf. Kapitel 5.1.7). Für das Regionalfranzösische im Elsass ist eine in Teilen schwache Nasalisierung belegt (Carton et al. 1983, 15). Wie im Zusammenhang der Sonorisierung stimmloser Frikative bzw. der Desonorisierung stimmhafter Frikative diskutiert wurde, kann nicht mit Sicherheit die dialektale Aussprache für die Schreibung verantwortlich gemacht werden. Es erscheint jedoch zumindest möglich, dass die im Dialekt der meridionalen Vogesen angelegte Aussprachevariante die Schreibung beeinflusst. Diese mögliche Beeinflussung unterstreicht die intermediäre Stellung dieses Bereichs «Konfusion von Lauten» der phonogrammischen Variation zwischen Phonographie und extragraphischer Variation.

Nasalvokal Timbre
Ebenfalls im Bereich der Nasalvokale betrifft eine relativ frequente Variation die Wiedergabe des Nasalvokaltimbres. In einigen Fällen führt die Wahl eines Graphems theoretisch eine Änderung des Timbres herbei. In insgesamt 63 Fällen wählen die Schreiber im Korpus eine graphische Sequenz zur Darstellung eines bestimmten Nasalvokals, die jedoch dem phonologischen Wert eines anderen Nasalvokals entspricht. Zur graphischen Darstellung von /õ/ wird zum Beispiel <an> verwendet, wie in *avant* 'avons', *an* 'on' oder 'ont', *addressan(s)* 'addressons', *cantente* 'contente' und in *ans* 'ont', aber auch <en> und , wie etwa in *corespentanse* 'correspondance' und *tembais* 'tombaient'. Für die Graphie von /ã/ ist die Wahl von <on>, wie in *cont* 'quand', *D'infonterie* 'd'Infanterie', *mamon* 'maman', *dimonch* 'dimanche', *sellemont* 'seulement', *oncore* 'encore', *non* 'n'en' und *matondre* 'm'attendre' sowie von <ain> wie in *mentenaint* 'maintenant' belegt. Wenige Okkurrenzen belegen die Wahl der Digraphen <in> und <en> für /œ̃/, zum Beispiel *lindie* 'lundi' oder *en* 'un'. Die Substitution des Nasalvokals /œ̃/ durch /ɛ̃/ ist ein Merkmal des *français populaire*, das diese Ersetzung generalisiert (Bauche 1920, 42). Walter (1977, 112–113) bewertet die distinktive Opposition zwischen den beiden Nasalvokalen /œ̃/ und /ɛ̃/ im Vergleich zu den übrigen Nasalvokalen als reduziert. Die wenigen Okkurrenzen im Korpus deuten jedoch den Einfluss des *français populaire* auf die Aussprache dieses Nasalvokals lediglich an und lassen keine allgemeineren Rückschlüsse zu. Die graphische Änderung des Nasalvokaltimbres wird besonders deutlich, wenn aufgrund ihrer Kürze ganze Lexeme verwechselt werden: *on* 'en' und *en* 'on' oder 'ont'.

(48) *de la **an** nous à conduis*
a fricoure au chateau bècou-
bécordelle et nuite et jour
*carnadate **an** commançer et les*
marmites des boche elle nous
silfet ~~les~~ autoure de la tête
et de la il nous falais nous
faire des maison pour pouvoie
nous mètres à la brique
des marmite des boche
*car il **non** çont pas intairairè*
*[...] nous **avant***
*partie a baumont la **on** na*
rivant dans les trancher
il y avais de l'aut gusquau
jenous
(Eugène Lorieau, Oktober 1914)

Die Verbalform des *Gérondif* scheint sich besonders für diese Art der Variation anzubieten. Die Schreiber zeigen hier nicht nur eine Änderung des Nasalvokaltimbres, sondern die eines Flexionsmorphems. Die Schreiber übertragen die finite Form des Verbs der 1. Person Plural auf die Form des *Gérondif*: *en embrassons* 'en embrassant', *en souhaitons* 'en souhaitant', *en rêvons* 'en rêvant', *en atendons* 'en attendant' oder *en voiyon* 'en voyant'. Die Graphie von <an> für /õ/ im Allgemeinen könnte auch mit der geographischen Herkunft einer Vielzahl der Schreiber, die die Varianten produzieren, korrelieren. Ein Charakteristikum des regionalen Französisch der südlichen Vogesen und der an die Region Lorraine angrenzenden Gegenden ist die sehr offene Artikulation des Nasalvokals /õ/, der sich so /ã/ annähert (Bloch 1921, 122). Diese regionalsprachliche Aussprachevariante könnte die Wahl von graphischen Varianten in der Darstellung der Nasalvokaltimbre beeinflussen.

Über die Hälfte der Okkurrenzen stammt von einem Schreiber, Eugène Henri Victor Lorieau, der eine Präferenz für den Digraphen <an> zur Wiedergabe von /õ/ zeigt. Hierbei fällt auf, dass der Schreiber nicht einfach ein anderes Phonogramm für die betreffende Position auswählt, sondern dass auf die Wahl des Phonogramms die Schreibung eines anderen Lexems folgt. So schreibt Lorieau beispielsweise häufig *nous avant* (cf. Beispiel 48) für 'nous avons'. Diese individuelle Partikularität des Schreibers scheint zum einen auf Probleme in der graphischen Differenzierung der Nasalvokale /ã/ und /õ/ hinzudeuten und zum anderen auf mögliche Schwierigkeiten in der Perzeption und Unterscheidung dieser Nasalvokale im Gesprochenen. In diese Linie reiht sich auch der Titel seiner kurzen tagebuchartigen Aufzeichnungen *Champagne et en compagne*. Es handelt sich hier offenbar um ein Wortspiel, das den Reim 'Champagne et en campagne' enthält, wenn man von der graphischen Änderung des Timbres im Nasalvokal ausgeht.

Konfusionen vokalischer Werte
Andere vokalische Phonogramme zeugen auch von Variation. Besonders prominent ist die Verwechslung von /u/ und /y/ mit 16 Okkurrenzen vertreten. Vor allem Marie Anne Grandemange verwendet <ou> zur Wiedergabe von /y/ in *sourtout*, wobei die Antizipation des Digraphen <ou> in *tout* die Schreibung des ersten Digraphen beeinflussen könnte. Möglich wäre diese Antizipation ebenfalls im Gesprochenen als [surtu]. Neben der phonogrammischen Variation bestehen hier Affinitäten zur etymologischen Variation durch Ableitung von frz. *sur* von lat. SUPER (Rey 2010, s.v. *sur*) und zur Variation der lexikalischen Morphogramme durch die Komposition der Elemente *sur* und *tout*. Wesentlich erscheint jedoch, dass sich die Schreiberin, wenn sie die Graphem-Phonem-Korrespondenzen anwendete, selbst korrigieren könnte. Weitere Belege für diese Schreibung sind *Rousse* 'russe', *Rouhme* 'rhume', *Nouit* 'nuit' und *occoupont* 'occupons'. Auch der umgekehrte Fall ist dokumentiert, also die Graphie <u> für /u/, jedoch mit sehr wenigen Okkurrenzen: *curagé* 'courage', *purs* 'pour', *enture* 'entouré'.

In einigen Fällen führt die Wahl des Graphems zu einer Öffnung des Vokals, wie zum Beispiel in *paraille* 'pareille' oder in *poësie* 'poésie', in *prochane* 'prochaine' oder *amable* 'aimable', in *Allamagne* 'Allemagne' oder in *lagère* 'légère' sowie in *destribuer* 'distribuer' oder *messive* 'missive', aber auch zu seiner Schließung, wie beispielsweise *aimie* 'amie' oder *diffilions* 'défilions' zeigen. Die graphische Realisierung von /ɑ/ für /ɛ/, wie sie in *amable* demonstriert wird, ist für das Departement Meuse zum Beispiel in der Form *māzō* attestiert (FEW VI,1 1969, s.v. *mansio*). Thibault (2020a, 108) konstatiert diese Form vokalischer Variation für das Departement Ardennes und führt sie auf den Einfluss des unterliegenden *patois* zurück. Die Schreiberin Eugénie Pierrel stammt aus Saint-Maurice-sur-Moselle im Departement Vosges, die Form in ihrem Brief könnte also ebenfalls für eine regionalspezifische Verwendung sprechen.

Für das *français populaire* hält François fest, dass die vokalische Opposition /o/ – /u/ anfällig für Variation ist: «En phonématique, les problèmes les plus patents concernent certaines oppositions vocaliques. […] On note des flottements dans l'exploitation oppositive des séries moyennes (/o-ɔ/, /ø-œ/) et surtout /e-ɛ/) ainsi que dans celle de /u/~/o/ devant [r] ou [l] (*borgeois*)» (François 1985, 322). Einige wenige Formen aus dem Korpus weisen diese dem *français populaire* zugeschriebene Variation in der vokalischen Opposition /o/ – /u/ im Geschriebenen nach: *forneau* 'fourneau', *trovent* 'trouvent', *retrové* 'retrouvé' und *filo* 'filou' sowie *rapourter* 'rapporter' und *pouvre* 'pauvre'.[43]

Die Schreibung von /o/ mit <ou> und seltener mit <u> findet sich auch im *Journal d'Héroard*, wobei es sich nach Ernst um eine bis ins 18. Jahrhundert weit verbreitete regionale Aussprache handelt, die bis nach Paris vordringen konnte (Ernst 1985, 35–36). Möglicherweise handelt es sich bei den wenigen Belegen im Analysekorpus um Relikte dieser früheren, verbreiteten Aussprachevariante.

Konsonantische Konfusion

Tabelle 11: Konfusion konsonantischer Werte und ihre Verteilung.

Konfusion der Laute: Konsonantische Variation		
Konfusion der Okklusive		
/k/ und /g/	2	*liniger* 'liquider'
/p/ und /b/	5	*jampe* 'jambe'
/t/ und /d/	121	*Bentecôte* 'Pentecôte'
		tentre 'tendre'
		dendre 'tendre'
<h> statt <ch>	5	*her, hère* 'cher', 'chère'
		couhe 'couche'
/k/ statt /ʃ/	1	*cange* 'change'
/p/ statt /f/	1	*Josep* 'Joseph'
/r/ statt <s>	1	*vour* 'vous'
/t/ statt /s/	1	*tont* 'sont'
/p/ statt /v/	1	*pous* 'vous'
/s/ statt <ct>	1	*aspece* 'aspect'

Sonorisierung und Desonorisierung

Im Bereich der Konsonanten dokumentiert das Korpus vor allem eine Konfusion der Stimmbeteiligung bei der graphischen Wiedergabe okklusiver Konsonanten.

---

[43] Die Alternation von /o/ und /u/ bzw. <o> und <ou> belegt auch Ernst im Text von Le Mercier *mochoir/mouchoir* (Ernst 2010, 63).

In 128 Okkurrenzen ist eine Variabilität der Okklusive /k/ und /g/, /t/ und /d/ sowie /p/ und /b/ mit Blick auf Stimmhaftig- und Stimmlosigkeit belegt.

Nur wenige Okkurrenzen dokumentieren eine differierende Zuschreibung von Stimmbeteiligung bei der Realisierung des Konsonantenpaars /k/ und /g/, da nur zwei Lexeme in den Texten einer Schreiberin die Wahl des stimmhaften Okklusivs /g/ anstelle des stimmlosen /k/ belegen: *ligiter* 'liquider'. Auch die Vertauschung von /p/ und /b/ ist mit fünf Okkurrenzen wenig frequent. Dreimal wählen zwei Schreiber des Korpus den stimmhaften Okklusiv in *Bentecôte* 'Pentecôte', *Bâquerettes* 'Pâquerettes' und *couble* 'couple' und zweimal den stimmlosen Okklusiv /p/ in *jampe* 'jambe'. Die frequentesten Belege der Sonorisierung bzw. Desonorisierung von Okklusiven betreffen das Konsonantenpaar /t/ und /d/: 98 Okkurrenzen dokumentieren ein <t> anstelle eines <d> und 23 Okkurrenzen die Wahl des Graphems <d> für <t>. Bis auf drei Formen stammen alle Belege von Marie Anne Grandemange, außerdem die einzige Schreiberin von <g> für /k/ und eine der beiden Autoren, in deren Texten ebenfalls Formen der Variation zwischen /p/ und /b/ zu finden sind. Beispielhaft für die Wahl des Graphems <t> zur Wiedergabe von /d/ seien hier die folgenden Formen genannt, die <t> sowohl in initialer und finaler Position als auch im Wortinnern belegen: *pentant* 'pendant', *Ventredi* 'vendredi', *tentre* 'tendre', *tresser* 'dresser', *prent* 'prend', *tart* 'tard'. In den letzten beiden Beispielen stellt sich die Desonorisierung des Konsonanten leicht abweichend dar, da der Konsonant im Auslaut stumm ist. Allerdings lassen sich über den Infinitiv *prendre* und Derivate wie *tarder* oder *tardif* die Stimmbeteiligung motivieren. Formen, die eine Sonorisierung von /t/ wiedergeben, sind beispielsweise *dendre* 'tendre', *déléphone* 'téléphone' und *déléghrafe* 'télégraphe'. Auffallend ist, dass ein Lexem wie *tendre* in den Texten Marie Anne Grandemanges sowohl mit sonorisiertem als auch mit desonorisiertem Konsonanten auftritt. Die folgenden längeren Auszüge aus verschiedenen Briefen Marie Anne Grandemanges zeigen, dass insbesondere kurze Funktionswörter wie *te* und *de* von der graphischen Alternation <d> und <t> betroffen sind. Da die Schreiberin mit beiden graphischen Repräsentationen dieser Funktionswörter vertraut ist, erscheint die visuelle Identifikation der Variante für die Schreiberin erschwert.

(49) *en attendant **te** te lire*
recoit notre chère Aloïse
*un **t**entre baiser **t**e tes*
chère Parents
ta Maman et Papa
*je **d**e **t**irai aussi que*
le tabac manque ici
(Marie Anne Grandemange, 10.6.1916)

(50) si reçoit **T**out que nous
      lui envoyons il n'aura pas
      Te misère mais voila si **T**outes
      fois il retien~~d~~trais la moitié
      le pain sa se suit **T**out les
      semaines du pain de raisin
      ou **T**e figue, pour qui soit
      frais et 2 colis que nous lui
      ont **T**eja envoyez **T**e **T**out a ~~mang~~
      ~~p~~ manger
      (Marie Anne Grandemange, ohne Datum)

(51) ~~d~~ tu toit
      recevoir un Paquet de M^{m}
      Bazin et de M^{m} Burner
      (Marie Anne Grandemange, 11.9.1914)

Eine Ursache für die Alternation der Stimmbeteiligung könnte in der Transposition gesprochener in geschriebene Sprache liegen, da die Verwechslung von <d> und <t> auf eine individuelle Dyslexie der Schreiberin hinweisen könnte (Pellat 2015, 74). Außerdem scheinen bestimmte graphische und visuelle Repräsentationen, über die die Schreiber verfügen, im Schreiben zu interferieren, wie etwa im Beispiel (51), in dem die Schreiberin die graphische Form *toit* 'Dach' für *dois* wählt.

Wie bereits in der Variationsdimension der Kalligraphie beschrieben (cf. Kapitel 5.1.7), verwendet Marie Anne Grandemange in 510 Belegen eine Art intermediäres Graphem, das mit <T> transkribiert wurde. Dieses Zwischengraphem, ob es nun bewusst oder unbewusst als dritte Variante neben <d> und <t> verwendet wird, spiegelt die Herausforderung für die Schreiberin wider, den stimmhaften und den stimmlosen dentalen Okklusiv im Schriftlichen zu differenzieren. Dies deutet darauf hin, dass diese Unterscheidung ihr auch in der Aussprache schwerfällt. Für den elsässischen Sprachraum, in dem das Französische, der germanische elsässische Dialekt und die deutsche Hochsprache, letztere vor allem im schriftlichen Sprachgebrauch, koexistieren, ist die Schwierigkeit für elsässische Sprecher, stimmhafte und stimmlose Konsonanten zu differenzieren, beschrieben: Das Regionalfranzösische im Elsass zeichnet sich durch die Tendenz einer Desonorisierung stimmhafter Konsonanten in allen Positionen sowie eine Auflösung der phonologischen Opposition stimmhafter und stimmloser Okklusive aus (Carton et al. 1983, 15). Die Desonorisierung stimmhafter Konsonanten in implosiver Position ist für einen größeren Sprachraum attestiert, nämlich im Norden und Osten Frankreichs, in der Normandie und in Belgien (Grevisse/Goosse 2016, 42).

Hingegen ist die Desonorisierung initialer Konsonanten auf Sprachräume mit germanischem Substrat beschränkt (Thibault 2020, 105). Diese Partikularität des Französischen im Elsass und in Lothringen gibt bereits 1852 Anlass zur Publikation des Handbuchs *Le français alsacien: fautes de prononciation et germanismes* (Dhauteville 1852), das die Korrektur dieser Aussprachefehler und von Germanismen im Allgemeinen zum Ziel hat. Wie weiter oben erwähnt, wurde Marie Anne Grandemange im Elsass geboren. Ab 1887 ist ihr Aufenthaltsort Saint-Maurice-sur-Moselle, in den an das Elsass grenzenden Vogesen, dokumentiert, weshalb eine dialektale Beeinflussung durch das Elsässische in diesem Fall durchaus möglich erscheint. Hier zeigt sich außerdem erneut die enge Verbindung von extragraphischer und phonogrammischer Variationsdimension. Grundsätzlich stellt Carton eine ausgeprägte Beeinflussung der französischen Aussprache bei zweisprachigen dialektophonen Sprechern fest, da das phonologische System des Französischen an das System des Dialekts angepasst wird und nicht umgekehrt (Carton et al. 1983, 14).

Das von Rézeau untersuchte Korpus in *Les mots des Poilus* dokumentiert ähnliche Formen in Briefen aus dem Elsass und des Departements Moselle, allerdings in Form von Zitaten mit metasprachlicher Kommentierung. Für das Elsass wird in der Aussprache des Regionalfranzösischen die Desonorisierung von /v/ und /ʒ/ in *Fife Choffre* 'Vive Joffre' oder von /b/ und /ʒ/ in *Ponchour* 'Bonjour' und die Sonorisierung von /k/ in *Gu'èze que z'est g'za* 'Qu'est-ce que c'est que ça' angemerkt. Für das Departement Moselle wird ebenfalls die Desonorisierung von /v/ in *foilà* 'voilà', von /ʒ/ in *rouche* 'rouge' und von /b/ in *pompardent* 'bombardent' hervorgehoben (Rézeau 2018, 23). Bei der Wiedergabe der für die Sprachräume charakteristischen Aussprache durch Dritte muss eine gewisse Stilisierung, möglicherweise eine leichte Übertreibung mitbedacht werden. Da die von den Schreibern kommentierten Aussprachevarianten jedoch auch in sprachwissenschaftlichen Studien nachgewiesen sind, können die Belege mit einer gewissen Distanz als Indikatoren für die regionalspezifische Realisierung der Okklusive gewertet werden.

Zusätzlich zu einem denkbaren Einfluss der regionalen Aussprache auf die Schreibung zeigt die Variation in der Abbildung der Stimmhaftigkeit oder Stimmlosigkeit der Okklusive eine nicht vollständige Alphabetisierung in der Schriftsprache an. «Bei Wörtern, deren Normschreibung in der Schule nicht erlernt bzw. nicht genügend gefestigt wurde, steht gelegentlich – unabhängig von der jeweiligen Aussprache – der (phonisch) stimmhafte Konsonant für den stimmlosen und umgekehrt» (Ernst 1999, 105). Während Schwankungen in der Graphie <s> und <ss> laut Ernst nicht auf Besonderheiten in der Aussprache zurückzuführen sind, ist die graphische Differenzierung von stimmlosen und stimmhaften Konsonanten weniger eindeutig. Einerseits scheint Stimmhaftigkeit auch dort, wo sie in der

Aussprache realisiert wird, ein von weniger geübten Schreibern wenig berücksichtigtes phonetisches Merkmal zu sein, weshalb es in der Graphie vielfach nicht abgebildet wird (Ernst 2010, 62–63; 2015, 95). Andererseits schließt Ernst auch eine Beeinflussung durch eine bestimmte phonetische Realität, wie etwa eine dialektale oder regionale Aussprache, nicht aus. Im Korpus von Ernst sind Schwankungen hinsichtlich der Schreibung von /t/ und /d/, /k/ und /g/ sowie /p/ und /b/ belegt (Ernst 2010, 62–63). Autokorrekturen, wie die Überschreibung des <d> in Beispiel (50) mit <t> in *il retien*d*trais* oder die Streichung von <d> vor *tu toit* in Beispiel (51), zeigen ein gewisses Bewusstsein der Autorin dieser Variabilität in der Schreibung an (Ernst 2010, 63).

<h> für [ʃ]
Während des Schriftspracherwerbs kann es zur Reduktion von Digraphen auf ein als relevant empfundenes Graphem kommen. Dies erfolgt häufig im Zusammenhang mit dem Digraphen <ch>, der eine Reduktion auf <h> erfährt (Jaffré 1992, 44). Im Korpus belegen fünf Okkurrenzen eine derartige Reduktion von <ch> auf <h> zur Wiedergabe von /ʃ/: *her* 'cher' und *hère* 'chère', *couhe* 'couche' un *hances* 'chances'.

Innerhalb der Konfusion konsonantischer Phonogramme zeigt das Korpus weitere Einzelfälle, die eine Verwechslung des konsonantischen Wertes der Grapheme belegen: /k/ statt /ʃ/ in *cange* 'change', /p/ statt /f/ in *Josep* 'Joseph', /r/ statt /s/ in *vour* 'vous', /t/ statt /s/ in *tont* 'sont', /p/ statt /v/ in *pous* 'vous'. In Teilen könnten bei den genannten Schreibungen visuelle Repräsentationen anderer Lexeme eine Rolle spielen, wie beispielsweise bei der Schreibung von *aspece* 'aspect', in die das etwa aus *espèce* bekannte graphische Muster *-èce* übertragen wird. Bei anderen Okkurrenzen wiederum scheint es sich eher um akzidentelle Verwechslungen zu handeln.

Metathese, Reduktion und Addition von Lauten

Tabelle 12: Phonogrammische Varianten durch Metathese, Reduktion und Addition.

Konfusion der Laute		
Metathese	10	*contuniellement* 'continuellement'
		amiable 'aimable'
		consiel 'conseil'
		allemange 'Allemagne'

Tabelle 12 (fortgesetzt)

Konfusion der Laute		
Reduktion	35	*filieu* 'filleul' *atilrie* 'artillerie' *exatement* 'exactement' *ecouade* 'escouade'
Addition	28	*cormerce* 'commerce' *trendrement* 'tendrement' *mirablelles* 'mirabelles' *devriendra* 'deviendra' *indisgestion* 'indigestion'

Wie bereits dargelegt, stellt der kompetente Umgang mit Digrammen spezifische Anforderungen während des Prozess des Schriftspracherwerbs. Bei der Umsetzung von Digrammen ist eines der später auftretenden Probleme die Metathese der einzelnen Elemente des Digramms. «La maîtrise des digrammes pose des problèmes spécifiques. Le plus tardif d'entre eux concerne les lettres inversées [...]. Pourtant, les éléments constitutifs du digramme sont déjà présents» (Jaffré 1992, 43). Dieses Kennzeichen für ein spätes Stadium des Schriftspracherwerbs ist im Korpus belegt, zum Beispiel *consiel* 'conseil', *allemange* 'Allemagne' oder *veindrez* 'viendrez'. Es finden sich jedoch auch metathetische Formen, die kein Digramm betreffen, wie etwa *amiable* 'aimable', *contuniellement* 'continuellement', *craignoin* 'craignions' und *silfet* 'sifflent'.

Neben den metathetischen Formen sind im Korpus Auslassungen und Hinzufügungen von Graphemen dokumentiert. Insgesamt 35 Okkurrenzen betreffen die Auslassung eines Lautes, der nicht nur graphisch realisiert wird, sondern zudem in der Aussprache wahrnehmbar ist. Bei diesen Formen liegt die Interpretation als Versehen, möglicherweise bedingt durch eine eilige Redaktion,[44] nahe: *filieu* 'filleul', *ave* 'avec', *su* 'sur', *Hpital* 'hôpital', *Pette* 'Petite', *jouraux* 'journaux', *explos* 'exploits'. Besonders anfällig für einen Ausfall scheinen die Grapheme <r> und <s>, die in der gesprochenen Sprache möglicherweise nach-

---

[44] Es kann natürlich nur vermutet werden, dass der Schreibprozess in der Situation des Krieges in vielen Fällen eilig und auch hastig verläuft. Als Gründe könnten, neben Auslassungen, Unstimmigkeiten in der Textkohärenz, eine unleserliche Schrift oder explizite Kommentare, wie etwa der folgende von Joseph Grandemange senior, angeführt werden: *Je vais terminé car je fais encore une lettre a Cher Joseph et est il est déjà 4 heures car j'ai fait 3 Colis. 2 a toi et un a Joseph* (Joseph Grandemange sen., 27.3.1916).

lässig artikuliert werden und deren Präsenz daher eventuell im Schreibprozess weniger wahrgenommen wird. Beispiele für den Ausfall von <s> oder <r> sind *poutent* 'pourtant', *mecredi* 'mercredi', *foie* 'froid', *l'atilrie* 'l'artillerie', *remèçie* 'remercie', *bonjou* 'bonjour', *ecouade* 'escouade', *reterez* 'resterez', *tranporter* 'transporter'. Die Reduktion von <ct> zu <tt> in intervokalischer Position, wie bei *exatement*, wird von Thibault (2020a, 107) auch für das Briefkorpus der *Poilus* (Rézeau 2018) dokumentiert und als zu untersuchendes Desiderat formuliert. Der vorliegende Beleg könnte unter Annahme der Reduktion des okklusiven Doppelkonsonanten eine weitere Okkurrenz dieses Assimilierungsvorgangs darstellen.

Die gegenteilige Tendenz der Addition eines Lautes, der weder schriftlich noch mündlich realisiert wird, ist in 30 Beispielen im Korpus dokumentiert. Auch hier ist die überflüssige Realisierung von <r> besonders präsent, wie in *cormerce* 'commerce', *carnon* 'canon', *trendrement* 'tendrement', *trou* 'tout', *grarce* 'grâce', *grauche* 'gauche', *crontre ataque* 'contre-attaque', *devriendra* 'deviendra' oder *condruis* 'conduis' deutlich wird. In einigen dieser Belege scheint die Antizipation eines <r> die zusätzliche Schreibung zu beeinflussen, wie es ebenso auf *mirablelles* 'mirabelles' und *plubliai* 'publiait' bezüglich des <l> und auf *prisoinnier* 'prisonnier' das <i> betreffend, zumindest in der Perzeption der Aussprache, sowie auf *indisgestion* 'indigestion' hinsichtlich des <s> zuzutreffen scheint.

Bei Einfügungen und Auslassungen von <r> könnte erneut eine dialektale Transferenz angeführt werden, da die diatopischen Varietäten der meridionalen Vogesen oft eine Metathese von <r> aufweisen. Formen der Metathesen in diesen Varietäten betreffen beispielsweise <r> in finaler implosiver Stellung in der vortonigen Silbe, in denen es nach initialem Konsonanten artikuliert wird, wie in *fromi* 'fourmi', oder <r> in Kombination mit einem initialen Konsonanten im Silbenauslaut, wie in *perne* 'prenez' (Bloch 1917b, 49). Schwankungen in der Aussprache von /r/ und insbesondere in seiner Position im Wort könnten eventuell die Variation in der schriftlichen Wiedergabe bedingen.

Wenn eine dialektbedingte Variation vermutet wird, zeigt die Variationsdimension der Phonogramme deutliche Überschneidungen mit Varianten, die ebenfalls der extragraphischen Variation zugeordnet werden könnten. Neben der Sonorisierung stimmloser und der Desonorisierung stimmhafter Frikative, der Denasalisierung von Nasalen sowie der Öffnung des Nasalvokals /õ/ ist die Reduktion des palatalen Nasals /ɲ/, wie sie etwa in *soyne* 'soigne' realisiert wird und die charakteristisch für verschiedene Gebiete der meridionalen Vogesen (Bloch 1917b, 4345) sowie für das Regionalfranzösische im Elsass (Carton et al. 1983, 15) ist, ein weiteres Beispiel für die Verknüpfung phonogrammischer Variation und dialektaler Varietät. So wird beispielsweise *montagne* nahezu im gesamten Dialektgebiet mit reduzierter finaler Silbe /mõtan/ realisiert (Bloch 1917a, 507). Diese Beispiele unterstreichen das möglicherweise fehlende Bewusstsein aufgrund einer nicht (mehr) erfolgten Wahrnehmung im Gesprochenen. Dies erklärt die von den aus diesem Sprachraum stammenden Schreibern weiter oben angeführte unzureichende Differenzierung des palatalen Nasals im Schriftlichen wie in *soyne* oder die Hinzufügung der palatalen Qualität wie in *magnière*. Zugleich wird hier die enge Verknüpfung des *français populaire* und der diatopischen Variation deutlich, da die Reduktion von /ɲ/ zu /n/ einerseits ein typisches Merkmal des *français populaire* darstellt und andererseits, wie oben ausgeführt, mit der Dialektvarietät der meridionalen Vogesen in Verbindung gebracht werden kann.

Neben Transferenzen durch diatopische Varietäten wird im Bereich der Phonogramme eine Beeinflussung durch das *français populaire* besonders deutlich. Für diese Varietät typische syntagmatische Strukturen sind nach François (1985, 323) zum Beispiel der Ausfall von /r/ und /l/ im Auslaut, insbesondere nach Konsonant. Im Korpus finden sich *su* 'sur' oder *filieu* 'filleul', die diese Nähe zum *français populaire* belegen könnten. Empfindliche Punkte des phonologischen Systems im *français populaire* sind außerdem die Oppositionen /l/ – /lj/ – /j/ oder /ṅ/ – /nj/. Für das vorliegende Korpus wurden sowohl Varianten der ersten Opposition belegt, wie die Beispiele *filieul* 'filleul', *artilerie* 'artillerie', *travailier* 'travailler' oder *famil* 'famille' verdeutlichen. Ein weiteres Charakteristikum der Aussprache des *français populaire* ist die Reduktion von /ks/, graphisch <x>, zu /s/ (Bauche 1920, 51), wie in *espedier* 'expédier' belegt, das jedoch die einzige Okkurrenz für diese Variante ist. Auch Metathesen, wie sie weiter oben für das Korpus angeführt wurden, gehören neben Assimilierungen und Dissimilierungen verschiedener Art zu den phonologischen Kennzeichen des *français populaire* (François 1985, 323).[45]

---

[45] Einige der im Korpus dokumentierten Formen sind in Teilen auch in Ernsts Korpus präsent, wie die Desonorisierung von Okklusiven, die Auslassung von Lauten wie /s/ und /r/, die Änderung des Nasalvokaltimbres oder die Öffnung von Vokalen (Ernst 2010, 63). Ernst deutet bereits die mögliche Beeinflussung des Dialekts oder des *français populaire* an, ohne jedoch die Formen im Detail zu analysieren: «D'autres graphies non conformes au système des correspondances grapho-phoniques font penser à des prononciations déviantes – dialectales, régionales ou populaires –, même s'il faut souligner que chez aucun de nos auteurs, la graphie ne reflète jamais fidèlement sa propre prononciation. Comme je ne suis pas dialectologue ou spécialiste des français régionaux, je me limite à soumettre au jugement des spécialistes des graphies comme celles qui suivent; cette liste, pas encore systématisée, pourra facilement être élargie et exige des recherches plus approfondies, qui pourraient éclairer la dimension historique de certaines variétés dialectales ou régionales» (Ernst 2010, 64).

5.1.11.5 Zusammenführung der Beschreibung der phonogrammischen Variation

Auf der Ebene der phonogrammischen Variation zeigt sich eine große Nähe zur jeweiligen dialektalen Varietät und zur Varietät des *français populaire*, die dadurch ermöglicht wird, dass die Schreiber in vielen Fällen auf phonogrammische Korrespondenzen zurückgreifen müssen, wenn sie nicht über eine graphische Repräsentation eines bestimmten Lexems verfügen. Martineau bezeichnet dies als «lexique orthographique» (Martineau 2007a, 203), das besonders bei weniger geübten Schreibern relativ begrenzt ist und einen Rückgriff auf phonogrammische Entsprechungen begünstigt.

> «Au niveau phonogrammique, on relève des cas d'hypercorrection et l'image visuelle des mots appris intervient dans les productions écrites, mais, en l'absence de référent iconique, le scripteur réinvente un codage qui serre au plus près sa parole, nous livrant des informations précieuses sur son appropriation du français parlé» (Steuckardt 2014, 361)

Diese Rekonstruktion der gesprochenen Sprache der Schreiber ist insbesondere in einem frühen Stadium des Schriftspracherwerbs gegeben (Martineau 2007a, 203), wie auch von Steuckardt betont wird: «Il semble que l'on puisse pencher en faveur de l'hypothèse de la transcription d'une prononciation, lorsqu'il ne s'agit pas de lexème stabilisé» (Steuckardt 2014, 360).

Ein typisches Charakteristikum handschriftlicher Texte weniger geübter Schreiber ist die Wiedergabe der Phonogramme, ohne jedoch die Differenzierungen und Positionsbeschränkungen, die aus dem lautlichen Kontext resultieren, in jedem Fall zu beachten. Dieses Charakteristikum ist nicht auf eine Einzelsprache oder einen bestimmten historischen Moment beschränkt, es handelt sich hierbei um ein übereinzelsprachliches und atemporales Merkmal (Ernst 1999, 105).[46] Die übereinzelsprachliche Tendenz belegen Arias Álvarez und Oyosa Romero in ihrer Untersuchung zum Spanischen in einem Briefkorpus aus dem 16. und 17. Jahrhundert, in der sie phonogrammische Varianten in der Wiedergabe des Seseo, in der graphischen Wiedergabe aspirierter Laute sowie in der graphischen Reduktion konsonantischer Gruppen nachweisen (Arias Álvarez/Oyosa Romero 2018, 291–296).

Die Wahl von Varianten, die eine Änderung des phonologischen Werts der Phonogramme implizieren, ist dabei anders zu bewerten, als die Wahl graphischer Varianten, die phonologisch äquivalent sind, da «Schreibungen wie [..] *asez* die Eindeutigkeit der Phonie-Graphie-Entsprechungen in Frage» (Ernst 1999, 104) stellen.

Die Kenntnisse über die phonogrammischen Beziehungen allein reichen also nicht aus, um die Zusammenhänge des französischen Orthographiesystems zu erfas-

---

[46] Zu weiteren übereinzelsprachlichen Charakteristika, cf. Ernst (2020).

sen. «Notre orthographe est faite pour l'œil, elle apporte des informations supplémentaires que l'on ne peut pas trouver en partant du phonème» (Catach 1980, 36). Dies begründet die signifikante Variation in der graphischen Umsetzung der gesprochenen Sprache in den Texten weniger geübter Schreiber.

> «Dans le ‹plurisystème graphique du français› (N. Catach), le niveau phonographique, qui entretient des relations plus ou moins régulières avec l'oral, est fondamental, mais d'autres niveaux, plus élevés (morphogrammes et logogrammes), gouvernés par le principe sémiographique, interfèrent avec lui et jouent un rôle important pour la perception visuelle de la signification» (Riegel/Pellat/Rioul 2016, 128).

Das folgende Kapitel der morphogrammischen Variation beschreibt einen wesentlichen Teil dieser zusätzlichen, über den phonogrammischen Zusammenhang hinausgehenden Information, die in der französischen Orthographie angelegt ist und wesentlich zur Komplexität normgerechter Graphien beiträgt.

5.1.12 Morphogrammische Variation

5.1.12.1 Theoretische und methodische Erläuterungen

Morphogramme sind die schriftliche Wiedergabe von Morphemen, die eine bestimmte, mehr oder weniger autonome Bedeutung tragen (Catach 1980, 23). Es handelt sich um morphologische Markierungen, und zwar im Wesentlichen um finale graphische Markierungen, die, außer bei der *Liaison*, in der Regel nicht gesprochen werden (Riegel/Pellat/Rioul 2016, 124).

Nach Catach werden grammatikalische und lexikalische Morphogramme unterschieden: Bei den grammatikalischen Morphogrammen handelt es sich um zusätzliche Flexionsmorpheme, wie Markierungen für Genus und Numerus oder Morpheme der Verbalflexion. Lexikalische Morphogramme hingegen sind ins Lexem integrierte Markierungen, die final oder im Wortinnern auftreten können und die beispielsweise eine visuelle Beziehung zum Femininum oder den Derivaten herstellen. Auch Prä- und Suffixe fallen unter die Kategorie der lexikalischen Morphogramme (Catach 1980, 211). Die Funktionsweise der lexikalischen Morphogramme ist insofern weniger systematisch als die der grammatikalischen, als jedes lexikalische Morphogramm einen Radikal nur mit einigen Derivaten verbindet und die Entwicklung der Sprache häufig allomorphe Formen schafft, wie am Beispiel von *printemps – printanier* oder *chaos – chaotique* deutlich wird (Riegel/Pellat/Rioul 2016, 126).

Catch unterscheidet bei beiden Arten von Morphogrammen zwischen engem und weitem Zusammenhang («*contrôle étroit*» und «*contrôle lâche*»). Der paradigmatische Zusammenhang zwischen der maskulinen und der femininen Form eines

Adjektivs, wie zum Beispiel <t> in *petit*, oder die Pluralmarkierung eines Nomens werden als eng gewertet, wohingegen <e> in *asseoir* an *séant* und *asseyons* erinnert und in weit gefasstem Zusammenhang steht. Auch die Relation, die zur Angleichung des Partizips an ein vorhergehendes direktes Objekt führt, ist in einem weiteren Kontext zu sehen (Catach 1980, 211). Zusammenhänge, die den unmittelbaren sprachlichen Kontext übersteigen, erfordern eine umfassendere grammatikalische und syntaktische Analyse sowie eine erhöhte Leistung des Gedächtnisses.

Wie bei den Phonogrammen (5.1.11.1) lassen sich die Kriterien der Frequenz, der Stabilität, der Beziehung zum Gesprochenen sowie die Rentabilität oder Kreativität auf die Wiedererkennung von Morphogrammen anwenden (Catach 1980, 211).

Die Ebene der Morphogramme steht mit anderen systematischen Ebenen der Sprache, wie der Phonologie, der Syntax und der Etymologie, in enger wechselseitiger Beziehung: «Le système [des morphogrammes, L.S.] étant extraordinairement complexe, et touchant étroitement non seulement à la phonologie et à la syntaxe, mais aussi à l'histoire et à l'étymologie» (Catach 1980, 210).

Die Schwierigkeiten auf der Ebene der Morphogramme für weniger geübte Schreiber besteht in der hohen Komplexität der französischen Orthographie, die graphisch zahlreiche Elemente realisiert, die keine Entsprechung in der gesprochenen Sprache haben, und deren morphologische Strukturen im Gesprochenen und im Geschriebenen stark differieren. Für das morphologische System des Französischen verwendet Blanche-Benveniste sogar «morphologies de l'écrit et de l'oral» (Blanche-Benveniste 1997, 2) im Plural, um die deutlichen typologischen Unterschiede hervorzuheben. Eine Spezifität des gesprochenen und des geschriebenen Französisch besteht in der Tatsache, dass im Bereich der Morphologie zwei verschiedene Grammatiken postuliert werden könnten (Blanche-Benveniste 1997, 65). Die Komplexität für weniger geübte Schreiber beim Erlernen der morphogrammischen Markierungen resultiert aus der hierfür notwendigen, vorgeschalteten Analyse der syntaktischen und grammatikalischen Relationen:

> «Schreibanfänger haben diese grammatische Struktur häufig noch nicht erlernt und lassen sich von PG-Korrespondenzen oder silbischen Strukturen leiten, ohne die rein schriftgebundenen Markierung von Morphemen («Morphogrammen») in ihre Reflexion einzubeziehen» (Weth 2015, 90).

Im Folgenden werden zunächst Varianten grammatikalischer Morphogramme beschrieben, um in einem zweiten Schritt die Variation lexikalischer Morphogramme im Korpus darzustellen. Die tabellarischen Übersichten geben einen Ausschnitt wieder.

5.1.12.2 Grammatikalische Morphogramme

In der Subkategorie der grammatikalischen Morphogramme sind diejenigen Morphogramme zusammengefasst, die Träger grammatikalischer Information, etwa zu Numerus und Genus oder zur Verbalform, sind. Die grammatikalischen Morphogramme wurden um Übergeneralisierungen erweitert, welche unter 5.1.12.2 erläutert werden.

Die folgende Tabelle gibt eine Übersicht über die morphogrammische Variation mit grammatikalischer Funktion und ihre Häufigkeitsverteilung im Korpus:

Tabelle 13: Varianten grammatikalischer Morphogramme und ihre Verteilung.

Subkategorie	Anzahl	Beispiele
Verbalformen		
Finite Verbformen	1.788	*je demandes* 'je demande'
		tu a 'tu as'
		il es 'il est'
		nous fesont 'nous faisons'
		vous éte 'vous êtes'
		ils embrasse 'ils embrassent'
Partizip	610	
Flexionsmorphem		*eut* 'eu', *reçut* 'reçu', *maigrit* 'maigri', *di* 'dit'
Accord Numerus		*les fagots qu Aimé avait acheté* 'achetés'
		Je lui ai donnés 'donné'
		votre lettre daté 'datée'
Accord Genus		*je fût blessée* 'blessé'
Flexionsmorphem /e/	543	*envoyé* 'envoyer'
		acheter 'acheté'
		adressez 'adressé'
Infinitiv	61	
Endung		*finire* 'finir'
		mettres 'mettre'
		êtemt 'être'
Themenvokal		*partier* 'partir'
Verballomorphie	61	*envoyer: tu envoye* 'tu envoies'
		faire: il fairè 'il ferait', *nous fesont* 'nous faisons'
Gérondif	23	*en marchand* 'en marchant'
		en attendans 'en attendant'
		en gardan 'en gardant'

Tabelle 13 (fortgesetzt)

Subkategorie	Anzahl	Beispiele
Substantive	459	
Accord Numerus		les ambulance 'les ambulances'
Accord Genus		fiancé 'fiancée'
Adjektive	669	
Accord Numerus		nous sommes tranquille 'tranquilles'
Accord Genus		cher cousine 'chère cousine'
Artikel/Pronomina	148	
Genus		une gros cafard 'un gros cafard'
Numerus		il vont 'ils vont'
Substitution		je n'y suis pas friand 'en'
Gesamt	**4.373**	

Verbalformen

Bei der Schreibung finiter Verbformen ist die orthographische Wiedergabe homophoner Formen grundlegend und gleichzeitig komplex. Da das Präsens Indikativ Aktiv ein sehr häufig verwendetes Tempus im Korpus ist, werden im Folgenden die Mechanismen und Strategien, die die finiten Verbformen im Korpus kennzeichnen, am Beispiel des Präsens vorgestellt.

Im Vergleich der morphogrammischen Varianten in den verschiedenen Tempora entfallen mit 1.246 Okkurrenzen die meisten Formen auf das Präsens. Der überwiegende Anteil aller morphogrammischen Varianten im Präsens wiederum geht auf eine andere Verbalform, die mit der betreffenden Präsensform homophon ist, zurück. Die Schreiber wählen in diesen Fällen aus den für das Präsens in allen Konjugationsklassen und allen Personen zur Verfügung stehenden Flexionsmorphemen ein Morphogramm, das jedoch einer anderen Person entspricht, aus. Dadurch entstehen Inkongruenzen zwischen dem Subjekt und der im Morphogramm ausgedrückten Person. Mit Ausnahme von *je vai* 'je vais' und *je plaie* 'je plains' werden beispielsweise alle 564 Belege für die 1. Person Singular entweder mit dem Flexionsmorphem für die 2. Person Singular, mit dem für die 3. Person Singular oder auch mit der der 3. Person Plural bei Verben der ersten Konjugationsklasse wiedergegeben. Beispielhaft seien die folgenden Formen angeführt: *j'espères* 'j'espère', *j'accuses* 'j'accuse', *j'attend* 'j'attends', *je dit* 'je dis', *je vous envoient* 'je vous envoie'.

Insgesamt beruhen über 900 Okkurrenzen der morphogrammischen Varianten im Präsens auf der Homophonie der drei Formen im Singular und in Teilen auch auf der Homophonie mit der 3. Person Plural bei Verben mit einem auf -er endenden Infinitiv. Die betreffenden Formen sind in der Aussprache nicht zu unterscheiden, die Person des finiten Verbs ergibt sich in der Prädetermination über das Personalpronomen. Aufgrund ihrer Homophonie werden die finiten Formen *as* [a] und *a* [a] des Verbs *avoir*, *es* [ɛ] und *est* [ɛ] des Verbs *être* sowie *vas* [va] und *va* [va] des Verbs *aller* häufig in der 2. und 3. Person Singular Präsens Indikativ vertauscht. Es finden sich jedoch nicht nur Substitutionen der Verbalformen innerhalb des Tempus Präsens, sondern auch auf Homophonie beruhende Verwechslungen innerhalb der Tempora und des Modus. Die Form des *Subjonctif* von *avoir* in der 3. Person Singular *ait* [ɛ], die sich außerdem als Endung der 3. Person Singular im Imperfekt findet, wird im Beispiel (52) für die 1. Person Singular Präsens Indikativ verwandt. In (53) wird das Partizip der Vergangenheit *fini* [fini] für *je finis* [fini] gebraucht.

(52) *car il y à*
si longtemps que je ne les **ait** *pas vus.!*
(Joseph Grandemange jun., 25.3.1917)

(53) *rien de plus a te*
Tire pour le moment je **fini**
ma lettre en vous embrassons
(Marie Anne Grandemange, 27.11.1914)

Zur normgerechten Wiedergabe der Verbformen im Geschriebenen muss eine Regelkompetenz erworben werden, die die Schreiber sich nicht in jedem Fall vollständig angeeignet haben. Bei den meisten morphogrammischen Varianten der finiten Verbformen handelt es sich nicht um von den Schreibern geschaffene Neubildungen, sondern um normgerechte finite Formen, die dem grammatikalischen Subjekt nicht entsprechen. Vielfach rekurrieren die Schreiber bei der Verschriftlichung von Verbformen auf bekannte Muster, wobei diese Strategie sowohl perzeptiv durch die Homophonie als auch visuell durch frequente graphische Strukturen bedingt zu sein scheint. Das folgende Beispiel belegt, wie im konkreten Kontext die in der gesprochenen Sequenz realisierte *Liaison* des in der Aussprache finalen /t/ die Verwendung einer bestimmten finiten Verbform beeinflusst:

(54) *que* **faites** *il mon*
peauvre petit
(Marie Anne Grandemange, 4.6.1916)

Die gleichen, auf Homophonie beruhenden Mechanismen in der Schreibung zeigt auch der Imperativ, der viele Überschneidungen mit den Singularformen im Präsens Indikativ aufweist. Aus lautlicher Perspektive stimmen die Imperativformen mit den normgerechten Schreibungen überein. In ihrer Graphie entsprechen sie jedoch meistens einer anderen, tatsächlichen Form des Verbparadigmas wie in (55) und (56) oder stellen eine um in der Aussprache nicht wahrnehmbare Grapheme reduzierte Form dar (57):

(55) **Tâches** *donc voir de*
rentrer par les voies les plus rapides.
(André Saunier, 23.2.1917)

(56) *Si tu trouves le tabac de*
zône bon Aloïs ***dit-moi-le*** *j'en*
ai encore je t'en enverrai
(Joseph Grandemange sen., 5.4.1916)[47]

(57) ***Envoi*** *cela en mandat télégraphique*
(Paul Desmettre, 24.9.1914)

Bei den Pluralformen der 3. Person Präsens Indikativ ist ebenfalls die bereits erwähnte Homophonie mit den Singularformen ein wesentlicher Auslöser für die Wahl der Schreibung, wie etwa *se demoiselle envoie* oder *Les russes bonbarde*. In Teilen finden sich auch Graphien, die nicht der Verbalform einer anderen Person entsprechen und die eine differierende Schreibung stummer Konsonanten abbilden, wie zum Beispiel in *il vons* 'ils vont', *ils sonts* 'ils sont' oder *il som* 'ils sont'. Ebenso dokumentiert die Konjugation der 1. Person Plural des Präsens Indikativ die häufige Auslassung stummer Auslautkonsonanten oder die Ersetzung des Flexionsmorphems *-ons* durch *-ont*. Diese Substitution der Morpheme lässt sich vermutlich als Analogie auf die ebenfalls frequente Form *ils ont* zurückführen. Die nicht ausreichende Identifizierung der graphischen Varianten der Flexionsmorpheme *-ons* und *-ont* für /ɔ̃/ wird zudem dadurch favorisiert, dass beide tatsächlich verwendet werden: *-ons* für die 1. Person Plural Präsens Indikativ und *-ont* im Indikativ Futur der 3. Person Plural.

Das salienteste Schreibmuster der finiten Formen der 2. Person Plural Präsens Indikativ ergibt sich ebenfalls aus dem Vorliegen verschiedener graphischer Strukturen für ein in der Aussprache gleiches Morphogramm. Die Realisierung /e/ ist so-

---

47 Zur Verwendung des Imperativs, cf. Kapitel 5.2.3.2.

wohl die Endung des Infinitivs Präsens der auf -er endenden Verben, des Partizips der Vergangenheit, des Imperativs Plurals sowie der finiten Formen der 2. Person Plural. Diese Homophonie resultiert in einer graphischen Vielfalt zum Ausdruck der Verbformen der 2. Person im Plural: *Vous me demandé, vous déménager, vous supportèr*. Die Korrektur im letzten Beispiel belegt den Reflexionsprozess des Schreibers in dieser spezifischen Konjugation.

Nach dem Präsens Indikativ ist das Imperfekt Indikativ ein weiteres Tempus, dessen Formen sich aufgrund der Flexionsmorpheme, die für alle drei Personen des Singulars sowie für die 3. Person im Plural homophon sind, für graphische Variation anbieten. Für die 1. und 2. Person Singular gilt jeweils -*ais*, für die 3. Person Singular -*ait* und für die 3. Person Plural -*aient*, die alle /ɛ/ entsprechen. Exemplarisch dokumentieren die folgenden Beispiele die Variation dieser homophonen Heterographen: *j'aimait* 'j'aimais', *tu faisait* 'tu faisais', *il allais* 'il allait', *ils egorgait* 'ils égorgeaient'. In ihrer Untersuchung des Tagebuchs des kanadischen Gerichtsvollziehers Jean-Maurice Lepailleur aus dem 19. Jahrhundert belegt Martineau ebenfalls die mangelnde Differenzierung von Numerus und Person im Imperfekt oder im Konditional. Jedoch desambiguiert der Kontext die Formen in der Regel (Martineau 2007a, 208).

Im gesprochenen Französisch sind einige Verbalformen nicht mehr durch bestimmte Morphogramme markiert, die Zuordnung zu Person und Numerus erfolgt durch Prädetermination nur noch im Syntagma als Ganzes. Hierdurch ändert sich die Organisationsform und die Struktur der Sprache (Blanche-Benveniste 1997, 142). In den schriftlichen Texten der weniger geübten Schreiber muss in manchen Fällen das gesamte Syntagma herangezogen werden, um die syntaktischen Beziehungen eindeutig zu identifizieren.

Für das *Corpus 14* kann eine ähnliche Variantenvielfalt der Verbalformen in unterschiedlichen Tempora festgestellt werden, die sich unter anderem im Auslassen von in der Aussprache nicht wahrnehmbaren Konsonanten etwa bei homophonen finiten Formen äußert:

> «Pour le verbe, les finales verbales sont souvent absentes (nous somme, nous avon). [...] Les accords du verbe avec le sujet ne sont pas assurés (je suit, sai, repon, voit; je vous dirait, tu souffre, tu dit, tu veut, tu m'envera, tu aura; nous iron [...]), pas plus que ceux de l'attribut (nous sommes arrivé)» (Pellat 2015, 72–73).

Das Korpus dokumentiert 607 Okkurrenzen von Varianten eines Perfektpartizips, davon betreffen 224 Formen die Endung des Partizips, 208 Formen die Markierung des Numerus und 175 Formen die Markierung des Genus. Methodisch wurde gegebenenfalls eine Codierung für das Genus und eine Codierung für den Numerus gesetzt. Hinsichtlich der Endung des Partizips belegt das Korpus drei Möglichkeiten: die Schreiber fügen einen überflüssigen Konsonanten hinzu, wie beispielsweise in *eut* 'eu', *reçut* 'reçu' und *maigrit* 'maigri', sie lassen den finalen Konsonanten aus, wie in *di* 'dit' und *permi* 'permis' oder sie ersetzen den eigentlichen Endkonsonanten durch einen anderen, wie in *surprit* 'surpris' oder *fais* 'fait'. Bauche beschreibt die graphische Reduktion stummer finaler Konsonanten, die auf /i/ folgen, als ein Charakteristikum des geschriebenen *français populaire* (Bauche 1920, 170), so wie auch grundsätzlich die fehlende Konkordanz des Partizips typisch für das geschriebene *français populaire* ist (Bauche 1920, 129), ohne allerdings mögliche Gründe für diese Auslassungen zu nennen. Bei den finalen Konsonanten der Partizipien handelt es sich in der Regel um stumme Konsonanten, die nur in sehr wenigen Kontexten, wie beispielsweise in der Wiedergabe eines femininen Genus, auch gesprochen realisiert werden. Die Schreiber nehmen diese Konsonanten in der gesprochenen Sprache nicht wahr und wählen daher geschriebene Repräsentationen, die die finalen Konsonanten nicht wiedergeben. Die graphische Realisierung dieser grammatikalischen Morphogramme erfordert die genaue Analyse der syntaktischen und morphologischen Beziehungen eines Lexems in seinem sprachlichen Kontext, die die weniger geübten Schreiber nicht vornehmen oder nicht vornehmen können.

Die Konkordanz des *participe passé* in Genus und Numerus betrifft Kontexte, in denen das *passé composé* mit dem Auxiliar *être* gebildet wird (58) sowie Passivkonstruktionen (59), und Kontexte, in denen ein direktes Objekt dem Verb vorausgeht (60).

(58) *jai eu aussi la visite hier des Monsieur*
 [Norie] qui allai au sy sinè il sont
 venue *soupé avant*
 (Maria Saunier, 25.12.1916)

(59) *17/8 Départ à 3H du matin pour Vic s/ Seille ou nous avons été* **acclamé** *par la population*
 (Justin Poinçot, 17.8.1914)

(60) *C'est une dame de la +*
 rouge qui me les as **donné**
 (Paul Grandemange, 2.3.1915)

Sowohl Genus- als auch Numerusmarker können von den Schreibern entweder ausgelassen oder zusätzlich angefügt werden, wie das Beispiel (58) von Maria Saunier belegt. Daraus entstehen mit dem Subjekt inkongruente Formen hinsichtlich Numerus und/oder Genus, wodurch in einigen Fällen die syntaktischen Beziehungen verdunkelt werden können. In diesen Fällen muss der sprachliche Kontext die Desambiguierung leisten. In Beispiel (61) ist zunächst unklar, ob sich das Perfektpartizip *donné* auf *papier* oder auf *cartes-lettres* bezieht. Es erscheint jedoch schlüssiger, dass dem Schreiber Kartenbriefe und nicht nur Papier gegeben wurde. Durch den zweifachen fehlenden Accord des Partizips *mis* 'mises' in (62) ist die Relation zum direkten Objekt *les lettres* nicht klar, der Leser muss es aus dem Kontext erschließen. In Beispiel (63) wird nur aus dem vorhergehenden und nachfolgenden Kontext deutlich, dass es sich bei *vous serez fusillé* um ein Kollektiv und nicht um eine Einzelperson handelt.

(61) *Ce sera pour*
ecouler le papier de ces cartes-lettres
*que l'on m'a **donné**, car la gomme*
ayant collé, elles sont inutilisables.
(Albert Provot, 14.6.1915)

(62) *nous avons reçu une lettre*
es de Ton chère frère Joseph en même
Temps on aurait Tit que vous
*les auriez **mis** a la poste ensemble*
(Marie Anne Grandemange, 23.2.1915)

(63) *aussitot arrivé*
au milieu du camp, le capitaine nous dit ceci «Si vous approchez
*de la cloture ou cherchéz à vous évadez vous serez **fusillé**» on tirera*
sur vous, cette parole nous donnait à refléchir
(Justin Poinçot, 12.9.1914)

Hinsichtlich der Angleichung des Partizips zeigen die Schreiber des vorliegenden Anaysekorpus Übereinstimmungen mit den Schreibern des *Corpus 14*, die nur in seltenen Fällen die Markierungen realisieren (Pellat 2015, 73).

Die Angleichung des *participe passé* in Genus und Numerus betrifft ein Morphogramm bzw. mehrere Morphogramme, die nahezu komplett von der gesprochenen Sprache losgelöst sind. In den meisten Kontexten kann ein derartiges Morphogramm keine Verbindung zum Gesprochenen aufweisen und ist damit ein vom System losgelöstes Morphogramm. Aufgrund seiner Komplexität zeichnet die Lehre dieses Accords ein eher fortgeschrittenes Stadium des Orthographieerwerbs (Catach 1980, 244), da hier, im Sinne eines weiter gefassten Zusammenhangs (Catach 1980, 289), der Referent dem Verb vielfach nicht direkt vorangestellt ist und so der kognitive Anspruch der normgerechten Verschriftlichung höher ist.

Im Zusammenhang mit der Schreibung der Vergangenheitspartizipien von Verben, die auf *-er* enden, fällt weiterhin eine auf den ersten Blick aleatorische Verwendung von Formen des Partizips, des Infinitivs, und des finiten Verbs der 2. Person Plural bzw. der Imperativform im Plural auf. Die Wahl des normgerechten Flexionsmorphogramms zur Wiedergabe von finalem /e/ stellt innerhalb der morphogrammischen Variationsdimension eine der größten Herausforderungen dar (Weth 2015, 90). Die hohe Komplexität dieses grammatikalischen Morphogramms und die Schwierigkeit seiner Wiedergabe für weniger geübte Schreiber ist ebenso von Martineau (2018, 90) belegt.

Bei den grammatikalischen Morphogrammen, die den Infinitiv, den Imperativ Plural und das Partizip der Vergangenheit markieren, wurde, wenn die Form ein Perfektpartizip repräsentiert, das in Bezug auf den Numerus oder das Genus angeglichen werden müsste, nur eine Codierung gesetzt. Es ist davon auszugehen, dass, wenn ein Schreiber die Kategorie des Verbs nicht adäquat erfasst, auch eine weiterführende Angleichung hinfällig wird. Wie im folgenden Beispiel wurde daher nur die Substitution der Verbform, nicht aber die unterlassene Markierung des Plurals im Partizip codiert. Dies bedeutet, dass zusätzlich eine mögliche Kongruenz in Bezug auf Genus und Numerus mitgedacht werden muss.

(64) *nous*
 *avont **rester** deux mois dans*
 ces parages
 (Adolphe Guerton, 17.10.1915)

Das frequenteste Muster im Korpus für die Schreibung einer auf /e/ endenden Verbform ist die Form des Infinitivs Präsens. Die Form des Infinitivs Präsens wird mit über 230 Okkurrenzen am häufigsten für das *participe passé*, wie in den Beispielen (65) und (66), und knapp über zehnmal für Formen der 2. Person Plural (67) sowie des Imperativs Plural (68) gebraucht.

(65) *tu m'avais **envoyer** une carte*
 (Aloïs Grandemange, 6.4.1916)

(66) *Dimanche*
 *Dernier, je suis **aller** à Remiremont*
 voir mes parents, et j'ai été faire
 connaissance avec Melle Jeanne

Dubois fiancé de Joseph, nous avons
causer longuement, mais quelle jolie
femme qu'il auras. Elle si gentille
Annette en pleurais de joie quand
je lui ai **raconter** tout
(Camille Simonin, 8.3.1916)

(67) ci jamais vous
passer a Remiremont vener manger
la soupe
(Charles Parisot, 31.7.1915)

(68) mais pour le sucre il ne faut pas
vous en priver pour moi, **conserver**-le
(Joseph Grandemange jun., 17.7.1915)

(69) l'Hopital était une grande fabrique ou tout avait été **enlevér**
(Léon Mayzaud, 12.7.1917)

(70) Deux heures apprèt j les
brancardiers viennent me **cherché**
pour ête **tranportér** a la
Harassèe
(Louis Vuibert, 23.1.1915)

Die letzten beiden Beispiele (69) und (70) zeigen jeweils eine hybride Form, *enlevér* und *tranportér*, die sowohl die Markierung mittels Akut des Partizips der Vergangenheit als auch das Flexionsmorphem des Infinitivs Präsens <-er> aufweisen. Dies legt zum einen die Instabilität der graphischen Wiedergabe der Formen offen, zum anderen werden zwei mögliche Vorgänge des Schreibprozesses deutlich: Eventuell wählt der Schreiber zunächst die Partizipform, die er danach in den Infinitiv ändert, ohne den Akut zu streichen, oder er wählt zuerst die Infinitivform, der er danach ein Akut hinzufügt, ohne das <r> zu streichen.

Auszug (71) dokumentiert das zweithäufigste Muster zur Wiedergabe einer auf /e/ auslautenden Verbform. Die Graphie des Partizips der Vergangenheit wird knapp 200-mal zum Ausdruck des Infinitivs (71) verwendet, zehnmal für den Imperativ Plural (72) und sechsmal zur Wiedergabe der 2. Person Plural (73).

(71) *et je crainjai bien*
*vous **retrouvé** chez nous quand je suis*
revenue pour vous faire mes adieux et
*vous **enbrassé** bien fort*
(Eugénie Pierrel, 26.8.1915)

(72) *N'importe où nous serons, **regardé***
toujours à l'intérieur de l'en-
veloppe
(Joseph Gandemange jun., 19.12.1914)

(73) *Jespère que vous vous **porté** toujour tres bien*
(Eugénie Pierrel, 21.9.1915)

Bei der Wahl der Partizipform für die Wiedergabe eines Infinitivs wählen die Schreiber zum Teil eine deutlich komplexere Form, indem sie das Partizip Perfekt in einer flektierten Form verwenden. Der sprachliche Kontext könnte manche Okkurrenzen erklären, wie im Beleg (74), in dem Joseph Grandemange junior anstelle des Infinitivs eine Partizipform schreibt, die er an das vorhergehende Objektpronomen *les* anzugleichen scheint, das sich wiederum auf die Fotografien bezieht. Ebenso könnte im Auszug (75) Henri Cablé das einen Infinitiv darstellende Partizip *rentrés* auf das vorhergehende Objekt *les hommes* beziehen und daher im Plural markieren. Im Beispiel (76) jedoch schreibt Adolphe Grisvard anstelle eines Infinitivs ein Perfektpartizip mit femininem Marker, das keine Begründung aus dem Kontext heraus zuzulassen scheint. Möglicherweise spielt hier die graphische Vorstellung des Substantivs *l'arrivée* eine Rolle.

(74) *Je serais très heureux de recevoir*
la photographie des deux frangins.
*Pourriez-vous me les **envoyées** dans*
la prochaine lettre?
(Joseph Grandemange jun., 19.8.1917)

(75) *si tu voyais tou[s]*
*les hommes **rentrés** a quatres da[ns]*
leurs trous les uns derrière les autres
(Henri Cablé, 31.10.1914)

(76) *Je te dirai que je viens d'**arrivée** a Besancon*
(Adolphe Grisvard, ohne Datum)

Die unsystematische Angleichung der Partizipform, die für den Infinitiv gebraucht wird, zeigt sich an folgendem Beispiel, wenn Eugène Lorieau kurz hintereinander zweimal eine Partizipform anstelle eines Infinitivs verwendet, einmal in unmarkierter Form und einmal mit Markierung des Femininums.

(77) *on voiyon*
*les boche **sauté** et leur carbine*
***vollée** anlaire*
(Eugène Lorieau, September 1915)

Stellenweise könnte der nahe sprachliche Kontext nicht nur die Angleichung, sondern auch die Wahl einer bestimmten Form bedingen, so wie im folgenden Beispiel (78), in dem Paul Grandemange zwei Partizipien nacheinander schreibt, wobei die zweite Form einen Infinitiv darstellt. Die Wahl einer Graphie für zwei aufeinanderfolgende Morphogramme zeigt auch der Auszug (79), beide Formen entsprechen nicht dem intendierten Infinitiv.

(78) *je suis **allé communié***
dans la chapelle de l'hopital
(Paul Grandemange, 22.4.1916)

(79) *pour **alez cherchez***
(Marie Pierrel, 10.10.1915)

Im Beleg (79) von Marie Pierrel wird das dritte graphische Muster innerhalb der Wiedergabe der Flexionsmorphogramme /e/ illustriert, die Form der 2. Person Plural Präsens Indikativ bzw. des Imperativs für Formen des Infinitivs (80) und (81) und für Formen des Partizips der Vergangenheit (82). Dieses Muster ist mit etwa 50 Okkurrenzen für einen Infinitiv und mit etwa 30 Okkurrenzen zur Wiedergabe des Partizips insgesamt deutlich weniger frequent im Korpus. Möglicherweise liegt dies daran, dass die Form der 2. Person Plural Präsens Indikativ generell weniger gebräuchlich oder den Schreibern weniger geläufig ist und sie daher mit dem Lautbild primär die frequenteren und gebräuchlicheren graphischen Muster des Infinitivs oder des Vergangenheitspartizips verwenden.

(80) *Excusez moi si j'ai tardé à*
*vous **envoyez** deux mots*
(Claude Philibert, 9.8.1918)

(81) *mes prières que je reçite sont pour sauver la Françe*
sauvez *les soldats, et surtout pour sauver mon cher Popol.*
(Joséphine Grandemange, ohne Datum)

(82) *Je tenvoie cette carte pour*
te remercie beaucoup du
paquet de cigare que tu ma
envoyez
(Jean Baptiste Jeandon, 20.1.1915)

Die nicht ausreichende Differenzierung der Formen Infinitiv, Partizip der Vergangenheit und finite Formen der 2. Person Plural kann offenbar dazu führen, dass ein verbales Morphogramm auf ein Adjektiv übertragen wird. So wird im Beispiel (83) das Adjektiv *gaucher* mit dem Morphogramm des Partizips verschriftlicht.

(83) *Pendant ce*
temps d'hopital j'étais **gauché***, je ne pouvais faire usage de ma*
main droite
(Justin Poinçot, 24.8.1914)

Die Gleichsetzung homophoner Endungen kann weitere Verbformen einschließen und durch die fehlende Spezifizierung finiter Verbformen zu einer erschwerten Satzanalyse führen. Im folgenden Beispiel scheint die Form *rentrait* /rɑ̃tre/ zunächst mit *pour respirer* koordiniert zu sein und würde auf die Graphie für einen Infinitiv hindeuten. Es könnte sich jedoch ebenfalls um eine Koordination mit dem Hauptverb *j'étais levé* handeln, sodass nicht die homophone Verbendung -*er* durch -*é* substituiert würde, sondern eine Inkongruenz bezüglich der Person im Imperfekt bestünde.

(84) *J'étais levé de bonne heures pour respirer le grand air*
et **rentrait** *le moins possible dans les salles*
(Léon Mayzaud, 12.7.1917)

Dieses sich auf die Homophonie der genannten Formen gründende Merkmal phonogrammischer Variation wurde von Pellat bereits für das *Corpus 14* beschrieben:

> «Les formes en E sont régulièrement indifférenciées: comme, dans les verbes du type chanter, quatre formes orales sont identiques (l'infinitif en -er, le participe passé en -é, la 2e personne du pluriel du présent de l'indicatif et de l'impératif en -ez et même l'imparfait en -ai-), on relève vous tomber, je vous direz, vous risqué, sa a etai, tu navez» (Pellat 2015, 72–73).

Martineau untersucht die beiden Phoneme /e/ und /ɛ/, die Träger unterschiedlicher morphologischer Information sein können, mit dem Ziel herauszuarbeiten, ob sich der Schreiber auf phonologische oder morphologische Kriterien stützt. Hierbei sind auch die Stabilität der Formen und der jeweilige sprachliche Kontext zu berücksichtigen (Martineau 2007a, 204–205). Für das vorliegende Analysekorpus konnten keine morphologischen Begründungen identifiziert werden. Fast alle Schreiber des Korpus zeigen undifferenzierte Graphien für die auf /e/ endenden Formen des Infinitivs, des Vergangenheitspartizips, der Form der 2. Person Plural und des Imperativs Plural. Vielmehr scheint der phonologische Aspekt der Homophonie die Formen zu erklären. Dem Phonem /e/ werden die Morphogramme <-er>, <-é> und <-ez> zugeordnet, aus denen die Schreiber die ihnen angemessen erscheinende Graphie jeweils auswählen, wobei der sprachliche Kontext die Wahl des Morphogramms beeinflussen kann.

Drei vergleichsweise wenig frequente Formen morphogrammischer Variation betreffen die Graphie des *gérondif* und des Infinitivs sowie die Alternation des Stamms bei einigen Verben. Bei den Formen des *gérondif* ist insbesondere das Flexionsmorphem *-nt* betroffen, das in Teilen mit *-nd*, *-ns* oder *-n* wiedergegeben wird, wie beispielsweise *en marchand*, *en marchent*, *en attendans* oder *en t'embrassonn*. Verbunden mit Schwankungen in der Schreibung dieser Formen ist stellenweise die Wahl eines Phonogramms, das eine Änderung des Nasalvokaltimbres impliziert, wie im letzten Beispiel bereits angedeutet. Hierbei muss diese Änderung nicht unbedingt in der Aussprache reflektiert sein, es könnte sich auch um eine Substitution in der Zuordnung einer visuellen Repräsentation handeln. Dafür spricht, dass vielfach eine andere finite Verbform gewählt wird, die der 1. Person Plural: *en vous embrassons*, *en Te souhaitons*. Innerhalb der generell geringen Frequenz dieser morphogrammischen Variation konzentriert sich fast die Hälfte der Formen auf die Schreiberin Marie Anne Grandemange, die auch die einzige ist, die die finite Verbform der 1. Person Plural für das *gérondif* wählt. Möglicherweise handelt es sich um ein idiolektales Element der Schreibpraxis Marie Anne Grandemanges.

Einige Verben zeichnen sich durch eine Alternation im Stamm in Abhängigkeit der Tempusform und der Person aus. Das Korpus belegt hierfür variierende Formen, einige Schreiber wählen nicht immer den Stamm aus, der dem Tempus oder der Person entspricht. Im Korpus zeigt sich dies insbesondere bei *faire* und Verben wie *ennuyer* und *envoyer*. Die Alternation zwischen den Stämmen *envoy-* und *envoi-* bzw. *ennuy-* und *ennui-* ist in der Schreibung nicht immer klar differenziert, wie die folgenden Beispiele illustrieren: *tu envoye* 'tu envoies' und *Envoiez-moi* 'Envoyez-moi', *ennuier* 'ennuyé' und *ils s'ennuyent* 'ils s'ennuient'. Auch die Alternation der Verbstämme von *faire* bietet in einigen Fällen Raum für Variation: *il fairè* 'il ferait', *nous fesont* 'nous faisons', *vous fessies* 'vous faisiez'.

Je höher die Zahl alternierender Verbstämme, desto höher der Komplexitätsgrad in der Schreibung. Das Verb *être* ist in dieser Hinsicht ein weiteres potentiell schwieriges Verb. Für die Schreibung seiner Verbstämme werden folgende graphische Varianten verwendet: *cera* 'sera' für *se-*, *c'estait* 'c'était' und *j'aitait* 'j'étais' für *ét-*. In dieser Subkategorie wurden auch die wenigen Fälle eingeordnet, in denen die Stammerweiterungsaffixe einiger Verben nicht normgerecht wiedergegeben wurden, wie zum Beispiel in *cherisent* 'chérissent' oder in *finiseai* 'finissait'.

Einige Schreibungen belegen graphische Varianten von Infinitiven, wobei die Variation besonders das auslautende Morphem wie etwa in *finire* 'finir', *mettres* 'mettre', *êtemt* 'être', *dir* 'dire' oder *écrirs* 'écrire' und den Themenvokal -i- wie in *partier* 'partir' betrifft. Die mit der höchsten Zahl an Belegen dokumentierte Variation bezüglich des Auslauts betrifft die Anfügung eines finalen -e. Im Allgemeinen wird im Französischen häufig ein finales -e zur Markierung der Aussprache eines finalen Konsonanten angefügt. Möglicherweise übertragen die Schreiber diesen Mechanismus auf die finalen Morpheme des Infinitivs. Die Variation des Themenvokals betrifft den Schreiber Auguste Jeandon, der in der als frankophon anerkannten Gemeinde Lapoutroie im Elsass lebt. Aufgrund einer möglichen Beeinflussung durch die Sprachkontaktsituation des Französischen mit dem Deutschen werden diese Varianten im Kapitel 6.4 behandelt.

Substantive, Adjektive, Artikel und Pronomina
Neben der Verbalmorphologie stellt die Flexion von Substantiven, Adjektiven, Artikeln und Pronomina in Genus und Numerus einen weiteren wesentlichen Bereich der grammatikalischen Morphogramme dar. Insgesamt umfasst das Korpus knapp 1.280 Varianten eines grammatikalischen Morphogramms zur Markierung von Genus oder Numerus. Es handelt sich in einer Mehrzahl der Belege um in der gesprochenen Realisierung stumme Morphogramme, welche die Schreiber graphisch nicht wiedergeben. Die syntaktischen Bezüge lassen sich mithilfe des Kontextes herstellen: Die Identifikation des Plurals erfolgt in den meisten Fällen prädeterminierend und diejenige des Genus aus dem Syntagma heraus.

Die Mehrheit der Codierungen entfällt auf die Genus- und Numerusmarkierungen der Adjektive, einen weiteren großen Anteil haben Substantive und einen geringeren Anteil Artikel und Pronomina.

Innerhalb der Flexion der Adjektive ist ein deutliches Übergewicht von etwa 420 Okkurrenzen von Varianten in der Numerusmarkierung festzustellen, gegenüber circa 250 Okkurrenzen variierender Genusmarkierung. Die geringere Anzahl an Varianten der Genusmarkierung erklärt sich durch die unterschiedliche Realisierung in der Aussprache einiger femininer Adjektivformen gegenüber der maskulinen Form. «Si 33% des adjectifs reçoivent encore, à l'oral, une marque de genre, les marques de nombre portant sur le nom et l'adjectif sont aujourd'hui en français presque exclusivement écrites» (Catach 1980, 226). Sowohl bei der Genus- als auch bei der Numerusmarkierung kann es entweder zu Unterspezifizierung, also zur Auslassung der Marker, oder zur Überspezifizierung, das heißt zur Hinzufügung eines Pluralmarkers an eine Singularform, kommen.

Die Numerusmarkierung der Adjektive ist für die weniger geübten Schreiber so komplex, da es sich in den allermeisten Fällen, um eine rein graphische Markierung handelt, die keine Entsprechung in der Aussprache hat. Die folgenden Beispiele belegen dies: *tous cela* 'tout cela', *mon beaux frère* 'mon beau-frère', *de beau chevaux* 'de beaux chevaux', *Bon Baisers* 'Bons Baisers', *bonnes réussite* 'bonne réussite', *vos chère nouvelles* 'vos chères nouvelles' oder *tu est tranquilles* 'tu es tranquille'. Beim letzten Beispiel ist das Adjektiv von seinem Referenten etwas weiter entfernt, die Anforderung ans Gedächtnis des Schreibers somit höher. Jaffré und Bessonnat bezeichnen diese Anforderung als *Positionskriterium*, da die Konkordanz im Französischen innerhalb einer sequentiellen Abfolge erfolgt und daher einen gewissen Erhalt im Gedächtnis benötigt. Je länger die syntagmatische Sequenz ist, desto länger muss das anzugleichende Element mitgedacht werden. Je weiter zudem das anzugleichende Element von der Referenz entfernt ist, umso sorgfältiger und wachsamer muss der Schreiber sein. In diesem Punkt wird die Erfahrung des Schreibers relevant, denn je routinierter ein Schreiber ist, desto automatisierter sind die für den *Accord* benötigten Kompetenzen und desto schneller wird geschrieben, sodass der Erhalt im Kurzzeitgedächtnis reduziert wird. Je langsamer ein Schreiber schreibt, desto aleatorischer wird der Erhalt der für die Konkordanz relevanten Information (Jaffré/Bessonnat 1993, 29). Das nächste Beispiel illustriert, dass die Nähe bzw. Entfernung des Adjektivs vom Referenten für die Flexion eine Rolle spielen kann.

(85) *Revenir parmi ceux qui te sont*
 c̶h̶e̶r̶ **cher**
 (Amélie Bischoff, 19.8.1915)

In manchen Kontexten müsste den Schreibern aufgrund der *Liaison* die Markierung des Plurals bzw. die Unterlassung der Markierung eigentlich auffallen: *quelque-uns* 'quelques-uns', *quelque heures* 'quelques heures' oder *sincère amitiés* 'sincères amitiés'. Die Graphien des Adjektivs *tout* und seiner flektierten Formen scheinen besonders komplex zu sein. Sind die femininen Formen im Singular und im Plural homophon, können die Formen im Maskulinum in einigen Fällen unterschiedlich ausgesprochen werden. Dennoch werden die verschiedenen Formen aleatorisch verwandt: *tous Français* 'tout Français', *Tous vas bien* 'Tout va bien' und *tout les jours* 'tous les jours'. Die partielle Homophonie der beiden Formen bildet die Grundlage für die Substitution, wie auch im folgenden Beispiel deutlich wird:

(86) *Nous ~~tous~~ t'embrassons tous de*
 tous *coeur.*
 (André Saunier, 4.1.1917, Brief 2)

Womöglich aufgrund der Aussprache /tus/ in manchen Kontexten, schafft die Schreiberin Marie Anne Grandemange eine neue Form im Paradigma, die durch Hinzufügen eines *-e* die Aussprache des ersten <s> sichert und durch Hinzufügen eines zweiten *-s* eventuell den Plural markieren soll:

(87) *enfin prenons* ***touses***
 courage
 (Marie Anne Grandemange, 23.12.1915)

Die Anwendung analoger Strukturen könnte auch im folgenden Beispiel die Grundlage für die Schreibung *vrais* im Plural sein:

(88) *Il faut encore bien rire un peu, pas* ***vrais****?*
 (Joseph Grandemange jun., 3.11.1914)

Mit Blick auf die Variation der Morphogramme des Numerus lässt sich festhalten, dass beinahe die Hälfte der Okkurrenzen in der Genusflexion das Adjektiv *cher* betrifft, dessen Bedeutung in der epistolären Kommunikation unbestritten ist. Wiederum die meisten dieser Varianten stammen aus der Feder von Marie Anne Grandemange. Die Schreiberin verwendet zwar auch regelgerecht die maskuline Form *cher*, unter den Varianten der nach Genus flektierten Adjektive sind jedoch mit einer Ausnahme (*chers nouvels*) die femininen Formen *chère* oder *chere*.

(89) *en attendant te Te lir recoit notre*
 chère *Aloïse un grand et*
 tendre baiser de Tes ***chère***
 Parents
 (Marie Anne Grandemange, 4.6.1916)

Unter den anderen Genus-Varianten besteht für einen großen Teil Homophonie mit der entsprechenden geforderten Form, wie *un amicale bonjour* 'un amical boujour', *mes amitiés les meilleurs* 'mes amitiés les meilleures', *un belle esexem-*

ple 'un bel exemple' oder *couleur bleu* 'couleur bleue' belegen. Das Korpus zeigt jedoch auch einige Beispiele, in denen die Aussprache der gewählten Varianten der zu wählenden Form klar widerspricht: *la semaine dernier* 'la semaine dernière', *grand peine* 'grande peine', *un très grande plaisir* 'un très grand plaisir' oder auch *tous les filles* 'toutes les filles'. Diskrepanzen in der Aussprache der jeweiligen Formen scheinen deutlicher auf die Regelkompetenz der Schreiber zu verweisen, als dies bei homophonen Formen der Fall ist. Manche flektierte Formen von Adjektiven können auch erst in der konkreten Verwendung homophon werden, wie dies im folgenden Beispiel der Fall ist:

(90) *nous avons toujours*
  bonne *espoir Te vous revoir*
  (Marie Anne Grandemange, 24.4.1915)

Dass die Verwendung der femininen Form *bonne* jedoch nicht ausschließlich durch die Homophonie im Kontext bedingt sein kann, zeigt folgender Auszug aus einem anderen Brief der Schreiberin:

(91) *ayant Toujour* **la bonne** *espoir*
  de voir la victoire aprochè
  (Marie Anne Grandemange, 16.2.1915)

In den meisten Fällen morphogrammischer Variation bei Substantiven ist das Substantiv unterspezifiziert, da das Pluralmorphem ausgelassen und der Plural durch Prädetermination markiert wird.[48] Dies kann durch den definiten Artikel (92), Possessivbegleiter (93), Adjektive (94), Adverbien (95), Numerale (96) oder auch verbal (97) erfolgen:

(92) *les beterave a sucre*
  (Léon Mayzaud, 30.7.1917)

(93) *Un de mes* **camarade** *tombe*
  (Auguste Jeandon, 5.8.1917)

---

[48] Die Bedeutung des Kontexts sowie von Determinanten zur Interpretation einer Form als Plural dokumentiert Martineau für das Französische in Kanada. Besonders deutlich wird dies, wenn ein vorangestelltes Numeral zu einer Pluralmarkierung führte, das Nomen jedoch im Singular steht (Martineau 2018, 90).

(94) *a faire de nouvelles* **connaissance**
(Philomène Angly, 23.1.1916)

(95) *nous avons eu beaucoup de* **blessé**
(Henri Cablé, 3.6.1915)

(96) *recoit mille* **baiser**
(Marie Anne Grandemange, 15.4.1915)

(97) *nous^{ne} sommes plus* **musicien**, *nous sommes* **cantonnier**
(Joseph Grandemange jun., 4.12.1914)

In manchen Fällen reicht der sprachliche Kontext zur Desambiguierung nicht aus oder gibt lediglich einen schwachen Hinweis. In Beispiel (98) sind beide Elemente des Syntagmas unterspezifiziert, einzig aus dem Zusammenhang ergibt sich, dass es sich um mehrere Hinweise handelt. In Beispiel (99) lässt nur die Analogie der Aufzählung auf eine fehlende Pluralmarkierung schließen. Über die phonogrammischen Korrespondenzen liefert der mutmaßliche Demonstrativbegleiter *se* 'ces' in (100) zumindest einen schwachen Hinweis auf die Pluralform des gesamten Syntagmas, das auch nicht über das Verb als Plural markiert wird, sondern nur über die Variante des Adjektivs *toutent* 'toutes'.

(98) *je pense a te donnée* **quelque rensei gnement**
(Henri Cablé, 31.10.1914)

(99) *les russes viennent pare bande il veulent acheter des montre* **couteau, lampe élèctrique** *etc*
(Auguste Jeandon, 24.12.1917)

(100) *se* **demoiselle** *t'envoie toutent bien le bonjour*
(Maria Saunier, 25.12.1916)

Das Korpus belegt gleichfalls die gegenläufige Tendenz einer Überspezifizierung in der Wiedergabe eines Pluralmorphems in der Graphie eines Substantivs im Singular. Der Singular wird wie bei der Auslassung des Pluralmorphems über den direkten sprachlichen Kontext determiniert, wie zum Beispiel in *un sous* 'un sou', *la cigarettes* 'la cigarette' oder *quelque choses* 'quelque chose'. Im Beispiel (101) lässt sich die Inkongruenz zwischen Präposition und Nomen zunächst nicht eindeutig auflösen, erst die Spezifizierung *de la jambe droite* ermöglicht die Einordnung als überspezifiziertes Nomen im Singular. In den beiden Belegen (102) und (103) könnte das überflüssige Pluralmorphem in *leurs* nachträglich eine Sogwirkung entwickeln (102) oder die Antizipation des Pluralmorphems in *heures* (103) die überspezifizierte Schreibung erklären.

(101) *J'aurai*
là un bon souvenir de la guerre
au genoux *de la jambe droite.*
(Joseph Grandemange jun., 15.12.1917)

(102) *Je n'ai*
encore j'usqu'ici reçu aucune nouvelle de
leurs parts.
(Joseph Grandemange jun., 7.11.1914)

(103) *a* **las** *bonne* **heures**
(Marie Anne Grandemange, 4.6.1916)

Es handelt sich sehr häufig um die Auslassung oder Hinzufügung des Pluralmorphems -*s* bzw. seiner Variante -*x*, höchstwahrscheinlich weil es in der Aussprache keine Entsprechung hat und daher von den Schreibern offenbar nicht wahrgenommen wird. «Sauf cas de liaison avec le mot suivant, cette marque reste exclusivement graphique [...]. Faute de liaison ou d'une marque de nombre portée par le déterminant ou l'épithète, la forme de ces noms reste ambigüe à l'oral» (Riegel/Pellat/Rioul 2016, 333). Einige Belege zeigen auch, dass das Pluralmorphem -*aux* bei Nomina, die auf -*al* enden, zur Kreation von Varianten führt. Offenbar wird die Ersetzung (in beide Richtungen) durch eine Analogie zu Pluralformen wie *chapeaux* begünstigt:

(104) *D'ailleurs vous*
avez du voir sur les **Journeaux**
(Paul Grandemange, 25.2.1916)

(105) *Madame Picard et les dame de chez dufour de*
la lande sont venue pour des **chapaux** *faut.*
(Maria Saunier, 17.2.1917)

(106) *ce sont 2 pièces pour le*
*soldat pour le préserver de tous **mals***
(Joseph Grandemange jun., 3.11.1914)

Das letzte Beispiel zeigt insofern eine auffällige Pluralschreibung, als es sich bei *maux*, der Pluralform von *mal*, um eine Pluralmarkierung handelt, die sowohl graphisch realisiert wird, als auch in der gesprochenen Sprache hörbar ist. Möglicherweise ließ sich der Schreiber Joseph Grandemange junior, der im Allgemeinen eine relativ sichere Regelkompetenz aufweist, bei der Schreibung durch eine Analogie zu Adjektiven und Nomina, die im Plural tatsächlich auf *-als* enden, leiten. Eine entsprechende Aussprache erscheint unwahrscheinlich. Diese Prozesse der Analogie, die eine bestimmte Pluralform zur Regel erheben, sind, so François, typisch für die Morphologie des *français populaire* (Bauche 1920, 81; François 1985, 324).

Einige Okkurrenzen belegen die Auslassung eines Pluralmorphems bzw. die übertriebene Markierung des Plurals innerhalb eines Kompositums, wie zum Beispiel *une Brosse à Dent* 'une brosse à dents', *le jeu de carte* 'le jeu de cartes' und *chaises-longue* 'chaise-longue', oder einer Kollokation:

(107) *nous nous sommes reposés car nous en avions*
***besoins**.*
(Joseph Grandemange jun., 14.6.1915)

(108) *Je répons a votre lettre que maman ma donnée hier*
*soir et qui ma fait grand **plaisirs**.*
(Eugénie Pierrel, 13.8.1915)

Nur acht Fälle betreffen den Genusmarker, der entweder ausgelassen wird, wie in *fiancé* 'fiancée', oder hinzugefügt wird und dadurch das Genus verändert, wie in *ennemie* 'ennemi', *aimée* 'aimé', *amie* 'ami', *amiee* 'amie', *juifes* 'juifs', *alliées* 'alliés' oder *poilues* 'poilus'. All diese Formen zeichnen sich jedoch dadurch aus, dass die Markierung des Genus, als Auslassung oder als Hinzufügung, keine Konsequenzen für die Aussprache impliziert und auf die graphische Markierung beschränkt bleibt.

Die so geschaffenen Inkongruenzen werden in den meisten Fällen durch den sprachlichen Kontext, wie in *Mon bien cher Amise* oder durch den extrasprachlichen Kontext desambiguiert, wie im Beispiel (109), das durch die Zeichnung eines *Poilu* auf dem Briefpapier ergänzt wird.

(109) *Ma chère Louise!*
Quand tu auras
cette lettre vous aurais
deja de ces petites
poilues, *comme*
il y en a un
sur cette lettre.
(Paul Braun, 18.11.1918)

Der Schreiber bildet in diesem Beispiel das Syntagma *ces petites poilues* im Ganzen durch die Verwendung des Adjektivs in der femininen Form, die thoretisch in der Aussprache wahrnehmbar ist, kohärent. Neben der Zeichnung dient der außersprachliche Kontext, in dem Anfang des 20. Jahrhunderts keine Frauen im Militär kämpften und wohl außerdem nicht so bezeichnet worden wären, zur eindeutigen Interpretation.

Vielfach übernehmen im Wesentlichen Artikel und Pronomina in Nominalsyntagmen die Funktion der Spezifizierung des gesamten Syntagmas hinsichtlich seines Genus und Numerus. Werden Substantive im Plural nicht entsprechend graphisch markiert, gibt oft ein Artikel oder ein Pronomen Aufschluss über den Numerus. «Les déterminants du nom et le pronom sont, en français, pratiquement porteurs de toute la charge du nombre, et en partie du genre» (Catach 1980, 222). Folgende mehrgliedrige Syntagmen werden nur aufgrund des Artikels oder des Pronomens hinsichtlich ihrer Zahl und ihres Geschlechts determiniert.

(110) *les maudie boche*
(Eugène Lorieau, 1914)

(111) *toute les chambre prise*
(Jean-Baptiste Pierrel, 1.4.1916)

(112) *mes peauvre enfant*
(Marie Anne Grandemange, 9.5.1915)

(113) *ma petites lettres*
(Marie Anne Grandemange, 11.3.1916)

(114) *au fête de Pâque*
(Jean Baptiste Jeandon, 28.3.1915)

In einigen Fällen kann die graphisch wiedergegebene Information widersprüchlich sein, wie beispielsweise in (113), in dem die Pluralmarkierung von Adjektiv und Substantiv dem Possessivbegleiter widerspricht. Da diese Markierung jedoch in der Aussprache keine Entsprechung hat, scheint die Verwendung des Begleiters im Singular bei der Bestimmung des Numerus zu dominieren. Für das *Corpus 14* belegt Pellat ebenfalls diese wesentliche Funktion von Artikeln und Pronomina in der Bestimmung von Genus und Numerus (Pellat 2015, 73). Für weniger geübte Schreiber ist die graphische Wiedergabe der grammatikalischen Morphogramme für Genus und Numerus besonders schwierig, da das gesprochene Französisch für die graphische Wiedergabe kein Äquivalent bereithält und die Spezifizierung weitgehend prädeterminierend erfolgt. Dies gilt nicht nur für die grammatikalischen Morphogramme der Genus- und Numerusmarkierung, sondern ebenfalls für einen großen Teil der Verbalmorphogramme, da Verbformen durch die Nennung des Pesonalpronomens determiniert werden.

> «Or, s'il y a des différences grammaticales importantes entre l'écrit et l'oral, c'est bien dans ce domaine de la morphologie, où l'orthographe impose, pour l'écrit, un ensemble de marques grammaticales sans équivalent dans le parlé: une partie des désinences de genre et de nombre (avec les mécanismes d'accord qu'elles impliquent), et une bonne partie des désinences de conjugaison verbale. Ce ‹supplément grammatical›, qu'on doit appliquer dès qu'on écrit en français, est d'un autre ordre que la morphologie utilisée pour le parlé» (Blanche-Benveniste 1997, 137).

In geringem Maße belegt das Korpus auch Variation im Umgang mit Artikeln und Pronomina. Dies betrifft insbesondere das Personalpronomen *ils*, das zumeist ohne das pluralmarkierende finale *-s* wiedergegeben wird: *il vont* 'ils vont', *il doivent* 'ils doivent'. In einigen Fällen wird die homophone Pluralmarkierung der Präposition *au* nicht ausreichend oder übermäßig markiert. Dies führt zu Reduzierungen wie in (115) oder zu Überspezifizierungen wie in (116). Auszug (115) ist ein Beleg dafür, dass die Schreiber bei der Übertragung ins graphische Medium nicht immer der Aussprache folgen. Folgte der Schreiber der ausgesprochenen Sequenz, müsste er das in der Liaison realisierte <x> als /z/ wahrnehmen. Da das Präpositionalsyntagma *au avant poste* über kein pluralmarkierendes Morphogramm verfügt, kann es nur über die Präposition als Plural identifiziert werden, weil in diesem konkreten Kontext die entsprechende Präposition im Singular *à l'* nicht homophon ist.

(115) *nous sommes **au** avant poste*
       (Henri Cablé, 13.10.1914)

(116) *pas de repos du matin **aux** soire.*
(Auguste Jeandon, 15.9.1916)

Im Umgang mit Artikeln und Pronomina kann auch das Genus differieren, so verwenden die Schreiber des Korpus zum Beispiel *le desinfection* 'la désinfection' oder *une gros cafard* 'un gros cafard'. Im folgenden Beleg wählt Marie Anne Grandemange die maskuline Form des Possessivpronomens *tiens*, obwohl dieses sich auf *les nouvelles* mit femininem Genus bezieht.

(117) *Je prend la main à la plume
pour de faire savoir de nos nouvels
et en même temps d'en recevoir
des **tiens***
(Marie Anne Grandemange, 11.9.1914)

Die Schreiberin könnte durch ihre Graphie *nouvels* 'nouvelles', die aufgrund des finalen Flexionsmorphems an ein Substantiv maskulinen Genus erinnert, sich selbst dazu verleiten das Pronomen dementsprechend anzupassen. Die Beeinflussung des Genus durch den nahen sprachlichen Kontext zeigen zwei weitere Belege:

(118) ***un** espèce de pensionnat*
(André Saunier, 13.1.1917)

(119) *comme **un** espéc[e]
de cyclone*
(Aloïs Grandemange, 29.2.1916)

Die Zuschreibung des maskulinen Genus zu *espèce* erfolgt womöglich unter Beeinflussung des jeweils nachfolgenden maskulinen Substantivs.[49] Einige wenige Okkurrenzen betreffen die Vertauschung des zu verwendenden Pronomens mit einem anderen Pronomen, wie zum Beispiel die Verwendung des Personalpronomens *nous* anstelle des Possessivbegleiters *nos* in *nous tranché* 'nos tran-

---

49 Im aktuellen Französisch handelt es sich bei der Zuschreibung des maskulinen Genus zu *espèce* um einen von der Académie française als zu vermeidend sanktionierten Gebrauch. «Le mot *Espèce* est féminin, et doit le rester lorsqu'il est suivi d'un complément (*Espèce de*...), quel que soit le genre de ce complément. On dira *Une espèce de camion* comme *une espèce de charrette, Une espèce de voyou* comme *une espèce de canaille*» (Académie française 2012).

chées' oder das Pronomen *y* anstelle von *en* in *je n'y suis pas friand* 'je n'en suis pas friand'.

5.1.12.3 Übergeneralisierungen

Innerhalb der grammatikalischen Morphogramme lässt sich eine Untergruppe von Morphogrammen ausmachen, die durch die Übergeneralisierung einer Regel charakterisiert werden können (zur Definition von Übergeneralisierung cf. Kapitel 5.1.11.1). 470 Okkurrenzen belegen die Angleichung einer invariablen Form nach dem Numerus oder nach dem Genus.

Die folgende Tabelle stellt überblicksartig einige von Übergeneralisierung betroffene Wortarten zusammen und zeigt ihre Frequenzen auf.

Tabelle 14: Übergeneralisierte grammatikalische Morphogramme und ihre Verteilung.

Subkategorie	Anzahl	Beispiele
Adverbien	251	*biens* 'bien' *cis* 'ci' *de nouveaux* 'de nouveau' *à pieds* 'à pied' *ensembles* 'ensemble' *entres* 'entre' *vîtes* 'vite'
Partizip Perfekt	193	*cette modification a **étée** apportée* 'été' *nous avons **eus*** 'eu' *votre gentille lettre du 4/2 et 18/2 qui m'ont **faites** grand plaisir* 'fait' *j'en ai **reçue** une datée du 20 Août* 'reçu'
Infinitiv	9	*nous pourrons nous **revoirs** tous réunis* 'revoir' *J'ai encore 4 lettres a **écrires*** 'écrire'
Inv. Adjektive, Pronomina	6	*chaques* 'chaque' *chacunes* 'chacune'
Numerale	9	*milles* 'mille' *quatres* 'quatre'
Gesamt	470	

Übergeneralisierungen treten im Korpus bei der Schreibung von Partizipien und invariablen Wortformen auf, wobei nur bei Partizipien die Markierung eines übergeneralisierten Genus und Numerus zu beobachten ist. Alle anderen Wortarten

(Adverb, Infinitiv, Adjektiv, Pronomen, Numeral und Präposition) zeigen lediglich die übergeneralisierende Markierung eines hypothetischen Plurals.

Adverbien

Am häufigsten tritt die übergeneralisierte Anwendung einer Regel im Zusammenhang mit der Schreibung grammatikalischer Morphogramme von Adverbien auf. Ausgehend von der Regel, ein finales -s markiere den Plural, wird das Adverb *bien* in über 200 Belegen mit einem Pluralmarker versehen. Diese Form wird fast ausschließlich von Paul Grandemange verwendet und kommt überwiegend in der zumeist als Brieferöffnung verwandten Ansprache *Mes biens chers Parents* vor.

(120) *Le 6 Décembre 1918*
*Mes **Biens** Chers Parents,*
Je veux tout d'abord vous remercier
(Paul Grandemange, 6.12.1918)

Offenbar in Analogie zur Numerusmarkierung des Possessivbegleiters, des Adjektivs und des Nomens erhält das invariable *bien* ein <-s>. Die Ansprache eines Kollektivs kann, wie in (121), auch am Briefende zur Einleitung der Schlussformel gebraucht werden.

(121) *Allons au Revoir mes*
***Biens** Chers Parents et dans l'attente*
de vous lire sous peu je vous joins
mes Amitiés les plus affectueuses et
mes Baisers les plus doux.
Votre fils qui vous aime pour la vie
Grandemange Paul
(Paul Grandemange, 11.6.1918)

Das übergeneralisierte *biens* findet sich in einigen wenigen Ausnahmen auch in leicht variierenden Konstruktionen. In (122) handelt es sich um zwei unterschiedliche Kollektive, auf die referiert wird, und in (123) ist es dem Referenten nachgestellt. Immer bezieht es sich jedoch auf ein Kollektiv und steht in Verbindung mit einer Wertschätzung, ausgedrückt durch ein Adjektiv oder ein adjektivisch gebrauchtes Partizip.

(122) Mes **Biens** Chers Parents,
C'est avec le plus doux plaisir que je
reçois votre aimable et gentille lettre du 2 C^{nt}
qui me trouve en parfaite santé et me procure la joie de vous savoir de même ainsi
que mes **biens**-aimés frères Joseph et Aloïs
et Josephine, Charles.
(Paul Grandemange, 5.7.1916)

(123) Pauvres Parents **biens**-aimés et chéris
(Paul Grandemange, 14.3.1915)

Paul Grandemange verwendet diese Form von *bien* mit einer solchen Regelmäßigkeit und Systematik nur in diesem spezifischen Kontext, sodass sich hier eine individuelle Schreibroutine abzubilden scheint. Dabei verwendet er ebenso das normgerechte *bien*, das sich in seinen Texten in ganz unterschiedlichen Kontexten findet: *J'espere que vous ne vous faites pas de bile sur moi car je suis bien* (Paul Grandemange, 27.8.1914), *Bien le Bonjour à Mr et Mr Pierrel* (Paul Grandemange, 16.10.1914) oder auch *Soignez vous bien* (Paul Grandemange, 6.11.1918). Das modifizierte *biens* tritt nur in ganz spezifischen Kontexten auf und scheint einer eigenen Regel zu folgen. Die einzigen beiden Schreiber, die ebenfalls diese übergeneralisierte Form von *bien* verwenden, sind Pauls Brüder Joseph und Aloïs, deren Texte jedoch deutlich weniger Okkurrenzen aufweisen. Joseph Grandemange verwendet es nur einmal, jedoch in einem anderen Kontext:

(124) *Mardi soir nous*
*avons mangés des bégnets secs, très **biens** faits,*
et très bons vous savez.
(Joseph Grandemange jun., 19.2.1915)

Auch hier kann eine analoge Übertragung der Pluralmarkierung des Partizips *faits* und möglicherweise zusätzlich die auslautende Graphie von *très* als Motivation für die Schreibung herangezogen werden. Aloïs, der jüngste der drei Brüder, verwendet *biens* in der gleichen Struktur wie sein Bruder Paul, in der Ansprache der Eltern am Briefanfang oder am Ende.

(125) *Le Parmont, le 6 Juin 1918.*
*Mes **biens** chers Parents.*
La santé est redevenue
meilleure pour moi, ...
(Aloïs Grandemange, 6.6.1918)

Aloïs, geboren 1897, wird erst im Frühjahr 1915 zur militärischen Ausbildung eingezogen und im Januar 1916 an die Front versetzt. Seine beiden Brüder, die seit August 1914 mobilisiert sind, schreiben regelmäßig an die Familie. Aloïs kennt also die Formulierung *mes biens chers Parents*, die sein Bruder Paul so häufig verwendet. Möglicherweise übernimmt er diese bewusst oder unbewusst in seinen eigenen Briefen, als er nach seiner Mobilmachung nach Hause schreibt.[50] Weitere Belege für die übermäßige Markierung eines Plurals zeigen sich bei Elementen, die in anderen Kontexten tatsächlich eine Pluralmarkierung aufweisen können, wie zum Beispiel *de nouveaux* 'de nouveau', das in anderen Kontexten als flektiertes Adjektiv vorkommt, oder *à pieds* 'à pied'. Das Korpus dokumentiert aber auch die Markierung eines Plurals bei Wortarten, die grundsätzlich invariabel sind und in keinen anderen Kontexten mit Numerusmarkierung auftreten können. Beispiele hierfür sind *avants* 'avant', *cis* 'ci', *entres* 'entre' oder *vîtes* 'vite'.

Partizipien

Die zweithäufigste Wortart, die sich für die Schreiber offenbar zur Übergeneralisierung anbietet, stellen Partizipien. Die Komplexität bei der Schreibung von Partizipien besteht in Abhängigkeit des sprachlichen Kontextes in der graphischen Abbildung von Morphogrammen für das Genus oder den Numerus. In der Regel sind diese Morphogramme komplett von der gesprochenen Sprache losgelöst und daher für weniger geübte Schreiber nicht über die Aussprache rekonstruierbar. Sie müssen durch die Analyse der syntaktischen Zusammenhänge erkannt werden. Innerhalb der grammatikalischen Morphogramme wurde bereits die Auslassung der Numerus- und Genusmarkierung an den Partizipien beschrieben. Neben der Kürzung der genannten Morphogramme sind im Korpus Formen der Ergänzung dieser Marker dokumentiert, die zeigen, dass die Schreiber eine Regel zum *Accord* der Partizipien erlernt, diese aber nicht vollständig verinnerlicht haben. Daraus ergibt sich die Anfügung eines vermeintlichen Plu-

---

50 Die Übernahme bestimmter Graphien innerhalb einer Familie und die gegenseitige Beeinflussung bestätigt auch Steuckardt (2019, 38).

ralmorphems in Kontexten, die dieses nicht vorsehen. Die Schreiber, die über weniger Erfahrung in der Redaktion von Texten verfügen, stützen sich demnach zu wenig auf den spezifischen Kontext oder analysieren diesen nicht adäquat. In den Beispielen (126) und (127) fügen die Schreiber, offenbar in Analogie zu den mit dem Auxiliar *être* gebildeten Formen des *passé composé*, ein Pluralmorphem (126) oder ein Morphem zur Markierung des femininen Genus (127) an. Die Schreiber führen so eine überspezifizierte Kongruenz mit dem Subjekt herbei.

(126) *nous avons*
cassés *la croûte ensemble en ville*
(Joseph Grandemange jun., 7.8.1915)

(127) *A part cela je ne*
sais rien de neuf à vous
dire; sauf que la ration
de pain à encore **diminuée**
(Alois Grandemange, 9.4.1918)

Nicht nur in Analogie zu den Formen des *passé composé* erfolgt eine Überangleichung bestimmter Partizipien. Im folgenden Beispiel wendet die Schreiberin die Regel des *Accord* eines Partizips der Vergangenheit bei vorhergehendem Relativsatz bzw. direktem Objekt an und fügt, möglicherweise durch das Subjekt beeinflusst, einen Marker des Femininums hinzu:

(128) *la Marie avait*
son manteau de poil qu'elle a **cousue**
(Maria Saunier, 17.12.1916)

In einigen Fällen ist der Referent nicht klar, da der direkte sprachliche Kontext keine Desambiguierung erlaubt. In folgendem Beleg wird erst durch die Berücksichtigung der Briefempfänger, die als *Chères petites amies* angesprochen werden, der Bezug zum Subjekt als Motivation zur Angleichung des Partizips ermöglicht.

(129) *J'espère que vous avez* **continuées**
de faire la fête le dimanche
(Claude Philibert, 12.9.1919)

Die Kookkurrenz mit Formen des Partizips, die tatsächlich angeglichen werden, kann, wie im folgenden Beleg, die Übergeneralisierung dieser Regel begünstigen:

(130) *Toute cette corres-*
pondance à été reçue avec une joie sensible
*et m'a **trouvée** en bonne santé*
(Paul Grandemange, 2.3.1915)

Innerhalb der übergeneralisierten Partizipien fällt die Häufigkeit der Formen *étés* und *étée* sowie *eus* auf. Zudem scheint es unter den Schreibern individuelle Präferenzen für die übergeneralisierende Anwendung der *Accord*-Regel zu geben. Die Brüder Paul und Joseph Grandemange sind zusammen für den Großteil der Okkurrenzen *étés* und *étée* verantwortlich, außerdem vereint Paul die meisten Okkurrenzen von *eus* auf sich. Bestimmte Kontexte, wie die Voranstellung eines direkten Objekts, können die Angleichung des Partizips *eu* hinsichtlich Genus und Numerus erfordern. Ausgehend von dieser Prämisse realisiert Paul Grandemange diese Angleichung unter der Ausweitung des Geltungsbreichs dieser Regel auf das Subjekt des Verbs:

(131) *Mardi dernier jour du Carnaval nous*
*avons **eus** à l'hopital un concert*
(Paul Grandemange, 13.3.1916, Brief 1)

Es erscheint denkbar, dass die beiden Brüder Paul und Joseph Grandemange voneinander diese Form übernommen haben oder ein Bruder dem anderen als Modellschreiber folgt. Im Gegensatz zum Partizip des Verbs *avoir* gibt es keine Kontexte, in denen das Partizip von *être* dem Numerus oder dem Genus eines vorangestellten direkten Objekts angeglichen werden könnte bzw. müsste. Da *être* das *passé composé* mit dem Auxiliar *avoir* bildet, könnte es nur bei einer Voranstellung des direkten Objekts angepasst werden. In den folgenden Beispielen erfolgt die Anfügung eines *-e* einmal in einer Passivform (132) und einmal im *passé composé* (133), jeweils unter Bezugnahme auf das Subjekt des Verbs:

(132) *L'essence de porte-monnaie a **étée***
accueillie avec une joie bien visible
(Paul Grandemange, 16.2.1916)

(133) *Cela m'a fait de la peine que*
*Tante Zoé à **étée** trés gravement*
malade
(Joseph Grandemange, 1.12.1917)

Bei diesen Graphien lässt sich zum einen die Ausweitung des Geltungsbreichs der Regel «Partizipien werden bei vorangestelltem direkten Objekt angeglichen» auf Kontexte anführen, in denen offenbar auch ein Subjekt im Feminium die Konkordanz des Perfektpartizips motiviert. Zum anderen interferieren die graphischen Muster -*és* und -*ée*, die den Schreibern aus anderen Kontexten bekannt sind. Es könnte sich hier auch um den Ausdruck der individuellen Wertzuschreibung zur Orthographie und zu einer möglichst normgerechten Graphie handeln, da Joseph Grandemange sich mehrfach für sein «Gekritzel» entschuldigt.

In deutlich geringeren Frequenzen treten übergeneralisierte Anwendungen eines Pluralmorphems auch bei Infinitiven (*revoirs* 'revoir'), Adjektiven (*chaques* 'chaque'), Numeralen (*milles* 'mille') oder Präpositionen (*aux sujets de* 'au sujet de') auf.

Zusammenführung der Beschreibung der Varianten grammatikalischer Morphogramme

Im Bereich der grammatikalischen Morphogramme wird deutlich, dass Schreiber sich ein komplexes sprachliches Wissen angeeignet haben müssen, um bestimmte Formen orthographisch wiedergeben zu können. Dieses Wissen ist jedoch rein schriftsprachlich und wird auch erst mit der Schrift erworben (Weth 2015, 91). Wenn die Schreiber des Korpus aufgrund ihrer geringeren Erfahrung im schriftsprachlichen Ausdruck nicht direkt die Graphie eines bestimmten Lexems abrufen können, greifen sie auf unterschiedliche Strategien und Techniken zurück, die Affinitäten zu verschiedenen sprachlichen Varietäten und Realisationsformen des Französischen aufweisen. So lassen sich zum Beispiel innerhalb der angewandten Strategien Bezüge zum *français populaire* und zum gesprochenen Französisch herstellen.

Aus der Analogie zu anderen Formen entspringende Schreibstrategien sind charakteristisch für das *français populaire*:

> «Contrairement à une opinion assez répandue, la **morphologie** du L.P. n'est pas très fautive. On ne relève que quelques processus analogiques qui tendent à régulariser tel pluriel de nom ou d'adjectif (*journals, normals*), telle forme verbale sur le modèle de la première conjugaison (*il faut rempé* pour *rompre* [les rangs]) ou encore à généraliser des indices-types comme celui de -*z*- au pluriel dans *quatz* (*quatre*) ou d'un *y* ‹subjonctival› dans *soye, aye*...» (François 1985, 324; Herv. im Original).

Die Regularisierung bestimmter Formen und die Übertragung bekannter Muster aus einem Kontext analog auf einen anderen konnten im vorliegenden Analysekorpus unter anderem anhand der Numerusmarkierung von Nomina wie beispielsweise *les journeaux* oder *les mals* und der Übergeneralisierung invariabler Perfektpartizipien aufgezeigt werden.

Dass die Markierung von Numerus und die Spezifizierung einiger Verbalformen im gesprochenen Französisch nur noch im Syntagma als Ganzes und nicht mehr durch bestimmte Morphogramme erfolgt, hat Konsequenzen für die Organisationsform und die Struktur der Sprache (Blanche-Benveniste 1997, 142). In Teilen lässt sich diese Schlussfolgerung zur gesprochenen Sprache auf den schriftlichen Ausdruck weniger geübter Schreiber übertragen. In vielen Fällen erfolgt die eindeutige Zuweisung eines Nominalsyntagmas hinsichtlich seines Genus und seines Numerus nur über Prädetermination durch einen Artikel, einen Determinanten oder ein Pronomen.

Weniger geübten Schreibern fehlt nicht selten die Eintragung bestimmter Lexeme in ihrem mentalen Lexikon, wenn sich bestimmte Formen noch nicht ausreichend verfestigt haben. Der direkte Zugriff auf Lexeme, nach der Zuweisung eines festen Ortes im mentalen Lexikon, die Strategie der *adressage*, ist also nicht in jedem Falle möglich, weshalb sich die Schreiber mit der Strategie der *assemblage* behelfen. Dabei greifen sie in erster Linie auf die gesprochene Realisation zurück und übertragen diese ins graphische Medium. Dabei kann die betreffende Graphie aufgrund der nicht erfolgten Stabilisierung in höherem Maße für Variation anfällig sein. Homophone Morpheme werden im Geschriebenen zumeist nicht ausreichend differenziert und nicht mit dem jeweiligen Kontext identifiziert. Auch eine visuelle Beeinflussung durch in anderen Kontexten bestehende Graphien scheint durchaus denkbar. Den beiden genannten Aspekten ist gemein, dass die Schreiber die von ihnen gewählte syntaktische Struktur zum Teil nur im Ansatz analysieren und daher im Geschriebenen die morphosyntaktischen Beziehungen aus orthographischer Perspektive unzureichend kennzeichnen. Der jeweilige sprachliche Kontext muss die Funktion der Desambiguierung übernehmen.

Die beschriebenen Phänomene sind keine ausschließliche Spezifität des vorliegenden Analysekorpus. So finden sich ähnliche Formen auch in Schulheften junger Franzosen von heute, weshalb es sich bei Abweichungen von der *orthographe grammaticale* um eine «überzeitliche Gemeinsamkeit französischer ‹semi-colti› des 17. und 20. Jahrhunderts» (Ernst 1999, 108) handelt.

Im nächsten Unterkapitel wird mit den lexikalischen Morphogrammen eine weitere Form der morphogrammischen Variation behandelt.

5.1.12.4 Lexikalische Morphogramme

Diese Subkategorie umfasst Morphogramme, die Träger lexikalischer Information sind. Im Vergleich zu den grammatikalischen Morphogrammen weist das Korpus deutlich weniger Varianten lexikalischer Morphogramme nach.

Bei der Kategorisierung lexikalischer Morphogramme stellt sich die Schwierigkeit der Differenzierung von etymologischer und morphogrammischer Variation, da zum Beispiel die Schreibung vieler Affixe letztlich etymologisch bedingt ist. Das Wissen um die Tatsache, dass es sich um ein Affix handelt, erklärt die Schreibung noch nicht, weshalb in diesen Fällen eine Zuordnung zur nicht-funktionalen Variationsdimension gewählt wurde.[51] Handelt es sich jedoch um Wortbildungsprozesse, die dem Französischen eigen sind und die die jeweilige Form erklären, wurden die Formen als lexikalische Morphogramme eingeordnet. Homophone, aber heterographe Lexeme, die einer Wortfamilie entstammen, wie beispielsweise *penser – pensé – pensée* und *travail – travaille*, wurden als lexikalische Morphogramme eingeordnet, da ihre Homophonie aus der Derivation innerhalb der Wortfamilie resultiert. Auch bei den lexikalischen Morphogrammen wurde die Subkategorie der übergeneralisierten Formen eingeführt, um diejenigen Varianten zu erfassen, die aus der Übertragung bekannter Elemente der Wortbildung auf Kontexte, in denen sie nicht vorgesehen sind, resultieren.

Nachfolgend ist ein Ausschnitt der Subkategorien im Bereich der lexikalischen Morphogramme mit den jeweiligen Frequenzen dargestellt.

Tabelle 15: Varianten lexikalischer Morphogramme und ihre Verteilung.

Subkategorie	Anzahl	Belege
Derivate	80	
Variation der Basis		*gaité* 'gaieté'
		fusiade 'fusillade'
		seulment 'seulement'
		hautot 'auto'
Variation des Derivationsmorphems		*pendans* 'pendant'
		travaille 'travail'
		trancher 'tranchée'

---

[51] Catach betont selbst die Bedeutung der Etymologie für die graphischen Zusammenhänge von Wortfamilien: «[...] l'étymologie [...] a tissé effectivement des liens graphiques serrés entre les mots de même origine et accessoirement de même sens» (Catach 1980, 248).

Tabelle 15 (fortgesetzt)

Subkategorie	Anzahl	Belege
Affixe	66	
Suffixe		*-ance:* subsistence, délivranse
		-ée: pensé, arrivé, poigné, tranché
		-er: baiseès
		-eux: dangereu, malheureu
		-oïde: tiphoyde
		-ot: Chalo, charlos
Präfixe		*em-:* enbrasse
		in-: inpasiense
Übergeneralisierte Formen	35	*santée* 'santé'
		amitiée 'amitié'
Adjektive	17	*froie* 'froid'
		chaut 'chaud'
Eigennamen	61	Aloyse, Aloïse 'Aloïs'
Gesamt	259	

Derivation

Den größten Anteil an Variation lexikalischer Morphogramme stellen Schreibungen von Derivaten dar. Dabei kann die variierende Schreibung entweder die Basis des Derivats betreffen oder das Derivationsmorphem, bei dem es sich jedoch nicht um ein Suffix handelt. Hinsichtlich der Variation der Basis fällt vor allem die Bildung der Adverbien auf, die in 26 Fällen als Varianten verschriftlicht werden. Höchstwahrscheinlich aufgrund der Homophonie der femininen und der maskulinen Form markieren die Schreiber die Basis des Adverbs nicht als die feminin flektierte Form des jeweiligen Adjektivs. Folgende Formen illustrieren diese Variation: *seulment* 'seulement', *actuelment* 'actuellement', *journelment* 'journellement'. In einigen Fällen wählen die Schreiber auch eine hybride Form zur Schreibung der Basis, wie etwa *continuelement* 'continuellement' oder *contuniellmant* 'continuellement'. Lediglich zwei Okkurrenzen belegen die Wahl des Adjektivs im Femininum anstelle der maskulinen Derivationsbasis: *gentillement* 'gentiment' und *vraiement* 'vraiment'.

Auch andere Wortarten belegen die Variation der Basis: *gaité* 'gaieté', *poingnée* 'poignée', *surcis* 'sursis' sowie die beiden deverbalen Derivate *remerciment* 'remerciement' von *remercier* und *fusiade* 'fusillade' von *fusiller*. Ein anderes Wortbildungsverfahren, das zu Variation in der Schreibung der Basis führen kann, ist die Wortkürzung. Folgende Belege aus dem Korpus unterstreichen dies: *hautot* 'auto' von *automobile*, *trame* 'tram' von *tramway*, *photot* 'photo' von *photographie* sowie *extrat* 'extra' von *extraordinaire*. Möglicherweise wird im Falle von *hautot* und *photot* die Variation dadurch begünstigt, dass es sich in der damaligen Zeit um relativ junge Bildungen handelt. Die gekürzte Form *photo* ist ab 1864 (Rey 2010, s.v. *photographie*) belegt, *auto* wird erst um 1900 gebräuchlich (Rey 2010, s.v. *automobile*).

Die Variation des Derivationsmorphems betrifft ausschließlich deverbale Formen. So werden bei Derivationen von Verben, die auf *-yer* enden, beispielsweise finale Konsonanten hinzugefügt: *ennuit* und *ennuie* 'ennui' von *ennuyer* oder *convoit* 'convoi' von *convoyer*. Die Endungen deverbaler Nomina können in der Schreibung von finiten Verbformen des als Basis dienenden Verbs beeinflusst werden, wie *travaille* 'travail' von *travailler*, *détaille* 'détail' von *tailler* oder *reveille* 'réveil' von *réveiller*. Auch die Übertragung bekannter Schriftbilder scheint eine Rolle zu spielen, wie *repeaux* 'repos' deverbal von *reposer* zeigt. Ausgehend von der gesprochenen Realisierung der Endung wählt der Schreiber eine Graphie, die ihm aus anderen Kontexten, etwa der Pluralform *les eaux* oder des Pluralmorphems <eaux> in *les bateaux*, bekannt ist.

Die Homophonie einiger Formen, wie das von *trancher* abgeleitete Nomen *tranchée*, das im Korpus *trancher* 'tranchée' geschrieben wird oder die Graphie *penser* für das deverbale 'pensée', erfordert die klare Analyse der Wortkategorie als Voraussetzung der orthographischen Schreibung. Ist eine homophone Form im Geschriebenen ebenfalls identisch, ist die Analyse umso schwieriger. Einige wenige Okkurrenzen von *diné* 'le dîner' belegen, dass die Analyse der Wortkategorie bei homophonen und gleichzeitig homographen Lexemen besonders komplex ist. Variation des Morphems *-ant* weisen Derivate von präsentischen Partizipien auf, wie *pendans*, *pendan* oder *pendand* 'pendant'[52] von *pendre* sowie das Nomen *le courent* 'le courant' von *courir*. Die Schreibung *contenue* für 'contenu' dokumentiert die variierende finale Silbe der Ableitung vom Partizip der Vergangenheit des Verbs *contenir*.

---

52 Es handelt sich um den präpositionellen Gebrauch des adjektivierten Partizips Präsens von *pendre*, das im Altfranzösischen in juristischen Wendungen wie *le débat pendant* verwandt wurde. Diese Kollokationen wiederum wurden aus dem Spätlateinischen *judicio pendente* im Ablativ absolutus mit dem adjektivierten Partizip Präsens entlehnt (Rey 2010, s.v. *pendant*). Der für die vorliegende Klassifizierung als lexikalisches Morphogramm wesentliche Schritt ist eine im Französischen begründete Entwicklung, unabhängig vom Etymon.

Affixe
Über 50 Okkurrenzen belegen graphische Varianten von Suffixen. Dabei scheint die Graphie des Suffixes *-ée* besonders komplex, da es mit dem Morphogramm des Partizips der Vergangenheit *-é* und dem Morphogramm des Infinitivs *-er* homophon ist. Die folgenden Belege illustrieren die Varianten im Korpus: *pensé* 'pensée', *arrivé* 'arrivée', *poigné* 'poignée', *tranché* 'tranchée', *corvé* 'corvée', *nué* 'nuée', *vallé* 'vallée', *armé* 'armée' und *baiseès* 'baiser'. Ein weiteres, vielfach im Korpus variierendes Suffix ist *-ance* mit den Varianten *-ence*, wie in *subsistence* 'subsistance', und *-anse*, wie in *remontranse* 'remontrance' und *délivranse* 'délivrance'.

Aufgrund der prinzipiellen Möglichkeit der Liaison in der ausgesprochenen Realisierung könnten die Schreiber die folgende Graphie des Suffixes *-eux* als unvollständig charakterisieren: *dangereu* 'dangereux', *malheureu* 'malheureux'.

Generell können unterschiedliche Gründe die Graphie der Suffixe beeinflussen: Neben der Homophonie scheinen die Häufigkeit und die Art des Suffixes ebenfalls relevant zu sein, da Suffixe wie *-oïde* in *tiphoyde* als aus dem Griechischen entlehnte Suffixe den Schreibern weniger geläufig sein müssten (cf. 5.1.14.3). Des Weiteren liegt es durchaus nahe, dass die Schreiber bestimmte Suffixe, die insbesondere mit einer Varietät der kommunikativen Nähe assoziiert werden, wie etwa das Diminutivsuffix *-ot* in *Chalo* oder *charlos* für den Kosenamen *Charlot*, noch nie zuvor geschrieben sahen.

Varianten von Präfixen sind in deutlich geringerem Maße im Korpus belegt. Lediglich 12 Okkurrenzen zeigen die graphische Alternation des Präfixes *en-/em-* sowie des Präfixes *in-/im-* an, wie beispielsweise *enpresse* 'empresse', *enbrassade* 'embrassade', *enbalé* 'emballé' oder *inpasiense* 'impatience'. Es handelt sich jeweils um die positionellen Varianten des betreffenden Präfixes, das vor <b> und <p> *em-* bzw. *im-* realisiert wird.

Übergeneralisierte Formen
35 Okkurrenzen dokumentieren innerhalb der lexikalischen Morphogramme die Übergeneralisierung einer Regel über den eigentlichen Anwendungskontext hinaus. So haben die Schreiber das Morphogramm *-ée*, insbesondere im Kontext der Genus-Angleichung eines auf *-é* endenden Perfektpartizips, als Markierung für das feminine Genus erlernt. Sie wenden diese Regel auch auf andere Kontexte an und markieren feminine Nomina, deren Endung *-é* lautet, mit diesem Morphogramm: *santée* 'santé', *amitiée* 'amitié', *bontées* 'bonté', *nationalitées* 'nationalités'. Die Schreiber wissen um das feminine Genus der genannten Substantive und wählen daher im Schreiben ein Morphogramm, das ihres Wissens nach dieses Genus abbildet. Diese Hypothese wird von Pellat für das *Corpus 14* bestätigt (Pellat 2015, 73).

Adjektive
Innerhalb der lexikalischen Morphogramme belegt eine kleine Anzahl an Adjektiven Variation in der Graphie, insbesondere hinsichtlich der graphischen Realisierung von im Gesprochenen stummen Auslautkonsonanten im Maskulinum. Diese rein graphischen Konsonanten erhalten ihre Bedeutung dadurch, dass sie die Basis zur Bildung der femininen Adjektiv-Formen, die in der Regel durch Anfügung eines finalen *-e* erfolgt, stellen. Dabei kann das finale *-e* nur in den Fällen als wirklicher Marker des Femininums gelten, in denen auch im Maskulinum der finale Konsonant bereits gesprochen wird, wie etwa in *amical – amicale*, oder die maskuline Form auf Vokal endet, wie in *joli – jolie*. Andernfalls handelt es sich bei *-e* um ein diakritisches Zeichen zur Aussprache des vorhergehenden Konsonanten (Catach 1980, 213). Diese lexikalischen Morphogramme dienen der direkten Markierung paradigmatischer Beziehungen zwischen den verschiedenen adjektivischen Formen, da sich der entsprechende Konsonant genau so in der femininen Form wiederfindet (Catach 1980, 249)

Die im Korpus gebrauchten adjektivischen Formen des maskulinen Genus ohne finale Konsonanten sind folgende: *froie* 'froid', *trou* bzw. *tou* 'tout', *sain* 'saint' und *genti* 'gentil'. Das Adjektiv *gentil* gehört zu der für den Schriftspracherwerb besonders komplexen Gruppe der Adjektive, die nur im Geschriebenen nach dem Genus variieren, nicht aber in der Aussprache (Catach 1980, 218). Eine andere Gruppe maskuliner Adjektive zeigt nicht die Auslassung eines in der Aussprache stummen Konsonanten, sondern dessen Substitution: *leng* 'lent', *chaut* 'chaud' und *longt* 'long'. Hier unterbleibt die Markierung der paradigmatischen Beziehung der deklinierten Formen. Die Substitution des Konsonanten ist bezüglich der Aussprache ohne Konsequenzen, da es sich um ein nicht realisiertes Element handelt. An diesen Beispielen der paradigmatischen Zugehörigkeit nach Genus deklinierter Formen wird deutlich, dass die Abgrenzungen zwischen lexikalischen und grammatikalischen Morphogrammen nicht so klar sind, wie es das Analyseschema suggerieren könnte.[53]

Bezüglich der Morphogramme, die die paradigmatischen Beziehungen eines Wortes markieren, wurde für das *Corpus 14* eine ähnliche Tendenz beschrieben: «Les lettres dérivatives (marques lexicales des familles de mots) ne sont pas toujours présentes [...]» (Pellat 2015, 72).

---

[53] Catach geht auf dieses enge und zugleich in Teilen nicht klar zu differenzierende Verhältnis grammatikalischer und lexikalischer Morphogramme nicht weiter ein, sondern kommentiert lediglich: «Le lien graphique le plus fort (qui est en réalité un lien d'ordre grammatical et non lexical) est celui qui existe, en français, pour environ un tiers des adjectifs et une partie des noms variables, entre le masculin et le féminin» (Catach 1980, 249).

5.1.12.5 Zusammenfassende Betrachtung morphogrammischer Variation

Scheint im Zusammenhang mit grammatikalischen Morphogrammen eine grammatikalische Analyse der syntaktischen Beziehungen unabdingbar, so ist es im Bereich der lexikalischen Morphogramme die Analyse der paradigmatischen Beziehungen einer lexikalischen Einheit, die geleistet werden muss. Besonders für die Schreibung von Derivaten ist diese Analyse unerlässlich. Hier wählen die Schreiber oftmals eine graphische Variante, die alle Phoneme abbildet, jedoch nicht alle rein graphischen Elemente realisiert. Ein Beispiel hierfür sind die Adverbbildungen, deren Basis das Adjektiv im Femininum bildet. Bei deverbalen Derivaten wählen die Schreiber vielfach Varianten in der Schreibung des Derivationsmorphems, in Analogie zu frequenten finiten Verbformen und graphischen Mustern aus anderen Kontexten. Im Gebrauch der Adjektive und ihrer Flexion wird deutlich, dass die Schreiber stumme Konsonanten in Teilen auslassen, in Teilen aber auch ein Bewusstsein nachweisen, dass in der Graphie häufig Konsonanten abgebildet werden müssen, die keine direkte phonische Entsprechung haben. Aus diesem Wissen resultierten Schreibungen maskuliner Adjektive mit unterschiedlichen finalen Konsonanten. Auch übergeneralisierte Formen entspringen aus der Kenntnis einer orthographischen Regel, die über den Geltungskontext hinaus angewandt wird.

Die im gesamten Kapitel zur morphogrammischen Variation relevante Homophonie heterographer Formen wird im folgenden Kapitel zur logogrammischen Variationsdimension weiter vertieft.

5.1.13 Logogrammische Variation

5.1.13.1 Theoretische und methodische Erläuterungen

Im Vergleich zu den Morphogrammen bilden Logogramme keine Serien oder Kategorien, sondern vielmehr Paare oder in Einzelfällen auch kleine Gruppen, die als ganzheitliche Graphien homophone, aber heterographe Lexeme differenzieren (Catch 1980, 268). Logogramme «[..] constituent des ‹figures de mots› dans lesquelles la graphie ne fait qu'un avec le mot, qui s'inscrit globalement, avec son image, dans la mémoire visuelle du locuteur» (Riegel/Pellat/Rioul 2016, 127).

Zur Differenzierung homophoner Heterographe wird unter anderem der Gravis als distinktives Zeichen[54] in logogrammischem Gebrauch wie in *à, où, çà, là, déjà,*

---

[54] Catach verwendet *diacritique* für Zeichen, die Buchstaben oder Buchstabengruppen unterscheiden und *distinctif* für Zeichen, die sich auf das gesamte Wort beziehen (Catach 1980, 68).

là-bas, delà, voilà, holà verwendet (Catach 1980, 68). Außerdem können etymologische Buchstaben, die graphische Segmentierung oder graphische Varianten von Phono- und Morphogrammen zur Differenzierung homophoner Einheiten herangezogen werden (Catach 1980, 269). Hierbei wird die enge Verschränkung der logogrammischen Variationsdimension mit anderen systematischen Ebenen der französischen Orthographie deutlich. Die logogrammische Variationsdimension des erweiterten Analyseschemas umfasst drei Subkategorien: grammatikalische Logogramme, übergeneralisierte grammatikalische Logogramme und lexikalische Logogramme.

Die Differenzierung grammatikalischer und lexikalischer Logogramme ist nicht in allen Fällen eindeutig. In Gruppen, die viele verschiedene homophone Formen umfassen, kommt es zudem zu Überschneidungen zwischen lexikalischen und grammatikalischen Logogrammen, wie etwa bei *mais – mes – met – mai – m'est* (Catach 1980, 274). Eine methodische Schwierigkeit in der Zuordnung logogrammischer Varianten besteht in der Tatsache, dass einige Logogramme durch die Setzung eines Akzents identifiziert werden. Obwohl auf die Codierung von Akzenten in der Analyse des Korpus grundsätzlich verzichtet wird (cf. Kap. 5.1.5), wurde in der logogrammischen Variationsdimension die Setzung eines Akzentes beachtet, da Akzente in der Differenzierung von Logogrammen eine wesentliche Rolle übernehmen können.

Die folgende Tabelle stellt überblicksartig wesentliche Belege für die drei Subkategorien logogrammischer Variation zusammen:

Tabelle 16: Logogrammische Varianten und ihre Verteilung.

Subkategorie	Anzahl	Belege
Grammatikalische Logogramme	2011	*à – a – as* *là – la – l'a* *ce – se* *ces – ses – c'est – s'est* *et – est – es – ai – eh* *mais – mes – met – mai* *– m'est* *ou – où* *sa – ça*
Übergeneralisierte grammatikalische Logogramme	15	*pû* 'pu', *bû* 'bu', *sû* 'su' *crû* 'cru' *dûe* 'due'

Tabelle 16 (fortgesetzt)

Subkategorie	Anzahl	Belege
Lexikalische Logogramme	151	*mois – moi*
		fois – foie – foi
		pause – pose
		quelle – qu'elle
Gesamt	2.177	

5.1.13.2 Grammatikalische Logogramme

Das Korpus dokumentiert 35 Wortpaare oder Gruppen grammatikalischer Logogramme, die in der Aussprache homophon sind, denen graphisch jedoch unterschiedliche globale Graphien, also spezifische graphische Repräsentationen homophoner Lexeme, zugewiesen werden. Zumeist sind an diesen graphisch zu differenzierenden Paaren oder Gruppen phonisch monosyllabische Wörter beteiligt, bei denen es sich in sehr vielen Fällen um Funktionswörter handelt. Ihre hohe Frequenz begründet sich auch dadurch, dass sie andere Wörter einführen, wie beispielsweise Artikel, Pronomina, Auxiliare oder Präpositionen: «Ce n'est pas un hasard si les procédés pour distinguer les homonymes ont porté essentiellement sur ces mots-outils (logogrammes grammaticaux), particulièrement vulnérables et particulièrement porteurs de signification» (Catach 1980, 269).

Mit 1.050 von insgesamt 2.011 Okkurrenzen betrifft über die Hälfte der grammatikalischen Logogramme die Differenzierung der Präposition *à* [a], der finiten Form *a* [a] (3. Person Singular Präsens Indikativ des Verbs *avoir*) und, jedoch in deutlich geringerem Maße, der finiten Form *as* [a] (2. Person Singular Präsens Indikativ des Verbs *avoir*). Die Wahl der Formen scheint nicht systematisch, es lassen sich keine Regelmäßigkeiten inter- und intraindividueller Art feststellen. Stellenweise mag der nahe sprachliche Kontext die Wahl beeinflussen. Im folgenden Beispiel wählt Paul Grandemange innerhalb eines Satzes, in dem tatsächlich zweimal die Präposition *à* geschrieben wird, zweimal die Graphie der Präposition zur Wiedergabe der Verbalform.

(134) *En même temps que vos nou-*
velles j'ai reçu une lettre de M^{le} Jeanne
*Dubois ou elle me dit qu'elle **à** été*
*à Saulxures et **à** demandé aprés*
cher Joseph à la 3me Cie.
(Paul Grandemange, 5.1.1916, Brief 1)

In vielen Fällen wird auch die Graphie des Verbs innerhalb der Kollokation *il y a* mit der Graphie der Präposition verwechselt:

(135) *moi j'ai dit*
c'est le taube qui bombarde
Bussang, c'était vrai. mais il y a
aucun dégat puisqu'il y à en-
core pas de patates semées.
(Joseph Grandemange sen., 16.3.1916)

Die Unterspezifizierung von *à* und *a* lässt sich in den Texten der Mehrheit der Schreiber finden, auch bei denjenigen, die eine relativ sichere orthographische Kompetenz aufweisen, wie zum Beispiel Paul Desmettre in Beleg (136). Die Gleichsetzung der Präposition *à* mit der finiten Verbform *as* (137) hingegen wird nur von Schreibern verwendet, deren Texte auch in anderen Bereichen eine hohe graphische Variation aufweisen.

(136) *Comme tu vois, la vie de tranchée **à***
également ses bons moments.
(Paul Desmettre, 1.5.1915)

(137) *je vais écrire a Paul et le bonjours **as** vous aussi qua votre frère*
Joseph
(Eugénie Pierrel, 12.10.1915)

Die Schreiber zeigen unterschiedliche Präferenzen in der Wahl der Logogramme, so wählt Auguste Jeandon beispielsweise in seinem Tagebuch nur einmal *à* und ansonsten immer *a* zur graphischen Wiedergabe der Präposition.

Ein weiteres logogrammisches Paar, das sich ebenfalls durch die Setzung eines Gravis unterscheidet, ist *ou – où*, das im Korpus in vielen Belegen graphisch nicht identifiziert wird. Eine höhere Zahl an Okkurrenzen belegt die Wahl der Form ohne Gravis (138). Die Graphie *où* für *ou* wird seltener und nur von den Brüdern Grandemange verwendet.

(138) *on nous conduit pas bien loin de la ville, dans*
*une prairie **ou** il y avait quelques baraques*
(Justin Poinçot, 12.9.1914)

(139) *Je m'empresse par la
présente de te souhaiter un
joyeux anniversaire;* **où** *plutot un
triste, mais grand, vingt ans.*
(Aloïs Grandemange, 3.10.1914)

Eine weitere logogrammische Gruppe stellen *la – là – l'a* dar, die sich durch die Setzung eines Gravis und die differierende Segmentierung unterscheiden.[55] Die Schreiber zeigen eine deutliche Präferenz für die reduzierte Graphie *la* zur graphischen Darstellung des Adverbs *là* (140). Nur wenige Okkurrenzen belegen die Graphie des Adverbs anstelle des Artikels bzw. Pronomens (141). Die Verwendung von *l'a*, die der Analyse eines direkten Objektpronomens vor der finiten Verbform *a* entspricht, findet sich nur viermal in den Texten Paul Grandemanges (142).

(140) *tu me raconte
que les arbres sont en fleurs le hiron
delles sont arriféés, par ici rien de tous
cela encore nous sommes en retard au
moins deus mois avec* **la** *bas*
(Zoé Grandemange, 2.4.1916)

(141) *Tu trouveras inclus une pensée que
J'ai gardée à ton intention, garde* **là**
précieusement
(Paul Desmettre, 27.8.1914)

(142) *Croyez, biens Chers Parents, que dans l'avenir
je m'efforcerai et ferai de mon mieux afin
que vous goûtiez auprès de votre fils le bonheur
et* **l'a** *joie pour tout ce que vous lui avez faits!*
(Paul Grandemange, 7.2.1915)

Weitere frequente logogrammische Wortpaare, die das Korpus dokumentiert, sind folgende: *sa – ça, ce – se, ces – ses – c'est – s'est, si – ci – s'y, ni – n'y, ma – m'a* und *ta – t'a* sowie *quand – quant*. Die beiden größten Gruppen vereinen

---

[55] Zu diesen drei Logogrammen zählen nach Catach auch die Elemente *là* in *voilà* sowie *la* in *cela* (Catach 1980, 68).

jeweils fünf homophone Elemente. 60 Okkurrenzen belegen die graphische Variation von /e/, für das das Korpus folgende Graphien anbietet: et – est – es – ai – eh:

(143) *Cher Paul je vous ai* **est** *envoyez*
       un paquet de lainage tricot et flanelle
       et à Joseph a la même des chausettes
       (Marie Anne Grandemange, 26.10.1914)

(144) **Et** *bien et son usine*
       avance-t-elle, ou n'y travaille-t-on plus?
       (Paul Desmettre, 26.9.1914)

(145) *Je vais terminé car je fais encore*
       une lettre a Cher Joseph et **est**
       il est déjà 4 heures
       (Joseph Grandemange sen., 27.3.1916)

(146) *surtout a la gatinelle se n'est*
       ègalement pas chez soi
       (Philomène Angly, 23.1.1916)

Die Korrekturen in den letzten beiden Belegen zeugen vom Bewusstsein homophoner aber heterographer Schreibungen. Trotz der Homophonie sind auf Rezipientenseite keine Verständnisschwierigkeiten zu erwarten.

Eine weitere Gruppe von fünf Logogrammen gründet ebenfalls auf einer Kombination mit dem Phonem /e/: *mais – mes – met – mai – m'est*. Die Schreiber verwenden insbesondere *mes* und *mai* für *mais*, eine Okkurrenz belegt *m'est* für *met*. An diesen umfangreichen logogrammischen Wortgruppen wird die Überschneidung von grammatikalischen und lexikalischen Logogrammen deutlich: *mais* als Konjunktion und *mes* als Possessivbegleiter können eindeutig als grammatikalische Logogramme identifiziert werden, *met* als finite Form von *mettre* sowie *mai* eindeutig als lexikalisches Logogramm und *m'est* vereint sowohl grammatikalische als auch lexikalische Aspekte.

Ähnlich wie bei der morphogrammischen Variation ist auch für die Wahl der Logogramme eine grammatikalische und zudem lexikalische Analyse des Satzes, in dem die Varianten verwendet werden, von großer Bedeutung. Am Beispiel des Wortpaares *on – ont* (147) und (148) sowie der Gruppe *peu – peut – peux* (149) und (150) wird deutlich, dass die Wahl der entsprechenden Form nur durch ein Verständnis der syntaktischen Beziehungen im Satz geleistet werden kann.

(147) *tu*
*me diras ce qu'il t'**on** dit au*
sujet de tes bons et de ton
allocation
(Paul Labriet, 30.1.1916)

(148) *16.10.15 **ont** me plase a*
Neumuhl dans la 3em Comp
(Auguste Jeandon, 16.10.1915)

(149) *Je vous causerai un **peux** plus tard car*
Nous n'avons pas le temp maintenant
(Henri Cablé, 4.7.1915)

(150) *nous avons rester*
que 2 mois ½, dans cette en-
*droit sans **peut** de pertes*
(Adolphe Guerton, 17.10.1915)

Besonders anspruchsvoll wird die Wahl aus einer Gruppe homophoner heterographer Schreibungen, wenn es sich nicht nur um homophone, sondern um teilweise auch homographe Formen handelt, wie etwa bei *leur* (Objektpronomen) – *leur* (Possessivpronomen). Tatsächlich sind diese Varianten im Korpus nur dadurch als der logogrammischen Variation zugehörig zu erkennen, da die Schreiber die Pluralform des Possessivpronomens anstelle des Objektpronomens verwenden.

(151) *vous **leurs***
transmettrez mes nouvelles
(Joseph Grandemange jun., 26.3.1916)

Die logogrammische Funktion des Zirkumflexes wird im Wortpaar *du – dû* sichtbar, in dem der Zirkumflex die Präposition vom Partizip der Vergangenheit des Verbs *devoir* differenziert. Das Wortpaar ist in der gesprochenen Sprache homophon und wird von den Schreibern in 23 Belegen nicht ausreichend graphisch unterschieden. Wie in Beispiel (152) zeigen alle 23 Belege die Wahl der Form ohne Zirkumflex anstelle des Partizips an:

(152) *Roger a **du** t'ècrire qu'il avait^{ètè} rappeler au*
5eme par dèpêche
(Jules Laly, 4.6.1916)

Das Wissen um eine mögliche logogrammische Funktion des Zirkumflexes ist höchstwahrscheinlich der Grund für seine weitergehende Verwendung in der folgenden Unterkategorie.

5.1.13.3 Übergeneralisierte grammatikalische Logogramme

Als übergeneralisierte grammatikalische Logogramme wurden Partizipien gewertet, die zusätzlich mit einem Zirkumflex versehen wurden, der bei anderen Partizipien der Vergangenheit zur logogrammischen Differenzierung dient. Die übergeneralisierende Verwendung des Zirkumflexes zeigt sich bei folgenden Partizipien: *pû* 'pu', *bû* 'bu', *crû* 'cru', *dûe* 'due', *sû* 'su'. Keines der genannten Partizipien verfügt über einen homophonen Gegenpart, von dem es logogrammisch differenziert werden müsste, abgesehen von *cru*, das mit dem Adjektiv *cru* und dem Partizip von *croître* homophon ist, für das jedoch keine logogrammische Differenzierung vorgesehen ist. Die Form *dûe* stellt insofern eine Ausnahme dar, als dass die maskuline Form des Partizips tatsächlich einen Zirkumflex trägt und die Setzung des Akzents hier offenbar in Analogie erfolgt. Bis auf 3 Okkurrenzen stammen alle übergeneralisierten Partizipien von Paul Grandemange, der hiermit seine individuelle Schreibung konstituiert:

(153) *Papa à fait tout*
*ce qu'il a **pû** à ce sujet et je l'en remercie.*
(Paul Grandemange, 25.6.1916)

(154) *En tout cas contraire-*
*ment à ce que j'aurais **crû**, je n'ai pas*
versé une seule larme.
(Émile Garnier, 4.8.1914)

Paul Grandemange zeichnet bereits wesentlich für die übergeneralisierte Form *biens* des Adverbs *bien* verantwortlich. Seine Texte enthalten im Vergleich mit den anderen Schreibern des Korpus eher wenige graphische Varianten, sodass ihm eine relativ gute und der Norm entsprechende Orthographiekompetenz zugesprochen werden kann. Möglicherweise korrelieren eine relativ sichere Regelkompetenz, und hier insbesondere die Kenntnis bestimmter orthographischer Regeln, gemeinsam mit einer positiven Bewertung orthographischer Kompetenz mit einer erhöhten Neigung zur Übergeneralisierung. Auch der Autor des zweiten Beispiels (154) für übergeneralisierte grammatikalische Logogramme, Émile Garnier, zeigt in seinem Tagebuch eine durchaus sichere orthographische Kompetenz.

Nach der Beschreibung grammatikalischer Logogramme untersucht nun der folgende Abschnitt die Varianten lexikalischer Logogramme im Korpus.

5.1.13.4 Lexikalische Logogramme

Innerhalb der lexikalischen Logogramme liefert das Korpus 42 logogrammische Wortpaare bzw. Wortgruppen, die alle in der Aussprache homophon sind, graphisch jedoch unterschieden werden. Die Häufigkeit lexikalischer Logogramme scheint insofern geringer, als die Elemente, die die Paare und Gruppe konstituieren, insgesamt seltener verwandt werden als die äußerst frequenten monosyllabischen Funktionswörter.

Zur Differenzierung in der Graphie können etymologische Buchstaben distinktive Funktion übernehmen, wie zum Beispiel in *fois – foie – foi* (155) oder in *mois – moi* (156), ebenso wie grammatikalische Morphogramme, beispielsweise in den ersten beiden Formen des logogrammischen Trios *soit – sois – soie* (157).

(155) *Je vous écrirez une autre* **foie** *car je ne voie*
 plus rien avous dire
 (Eugénie Pierrel, 26.8.1915)

(156) *et* **mois** *les pier mon jelé*
 tout les deux
 (Eugène Lorieau, Oktober 1914)

(157) *je suis chargé de besognes soit pour le bois*
 sois *les jardins*
 (Joseph Grandemange sen., 4.6.1916)

Neben etymologisch bedingten Buchstaben kann auch die interne diachrone Entwicklung des Französischen für unterschiedliche Graphien in der Konstitution von Dubletten sorgen. Die Elemente des Wortpaars *pause – pose* gehen beide auf das gleiche lateinische Etymon PAUSARE zurück (Rey 2010, s.v. *poser*), so wie *conter – compter* auf das lateinische Etymon COMPUTARE zurückgehen (Rey 2010, s.v. *conter*). Die beiden Wortpaare *pensement – pansement* und *penser – panser* sind ebenfalls beide vom lateinischen Etymon PENSARE herzuleiten (Rey 2010, s.v. *panser*), ihre Graphien können nur in der historischen Entwicklung der Sprache erklärt werden.

Außerdem kann die Segmentierung von Lexemen bedeutungsunterscheidend sein, wie anhand der folgenden Beispiele deutlich wird: *quelle – qu'elle* (158) und (159), *entrain – en train*, *décrire – d'écrire*, *d'eux – deux*.

(158) **Qu'elle** bonté avez
vous de m'envoyer de l'ar₌
gent
(Joseph Antoine, 27.3.1915)

(159) c'est probablement a cause
de la nouvelles année, triste commencement espérons **quelle**
finira mieux et qu'il n'en manqueras plus parmi nous
(Antoinette Perrin, 3.1.1915)

5.1.13.5 Zusammenfassende Betrachtung der logogrammischen Variation

Haben die Schreiber keinen direkten Zugriff auf die Graphie eines bestimmten Wortes, müssen sie einen Umweg nehmen, auf dem sie sich mit verschiedenen Strategien behelfen. In der logogrammischen Variation wird deutlich, dass die Schreiber oftmals nicht direkt auf ein visuelles Schriftbild eines Wortes zurückgreifen können. Sie scheinen sich vielmehr in vielen Fällen an der Aussprache zu orientieren und differenzieren in der Folge die einem Lautbild korrespondierenden Schriftbilder nicht ausreichend. Die weniger geübten Schreiber des Korpus zeigen eine Tendenz zur Verwendung der jeweils graphisch weniger aufwändigen Version eines Logogramms, zum Beispiel die Konjunktion *ou* anstelle des Interrogativ- oder lokalen Relativpronomens *où*. Nicht nur der Einfluss der gesprochenen Sprache wird hier deutlich, sondern auch die grammatikalischen und orthographischen Kenntnisse, die eine exakte Analyse der Beziehungen der Elemente in einem Satz erfordert.

Hinsichtlich der Differenzierung von Homonymen kommt der Orthographie die Funktion der Desambiguierung der Formen zu (Blanche-Benveniste 1997, 13). Wenn die Desambiguierung in den Texten der Schreiber nicht über die Orthographie gewährleistet werden kann, muss im Einzelfall der Kontext diese Funktion übernehmen. Die Beobachtung der unterlassenen graphischen Differenzierung von Homonymen bzw. homophonen Lexemen bezüglich der Texte der weniger geübten Schreiber des Analysekorpus stimmt mit der Tendenz anderer weniger geübter Schreiber des Französischen überein. Im *Corpus 14* werden sowohl grammatikalische als auch lexikalische Logogramme kaum graphisch differenziert (Pellat 2015, 73).

5.1.14 Nicht-funktionale Variation

5.1.14.1 Theoretische und methodische Erläuterungen

Nach der morphogrammischen und der logogrammischen Variationsdimension ist die nicht-funktionale Variation diejenige, die die meisten Okkurrenzen in sich vereint. Die normgerechten Entsprechungen der hier eingeordneten graphischen Varianten stellen für weniger geübte Schreiber insofern eine Herausforderung dar, als dass sie bestimmte Kenntnisse zur Etymologie oder zur sprachlichen Entwicklung voraussetzt.

Insgesamt umfasst diese Variationsdimension 1.854 Varianten, die sich auf vier große Subkategorien verteilen: Auslassung nicht-funktionaler Doppelkonsonanten, Doppelung einfacher Konsonanten, Variation etymologisch bedingter Buchstaben und Hinzufügung bzw. graphische Markierung hypothetischer etymologischer Buchstaben. Zu den ausgelassenen nicht-funktionalen Doppelkonsonanten werden alle einfach gesprochenen Doppelkonsonanten gezählt, die kein Phonem darstellen, wie es zum Beispiel der Fall für <ss> /s/ und <s> /z/ oder <ll> /j/ und <ll> /l/ ist. Als Doppelung einfach geschriebener Konsonanten werden alle irrtümlicherweise auftretenden Doppelkonsonanten aufgenommen. Die Variation etymologisch bedingter Buchstaben betrifft sowohl Vokale als auch Konsonanten und kann sich entweder als Auslassung oder Substitution darstellen. Auch die nicht-funktionale Variationsdimension wurde um eine Subkategorie der Übergeneralisierungen erweitert, die den Zusatz von Buchstaben und Diakritika umfasst, die bei Catach (1980) nur am Rande thematisiert werden.

5.1.14.2 Doppelkonsonanten

Die im System der französischen Orthographie angelegte Differenzierung von doppelten und einfachen Konsonanten ist eines der ersten Charakteristika, das in Texten weniger geübter Schreiber nicht mehr berücksichtigt wird. Es handelt sich bei der unterlassenen Differenzierung doppelter und einfacher Konsonanten nicht um ein Spezifikum des Französischen, denn sie findet sich grundsätzlich in Sprachen, in denen die Unterscheidung einfacher und doppelter Konsonanten im graphischen System angelegt ist. Hierbei ist es wichtig herauszustellen, dass die Reduktion von Doppelkonsonanten oder die Verdoppelung einfacher Konsonanten nicht mit einer besonderen Aussprache korreliert (Ernst 2010, 62), denn in der Regel werden Doppelkonsonanten wie einfache Konsonanten gesprochen (Catach 1980, 279). Rein graphische Doppelkonsonanten können etymologisch bedingt sein, wie zum Beispiel in *ville*, *battre* oder *gaffe*, sie können aber auch auf sprachhistorische Entwicklungen des Französischen zurückgehen, wie die ehemalige Markierung von Nasalvokalen durch <nn> und <mm>, zum Beispiel *honneur* und *comme*, oder wie die ehemalige Differenzierung in kurze und lange Vokale, etwa bei *cotte* und *côte* oder bei *halle* und *hâle* (Riegel/Pellat/Rioul 2016, 128). In der sprachhistorischen Entwicklung wurden manche Doppelkonsonanten, die die Öffnung eines vorhergehenden <e> markierten, getilgt und durch <è> ersetzt. Obwohl andere diakritische Zeichen zur Markierung der Vokalöffnung im 18. Jahrhundert verschwinden, bleibt ein Großteil der Doppelkonsonanten erhalten. Dies führt dazu, dass in der französischen Orthographie gleichzeitig zwei verschiedene Prozesse zur Wiedergabe der Vokalqualität angewandt werden (Catach 1980, 64). Dies verdeutlicht die Komplexität der Schreibung von Doppelkonsonanten und zeigt die Redundanz der französischen Orthographie auf.

Die nachstehende Tabelle gibt einen Überblick zur Variation nicht-funktionaler Doppelkonsonanten im Korpus:

Tabelle 17: Varianten nicht-funktionaler Doppelkonsonanten.

Nicht-funktionale Variation		
Subkategorie	**Anzahl**	**Belege**
Nicht-funktionale Doppelkonsonanten		
Reduktion	225	
<f> statt <ff>		*soufrire* 'souffrir', *sifle* '[il] siffle'
<l> statt <ll>		*nouvels* 'nouvelles', *alez* 'allez'
<m> statt <mm>		*come* 'comme', *comerce* 'commerce'
<n> statt <nn>		*Prisonier* 'prisonnier', *vienent* '[ils] viennent'
<p> statt <pp>		*suporter* 'supporter', *stopait* '[il] stoppait'
<r> statt <rr>		*poura* '[il] pourra', *corespondance* 'correspondance'
<t> statt <tt>		*j'atent* 'j'attends', *ataque* 'attaque'
Geminierung	131	
<ll> statt <l>		*Auxilliaire* 'auxiliaire', *allors* 'alors'
<mm> statt <m>		*ommelette* 'omelette', *cammarades* 'camarades'
<nn> statt <n>		*ygienne* 'hygiène', *trainne* 'traîne'
<pp> statt <p>		*apprêt* 'après', *attrapper* 'attraper'
<rr> statt <r>		*interressent* '[ils] intéressent', *durreè* 'durée'
<ss> statt <s>		*Chnappss* 'schnaps', *traversser* 'traverser'
<tt> statt <t>		*étté* 'été', *vitte* 'vite'
Gesamt	356	

Insgesamt belegt das Korpus 356 Varianten von Doppelkonsonanten entweder in Form der Reduktion eines Doppelkonsonanten oder in Form der Geminierung eines einfachen Konsonanten. Innerhalb der Reduktion von in der Orthographie bewahrten etymologischen Doppelkonsonanten ist die Degeminierung von <ll> zu <l> mit 71 Okkurrenzen die frequenteste Variante. Ein Großteil der Okkurrenzen betrifft das Lexem *nouvelles*, das als *nouvels* wiedergegeben wird. Der Digraph <ll> ist in diesem Beispiel sowohl als Marker für das feminine Genus *-elle* als auch als Marker für die Öffnung des Vokals /ɛ/ (Catch 1980, 282) zu werten. Das relativ hohe Vorkommen dieser Form muss insofern eingeschränkt werden, als dass sich die Okkurrenzen von *nouvels* auf die Texte von Marie Anne Grandemange beschränken. Die Schreiberin verwendet stets diese Graphie für *nouvelles*, es scheint sich um eine gefestigte idiolektale Variante zu handeln.

Anhand der Reduktion von <ll> wird offenkundig, dass diese Subkategorie Affinitäten mit der morphogrammischen Variationsdimension zeigt, da beispielsweise finite Formen von *aller* wie *alez* 'allez', *alont* 'allons' oder *alais* 'allais' eine Variation des Doppelkonsonanten <ll> im Stamm zeigen. Außerdem spielen paradigmatische Beziehungen der Elemente eines Wortfelds untereinander eine wichtige Rolle, wie am Beispiel von *tranquil* 'tranquille', *tranquilisez* 'tranquillisez' und *tranquilité* 'tranquillité' klar wird.

Vielfach wird auch der Doppelkonsonant <rr> reduziert. Dies kann etymologisch bedingte <rr> in Verbstämmen, wie zum Beispiel *enterer* 'enterrer', ein Derivat von lat. TERRA (Rey 2010, s.v. *terre*), oder *sere* 'serre' lat. *SERRARE (Rey 2010, s.v. *serrer*), betreffen, oder auch im Zusammenhang mit morphogrammischer Funktion im Verbalparadigma von *pouvoir* in den Formen des Konditionals und des Futurs, wie etwa *poura* 'pourra', *pourais* 'pourrai', *pourions* 'pourrions' oder *pourez* 'pourrez' stehen. Grundsätzlich schwierig für weniger geübte Schreiber ist die Graphie von Toponymen, wie zum Beispiel *Noroy le Sec* 'Norroy-le-Sec' und Fachtermini, etwa *hémoragie* 'hémorragie'. Der Erhalt mancher Doppelkonsonanten im Französischen, die bereits das lateinische Etymon aufweist, ist durch die Position in einem Prä- oder Suffix bedingt. Das lateinische Präfix *a-* bzw. *ad-* bewahrt tendenziell den lateinischen konsonantischen Digraphen (Catch 1980, 255), was im Korpus zum Beispiel durch *j arive* 'j'arrive' lat. *ARRIPARE (Rey 2010, s.v. *arriver*) belegt ist. Bei Suffigierungen wird ein auslautendes <-n> häufig im Übergang von der Basis zum Suffix geminiert (Catch 1980, 192), wie in den Korpusbelegen *Prisonier* 'prisonnier' oder *divisionair* 'divisionnaire'.

Den Doppelkonsonanten <mm> und <nn> wird ursprünglich ein phonogrammischer Wert zugeschrieben. Die Geminierung von <m> und <n> markiert eine frühere Nasalisierung der Vokale /ɑ/, /ɛ/ und /ɔ/ (Catch 1980, 282). Im Korpus ist die Reduktion dieser Doppelkonsonanten unter anderem durch die Belege der Adverbien *impatiement* 'impatiemment' und *evidament* 'évidemment', des Nomens *anée* 'année' oder des Verbs *abandoner* 'abandonner' dokumentiert. Die Graphie der Adverbien mit dem geminierten Nasalkonsonanten <m> lässt sich nur noch sprachhistorisch begründen, weshalb Catach für seine Tilgung plädiert: «Sa suppression ferait disparaître la gêne d'une formation non régulière» (Catach 1980, 190).

Innerhalb der nicht-funktionalen Doppelkonsonanten belegt das Korpus auch die gegenläufige Tendenz einer Geminierung einfacher Konsonanten, die jedoch etwas weniger stark präsent ist als die Reduktion von Doppelkonsonanten. Die frequentesten Geminierungen betreffen die Konsonanten <l>, <m>, <n>, <p>, <r>, <s> und <t>, wobei <r> und <t> gemeinsam etwas mehr als die Hälfte aller Okkurrenzen ausmachen. Die Mehrheit der Geminierungen von <r> treten innerhalb der Wortfamilie um *intéressant* auf: *interressant* 'intéressant', *interressent* '[ils] intéressent', *intérressé* 'intéressé' und *interresse* '[il s']intéresse'.

Für die weniger geübten Schreiber ist die graphische Wiedergabe von Doppelkonsonanten aus verschiedenen Gründen sehr komplex. Die meisten Doppelkonsonanten werden als einfache Konsonanten realisiert und erfüllen für die Aussprache keine Funktion mehr. Die diakritische Funktion von Doppelkonsonanten, die sie sprachhistorisch gesehen zu einem bestimmten Zeitpunkt noch erfüllen, ist aus einer aktuelleren Perspektive nicht mehr begründbar oder zumindest nur noch in einem deutlich geringeren Maße (Catach 1980, 272). Das bedeutet, dass die Schreiber in der Regel über Kenntnisse der Etymologie eines bestimmten Lexems verfügen müssen, um die Wiedergabe der Konsonanten sicherstellen zu können. Diese Feststellung betrifft alle Schreiber gleichermaßen, ist jedoch hinsichtlich der weniger geübten Schreiber von besonderer Relevanz, da sie von anderen Voraussetzungen ausgehen. Aufgrund der zumeist kurzen Schulbildung sowie aufgrund der im Unterricht verwendeten Methoden des Memorisierens und Reproduzierens (Weth 2015, 91) sind jedoch ihre Kenntnisse in der Etymologie und über sprachhistorische Entwicklungen begrenzt. Wenn die Schreiber also nicht auf diese Kenntnisse zurückgreifen können, müssen sie bestimmte graphische Muster erlernt haben, wozu zumindest eine gewisse Schreibroutine erforderlich ist.

Der etymologische Wert von Doppelkonsonanten wird daran deutlich, dass außer <rr>, das im Altfranzösischen auch doppelt gesprochen wurde, alle Doppelkonsonanten des Lateinischen im Mittelalter einfach gesprochen wurden. Ein Großteil der Doppelkonsonanten wurde gleichfalls schriftlich vereinfacht. Aufgrund verschiedener Einflüsse wie der Rückkehr zu einer etymologischen Schreibung, der Entlehnung von Derivaten lateinischer Basen, des Einflusses des Italienischen, das die Doppelkonsonanten zum Teil erhalten hatte, wurden die Doppelkonsonanten graphisch ab dem 14. und besonders im 16. Jahrhundert restituiert (Catach 1980, 281).

Die durchgängige Präsenz von Geminierungen und Degeminierungen in seinem Korpus veranlassen Ernst (1999) zur Annahme, dass

> «in der Graphie der ‹semicolti› Geminierung und Einfachschreibung von Konsonanten unabhängig von der jeweiligen Aussprache ein Bereich sind, in dem die Schreiber sich – über Schwankungen der zeitgenössischen Norm hinaus – besonders häufig vom Standard entfernen. Diese Tendenz lässt sich überzeitlich und übereinzelsprachlich belegen» (Ernst 1999, 104).[56]

Auch im *Corpus 14* werden einfach gesprochene Doppelkonsonanten in vielen Fällen reduziert oder, wobei dies seltener vorkommt, einfache Konsonanten verdoppelt. «Le problème du choix d'une consonne simple ou double non prononcée n'a jamais été résolu par l'Académie française, car il est impossible de donner des règles fiables, sans exceptions» (Pellat 2015, 72).

Natürlich können in diesem Zusammenhang nur Vermutungen über die Motivationen der Schreiber angestellt werden. Die von den Schreibern graphisch verdoppelten Konsonanten wurden als Geminierungen nicht-funktionaler Doppelkonsonanten eingeordnet, um zunächst Überinterpretationen zu vermeiden. In einem nachgeordneten Schritt könnten verschiedene Hypothesen für die Schreibung eines doppelten Konsonanten wirksam werden. So könnte der Schreiber beispielsweise bei der Geminierung in *accompte* 'acompte', in *address* 'adresse', in *diffilions* 'défilions' oder in *innattention* 'inattention' davon ausgehen, es handle sich um ein Präfix mit anschließender Dopplung des Konsonanten. Wie im Zusammenhang der Reduktion von Doppelkonsonanten gezeigt wurde, ist dieses Muster in bestimmten Kontexten tatsächlich relevant und wird daher vom Schreiber möglicherweise auch in anderen Kontexten so interpretiert oder schlicht angewandt. Eine weitere Erklärung für die Geminierung einfacher Konsonanten könnte die Einschätzung eines alternierenden Verbstamms sein, wie ihn etwa das Verb *appeler – j'appelle* aufweist. Belege wie *ils gellent* 'ils gèlent', *je me reconsolles* 'je me reconsole' oder *je profitte* 'je profite' könnten diese Hypothese zwar andeuten, Belege wie *souller* 'soûler', *bruller* 'brûler' oder *allarmer* 'alarmer' würden jedoch eher für eine unsystematische Geminierung auch im Infinitiv sprechen. Einige der genannten Formen könnten wiederum phonogrammisch motiviert sein, unter Berücksichtigung einer diakritischen Funktion der Doppelkonsonanten zur Markierung der Vokalöffnung wie in *ils gellent* oder der Vokal-

---

56 Cf. hierzu Ernst (2020, 26–27).

kürze wie in *je profitte*. Auch die Belege *une tempètte de neige* oder *ygienne* gehorchen einer gewissen phonogrammischen Logik. Außerdem scheinen ebenso partielle logogrammische Analogien denkbar, wie im Falle von *geurriei* 'guérie' und *guerrir* 'guérir', die in der Schreibung eindeutig an *guerre* erinnern. Einige Schreibungen geminierter Konsonanten könnten auf eine geringe Verwendung der Lexeme im Vorkriegsalltag zurückzuführen sein, weshalb die Schreiber diese Lexeme nur selten geschrieben gesehen hatten. Hier sind Formen wie *convallaisance* 'convalescence', *rafalle* 'rafale', *Auxilliaire* 'auxiliaire', *cammarades* 'camarades', *Battallion* 'bataillon' oder *popotte* 'popote' zu nennen. Auch Toponyme entfernter Städte wie *Zuydcotte* 'Zuydcoote' oder Entlehnungen wie *Chnappss* 'schnaps' und Patronyme wie *Boehmm* 'Boehm' scheinen prädestiniert für variierende Graphien. Trotz dieser Hypothesen, die eine Geminierung begründen könnten, finden sich viele Belege frequenter Formen im Korpus, die sich diesen Motivationen entziehen, wie beispielsweise die finiten Formen des Verbs *être étté* 'été', *ettes* 'êtes' und *éttait* 'était' oder aber die Adverbien *vitte* 'vite' und *mainttenant* 'maintenant' sowie die Schreibung des eigenen Namens mit geminiertem finalem <tt> *Albert Provott* 'Albert Provot'. Gerade bei der Variation des Konsonanten im Patronym sind auch ludische Funktionen in der Korrespondenz Albert Provots mit seinen Eltern denkbar.

5.1.14.3 Etymologisch bedingte Grapheme

Ein großer Bereich der nicht-funktionalen Variation umfasst etymologische und historische Buchstaben, die im aktuellen Orthographiesystem keine Funktion mehr übernehmen, sondern lediglich Spuren der Sprachgeschichte sind (Riegel/Pellat/Rioul 2016, 128).

In Catachs Analyseschema, das aus einer synchronen Perspektive konzipiert ist, werden Grapheme in ihrer aktuellen Funktionalität betrachtet.

> «Nous ne parlons donc pas en général de ‹lettres historiques› pour nos graphèmes, réservant ce terme à celles qui, en dehors d'une justification historique, n'ont aucune autre fonction à l'heure actuelle, même si elles ont pu répondre à un moment donné à certaines nécessités linguistiques» (Catach 1980, 274).

Diese historischen und etymologischen Graphien mögen aus aktueller Perspektive keine Funktion mehr erfüllen, dennoch sind sie im System der französischen Orthographie verankert, weshalb für Schreiber Kenntnisse zur sprachhistorischen Entwicklung und zur Etymologie durchaus eine wichtige Rolle spielen. Der komplexe Anspruch dieser historisch-etymologischen Ausrichtung der französischen Orthographie an den Schreibenden wird besonders deutlich, wenn man berücksichtigt, dass der durchschnittliche Schreiber, und noch weniger das lernende

Kind, in der Regel über keine ausgeprägten Kenntnisse der Etymologie des Französischen verfügt (Catach 1980, 250). Was Catach bereits für durchschnittliche Schreiber und Kinder festhält, kann in noch deutlicherer Weise für weniger geübte Schreiber gelten. Der ausgeprägt historisch-etymologischen Tendenz der französischen Orthographie haben die Schreiber des Analysekorpus aufgrund einer kurzen und zum Teil länger zurückliegenden Schulbildung wenig Wissen entgegenzusetzen. Da sich die Graphie eines Teils der Varianten jedoch nur mit der jeweiligen Etymologie begründen lässt, wurden diese Formen dennoch nach der nicht-funktionalen Variationsdimension codiert. In einem zweiten Schritt stellt sich jedoch die Frage, welche Strategien die Schreiber anwenden, wenn davon auszugehen ist, dass sie nur über begrenzte Kenntnisse der Etymologie verfügen.

In der Zuweisung etymologisch bedingter Varianten besteht eine Schwierigkeit darin, dass sich vielfach Überschneidungen mit anderen Variationsdimensionen zeigen. Betrachtet man die Form *commenser* 'commencer', stellt sich die Frage, ob <s> etymologischen Ursprungs ist oder ob es sich um eine phonogrammische Variation handelt. In anderen Verben, wie zum Beispiel *penser*, kommt diese Endung durchaus vor. Da die Schreibung *commenser* keine Änderung des phonetischen Werts impliziert und der Schreiber die Graphie nicht über phonogrammische Korrespondenzen erschließen kann, ermöglicht hier einzig die Kenntnis der Etymologie eine normgerechte Schreibung. Teilweise müssen die Schreiber sogar der phonetischen Wahrnehmung widersprechend eine bestimmte Graphie wählen, wie beispielsweise die Okkurrenz von *autonne* 'automne' lat. AUTUMNUS (Rey 2010, s.v. *automne*) belegt.[57] Weiterhin können sich Überschneidungen der etymologischen Varianten mit lexikalischen Morphogrammen ergeben, wie exemplarisch an der Einordnung von *instenp* 'instant' aufgezeigt werden kann: Zum einen könnte der Beleg als lexikalisches Morphogramm betrachtet werden, weil es paradigmatisch mit Derivaten wie *instantané* verknüpft ist. Zum anderen könnte es als etymologische Variation gefasst werden, da es sich vom lat. INSTARE, das wiederum lat. *instans* ergibt (Rey 2010, s.v. *instant, ante*), ableitet. In diesen Fällen wurde die Okkurrenz als etymologische Variante codiert, obwohl die morphogrammische Dimension gewiss eine wichtige

---

57 Im Folgenden werden die Etyma im Nominativ, so wie sie auch in den entsprechenden Wörterbüchern verzeichnet sind, angegeben, im Wissen, dass sich die betreffenden Lexeme nicht aus dem Rectus, sondern dem Obliquus entwickelt haben. Das Anliegen dieses Kapitels besteht in der Begründung einzelner Grapheme und nicht darin, die Entwicklung eines ganzen Lexems nachzuzeichnen.

Rolle spielt. Auch wenn dem Schreiber die Beziehungen der verschiedenen Derivate eventuell bewusst sind, ist jedoch zum einen die Schreibung der Derivate nicht zwangsläufig bekannt und zum anderen ist die Derivation nicht die eigentliche Begründung für die Graphie. In der Graphie von *temps* sind sowohl <m> als auch <p> sowie <s> etymologisch bedingt, nur <m> und <p> könnte ein Schreiber herleiten, wenn er beispielsweise an *temporaire* denkt. Aufgrund des lateinischen Etymons TEMPUS bleiben dennoch alle drei Konsonanten etymologischer Natur. Die Überlappung mit Morphogrammen im Allgemeinen resultiert aus der Tatsache, dass im Gesprochenen nicht realisierte Grapheme dazu dienen, entweder eine visuelle Beziehung auf paradigmatischer Ebene herzustellen oder auf der syntagmatischen Ebene zusätzliche Informationen zu liefern.

Ein wesentliches Charakteristikum der etymologischen Varianten ist, dass sie sich hinsichtlich der Aussprache nicht von der jeweiligen orthographischen Variante unterscheiden. Die Schreiber können sich also nicht auf die Graphem-Phonem-Korrespondenzen stützen, um retrospektiv ihre eigene Graphie als von der orthographischen Norm abweichend zu erkennen. Daher helfen ihnen die Graphem-Phonem-Korrespondenzen nicht abschließend die normgerechte Graphie zu finden.

Im Folgenden werden die knapp 1.300 Varianten, die auf etymologisch bedingte Grapheme zurückgehen, dargestellt. Sie verteilen sich zum einen auf die Subkategorien der Konfusion sowie der Reduktion etymologisch begründeter Grapheme und zum anderen auf die Subkategorie der hypothetischen Etymologie, die Hinzufügungen der Schreiber enthält, die offenbar auf einer Analogie zu etymologisch bedingten Formen beruhen. Aufgrund der hohen Zahl an Codierungen innerhalb dieser Subvariationsdimension werden die einzelnen Subkategorien in kleineren Gruppen vorgestellt und diskutiert.

Vokalische Alternation
Mehr als 100 Formen belegen eine Konfusion der Graphien etymologisch bedingter Vokale, in etwa gleich viele Varianten für Oral- und Nasalvokale. Die folgende Tabelle[58] zeigt beispielhaft Belege für die verschiedenen Ausprägungen etymologisch bedingter Variation von Vokalen:

---

[58] Wenn nicht anders angegeben, folgt die Angabe zur Etymologie Rey (2010) und dem FEW.

Tabelle 18: Vokalische Varianten etymologischer Grapheme.

Etymologische Grapheme		
Vokalische Variation		
Konfusion etymologisch bedingter Vokale	/a/ <a> statt <e>	*évidament* 'évidemment' lat. EVIDENS
	/u/ <ou> statt <aou>	*Out* 'août' lat. AGUSTUS
	/ɛ/	*aprais* 'après' lat. AD PRESSUM *mègre* 'maigre' lat. MACER
	/e/	*confaisser* 'confesser' lat. CONFESSUS *anpaicher* 'empêcher' lat. IMPEDICARE
	/i/	*phylosophe* 'philosophe' griech. PHILOSOPHOS[59] *biciclette* 'bicyclette' engl. CYCLE
	/o/	*baucoup* 'beaucoup' lat. BELLUS und lat. COLPUS *fause* 'fosse' lat. FOSSA
	/ɔ/	*aubliger* 'obliger' lat. OBLIGARE *internasiaunal* 'international' lat. NATIO
	/œ/	*maneuvre* 'manœuvre' lat. MANUOPERA *selement* 'seulement' lat. SOLUS
Nasalvokale	/ɛ̃/	*pleindre* 'plaindre' lat. PLANGERE *mintenant* 'maintenant' lat. MANU TENENDO
	/ã/ <an> statt <en> <an> statt <en> statt <an> statt <am>	*convallaisance* 'convalescence' lat. CONVALESCENTIA *rantré* 'rentré' lat. INTRARE *anpaicher* 'empêcher' lat. IMPEDICARE *demende* 'demande' lat. DEMANDARE *trenché* 'tranchée' lat. *TRINICARE *emputés* 'amputés' lat. AMPUTARE
Reduktion		*Samdi* 'samedi' lat. SAMBATI DIES *surté* 'sûreté' lat. SECURITAS

---

[59] Das griechische Etymon wurde als *philosophus* ins Lateinische übernommen, von wo aus es ins Französische entlehnt wurde (Rey 2010, s.v. *philosophie*).

Innerhalb der Oralvokale sind Varianten zur graphischen Wiedergabe von /ɛ/, /e/ und /o/ besonders frequent. Zur Wiedergabe von /ɛ/ stehen dem Schreiber grundsätzlich, je nach Kontext, acht verschiedene Graphien zur Verfügung, woraus sich die Schwierigkeit für die Schreiber ergibt: <ai>, <aî>, <ay>, <ei>, <ë>, <ê>, <è>, <e> (Catach 1980, 87). Die Wahl der für den jeweiligen Kontext angemessenen Schreibung erklärt sich durch das zugrunde liegende Etymon und die sich anschließenden lautlichen und morphologischen Entwicklungen. Die Varianten im Korpus konzentrieren sich auf die beiden Graphien <ai> und <è> zur Schreibung des Phonems /ɛ/, wie zum Beispiel *aprais* 'après' lat. AD PRESSUM, *paine* 'peine' lat. POENA, *faisses* 'fesses' lat. *FISSA oder *mègre* 'maigre' von lat. MACER. Die überwiegende Graphie für /ɛ/ stellt eigentlich <e> in graphisch geschlossener Silbe dar (Catach 1980, 89). Dennoch präferieren die Schreiber die seltener gebrauchte Graphie <ai>, die jedoch durch ihre Verwendung in den Flexionsmorphemen verschiedener Tempora, wie *Imparfait*, Konditional, Futur oder *passé simple*, den Schreibern durchaus sehr geläufig ist.

Für /e/ stehen mit <é>, <e> und <ai> etwas weniger Graphien zur Verfügung. Auch hier zeigen die Schreiber eine deutliche Präferenz für <ai>, wie zum Beispiel in *confaisser* 'confesser' lat. CONFESSUS, *anpaicher* 'empêcher' lat. IMPEDICARE oder *blaisé* 'blessé' franz. BLETTJAN. Nur für Formen des Verbs *laisser* wird die Graphie <e> für /e/ verwendet: *lesser* 'laisser', *lession* 'laissions', *lesse pasé* ' laissez-passer' von lat. LAXARE. Bereits im *Journal d'Héroard* sind Substitutionen der Schreibungen <ai> und <e> bezeugt (Ernst 1985, 44).

Neben den beiden Phonemen /e/ und /ɛ/ scheinen die verschiedenen Graphien für /o/ und /ɔ/ anfällig für Variation zu sein, wobei insgesamt Varianten für die geschlossene Realisierung im Korpus stärker repräsentiert sind. Die Graphien für /o/ und /ɔ/ folgen zwei unterschiedlichen Tendenzen: einserseits werden Di- oder Trigraphen reduziert, wie zum Beispiel in *baucoup* 'beaucoup' oder *aut* 'eau', in *bomme* 'baume' oder *Orevoir* 'au revoir', anderseits verwenden die Schreiber einen Digraphen anstelle eines einfachen Vokals, so wie in den Belegen *aubliger* 'obliger' lat. OBLIGARE, *internasiaunal* 'international' lat. NATIO oder *fause* 'fosse' lat. FOSSA.

Die Wahl des komplexeren Digraphen <au> anstelle von <o> für die graphische Abbildung von /o/ belegt auch das *Corpus 14*. Pellat führt hier die Hypothese einer Beeinflussung der Graphie durch den Schreibern bekannte Wörter, die <au> für /o/ enthalten, an (Pellat 2015, 71–72).

Belege wie *évidament* 'évidemment' lat. EVIDENS und *Out* 'août' lat. AGUSTUS zeigen die graphische Wiedergabe der im Gesprochenen tatsächlich realisierten Laute, wobei es sich im ersten Beispiel um die graphische Alternation des Vokals handelt und im zweiten Beispiel um die Reduktion eines Digraphen. De Graphien von Kultismen, Entlehnungen oder Fachtermini stellen für weniger geübte Schreiber eine Herausforderung dar, da ihnen zumeist die sprachlichen Ursprünge nicht bekannt sind und die betreffenden Lexeme seltener gebraucht werden. So schreiben die weniger geübten Autoren der Ego-Dokumente beispielsweise *phylosophe* 'philosophe' griech. PHILOSOPHOS, *byciclette* oder *biciclette* 'bicyclette' engl. CYCLE oder auch *tiphoyde* 'typhoïde' griech. TUPHÔDÊS.

Im Bereich der Nasalvokale zeigt die graphische Wiedergabe von /ɛ̃/ und /ɑ̃/ Variation, wobei das Korpus für /ɑ̃/ deutlich mehr Varianten liefert. Um /ɛ̃/ zu schreiben, stehen dem Schreiber grundsätzlich die Graphien <in>, <im>, <ain>, <aim>, <ein>, <en> oder <yn> zur Verfügung. Die wenigen Varianten für diesen Nasalvokal im Korpus belegen die Graphien <ein>, <ain>, <en> und <in>: *pleindre* 'plaindre' lat. PLANGERE, *mentenant* und *mintenant* 'maintenant' lat. MANU TENENDO sowie *marains* 'marins' lat. MARINUS. Ein deutlich größerer Anteil der Okkurrenzen im Bereich der Nasalvokale betrifft die Realisierung von /ɑ̃/, für den die Graphien <an> und <en> zur Verfügung stehen, mit den positionellen Varianten <am> und vor <m>, <p> oder <b> (Catach 1980, 114). Die Schreiber produzieren beispielsweise Varianten in der Schreibung der homophonen Suffixe *-ence* und *-ance*, da sie sich hierbei auf nichts anderes als die Etymologie stützen können (Catach 1980, 116): *impatiance* 'impatience' lat. IMPATIENTIA, *negligeance* 'negligence' von lat. NEGLIGENTIA oder *convallaisance* 'convalescence' lat. CONVALESCENTIA. Auch außerhalb des Suffixes ist die Verteilung der Graphien des Nasalvokals komplex, wie die Formen *anpaicher* 'empêcher' lat. IMPEDICARE, *commançer* 'commencer' lat. *COMINITIARE oder *rantré* 'rentré' lat. INTRARE belegen. Die Ersetzung von <en> durch <an> ist ein Merkmal des geschriebenen *français populaire* (Bauche 1920, 170). Die Graphie <en> bzw. ergibt sich aus den lautlichen Entwicklungen von <in> bzw. <im>. Andere Beispiele belegen die Wahl von <en> oder anstelle von <an> und <am>: *gense* 'chance' lat. CADENTIA, *trenché* 'tranchée' lat. *TRINICARE oder *emputés* 'amputés' lat. AMPUTARE und *rempant* 'rampant' franz. HRAMPON. Am Beispiel von *tranchée* wird deutlich, dass die etymologischen Entwicklungen zum Teil sehr wenig transparent sind und die Differenzierung von <an> und <en> mit den positionellen Varianten in der sprachhistorischen Entwicklung nicht immer eindeutig ist. Dass für *tranchée* sowohl die Schreibung mit <an> als auch mit <en> belegt ist (Rey 2010, s.v. *trancher*), zeigt wie arbiträr die Markierung einer Form als orthographisch sein kann. Um einen bestimmten Laut wiederzugeben, wenden weniger geübte Schreiber nicht immer die der Norm entsprechende Transkription an. Die gewählten Schreibungen schwanken vielfach bei Phonemen wie /ɑ̃/ zwischen verschiedenen möglichen graphischen Realisierungen, wie zum Beispiel <en> und <an> (Pellat 2015, 71–72). Zur graphischen Wiedergabe des Nasalvokals /ɑ̃/ könnten sich die Schreiber in manchen Fällen mit der Vokalalternation in den Derivaten behelfen, da ein etymologisches <en> häufig mit <in> in Derivaten alterniert. Abgesehen davon müssen sie sich auf die Etymologie stützen. «En l'absence de ces dérivations (encore faut-il qu'elles soient connues), il n'y a plus aucun recours que l'étymologie, ou la mémoire» (Catach 1980, 118).

Auf die Beeinflussung der gesprochenen Sprache wurde bereits an mehreren Stellen hingewiesen. Sie spielt auch in der nicht-funktionalen Variationsdimension eine Rolle, wenn die Schreiber etymologisch bedingte Vokale im Wortinnern, denen in der Aussprache keine Entsprechung gegenübersteht, graphisch reduzieren. So lassen die Schreiber zum Beispiel <e> in *samdi* 'samedi' lat. SAMBATI DIES, in *surté* 'sûreté' lat. SECURITAS oder in *raplé* 'rappelé' lat. APPELLARE aus.

Zirkumflex

Eine andere Reduktion innerhalb der etymologischen Variation betrifft den Zirkumflex, der in der französischen Orthographie unterschiedliche und sich zum Teil widersprechende Funktionen erfüllen kann. Wie weiter oben gezeigt wurde, kann der Zirkumflex zur Differenzierung von Logogrammen genutzt werden. In sehr vielen Fällen kommt ihm auch eine phonogrammische Funktion zu, indem er lange Vokale markiert. Dieser phonogrammischen Funktion geht jedoch eine etymologische Bedeutung voraus: der Zirkumflex markiert die Kontraktion zweier Vokale in einem ehemaligen Hiat oder einen ausgefallenen Buchstaben, wobei es sich in den meisten Fällen um ein <s> handelt (Riegel/Pellat/Rioul 2016, 133). Aus diesem Grund wurden die Formen, die einen Ausfall des Zirkumflexes belegen, nicht als phonogrammische Varianten, sondern als etymologische Varianten eingeordnet.

Tabelle 19: Varianten mit reduziertem Zirkumflex.

Etymologische Grapheme	
Reduktion **Zirkumflex**	*chateau* 'château' lat. CASTELLUM
	etre 'être' lat. *ESSERE
	boite 'boîte' lat. *BUXITA
	hopital 'hôpital' lat. HOSPITALIS
	Aout 'août' lat. AGUSTUS

Weit über 500 Okkurrenzen belegen die Reduzierung des Zirkumflexes im Korpus auf allen fünf Vokalen. Der Zirkumflex in der Funktion der Markierung eines ausgefallenen <s> findet sich beispielsweise in *hôpital*, das im Korpus mit *hopital* wiedergegeben wird, oder in *tôt* und seinen Kompositionen, für die das Korpus *tot, aussitot, plutot* und *bientot* als Belege liefert. Die Kontraktion von zwei Vokalen markiert der Zirkumflex zum Beispiel in *âge*, welches im Korpus mit *age* und seinen Derivaten *agé* und *agés* belegt ist.

Auch bei Derivaten, die nicht mehr unmittelbar die Kontraktion zweier Vokale oder den Ausfall eines Graphems aufweisen, wird der Zirkumflex aus Analogie aufgenommen, um den paradigmatischen Zusammenhang zu verdeutlichen. Als Beispiel wären hier die deverbalen Substantive *diner* 'dîner' (Rey 2010, s.v. *dîner*) und *depéche* 'dépêche' (Rey 2010, s.v. *dépêcher*) zu nennen sowie das denominale Verb *dégouté* 'dégoûté' (Rey 2010, s.v. *goût*).

Wenn der Zirkumflex keinen Unterschied in der Aussprache markiert, plädiert Catach für seine Tilgung (Catach 1980, 274). Da die weniger geübten Schreiber den Zirkumflex in vielen Fällen nicht wiedergeben, scheinen sie zum einen die etymologische Bedeutung nicht zu kennen und zum anderen seine schwache phonogrammische Funktion, die ihm in Teilen noch zugeschrieben werden kann, nicht wahrzunehmen. Aus dieser Sicht scheint die tatsächliche Verwendung des Zirkumflexes in den Texten der weniger geübten Schreiber seine Berechtigung in Frage zu stellen.

Reduktion von <h>

An der Schnittstelle von Diakritika und Konsonanten ist mit der Reduktion von <h> eine weitere Auslassung etymologisch bedingter graphischer Zeichen zu situieren.

Tabelle 20: Etymologisch bedingte Variation von <h>.

Etymologische Grapheme: Konsonantische Variation	
Reduktion <h>	*deor* 'dehors' lat. DEFORIS
	opitale 'hôpital' lat. HOSPITALIS
	teâtre 'théâtre' griech. THEATRON[60]

Der Gebrauch des im Französischen stets nur graphischen Konsonanten <h> stellt für die weniger geübten Schreiber eine besondere Hürde dar, da sie ihn in der gesprochenen Sprache nie wahrnehmen. Der Konsonant <h> ist etymolo-

---

60 Auch hier handelt es sich um die Entlehnung des lat. *theatrum*, das wiederum auf das griechische Etymon zurückgeht (Rey 2010, s.v. *théâtre*).

gisch begründet und kann zudem in initialer Stellung die Funktion der Unterbindung einer Liaison übernehmen. Das Graphem <h> nähert sich aus dieser Perspektive dem Trema an, das die Disjunktion von Graphemen markiert (Catach 1980, 74). Das Korpus belegt die Reduktion eines etymologischen <h> sowohl in lateinischen Lexemen als auch in aus dem Griechischen übernommenen Lexemen. Die Korpusbelege *exorter* 'exhorter' lat. EXHORTARI, *deor* 'dehors' lat. DEFORIS, *Iver* 'hiver' lat. HIBERNUM und *opitale* 'hôpital' lat. HOSPITALIS dokumentieren ein lateinisches Etymon, wobei das <h> bereits im Etymon angelegt sein oder sich erst aus einem lateinischen <f> im Französischen entwickeln kann. Die Formen *abillez* und *désabiller* gehen auf das lat. BILLIA zurück, erhielten jedoch das initiale <h> unter Beeinflussung von lat. HABITUS (Rey 2010, s.v. *bille*). Auf ein griechisches Etymon geht beispielsweise die Schreibung von <h> in folgenden Formen zurück: *ygienne* 'hygiène' griech. HUGIEINON, *téatre* 'théâtre' griech. THEATRON sowie *enrumé* 'enrhumé' und *Rouhme* 'rhume' griech. RHEUMA, das erst ins Lateinische entlehnt und von dort ins Französische übernommen wurde. Auch *Rumatishme* 'rhumatisme' geht auf dieses Etymon zurück (Picoche 1994, s.v. *rhume*; Rey 2010, s.v. *rhumatisme*). Der Beleg *Rouhme* könnte ein Bewusstsein des Schreibers anzeigen, dass das Lexem ein <h> enthält. Aufgrund der für das Französische wenig gebräuchlichen Konsonantenkombination <rh> und einer unvollständigen Erfassung des Lexems wird <h> jedoch hinter den Vokal gesetzt.

Auslautende Konsonanten und Vokale
Der Wortauslaut ist im Französischen durch eine hohe Inkonsistenz der Graphem-Phonem-Korrespondenzen charakterisiert, da hier Konsonanten oder Graphemgruppen nicht selten keine Entsprechung in der Aussprache haben (Weth 2015, 88–89). Im Gesprochenen nicht realisierte Endkonsonanten und -vokale sind für weniger geübte Schreiber ohne ausreichende Kenntnisse äußerst kompliziert (Ernst 1999, 101). Diese Herausforderung der graphischen Umsetzung für weniger erfahrene Schreiber belegt auch das vorliegende Analysekorpus in den entsprechenden Varianten. Im Umgang mit in der Aussprache nicht realisierten Konsonanten und Vokalen dokumentiert das Korpus, neben der orthographischen Realisierung der betreffenden Grapheme, drei Prozesse: die Reduktion der Grapheme, ihre Substitution durch andere Konsonanten oder Vokale sowie die Addition nicht angelegter Grapheme.

Tabelle 21: Varianten etymologischer Grapheme im Auslaut.

Etymologische Grapheme		
Variation im Auslaut	Reduktion	*heur* 'heure' lat. HORA *nouvels* 'nouvelles' lat. *NOVELLA *toujour* 'toujours' lat. TOTUS und lat. DIURNUM *temp* 'temps' lat. TEMPUS
	Substitution	*entent* 'entend' lat. INTENDERE *fain* 'faim' lat. FAMES, FAMIS *frond* 'front' lat. FRONS, FRONTIS *pier* 'pieds' lat. PEDEM
	Addition	*soire* 'soir' lat. SERO *samedie* 'samedi' lat. SAMBATI DIES *permissiont* 'permission' lat. PERMISSIO *baucoups* 'beaucoup' lat. BELLUS und lat. COLPUS

In vielen Fällen reduzieren die Schreiber in der graphischen Wiedergabe diejenigen Grapheme, die in der Aussprache nicht abgebildet werden. Die in der nicht-funktionalen Variationsdimension eingeordneten Varianten enthalten etymologisch bedingte Vokale und Konsonanten, die jedoch nicht ausgesprochen werden, weshalb ihre orthographische Wiedergabe ein bestimmtes Wissen voraussetzt. Die Reduktion von auslautenden stummen Konsonanten betreffend belegt das Korpus viele Okkurrenzen der Form *toujour* ohne finales <s>, das auf die Komposition aus *tous* und *jours* zurückzuführen ist (Picoche 1994, s.v. *dieu*; Rey 2010, s.v. *jour*). Reduktionen anderer Konsonanten sind beispielsweise *mieu* 'mieux' lat. MELIUS, *respet* 'respect' lat. RESPECTUS, *sèrtifica* 'certificat' lat. *CERTIFICATUM oder *trage* 'trajet' ital. TRAGETTO von lat. *trajectare*.

Die Varianten *temp*, *tent* und *tans* 'temps' lat. TEMPUS belegen die frequente Reduktion eines etymologisch bedingten finalen <s>, verbunden mit einer möglichen Substitution der vorhergehenden, ebenfalls etymologisch bedingten Konsonanten <m> und <p>. Die komplexe Graphie dieses Lexems resultiert aus der Tatsache, dass /ã/ einer Kombination von vier Graphemen <emps> entspricht. Die verschiedenen graphischen Varianten scheinen durch andere Graphien zur Wiedergabe des gleichen Phonems beeinflusst werden zu können. So wird die Kombination <emps> in folgendem Beleg für eine andere homophone Graphie angedeutet: *instenp* 'instant' lat. INSTANS, INSTANTIS als Partizip Präsens von lat. *instare*.

Hinsichtlich des graphischen Ausfalls finaler Vokale dokumentiert das Korpus nur Formen mit reduziertem finalem <e>. So wird beispielsweise das finale <e> in *heur* 'heure' lat. HORA, in *encor* 'encore', das ebenfalls auf das lat. HORA und präziser auf die lateinische Kollokation HINC AD HORAM zurückgeht (Rey 2010, s.v. *encore*), oder in *tronquil* 'tranquille' lat. TRANQUILLUS ausgelassen. Der Beleg mit der höchsten Zahl für die Reduzierung von auslautendem <e> ist die Form *nouvels* 'nouvelles' lat. NOVELLA, das bereits unter 5.1.14.2 als Beleg für die Degeminierung von <ll> diskutiert wurde. Bis auf vier Belege von Paul Labriet und Joseph Grandemange junior stammen alle 40 Okkurrenzen aus der Feder von Marie Anne Grandemange.

Alle genannten auslautenden Grapheme gehen auf etymologische Entwicklungen der jeweiligen Lexeme zurück und sind nur so zu erklären. Neben der Reduktion finaler, nicht ausgesprochener Grapheme lassen sich übergeneralisierende Tendenzen beobachten, wenn ein Endkonsonant hinzugefügt oder durch einen anderen ersetzt wird. Das Hinzufügen oder Ersetzen eines auslautenden Graphems «ist ein Indiz sowohl für das Verstummen des konsonantischen Auslauts als auch für das Bewußtsein, daß an dieser Stelle ein Buchstabe zu stehen hat» (Ernst 1999, 101).

Die hinzugefügten Grapheme im Wortauslaut können keine Entsprechung in der Aussprache haben. Häufig handelt es sich bei der Addition um ein finales <e>, in einigen Fällen auch um ein finales <r>, <s> oder <t>. Die Anfügung eines finalen <e> resultiert möglicherweise aus einem Bestreben zur Markierung der Aussprache des vorhergehenden Konsonanten. Beispiele hierfür sind: *joure* 'jour' lat. DIURNUM, *fleure* 'fleur' lat. FLOS, FLORIS, *fère* 'fer' lat. FERRUM, *faite* 'fait' lat. FACTUM, *soeure* 'sœur' lat. SOROR, SORORIS oder *soire* 'soir' lat. SERO. Nicht nur lateinische Etyma sind Grundlage für Lexeme, an die ein finales <e> gefügt wird, das Korpus belegt auch das altenglische Etymon SUTH, auf das der Korpusbeleg *sude* 'sud' zurückgeht. Die Anfügung eines finalen <e> nach Konsonant könnte bei Schreibern aus dem elsässischen Dialektraum, wie Auguste Jeandon, auch auf ein Charakteristikum des Regionalfranzösischen im Elsass zurückzuführen sein. Viele Elsässer realisieren ein finales <e>, das im Standardfranzösischen nicht gesprochen wird (Carton et al. 1983, 15). Aus einer Übergeneralisierung dieser Routine oder aus einem übermäßigen Gebrauch könnte die Anfügung eines zusätzlichen <e> resultieren. Die Addition eines finalen <e> an einen auslautenden Vokal ist deutlich weniger frequent im Korpus und zeigt sich insbesondere bei den Wochentagen *lindie* bzw. *lundie* 'lundi', *jeudie* 'jeudi', *vendredie* 'vendredi', *samedie* 'samedi' und der Tageszeit *midie* 'midi'. Das zweite Element dieser Okkurrenzen geht auf das lat. DIES zurück, das in der sprachhistorischen Entwicklung zu *di* reduziert wurde. Die Anfügung von finalem <e> an die Wochentage und *midi* ist eine Spezifität der Texte Maria Sauniers, die alle Okkurrenzen produziert. Maria Saunier scheint für sich diese Graphie ausgewählt und verfestigt zu haben, da sie alle Wochentage so schreibt. Für *midi* ist einmal die orthographische Variante neben *midie* in ihren Texten belegt.

In bestimmten Kontexten können die gesprochene Realisierung eines Lexems im Syntagma und die daraus resultierende *Liaison* zur Anfügung eines zusätzlichen finalen <e> führen. Im Beispiel (160) schreibt Lorieau *nuite*, da das finale <t> in *nuit* durch die Liaison im Syntagma *nuit et jour* hörbar wird. Er orientiert sich so bei der graphischen Wiedergabe an der silbischen Struktur des ausgesprochenen Syntagmas.

(160) *il faisais*
 si bon cont nous amie a
 *travailier **nuite** et jour*
 pour nous anpaicher de jelé
 (Eugène Lorieau, Oktober 1914)

Die Addition finaler Konsonanten belegen zum Beispiel *baucoups* 'beaucoup' lat. BELLUS und lat. COLPUS, *parmis* 'parmi' lat. PER und lat. MEDIUS, *permissiont* 'permission' lat. PERMISSIO sowie *amitier* 'amitié' lat. *AMICITAS, AMICITATIS und *moitier* 'moitié' lat. MEDIETAS, MEDIETATIS. Als mögliche Erklärungen scheinen bei einigen Belegen Analogien morphogrammischer und gleichzeitig visueller bzw. graphischer Art denkbar. Die Schreibung der letzten beiden Belege erinnert an das Suffix *-ier*, die Graphie *permissiont* könnte durch die Verbalform *ont* von *avoir* beeinflusst sein und *parmis* lässt an das Partzip *mis* von *mettre* denken.

Bis auf zwei Ausnahmen, *salue* 'salut' lat. SALUS, SALUTIS und *vere* 'vers' lat. VERSUS, betreffen die Substitutionen im Auslaut Konsonanten, die durch Konsonanten ersetzt werden. Beispielhaft sind hier folgende Belege zu nennen: *fain* 'faim' lat. FAMES, FAMIS, *ford* 'fort' lat. FORTIS, *nort* 'nord' engl. NORTH oder *pier* 'pieds' lat. PEDEM. Die Substitutionen zeigen an, dass die Schreiber sich eines finalen Konsonanten bzw. generell finalen Graphems bewusst sind, aber dass sie gleichzeitig die entsprechenden Graphien noch nicht vollständig verinnerlicht haben.

Hinsichtlich der graphischen Wiedergabe von in der Aussprache stummen Konsonanten und ihrer Substitution zeigen die weniger geübten Schreiber des Analysekorpus Ähnlichkeiten zu den Schreibern des *Corpus 14*, die ebenfalls finale stumme Konsonanten zumeist graphisch nicht realisieren. In selteneren Fällen werden im *Corpus 14* andere finale Konsonanten realisiert oder zusätzlich hinzugefügt. Grundsätzlich werden Buchstaben, die auf historische oder etymologische Entwicklungen zurückgehen, häufig ausgelassen (Pellat 2015, 72).

Wie oben bereits angedeutet, könnte die Herstellung unterschiedlicher Analogien die Wahl einer konkreten Graphie beeinflussen. In der Schreibung von *artichaud* 'artichaut' aus dem ital. ARTICCIOCO (Rey 2010, s.v. *artichaut*) scheint das Wissen um die Schreibung des homophonen Adjektivs *chaud* zu interferieren. Auch bei *autrefoi*, dessen finales -*s* aus lat. VICES hervorgeht (Picoche 1994, s.v. *fois*), scheint eine logogrammische Analogie denkbar. Das Korpus belegt innerhalb der lexikalischen Logogramme die Gruppe *fois – foie – foi*, weshalb eine Beeinflussung hier durchaus möglich erscheint. Weiterhin könnte die phonetische Kongruenz der Morphogramme in *assé* 'assez' lat. *ADSATIS (Picoche 1994, s.v. *assez*) geltend gemacht werden, wenn man davon ausgeht, dass die Schreibung von /e/ durch die Kenntnis der Graphien der Partizipien bedingt ist. In diese Linie reiht sich auch die Schreibung *malgrée* 'malgré' lat. GRATUM (Picoche 1994, s.v. *gré*) ein, das an die Markierung für das feminine Genus bei Partizipien und an das Suffix -*ée* für einige Substantive femininen Genus erinnert. Aus der Herstellung einer Analogie und der Übergeneralisierung bestimmter Kenntnisse resultiert möglicherweise ebenfalls die Graphie *bonjours* 'bonjour' des Syntagmas *bon jour*, in dessen graphische Wiedergabe die Schreibung der zweiten Silbe von *toujours* einfließen könnte.

Konsonantische Variation

Nicht nur im Auslaut sind etymologisch begründbare Konsonanten von Variation betroffen. Ebenso wie bei den Vokalen können sich auch für im Wortinnern auftretende Konsonanten Varianten ergeben. Die folgende Tabelle fasst überblicksartig wesentliche Subkategorien wortinterner konsonantischer Varianten mit etymologischem Ursprung zusammen und illustriert sie jeweils mit Beispielen.

Innerhalb der konsonantischen Varianten, die auf der Etymologie beruhen, betrifft eine überwiegende Zahl an Varianten die graphische Wiedergabe des Phonems /s/. Wie bereits im Zusammenhang der phonogrammischen Variationsdimension erläutert, liegt die Schwierigkeit der Wiedergabe des stimmlosen Frikativs /s/ darin begründet, dass mit den Graphemen <s>, <ss>, <c>, <ç>, <sc>, <t> und <x> eine Vielzahl an grundsätzlich möglichen Verschriftlichungen zur Verfügung steht.[61] Je diverser die graphischen Varianten, aus denen die

---

61 Catach führt die sieben genannten Grapheme auf, schreibt aber weiter: «le phonème [s] peut se transcrire en français de 8 à 10 façons différentes, heureusement de répartition inégale» (Catach 1980, 161).

Tabelle 22: Konsonantische Varianten etymologischer Grapheme.

Etymologische Grapheme: Konsonantische Variation		
/s/	<c>/<ç> statt <s>	*pence* 'pense' lat. PENSARE
		çelement 'seulement' lat. SOLUS
	<c> statt <ss>	*dicéminés* 'disséminés' lat. DISSEMINARE
	<c> statt <t>	*paciense* 'patience', von lat. PATIENTIA
	<sc> statt <t>	*pascience* 'patience', von lat. PATIENTIA
	<sc> statt <s>	*Sceance* 'séance' lat. SEDERE
	<sc> statt <c>	*sinsceres* 'sincères' lat. SINCERUS
	<s> statt <t>	*attension* 'attention' lat. ATTENTIO
	<s> statt <c>	*sesse* 'cesse' lat. CESSARE
		chanse 'chance' lat. CADENTIA
	<ss> statt <sc>	*assention* 'ascension' lat. ASCENSIO
	<ss> statt <ç>/<c>	*fassons* 'façons' lat. FACTIONEM
		exersisse 'exercice' lat. EXERCITIUM
	<ss> statt <t>	*posission* 'position' lat. POSITIO
/f/	<f> statt <ph>	*photografie* 'photographie' gr. PHÔS, PHÔTOS und gr. GRAPHEIN
/k/	<qu> statt <c>	*byciquelette* 'bicyclette' engl. CYCLE
	<c> statt <qu>	*cartier* 'quartier' lat. QUARTUS
<n> und <m> im Nasalvokal	<n> statt <m>	*bonbarde* 'bombardent' lat. BOMBUS
		settenbre 'septembre' lat. SEPTEMBER
	<m> statt <n>	*comtente* 'contente' lat. CONTENTUS
		tramquil 'tranquille' lat. TRANQUILLUS
/ʒ/	<g> statt <j>	*traget* 'trajet' ital. TRAGETTO
	<j> statt <g>	*jentille* 'gentille' lat. GENTILIS

Schreiber des Analysekorpus wählen müssen, desto komplexer die Selektionskriterien. Das Korpus dokumentiert die Grapheme <s>, <c>, <sc> und <ss> zur Wiedergabe des stimmlosen Frikativs /s/. Die größte Zahl an Okkurrenzen konzentriert sich auf die Wiedergabe von /s/ mit dem Graphem <s> anstelle der orthographischen Schreibung <c>, das sich jeweils etymologisch begründen lässt. Die Wahl von <s> entspricht wohl der am wenigsten markierten Variante innerhalb der möglichen Grapheme zur Wiedergabe von /s/. So schreiben die Autoren der Ego-Dokumente beispielsweise *excerser* 'exercer' lat. EXERCERE, *sèrtifica* 'certificat' lat. CERTIFICATUM, *sesse* 'cesse' lat. CESSARE, *seinture* oder *sinture* 'ceinture' lat. CINCTURA, *chanse* 'chance' lat. CADENTIA, *commense* 'commence' lat. COMINITIARE sowie *sette* oder *set* 'cette' lat. ECCE ISTI. Das Graphem <s> kann auch in Kontexten gewählt werden, in denen orthographisch <t> vorgesehen ist, wie etwa in *attension* oder *entension* 'attention' lat. ATTENTIO. Auch der Fall von orthographischem <s>, für das eine andere graphische Variante gewählt wird, ist im Korpus dokumentiert. Die folgenden Beispiele belegen die Wahl von <c> anstelle von <s>: *ainci* 'ainsi', dessen zweites Element von lat. SIC abgeleitet ist, *pence* 'pense' lat. PENSARE und *recencement* 'recensement' lat. RECENSERE. Nach Nasalkonsonant wird <s> grundsätzlich stimmlos realisiert, weshalb in den genannten Beispielen neben etymologischen Relationen auch phonogrammische Zusammenhänge eine Rolle spielen. Die positionelle Variante <ç> von <c> vor <a>, <o> oder <u> ist ebenfalls als Variante für <s> belegt: *çelement* 'seulement' lat. SOLUS. Außerdem belegt ist die Wahl von <c> für <ss> in *dicéminés* 'disséminés' lat. DISSEMINARE und von <c> für <t> in *paciense* 'patience' lat. PATIENTIA. Aus den möglichen Graphemen zur Schreibung von /s/ werden auch die beiden Digraphen verwendet, mit einer leichten Präferenz für <ss> gegenüber <sc>. Die Schreiber wählen <ss> beispielsweise für <sc> *convalaissance* 'convalescence' lat. CONVALESCENTIA oder *assention* 'ascension' lat. ASCENSIO, für <c> bzw. <ç> *exersisse* 'exercice' lat. EXERCITIUM, *alsassien* 'alsacien' lat. ALESACIONES, wiederum von lat. *Alesacia*, *fisseler* 'ficeler' lat. *FILICELLA sowie *fassons* 'façons' lat. FACTIONEM oder für <t> *posission* 'position' lat. POSITIO. Der Digraph <sc> steht in Lexemen anstelle von <t> wie in *pascience* 'patience' lat. PATIENTIA, anstelle von <s> wie in *sceance* 'séance' lat. SEDERE oder anstelle von <c> wie etwa in *sinsceres* 'sincères' lat. SINCERUS. Am Beispiel von *alsassien* wird die Überschneidung von nicht-funktionaler und morphogrammischer Variationsdimension deutlich: Bei diesem Adjektiv handelt es sich um ein denominales Derivat von *Alsace*, die Schreiber könnten sich also die Graphie über die lexikalischen Beziehungen erschließen. Wenn jedoch die Graphie von *Alsace* nicht erlernt wurde, helfen die paradigmatischen Zusammenhänge nicht weiter.

Die in den Transkriptionsregeln angelegten positionellen Varianten, bedingt durch die Kombination von Graphemen, unterscheiden <m> und <n> zur Wiedergabe eines Nasalvokals vor /b/ und /p/ (Riegel/Pellat/Rioul 2016, 122). Die Markierung der Nasalisierung eines Vokals erfolgt in Abhängigkeit der Position im Wort mit <m> oder <n>. Im Korpus tritt konsonantische Variation bei der graphischen Wiedergabe der Nasalvokale /ɔ̃/ und /ɑ̃/ auf, bei denen <m> oder <n> abhängig vom Etymon gewählt werden müssen. Die Schreiber könnten sich lediglich die Graphie mit der Distribution von <m> und <n> einprägen, da sie nicht über die notwendigen etymologischen Kenntnisse verfügen. Für die Schreibung des Nasalvokals /ɔ̃/ dokumentiert das Korpus die Wahl von <n> statt <m> vor <b> beispielsweise in *ils bonbarde* 'ils bombardent' von lat. BOMBUS (Picoche 1994, s.v. *boum*) und die Wahl von <m> statt <n> vor <t> in *comtente* 'contente' lat. CONTENTUS (Picoche 1994, s.v. *tenir*). Die Graphie von /ɑ̃/ zeigt diese Variation in *settenbre* 'septembre' lat. SEPTEMBER (Picoche 1994, s.v. *sept*) und in *tramquil* 'tranquille' lat. TRANQUILLUS (Picoche 1994, s.v. *tranquillité*).

Die Konsonanten <j> und <g> sind in keinem Kontext distributionelle Varianten. Da beide jedoch zur Schreibung von /ʒ/ verwendet werden, scheinen die Autoren der Ego-Dokumente eine Verbindung der beiden Konsonanten herzustellen. Die Schreiber Léon Mayzaud und Marie Anne Grandemange schreiben *traget* und *tragé* für 'trajet' ital. TRAGETTO (Rey 2010, s.v. *trajet*), weil sie bestimmte Kontexte kennen, in denen <g> vor <e> als /ʒ/ realisiert wird, und gleichzeitig die Etymologie außer Acht lassen. Umgekehrt belegen die Formen *jenou* 'genou' lat. GENUC(U)LUM (Rey 2010, s.v. *genou*) und *jentille* 'gentille' lat. GENTILIS (Rey 2010, s.v. *gentil, ille*) die Wahl von <j> zur Wiedergabe des Phonems /ʒ/. Die Schreibung <je> ist den Schreibern zudem durch das Personalpronomen der 1. Person Singular sehr vertraut und erscheint als valide Transkription der betreffenden Lautfolge.

Ein geringer Anteil an Okkurrenzen belegt Variation der Schreibung von /f/ und /k/. Die Varianten für /f/ beziehen sich allesamt auf die Verwendung von <f> für <ph>, das sich aus dem griechischen Etymon heraus erklärt. Die Komposita *photografie* 'photographie' und *déléghrafe* 'télégraphe', denen beiden das griechische Etymon GRAPHEIN (Rey 2010, s.v. *graphique*) zugrunde liegt, illustrieren beispielhaft diese Schreibung. Es handelt sich hier um gelehrte Wortbildungen, deren Schreibungen den Autoren der Ego-Dokumente wenig geläufig sein dürften. Bezeichnenderweise verwendet der Schreiber in *photografie* den Digraphen <ph> und zeigt so ein Bewusstsein für seine Verwendung, die jedoch nicht bis ins Letzte konsequent angewandt wird. Für die Schreibung von /k/ stellt die französische Orthographie grundsätzlich eine Vielzahl an möglichen Graphemen zur Verfügung (Catach 1980, 147). Die Beispiele *byciquelette* 'bicyclette' engl. CYCLE (Rey 2010, s.v. *cycle*), möglicherweise in Analogie zu *squelette*, und *convoquation* 'convocation' lat. CONVOCATIO (Rey 2010, s.v. *convoquer*) belegen die Wahl von <qu> statt eines etymologisch bedingten <c>. Die umgekehrte Wahl von <c> für ein etymologisches <qu> belegen drei Okkurrenzen von *cartier* 'quartier' lat. QUARTUS (Rey 2010, s.v. *quart, quarte*).

Aus phonetischer Perspektive entsprechen die hier thematisierten Schreibungen mit Variation der etymologisch bedingten Konsonanten der Aussprache ihres orthographischen Äquivalents, weshalb die Schreiber über Kenntnisse zum Ursprung des Lexems und zu seiner Entwicklung verfügen müssen, um das gleichzeitig phonogrammisch und orthographisch korrekte Graphem zu wählen. Am Beispiel *autonne* 'automne' lat. AUTUMNUS (Rey 2010, s.v. *automne*) wird deutlich, wie groß die Beeinflussung der Schreibung durch die Aussprache einerseits und die Diskrepanz zwischen Orthographie und Aussprache andererseits ist.

Toponyme, Patronyme, Entlehnungen

Für die Verschriftlichung von Patronymen und Entlehnungen können die Schreiber möglicherweise nicht direkt auf eine graphische Repräsentation zugreifen, da es sich zumeist um wenig frequente Lexeme in ihrem Sprachgebrauch handelt. Je weniger rekurrent eine bestimmte Form ist, desto weniger automatisiert ist der Zugriff der Schreiber auf die graphische Repräsentation und desto weniger schnell können die Schreiber zur Verschriftlichung die orthographische Strategie anwenden (cf. Kap. 5.1.2.1). Zudem haben viele Schreiber nur selten Gelegenheit die betreffenden Lexeme geschrieben zu sehen. Hinsichtlich der Toponyme besteht die Möglichkeit, diese beispielsweise auf Schildern und Postkarten geschrieben zu sehen. Möglicherweise messen die Schreiber der Exaktheit dieser Graphien keine übersteigerte Bedeutung bei. Die folgende Übersicht fasst die drei genannten Wortklassen mit einer Auswahl der betreffenden Korpusbelege zusammen.

Tabelle 23: Varianten etymologischer Grapheme in Patronymen, Toponymen und Entlehnungen.

Subkategorie	Etymologische Grapheme	
	Anzahl	Belege
Toponyme	65	*Voges* 'Vosges' *Bois-le-Pretre* 'Bois-le-Prêtre' *Lombaertzyde, Lombaërtzyde* 'Lombardsijde' *Steinbah* 'Steinbach' *Alsaces* 'Alsace'
Eigenname	16	*Eugenes* 'Eugène' *goege, Jorge* 'Georges' *Kun* 'Kuhn' *Mari* 'Marie' *chalos, Chalo* 'Charlot' *fosfatine* 'phosphatine'
Entlehnungen	14	*Chnappss* 'schnaps' dt. SCHNAPS *schrapnels* 'shrappnel' engl. SHRAPNEL *scki* 'ski' norw. SKI *guitoun* 'guitoune' arab. GĪṬŪN oder auch QIṬŪN[62] *rutabagat* 'rutabaga' schwed. ROTABAGGE *cigard* 'cigare' span. CIGARRO

---

62 Cf. hierzu auch Kap. 5.2.4.

Bei der Schreibung von Eigennamen zeigen sich ähnliche Tendenzen wie bei der Schreibung anderer Lexeme. In der Aussprache nicht wahrnehmbare finale Konsonanten und Vokale werden ausgelassen, wie in *goege* und *Jorge* 'Georges' sowie in *Mari* 'Marie', oder hinzugefügt, wie in *Aloyses* 'Aloïs' oder *eugenes* 'Eugène'. Graphisches <h> mit phonogrammischer Funktion kann ausgelassen werden, wie zum Beispiel in *Kun* 'Kuhn'. Okkurrenzen wie das bereits genannte *Jorge* oder *Jermain* belegen die Varianten aufgrund der Wahl von Graphemen, die in bestimmten Kontexten homophon sind. Der auf -*ot* endende Diminutiv von *Charles* bietet ebenfalls Raum für Variation. Das Korpus belegt die Formen *chalos*, *chalot* und *Chalo*. Unter die Eigennamen lassen sich die spezifischeren Produktnamen fassen, für die im Korpus der Beleg *fosfatine* 'phosphatine' zu finden ist. Es handelt sich hier morphologisch um den Diminutiv von *phosphate* von gr. PHÔSPHOROS (Rey 2010, s.v. *phosphore*). Die Opazität, die Graphien gelehrter Bildungen für weniger geübte Schreiber repräsentieren, wurde bereits weiter oben im Zusammenhang der Graphien für /f/ thematisiert, die häufig von <ph> auf <f> reduziert werden. Der Produktname *phosphatine* ist den Schreibern möglicherweise eher selten geschrieben begegnet und sie wählen so das unmarkierte Graphem <f> anstelle von <ph>, das in aus dem Griechischen entlehnten Lexemen auftritt (Catach 1980, 158). Durch seinen griechischen Ursprung ist <ph> möglicherweise in der Wahrnehmung der Schreiber als fremdsprachig markiert, weshalb sie das als genuin französisch empfundene Graphem <f> wählen.

Toponyme werden von vielen Schreibern in der Regel der orthographischen Norm entsprechend realisiert, was daran liegen könnte, dass die Soldaten die Toponyme auf den Schildern lesen konnten (Steuckardt 2014, 360). Dennoch zeigen die Graphien einiger Toponyme Variation, wie beispielsweise die Reduktion von in der Aussprache nicht wahrnehmbaren Konsonanten *Voges* 'Vosges' und *Karlsrue* 'Karlsruhe' sowie diakritischer Zeichen *Bois-le-Pretre* 'Bois-le-Prêtre'. Weiterhin werden bei der Schreibung von Toponymen phonogrammische Varianten homophoner Graphien nicht ausreichend differenziert. Als Beispiele lassen sich *Mosquoue* 'Moscou' oder *Alsassien* 'Alsaciens' anführen. In der französischen Orthographie wenig gebräuchliche Grapheme wie <k> werden in der Schreibung an das französische Orthographiesystem adaptiert, wie im Fall von *cassel* 'Kassel'. Nicht französische Toponyme stellen die Schreiber notwendigerweise vor eine größere Herausforderung, wie die Korpusbelege *Lombaertzyde* und *Lombaërtzyde* des belgischen *Lombardsijde* belegen. Außerdem werden Laute, die dem Französischen fremd sind, differenzierend wiedergegeben, wie die Graphie von *Steinbah* 'Steinbach' zeigt.

Einige Okkurrenzen belegen konsonantische und vokalische Variation in der Graphie von Entlehnungen aus unterschiedlichen Sprachen. Der historischen Situation des Entstehungskontextes der Texte sind einige Entlehnungen aus dem Deutschen geschuldet, deren Schreibungen Variation zeigen können. Als Beispiele sind hier *Chnappss* 'schnaps' dt. SCHNAPS (Rey 2010, s.v. *schnaps*), *marcks* 'marks' dt. MARK (Rey 2010, s.v. *mark*), *Quetsch* 'quetsche' dt. ZWETSCHGE (Rey 2010, s.v. *quetsche*) und *hulans* 'uhlan' dt. UHLAN (Rey 2010, s.v. *uhlan*) zu nennen. Letzteres ist im Deutschen eine Entlehnung aus dem Polnischen, wo es wiederum aus dem Tatarischen entlehnt wurde. Es bezeichnet zunächst einen Söldner in der polnischen, preußischen, österreichischen oder deutschen Armee und später einen deutschen Reiter. Das Lexem *uhlan* wird vor allem im Zusammenhang mit dem deutsch-französischen Krieg 1870–71 verwendet (Rey 2010, s. v. *uhlan*). Der GrandRobert belegt aus dem 18. Jahrhundert auch die Schreibung *hulan* oder *houlan* (Rey 2001, s.v. *uhlan*). Möglicherweise fügen die Schreiber das initiale <h> zur Markierung der Disjunktion, die in den beiden Belegen *de hulans* (Justin Poinçot, 19. und 20.8.1914) wiedergeben wird. Dies spräche für die Kenntnis der Regel zur Markierung der Disjunktion mit <h> und einer Ausweitung ihres Gebrauchs. Aus dem Englischen stammen die Entlehnungen *schrapnels* 'shrapnel' engl. SHRAPNEL (Rey 2010, s.v. *shrapnel*) und *vagon* 'wagon' engl. WAGON oder WAGGON, das wiederum vom niederländ. *waghen* bzw. *wagen* übernommen wurde (Rey 2010 s.v. *wagon*). Weitere Entlehnungen mit graphischer Variation sind: *scki* 'ski' norw. SKI (Rey 2010, s.v. *ski*), *rutabagat* 'rutabaga' schwed. ROTABAGGE oder ROTABAGGAR (Rey 2010, s.v. *rutabaga*), *macoroni* 'macaroni' ital. MAC(C)ARONE (Rey 2010, s.v. *macaroni*) und *cigard* 'cigare' span. CIGARRO (Rey 2010, s.v. *cigare*). Zwei Entlehnungen aus dem Arabischen sind Teil des militärischen Argots der Soldaten während des Ersten Weltkrieges: *guitoun* 'guitoune' arab. GĪṬŪN oder auch QĪṬŪN zur Bezeichnung eines Zelts, das im Argot der algerischen Truppen eingeführt und ab 1914 im militärischen Argot für die Bezeichnung eines Unterstands in den Schützengräben verwandt wurde (Rey 2010, s.v. *guitoune*) sowie *gourbit* 'gourbi' arab. GURBĪ mit der Bedeutung einer provisorischen Unterkunft und in Analogie dazu seit 1855 zur Bezeichnung eines Unterstands in den Schützengräben (Rey 2010, s.v. *gourbi*).

Die Graphien der Entlehnungen zeigen einerseits eine Anpassung an das französische Orthographiesystem, wie beispielsweise durch die Wahl von <ch> für <sch> zur Wiedergabe von /ʃ/ oder durch die Wahl von <v> statt <w> für /v/, und andererseits die Tendenz der Überbetonung eines fremdsprachigen Anteils, wie etwa bei der Wahl von <sck> für <sk> in *scki*. In Teilen scheint auch eine abweichende Zuordnung zu einer Ursprungssprache die Schreibung zu beeinflussen. So wird *schrapnels* möglicherweise dem Deutschen zugeschrieben und deshalb mit der Graphie <sch> versehen, die als typisch für die deutsche Orthographie wahrgenommen werden könnte.

Im Zusammenhang mit den hier beschriebenen Subkategorien von Lexemen wird ein wesentlicher Aspekt der an der Verschriftlichung beteiligten kognitiven Prozesse noch einmal deutlich: die Frequenz des zu verschriftlichenden Lexems und seine Vertrautheit für den Schreiber spielen eine wesentliche Rolle hinsichtlich des Zugangs zum betreffenden Eintrag der Graphie im mentalen Lexikon des Schreibers.

> «La plupart des psycholinguistes semblent considérer actuellement que la nature du code initial utilisé pour accéder au lexique n'est pas invariante mais dépend du mot utilisé. En particulier, il semble bien établi que, pour les mots peu familiers, les informations phonologiques interviennent de manière importante ‹lors› du processus d'accès. En revanche, les mots familiers seraient ‹accédés› directement à partir de leur forme orthographique, sans passer par une étape de médiation phonologique» (Segui 1992, 75)

Die genannten drei Wortklassen weisen Affinitäten zur folgenden Subkategorie «Hypothetische Etymologie» innerhalb der nicht-funktionalen Variationsdimension auf, da die Schreiber, wenn ihnen eine Graphie unbekannt ist, bestimmte Hypothesen zur Schreibung anstellen und eventuell bekannte Muster verwenden.

5.1.14.4 Hypothetische Etymologie

Das Analyseschema nach Catach (1980) wurde für die vorliegende Untersuchung um die Subkategorie hypothetischer Etymologien erweitert, um diejenigen Varianten innerhalb der nicht-funktionalen Variationsdimension adäquat erfassen zu können, die auf einer scheinbaren Hypothese zur Etymologie des Lexems auf Seiten der Schreiber beruhen. Selbstverständlich handelt es sich hierbei um Rekonstruktionen möglicher Annahmen aus Sprecherperspektive, die sich auf die Anwendung von in anderen Kontexten geltenden Regeln und Strukturen beziehen. In diese Subkategorie wurden gut 200 Okkurrenzen eingeordnet, die sich wiederum in drei Bereiche gliedern lassen, die in der folgenden Tabelle mit exemplarischen Korpusbelegen dargestellt sind:

Tabelle 24: Hypothetisch etymologische Varianten.

Etymologische Grapheme: Hypothetische Etymologie		
Subkategorie	Anzahl	Belege
Addition Zirkumflex	163	*dûr* 'dur' *je plaîs* 'je plais' *bôche* 'boche' *Hûmes* 'Humes'

Tabelle 24 (fortgesetzt)

Etymologische Grapheme: Hypothetische Etymologie		
Subkategorie	Anzahl	Belege
/o/ <eau>	24	*peauvre* 'pauvre' *beaume* 'baume' *feautes* 'fautes'
Addition <h>	11	*Thyphoïde* 'typhoïde' *hauto* 'auto' *déléghrafe* 'télégraphe'
Gesamt	**198**	

Der Großteil an Okkurrenzen innerhalb der hypothetischen Etymologien betrifft eine übermäßige Verwendung des Zirkumflexes. Die Funktion des Zirkumflexes in der französischen Orthographie ist die Markierung der Vokalkontraktion in einem ehemaligen Hiat oder die Markierung eines ausgefallenen Graphems (Riegel/Pellat/Rioul 2016, 133). Die Schreiber kennen den Gebrauch des Zirkumflexes auf Vokalen, ohne vielleicht gänzlich um die Gründe dafür zu wissen. Diese Kenntnis übertragen einige von ihnen auf andere Kontexte und fügen so Vokalen einen Zirkumflex hinzu, die diesen nicht tragen. Im Vergleich mit der Reduktion des Zirkumflexes, die deutlich über 500 Okkurrenzen umfasst, fällt die Addition des Zirkumflexes geringer aus. Exemplarisch für die Addition eines Zirkumflexes sind die folgenden Belege zu nennen: *Bôches* 'Boches', *dâte* 'date', *debût* 'début', *dûre* 'dure', *fûmer* 'fumer', *zône* 'zone' sowie das Toponym *Hûmes* 'Humes' oder die Verbalform *je plaîs* 'je plais'. Möglicherweise erfolgt die Addition des Zirkumflexes bei den genannten Formen aus einem Bedürfnis der Markierung der Vokallänge. Bei der Verbalform *je plaîs* könnte es sich des Weiteren um die Anwendung aus Analogie zur Form im Verbparadigma der 3. Person Singular *il plaît* handeln, die den Schreiber Joseph Grandemange zur Verwendung von <î> verleitet. Obwohl sich die Okkurrenzen hinzugefügter Zirkumflexe auf viele verschiedene Schreiber des Analysekorpus verteilen, fällt die häufige Verwendung dieses zusätzlichen Diakritikums in den Texten Paul Grandemanges auf, der 81 der 200 Okkurrenzen produziert. Der hohe Anteil der übergeneralisierten Verwendung des Zirkumflexes von Paul Grandemange entspricht einer Tendenz, die auch in anderen Variationsdimensionen deutlich wurde. So weisen die Texte Paul Grandemanges eine hohe Zahl übergeneralisierter Deglutinationen und einen Großteil der Übergeneralisierung von <ç> vor <e> und <i> auf. Außerdem stammt die übergeneralisierte Form des Adverbs *biens* in der in seinen Briefen frequenten Kollokation *Mes biens chers Parents* von ihm und es sind Paul und sein Bruder Joseph Grandemange, die für die Mehrheit der übergeneralisierten Partizipien *étée* und *étés* verantwortlich sind. Es könnte sich hier um Indizien für ein Bewusstsein um die Komplexität der französischen Orthographie handeln, verbunden möglicherweise mit einer Einschätzung der eigenen Kompetenzen im schriftsprachlichen Ausdruck und einer als wichtig bewerteten guten orthographischen Kompetenz. Die Tendenz zur Übergeneralisisierung entspräche in diesem Zusammenhang einem Bestreben, die als hoch empfundenen Anforderungen der französischen Orthographie zu erfüllen. Diese Beobachtung teil auch Ernst (2015, 95): «[...] la fréquence de fausses lettres étymologiques [...], forme d'hypercorrection, résultant d'un effort de scripturalité».

Eine weitere Struktur, die als hypothetische Etymologie kategorisiert wurde, ist die Graphie <eau> zum Ausdruck des Phonems /o/, die jedoch mit 24 Okkurrenzen erkennbar weniger frequent ist. Dieses graphische Muster entspricht einer in einigen Kontexten tatsächlich zu verwendenden Orthographie. So wird diese Struktur in den Substantiven *eau* (dt. Wasser) und *peau* (dt. Haut) sowie im Adjektiv *beau* (dt. schön) verwendet, die alle drei häufig gebrauchte Lexeme darstellen. Über diese Kontexte hinaus verwenden die Schreiber des Analysekorpus die Graphie <eau> in *peauvre* 'pauvre', *beaume* 'baume' und *feautes* 'fautes'. Die hohe Zahl der Belege von *peauvre* innerhalb der drei Lexeme lässt sich wahrscheinlich auf die Identität der ersten Silbe mit *peau* zurückführen.

Die letzte Form dieser Subkategorie der nicht-funktionalen Variationsdimension ist die am wenigsten frequente, die die Addition eines <h> in elf Okkurrenzen beschreibt. Der Ausfall oder der übergeneralisierende Gebrauch von <h> am Wortanfang ist bereits in privaten Texten des 17. und 18. Jahrhunderts belegt (Ernst 1999, 102). In vorliegendem Korpus zeigen vier Belege des aus dem Griechischen stammende *Thyphoïde* 'typhoïde' die Addition von <h>. Bei diesem Beispiel wählen die Schreiber auch hinsichtlich der Realisierung des ersten Vokals sowie des Suffixes graphische Varianten. Die Wahrnehmung als fachsprachlicher Terminus und die Korrelation der Graphie <th> mit einem fremdsprachlichen Ursprung bedingt möglicherweise die Schreibung. Zudem könnte die Antizipation des Digraphen <ph> die Hinzufügung eines <h> herbeiführen. Auch bei den anderen Okkurrenzen von addiertem <h> handelt es sich um eher seltener gebrauchte Lexeme, die als Kultismen zu einem relativ späten Zeitpunkt entlehnt wurden:
- *hauto* 'auto' 1896 als Kürzung von *automobile* nach dem griechischen AUTO- und dem lateinischen MOBILIS (Rey 2010, s.v. *automobile*)
- *Rumatishme* bzw. *Rhumatischme* 'rhumatisme' 1549 als *rheumatisme* von lat. RHEUMATISMUS, dies wiederum vom gr. RHEUMATISMOS (Rey 2010, s.v. *rhumatisme*)
- *Rouhme* 'rhume' 1226 als *reume*, 1575 als *rheume* und 1578 als *rhume* von lat. RHEUMA, wiederum von gr. RHEUMA (Rey 2010, s.v. *rhume*)

- *déléghrafe* 'télégraphe' 1792 aus gr. TÊLE und gr. -GRAPHOS (Rey 2010, s.v. *télégraphe*)
- *hourrah* 'hourra' 1718 als *houra* und 1802 als *hourra* von engl. HURRA(H) (Rey 2010, s.v. *hourra*)

Ernst (2020, 25) belegt unter pseudoetymologischen Schreibungen ähnliche Formen und sieht hierin eine Spezifik des Französischen, da im Deutschen keine und im Italienischen nur wenige derartige Schreibungen zu finden sind.

Die Kategorie der hypothetischen Etymologien unterstreicht die vorhandenen Kenntnisse der Schreiber hinsichtlich der französischen Orthographie sowie bestimmter Regeln der Transkription. Gleichzeitig wird deutlich, dass in vielen Fällen diese Kenntnisse noch nicht bezüglich aller Spezifitäten abschließend vervollständigt werden konnten.

5.1.14.5 Schlussbetrachtung der nicht-funktionalen Varianten im Korpus

Bei Variation im Bereich historischer und etymologischer Schreibungen sieht Ernst im Wesentlichen zwei Gründe: zum einen vergessen die Schreiber eine bereits erlernte Schreibweise und zum anderen sehen sie sich mit Wörtern konfrontiert, die aufgrund ihres seltenen Gebrauchs oder ihrer regionalen Prägung nicht erlernt wurden (Ernst 1999, 100). Korrespondenzen, die der graphischen Norm zuzurechnen sind und keine Konsequenzen für die Aussprache haben, wie etwa Doppelkonsonanten oder etymologische Buchstaben, sind von phonographischen Korrespondenzen abzugrenzen. Weniger geübte Schreiber demonstrieren gegenüber der ersten Gruppe von Korrespondenzen eine große Nachlässigkeit (Ernst 2010, 62). Dies ist zwar eine Partikularität weniger erfahrener Schreiber, es ist jedoch auch eine im System der französischen Orthographie angelegte Hürde, die durchaus kritisch gesehen wird: «mais une forte proportion d'entre elles [les lettres étymologiques et historiques] présentent une charge d'information très faible ou nulle, et constituent une gêne pour le système» (Catch 1980, 268).

In einer der Beschreibung der Varianten nachgelagerten Analyse der jeweils aktivierten Muster konnten Hypothesen zu unterschiedlichen von den Schreibern angewandten Strategien herausgearbeitet werden. Es wird deutlich, dass sich verschiedene Ebenen der Organisation des orthographischen Systems und unterschiedliche Kenntnisse der Schreiber überlappen, wenn eine bestimmte Graphie nicht gefestigt ist.

Zum einen wurde deutlich, dass etymologisch bedingte und in der Aussprache nicht realisierte Grapheme vielfach graphisch reduziert werden. Hier ist offenbar die Wahrnehmung im Gesprochenen, die häufig ausbleibt, ausschlaggebend. Beispiele wären die Auslassung von Vokalen und Konsonanten innerhalb eines

Lexems oder in finaler Position sowie die Degeminierung von Doppelkonsonanten. Ein Bewusstsein für die Existenz eines finalen, nicht ausgesprochenen Graphems wird angedeutet, wenn die Schreiber es durch ein anderes substituieren oder ein zusätzliches Graphem anfügen.

Zum anderen wurde der Einfluss der anderen Variationsdimensionen in unterschiedlicher Weise offenkundig. Die Wirkung der phonogrammischen Variationsdimension zeigt sich, wenn aus einer Fülle von möglichen Phonogrammen eine Form selegiert werden muss. Diese Wahl kann nicht nur phonogrammischen Kriterien gehorchen, sie müsste entsprechend der etymologischen Entwicklung des betreffenden Lexems aus dem Gedächtnis abgerufen werden, um eine orthographische Realisierung zu erreichen. Unter Anwendung der phonogrammischen Korrespondenzen entsprechen die von den Schreibern gewählten Varianten zwar stets der gesprochenen Realisierung, nicht jedoch der normierten Graphie. Bei der Wahl aus den theoretisch möglichen Graphien scheint die Frequenz eines Graphems und damit in Teilen verbunden der Gebrauch in mehreren Kontexten wesentlich, wie beispielsweise an der Präferenz von <ai> für /ɛ/ und /e/ deutlich wurde. Der Logik des Schriftspracherwerbs zufolge werden zuerst Monogramme und in einem späteren Stadium Digramme verwendet. Bei Kindern wurde im Rahmen des Schriftspracherwerbs festgestellt, dass für Laute wie zum Beispiel /ɛ/, /o/ oder /œ/ tendenziell zunächst Monogramme privilegiert und erst später Digramme verwendet werden (Jaffré 1992, 43). Die Wahl eines Digramms könnte demnach ein fortgeschritteneres Stadium des Schriftspracherwerbs der Schreiber andeuten (cf. Kapitel 5.1.2.2) oder darauf hinweisen, dass die Schreiber Digramme als komplizierter wahrnehmen und in einem Streben nach Komplexität eben diese verwenden.

Morphogrammische Analogiebildungen könnten wirksam werden, wenn Konsonanten an der Schwelle vom Präfix zur Basis geminiert werden, zum Beispiel in *innattention*, oder bekannte lexikalische Morphogramme auf andere Kontexte übertragen werden, wie etwa in *malgrée*. Auch die Herstellung paradigmatischer Verbindungen innerhalb eines Wortfeldes, beispielsweise bei der Schreibung *je plaîs*, kann auf die Wahl bestimmter Muster einwirken.

Auf der logogrammischen Ebene sind visuelle Assoziationen, die auf die Graphie nicht gefestigter Lexeme Einfluss nehmen können, von großer Bedeutung. So wurde eine mögliche logogrammische Beeinflussung der Graphien *autrefoi*, *artichaud* und *guerrir* diskutiert.

Die Autoren der Ego-Dokumente des Analysekorpus finden in den Fällen, in denen sie nicht direkt mittels der Verschriftlichungsstrategie *assemblage* auf die Graphie eines bestimmten Lexem zugreifen können, verschiedene Kompensationsstrategien, die in Bezug zu den unterschiedlichen Ebenen der orthographischen Systems stehen und die die Verknüpfung dieser Ebenen deutlich machen.

5.1.15 Nicht einzuordnende Zweifelsfälle

Wie in der Methodologie beschrieben, wurde eine Kategorie der Zweifelsfälle in das Analyseschema integriert, um diejenigen Formen erfassen zu können, die sich zunächst einer eindeutigen Zuordnung entziehen. In sukzessiven Überprüfungen wurde ein Großteil der hier aufgenommenen Formen in die anderen Kategorien integriert. Abgesehen von 14 Okkurrenzen konnten alle in einem ersten Schritt als Zweifelsfälle betrachteten Belege in die anderen Variationsdimensionen eingearbeitet werden. Bei den 14 Korpusbelegen handelt es sich Fälle, in denen aus unterschiedlichen Gründen keine klare Beschreibung erfolgen konnte.[63]

In einigen Fällen der hier klassifizierten Belege scheint ein Element ausgelassen worden zu sein, dessen eindeutige Rekonstruktion aus dem Kontext nicht möglich ist. Im folgenden Beleg ist zum Beispiel nicht klar, ob Maria Saunier *ici on a presque tout rammasé* oder *on ramasse presque tout* meint:

(161) *ici **on** presque*
*tout **ramasse** il n'y a pas de reformè les*
quelque un qui y a son agjourné
(Maria Saunier, 17.2.1917)

Die Wortstellung deutet indes eher die erste Interpretation an. In anderen Beispielen sind flektierte Verbalformen uneindeutig oder syntaktische Bezüge intransparent. Das folgende Beispiel legt *il y contient* nahe, die Relationen im Satz bestätigen dies jedoch nicht:

---

63 Bei den über 12.000 Codierungen stellten sich in den unterschiedlichen Überarbeitungsphasen natürlich vor allem zu Beginn deutlich mehr Formen als Zweifelsfälle dar, doch durch die Erstellung von Analogien und der konsequenten Gleichbewertung von Elementen konnten diese den Variationsdimensionen zugeordnet werden. Die hierfür notwendige bewusste Selektion wird in den jeweiligen Unterkapiteln expliziert.

(162) *tu toit*
recevoir un Paquet de M^m
Bazin et de M^m Burner
dans cette paquet il y **comtienne**
des chaussettes son flanelle
et papier à lettre et sartines
(Marie Anne Grandemange, 11.9.1914)

Möglicherweise ist die Wahl der im Plural flektierten Form von *contenir* durch Antizipation des auf die Verbalform folgenden direkten Objekts zu erklären. In wieder anderen Fällen ist das Lexem nicht zweifelsfrei identifizierbar (163) – (165) oder lässt eine Verwechselung vermuten (166). Manche Belege lassen eine Vermutung zu, wie zum Beispiel eine intendierte Schreibung von *couille* in Beispiel (163). Andere Belege erlauben wiederum mindestens zwei Alternativen, wie zum Beispiel *traîner* oder *trimer* in (164). Der Korpusauszug (165) scheint mit *pouser* ein nicht dokumentiertes Verb wiederzugeben, das offenbar die Bedeutung von *épouiller* 'entlausen' trägt.

(163) *car le peu de fourrage qui reste sera*
une partie mangé par les chevaux et l autre perdue en **coue**
(Henri Cablé, 16.1.1918)

(164) *Nous*
voila bientot arrivé au fête de Pâque
et nous faut encore **triner** *par rei*
(Jean-Baptiste Jeandon, 28.3.1915)

(165) *ensuite on nous fit couchez dans une grange sur la paille, en attendant que l'on passe à tour de*
role pour se faire **pouser**, *comme repas on eu quelques petits biscuits de troupe et un peu de ratat*
(Justin Poinçot, 20.8.1914)

(166) *á la fin des services Monsieur le curé*
nous á adresser quelques bonnes
paroles de consolation en disant pour
Notre Cher Aimé que la mort **de** *la*
pas surpris ayant toujours vécus
en bon Chrétiaen
(Amélie Bischoff, 19.8.1915)

(167) *Ma sie tue a soin*
 dé la guerre 1914 a 1915
 depuis le 5 Octobre 1914
 (Eugène Lorieau, 1915)

Beim letztgenannten Beispiel (167) könnte es sich um ein Wortspiel handeln. Der Schreiber Eugène Lorieau dokumentiert seine Erlebnisse des Krieges höchstwahrscheinlich bereits aus dem Krankenhaus in Nevers und beschreibt in seinem Tagebuch seinen Fronteinsatz sowie seine Verletzung. Obwohl das Tagebuch eine Vielzahl unterschiedlicher Varianten auf allen sprachlichen Ebenen enthält, ist der Schreiber relativ sicher, was die Segmentierung betrifft. Dies legt die Vermutung nahe, dass es sich bei der Deglutinierung von *situation* in *sie tue a soin* um eine bewusste Verzerrung handelt, die einerseits mit *soin* auf die Pflege im Krankenhaus und mit *tue* andererseits auf die tödliche Bedrohung des Krieges anspielt.

5.1.16 Orthographische Variation im Korpus: Schlussbetrachtung

Im Anschluss an die Beschreibung der Variation auf den unterschiedlichen Ebenen der französischen Orthographie sollte nachdrücklich betont werden, dass die Texte weniger geübter Schreiber in vielen Aspekten die orthographische Norm respektieren und wiedergeben.[64] Zugleich wird in den Analysen deutlich, dass einige Bereiche der französischen Orthographie besonders komplex sind und die graphische Umsetzung dementsprechend eine Herausforderung für weniger geübte Schreiber darstellen kann. Die für Variation besonders anfälligen Zonen sind in der Entwicklung der Orthographie konstant (Pellat 2015, 70), auch Ernst sieht in den durch Variantenreichtum bestätigten fragilen Zonen überindividuelle Tendenzen:[65]

> «Wenn auch (Ortho)Graphie immer etwas mit der Vermittlung schulischer Normen zu tun hat, so sind doch die Abweichungen mehr als nur individuelle einzelne Fehler. Zumindest Teilbereiche dieser Fehler sind systemhaft und konstituieren andeutungsweise eine ‹grammaire des fautes›, die einem graphischen ‹français populaire écrit› zugrundeliegt» (Ernst 1999, 109).

---

64 Cf. hierzu auch Steuckardt (2019) in Bezug auf das *Corpus 14* oder Pellat (2015, 73): «il serait excessif de parler de débâcle graphique».
65 Vielfach entsprechen diejenigen Bereiche, die besonders anfällig für Variation sind, auch denjenigen, die in der Entwicklung der Orthographie lange uneinheitlich diskutiert und häufig erst spät in ihrem Gebrauch fixiert wurden (Pellat 2015, 76).

Durch die quantitative Auswertung der Varianten im Korpus, konnten in absteigender Reihenfolge eindeutig die Bereiche der morphogrammischen, der logogrammischen und der nicht-funktionalen Variation als fragile Zonen für die Schreiber des Analysekorpus identifiziert werden. Aus dieser Perspektive lässt eine hohe Zahl an Varianten und ihre Vielfalt auf erhöhte Schwierigkeiten der weniger geübten Schreiber in der regelhaften Verschriftlichung der entsprechenden Bereiche schließen.

Die Frage, ob die Strategien, nach denen die Schreiber aus einer Fülle an Graphien eine graphische Umsetzung auswählen, aus der Retrospektive überhaupt aufgedeckt werden können, muss mit Bedacht behandelt werden. Natürlich kann es sich stets nur um hypothetische Annäherungen handeln. Und ebenso gewiss ist auch, dass nicht geklärt werden kann, inwiefern sich die Schreiber der Verwendung bestimmter kompensatorischer Strategien bewusst sind. Es lassen sich jedoch durch die Beschreibung der von den Schreibern angewandten Muster, wenn sie ein ihnen in der Graphie unbekanntes oder nicht ausreichend bekanntes Lexem schreiben, bestimmte Tendenzen der Verschriftlichung erkennen, die sich in unterschiedlichem Maße in allen Variationsdimensionen der französischen Orthographie wiederfinden.

Wie in der Darstellung der theoretischen Grundlagen erläutert wurde, kann ein Schreiber bei der Verschriftlichung von lautlichen Einheiten über die beiden grundsätzlich möglichen Zugangsweisen *adressage* und *assemblage* auf die orthographische Form zugreifen (Jaffré 1991, 41). Ein erfahrener und routinierter Schreiber hat über das Verfahren des *adressage* Zugang zum mentalen orthographischen Ausgangslexikon, wo er über Einträge zur orthographischen Repräsentation der Lexeme verfügt. Das orthographische Ausgangslexikon eines weniger geübten Schreibers ist noch nicht vollständig konstruiert. Er muss daher für diejenigen Lexeme, für die noch kein Eintrag vorliegt, auf die Strategie des *assemblage* ausweichen. Unter Anwendung dieser Strategie stützt sich der Schreiber bei der Verschriftlichung auf verschiedene Regeln und orientiert sich an unterschiedlichen Mustern. Bei der Beschreibung der Varianten wurden in der Gesamtschau der Variationsdimensionen bestimmte Ausweichstrategien in der Zugriffsweise des *assemblage* erkennbar.

Zunächst ist hier der Einfluss der gesprochenen Sprache zu nennen, der sich einerseits in der Realisation bestimmter Formen, die typisch für nähesprachliche Kommunikationssituationen sind, wie zum Beispiel die Reduktion von *il* zu *i*, und andererseits in der Ausrichtung auf die Aussprache als Referenzpunkt in der phonogrammischen Strategie seinen Ausdruck findet. Laut Jaffré (1992, 41) kann es in einer frühen Phase des Schriftspracherwerbs bei Anwendung der phonogrammischen Strategie auf der idiolektalen Ebene zu Übertragungen und Transfererscheinungen kommen, wenn die Schreiber das lautliche Material nicht korrekt analysieren. Da die Aussprache einen wesentlichen Bezugspunkt in dieser Phase des Schriftspracherwerbs darstellt, können bestimmte Elemente, die über in der Aussprache repräsentierte Einheiten hinausgehen, nicht wiedergegeben werden. Aus dem Korpus könnten hier beispielhaft die Wiedergabe homophoner Morpheme in der Verbalflexion oder der Silbenstruktur entsprechende Segmentierungen genannt werden. Weniger geübte Schreiber realisieren im Geschriebenen zumeist die für die geschriebene Sprache charakteristische Desambiguierung nicht: «L'oral confondrait, là où l'écrit distingue» (Blanche-Benveniste 1997, 14). Die Strategie des *assemblage* und die Orientierung an den in der Aussprache wahrnehmbaren Phonemen wird auch bei den etwas routinierteren Schreibern bei der Verschriftlichung selten verwendeter Lexeme, zum Beispiel Entlehnungen, Kultismen oder Toponyme, deutlich.

Trotz der Bedeutung der gesprochenen Sprache ist es wichtig darauf hinzuweisen, wie auch Pellat für das *Corpus 14* festhält (Pellat 2015, 69), dass es sich bei den Varianten nicht um die reine Transkription des Gesprochenen handelt. Die Schreiber sind sich vielmehr des Mediums, in dem sie kommunizieren, durchaus bewusst. «C'est un aspect très intéressant: aucun de ces auteurs [...], au moment de prendre la plume en main ne veut écrire un ‹français parlé› ou ‹non-standard›. Ils ont tous la conscience que l'acte d'écrire exige une certaine solennité de la langue» (Ernst 2010, 64–65).[66] Dies entspricht auch der Beobachtung Blanche-Benvenistes mit Blick auf Kinder und Erwachsene, die wenig Umgang mit schriftsprachlichen Texten haben:

> «Les enfants ou adultes éloignés de l'univers des textes écrits ont souvent une représentation sublimée de la langue écrite. Ils jugent inconvenant d'écrire des tournures familières et cherchent systématiquement des transpositions. Ce qui s'écrit, c'est **la langue du dimanche** et non la langue de tous les jours (Blanche-Benveniste 1997, 9; Herv. im Original).

Aus dieser Haltung, in der die geschriebene Sprache zum einen als prestigeträchtig wahrgenommen wird und zum anderen mit einem bestimmten Habitus gleichgesetzt wird, resultieren möglicherweise die Tendenzen zur Übergeneralisierung, die mit Ausnahme der extragraphischen und visuell-graphischen sowie der ideogrammischen Variation in allen Variationsdimensionen ausgedrückt wurden. Die Wahl komplexerer Phonogramme anstelle von einfacheren, der orthographischen Norm entsprechenden, reiht sich in eine Linie ein, die neuere Studien zum Orthographieerwerb bei Schülern identifizieren:

---

[66] Auch die Möglichkeit einer indifferenten Haltung der Schreiber gegenüber Fragen des Standards in ihrer aktuellen Situation des Kriegs und / oder einer rein pragmatischen Bewertung schriftlicher Kommunikation muss hier mitbedacht werden.

> «D'ailleurs, comme des études récentes sur les élèves en difficulté l'ont montré, ceux qui ont des problèmes en orthographe choisissent souvent, non pas une écriture phonétique, mais prennent une option haute, de graphie difficile, plus conforme à l'idée qu'ils se font de l'orthographe qu'ils ne maitrisent guère» (Pellat 2015, 69).

Gleiches hält Bauche auch für das geschriebene *français populaire* fest: «Car le peuple, lorsqu'il fait des fautes d'orthographe, pèche plus par complication que par simplification» (Bauche 1920, 169). Außerdem scheint die Herstellung visuell-graphischer Analogien bei der Schreibung von weniger bekannten Lexemen eine Rolle zu spielen. Die Schreiber kennen verschiedene logogrammische Muster, die in ihrer stets homophonen Form nur durch die Schreibung differenziert werden. Teilweise greifen die Schreiber auf homophone Schreibungen, deren graphische Realisierung sie auch visuell präsent haben, zurück, um bestimmte Elemente zu verschriftlichen, für die sie offenbar im Moment der Redaktion kein Schriftbild aktivieren können.

Nach einer Auswertung aller im Korpus enthaltenen Varianten für alle Schreiber, legt das Korpus große Unterschiede im schriftsprachlichen Ausdruck der verschiedenen Schreiber offen. Jeder Schreiber zeigt individuelle Ausprägungen in der Aneignung der schriftsprachlichen Norm, in Abhängigkeit des jeweiligen soziobiographischen Hintergrunds. Im Vergleich der von den einzelnen Schreibern verwendeten graphischen Varianten ist die Gegenüberstellung der reinen Frequenzen der Gesamtheit der Varianten in allen Variationsdimensionen zusammen betrachtet nicht besonders aussagekräftig, da so die viel Text produzierenden Schreiber automatisch auch viele Varianten wählten. Exemplarisch wird für einige Schreiber die Anzahl der von ihnen produzierten Varianten ins Verhältnis zu der von ihnen geschriebenen Wörtern gesetzt. Auch hier handelt es sich um Näherungen, die jedoch zumindest im Ansatz einen Vergleich ermöglichen. Im Vergleich aller Schreiber produzieren Marie Anne Grandemange und ihr Sohn Paul den höchsten Anteil an Varianten. Paul Grandemange verfasst jedoch 190 Briefe, seine Mutter lediglich 26. In der Rückspiegelung der Varianten auf die Gesamtwortzahl ergibt sich für Marie Anne, dass etwa 31,2% ihrer Texte Varianten aufweisen. In Pauls Texten hingegen stellen insgesamt nur 5,39% Varianten dar. Neben Marie Anne Grandemange weisen die Texte Eugénie Pierrels mit 22,01%, Maria Sauniers mit 24,8% sowie Auguste Jeandons mit 31,5% eine relativ hohe Variantenvielfalt auf. Demgegenüber zeigt das Kriegstagebuch Émile Garniers lediglich 0,55% Varianten, die Briefe und Postkarten Albert Provots 1,4%, die Korrespondenz von Paul Desmettre nur 2,3%.[67]

---

[67] Kapitel 8 vergleicht exemplarisch die von Marie Anne und Paul Grandemange gewählten Varianten in den verschiedenen Variationsdimensionen.

Die Anzahl der produzierten Varianten muss mit der individuellen Schreiberbiographie und mit der unterschiedlichen Schriftsprachalphabetisierung in Beziehung gesetzt werden. Die Autoren der Ego-Dokumente unterscheiden sich hinsichtlich ihrer Schulbildung und der seitdem vergangenen Zeit, hinsichtlich ihrer Erfahrung und Routine im Schreiben, was sich in den Texten widerspiegelt. «L'acte d'écriture implique une énergie cognitive cumulée et on peut donc admettre que plus les compétences graphiques sont intégrées, ou automatisées, plus les formes graphiques dépendent de routines et plus les usagers peuvent se concentrer sur le texte» (Jaffré 1991, 35). Aus dieser Perspektive erklärt sich eine hohe Variantenvielfalt in den Texten der etwas älteren Schreiber mit einer länger zurückliegenden Schulzeit, wenn ihr Beruf und ihr Alltag keine regelmäßige und diversifizierte Schreibpraxis erfordern. Dies gilt zum Beispiel für Maria Saunier, Jahrgang 1868 oder 1869 und ohne Ausbildung, die Weberin Marie Anne Grandemange, Jahrgang 1860, und den Gemeindediener Auguste Jeandon, Jahrgang 1881. Maire Anne Grandemange und Auguste Jeandon haben zudem einen dialektophonen Hintergrund, Marie Anne ist im Elsass geboren und lebt nahe der deutsch-französischen Grenze, Auguste Jeandon lebt in einer als frankophon anerkannten Gemeinde im Elsass (cf. hierzu auch Kapitel 6). Die Schulzeit der Schreiber Albert Provot, Jahrgang 1895, und Paul Grandemange, Jahrgang 1894, liegt weniger weit zurück, wodurch eine größere Nähe zur Norm erklärt werden könnte. Paul Grandemange kümmert sich zudem um das Inventar und die Haushaltsbücher der Kooperative, die er mit seiner Familie in Saint-Maurice-sur-Moselle führt. Hervorzuheben ist im Zusammenhang der Texte von Paul Grandemange außerdem die hohe Anzahl übergeneralisierter Formen, die offenbar eine relativ sichere Regelkompetenz anzeigen und gleichzeitig ein Bewusstsein um die Komplexität der französischen Orthographie andeuten. Grundsätzlich zu bedenken ist die unterschiedliche Bedeutung, die die Schreiber dem schriftsprachlichen Ausdruck schenken und ob ihnen beispielsweise der Ausdruck in einem bestimmten Register wichtig ist. In der rekurrenten Verwendung bestimmter Graphien konstituieren die Schreiber ihren idiolektalen Sprachgebrauch (cf. auch Steuckardt 2019).

Bezüglich eines Vergleichs der Schriftsprachkompetenz von Frauen und Männern erlaubt das vorliegende Analysekorpus keine repräsentativen Aussagen. Das Korpus ist sowohl die Anzahl der Schreiber als auch die von ihnen produzierten Texte betreffend uneinheitlich. Insgesamt umfasst das Korpus 591 Texte, von denen 496 von Männern und 95 von Frauen verfasst wurden. Wichtig ist, dass alle Tagebücher, die einen deutlich größeren Umfang als eine Briefkorrespondenz aufweisen, von Männern geschrieben wurden. Von den insgesamt 59 Autoren im Subkorpus sind 41 männlich und 18 weiblich. Unter dieser Prämisse lassen sich lediglich Beobachtungen ohne allgemeingültige Aussagekraft formulieren. Die 18 Verfasserinnen der 95 Ego-Dokumente in diesem Analysekorpus vereinen in ihren Texten 4.725 Varianten in allen Variationsdimensionen zusammen betrachtet. Über ein Drittel aller Varianten im Korpus stammt somit von Schreiberinnen, die aber insgesamt nur ein Fünftel der Texte stellt. Vor diesem Hintergrund kann für das vorliegende Korpus, in seiner ganzen Heterogenität, die Aussage getroffen werden, dass die Texte der Frauen mehr Variation zeigen. Die Anzahl der produzierten Varianten lässt unter Berücksichtigung der je individuellen Biographie der Frauen auf eine weniger umfassende Aneignung der französischen Orthographienorm und eine weniger ausgeprägte Regelkompetenz schließen. Anders formuliert wenden Frauen offenbar orthographische und grammatische Regeln häufiger nicht an.[68] Aus einer umfassenderen Perspektive entspricht dies den Untersuchungen innerhalb der historischen Soziolinguistik, die soziale Variablen wie das Geschlecht oder den sozialen Status mit der Schreiberfahrung korrelieren. Generell wurden Männer mit höherer Wahrscheinlichkeit zu kompetenten Schreibern als Frauen, so wie auch Mitglieder der höheren Gesellschaftsschichten eher und weiter reichende Kompetenzen in der Schriftsprachproduktion erreichten (Rutten/van der Wal 2018, 238).

Die hohe Zahl morphogrammischer, logogrammischer und nicht-funktionaler Varianten zeigt, dass sich die Schreiber in diesen Bereichen sehr häufig von der orthographischen Norm entfernen. Die graphische Wiedergabe von Morphogrammen ist auch durch die ausgeprägten Diskrepanzen der Morphologie hinsichtlich des gesprochenen und geschriebenen Französisch zu erklären und erfordert in der überwiegenden Zahl der Fälle eine komplexe Analyse der syntaktischen Relationen des Lexems. Diese Analyse leisten die Schreiber nicht immer, was sich auf den Mangel an Erfahrung und Routine sowie auf eine nicht ausreichende Regelkompetenz zurückführen lässt. In der schriftlichen Sprache realisierte Elemente ohne Entsprechung in der gesprochenen Sprache sind von besonderer Komplexität für die Schreiber. Dies wird einerseits von der hohen Zahl logogrammischer und nicht-funktionaler Varianten bestätigt, die sich nur mit der Zuordnung verschiedener Graphien zu einem Lautbild und mit einem

---

68 Für Pellat bedeutet die deutlich höhere Anzahl an Varianten in den Texten von Frauen, dass sie größere Schwierigkeiten im Schreiben als Männer haben: «Quant aux femmes, elles ont beaucoup plus de difficultés que les hommes, en raison d'une scolarité déficiente au XIXe siècle, avec des enseignant(e)s ignorant(e)s» (Pellat 2015, 74). Pellat nimmt mit dieser Positionierung eine ausgeprägt normative und didaktische Perspektive ein, die nicht die der vorliegenden Arbeit sein soll.

Wissen um etymologische Entwicklungen erklären lassen. An Varianten besonders reiche Variationsdimensionen bilden so Schwierigkeiten in der Anwendung der orthographischen Norm bei weniger geübten Schreibern ab. Dies bedeutet jedoch keinesfalls ein Defizit im schriftsprachlichen Ausdruck aus einer pragmatischen Perspektive und in Bezug auf die Inhalte, die die Schreiber kommunizieren möchten. Auch wenn die Orthographie aus einer Perspektive, deren Referenz die Norm des Standards ist, in vielen Punkten deviant ist, hindert dies die Schreiber nicht daran, erfolgreich zu kommunizieren, wie der folgende Auszug illustriert:

(168) *Mes quatres derniers jours de tranchées*
.... C'estait en Janvier, par une
mnuit très froide, il tombait de
la aneige a gros flôts.
J'aitait de garde dans la tran-
chée, dans la qu'elle je regar-
dait toujour ver l'ennemi,
croyant toujour appercevoir des
ombres mouvoirs dans la brume,
mais nom, c'estait une idee de
mon imagination.
......Afforce de regardes mes
yeux se fatiguent, l'esprit se
relache, et je pensait toujour a
ceux que j'ai l'aisse dans mon
Pays, qui est envahit depuis le
mois d'Août.
.... Qu'el ques instant apprêt, jentent
une rafalle d'obus qui sifflets au
desçu de moi: et de mes camarades.
(Louis Vuibert, ohne Datum)

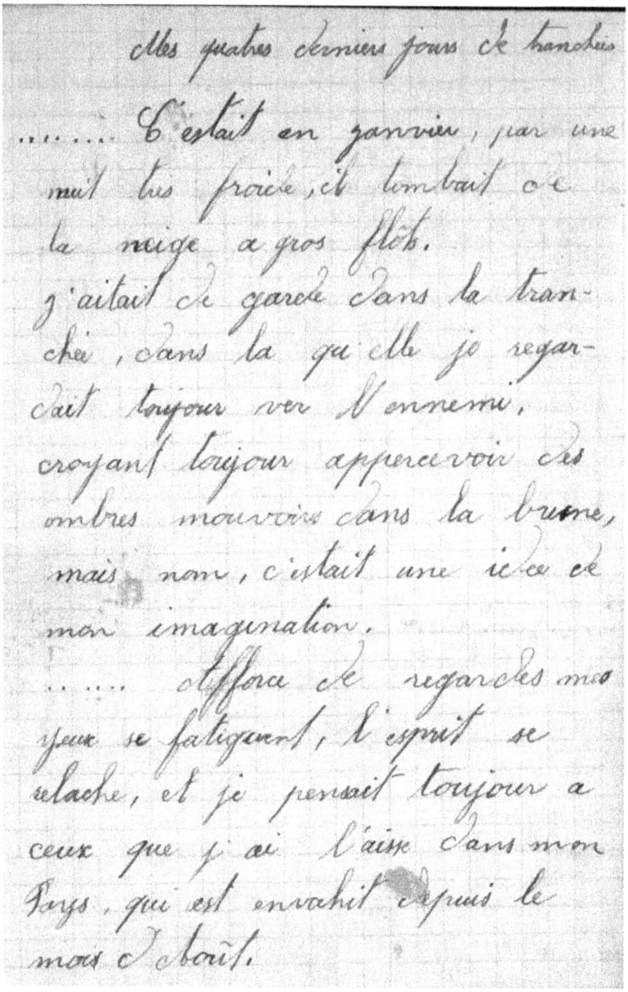

Abbildung 8: Auszug aus Louis Vuiberts Kriegstagebuch.

Dieser Auszug aus dem Tagebuch des Landwirts Louis Vuibert beweist eindrücklich seinen gewandten Umgang mit der französischen Sprache in einer längeren narrativen Passage in beinahe poetischem Ton und seine Fähigkeit zur Expressivität im schriftsprachlichen Ausdruck.

Variation zeigt sich in den Texten weniger geübter Schreiber nicht nur auf der Ebene der graphischen Realisierung, sondern auch im Wortschatz, auf den die Verfasser der Ego-Dokumente bei der Redaktion zurückgreifen und der im folgenden Kapitel in den Blick genommen werden.

5.2 Lexikalische Variation

5.2.1 Theoretische Prämissen und Methodik

Im Vergleich mit lexikalischen Untersuchungen, die sich auf die Texte routinierter Schreiber aus der Zeit des Ersten Weltkriegs beziehen, oder mit Studien, die etwa den mit *populaire* etikettierten Wortschatz auf der Grundlage mündlicher Zeugnisse beschreiben (Bianchi 2015, 125), nimmt das vorliegende Korpus eine Zwischenstellung ein, da es auf weniger geübte Schreiber und ihre schriftlichen Texte ausgerichtet ist.

Mit Blick auf den Wortschatz lässt sich zunächst einmal feststellen, dass der sprachliche Ausdruck der Schreiber des Analysekorpus nicht auf ein einzelnes Register oder eine einzelne gruppenspezifische Varietät zu beschränken ist. Die Tatsache, dass es sich um schriftliche Texte handelt, die sich deutlich durch eine konzeptuelle Affinität zur kommunikativen Nähe auszeichnen, legt eine Prägung durch diaphasische Varietäten nahe, die für diese Konzeption charakteristisch sind, wie etwa informelle Register. Darüber hinaus ist der Sprachgebrauch der Schreiber auch von anderen diatopischen, diastratischen und diaphasischen Varietäten beeinflusst, wie zum Beispiel durch regional markierte informelle Varietäten, durch die Fachsprachen des Militärs und durch unterschiedliche Abstufungen nähesprachlicher Sprachstile. Nach Koch und Oesterreicher (2011, 162) ist die diaphasisch niedrig markierte Lexik ein äußerst dynamischer Bereich lexikalischer Vielfalt, die insbesondere durch die verschiedenen Argots geprägt wird. Traditionell zeigt sich der Wortschatz als besonders permeabel für dynamische Zuordnungen der Markierungen verschiedener diaphasischer und diastratischer Varietäten, wodurch auf konstante Weise die jeweilige unmarkierte Norm in Frage gestellt wird (François 1985, 327; Prüßmann-Zemper 1990, 832). Für eine Analyse von Ego-Dokumenten bietet sich die Untersuchung diastratischer Varietäten insofern an, als «[d]ie gruppenspezifischen Varietäten, die einem Sprachbenutzer zur Verfügung stehen, [sind] Teil seiner sozialen Identität [sind]. Ihre Verwendung gibt Aufschluß über seine Position innerhalb des sozialen Gefüges» (Prüßmann-Zemper 1990, 832). Neben gruppenspezifischen Varietäten sind die dem Schreiber zur Verfügung stehenden Register eng mit seinem soziobiographischen Hintergrund und seiner Identität verbunden, so wie ein diatopisch markierter Sprachgebrauch vom individuellen regionalen Ursprung und einer eventuellen Mobilität abhängig ist.

Aufgrund dieser engen Verknüpfung des Gebrauchs diasystematisch markierter Varietäten mit der Schreiberidentität und -biographie ist davon auszugehen, dass der sprachliche Ausdruck der weniger geübten Schreiber in den

Ego-Dokumenten von einer lexikalischen Homogenität weit entfernt ist, wie dies Bianchi für die Schreiber des *Corpus 14* festhält:

> «L'essentiel est de remarquer que la langue populaire pratiquée dans les tranchées n'est pas une: on y trouve de l'argot de caserne, de l'argot parisien, des termes et locutions familiers courants, des traces de langues régionales, des termes inventés durant la guerre... Bien qu'il soit délicat de chercher à classer tous les mots, et même si les frontières entre les catégories sont extrêmement poreuses, il semble ici possible de démontrer que la langue de nos Poilus est effectivement composée de l'ensemble de ces strates» (Bianchi 2015, 132).

Die folgende Darstellung des Wortschatzes der Verfasser der Ego-Dokumente ist für eine Betrachtung des schriftichen Sprachgebrauchs unverzichtbar, liefert sie doch einen die orthographische, morphosyntaktische und diskursive Variation ergänzenden Aspekt für die Gesamtschau des schriftlichen Ausdrucks. Die folgende Beschreibung zielt insgesamt darauf ab, die Vielschichtigkeit des aktualisierten Wortschatzes aufzuzeigen.[69]

Hinsichtlich der dem Schreiber zur Verfügung stehenden diastratischen Varietäten ist besonders auf die jeweilige soziobiographische Situation der Schreiber zu verweisen. Sie verfügen über eine elementare Schulbildung, die in Teilen länger zurückliegt, und üben in der Regel einen handwerklichen oder landwirtschaftlichen Beruf aus, der zwar eine Schreibpraxis in unterschiedlichem Maß erfordern kann, dies jedoch meist nur in geringem Maße einlöst. Der historische Kontext des Ersten Weltkriegs bedingt darüber hinaus die Verwendung der gruppenspezifischen Varietät des sogenannten *Argot des tranchées* oder auch *Argot des Poilus*, der sich insbesondere im sprachlichen Ausdruck der Soldaten niederschlägt.

Die diaphasischen Varietäten, die der Schreiber der Kommunikationssituation entsprechend auswählt und deren Bandbreite in Abhängigkeit der individuellen Schreibroutine variiert, sind stets mit einer gewissen Bewertung verbunden und können demzufolge hierarchisiert werden (Prüßmann-Zemper 1990, 836). Das höchste Prestige wird dem *français cultivé*, auch *soigné* oder *soutenu*, zugeschrieben, woraufhin das *français commun*, auch *courant* oder *usuel*, und das *français familier*, das *français populaire* und schließlich das *français vulgaire* folgen (Müller 1975, 184).

---

[69] Die Beschreibung des Wortschatzes erhebt nicht den Anspruch einer lexikographischen Untersuchung, ihre Ausrichtung gilt vielmehr dem individuellen Gebrauch von Registern, gruppen- und regionalspezifischen Varianten in den Ego-Dokumenten.

Für die Beschreibung der lexikalischen Charakteristika des Korpus soll das *français commun* als Ausgangspunkt und Referenz dienen:

> «Das *français commun* ist demnach einerseits das Französisch, an dem die Mehrzahl der Sprecher aktiv und/oder passiv partizipiert, und andererseits das Französisch, das von der Mehrheit übereinstimmend als ‹normal› eingeschätzt wird. Die allgemeine Anerkennung ist deshalb eine so wichtige Komponente des *français commun*, weil dieses als Standardsprache dem einzelnen als Richtschnur, als Norm dient. ‹Norm› bedeutet in diesem Zusammenhang nicht präskriptive Norm mit starren Vorschriften, sondern ein in ständigem Wandel begriffenes, von der Gemeinschaft der Sprecher bestimmtes Subsystem. Entscheidend ist allein der Sprachgebrauch, das was üblich ist, der *usage* (Gebrauchsnorm, Istnorm, statistische Norm)» (Prüßmann-Zemper 1990, 830; Herv. im Original).

Für die Texte und die Schreiber des Analysekorpus ist die Annahme eines *français cultivé* oder *soutenu* als Referenz nicht realistisch, sowohl aufgrund ihres individuellen Bildungshintergrunds als auch aufgrund der Privatheit der Kommunikationssituation. Da die Schreiber über eine zwar unterschiedlich ausgeprägte, jedoch lediglich elementare Schulbildung und Schreiberfahrung verfügen, kann nicht davon ausgegangen werden, dass sie die Norm eines *français soutenu* im Medium des Geschriebenen umfassend berücksichtigen. Zudem ist die Schreibsituation eindeutig in der kommunikativen Nähe (Koch/Oesterreicher 1986) zu verorten (cf. Kapitel 3.3), wodurch die Verwendung eines *français commun* oder anderer niedriger markierter Register wie etwa des *français familier* begünstigt wird.

Im Zusammenhang der lexikalischen Analyse ist hervorzuheben, dass die lexikalische Beschreibung und die Zuweisung sprachlicher Strukturen zu verschiedenen Registern oder Sprachniveaus keine apodiktische Kategorisierung darstellen. Es handelt sich um Konzepte von Gebrauchsnormen, die in einer gegebenen Kommunikationssituation aus einer bestimmten Sprecherperspektive angemessen sind, sich jedoch überlappen und in sich verschiedene Affinitäten ausbilden können. So ist daher einerseits die Abgrenzung der verschiedenen Sprachregister gegeneinander mitunter sehr schwierig oder gar unmöglich und andererseits erweist sich die Klassifizierung einer gegebenen sprachlichen Form als Charakteristikum eines bestimmten Registers als kompliziert. Nicht selten ergeben sich in unterschiedlichen Wörterbüchern oder bei verschiedenen Autoren Differenzen hinsichtlich der Zuweisung eines bestimmten sprachlichen Elements zu einem Sprachstil (cf. auch Prüßmann-Zemper 1990, 836), so wie auch unterschiedliche Sprecher bzw. Schreiber eine individuelle Zuweisung zu den von ihnen beherrschten Registern vornehmen, die interindividuell variieren kann. Gerade die Differenzierung von *français familier* und *français populaire* erweist sich mitunter als schwierig. Die lexikographische Markierungspraxis ist aufgrund ihrer Divergenzen in Teilen ebenso von Kritik betroffen (Meißner 2002, 90). Die dynamische Zuweisung sprachlicher Formen zu den einzelnen Registern wird auch daran deutlich, dass bestimmte Elemente andere Bewertungen erfahren, abhängig davon, ob sie in einer Kommunikationssituation der kommunikativen Nähe oder der kommunikativen Distanz gebraucht werden: «die Zuweisung sprachlicher Erscheinungen zur Registerskala im Gesprochenen stimmt nicht mit der im Geschriebenen überein, sondern ist so verschoben, daß z.B. geschrieben ‹familiär› gesprochen ‹neutral› entspricht» (Koch/Oesterreicher 1986, 16). Die im Folgenden aus dem Korpus als exemplarische Belege für die jeweiligen Register angeführten Beispiele können aus dieser Perspektive keine absolute Gültigkeit beanspruchen. Unterschiedliche lexikographische Bewertungen eines Elements hinsichtlich seiner Zugehörigkeit zu einem Register und Überlagerungen zwischen den einzelnen Registern werden jeweils deutlich gemacht.

Ziel des vorliegenden Kapitels zum Wortschatz weniger geübter Schreiber ist nicht die Auflistung aller lexikalischen Elemente situations- und gruppenspezifischer Varietäten, die in einer exhaustiven Analyse des Korpus identifiziert wurden, sondern vielmehr die Herausstellung der Vielfalt im lexikalischen Repertoire der Verfasser der Ego-Dokumente. Hierzu wurde das gesamte Korpus im Hinblick auf diasystematisch markierte lexikalische Elemente untersucht und codiert.[70] Diese Codierungen und die entsprechende Quantifizierung bilden die Grundlage der folgenden Beschreibung, welche diesen Leitfragen folgt: Welche lexikalischen Einflüsse charakterisieren den Wortschatz der weniger geübten Schreiber in den Ego-Dokumenten, welche sich aufgrund der Kommunikationsbedingungen durch eine deutliche Affinität zur konzeptionellen Nähe auszeichnen? Wie zeigen sich Schriftsprachkompetenzen im Bereich des Lexikons?

5.2.2 Quantifizierende Annäherung an den Wortschatz

Das vorliegende Korpus birgt für eine automatisierte lexikalische Analyse zunächst aufgrund der in den Texten enthaltenen graphischen Varianten eine grundlegende Schwierigkeit. Die Etablierung der Type-Token-Relation ist nicht ohne Schwierigkeiten umsetzbar, da einem Lexem, neben den flektierten Formen, eine Vielzahl unterschiedlicher graphischer Varianten entspricht, die nicht automatisch erfasst

---

[70] Die Übersicht über alle codierten lexikalischen Formen sind als Zusatzmaterial auf der Seite des Verlages einsehbar.

und diesem Lexem zugeordnet werden können. «L'atypicité de ces corpus rend problématique leur traitement par les logiciels que l'informatique met au service de la linguistique contemporaine» (Steuckardt 2018, 26). Auch Ernst problematisiert die Schwierigkeit der automatisierten Erstellung von Wortlisten bei der Arbeit mit Texten, die in verschiedenerlei Hinsicht von der orthographischen Norm abweichen (Ernst 2010, 60). Um dennoch eine computergestützte Beschreibung des Wortschatzes der Ego-Dokumente weniger geübter Schreiber vornehmen zu können, bleiben zwei methodische Ansatzpunkte: zum einen die Erstellung einer Version mit der Standardnorm entsprechenden Graphien als Grundlage der Untersuchung und zum anderen die manuelle Zusammenführung aller Varianten eines Lexems. Der Nachteil der ersten Zugangsweise liegt darin begründet, dass sie die charakteristische Ausrichtung des Korpus ausblendet, wohingegen die zweite Möglichkeit eine ausgeprägte Kenntnis der graphischen Variation in diesem erfordert. Aus einer Perspektive, die auch bei der Beschreibung des Wortschatzes die verwendeten graphischen Varianten nicht nivellieren möchte, wird für die vorliegende Betrachtung der zweite Ansatz gewählt. Die computergestützte Analyse des Wortschatzes wird mit dem Programm *Sketch Engine* durchgeführt.

Eine erste Annäherung an den Wortschatz besteht in der Erstellung von Frequenzlisten, die eine Hierarchisierung der am häufigsten verwendeten lexikalischen Einheiten ergeben. Für das vorliegende Analysekorpus, das insgesamt etwas mehr als 221.000 Wortformen umfasst, ergibt sich für die ersten 20 Frequenzen (in absoluter Häufigkeit) folgende Verteilung (cf. S. 276).

Aus dieser Auflistung lassen sich zunächst nur wenige inhaltliche Konklusionen ziehen, mit Ausnahme der hohen Frequenz des Personalpronomens *je* (cf. Position 2 und 17), die der Textsorte Ego-Dokument geschuldet und gleichzeitig die Charakterisierung der Texte des Analysekorpus als Ego-Dokumente zu bestätigen scheint. Im Wesentlichen entsprechen die meistbenutzten Wörter des Korpus denjenigen, die auch im *Corpus 14* auf den vorderen Rängen der Frequenzliste zu finden sind (Steuckardt 2018, 37). Zudem finden sich die hochfrequenten Funktionswörter ebenfalls in den Wortfrequenzen von Korpora, die die Norm abbilden: «les plus hauts rangs sont occupés par des mots-outils, le mot *de* occupant habituellement dans les corpus français la première place» (Steuckardt 2018, 37).

Tabelle 25: Frequenzliste der 20 häufigsten Wörter im Korpus.[71]

	Item	Frequenz
1.	de	6.909
2.	je	4.322
3.	et	4.084
4.	à	3.474
5.	le	3.327
6.	la	3.287
7.	que	3.261
8.	vous	2.787
9.	en	2.404
10.	il	2.304
11.	nous	2.263
12.	est	2.062
13.	a	1.945
14.	pour	1.927
15.	les	1.767
16.	pas	1.710
17.	j'	1.621
18.	l'	1.558
19.	un	1.523
20.	bien	1.523

Zur Verfeinerung der lexikalischen Analyse aus einem semantischen Blickwinkel werden in einem zweiten Schritt die häufigsten Autosemantika des Korpus identifiziert. Da sich unter den zehn frequentesten Verben mit *avoir*, *être*, *faire*, *aller*, *voir*, *dire*, *recevoir*, *pouvoir*, *savoir* und *venir* vor allem Verben mit auxiliarer Funktion oder Einbindung in periphrastische Verbalausdrücke finden, werden in der Erstellung der Frequenzlisten von Autosemantika Nomina, Adjektive und Adverbien berücksichtigt.[72]

---

[71] Es wurde bewusst eine Liste der Wortformen und nicht der Lemmata gewählt, da eine automatisierte Zusammenfassung verschiedener Formen unter einem Lemma bei diesem Korpus nicht zuverlässig ist. Nach der Erstellung der Frequenzlisten, auch diejenigen der Autosemantika, wurden die verschiedenen graphischen Varianten eines Lexems jeweils manuell als ein Eintrag zusammengefasst.

[72] Die Differenzierung in Majuskeln und Minuskeln bleibt unberücksichtigt, die verschiedenen flektierten Formen von Substantiven und Adjektiven sowie verschiedene Graphien eines Lexems

Tabelle 26: Frequenzliste der häufigsten Autosemantika.

	Item	Frequenz
1.	bon	1.017
2.	jour	661
3.	cher	624
4.	lettre	616
5.	grand	570
6.	baiser	501
7.	parents	498
8.	plaisir	451
9.	santé	431
10.	petit	423
11.	temps	384
12.	soir	308
13.	cœur	283
14.	matin	280
15.	famille	266
16.	bonjour	263
17.	papa	258
17.	autre	258
19.	frère	256
20.	moment	252
21.	heure	248
22.	tranchées	239
23.	fils	237
24.	même	236
25.	maman	230
25.	bien	230

Werden vergleichend die zehn Substantive und Adjektive mit der höchsten Zahl an Belegen im *Corpus 14* herangezogen, nämlich *petit, lettre, bonne, santée, cher, famille, moment, nouvelles, vie* und *chose* (Steuckardt 2018, 39), fällt die insgesamt hohe Übereinstimmung mit den meistbenutzten Lexemen des vorliegenden Korpus auf. Auch die letzten drei der frequentesten Lexeme im *Corpus 14, nouvelles, vie* und *chose*, sind im vorliegenden Analysekorpus belegt und zudem mit den Häufigkeiten von 195 für *nouvelles*, 152 für *vie* und 148 für *chose* innerhalb des Analysekorpus relativ frequent. Wird der Gebrauch der häu-

---

werden zusammen gewertet. So umfasst beispielsweise *santé* ebenfalls die Graphien *santée* und *sante, temps* auch die Variante *temp* und unter *grand* werden sowohl *grande* als auch *grands* und *grandes* gefasst.

figsten Autosemantika des vorliegenden Korpus mit einem auf Frantext erstellten Vergleichskorpus[73] mit zwischen 1914 und 1918 verfassten Texten anderer Bereiche kontrastiert, zeigt sich exemplarisch für die vier ersten Belege, dass die relativen Häufigkeiten im vorliegenden Korpus deutlich höher als die in Klammern angegebenen Entsprechungen auf Frantext sind: *bon* 4.733,32 pMW (754,53 pMW), *jour* 2.915,94 pMW (1.205,46), *cher* 4.245,07 pMW (265,45), *lettre* 2.793,88 pMW (446,47 pMW). Dies legt nahe, dass es sich bei den in den Ego-Dokumenten frequenten Lexemen nicht nur um innerhalb des Korpus häufig gebrauchte Lexeme handelt, sondern auch, dass sie mit der spezifischen Kommunikationssituation und der Textsorte verknüpft sind.

Der Entstehungskontext der Texte könnte eine häufige Verwendung des Lexems *guerre* nahelegen, das mit 182 Okkurrenzen und einer relativen Häufigkeit von 637.48 pMW nur auf Platz 30 rangiert. In der Gegenüberstellung mit dem Vergleichskorpus auf Frantext zeigt sich jedoch, dass *guerre* dort mit einer relativen Häufigkeit von 423.33 pMW gebraucht wird. Dies verdeutlicht einen stärkeren Gebrauch von *guerre* im spezifischen Kontext der Feldpost gegenüber anderen zeitgenössischen Texten, trotz einer eher geringen Frequenz innerhalb des Korpus selbst. Die geringere Verwendung gegenüber anderen Autosemantika im Korpus lässt sich aus der Perspektive der Schreibenden nachvollziehen, denn das Ziel ihrer Kommunikation ist die Beruhigung ihrer Angehörigen, denen mit der Korrespondenz das Signal gesendet wird, dass sie noch am Leben und im Idealfall bei guter Gesundheit sind. Gleiches konnte Luxardo auch für das *Corpus 14* feststellen, in dem Kriegsvokabular ebenfalls nur geringe Frequenzen aufweist: «On peut plutôt expliquer cette disproportion par la volonté des Poilus de centrer leur propos autour d'un ton positif afin de rassurer leurs proches, ce qui leur est permis par l'évocation des sujets *santé*, *colis*, *relations*» (Luxardo 2015, 117). Die Themen Gesundheit, Beziehungen und Post unterstreichen die besondere Prominenz des Themas Familie (Luxardo 2015, 115). Zugleich stellt die Redaktion der Ego-Dokumente für die Schreiber selbst einen Moment des Rückzugs dar, in dem der Kriegsalltag ausgeblendet werden kann und ein Raum geschaffen wird, in dem die wesentlichen Themen des jeweiligen Lebens vor dem Krieg evoziert werden. «Ces moments arrachés aux contraintes de la vie collective

---

73 Das Vergleichskorpus besteht aus 61 Texten mit 2.093.565 Wortokkurrenzen und 2.463.785 Tokens (Wortokkurrenzen und Interpunktionszeichen). Die enthaltenen Texte sind Romane, Essays, Theaterstücke, Gedichte, aber auch persönliche Texte wie Memoiren, Korrespondenz, Autobiographien und Tagebücher und stammen u.a. aus dem Bereich der Literatur(-wissenschaft), der Linguistik, der Physik oder der Geschichtswissenschaft.

permettent au Poilu de retrouver son individualité et de reprendre sa place auprès de ceux qu'il aime» (Rézeau 2018, 5). Aus dieser Perspektive erklären sich auch die Themenfelder, die von den frequentesten Autosemantika im Korpus eröffnet werden. Hier ist zunächst die epistoläre Kommunikation als thematischer Rahmen zu nennen, der die hohe Zahl der Okkurrenzen von *lettre* erklärt, da in vielen Briefen auf die vorhergehenden sowie auf die erhaltene und nicht erhaltene Korrespondenz eingegangen wird.[74] Innerhalb dieser Thematik sind zudem *cher* und *bon* zu sehen, die in der Ansprache des Gesprächspartners sowohl in der Brieferöffnung und im Schluss als auch innerhalb des Briefes vorkommen können. Im Zusammenhang der Ansprache der Empfänger ist zudem die hohe Frequenz des Adverbs *bien* zu erklären, das insbesondere von Paul Grandemange überwiegend in der Formulierung *Mes biens chers Parents* verwendet wird (cf. hierzu auch Kapitel 7). Das bereits erwähnte, qualifizierende Adjektiv *bon* ist zudem Bestandteil der Kollokation *en bonne santé*, die der Beschreibung des eigenen Gesundheitszustandes und dem Ausdruck der Hoffnung, den Korrespondenzpartnern möge es ebenso ergehen, dient. Außerdem wird *bon* sehr häufig in der Schlussformel *bons baisers* zur Verabschiedung verwendet. Neben dem Ausdruck der Freude über erhaltene Korrespondenz bedingt die Fixiertheit bestimmter Formeln der epistolären Kommunikation die hohe Frequenz von *plaisir* wie etwa in *C'est avec plaisir que j'ai reçu hier votre carte* (Alice, 8.11.1914). Außerdem spielen innerhalb der epistolären Kommunikation die Verwandtschaftsbezeichnungen wie *parents*, *papa*, *frère*, *fils* und *maman* sowohl im Rahmen der Eröffnungssequenz in der direkten Adressierung und in der erneuten Ansprache im Briefschluss, als auch innerhalb des Brieftextes, in dem immer wieder der Gesprächspartner angesprochen oder Informationen über die Familienmitglieder eingeholt sowie weitergegeben werden können, eine wesentliche Rolle. Ein wichtiger Bestandteil der Schlusssequenz eines Briefs besteht zudem darin, Grüße an Familie und Freunde aufzutragen: *Bien le bonjour á toute la famille* (Henri Cáblé, 4.2.1915).

Der Schluss der Briefe begründet auch die Autosemantika *baisers* und *cœur*, die die emotionale Beteiligung der Schreibenden ausdrücken. Das Lexem *cœur* wird, nicht nur am Briefende, vielfach zur Verstärkung, zum Beispiel zum Ausdruck des Hoffens und des Abschieds, verwendet: *et j'espère de tout mon coeur que la présente vous trouvera de même* (Aloïs Grandemange, 11.10.1918), *nous fi-*

---

[74] Die lebenserhaltende Bedeutung der Korrespondenz wird in vielen Arbeiten zum Ersten Weltkrieg betont (cf. auch Rézeau 2018, 3).

nissons en t'embrassant de coeur et d'amitie (Émile Grandemange, 15.6.1916). Auch hier ist die Bedeutung der Briefkommunikation und der durch diesen Rahmen vorgegebenen Formeln deutlich herauszustellen. Die Zeitlichkeit und die chronologische Rhythmisierung des Kriegsalltags, sowohl an der Front als auch im Hinterland, und die Erwartung des Kriegsendes werden durch die frequenten Lexeme wie *jour, temps, soir, matin, heure* und *moment*, denen eine zeitliche Bedeutungsdimension inhärent ist, betont. Die Frequenzen der Lexeme beschreibt Klippi (2018, 131) in ihrer Untersuchung der Briefe eines französischen Kriegsgefangenen als Ausdruck des emotionalen Innenlebens des Schreibers. Auch für das vorliegende Analysekorpus scheinen die frequenten Autosemantika zumindest die Aspekte wiederzugeben, die für die Schreiber eine sehr wichtige Rolle in ihrem Alltag spielen: der Kontakt mit der Familie, der Ausdruck von Affektivität und die Korrespondenz an sich. Gleichzeitig wird einmal mehr die Bedeutung des kommunikativen Rahmens deutlich, innerhalb dessen die Ego-Dokumente zu situieren sind. Die epistoläre Kommunikation gibt bestimmte Formeln und Ausdrucksweisen vor, die die Schreiber beherrschen und berücksichtigen, woraus die hohen Frequenzen einiger der genannten Autosemantika resultieren.

Im Anschluss an diese erste Annäherung an den von den Schreibern aktualisierten Wortschatz folgt nun eine exemplarische Darstellung verschiedener Einflüsse diaphasischer, diastratischer und diatopischer Varietäten. Eine Quantifizierung der unterschiedlichen lexikalischen Varianten ist in mehrerlei Hinsicht diffizil. Zunächst ist die eindeutige Zuschreibung einer Variante zu einer Varietät nicht immer möglich, da die lexikographische Praxis nicht einheitlich ist und grundsätzlich eine abweichende Bewertung aus Schreibersicht individuell variieren kann. Außerdem ist die Wahl der Bezugsgröße für die Varianten nicht verlässlich.[75] Zuletzt bleibt die Relevanz der Aussagekraft einer solchen Bezifferung offen und bedarf in jedem Falle einer interpretierenden Vertiefung. Im Folgenden werden exemplarisch einige der im Zuge einer exhaustiven Sichtung des Korpus identifizierten lexikalischen Varianten dargestellt, wobei die Frequenzen dabei zur Vermittlung eines quantifizierenden Eindrucks innerhalb

---

[75] Eine quantifizierende Darstellung der lexikalischen Varianten in Bezug auf die Gesamtwortzahl des Korpus wäre insofern irreführend, als diese Bezugsgröße die Frequenzen verfälschte, da es sich einerseits um Wortformen und, wie weiter oben beschrieben, nicht um Lemmata, sondern um Wortokkurrenzen handelt und andererseits die lexikalischen Varianten zum Teil aus mehrgliedrigen Verbindungen bestehen. Das Konzept des Wortes eignet sich im Umgang mit einem Korpus wie dem vorliegenden aufgrund variierender Segmentierung (cf. Kapitel 5.1.10) ohnehin nur bedingt.

der Varianten gegenübergestellt werden. Insgesamt verwenden die Schreiber 1.424 Varianten, die verschiedenen Sprachstilen, Soziolekten sowie regionalen Varietäten zuzuordnen sind. 513 Varianten entsprechen dem *français familier*, 320 sind regionalsprachlicher Prägung, 260 lassen sich dem *Argot des tranchées* und 249 dem *français populaire* anrechnen. 82 Varianten tragen eine Markierung, die sie einem gehobenen oder älteren Wortschatz zuschreibt, oder sind Ausdruck individueller lexikalischer Kreativität.

Die Varietäten des *français populaire* und des *français familier* sowie regionalspezifische Verwendungsweisen sind diasystematisch jeweils niedrig markiert und werden dadurch Teil der konzeptionellen Nähesprache im weiteren Sinne (Koch/Oesterreicher 2011, 17). Auf diese nähesprachlich geprägte Kommunikationssituation im privaten Raum mit Familien und Freunden gehen der innerhalb aller Varianten überwiegende Anteil an Elementen des *français familier*, aber auch die Varianten des *français populaire* sowie die regionalspezifischen Formen zurück. Dagegen lassen sich die Anleihen aus dem *Argot des tranchées* durch die Situation der Kommunikation im Krieg erklären.

5.2.3 Privatheit der Kommunikation: *français familier* und *français populaire* in einem spezifischen Raum

5.2.3.1 Lexikalische Einflüsse des *français familier*

Das *français familier* nimmt im Vergleich mit dem *français soutenu* und dem *français populaire* eine Zwischenposition ein und weist Affinitäten zu bestimmten sozialen Gruppierungen auf:

> «Es ist das primär situativ bestimmte Register des zwanglosen Umgangs in der Familie, im Bekannten- und Freundeskreis, mit Kollegen und Nachbarn und ist überwiegend dem gesprochenen Kode zuzuordnen, es schafft persönliche Nähe und eine lockere Atmosphäre und ist überall dort am Platz, wo ein informelles Gespräch in wenig anspruchsvollem Französisch, aber ohne einschneidende Regelverletzungen geführt werden soll. Obwohl das *français familier* nicht an eine soziale Schicht gebunden ist, ist es vorwiegend das vertrauliche Register der gebildeten Mittel- und Oberschicht. Von Sprecher zu Sprecher wechselnd, kann es Züge des *français populaire* annehmen oder sich dem *français courant* annähern» (Prüßmann-Zemper 1990, 838; Herv. im Original).

Diese Definition des *français familier* entspricht dem Äußerungskontext der vorliegenden Texte, auch wenn das Medium der Äußerung das Geschriebene ist und das *français familier* eher mit der gesprochenen Sprache assoziiert wird (Müller 1975, 204), da sich im Schreiben an die Familie eine persönliche psychische Nähe ausdrückt. Außerdem wird das *français familier* insbesondere in symmetrischen

Kommunikationssituationen verwendet, in denen sozial gleich gestellte Kommunikationspartner interagieren (Müller 1975, 204).[76]

Verlagerungen in Richtung *français populaire* oder *français courant* und Überschneidungen der Register vollziehen sich nicht nur auf der Ebene des individuellen Ausdrucks, sondern werden auch in der lexikographischen Praxis deutlich. Die Schwierigkeit der eindeutigen Zuordnung zeigt sich beispielsweise am Korpusbeleg *frousse* 'peur extrême' und seit 1887 mit dem Markiertheitsprädikat *populaire* versehen (FEW III 1934, s.v. *fru-*) in *les hommes ont la frousse d'avoir le même sort* (Émile Garnier, 24./25.4.1915) und seinem Derivat *froussard* 'poltron' (FEW III, s.v. *fru-*) in *Cet imbécile & surtout froussard de F. a tellement peur qu'il a perdu la tête* (Émile Garnier, 11.11.1914), die im TLFi (1994, s.v. *frousse, froussard*) beide jeweils mit den Prädikaten *populaire* und *familier* versehen sind. Wesentlich erscheint hier jedoch die grundsätzliche Zuordnung einer diasystematischen Markierung, wodurch sich die betreffenden Lexeme von einem unmarkierten Sprachgebrauch abheben.

Das *français familier* als «ein Register der Spontaneität, des Affekts, der Emphase, der subjektiv gefärbten Scharfkonturierung» (Müller 1975, 205) zeichnet sich einerseits durch die Verwendung von Lexemen des *français courant* in einer spezifischen Bedeutung aus und zum anderen ist es hoch produktiv in der Wortbildung. Ein Beispiel für die lexikalische Produktivität im *français familier* ist die Bildung von Nomina agentis mittels Derivation mit dem sehr frequenten Suffix *-ard, -arde* (Paulikat 2017, 60), das ausschließlich in der Bildung diasystematisch markierter Lexeme mit zumeist pejorativer Konnotation produktiv ist (Huot 2005, 78; Paulikat 2017, 72), wie etwa im oben genannten Korpusbeleg *froussard*. Ein weiteres Beispiel aus dem Korpus ist *veinard* in *il est veinard le frere hein?* (Paul Colle, 19.5.1916). Ausgehend von *veine* 'chance heureuse, bonheur imprévu' als dem Argot zugehörig markiert (FEW XIV 1961, s.v. *vēna*) wird durch Suffigierung *veinard* 'homme qui a de la chance' gebildet, das seit 1865 mit dem Markiertheitsprädikat *populaire* (FEW XIV 1961, s.v. *vēna*; Littré 1873–1874, s.v. *veinard*), im TLFi (1994, s.v. *veinard*) jedoch mit *familier* versehen ist, woran zugleich die differierende lexikologische Praxis in der Registerzuordnung deutlich wird.[77]

---

[76] Die Schwierigkeit der Abgrenzung zwischen diastratischen und diaphasischen Markierungen führt dazu, dass die beiden Variationsdimensionen als eine gemeinsame konzipiert werden (cf. Ernst 2015, 74).

[77] Das im 19. Jahrhundert von der Basis *veine* präfigierte *déveine* ist im Korpus ebenfalls attestiert. Im TLFi (1994, s.v. *déveine*) ist es unmarkiert, im Wörterbuch der Académie française (1992, s.v. *déveine*) als *familier* markiert.

Weitere charakteristische Wortbildungsverfahren für das *français familier* sind die Apokopierung (Huot 2005, 27; Müller 1975, 207; Prüßmann-Zemper 1990, 839), wie sie im Korpus mit *sous-off* für *sous-officier* (TLFi 1994, s.v. *sous-off*) in *quelques sous-off, adjudants seuls s'en occupent!* (Émile Garnier, 4.8.1914) belegt ist, und die Reduplikation. Die so entstehenden Lexeme können wie Diminutive funktionieren, sind zumeist der Kindersprache zuzuordnen oder weisen diasystematische Markierungen auf (Paulikat 2017, 53), wie die folgenden Korpusbelege illustrieren: *pioupiou* 'simple soldat, généralement dans l'infanterie' ist als *familier* (TLFi 1994, s.v. *pioupiou*) oder *populaire* (Littré 1873–1874, s.v. *pioupiou*) markiert in *l'on prie toujours la bienheureuse Jeanne Darc pour qu'elle soit a l'aide de nos petits pioupious* (Philomène Angly, 18.6.1916). Neben der Reduplikation scheint in diesem Fall auch eine onomatopoetische Motivierung des Lexems denkbar (cf. Paulikat 2017, 169).[78] Die Nähe zur Sprache der Kinder unterstreicht der Beleg *bobo* 'douleur, mal léger' oder 'mal passager' (FEW I 1928, s.v. *bob-*), nach Littré (1873–1874, s.v. *bobo*) und dem TLFi (1994, s.v. *bobo*) als solche etikettiert.[79]

(169) *Sauf un petit rhume*
persistant, et un petit mal à la gorge, cela
irait trés bien; mais ce n'est rien, c'est simple-
*ment un petit **bobo** d'enfant.*
(Aloïs Grandemange, 28.10.1916)

Kindersprache kann mit einer familiären und sehr intimen Kommunikationssituation identifiziert werden und zeigt allgemein Affinitäten mit dem *français familier* (Müller 1975, 207). Das Lexem *bobo* steht darüber hinaus dem *français populaire* nahe (Bauche 1920, 73). In (169) ließe sich die Verwendung von *bobo* damit begründen, dass Aloïs Grandemange an seine Eltern schreibt und somit

---

[78] Zum Wortbildungsverfahren der Reduplikation, cf. Paulikat (2017, 169): «Der Status von Reduplikationen ist umstritten. Einerseits wird hier eine besondere Form der Komposition angenommen, andererseits handelt es sich aber bei Formen wie *caca* oder *pouêt pouêt* eher um Lautimitationen, bei denen kein Determinationsverhältnis vorliegt und die Semantik der Bildung sich nicht aus der Kombination zweier lexikalischer Morpheme ergibt. Insofern liegt hier zwar eine besondere Wortbildungsform vor, aber keine komplexe Lexie. Zur Kindersprache gehören Formen wie *dada* ‹Steckenpferd›, [..] *tata* ‹Tante›, *train-train* ‹Alltag›, die oftmals auch einen diminutivischen Charakter haben».
[79] Eine weitere im Korpus dokumentierte Reduplikation, die dem *argot des tranchées* zugeschrieben wird, ist *zouzou* 'zouave' (Déchelette [1918] 1972, s.v. *zouave*; Rézeau 2018, s.v. *zouzou*) in *les zouzous furieux de la mort de leur lieutenant* (Émile Garnier, 13./14.5.1915).

sprachlich diese Beziehung abbildet, und dass er außerdem bestrebt ist, seiner Krankheit die Bedeutung zu nehmen.

Die Kreativität und lexikalische Innovation im *français familier* unterstreicht *s'émotionner* in *Mais ne t'emotionne pas ce n'est rien* (Aloïs Grandemange, 14.1.1915), das von Littré (1873–1874, s.v. *émotionner*) als Neologismus in der Bedeutung 'causer des émotions' geführt und als *familier* gekennzeichnet wird. Im TLFi (1994, s.v. *émotionner*) ist *s'émotionner* zwar ohne Markierung mit einem Beispiel aus dem Jahr 1893 verzeichnet, allerdings mit dem Hinweis aus dem Jahr 1899, in dem dieses Verb verurteilt wird. Die Verwendung im Korpus belegt punktuell den Gebrauch des Lexems etwa 20 Jahre nach dieser Empfehlung.

Ein weiterer Auszug belegt die Kreativität der Schreiber und ihren selbstständigen Umgang mit lexikalischen Strukturen. Im folgenden Beispiel beschreibt Paul Colle seinem Freund Aloïs Grandemange die Freude über den gefallenen Schnee und die damit verbundenen Aktivitäten:

(170) *Nous avons toujours de la neige et il en tombe
tous les jours, ce qui nous procure quelques
divertissements: parties de boules de neige ou
de sckis le tout agrementé de* **pelles-œïls
pochés** *ou au beurre noir*
(Paul Colle, 10.3.1916)

Bei *pelles-œils pochés* scheint es sich um eine Eigenbildung Paul Colles zu handeln, die sich aus zwei unterschiedlichen Lexemen bzw. Kollokationen zusammensetzt, nämlich aus dem als *familier* markierten *pocher* 'meurtrir l'œil de quelqu'un d'un coup (de poing) violent qui fait enfler les chairs autour du globe oculaire' (TLFi 1994, s.v. *pocher*) sowie aus der als *populaire* und *argotique* markierten Kollokation *ramasser, se prendre une pelle* '(faire une) chute, assez violente' (TLFi 1994, s.v. *pelle*),[80] die bei diesem Schreiber in einem anderen Brief belegt ist:

(171) *nous n'avons plus
de neige, c'est le plus degoutant, plus
moyen de faire une partie de sckis,
donc plus de* **pelles a ramasser***, quel dommage*
(Paul Colle, 18.1.1916)

---

80 Das Lexem *pelle* ist bei von Wartburg verzeichnet (FEW VII 1955, s.v. *pala*), jedoch nicht die genannte Kollokation.

Die enge Vertrautheit der beiden Freunde und das Schreiben über bevorzugte gemeinsame Aktivitäten begünstigt den Gebrauch lexikalischer Strukturen, die dem *français familier* oder *populaire* nahestehen und denen in bestimmten Situationen hohes Prestige zugeschrieben wird: «En sens inverse [cf. le prestige, L.S.], le recours à des mots familiers peut agir comme un signe de connivence» (Blanche-Benveniste 1997, 53). So kommt den genannten sprachlichen Strukturen im Gespräch der beiden Freunde hohes Prestige zu und zugleich wird durch ihren Gebrauch die Rekonstruktion einer authentischen Kommunikationssituation, wie sie die Kommunikationspartner wohl vor dem Krieg geführt haben, intendiert.

Ähnlich wie in diesem Auszug lässt sich eine Vielzahl lexikalischer Varianten einerseits mit in der alltäglichen Kommunikation relevanten Themen und andererseits mit der privaten Kommunikation an sich und in Zeiten des Krieges in Verbindung bringen.

Wesentlich in der Kommunikation mit den Angehörigen im Krieg ist die gegenseitige Beruhigung und Versicherung der guten Gesundheit, wie dargestellt an den häufigsten Autosemantika. Dies erklärt, dass drei phraseologische Strukturen, die eben diesem kommunikativen Ziel dienen, insgesamt mehr als ein Viertel aller Varianten des *français familier* ausmachen. In 87 Okkurrenzen ist die vor allem in negativer Atmosphäre gebräuchliche Wendung *se faire du mauvais sang* 'éprouver de l'ennui, de l'impatience, de l'inquiétude' und 'se tourmenter' (FEW XI 1964, s.v. *sanguis*) im Korpus belegt, die in dieser reflexiven Form als *familier* gewertet wird (Rézeau 2018, s.v. *sang*; Académie française 1935, s.v. *sang*).[81] Synonym dazu ist *se faire de la bile*, das in 26 Okkurrenzen attestiert ist. In dieser Kollokation bedeutet *bile* 'mauvaise humeur' (FEW I 1928, s.v. *bilis*), Rézeau (2018, s.v. *bile*) zufolge erlebt die bereits seit dem 17. Jahrhundert verwendete Struktur während des Ersten Weltkriegs einen verstärkten Gebrauch.[82] Die dritte Form ist *(ne pas) se casser la tête* 'juger inutile de faire un effort spécial' (TLFi 1994, s.v. *casser*), das in Littré (1873–1874, s.v. *casser*) unmarkiert verzeichnet ist. Im Korpus ist diese Wendung mit elf Okkurrenzen deutlich weniger frequent.

---

81 In Littré (1873–1874, s.v. *sang*) ist die reflexive Form nicht aufgeführt, im TLFi (1994, s.v. *sang*) wird sie geführt, jedoch ohne Markierung.
82 Littré (1873–1874, s.v. *bile*) dokumentiert lediglich *se faire de la bile noire*, der TLFi (1994, s.v. *bile*) führt *se faire de la bile* ohne diasystematische Markierung.

Die Beispiele legen nahe, dass der Gebrauch der drei Strukturen einerseits zur Beruhigung der Angehörigen sowie andererseits aus dem Wunsch heraus, die eigene Zuversicht zu bekräftigen, resultiert.

(172) *Quand à moi ne vous faîtes pas de* ***mauvais sang****, je vais bien aussi*
(Paul Grandemange, 22.2.1915)

(173) *Cher Paul* ***ne Te fait pas Te bile*** *ni tu maivais sang sur sa*
(Marie Anne Grandemange, 24.4.1915)

(174) *Thérése vient de ramener Suzanne, elle est enchantée de ses vacances, elle pare déjà d'y retourner, je t'assure* ***quelle ne se fait pas de bile***
(Antoinette Perrin, 18.9.1915)

(175) *Quand à Aloïs il ne faut pas* ***vous casser la tête*** *sur l'appel de la Classe 17 car il n'est pas dit qu'ils partiront.*
(Paul Grandemange, 14.3.1915)

(176) ***je me casse beaucoup la tête*** *sur sa*
(Marie Anne Grandemange, 14.6.1916)

Die Struktur *se faire du mauvais sang* wird ausschließlich von Mitgliedern der Familie Grandemange verwendet, deren Kommunikation untereinander durch ein hohes Maß an Affektivität geprägt ist und die so eine innerfamiliäre Kommunikationsroutine zur Beruhigung der Anderen konstituieren. Dagegen wird die insgesamt im Korpus seltenere Form *se faire de la bile* neben der Familie Grandemange auch von anderen Schreibern gebraucht.

Die als *familier* geführte periphrastische Verbalform *s'en tirer de* 'parvenir à sortir d'une maladie, d'un procès, d'une difficulté' (TLFi 1994, s.v. *tirer*) oder 'sortir heureusement d'une maladie, d'une affaire fâcheuse' (Littré 1873–1874, s.v. *tirer*), im Korpus 12-mal attestiert, drückt ebenfalls die Hoffnung, den Krieg wohlbehalten zu überstehen, aus. Die vorliegenden Belege ergänzen die literarischen Beispiele aus den Jahren 1934 und 1954 aus dem TLFi:

(177) *si tu pouvait*
*seulment **T'en tirer** de ne plus retournè*
au feu
(Marie Anne Grandemange, 6.1.1915)

(178) *Voyez d'ici que je suis bon pour*
***m'en tirer** et que je fais de mon mieux*
afin de faire un bon soldat.
(Paul Grandemange, 16.10.1914)

In nicht pronominaler Verwendung dient das Verb *tirer* zur Angabe einer bestimmten Dauer, nämlich 'passer une période considérée comme longue en raison de son caractère pénible' und im Besonderen 'passer un temps de service ou de condamnation' (TLFi 1994, s.v. *tirer*), und trägt das Prädikat *familier*:

(179) *pour nous nous sortons de **tirer** 22 jours aux*
tranchées de prémieres lignes et maintenant nous
sommes en repos pour quelques jours
(Henri Cablé, 4.2.1915)

(180) *Nous avons encore 5 jours à **tirer***
en première ligne et nous passerons en
réserve pour 4 jours
(Joseph Grandemange jun., 17.7.1915)

In den thematischen Zusammenhang der Sorge um das Wohlergehen des Kommunikationspartner fällt auch *taché de bien vous soigné pour ne pas attrapé du mal* (Eugénie Pierrel, 27.1.1916), wobei *attraper* in der Bedeutung 'gagner, obtenir, recevoir (une chose bonne ou mauvaise)' *familier* markiert ist (TLFi 1994, s.v. *attraper*). Zum Ausdruck positiver wie negativer Befindlichkeiten im *français familier* eignet sich außerdem *avoir, tenir le (bon) filon*, der sich auf eine 'situation lucrative ou moyen d'obtenir des avantages' bezieht (TLFi 1994, s.v. *filon*).[83] Dauzat (1919, 38) und Sainéan (1915, s.v. *filon*) heben die Nähe zum Argot der Soldaten im Ersten Weltkrieg hervor, Dauzat betont jedoch zugleich die Verwendung vor Kriegsausbruch sowie die Nähe zu populären Pariser Milieus.

---

[83] In Littré (1873–1874, s.v. *filon*) ist *filon* nicht in dieser Bedeutung attestiert.

(181) *Pauvre Aloïs mais nous sommes tous
heureux de voir que tu as pu **avoir un
bon filon***
(Joséphine Grandemange, 16.5.1916)

(182) *nous venons de passer 8 jours de petit poste
et **ce n'est pas le filon**!*
(Joseph Grandemange jun., Dezember 1915)

Der positiv gebrauchten Stuktur *avoir un bon filon* ähnelt ein anderer Beleg aus dem Korpus *être dans son article* in *cela va bien, je suis dans mon article* (Paul Grandemange, 22.12.1915). Die Kollokation ist als *être à son article* 'être à son aise, à son affaire' in Rézeau (2018, s.v. *article*) belegt und sei in der Gemeinsprache marginalisiert und vor allem im nördlichen Frankreich noch in Gebrauch. Das Beispiel hier zeigt Variation im Gebrauch der Präposition *dans* und weist den Gebrauch punktuell im Osten Frankreichs nach. Im TLFi (1994, s.v. *article*) ist *(N')être (pas) à son article* ohne Datierung und Präzisierung der Verwendung aufgeführt, die Bedeutung von *article* wird hier mit 'partie du temps, moment (de la vie)' verknüpft. Ebenfalls zur Beruhigung des Kommunikationspartners wird *ne pas durer tant que les contributions* 'pour signifier qu'une situation a un caractère provisoire' (Rézeau 2018, s.v. *durer*) gebraucht, welches weder im TLFi (1994) noch in Littré (1873–1874) oder bei von Wartburg (1928–1987) verzeichnet ist. Der vorliegende Beleg ergänzt die Beispiele Rézeaus aus den Jahren 1916 und 1917:

(183) *mais prends courage, cela
se passera et **ne durera pas tant que les
contributions**.*
(Paul Colle, 10.3.1916)

Zum in der informellen privaten Kommunikation wichtigen Themenkomplex der Ernährung gehören *manger comme un ogre* 'manger excessivement', in Littré (1873–1874, s.v. *ogre*) als *familier*, im TLFi (1994, s.v. *ogre*) dagegen unmarkiert, in *je mange comme un ogre* (Paul Desmettre, 26.9.1914) und *popote* 'cuisine, nourriture simple cuisinée par soi-même' (TLFi 1994, s.v. *popote*)[84]

---

[84] Laut Littré (1873–1874, s.v. *popote*) handelt es sich um ein Lexem der Kindersprache mit der Bedeutung 'soupe, bouillie'. Ergänzt wird: «Les officiers de l'armée d'Afrique disent qu'ils vivent en popote, quand ils font faire leur cuisine par des soldats».

etwa in *Nous commencons aujourd'hui à faire notre popotte* (Aloïs Grandemange, 6.6.1918) oder *casser la croûte* (184) 'manger amicalement et sans façon' (Littré 1873–1874, s.v. *croûte*), dessen substantivisches Derivat *casse-croûte* (185) 'tout repas très simple' (TLFi 1994, s.v. *casse-croûte*) ebenfalls dokumentiert ist:

(184) *Nous étions trois camarades des environs,*
comme nous nous étions approvisionné de pain, conserves etc, nous nous
*sommes dis il faut **casser la croûte***
(Justin Poinçot, 19.8.1914)

(185) *je lui portes toutes les*
choses dont je pense qu'il a besoin, tabac, vin,
*papier à cigarettes et **casse-croute**. etc.*
(Joseph Grandemage jun., 4.12.1914)

Ebenfalls dieser Thematik ist das folgende Beispiel zuzuordnen, dessen Bezug zu *se mettre un cran, se serrer d'un cran* 'se priver de, ne pas manger à sa faim' (TLFi 1994, s.v. *cran*)[85] hergestellt werden kann. Der Gebrauch der elliptischen Struktur unterstreicht die individuelle Aneignung und Verarbeitung der Form.

(186) *Pour la nourriture,*
c'est toujours pareil; il n'y à rien de changé, toujours
*un petit **cran**!..*
(Aloïs Grandemange, 11.4.1918)

Unabhängig von thematischen Schwerpunkten zeichnet sich die nähesprachlich geprägte private Kommunikation durch einen hohen Grad an Expressivität und Affektivität aus.[86]

---

85 Weder bei Littré (1873–1874, s.v. *cran*) noch im FEW (II, 2 s.v. *crĭnare*) ist diese übertragene Bedeutung attestiert, der früheste Beleg im TLFi stammt aus dem Jahr 1894.
86 Unterschiedliche sprachliche Mittel können zur Steigerung der Expressivität eingesetzt werden, wie zum Beispiel auch die im folgenden Auszug ironische Sprachverwendung: *Je viens de reçevoir à l'instant avec grand plaisir une carte du 16 Septembre, et une lettre du 17 Octobre, alors voyez là, la régularité des postes* (Joseph Grandemage jun., 29.10.1914).

Expressivität zeigt sich zum Beispiel in intensivierenden Adjektiven wie *sacré* in *et vers les sacrés jardiniers là l'on ne trouvait rien* (Charles, 31.7.1915) oder in *Sacré papa!* (Paul Grandemange, 22.12.1915) mit einer admirativen Nuance (TLFi 1994, s.v. *sacré*). Das Korpus dokumentiert auch einige lexikalische Formen, deren Skopus über den einzelnen lexikalischen Slot hinausgeht. Das Adverb *vivement* wird in 25 Okkurrenzen im Korpus in einer als *familier* charakterisierten Konnotation verwendet, nämlich, wenn es zum Ausdruck des Wunsches, ein Ereignis möge bald geschehen, verwendet wird (TLFi 1994, s.v. *vivement*).

(187) **vivement** *qu'on*
rechasse tous ces cochons là
de chez nous
(Paul Labriet, 9.1.1916)

(188) **Vivement** *la*
fin de cette maudite guerre
(Paul Grandemange, 15.7.1918)

(189) **vivement** *que la paix*
soit bien tôt faite
(Philomène Angly, 23.1.1916)

In der genannten Funktion nähert sich das Adverb *vivement* hinsichtlich expressiver Kraft und gleichzeitiger ökonomischer Versprachlichung der Verwendung einer Interjektion an. Weitere im Korpus dokumentierte Interjektionen mit dem Prädikat *familier* sind *va* (190) und *dame* (191):

(190) *ma chére Appoline vivons dans l'es*
pérance un jour viendra **va** *que*
nous nous retrouverons ensemble
(Paul Labriet, 3.5.1916)

(191) *Tout de*
suite remis, on se met à causer de chose
et d'autres et je lui ai payé une bon-
ne goutte! **Dame**, *il ne l'avait pas*
volé, car il avait un peu chaud, et ici
il fait froid.
(Joseph Grandemange jun., 13.11.1914)

Die Verbalform *va* als Interjektion ist diasystematisch markiert und dient der Bestärkung und der Bitte (TLFi 1994, s.v. *va*). Der Gebrauch gerade im Schlussteil des Briefes zeigt ihren expressiven Charakter, welcher die Emotionalität im Schreiben Paul Labriets verstärkt. Auch *dame* dient in diesem Kontext der Affirmation (Littré 1873–1874, s.v. *dame*), der Verstärkung einer Deklaration, markiert eine logische Beziehung zwischen den beiden Satzteilen oder impliziert eine Konklusion (TLFi 1994, s.v. *dame*). Gegenüber der Markierung «Fam. et vieilli (ou régional)» (GrandRobert 2001, s.v. *dame*), belegt Rézeau (2001, s.v. *dame*) einen nicht restriktiven Gebrauch dieser Interjektion hauptsächlich im Westen Frankreichs, wo *dame* außerdem zum Bereich des *français familier* zählt. Der Gebrauch dieser Interjektion im Korpus scheint dementsprechend weniger eine regionalspezifische als eine familiärsprachliche Konnotation, verbunden eventuell mit einer Reminiszenz an einen älteren Sprachgebrauch, aufzuweisen. Im Beispiel beschreibt Joseph Grandemange das zufällige Wiedersehen mit seinem Bruder Paul und wie er ihm dank dieses Treffens ein Getränk spendiert. Mit *Dame* bekräftigt er ausdrücklich und expressiv, wie sehr Paul sich das Getränk verdient hatte.[87] In diesem Beispiel soll außerdem auf den Ausdruck *il ne l'avait pas volé* hingewiesen werden, der in der Bedeutung 'il a bien mérité ce qui lui est arrivé', verbunden mit einer eventuellen Belohnung, als charakteristisch für das *français familier* gewertet wird (Littré 1873–1874, s.v. *voler*; TLFi 1994, s.v. *voler*).

Eine weitere dem familiären Register zugehörige lexikalische Struktur mit einem Geltungsbereich über die Wortgrenze hinaus ist *tu parles d'un(e)* bzw. *vous parlez d'un(e)*, womit der Sprecher bzw. Schreiber Bewunderung, Irritation oder Überraschung ausdrückt (TLFi 1994, s.v *parler*). Auch von Rézeau (2018, s.v. *parler*) werden *tu parles si/de* mit dem Hinweis, es handle sich um regional unmarkierte dem *français familier* zugehörige Formen, aufgeführt. Bauche (1920, 75) schreibt diese Verwendung des Verbs *parler* auch dem populärsprachlichen Register zu.

---

[87] Des Weiteren dokumentiert das Korpus einen anderen markierten Gebrauch von *dame*, und zwar als Synonym zu *épouse*, die Littré (1873–1874, s.v. *dame*) folgendermaßen verurteilt: «Une locution de mauvais usage est de dire sa dame pour sa femme». Im TLFi (1994, s.v. *dame*) wird diese Verwendung von *dame* als *vieilli*, *populaire* oder *regional* markiert gekennzeichnet und auch Bauche (1920, 75) charakterisiert die Substitution von *épouse* durch *dame* als spezifisch für das *français populaire*.

(192) *[ses] vaches de Boches nous envoie
quelque chose comme crapouillot
nous étions dans un abri il y
en a un qui a tombé il en
a tué 10 d'un coup **tu parles
d'**un desastre*
(Paul Labriet, 9.1.1916)

(193) *j'ai vu les sales boches
de près, **tu parles si** je leur ai envoyé quelqu[es]
pruneaux*
(Joseph Colle, 28.3.1916)

(194) *Ernest etst en ce moment
garçon de café au Café du Commerce
à Humes., **vous parlez d'**un filon qu'il
à tout de même, tant mieux pour
lui, pas vrais!*
(Joseph Grandemange jun., 10.10.1914)

Die Schreiber rekurrieren in den Beispielen nicht nur auf ein informelles Register, sie rekonstruieren auch typisch nähesprachliche, dialogische Sequenzen in der direkten Ansprache ihres Kommunikationspartners. Dies zeigt auch die Redewiedergabe des kurzen Dialogs zwischen den beiden Kriegsgefangenen im folgenden Auszug:

(195) *Je lui dis «l'on à ~~nétoyer~~ changer
la paillasse et les couvertures? _ _ **pense tu** qu'il me dit*
(Léon Mayzaud, 12.7.1917)

Der *familier* markierte Ausdruck der Verweigerung *penses-tu* (TLFi 1994, s.v. *penser*) erlaubt in diesem Kontext eine ökonomische und zugleich expressive Versprachlichung. Hinsichtlich ökonomischer Sprachverwendung liefert das Korpus einen weiteren Beleg in der elliptischen Kollokation *et pour cause*.

(196) *Station prolongée au bord de l'eau, lorsque ns
arrive l'ordre de réintégrer nt position. La guerre
peut durer 10 ans, il en sera toujours ainsi dans la
territoriale **& pour cause.***
(Émile Garnier, 11.11.1914)

Dem TLFi (1994, s.v. *cause*) zufolge ist *et pour cause* unmarkiert, Littré (1873–1874, s.v. *cause*) aber hält fest: «Familièrement et elliptiquement. Et pour cause, non sans motif, avec raison, se dit quand les motifs sont évidents ou qu'on veut les taire».

Die direkte Evozierung des Kommunikationspartners unter gleichzeitiger Steigerung der Expressivität leistet auch der Gebrauch von Strukturen wie *je te promets* 'affirmer formellement quelque chose; assurer qu'une chose sera' (Littré 1873–1874, s.v. *promettre*; TLFi 1994, s.v. *promettre*; Rézeau 2018, s.v. *promettre*), *je t'assure* zur Betonung einer Affirmation (TLFi 1994, s.v. *assurer*) oder *je te jure* «souvent pour prendre à témoin l'interlocuteur d'une chose invraisemblable ou insupportable» (TLFi 1994, s.v. *jurer*), die alle das Markiertheitsprädikat *familier* tragen, wobei *je te jure* zusätzlich auch als *populaire* geführt wird (TLFi 1994, s.v. *jurer*). Im Korpus sind *promettre* und *jurer* mit dieser Konnotation nur acht- bzw. fünfmal attestiert, wohingegen *assurer* mit 28 Okkurrenzen in dieser Verwendung frequenter ist. Die folgenden Auszüge illustrieren exemplarisch die genannten Verben in dieser spezifischen Konnotation, offenbar zur Steigerung der Expressivität, zur Herausstellung des individuellen emotionalen und physischen Zustands sowie zur Betonung des Geäußerten:

(197) *il m'a fait*
une entaille sur l'epaule et aprés
il a sinué avec ses mains pour la [la balle]
faire glisser et il l'a eu tout
de suite mais **je te promet** *que*
j'ai souffert.
(Paul Labriet, 10.10.1914)

(198) *pardonnes-moi car* **je**
te jures *que j'ai bien mal au coeur de*
t'avoir fait de la peine
(Paul Grandemange, 2.11.1914)

(199) *Marie a été grovement malade [...]*
on ne[n] riai
pas **je vaus lassure**
(Jean-Baptiste Pierrel, 1.4.1916)

Der Expressivität dient auch die Wendung *bonsoir moi*, wie sie im folgenden Beispiel von Charles Parisot versprachlicht wird:

(200) *ce qu'il me fait me*
fait plaisir c'est que je puis
manger des fruits de toutes sortes
et enfin l'on n'a tout ce que l'on
veut. je vous assure que j'en ai
manger des prunes et des pêches
ah! **bonsoir moi** *qui aimait temp cela*
et vers les sacrés jardiniers là
l'on ne trouvait rien que les reste
(Charles Parisot, 31.7.1915)

Nach Littré (1873–1874, s.v. *bonsoir*) kann *bonsoir* im *français familier* auch verwandt werden, um eine verfehlte Angelegenheit auszudrücken. Außerdem kann es als Ausruf, möglicherweise ironisch markiert, im *français familier* gebraucht werden, um auszudrücken: «qu'on se désintéresse de la question, qu'une affaire est réglée ou risque de l'être aux dépens de l'interlocuteur» (TLFi 1994, s.v. *bonsoir*). Der Zusammenhang dieser Verwendung von *bonsoir* im vorliegenden Beispiel ist nicht bis ins letzte aufzuklären, dennoch erscheint die expressive und möglicherweise ironische Verwendung eines Ausrufs denkbar, der zum einen die eigene Vorliebe für Früchte präsentativisch darstellt und zum anderen die unglückliche Situation aufgrund der abgeernteten Gärten hervorhebt. Ironie zeigt sich auch in den folgenden Korpusbelegen, *pour changer* (201) ist explizit als *familier* markiert (TLFi 1994, s.v. *changer*), die Verbindung *quoi de* (202) gefolgt von einem Adjektiv ist durch eine stärkere Affinität zur gesprochenen Sprache geprägt (TLFi 1994, s.v. *quoi*):

(201) *A part cela, rien de nouveau ici –*
toujours la même chose **pour changer***.*
(G. Mermet, 15.6.1916)

(202) *On a dépassé la mesure & tous*
Les hommes son épuisés. **Quoi d'étonnant** *après*
une marche de 36 à 38 km sans grand' halte!
(Émile Garnier, 17.9.1914)

Neben sprachlichen Formen zur Steigerung der Expressivität resultieren aus der Intimität und der großen persönlichen Nähe zwischen den Interaktionspartnern in der gegebenen Kommunikationssituation verschiedene diasystematisch markierte Lexeme zum Ausdruck der Affektivität, die sich auf die den Kommunikationspartner fokussierende Emotionalität bezieht, beobachten. Ein Beispiel aus dem Briefschluss ist *bécot* 'baiser' in *Bons Bécots de Popol* (Paul Grandemange, 25.2.1916), im TLFi (1994, s.v. *bécot*) seit der zweiten Hälfte des 19. Jahrhunderts mit der Markierung *familier* dokumentiert, das bei Littré (1873–1874, s.v. *bécot*) als *langage enfantin* auch der privaten Kommunikation zugehörig gekennzeichnet wird. Einen wesentlichen Anteil affektiver Lexeme stelle Hypokoristika dar, die eine affektive Beziehung zwischen den Kommunikationspartnern ausdrücken. Grundsätzlich sind Verwendung und Bildung von Hypokoristika, aber auch von Diminutiven, deren diminutive Verwendung allerdings expressiv umgedeutet ist, charakteristisch für den Wortschatz des *français familier* (Müller 1975, 207). Die Schreiber verwenden hypokoristische Formen in der Ansprache bzw. in Referenz auf die Personen, wie zum Beispiel Paul Grandemange, wenn er sich in *Bons baisers à Chalo et fifine* (Paul Grandemange, 19.5.1918) auf seine Schwester Joséphine und ihren Ehemann Charles bezieht. Paul Grandemange zeigt darüber hinaus eine beachtliche Kreativität hinsichtlich seines eigenen Namens und der Vielfalt der verwendeten Hypokoristika: Ja-Pôl oder Japol, Paulus, Polus, Popol sowie Polo. Er demonstriert außerdem seine sprachliche Kreativität und eine zumindest partielle Kenntnis des Deutschen, wenn er für das Patronym Pierrel, eine mit den Grandemanges befreundete Familie, deren Briefe auch Teil des Korpus sind, Steinel schreibt:

(203) *Bonjour*
 à famille
 Steinel
 (Paul Grandemange, 28.7.1915)

Weitere Beispiele für Kosenamen im Korpus sind *Jeannot* (Albert Provot, 23.9.1915), *pierrot* (Maria Saunier, 20.11.1916), *Ton poulaud* (Paul Desmettre, 18.8.1914) oder *poulet* in folgendem Beispiel:

(204) *J'avais compté pour cet*
 anniversaire si cher à mon cœur
 Sur des nouvelles de **mon poulet** *mais*
 hélas!, la journée s'est écoulée
 mais rien n'est venu
 (Paul Desmettre, 18.8.1914)

Die als *familier* markierte Verwendung von *frangin* 'copain, camarade', vor allem in seiner Bedeutung 'frère, sœur' (TLFi 1994, s.v. *frangin*), entspricht dieser affektiven Verwendung als Hypokoristikum.

(205) *Merci des baisers des **frangins**
et **frangines**, je leur envois
les miens par cette missive.*
(Joseph Grandemange jun., 30.1.1918)

In diese Reihe ist auch die Verwendung des Adjektivs *vieux* ohne abwertende Konnotation als affektive Verstärkung mit dem Markiertheitsprädikat *familier* oder *populaire* (TLFi 1994, s.v. *vieux*) einzuordnen, das in 20 Okkurrenzen dokumentiert ist:

(206) *Eh bien **mon vieux Papa**
je songe en ce moment à ce
bon Dimanche après-midi
où tu jouais l'Alto.*
(Paul Grandemange, 14.4.1918)

(207) *Et ma **vieille et bonne
Maman** qui se faisait du
mauvais sang à cause que
je rejoignais en France!*
(Paul Grandemange, 14.4.1918)

(208) *Ce matin nous venons de
tuer le cochon de Mme Pierrel
ah! **mon vieux** il s'est débattu tiens!*
(Aloïs Grandemange, 3.10.1914)

Die durch die Verwendung des hypokoristischen Adjektivs verstärkte Intimität wird in den Beispielen jeweils durch die Verwendung der Interjektionen *eh* und *ah* sowie *tiens* verstärkt, die als Zeichen einer für die kommunikative Nähe typischen Expressivität gelten. Eine ähnliche Funktion erfüllt die Appellativstruktur *mon fieu* mit der Bedeutung 'garçon, jeune homme' für *fieu*, die ebenfalls die Markierung *familier* trägt (TLFi 1994, s.v. *fieu*):

(209) *mon **Fieû** Paul*
(Joseph Grandemange jun., 13.11.1914)

Auch das affektiv verwandte *diable*, dessen eigentliche Bedeutung als antonymisch zu dieser Verwendung bezeichnet werden könnte, zeigt die emotionale Beziehung des Vaters, der von seinen Kindern spricht, die er schon lange nicht mehr gesehen hat. Der Gebrauch von *diable* in dieser Bedeutung wird als 'personne (en particulier enfant) turbulente, espiègle ou malicieuse' (TLFi 1994, s.v. *diable*) beschrieben, wobei die letzte Konnotation *malicieuse* für das vorliegende Beispiel ausgeschlossen werden kann:

(210) *je serais trop heureux*
*de vous revoir tous et **mes petits***
***diables** surtout*
(Henri Cablé, 31.10.1914)

Die zusätzliche Qualifizierung durch das Adjektiv *petit* in diminutiver Funktion verstärkt die affektive Verwendung von *diable* in diesem Zusammenhang.

Die Verwendung von Hypokoristika ist Ausdruck der den Kommunikationspartner fokussierenden Affektivität und charakteristisch für die Kommunikation der konzeptionellen Mündlichkeit. «In reziproker Weise (Dialogizität im weiteren Sinne) vergewissern sich die Partner ihres (positiven oder negativen) emotionalen Verhältnisses zueinander und stecken den Bereich der Gemeinsamkeit ihrer Bewertungen, Erlebnisse, Erfahrungen etc. ab – kurz: sie bestätigen sich ihre Vertrautheit» (Koch/Oesterreicher 2011, 120–121). Die genannten Hypokoristika und ihre Funktion der Bewahrung und Bestätigung der Intimität, der persönlichen Nähe und der Aufrechterhaltung des sozialen Netzes der Schreiber sind spezifisch für die Texte des vorliegenden Analysekorpus. Sie sind jedoch kein ausschließliches Charakteristikum des *français familier*, sondern könnten aufgrund ihrer Betonung des interpersonellen Kontakts und als Resultat der Kommunikationssituation ebenso in ihrer Affinität zum *français populaire* herausgestellt werden. So beschreibt Bauche (1920, 88) die erhöhte Frequenz von Hypokoristika und Diminutiven im *français populaire* und ihre Anwendung zur Bezeichnung von Erwachsenen.

An einer Schnittstelle zwischen diasystematischer Lexik und syntaktischer Strukturierung lassen sich die folgenden Belege präpositioneller Varianten situieren. Dem Register *familier* ist *se cogner avec qqn* 'rencontrer par hasard, par surprise' zugehörig (TLFi 1994, s.v. *cogner*).[88]

(211) *Dans la ville, **je me suis cogné** à ds Augès*
Raymond
(Émile Garnier, 17.9.1914)

---

[88] Diese Konnotation von *cogner* ist in Littré nicht dokumentiert (cf. Littré 1873–1874, s.v. *cogner*).

Die Korrektur der Präposition, die der Schreiber vornimmt, zeigt möglicherweise an, dass die Wahl der adäquaten Präposition nicht eindeutig ist. Weiterhin wird Variation im Gebrauch von Präpositionen am Beispiel von *après* besonders deutlich. Die Präposition zeigt grundsätzlich eine Affinität zur gesprochenen Sprache sowie zu den Registern *familier* und *populaire* (Grevisse/Goosse 2016, 369). So gibt Rézeau (2018, s.v. *après*) für die Verwendung von *après* nach *demander*, *attendre* oder *espérer* das Prädikat *familier* an. Im Korpus belegen 22 Okkurrenzen einen ähnlichen Gebrauch von *après* in verschiedenen Kontexten. Folgende Beispiele belegen *après* nach *demander*, *attendre* oder *espérer* im Korpus: *ton parrain m'a déja demandé 2 fois après toi* (Joséphine Grandemange, März 1916), *je natend plus qu'a près mon certificat* (Adolphe Grisvard, ohne Datum), *J'espère après le Coli du Comité* (Joseph Grandemange jun., 15.1.1918). Die Wahl von *après* nach den Verben *demander* und *attendre* wird von Bauche (1920, 148–149) als charakteristisch für das *français populaire* markiert. Dagegen halten Grevisse/Goosse (2016, 369) *attendre après* für akzeptabel, wenn die Dringlichkeit oder die Ungeduld ausgedrückt werden sollen, was in den genannten Beispielen durchaus der Fall sein könnte, *demander après quelqu'un* ist hingegen als *très familier* markiert. Im Zusammenhang des Ausdrucks einer feindlich gesinnten oder oppositionellen Haltung steht *après* mit *contre* und *sur* in Konkurrenz, wobei *après* gegenüber dem traditionellen *contre* die Markierung *familier* trägt und zu einem generalisierenden Gebrauch neigt. Beispiele hierfür sind *avoir quelque chose après quelqu'un* wie in *Je voudrais bien savoir ce qu'ils ont après moi?* (Joseph Grandemange jun., 1.8.1918) oder *être fâché après quelqu'un* in *Est-tu fâché après moi?* (Paul Grandemange, 21.4.1915). Letzteres Beispiel sei in der geschriebenen Sprache sehr selten attestiert (Grevisse/Goosse 2016, 388–390), hierfür liefert das Korpus also ein Gegenbeispiel, wenngleich es sich um den medial geschriebenen Ausdruck kommunikativer Nähe handelt und Grevisse/Goosse (2016) sich höchstwahrscheinlich auf einen distanzsprachlichen Kontext beziehen. Des Weiteren konnotiert die Präposition *après* eine Beschäftigung, wie zum Beispiel in *jétais tout après mon inventaire* (Aloïs Grandemange, 25.2.1915), *Aloyse travaille après les livres* (Marie Anne Grandemange, 24.4.1915) oder in *Marie et Eugénie sans aprèt la léssive* (Jean-Baptiste Pierrel, 1.4.1916). Dieser Gebrauch ist mit einem gesprochensprachlichen Kontext sowie mit den Registern *familier* oder gar *populaire* verbunden (Grevisse/Goosse 2016, 1474). Thibault (2020a, 116) bestätigt die ausgreifende Verbreitung und die Verankerung dieser Verwendungsweisen von *après*, nicht nur bei weniger geübten Schreibern. Die folgenden beiden Auszüge entziehen sich einer klaren Identifizierung hinsichtlich der oben genannten Kontexte von *après* und ergänzen diese entsprechend. In (212) ließe sich *après* mit *avec* ersetzen und in (213) scheint *avec* für *à* verbunden mit dem Aspekt einer Bewegungsrichtung zu stehen:

(212) *Je vois que tu as eu bien du mal **après** ma
b~~y~~icyclette mais maintenant elle t'est bien utile*
(Paul Grandemange, 3.3.1915)

(213) *J'ai du mauvais papier pour
écrire tu vois il s'attache **après** ma
plume.*
(Joseph Grandemange sen., 5.3.1916)

In einer Zuschreibung zum *français populaire* erklärt Guiraud (1973, 74) die Verwendung von *après* mit seiner verstärkenden Funktion der Präposition *à* und durch die Konnotation einer Bewegung zum Referenten hin, die in Beispiel (213) deutlich wird.

Eine weitere dem *français familier* zugeschriebene Form an der Schnittstelle von Wortschatz und Satzstruktur ist *comme quoi* zur Wiedergabe indirekter Rede oder zur Einführung eines Relativsatzes (Grevisse/Goosse 2016, 576; TLFi 1994, s.v. *quoi*). In diesem Gebrauch nähert sich *comme quoi* der Bedeutung der Konjunktion *que* an und zeigt eine markierte Affinität mit dem gesprochenen Register des *français familier* oder gar dem *français populaire* (Grevisse/Goosse 2016, 1571):

(214) *tu tacheras de
m'envoyer une lettre **comme quoi** tu es gueri et j'irai te chercher un papier **comme quoi**
la commune de St Maurice n'est pas sous le joug allemand*
(Aloïs Grandemange, 25.2.1915)

(215) *Tu nous demandes un certificat. **comme quoi** nous pouvons
te recevoir*
(Antoinette Perrin, 30.12.1914)

Eine Verwendung des verbs *faire* in einem Beleg aus dem Tagebuch Auguste Jeandons entzieht sich einer eindeutigen Interpretation: *il ne tirent pas beaucoup le fusils mais l'artileries fait terriblement.* (Auguste Jeandon, 17.4.1916). *Faire* könnte hier im Sinne von 'évacuer (ses excréments)' (TLFi 1994, s.v. *faire*) verstanden werden und würde dann das Markiertheitsprädikat *familier* erhalten. Eine andere mögliche Bewertung findet sich unter 6.4.5, Beispiel 568.

Nach den erwähnten schriftlichen Belegen diasystematisch markierter Lexeme sollen zum Abschluss noch zwei Lexeme genannt werden, hinsichtlich deren Gebrauch das Korpus zur zeitlichen Präzisierung beiträgt. So ist beispielsweise der Ursprung des Nomens *flotte* mit der Bedeutung 'pluie', bei dem eine deverbale Bildung von *flotter* vermutet wird, nicht gänzlich erhellt (cf. GrandRobert, s.v. *flotter²*; TLFi 1994, s.v. *flotte³*). Im Korpus wird diese Bedeutung folgendermaßen aktualisiert:

(216) il dit que la **flotte** tombe tous les jours la bas
(André Saunier, 4.1.1917 Brief 1)

In Littré (1873–1874, s.v. *flotte*) und im FEW (XV,2 1969, s.v. **flot-*) ist diese Bedeutung noch nicht dokumentiert, allerdings führt das FEW *flotter* 'pleuvoir, tomber en grande quantité'. Im GrandRobert (2001, s.v. *flotte*) wird sie auf 1883, im TLFi (1994, s.v. *flotte³*) wird 'eau' auf 1886 datiert und die Bedeutung 'pluie', markiert mit dem Prädikat *familier*, mit einem Beispiel aus dem Jahr 1938 illustriert. Im *Dictionnaire de l'Académie française* (2000, s.v. *flotte*) wird die Bedeutung ohne Beispiel und ohne Datierung geführt. Außerdem weist das Korpus *tomber sur un manche* 'rencontrer un obstacle imprévu' (Rézeau 2018, s.v. *manche*) nach:

(217) les Bôches **ont tombés sur un "manche"**
cette fois-ci. espèrons que cela leur servira de leçon.
(Paul Grandemange, 30.7.1918)

Rézeau (2018, s.v. *manche*) weist *tomber sur le manche* nicht vor 1915 nach, das Korpusbeispiel attestiert die auch heutzutage noch gebräuchliche Form mit indefinitem Artikel. Im Grand Robert (2001, s.v. *manche*) und im TLFi (1994, s.v. *manche*) wird jeweils 1914 als Ersterwähnung sowie die Markierung *populaire* angegeben. Im FEW (VI,1, s.v. *manĭcus*) ist *manche* in der Bedeutung 'subir un échec, rencontrer un obstacle' ebenfalls als *populaire* markiert mit der Ergänzung 'se trouver dans une situation imprévue' ab 1914. Der Gebrauch des Lexems im Brief von Paul Grandemange kann entsprechend als früher Beleg gewertet werden.

Exemplarisch zeigen sich hier noch einmal die Überschneidungen mit dem *français populaire*, die bereits an unterschiedlichen Stellen in der vorausgegangenen Beschreibung deutlich wurden und die sich zum einen auf differierende lexikographische Praktiken zurückführen lassen und zum anderen mit einer unterschiedlichen Bewertung durch den individuellen Schreiber begründet werden können. Letztlich ist diese nur unter Berücksichtigung des soziokulturellen Hintergrunds des Schreibers zu verfeinern (François 1985, 300–301). Beide Register ergeben sich aus der Privatheit des Austausches mit nahen Angehörigen und Freunden und den daraus resultierenden charakteristischen Parametern der Kommunikation, wie etwa Intimität, Emotionalität oder ein umfassender gemeinsamer Wissenskontext. Anschließend an die Beobachtungen zum *français familier* soll nun im Folgenden das *français populaire* in den Blick genommen werden.

5.2.3.2 Lexikalische Einflüsse des *français populaire*

Das *français populaire* umfasst nicht nur lexikalische Charakteristika, die im vorliegenden Unterkapitel im Vordergrund stehen, sondern alle systematischen Teilbereiche des Französischen und ist «[...] das subsprachliche Register der großen Mehrheit der Franzosen [...]. Es ist keine schichtenspezifische, auf eine bestimmte Gesellschaftsklasse beschränkte Varietät, obwohl natürlich die mittleren und unteren Schichten, die die Mehrheit der französischen Gesellschaft bilden, in erster Linie Träger dieses Registers sind» (Prüßmann-Zemper 1990, 837). Aus dieser Perspektive erklärt sich auch Gadets (1992, 27–28) Ziel: «Notre intention est de decrire l'usage dit ‹français populaire› comme un ensemble, et non d'épingler que quelques formes ou phénomènes. Il s'agit donc, d'une certaine façon, d'en présenter une grammaire». Das *français populaire* lässt sich einmal soziologisch, von seinen Sprechern her, und einmal sprachwissenschaftlich bzw. sprachlich, ausgehend von seinen konstitutiven Zügen, beschreiben, wobei «[L]inguistique ou sociologique, aucune définition ne se montrera satisfaisante» (Gadet 1992, 24). Es handelt sich beim Register des *français populaire* um einen sehr weiten Begriff, der verschiedene sprachliche Formen umfasst und der sich aufgrund der Variantenvielfalt einer positiven Definition entzieht: «Sie [Sprachformen und Unterebenen der Sprachverwendung, L.S.] sind alle kein ‹gutes› Französisch, das heißt, sie genügen nicht den Maßstäben der präskriptiven Norm» (Müller 1975, 194). Wesentlich ist, dass es sich beim *français populaire* um ein vollständiges Sprachsystem handelt, das «über volle eigengesetzliche Regularität verfügt», weshalb es «in höherem Grad Niveauautonomie beanspruchen [kann] als beispielsweise der *Argot* oder das *français vulgaire*, mehr auch als am Gegenpol der Qualitätsskala das *français cultivé*» (Müller 1975, 194).

Im Zusammenhang einer Beschreibung lexikalischer Elemente, die dem *français populaire* zuzurechnen sind, gilt es zunächst zwei gängige Gleichsetzungen zu vermeiden. Zum einen kann das *français populaire* nicht mit verschiedenen Argots gleichgesetzt werden, wenngleich argotische Ausdrücke ein Indiz für das *français populaire* darstellen. Es handelt sich jedoch nicht um ein entscheidendes Merkmal, ebenso wenig wie Flüche, Kraftausdrücke oder bestimmte lexikalische Wendungen. Zum anderen kann keine Kongruenz des *français populaire* mit Regionalismen postuliert werden (François 1985, 295, 1985, 395). Dadurch, dass das populäre Register eine Vielzahl an dialektalen und argotischen Lexemen aufnimmt, kann es gewissermaßen «als Schaltstelle beim Aufstieg von Substandardwörtern in die Gemeinsprache und in die Norm» (Prüßmann-Zemper 1990, 838) fungieren.

> «Das *français populaire* ist sozusagen das Relais zwischen Dialekten und Argot einerseits und Norm und Gemeinsprache andererseits. Seit je besteht hier seine Rolle darin, Wörter teilarealer und subnormaler Verwendung breithin bekannt zu machen, zu ‹popularisieren›, schließlich auf diese Weise dem Gemeinfranzösischen und der Norm zu vermitteln» (Müller 1975, 203–204; Herv. im Original).

Aus historischer Perspektive lässt sich das *français populaire* als die Sprache des Volkes, *langue du peuple*, in Abgrenzung zur Sprache des Hofes, *langue de la Cour*, definieren, wobei nur letztere Prestige genoss. Die Träger des Registers entsprechen dem dritten Stand und denjenigen Sprechern, denen der Status des Bürgertums noch nicht zugesprochen wurde (Müller 1975, 194). Am Anfang des 20. Jahrhunderts tritt das *français populaire* in Paris als «le langage du ‹peuple›, du ‹petit peuple›, voire du ‹bas peuple›» (François 1985, 296) und als dasjenige Französisch, das in den defavorisierten Vierteln gesprochen wurde, in Erscheinung. So definiert Bauche das *français populaire* zunächst als eine der beiden grundlegenden Ausdrucksweisen, die jede Sprache charakterisieren, nämlich ein *français littéraire*, *classique* oder *officiel* gegenüber einer Sprache des Volkes, die es von seinen Eltern lernt und im Alltag gebraucht (Bauche 1920, 15–18). Auch wenn das *français populaire* häufig mit einem vulgären oder niedrigen Status korreliert, wäre die Zusammenstellung von Vulgarismen zur Charakterisierung des *français populaire* nicht ausreichend (François 1985, 296). Um das *français populaire* nicht nur in negativer Abgrenzung zu anderen Registern zu definieren, fasst François *populaire* in einer gesellschaftlich umfassenden Bedeutung:

> «Nous préférons retenir l'acceptation large de ‹populaire›, plus proche de celle de ‹peuple› dans toute son extension (cf. Littré), qui amène à accepter l'ensemble des productions, des refrains de Caf'Conc' aux citations romanesques, qui ne sont pas propres au petit peuple – qui les crée rarement, même s'il contribue à leur succès – qui sont largement diffusées dans l'ensemble de la communauté. Ceci afin d'éviter une définition de la L.P. qui oppose, de façon trop grossière, le langage des classes dominantes – bourgeoise et même, encore, aristocratique – à celui d'une autre population qui contraste avec la précédente, marquée, typée comme telle, et qui est trop souvent assimilée à des couces sociales marginales – et afin de ne pas masquer toutes les osmoses langagières possibles entre les différents locuteurs francophones» (François 1985, 296).

Gadet (1992, 27) definiert das *français populaire* als «pour l'essentiel un usage non standard stigmatisé, que le regard social affuble de l'étiquette de populaire: tout ce qui est familier est susceptible d'être taxé de populaire si le locuteur s'y prête, et seuls certains traits populaires sont étrangers à l'usage familier non populaire».

Die Dokumentationsgrundlage für das *français populaire* ist äußerst spärlich und der Zugang schwierig, da dieses Register lange Zeit weder archiviert noch systematisch erfasst wurde. Zudem sind, über die Datengrundlage hinaus, theoretische und empirische Studien während der Zeit 1880 bis 1914 extrem selten und, wie François beschreibt, «décevantes souvent, dans la mesure où elles procèdent de préjugés, visent à condamner et non à constater» (François 1985, 298). Neben einigen wenigen Wörterbucheinträgen und didaktischen Texten mit normativen Hinweisen sind es vor allem Werke zur Aussprache und etwas später die Publikationen von Frei (1929) *Grammaire des fautes*, Bauche (1920) *Le langage populaire* und Guiraud (1973) *Le français populaire* und (François 1985) sowie Gadet (1992), die den Gebrauch des *français populaire* erhellen.

Eine fundamentale Schwierigkeit hinsichtlich der Dokumentation des *français populaire* liegt in der Affinität des Registers mit der gesprochenen Sprache begründet, auch wenn Medium und Register nicht gleichgesetzt werden dürfen. Das *français populaire* wird selten verschriftlicht, «La forme **orale** du langage demeure, quel qu'ait été le recul de l'analphabétisme dans la période considérée, la forme privilégiée du L.P.» (François 1985, 298; Herv. im Original). Für die Zeit zwischen 1880 und 1914 führt François zwei Aufnahmen in der Phonothèque Nationale zum gesprochenen *français populaire* eines Sprechers aus Paris an, sowie einige Transkriptionen von Paul Passy *Les sons du français* und *Le Français parlé*, sodass mit Blick auf die mündlichen Quellen für das *français populaire* im Zeitraum 1880 bis 1914 festgehalten werden kann: «En un sens, nous pouvons donc dire que les sources les plus sûres d'information sur le L.P. sont les plus rares et les moins accessibles» (François 1985, 299).

Gegenüber mündlichen Äußerungen sind geschriebene Texte als Quelle für eine Rekonstruktion des *français populaire* zwar leichter zugänglich und zahlenmäßig auch stärker vertreten, doch ist die Beschreibung eines tendenziell oralen Registers auf Grundlage schriftlicher Texte aus Gründen der Authentizität des wiedergegebenen Registers und der Heterogenität der zur Verfügung stehenden geschriebenen Texte heikel (François 1985, 299). Mögliche Quellen für das populäre Register sind Haushaltsbücher, autographische juristische Texte wie Testamente und Korrespondenzen, wobei Postkarten von Briefen zu unterscheiden sind. Postkarten sind aufgrund ihrer Kürze zumeist wenig ergiebig, was den Inhalt betrifft, dafür jedoch umso mehr hinsichtlich der Verfestigung bestimmter stereotyp verwendeter Formeln (François 1985, 300–301). Umfangreichere schriftliche Texte wie zum Beispiel Tagebücher, Reisetagebücher oder Logbücher sind nur relativ selten erhalten, sie bieten jedoch Aufschluss auf allen Ebenen der sprachlichen Analyse (François 1985, 302). Von den genannten schriftlichen Texten, deren Autoren als authentische Verwender des *français populaire* betrachtet werden können, sind grundsätzlich diejenigen geschriebenen Texte zu differenzieren, deren Rezipienten die sozialen Gruppierungen darstellen, die als hauptsächliche Verwender des *français populaire* gelten. Hierbei sind Texte der Trivialliteratur (Pressetexte, Karikaturen, Comics, Werbung, Jahrbücher, Lieder und didaktische

Texte) sowie literarische Publikationen (Romane, Theaterstücke, Erzählungen und Lyrik) zu nennen (François 1985, 305–320). Innerhalb dieser dünnen Quellenlage kann das vorliegende Korpus insofern einen bescheidenen Beitrag leisten, als es für verschiedene Lexeme des *français populaire* schriftliche Belege in der privaten Kommunikation zwischen Gleichgestellten liefert.

Der Wortschatz des *français populaire* zeichnet sich, wie das *français familier*, insbesondere durch die Spezifizierung der Verwendungen und weniger durch ein charakteristisches Vokabular aus. «Diese spezifischen Verwendungen betreffen in auffallendem Umfang den übertragenen [metaphorischen] Gebrauch gängiger Wörter in bildkräftiger, plastischer, emotionaler, hyperbolischer, suggestiver Evozierung» (Müller 1975, 202–203). Insbesondere ein hohes Maß an Affektivität und Expressivität kennzeichnet den Sprachgebrauch des *français populaire* (Guiraud 1973, 81). Im Folgenden werden beispielhaft im Korpus dokumentierte Lexeme und Kollokationen, die dem *français populaire* zuzuordnen sind, beschrieben, wobei punktuell auch Elemente, die über die rein lexikalische Ebene hinausgehen, betrachtet werden, unter der definitorischen Prämisse, dass das *français populaire* mehr als nur ein Wortschatz ist. Hierbei wird neben den bereits deutlich gewordenen Affinitäten mit dem *français familier* auch die Nähe zu argotischen Registern offenkundig. Insgesamt dokumentiert das Korpus 249 Lexeme und Kollokationen, die dem *français populaire* zuzuordnen sind, was innerhalb der lexikalischen Varianten etwa 17% entspricht.

Die häufigste als *populaire* markierte Struktur im Korpus ist *sur la/ta/votre lettre* mit 33 Okkurenzen sowie *sur les journaux* mit fünf Okkurrenzen. Die Präposition *sur* in *écrire/lire sur le journal* wird vom TLFi (1994, s.v. *journal*) als *populaire* markiert, Grevisse/Goosse (2016, 1458) schreiben sie der gesprochenen Sprache zu. In Ausdehnung dieser Anwendung wird auch *sur la lettre* als populärsprachlich gewertet. Die systematische Präferenz sowohl für *sur les journaux* als auch für *sur la lettre* ist ebenfalls in einem bretonischen Briefkorpus zur Zeit des Ersten Weltkriegs dokumentiert (Thibault 2020b, 427). Die grundsätzliche Differenz zwischen *sur* und *dans* in diesem Zusammenhang besteht in der Konzeption des Ortes oder des Raumes: *sur* bezieht sich auf eine Oberfläche, *dans* auf den Rauminhalt (Grevisse/Goosse 2016, 1455).

(218) *Vous avez dû voir* **sur les Journaux**
 Que la Mobilisation est décrétée en Italie
 (Paul Grandemange, 12.5.1915)

(219) *tu me dit **sur ta lettre***
 que tu m'avais envoyer une carte
 (Aloïs Grandemange, 6.4.1916)

(220) *Tu me dis, Maman, **sur ta chère lettre** du 12*
 que tu ne reçois plus de mes nouvelles
 (Paul Grandemange, 15.3.1916)

Die Präposition *sur* ist zudem in einigen als regional markierten Kontexten im Korpus belegt (cf. hierzu Kap. 5.2.3.3). Sowohl die gesprochensprachliche Konnotierung als auch die Markierung *populaire* entsprechen der intimen Kommunikationssituation als Fortsetzung der bis Ausbruch des Kriegs dominierenden face-to-face-Interaktion. Die Okkurrenzen im Stile von *sur ta lettre* sind überwiegend in den Briefen der Familie Grandemange zu finden, innerhalb derer wiederum ein Großteil von Paul Grandemange stammt. Einerseits belegt dies eine mögliche gegenseitige Beeinflussung der Familienmitglieder, andererseits könnte dies eine idiolektale Eigenheit Paul Grandemanges sein.

Zum Ausdruck der Sorge um die Angehörigen und zu ihrer Beruhigung wählen die Schreiber häufig die *familier* markierten *se faire du mauvais sang, se faire de la bile* oder *se casser la tête*. Diese Auswahl wird in zehn Okkurrenzen durch das mit dem Prädikat *populaire* versehene *s'en faire* ergänzt, wie zum Beispiel in *le tout est de ne pas s'en faire* (R. Valdenaire, 3.5.1916) oder in expliziten Aufforderungen *et ne t'en fais pas. Papa* (Joseph Grandemange sen., 14.6.1916).[89] Zum Ausdruck des eigenen Wohlbefindens verwenden die Schreiber zudem *pépère* 'qui vit tranquille, loin des soucis et des dangers; confortablement installé dans la vie' wie in *voyez si nous serons pepère* (Paul Grandemange, 3.6.1918, Brief 1). In seiner adjektivischen Form ist *pépère* als *populaire* (TLFi 1994, s.v. *pépère*) oder *familier* (FEW VIII, 1958, s.v. *pater*) markiert und auch im Argot der Soldaten dokumentiert (Dauzat 1919, s.v. *pépère*; Déchelette 1972, s.v. *pépère*). Die Kollokation *être pépère* bedeutet spezifischer 'être à l'abri' (Sainéan 1915, 42). Morphologisch entspricht *pépère* der Reduplikation, wie sie von Kindern zur Bezeichnung des Vaters gebraucht wird (Dauzat 1919, 186; Sainéan 1915, 42). Die Produktivität dieses Musters wurde bereits in der Beschreibung familiärsprachlicher Elemente deutlich.

François (1985, 326) attestiert dem *français populaire* im Zuge einer expressiven Sprachverwendung eine gewisse Neigung für phraseologische Wendungen.

---

89 Insgesamt ergeben die vier Kollokationen des *français familier* und *populaire* 124 Okkurrenzen, etwas weniger als ein Zehntel aller diasystematisch markierten Varianten.

Diese zeigen sich im Korpus insbesondere zum Ausdruck der Empfindungen gegenüber dem Kriegszustand, wie etwa *je commence à en avoir plein le dos* (Paul Labriet, 16.2.1916), das synonym zum unmarkierten 'j'en suis très fatigué, ennuyé' ist (Littré 1873–1874, s.v. *dos*). Die sprachliche Kreativität der Schreiber zeigt sich, wenn Claude Philibert diese Wendung an seinen aktuellen Äußerungskontext anpasst und *dos* durch *pieds* ersetzt, wodurch die Referenz auf die langen und strapaziösen Märsche eindeutiger ausgedrückt wird.

(221) *voilà deja plusieurs jours que
nous marchons et je commence
a en avoir plein les pieds.*
(Claude Philibert, 3.2.1919)

Eine ähnliche Bedeutung wird der ebenfalls als *populaire* markierten Wendung *en avoir marre* 'en avoir assez' (TLFi 1994, s.v. *marre*)[90] und zusätzlich 'en avoir trop' und 'en avoir par-dessus la tête' (Bauche 1920, 247) zugeschrieben, die im Korpus beispielsweise folgendermaßen vorkommt:

(222) *Enfin vivement ma
perme. **j'en ai mare**.*
(Paul Grandemange, 13.9.1918)

An diesem Beleg wird die Affinität des Registers *français populaire* mit argotischem Sprachgebrauch einmal mehr deutlich. Rézeau (2018, s.v. *marre*) charakterisiert diese Wendung als *argotique* und paraphrasiert sie als 'être excédé au plus haut point'.

Auch das Verb *barder* bezeichnet spezifisch die Situation, in der sich die Soldaten im Einsatz befinden. Zugleich wird hier die Nähe zum Argot an den fünf Okkurrenzen des seit 1889 attestierten Verbs *barder* 'être astreint à un exercice rigoureux ou à un travail pénible' und 'pour évoquer une situation de combat' (Rézeau 2018, s.v. *barder*) deutlich, das im Korpus sowohl in unpersönlicher Konstruktion (223), in kausativer Struktur (224) oder als intransitives Verb (225) attestiert ist:

---

90 In Littré ist *marre* nicht in dieser Konnotation attestiert (cf. Littré 1873–1874, s.v. *marre*). Möglicherweise handelt es sich um eine spätere semantische Entwicklung, in Anbetracht der Tatsache, dass die im TLFi (1994, s.v. *marre*) angeführten Belege alle in die erste Hälfte des 20. Jahrhunderts datiert sind.

(223) *pour le moment ça **barde** ou
je suis.*
(Joseph Colle, 15.3.1916)

(224) *Aloïse m'écrit qu'il
va toujours bien mais ils les font
"**barder**"...*
(Paul Grandemange, 20.5.1916)

(225) *Depuis la rentrée
nous bardons beaucoup plus, sens arrêt,*
(Tissot, 17.5.1916)

Das Verb *barder* wird von Bauche (1920, 191) in seiner Studie zum *langage populaire* aufgenommen, jedoch ausschließlich in der unpersönlichen Verwendung, einen intransitiven Gebrauch schließt er dezidiert aus. Die Bedeutung 'travailler dur' oder 'être pénible' entsteht im militärischen Argot des 19. Jahrhunderts (Académie française 1992, s.v. *barder*). Die unpersönliche Konstruktion mit der Bedeutung 'faire un travail pénible' oder 'trimer' wird im TLFi (1994, s.v. *barder*) nicht mehr als *populaire* markiert, sondern als *Argot des casernes* gekennzeichnet. Die Zugehörigkeit zum militärischen Argot unterstreicht die Aufnahme von *barder* bei Déchelette (1972, s.v. *barder*) und bei Esnault (1919, s.v. *barder*). Diese aus der Affinität resultierenden Überschneidungen zwischen Argot und *français populaire* hält François bereits in ihrer Definition der *langage populaire* fest: «Dans ces conditions d'absorption de l'argot par le L.P., on conçoit qu'il est souvent difficile de décréter, à un moment déterminé, que tel terme est populaire ou argotique» (François 1985, 326). Zusätzlich weist Bauche (1920, 21) auf die Schwierigkeiten in der Abgrenzung des *français populaire* sowohl gegenüber dem *français familier* als auch gegenüber dem *français vulgaire* hin.

Neben der Expressivität ist der Ausdruck von Affektivität ein wesentlicher Aspekt der nähesprachlichen privaten Kommunikation, wie in der Beschreibung des *français familier* gezeigt wurde. So finden sich auch in der Adressierung des Korrespondenzpartners lexikalische Einflüsse des *français populaire*:

(226) St *Maurice le 31 janvier 1916*
*Mon cher **poteau***
Je viens reponde a la charmante lettre du 26 ct.
(Paul Colle, 31.1.1916)

Das im Beispiel zur Ansprache des Adressaten verwendete *poteau* wird in Bauche (1920, 264) als *populaire* und vom TLFi (1994, s.v. *poteau*) mit *argotique* und *populaire* zur Bezeichnung des 'ami fidèle' und 'homme de milieu' markiert und mit der Verwendung im zeitgenössischen Roman *Le Feu* illustriert. Im Beispiel stellt die so gewählte Ansprache die Intimität der befreundeten Schreiber heraus. Déchelette (1972, s.v. *poteau*) hebt innerhalb des soldatischen Argots die Suffigierung von *pote* hervor. Die Verwendung von Diminutiven entspricht einem Charakteristikum des *français populaire*, das sich hinsichtlich der Verwendung von Anthroponymen durch eine Reichhaltigkeit an Kose- und Spitznamen auszeichnet (François 1985, 326).

Neben der Brieferöffnung eignet sich der Abschluss zu ludischem und affektivem Sprachgebrauch, so wird aufgrund der Ähnlichkeitsrelation *main* einmal durch *cuillère* in *je te serre la cuillere bien fort* (Paul Colle, 18.1.1916) ersetzt und erhält dadurch die Markierung *argotique* oder *populaire* im TLFi (1994, s.v. *cuillère*) und *populaire* in Bauche (1920, 215). Zum anderen wird *main* durch *louche* in *Je te serre cordialement la louche* (R. Valdenaire, 14.6.1916) substituiert, unter Angabe des Markiertheitsprädikats *argotique* und *populaire* (TLFi 1994, s.v. *louche*). Gleiches gilt für *alors je te quitte mon vieux en attendant de tes bonnes nouvelles. Amicale poignée de pincettes* (Paul Colle, 31.1.1916). Im Plural kann *pincettes* 'jambes' bedeuten und erhält dann die Markierung *populaire* oder *argotique* (FEW VIII, 1958, s.v. **pīnts-*; TLFi 1994, s.v. *pincette*). Außerdem könnte die Verwendung in diesem Beispiel durch die Kollokation *embrasser/baiser à pincette(s)* 'pincer légèrement la joue du bout des doigts' (TLFi 1994, s.v. *pincette*; Rézeau 2018, s.v. *pincette*) sowie durch die Idee, eines Hilfsmittels, das Objekte fassen kann, die mit Händen nicht einfach zu ergreifen sind (Académie française 1935, s.v. *pincettes*), begünstigt werden.[91]

Die Affinität des Registers *français populaire* mit Vulgarismen wird am Beispiel *déconner* in *nous avons chantés tous la "Marseillaise" en se déconnant* (Paul Grandemange, 7.2.1915) deutlich. Bauche (1920, 219) listet das Verb mit den Bedeutungen 'dire des sottises', 'parler longuement' oder 'parler' mit pejorativer Konnotation als Teil des populärsprachlichen Wortschatzes auf, auch Rézeau (2018, s.v. *déconnage*) etikettiert das Lexem mit der engeren Bedeutung 'raconter n'importer [sic] quoi' als *populaire*. Die treffendste Bedeutung für das vorliegende Beispiel scheint 'dire ou faire des conneries', das ab der zweiten Hälfte des 19. Jahrhunderts belegt und als vulgär eingestuft wird (TLFi 1994, s.v. *déconner*).

---

[91] In Littré (1873-1874, s.v. *louche*) oder im *Dictionnaire de l'Académie française* (2000, s.v. *louche*) ist diese Bedeutung von *louche* nicht aufgeführt.

Weitere markierte Lexeme, denen der ähnliche semantische Kern mit Bezug auf eine Handlung inne wohnt, ebenfalls mit in Teilen vulgärer Konnotation, sind *ficher* 'planter', 'mettre, poser' oder 'faire' (Bauche 1920, 230) *foutre* und *flanquer* 'jeter brusquement quelque chose à quelqu'un' (Littré 1873–1874, s.v. *flanquer*).[92]

(227) *Oh! je lui aurait bien **fichu** un coup*
de poing, tellement cela me faisait
mal
(Joseph Grandemange jun., ohne Datum)

(228) *C'est l'officier d'ordonnance d'un général,*
ce dernier dit qu'il veut voir disparaître les territoriaux,
"foutez-moi le camp", *dit-il.*
(Émile Garnier, 6.10.1914)

(229) *On l'a aussitôt arrêté, mais*
mal gardé par le caporal Boulant, en attendant que
d'autres hommes arrivent, **il lui a flanqué** *un bon coup*
d'épaule qui l'a envoyé rouler à terre & s'est enfui
(Émile Garnier, 11.11.1914)

(230) *Craignant d'aller me **flanquer** dans*
les lignes ennemies, je m'oriente de mon mieux
(Émile Garnier, 29.8.1914)

Das Lexem *ficher* wird als euphemistisches Synonym zu *foutre* bewertet (TLFi 1994, s.v. *ficher*), auch Bauche (1920, 230) differenziert die Markierung von *ficher* gegenüber *foutre*: «*fiche* étant plutôt fam. et *foutre* plus spécialement du LP [langage populaire, L.S.]». Dieses wiederum im TLFi (1994, s.v. *foutre*) als vulgär eingeordnete Lexem ist im Korpus auch dokumentiert (228), allerdings in der Redewiedergabe eines Offiziers, welche eine nicht mit der Sprecher- bzw. Schreiberorigo übereinstimmende Quelle anzeigt. In den narrativen Passagen, in denen Émile Garnier *flanquer* einmal pronominal (230) und einmal nicht pronominal (229) verwendet, scheint das Lexem zum einen der Steigerung der Expressivität zu entsprechen

---

92 Im TLFi (1994, s.v. *ficher*) wird *ficher* nicht als *populaire* gekennzeichnet, sondern mit der Markierung *familier* versehen, wobei sich die Dokumentation auf Texte vom Ende des 19. und zu Beginn des 20. Jahrhunderts bezieht, sodass im lexikographischen Vergleich schwerlich eine Entwicklung in der Bewertung motiviert werden kann.

und zum anderen eine semantische Lücke im *français commun* ökonomisch zu füllen, die der Schreiber andernfalls paraphrasierend ausdrücken müsste.

In der Verwendung lexikalischer Elemente tendenziell stärker nähesprachlich markierter Register kann es generell zur Verwendung graphischer Varianten kommen. Da es sich bei den als *populaire* markierten Lexemen um sprachliche Formen handelt, die die Schreiber vor allem in Kontexten der kommunikativen Nähe in medial mündlicher Sprache verwenden, ist es wahrscheinlich, dass sie nicht immer über eine entsprechende graphische Repräsentation der phonischen Form verfügen. Im folgenden Beispiel wird dies deutlich:

(231)   *Ça va leur donner à réfléchir à ces **Salops**.*
        (Paul Grandemange, 20.7.1918)

Im Beispiel verwendet Paul Grandemange eine graphische Variante von *salaud* 'personne sale, malpropre' (Littré 1873–1874, s.v. *salaud*). Möglicherweise interferiert bei dieser graphischen Realisierung die visuelle Repräsentation des ebenfalls als *populaire* markierten *salope* (Littré 1873–1874, s.v. *salope*). Die Synonymität von *salop* und *salaud* wird bestätigt, da, obwohl weder im TLFi noch in Littré die Bezeichnung *salop* geführt wird, Bauche (1920, 275, s.v. *salaud*) *salop* als Synonym für *salaud* mit der Bedeutung 'méchant, malhonnête, brutal, de mauvaise compagnie' registriert.

Ebenso wie hinsichtlich des *français familier* findet sich unter den als *populaire* gefassten Strukturen und Elementen der Bereich des Gebrauchs von Präpositionen, der nicht ausschließlich lexikalisch, sondern auch syntaktischer Natur ist. Das *français populaire* konzipiert als systematisches Gebilde umfasst entsprechend mehr als die lexikalische Ebene, weshalb diese Formen in der Beschreibung unter der Varietät des *français populaire* beschrieben werden. Hier fallen als prägnante Merkmale des *français populaire* die Substitution von *de* durch *à*, wenn *de* eine Zusammengehörigkeit markiert (232) oder die verstärkende Duplikation der Präposition *dans* (233) auf, die von Bauche (1920, 148–149) als charakteristisch für das populärsprachliche Französisch gewertet werden. In den Ego-Dokumenten werden diese beiden Merkmale durch die folgenden beiden Belege illustriert:

(232)   *J'ai eu*
        également la visite [...] *de*
        *la belle-Mère **à** Louise de Bussang.*
        (Paul Grandemange, 12.1.1915)

(233) *tout ce que*
 *j'ai **dedans** ma musette*
 (Paul Labriet, 30.1.1916)[93]

Die Anordnung der auf den Imperativ folgenden Pronomina im nächsten Beispiel weist ebenfalls ein Charakteristikum des populärsprachlichen Französisch schriftlich nach:

(56) *Si tu trouves le tabac de*
 *zône bon Aloïs **dit-moi-le** j'en*
 ai encore je t'en enverrai
 (Joseph Grandemange sen., 5.4.1916)

Ist an der Kombination von zwei Pronomina eines der 1. oder der 2. Person beteiligt, nimmt es die zweite Position ein, wobei der Sprachgebrauch hier eine gewisse Variation kennt (Grevisse/Goosse 2016, 967). Die im Beispiel belegte Reihung ist typisch für das *français populaire*, das sich insgesamt durch eine höhere Flexibilität in der Positionsbeschränkung der Pronomina auszeichnet (Gadet 1992, 66).

Morphosyntaktische Varianten, die Expressivität mit dem *français populaire* verbinden, betreffen außerdem die Verwendung des Vornamens mit einem definiten Artikel (Bauche 1920, 87). Es handelt sich um eine äußerst expressive Strategie, die neben einem populärsprachlichen Register auch mit einem ländlichen Sprachgebrauch in Verbindung gebracht wird (Frei 1929, 243).[94] Nicht alle Schreiber gebrauchen den bestimmten Artikel vor Eigennamen, besonders Maria Saunier und ihr Sohn André fallen im Korpus durch diese Spezifizierung auf. Andere Schreiber, deren Texte diese Struktur aufweisen, sind beispielsweise Eugénie Pierrel und Paul Labriet. Die Texte dieser Schreiber zeichnen sich im Bereich der orthographischen Variation insgesamt durch ein hohes Vorkommen an Varianten aus.

(234) ***Le***
 ***Georges** et **l'Antoine** Rébichon [étant]*
 en permission sont venus nous voir
 (André Saunier, 4.1.1917, Brief 2)

---

[93] Grevisse/Goosse (2016, 1430–1431) geben hier ohne weitere Spezifizierung *vieux* oder *régional* als Markierung an.
[94] Für weitere Erläuterungen einer möglichen diatopischen Ausdifferenzierung der Verwendung des definiten Artikels vor Eigennamen und seinem Gebrauch im Deutschen, cf. außerdem Kapitel 6.2.1.

(235) *Nous avons reçu une
carte **du Laurent** aujourd'hui*
(André Saunier, 4.1.1917, Brief 2)

(236) *esque **l'Oncle Nori** ne ta pas ecrit pour
sa pagniere*
(Maria Saunier, 17.2.1917)

(237) ***le Joseph** m'a envoyé
encore un paquet*
(Paul Labriet, 30.1.1916)

(238) *pour le comerce sa va toujours tres bien nous
avons eu **l'aliber** qui et venu nous voir*
(Eugénie Pierrel, 13.1.1916)

Die Spezifizierung durch den definiten Artikel kann Vor- und Nachnamen betreffen sowie vor einer zusätzlichen Nennung der Verwandtschaftsbeziehung erfolgen. Außerdem tritt er in Kombination mit der Präposition *de* in Beispiel (235) auf.

Ebenfalls an der Schnittstelle zwischen Wortschatz und Syntax ist der Gebrauch der Auxiliare zu verorten, deren Alternation in analytischen Tempora im *français populaire* markant ist (Bauche 1920, 133). Das Korpus belegt 97 Okkurrenzen eines variierenden Gebrauchs des Auxiliars in analytischen Verbformen.[95]

Die Mehrheit der Alternationen des Auxiliars in analytischen Tempora betrifft die Substitution von *être* durch *avoir* bei den intransitiven Verben *entrer, sortir, tomber, rester, arriver, partir, passer, descendre, rentrer, retourner* und *(re-/par-)venir*. Blanche-Benveniste (1997, 41–43) betrachtet die Verwendung von *avoir* als Auxiliar anstelle von *être* als typisierende Devianz mit sozialem Marker. Die folgenden Beispiele illustrieren diese Alternation:

(239) *il **a** encore tombé de la neige cette nuit*
(André Saunier, 28.1.1917)

---

95 Diese Variation ist im CHSF im gesamten Untersuchungszeitraum 1789 bis 1918 dokumentiert. Thun (2018b, 279) betrachtet diese Variation als innovative Entwicklung gegenüber dem konservativen Standardfranzösischen.

(240) *elle **a** resté un jour*
(Eugénie Pierrel, 21.9.1915)

(241) *tu **a** venu
me voir*
(Henri Cablé, 21.10.1914)

(242) *notre Josèphine **aurai** Teja
venu de voir aussi*
(Marie Anne Grandemange, 6.1.1915)

(243) *mais j'aimerais
mieux qu'il **ait** toujours resté à la Rochelle*
(Joseph Grandemange jun., 17.2.1918)

Im Beispiel (243) könnte aufgrund der Homophonie der Verbalmorpheme *ait* und *est* auch die Variation des Modus statt der Alternation des Auxiliars vermutet werden. Die Wahl der graphischen Form des *subjonctif* deutet jedoch das Bewusstsein des Schreibers bezüglich der Verwendung dieses Modus an, weshalb eine dem Gebrauch des *subjonctif* betreffend konforme Schreibung des Auxiliars *avoir* gewählt wird. Ein anderes Beispiel, in der jedoch eine auf der Homophonie der Verbformen beruhende graphische Variation näherliegt, ist: *mes je n'est toujours marcher* (Eugène Lorieau, 1915). Eugéne Lorieau scheint hier das normgerechte Auxiliar *avoir* in der Form von *j'ai* zu intendieren, wählt jedoch die logogrammische Variante *est*. Der Gebrauch von *avoir* anstelle von *être* bei intransitiven Verben scheint in Analogie zu Verben, die das Auxiliar *avoir* erfordern, zu erfolgen (Le Bellec 2015, 87). Ein weiterer Grund könnte in der Neigung des *français populaire* zu Generalisierungen liegen, die in diesem Zusammenhang den Gebrauch des Auxiliars *avoir* postulierte. Insbesondere bei intransitiven Verben, die eine Bewegung oder eine Zustandsänderung ausdrücken, kann es zu einer Alternation des Auxiliars kommen, ohne spezifisch regionale Verteilung (Rézeau 2018, 19–20).

Anders als die Verwendung von *avoir* anstelle von *être* ist die umgekehrte Substitution des Auxiliars als regional markiert zu werten (Rézeau 2018, 26). Im Korpus belegen jedoch nur zwei Okkurrenzen eine derartige Substitution, die aufgrund des Kontextes zudem beide andeuten, dass es sich um keine intentionalen Realisierungen handelt. Im Beispiel *je suis èté jaie èté payé mon Couble* (Marie Anne Grandemange, 6.1.1915) scheint es sich vielmehr um eine Änderung der Formulierung zu handeln, bei der Marie Anne Grandemange übersieht, *je suis èté* zu streichen. Im zweiten Beleg *je trouve que Josephine est un peu maigrie* (Joseph Grandemange jun., 15.7.1918) liegt eine Überschneidung mit der Formulierung *Joséphine est un peu maigre* nahe, woraus die Alternation des Auxiliars resultieren könnte.

Im *Corpus 14* sind Formen analytischer Verbformen von *être* mit dem Auxiliar *être* dokumentiert, wobei es sich nicht um die dominierende Wahl des Auxiliars für diese Verbformen handelt (Steuckardt 2018, 41). Bei der Bildung des *passé composé* intransitiver Verben wie zum Beispiel *rester*, *passer* oder *tomber* verwenden die Schreiber des *Corpus 14* in vielen Fällen *avoir* anstelle von *être*, was auf mögliche analoge Bildungen zu beispielsweise *j'ai marché* oder *j'ai sauté* zurückzuführen ist (Le Bellec 2015, 87). Auch in privaten Texten des 17. und 18. Jahrhunderts sind Formen des *passé composé* mit dem Auxiliar *avoir* in für *être* vorgesehenen Kontexten attestiert (Ernst 2010, 64).

Neben *avoir* und *être* treten andere Verben in auxiliarer Funktion auf, die ebenfalls mit *populaire* markiert sind, wie etwa *vouloir* in der futurischen Verwendung von *aller* im periphrastischen Futur oder *venir* und *voir* (Bauche 1920, 133). Das Korpus dokumentiert diese Verwendung von *vouloir* und *venir*.

(244) *Je **veux** parler au docteur pour*
    mes reins et mon genou
    (Joseph Grandemange jun., 15.1.1915)

(245) *le grand jour de gloire*
    *qui ne **veux** pas tarder à arriver.*
    (Paul Grandemange, 29.10.1914)

(246) *pour le cas*
    *où je **viendrais** à être tué*
    (Albert Provot, 23.9.1915)

(247) *je suis **revenu** malade*
    (André Saunier, 4.1.1917)

(248) *je **viens** faire reponse*
    (Claude Philibert, 20.11.1918)

(249) *on comense Te'en*
    ***venir** inquet*
    (Marie Anne Grandemange, 6.1.1915)

Bauche (1920, 133) führt die undifferenzierte Verwendung von *aller* und *vouloir* in auxiliarer Funktion im *français populaire* auf die lautliche Ähnlichkeit konjugierter Formen wie *je vais* und *je veux* zurück, die sich über diese Kontexte hinaus verbreitet. Die futurische Verwendung von *vouloir* als Auxiliar zeichnet sich zudem durch einen regionalspezifischen Gebrauch aus, der in den Regionen Haute-Savoie, Savoie und Franche-Comté (Rézeau 2001, s.v. *vouloir*) sowie im Elsass im 19. und 20. Jahrhunderts gut dokumentiert und gleichzeitig stigmatisiert ist (Rézeau 2007, s.v. *vouloir*). Im letzten Beispiel könnte *venir* auch als eine Aphärese von *devenir* zu verstehen sein. Der Gebrauch von *revenir malade* für *retomber malade* im Beispiel André Sauniers (247), der von Rézeau (2018, s.v. *venir*) unter anderem für das Departement Saône-et-Loire, in dem der Wohnort André Sauniers, Montreal-les-Mines, liegt, bestätigt diese Verbreitung.

Eine sprachliche Form, deren Skopus die gesamte Äußerung in den Blick nimmt, ist der adverbiale Gebrauch von *voir* nach einem Imperativ in der Funktion der Abtönung einer Bitte oder der Betonung einer Aufforderung. Nach dem TLFi (1994, s.v. *voir*) trägt *voir* in dieser Verwendung die Markierung *populaire* oder *familier*. Rézeau (2018, s.v. *voir*) charakterisiert die adverbiale Verwendung von *voir* in seinem Beleg für das Departement Yonne als *populaire* und gibt die Bedeutung mit 'je t'en prie, s'il te plaît' an. Auch Guiraud (1973, 90) charakterisiert diese expressive Verwendung des Adverbs *voir* als populärsprachlich und führt den Gebrauch auf ein Adverb aus der Wortfamilie des Adjektivs *voir* 'vrai' zurück. Die folgenden exemplarischen Belege der insgesamt sechs Okkurrenzen aus dem Korpus illustrieren diesen Gebrauch:

(250) *Je n'y*
comprends absolument. rien **Donne-moi donc**
voir *des détails pour ça.*
(André Saunier, 13.1.1917)

(251) *il lui dit comment vous ne pouvez*
pas avoir la balle de cet homme
là **donnez moi voir** *un Bistouri*
je vais lui retirer
(Paul Labriet, 10.10.1914)

(252) **Dites-voir** *à Charles qu'il*
me fasse quelque chose de sa spécialité
mais qui puisse supporter le voyage
(Joseph Grandemange jun., 29.7.1917)

Der Imperativ in (250) zeigt die Kombination mit der ebenfalls nähesprachlichen Partikel *donc*. An diesen Korpusbelegen wird deutlich, wie eng diatopische und diaphasische Variation miteinander verwoben sein können: Bloch attestiert die adverbiale Verwendung von *voir* als charakteristisch für die diatopische Varietät der südlichen Vogesen, aus denen Joseph Grandemange junior stammt (252), und betont gleichzeitig die supraregionale Verbreitung: «L'extension abusive de ‹voir› dans ‹regarde voir, dis voir, écoute voir›, dépasse de beaucoup notre domaine» (Bloch 1921, 130). Der überregionale Gebrauch wird von Grevisse/Goosse (2016, 1285) bestätigt, mit einem Fokus auf dem Osten Frankreichs und der frankophonen Schweiz. Auch Rézeau (2001, s.v. *voir*) argumentiert aufgrund der deutlich höheren Frequenz dieser adverbialen mit dem Etikett *familier* ausgezeichneten Verwendung für ein regionales Charakteristikum für die östlichen Regionen von Saône-et-Loire, Côte-d'Or und Haute-Marne sowie für Lorraine, Franche-Comté, Haute-Savoie und Savoie. Der adverbiale Gebrauch von *voir* übersteigt die rein lexikalische Ebene und zeigt als Abtönungspartikel Affinitäten mit der diskursiven und transphrastischen Strukturierung, indem die Modalisierung einer größeren Einheit als dem Lexem in den Fokus von *voir* tritt.

Bevor nun im Folgenden eben diejenigen diasystematisch markierten Lexeme mit einer spezifisch determinierten geographischen Verbreitung in den Vordergrund rücken, sollen abschließend zwei Beispiele dargestellt werden, die die Verwebung von populärsprachlicher und regionaler Markierung offenlegen. Der Gebrauch von *rendre* im Partizip als 'être parvenu (à l'endroit souhaité, à destination); être rentré chez soi' ist im DRF als usuell markiert und stellt einen Frequenzregionalismus dar, der insbesondere typisch für das westliche Regionalfranzösische ist (Rézeau 2001, s.v. *rendre*). Bauche (1920, 270) beschreibt diesen Gebrauch als *langage populaire*.[96] Aufgrund des regionalen Schwerpunkts im Westen Frankreichs, spricht die Verwendung von *rendu* im Brief Paul Grandemanges aus den Vogesen eher für eine populärsprachliche Verwendung: *Je suis rendu depuis hier au soir.* (Paul Grandemange, 18.10.1918). Das zweite Beispiel ist *sente*, das in der Bedeutung 'chemin étroit pour les piétons dans les champs, les bois, les montagnes' mit *populaire* etikettiert und zudem einem älteren sowie einem regionalen Sprachgebrauch zugeordnet werden kann, wobei sein Gebrauch, anders als bei *rendu*, in den Vogesen attestiert ist (FEW XI 1964, s.v. *sēmĭta*). Dies entspricht der geographischen Herkunft des

---

96 Im GrandRobert (2001, s.v. *rendre*) ist *rendu* in passivischer Konstruktion ohne Markierung verzeichnet, ebenso im Wörterbuch der Académie française (1935, s.v. *rendre*), im TLFi (1994, s.v. *rendre*) und im FEW (X, 1962, s.v. *rĕddĕre*).

Schreibers Aloïs Grandemange, der schreibt: *la sente extrême de la frontière* (Aloïs Grandemange, 17.10.1914).

5.2.3.3 Lexikalische Einflüsse regionaler Varietäten

Insgesamt 320 Lexeme und lexikalische Strukturen tragen eine regionalspezifische Markierung, das entspricht etwa einem Viertel aller codierten Varianten mit diasystematischer Markierung.[97] Da Regionalismen und diatopische Varianten sekundär in die Diastratik, die Diaphasik und letztendlich auch in die Sprache der kommunikativen Nähe einrücken (Koch/Oesterreicher 2011, 159) und so ihr Interesse für die Untersuchung eines Korpus von schriftlichen Texten der konzeptionellen Mündlichkeit begründen, werden sie hier in den Rahmen der privaten Kommunkationssituation gefasst. Die Verwendung diatopisch markierter Elemente steht nicht nur in sekundärer Verbindung mit den Variationsdimensionen der Diaphasik und der Diastratik, diese bedingen auch den Rückgriff auf regionalspezifische Formen: «Les locuteurs emploient d'autant plus de formes régionales que leur statut socioculturel est plus bas et que la situation est plus familière» (Gadet 2007, 24).[98]

Etwa ein Drittel der regionalspezifischen Varianten betrifft die Verwendung der Präposition *sur*. Rézeau (2018, s.v. *sur*) verzeichnet verschiedene regionalspezifische Bedeutungsvarianten für die Präposition, etwa *sur* 'à' im Departement Hérault, *sur* 'à, pour' und 'vers (sans mouvement)' im Departement Loire sowie *sur* 'au sujet de, à propos de' für die Departements Ariège, Bouches-du-Rhône und Loire. Die genannten Gebiete liegen weit vom Einzugsgebiet des Korpus entfernt, sie können lediglich als Indiz für die grundsätzliche Flexibilität der Präposition *sur* dienen. Allerdings sind zwei der explizit as regionalspezifisch markierten Kollokationen *se faire de la bile sur* und *se faire du mauvais sang sur* ebenfalls im vorliegenden Korpus attestiert. Der überwiegende Anteil der Varianten im Gebrauch von *sur* betrifft die Kollokationen *se faire du mauvais sang* (253) und *se faire de la bile* (254), die um ähnliche Strukturen wie *s'inquiéter*, *s'en faire* oder *se casser la tête* erweitert werden. In den genannten Kontexten dient *sur* der Ergänzung um ein Komplement, wie die folgenden Beispiele exemplarisch illustrieren.

---

[97] Der nicht zu unterschätzende Anteil an Regionalismen wird deutlich, wenn Rézeau (2018, 21) etwa die Hälfte seiner in *Les mots des Poilus* repertorierten Lexeme als Regionalismen einstuft.
[98] Einflüsse des Dialekts, nicht nur lexikalischer Art, und seine Darstellung im schriftlichen Ausdruck weniger geübter Schreiber werden in Kapitel 6.2.1 im Rahmen der Darstellung des in den Texten abgebildeten Sprachkontakts beschrieben.

(253) *Donc je te le*
répéte, **pas de mauvais sang**
sur *lui, il va bien.*
(Aloïs Grandemange, 30.12.1914)

(254) *Surtout ne vous faites pas de*
bile sur *moi; c'est moi qui suis le mieux.*
Ne vous faites pas de bile sur *Papa non plus*
(Joseph Grandemange jun., 30.10.1914)

(255) **Ne vous en faites**
pas sur *moi!*
(Paul Grandemange, 22.8.1918)

(256) **Il ne faut nulle**
ment *ma chére Maman et toi mon cher papa*
vous casser la tête sur *ma nourriture*
(Paul Grandemange, 2.3.1915)

In Anlehnung an diese Gebrauchskontexte, die eine Konnotation von 'au sujet de' nahelegen, zeigen die Schreiber weitere Verwendungsweisen von *sur*, wie etwa in 15 Belegen zur Spezifizierung eines Komplements von *être tranquille*. Beispielhaft seien hier *Oui, Maman soit tranquille sur moi* (Joseph Grandemange jun., 10.2.1915) oder *Maintenant nous sommes tranquilles sur lui* (Paul Grandemange, 6.2.1916) genannt. Diese Verwendung von *sur* ist nur in Briefen der Brüder Joseph und Paul Grandemange dokumentiert. Es könnte sich also durchaus um eine Schreibroutine des individuellen Sprachgebrauchs handeln, den die Brüder möglicherweise auch im Austausch untereinander konstituieren.[99] Weitere Kontexte, die eine ähnliche Bedeutung von *sur* aktualisieren, sind *faire attention sur*, *être sans crainte sur* oder *savoir sur qqc*:

(257) *Cher Paul* **il Te faut pas faire**
attentions sur *Ton Papa qu'il n'ecrit*
pas s'ait Toujours moi il ne voit
plus qu claire la nuit
(Marie Anne Grandemange, 9.3.1915)

---

[99] Für Ende des 17. Jahrhunderts ist im TLFi (1994, s.v. *tranquille*) die Verwendung *Soyez tranquille sur ma santé* in der Korrespondenz Mme de Sévignés belegt.

(258) **Soyez sans
crainte sur** cet Instrument
(Paul Grandemange, 27.9.1915)

(259) *je ne sais rien encore **sur** la demande que j'ai
faite; mais, je vous tiendrai au courant!*
(Aloïs Grandemange, 11.4.1918)

Ein Beispiel legt die Verwendung von *sur* zur Angabe einer Beschäftigung nahe, ähnlich wie in der innerhalb des *français familier* beschriebene Verwendung von *après*: *Jeudi Aloyse sera sur son travail* (Marie Anne Grandemange, 31.5.1915). Diese Nähe der beiden Präpositionen zeigt auch, dass eine regionalspezifische Zuordnung in den letzten Beispielen hypothetisch bleiben muss. Sie erklärte sich aus der von Rézeau (2018, s.v. *sur*) attestierten regionalspezifischen Bedeutung 'au sujet de', könnte aber zumindest auch durch familiärsprachliche Gebrauchsweisen und durch die Tatsache, dass sich die Präposition seit Mitte des 20. Jahrhunderts in weiteren Verwendungskontexten entwickelt (Grevisse/Goosse 2016, 1491) begünstigt sein.[100] Unter letztere fassen Grevisse/Goosse (2016, 1491) etwa die Angabe eines Ortes mit *sur*, wie beispielsweise im vorliegenden Korpus dokumentiert ist: *Nous sommes entrés sur la terre d'Alsace tout de suite* (Joseph Grandemange jun., 27.8.1914).

Zwölf weitere Okkurrenzen belegen den Gebrauch von *sur* zur Angabe einer Richtung mit implizierter Bewegung, welcher als regionalmarkiert, jedoch ohne Angabe der Verwendungsgebiete geführt wird (Rézeau 2018, s.v. *sur*).[101] Ein Beispiel hierfür ist:

(260) *Nous ne pouvons t'envoyé de colis
en ce moment a cause des trains
en partance **sur** Verdun*
(Joseph Grandemange sen., 5.3.1916)

Nahezu alle der genannten Okkurrenzen von *sur* stammen aus der Feder der Mitglieder der Familie Grandemange und ihrer nahen Angehörigen und Freunde. Dies spricht für die Konstituierung einer innerfamiliären Routine und eine gegen-

---

100 Es scheinen sich hier zwei verschiedene Gebrauchskontexte von *sur* zu verbinden: zum wird favorisiert die Rektion bestimmter Kollokationen in gewissen Kontexten *sur*, zum anderen zeigt sich eine spezifische Semantik von *sur*, die den Gebrauch mitbestimmt.
101 Weder Grevisse/Goosse (2016) noch der TLFi (1994) weisen einen entsprechenden Gebrauch nach.

seitige Beeinflussung im Schriftsprachgebrauch oder für, eventuell auch kombiniert, eine Erweiterung der regionalen Verbreitung. Eine grundsätzlich flexiblere Verwendung von *sur* in gegenüber dem unmarkierten Französisch erweiterten Kontexten (Rézeau 2007, s.v. *sur*), könnte ein begünstigender Faktor für die Entstehung dieser Gebrauchsweisen sein.

Eine weitere mit 80 Okkurrenzen relativ frequente Form mit regionaler Markierung ist der Gebrauch von *de même*, der als 'pareillement' im Französischen im Elsass insbesondere im gesprochenen *français familier* als Antwort auf einen Wunsch oder einen Gruß sehr frequent ist (Rézeau 2007, s.v. *même*). Im Kontext erhaltener Korrespondenz und dem Wunsch der guten Gesundheit der Kommunikationspartner ist diese Verwendung in den spezifischeren Bedeutungen 'ainsi, pareillement, semblablement' für die Departements Loire, Rhône sowie Savoie und 'pareil, semblable' für die Departements Seine-et-Marne und Vendée nachgewiesen worden (Rézeau 2018, s.v. *même*). Das vorliegende Korpus bestätigt diesen Gebrauch für den Osten Frankreichs und spezifischer für die Vogesen und für das Departement Haut-Rhin sowohl in adjektivischer als auch in adverbialer Funktion.

(261) *Je ne sais plus rien a vous raconter je suis en bonne santèe et j'espere que ma présente vous trouvera* **de même**.
(Philomène Angly, 28.5.1916)

(262) *Je suis des plus heureux de vous savoir* **de même**.
(Paul Grandemange, 23.7.1918)

(263) *toujours bonne santé et je pense que* **vous etes de même**
(Henri Cablé, 31.10.1914)

Die hohe Frequenz dieser Struktur ist auch insofern zu erkären, als sie präferenziell in den epistolären Formeln zu Beginn und am Ende des Briefes, deren wesentlicher Bestandteil die Erklärung der eigenen guten Gesundheit sowie der Ausdruck, dem Kommunikationspartner möge es ebenso ergehen, darstellen, eingesetzt werden. So scheinen einige Schreiber in der rekurrierenden Wahl von *j'espère/je souhaite que la présente/ma lettre vous trouve/trouvera de même* eine regelrechte Formel konstituiert zu haben, die ihnen den Übergang des Ausdrucks der persönlichen guten Gesundheit zum Ausdruck des Wunsches für den Empfänger des Briefes ermöglicht.[102]

---

[102] Zu den epistolären Formeln und ihrem Gebrauch, cf. Kapitel 7.

Die Beziehung zum Empfänger des Briefes wird in 40 Okkurrenzen mit einer weiteren regionalspezifischen seit 1852 attestierten Kollokation, *avoir le temps long après qqn* 'regretter l'absence de' (Rézeau 2007, s.v. *temps*), ausgedrückt, wie die folgenden Auszüge exemplarisch belegen:

(264) **vous avez du avoir le temp long** *mais se que nous avons eu téllemet du monde que on ni voyai plus*
(Jean-Baptiste Pierrel, 1.4.1916)

(265) *Je suis content des vacances qu'elles ont obtenue pour les Fêtes de Pâques. Quelle joie pour toute la famille. Moi aussi j'aurais voulu être des vôtres; car je commence à* **avoir le temps long**.
(Joseph Grandemange jun., 15.5.1918)

(266) *Pauvre Joseph il doit* **avoir le temp long après** *ses frères*
(Joseph Grandemange sen., 16.1.1916)

(267) *J'ai été heureux de recevoir de vos nouvelles; car je commençais à* **avoir le temps long aprés** *vous!..*
(Aloïs Grandemange, 11.4.1918)

(268) *maintenant rem= ettons pour la Pentecote avant de se revoir mon cher frère et soeurs* **dont on a tous le temps long**
(Jean-Baptiste Jeandon, 28.3.1915)

(269) **J'ai le temps long** *de passer quelques bons moments auprès de vous mes Chers Parents*
(Paul Grandemange, 19.9.1918, Brief 1)

In der Datenbank *Base de données lexicographiques panfrancophone (BDLP)* ist die Wendung *avoir le temps long* mit dem Französischen in Belgien identifiziert. Es werden die Varianten *avoir le temps long* mit der Bedeutung 'trouver le temps long; s'ennuyer' und *avoir le temps long après qqn* mit der Bedeutung 'se languir de qqn' archiviert und jeweils mit dem Markiertheitsprädikat *familier* versehen. Beide Varianten sind außerdem im Osten Frankreichs, genauer in den Ardennes und in Lothringen, und sporadisch in anderen Regionen attestiert. Außerhalb Europas finden sich die Wendungen in den ehemaligen belgischen Kolonien (Poirier/Francard 2019, s.v. *avoir le temps long*). Die regionale Verteilung dieser Struktur und ihre Konzentration auf den Osten Frankreichs begründet den Gebrauch, den die weniger geübten Schreiber davon machen. Die Schreiber der Familien Grandemange und Pierrel stammen aus den südlichen Vogesen und die Familie Jeandon aus dem Departement Haut-Rhin im Elsass. Die Kollokation wird ebenfalls in Rézeaus Briefkorpus für das Departement Haut-Rhin im Elsass dokumentiert (Rézeau 2018, *s.v. temps*), wodurch der regionale Gebrauch, der im vorliegenden Korpus attestiert ist, bestätigt wird. Allerdings belegt Rézeau den Gebrauch von *avoir le temps long de quelqu'un*, eine zusätzliche Beeinflussung durch die im Korpus bereits nachgewiesene und als *familier* markierte Verwendung von *après* erscheint denkbar (cf. Rézeau 2018, s.v. *après*). Die Korpusbelege (264) und (265) illustrieren den Gebrauch ohne Präpositionalphrase, wohingegen das Objekt der Sehnsucht in (266) bis (267) näher spezifiziert wird. Neben der in der Datenbank BDLP dokumentierten Präposition *après* wählen die Schreiber in dieser Kollokation auch die Präposition *de*, sei es in einem mit *dont* eingeleiteten Relativsatz (268), sei es in einer Infinitivkonstruktion (269). Die starke regionale Verwurzelung dieser Wendung wird in ihrer wörtlichen Übertragung ins Deutsche erkennbar (cf. Kapitel 6.4.6). Vergleichend dazu wird die diatopisch unmarkierte phraseologische Struktur *trouver le temps long* im Korpus nur acht-mal dokumentiert. Bei dieser Form handelt es sich laut dem Wörterbuch der Académie française (1935, s.v. *trouver*) um eine dem *français familier* zuzurechnende Kollokation, wohingegen Littré (1873–74, s.v. *trouver*) und der TLFi (1994, s.v. *temps*) diese Form als unmarkiert angeben. In einer Okkurrenz ist *trouver le temps long de* attestiert, die von Rézeau (2018, s.v. *temps*) als charakteristisch für eine kleine Region östlich von Lyon gewertet wird. Das folgende Beispiel entstammt den Briefen Antoinette Perrins aus Bainville-sur-Madon (Meurthe-et-Moselle):

(270) **Trouvant le temps long**
    ***de** n'avoir de tes nouvelles*
    je me décide à t'envoyer
    des nôtres
    (Antoinette Perrin, 7.3.1915)

Für sich genommen ist dieser Gebrauch kein Nachweis für eine größere Verbreitung der Struktur, er könnte nur andeuten, dass *trouver le temps long de* auch über das ausgewiesene Gebiet hinaus attestiert ist. Gleichwohl sind auch hier individuelle Präferenzen zu bedenken.

In einer weiteren regionalspezifischen Kollokation mit *temps* wird ebenfalls die Sehnsucht nach dem Anderen ausgedrückt:

(271) **Le temps dure bien à la maman.** *de ta jolie binette*
(André Saunier, 13.1.1917)

Die Form *le temps lui dure de* + Substantiv 'le temps me/te semble long de, je suis impatiemment de' ist nach Rézeau (2018, s.v. *durer*) charakteristisch für die Region um Lyon und Centre-Ouest (Ain, Charente-Maritime, Loire und Vendée), mit einer Affinität zum *français familier*. André Sauniers Herkunft aus Montceau-les-Mines (Saône-et-Loire) bestätigt die Verbreitung im genannten Großraum und spezifiziert sie zugleich.

Wie bereits im Zusammenhang diasystematischer Markierungen des *français familier* und *populaire* dargelegt entziehen sich auch syntaktische Strukturen nicht dem Einfluss regionaler Variation. Eine umfassend in der nördlichen Peripherie und im Nordosten Frankreichs dokumentierte Struktur ist *nous deux* gefolgt von einer Personenbezeichnung oder einem Eigennamen mit der Bedeutung 'moi et une autre personne' (DRF 2001, s.v. *deux*). Rézeau (2018, s.v. *deux*) erweitert den Verbreitungsraum um die Departements Aube, Jura, Marne, Oise und Seine-et-Marne. Die folgenden Belege illustrieren diesen regionalspezifischen Gebrauch für das Departement der Vogesen:

(272) *Nous sommes toujours* **nous deux Pierrat** *dans le même Kommando seulement, lui est dans une ferme à 5 minutes de moi*
(Joseph Grandemange jun., 19.8.1917)

(273) *il a fallu que nous chantions* **nous deux Marie**
(Eugénie Pierrel, 12.10.1915)

(274) *nous parlons bien*
*souvent de vous **nous deux la femme***
champètre qui est voisine de chaine avec
moi
(Philomène Angly, 28.3.1916)

Das letzte Beispiel zeigt, wie die Struktur *nous deux + Name* um einen komplexen Relativsatz erweitert werden kann. Diese Verwendungsweise ist im Korpus nur von Schreibern, die aus dem Raum um Saint-Maurice-sur-Moselle stammen, belegt.

Einige der im Korpus attestierten Regionalismen tragen dazu bei, den Sprachraum, in dem ihr Gebrauch bereits attestiert ist, zu bestätigen oder gar zu erweitern. Sie liefern punktuelle schriftliche Belege für den aktualisierten Gebrauch dieser Lexeme, wenngleich ein generalisierender Gebrauch in einer Region ausgehend von diesen Okkurrenzen nicht postuliert werden kann.

Die Bestätigung eines für den entsprechenden Raum attestierten Lexems ist die Verwendung von *bic*, das in drei Okkurrenzen in den Briefen Paul Grandemanges und seines Vaters Joseph Grandemange belegt ist.

(275) *P.S. Cacaouettes.... [fouette, fouette]...*
Tu m'as bien fais rire, tu sais Papa..
*Bon **bic**..*
(Paul Grandemange, 5.9.1915)

(276) *Recois nos baisers*
les plus tendres de tes parents qui
pens penses toujours a toi.
Papa Maman.
*Notre mimi t'envoi un **bic***
(Joseph Grandemange sen., 13.1.1916)

Beide Schreiber stammen aus Saint-Maurice-sur-Moselle im Departement der Vogesen. Das Lexem *bec* ist als Synonym zu *baiser* oder *bécot* in der frankophonen Schweiz attestiert und in der Datenbank BDLP mit dem Markiertheitsprädikat *familier* versehen. Innerhalb Frankreichs ist das Lexem unter anderem im Regionalfranzösischen von Ronchamp, das etwa 30 km von Saint-Maurice-sur-Moselle entfernt ist, attestiert (Poirier/Francard 2019, s.v. *bec*). Im Korpus Rézeaus ist *bec* auch für die Region Loiret als 'baiser' mit Markiertheitsprädikat *familier* dokumentiert (Rézeau 2018, s.v. *bec*), welches die Überschneidungen mit der diastratischen und diaphasichen Variation deutlich macht.[103] Die regionalspezifische Prägung des Lexems wird durch seine Beschreibung in den Arbeiten Blochs zum Dialekt der meridionalen Vogesen herausgestellt. Innerhalb dieses Dialektraums dokumentiert Bloch (1917c, s.v. *bec*) je nach lokaler Zugehörigkeit des Sprechers unterschiedliche Aussprachevarianten von *bec*. In Saint-Maurice-sur-Moselle ist [bik] als regionale Realisierung von *bec* attestiert.

Die Präposition *jusque* in der Bedeutung 'jusqu'à' mit einer darauffolgenden Zeit- oder Ortsangabe ist von Rézeau (2018, s.v. *jusque*) für die Departements Ardennes, Moselle, Nord, Oise, Orne, Pas-de-Calais, Seine-Maritime und Somme attestiert und darüber hinaus als charakteristisch für das Französisch in Belgien, im Elsass und in Lothringen gewertet (Rézeau 2007, s.v. *jusque*). Die folgenden Beispiele bestätigen den Gebrauch von *jusque* als alleinige Präposition zu Beginn des 20. Jahrhunderts im Departement Haut-Rhin und den Vogesen. Die Salienz im Gebrauch dieser Präposition im Elsass wird dadurch unterstrichen, dass elf von 13 Okkurrenzen von Auguste Jeandon aus Lapoutroie stammen.[104]

(277) *je suis obliger de rester*
a mon poste car personne
*ne peux arriver **jus que** moi*
poure le moment. Ce feu
*dure **jusque** 1 heure du matin*
je me suis cachez derière
un arbre.
(Auguste Jeandon, 19.4.1918)

(278) *Bon courage toujours et **j'usque***
la fin n'est-ce pas mes gentils Parents.
(Paul Grandemange, 10.7.1915)

(279) *et je*
*dors bien tranquillement **j'usque** quand le*
canon nous réveillent.
(Joseph Grandemange jun., 3.11.1914)

---

103 Littré (1873–1874, s.v. *bec*) zeichnet *bec* nicht als regionalspezifisches Lexem aus, sondern schreibt es als 'un petit baiser' der Kindersprache zu.
104 Als begünstigender Faktor für den starken Gebrauch dieser eingliedrigen Struktur im Elsass könnte die deutsche eingliedrige Präposition *bis* gewirkt haben.

Die pronominale Verwendung von *penser*, wie sie etwa in *les boches doivent se penser il l'aime donc bien sa cousine* (Camille Simonin, 8.3.1916) gewählt wird, ist ohne weitere Spezifizierung regional oder *populaire* markiert, meist zur Einführung von Redewiedergabe und synonym zu *se dire* und *s'imaginer* (TLFi 1994, s.v. *penser*). Den in Rézeau (2018, s.v. penser) für diesen pronominalen Gebrauch angeführten hauptsächlich meridionalen Raum mit den Departements Ardèche, Drôme, Hérault, Saône-et-Loire und Savoie kann auf Grundlage des Korpus das Departement der Vogesen hinzugefügt werden.[105]

Ebenfalls für einen großzügigen meridionalen Raum ist *languir* attestiert (Rézeau 2001, 2018, s.v. *languir*). Im TLFi ist *languir de* + Infinitiv 'se morfondre, être malheureux de l'absence de quelqu'un, de quelque chose' *populaire* markiert oder als regionalspezifisch für die Provence und die Savoie angegeben (TLFi 1994, s.v. *languir*). Fünf Okkurrenzen im Korpus, wie zum Beispiel *je languis sans cesse d'arriver à St Maurice* (Paul Grandemange, 25.9.1918) dokumentieren den Gebrauch außerhalb der meridionalen Konzentration.

Vielfach steht hinter der Verwendung regionalspezifischer Lexeme und Kollokationen die Fortsetzung von sprachlichen Formen vergangener Sprachstände in bestimmten, mehr oder weniger klar determinierten Sprachräumen. In der Bedeutung 'appuyer quelqu'un en lui apportant son aide' hat der Gebrauch von *aider à quelqu'un* in Frankreich, Belgien und der frankophonen Schweiz eine lange Tradition, trägt jedoch im hexagonalen Französisch eine regionale oder ihn einem älteren Sprachstand zuordnende Konnotation. Der verstärkte Gebrauch im Elsass deutet auf eine mögliche Beeinflussung durch das dt. *jdm helfen* hin (Rézeau 2007, s.v. *aider*). Die Verbreitung wird für die Departements Hérault, Ille-et-Vilaine, Isère, Loire, Lot, Izère, Maine-et-Loire, Puy-de-Dôme, Rhône, Sarthe, Tarn, Vaucluse, Vendée und Yonne spezifiziert (Rézeau 2018, s.v. *aider*). Der nachfolgende Beleg ergänzt die Liste um das Departement Vosges:

(280) *mais elle à de très
bonnes camarades particulièrement Mademoiselle Morse qui doit* **lui aider** *beaucoup.*
(Joseph Grandemange jun., 6.5.1917)

Dem TLFi (1994, s.v. *aider*) zufolge ist eine postulierte Bedeutungsdifferenz zwischen *aider qqn* und *aider à qqn* im Gebrauch nicht erkennbar, hingegen wird die Zugehörigkeit zu einem vergangenen Sprachgebrauch, insbesondere im Altfranzösischen und im klassischen Französisch, hervorgehoben.

---
[105] Zum Gebrauch des Reflexivpronomens, cf. Thibault (2020a, 112).

Ebenfalls im klassischen Französisch üblich war die im Sprachgebrauch der Departements Ariège, Aude, Bouches-du-Rhône und Drôme erhaltene Form *confiance à* (Rézeau 2018, s.v. *confiance*) oder der Gebrauch von *beaucoup* zur Modifikation von Adjektiven (GrandRobert 2001, s.v. *beaucoup*; TLFi 1994, s.v. *beaucoup*), der für die Departements Bouches-du-Rhône, Loire und Vendée noch nachgewiesen ist (Rézeau 2018, s.v. *beaucoup*). Die Auszüge aus dem Korpus ergänzen die jeweiligen Verwendungsräume um die Vogesen (281) und Haut-Rhin (282).

(281) *J'ai*
confiance à *ce que vous me dites et je*
suis bien rassurés.
(Paul Grandemange, 29.4.1915)

(282) *le Mojor de*
2e classe me dit votre balle est **beaucoup**
profonde *on ne pourra pas l'avoir*
(Paul Labriet, 10.10.1914)

Seit 1559 ist *poser* in der Bedeutung 'quitter, laisser ce que l'on porte sur soi' attestiert, seit 1888 ist diese Form nur mit dem restringierten Objekt *poser culotte* 'faire ses besoins' erhalten (FEW VIII 1958, s.v. *pausare*). Einen Gebrauch mit anderen Objekten kann für die Departements Hérault, Dordogne und Rhône nachgewiesen werden (Rézeau 2018, s.v. *poser*).[106] Mit dem folgenden Beleg lässt sich das Departement Vosges hinzufügen:

(283) *j'étais entrain de* **poser** *le płantalon*
car nous faisions la pause
(Paul Grandemange, 31.8.1918)

Im elsässischen Sprachraum ist die Verwendung der Präposition *chez* vor Patronymen und Eigennamen, um auf Situation der gesamten Familie zu referieren 'la famille de n', gebräuchlich (Rézeau 2001, 2007, s.v. *chez*). Zudem belegt Rézeau (2018, s.v. *chez*) dies für das Territoire de Belfort und die Vogesen.[107] Dieser Gebrauch wird von den Korpusbelegen der Familie Grandemange, wie zum Beispiel *Ecris-tu chez M^{eur} Pierrel.* (Paul Grandemange, 13.3.1916, Brief 2) oder

---

[106] Diese Kollokation von *poser* ist weder im TLFi (1994) noch im GrandRobert (2001) erhalten.
[107] Grevisse/Goosse (2016, 1477) zufolge gehört dieser Gebrauch der Präposition zum *français familier*.

Louis Hans ‹dit Pitou› Albert de chez Urbain (Joseph Grandemange sen., 14.6.1916) bestätigt. Die Verwendung in Spitznamen, ähnlich wie im letzten Beispiel, ist für das gesprochene Französisch in Ronchamp und Umgebung belegt (Chambon 2007, 261). Auch hierbei handelt es sich um einen Archaismus, der in bestimmten Regionen weiterhin im Gebrauch ist. Über das Elsass hinaus ist dieser Gebrauch in einem Brief Maria Sauniers aus Montceau-les-Mines (Saône-et-Loire) belegt: *il t'envoie bien tous le bonjour ainci que chez Demanet et tout les voisin* (Maria Saunier, 17.2.1917).

Zur Präzisierung des Verbreitungsraumes trägt auch der Beleg von *avoir plus facile que qqn* 'avoir plus de facilités, avoir de meilleures conditions de vie que qqn', das als typisch für den Sprachgebrauch des Nordens Frankreichs und für Belgien (GrandRobert 2001, s.v. *facile*) sowie zudem der Regionen Lothringens und Franche-Comté dokumentiert ist (Rézeau 2001, s.v. *facile*):

(284) *Je vois par sa lettre que Mr Simonin va encore aller en permission. Tant mieux pour lui, car **il a plus facile** que nous.*
(Joseph Grandemange jun., 17.12.1915)

Die für den Schreiber aus dem Departement Vosges attestierte Verwendung dokumentiert diesen regionalspezifischen Gebrauch zu Beginn des 20. Jahrhunderts.

Ein in nur drei Okkurrenzen in den Briefen von Philomène Angly belegtes diatopisch markiertes Lexem ist *racontage* 'bavardage, racontar', zum Beispiel in *il ne fallait pas écouter tous ces racontage* (Philomène Angly, 18.6.1916), das sowohl als *régional* als auch als *vieilli* markiert ist, mit einem Erstbeleg aus dem Jahr 1807 (TLFi 1994, s.v. *raconter*). Im Gegensatz dazu kennzeichnet Littré (1873–1874, s.v. *racontage*) *racontage* als Neologismus und beschreibt seine Bedeutung mit 'bavardage; petits contes faits à plaisir; petites médisances'. Hinsichtlich der regionalen Verteilung gehört *racontage* zu den diatopischen Varietäten des Nordens und des Ostens Frankreichs, wo es als 'récit familier' gebraucht wird (FEW II,2 1946, s.v. *compŭtare*).[108]

Nur ein Lexem belegt eine lokale, kulturspezifische kulinarische Bezeichnung: *quegnets* in *il à eu un bon quegnets* (Aloïs Grandemange, 30.12.1914) ist eine Art Brioche und Spezialität der Vogesen.[109]

---

108 Im *Dictionnaire de l'Académie française* (1935) ist *racontage* nicht aufgeführt, im GrandRobert (2001, s.v. *racontage*) ohne regionalspezifische Markierung mit dem Prädikat *vieux*.
109 Dieser Regionalismus konnte nur über den Blog *Pounchki* identifiziert werden, auf dem eine anonyme Bloggerin Rezepte ins Netz stellt, unter anderem eines zu den *quegnets* (http://pounchki.fr/quegnet/ [letzter Zugriff: 27.7.2019]. Die Bloggerin bezieht sich mit diesem Rezept

Auch der folgende Auszug aktualisiert den Gebrauch des raren Lexems *coûtance* 'coût, dépense', das nur im TLFi (1994, s.v. *coût*) in einem Kommentar zur Sprache kommt, als feminines Synonym zu *coût*, das eine nicht näher spezifizierte regionale Markierung aufweist. Folgendermaßen ist dieses Lexem im Korpus belegt:

(285) *Alors si j'ai le bonheur de revenir*
vois-tu que je sois obligé de me
la faire retirer chez nous et d'être
combien de temps sur le lit et puis
la **coutances** *Alors le lendemain matin*
je lui ai dit que sa me faisait beau
coup de mal alors il me dit vous tenez
à ce qu'on vous la retire je lui dis
que oui
(Paul Labriet, 10.10.1914)

In der Bedeutung 'dépense' ist *coûtance* in Ramerupt, Reims und Fensch belegt (FEW II,2 1946, s.v. *constare*), nahe dem Sprachraum des Schreibers. Die Prädikate *vieux* und *régional* zeichnen ebenfalls das Verb *se pouiller* 'chercher des poux à (une personne, un animal)', ein Synonym zu *épouiller* aus (TLFi 1994, s.v. *pouiller*; GrandRobert 2001, s.v. *pouiller*).

(286) *Quelques jours après l'arrivée des Russes, on pu s'apercevoir que ceux ci*
étaient couverts de poux, ce n'était pas rare de voir ceux ci complétement
nu, **se pouiller**, *se débarbouiller, tellement ils étaient rongé*
(Justin Poinçot, 7.12.1914)

Der unter 5.2.3 zusammengefasste diasystematisch markierte schriftliche Sprachgebrauch resultiert aus der privaten, nähesprachlichen Kommunikationssituation, die auch im Medium des Schriftlichen den Rückgriff auf informelle Register, auf in Bezug auf eine prestigetragende Norm als niedrig markierte diastratisch markierte Varietäten und auf diatopisch markierte Elemente zulässt, ja sogar begünstigt. Im Folgenden rücken diejenigen lexikalischen Elemente in den Vordergrund, die sich aus der Situation der Kriegskommunikation von Soldaten mit ihren Angehörigen erklären.

---

auf ein Kochbuch von Toussaint, Jean Marc (2001): *Recettes vosgiennes de nos grands-mères*. Haroué: Gérard Louis.

5.2.4 Schreiben im Krieg: lexikalische Einflüsse des *argot des tranchées*

In der Entwicklung der französischen Sprache stellen kriegerische Auseinandersetzungen stets ein Moment lexikalischer Erneuerung und Erweiterung dar. Der Erste Weltkrieg ist in dieser Hinsicht keine Ausnahme: «Une secousse aussi formidable, bouleversant aussi profondément et aussi longtemps la vie contemporaine, ne pouvait manquer de provoquer des répercussions sur l'instrument de la pensée» (Dauzat 1919, 9). Der in diesem Zusammenhang aufgerufene Argot der Soldaten, der sogenannte *argot des tranchées*,[110] ist allerdings kein neuer, im Ersten Weltkrieg entstandener gruppenspezifischer Sprachgebrauch, da der militärische Argot bereits davor in Gebrauch war: «L'ancien argot de caserne et le langage populaire de l'ouvrier l'ont [la langue utilisée pendant la guerre, L.S.] principalement alimentée. [...] Ce n'est que lentement, sous l'influence des nouvelles conditions d'existence créées par la guerre, que de nouveaux mots ont vu le jour» (Dauzat 1919, 21).

Argotische Lexeme und Wendungen übernehmen die Funktionen der Steigerung von Expressivität, der Distanzierung von der Realität, etwa durch metaphorische oder humoristische Formen, der Partizipation des Kommunikationspartners am Alltag sowie, in den Fällen einiger weniger Okkurrenzen, tatsächlich der Füllung semantischer Lücken (Bianchi 2015, 138). Der sogenannte *argot des tranchées* stellt in sich kein homogenes Gebilde dar, sondern integriert Lexeme aus unterschiedlichen anderen Argots und zeigt Affinitäten mit anderen Varietäten: «Le parler des Poilus n'est pas un argot né de la guerre, mais un millefeuille fait de diverses strates: langage populaire avec quelques traces d'argot parisien, argot militaire et argot né dans les tranchées, français ‹ordinaire› de tous les jours, des villes et des campagnes» (Rézeau 2018, 11). Die ersten Studien zum sogenannten *argot des tranchées* entstehen bereits während des Ersten Weltkriegs oder kurz danach (cf. Kap. 2.4.1) und setzen sich explizit mit der Vielschichtigkeit des Sprachgebrauchs der Soldaten auseinander. Zur Eingrenzung dieses spezifischen Wortschatzes schließt beispielsweise Dauzat (1919, 5–6) aus seinem Korpus Ausdrücke des *français familier*, Termini der militärischen Fachsprache sowie Regionalismen ohne überregionale Verbreitung und obszöne Termini aus. Das auf der Grundlage von Erhebungen unter den mobilisierten Soldaten erstellte, etwa 2.000 Wörter und Ausdrücke umfassende Vokabular Dauzats besteht zu etwa einem Drittel aus Termini des Argots aus Paris, zu

---

[110] Sainéan verwendet die Bezeichnung *l'argot des tranchées*, Déchelette *l'argot des poilus*, Dauzat und Esnault nur *le poilu*. Die verschiedenen Denominationen haben jedoch den gleichen Sprachgebrauch als Bezeichnungsobjekt. Diese Studie folgt Rézeau mit *argot des tranchées* zur Bezeichnung des vor allem von Soldaten im Krieg verwendeten spezifischen Argot (Rézeau 2018, 13).

einem Drittel aus Begriffen des Argots der Kasernen in Frankreich oder Algerien sowie Regionalismen und zu einem Drittel aus Neologismen, die während des Ersten Weltkriegs entstanden (Dauzat 1919, 7). Ähnlich verfährt auch Déchelette (1972), der zum einen neue Lexeme des Kriegsargots und zum anderen wesentliche Ausdrücke des Argots aus Paris und des einer Fachsprache affinen militärischen Argots beschreibt (Déchelette 1972, 8). Sainéan (1915) betont ebenfalls die Nähe des *argot des tranchées* zum Pariser Argot, die er jedoch nicht in seine Zusammenstellung aufnimmt, um ausschließlich die während des Krieges neu entstandenen Lexeme zu verzeichnen, «des vocables relativement récents ou des créations de la guerre actuelle, produits immédiats de la vie des tranchées» (Sainéan 1915, 31). Die aufgeführten Lexeme verteilen sich auf die Untergruppen Archaismen, Regionalismen, die eigentlichen Neologismen, humorvolle Bezeichnungen (*noms facétieux*), Termini der kolonialen Truppen und des Jargons (Sainéan 1915, 32–59).

Die sehr früh propagierte neue Sprache, die in den Schützengräben entstanden sein sollte, wiesen manche Soldaten zurück und zeigten sich gar verärgert über die Zuschreibung (Steuckardt 2018, 28–29). Dauzat (1919, 24–25) erklärt diese abwehrende Haltung gegenüber einem den Soldaten eigenen Argot, neben dem Unverständnis bezüglich des Interesses, das die sprachlichen Charakteristika darstellen könnten, mit der Abneigung gegenüber Übertreibungen der Presse, verzerrten Vorstellungen hinter der Front und einer propagandistischen Instrumentalisierung des als *langue poilue* bezeichneten Sprachgebrauchs.

Im vorliegenden Korpus lassen sich 260 Varianten dieses *argot des tranchées* identifizieren, etwas weniger als ein Viertel aller diasystematisch markierten Formen.

Das Synonym zu *argot des tranchées*, *argot des poilus*, ist nach den französischen Soldaten im Ersten Weltkrieg benannt. Die Bezeichnung *poilu* ist jedoch keine Innovation des Krieges Anfang des 20. Jahrhunderts, sondern bereits 100 Jahre davor im militärischen Argot gebräuchlich. Es stammt aus dem Pariser Raum und dem Osten Frankreichs (Dauzat 1919, 48–51) und ist in der Bedeutung 'soldat français de la Grande Guerre' seit 1916 und als 'homme fort et brave' seit 1923 belegt (FEW VIII 1958, s.v. *pĭlus*). Das Korpus belegt 16 Okkurrenzen von *poilu*.

(287) *Je te souhaite la bonne nuit*
et nous t'embrassons tous papa
maman. Josephine et Charles.
Grandemange père
de 3 **Poilus**.
(Joseph Grandemange sen., 30.1.1916)

(288) *Quand tu auras
cette lettre vous aurais
deja de ces petites*
poilues
(Paul Braun, 18.11.1918)

(289) *Ne m'envoyez
plus rien en argent ni en colis, tout le
monde fait des restrictions et malgré
celles qui nous sont imposés je vais, par
mon prêt de 5f tous les 15 jours m'efforcer
d'arriver à compenser l'indispensable
du* **poilu***!*
(Paul Grandemange, 23.5.1918)

In seiner ursprünglichen Bedeutung bezeichnet *poilu* 'ce qui est couvert de poils' oder 'ce qui porte des poils très apparents'. Im 19. Jahrhundert entwickelt es die übertragene Bedeutung 'fort', 'courageux' und geht bereits vor dem Ersten Weltkrieg als 'homme brave, qui n'a pas froid aux yeux' in den militärischen Argot ein. Im Ersten Weltkrieg wird es zum Synonym für 'combattant', insbesondere in der Zivilgesellschaft hinter der Front (Rey 2010, s.v. *poilu*). Die urspüngliche Konnotation 'behaart' geht als althergebrachtes Symbol für Virilität in der Bedeutung des Frontsoldaten auf (Dauzat 1919, 48; Sainéan 1915, 13). Das namensgebende Lexem für den Argot ist sowohl in Dauzat (1919, 47–52), Déchelette (1972, s.v. *poilu*), Sainéan (1915, 13–15) und Esnault (1919, s.v. *poilu*) als auch in Rézeau (2018, s.v. *poilu*) mit unterschiedlichen Belegen dokumentiert. Esnault (1919, s.v. *poilu*) und Rézeau (2018, s.v. *poilu*) führen neben der substantivischen Verwendung für 'homme', 'combattant français de la guerre 14–18' auch die adjektivische Bedeutung 'spécial aux combattants français de 14–18' und 'caractéristique du poilu' an. Diese adjektivische Verwendungsweise von *poilu* ist im vorliegenden Analysekorpus nicht dokumentiert.

Dauzat zufolge ist die Bezeichnung *poilu* einer der beiden Termini, die die größte Verbreitung, gar ein «renommée mondiale» (Dauzat 1919, 47), erlangt haben und die der Krieg etwa 90% der französischen Bevölkerung näher brachte. Der zweite dieser beiden Termini ist *Boche* (Dauzat 1919, 47), der mit 100 Okkurrenzen den größten Anteil innerhalb der argotischen Lexeme beansprucht. Das Lexem zur Bezeichnung des Feindes ist in den graphischen Varianten *boche*, *Boche*, *bôche* und *Bôche* belegt. Die relative Häufigkeit des Lexems im vorliegenden Korpus wird durch die zahlreichen Belege in Rézeaus Korpus unterstützt (Rézeau 2018, s.v. *boche*), obwohl die beiden Korpora selbstverständlich quantitativ nicht vergleichbar sind. Im Korpus der Ego-Dokumente wird *boche* bzw. *bôche* sowohl im Plural ohne Markierung (290) als auch im Singular verwendet, wobei die Singularform ein Individuum bezeichnen (291) oder generischer Natur (292) sein kann. Außerdem wird *boche* als Adjektiv verwendet, wie in Beispiel (293), zumeist zur Bezeichnung der Schützengräben, Attacken oder Munition auf deutscher Seite.

(290) *mais il sant bien plus*
dangéreu les maudie **boche**
(Eugène Lorieau, 1915)

(291) *On a encore enterré un* **boche**
hier, sa femme est morte dans un hopital civil
(André Saunier, 23.2.1917)

(292) *Oui! nous avons fait*
reculé le **Bôche** *et de beau-*
coup mais ça ne s'est pas
fait tout seul.
(Paul Grandemange, 13.9.1918)

(293) *Nous*
avons creusé un boyau et élargi une
tranchée **boche**
(Albert Provot, 12.6.1915)

Die erste Attestation von *boche* liegt in der als *populaire* markierten Form *tête de boches* 1862 vor, in der sich *boche* entweder als Aphärese aus *alboche* 'allemand' oder aus *caboche* 'tête' entwickelt. Der Begriff *alboche* selbst wiederum ist eine Abwandlung entweder von *tête de boche* oder eine Bildung mit dem argotischen Suffix -*boche* (Rey 2010, s.v. *boche*), das ein produktives Affix im *français populaire* ist und neben *alboche* zu Derivaten wie etwa *rigolboche* führt (Bauche 1920, 66). Sainéan (1915) favorisiert die erste der beiden Möglichkeiten und begründet die Entwicklung dieser Formulierung mit einem Charakterzug der Deutschen, wodurch die enge Verknüpfung ideologischer Positionen mit der etymologischen Deduktion der Lexeme deutlich wird.

> «Ce n'est qu'après la guerre de 1871 qu'on applique particulièrement aux Allemands cette épithète de *boche*, c'est-à-dire de ‹tête dure›. On en est redevable à un trait de psychologie populaire que résume l'expression *tête carrée d'Allemand*, laquelle devint alors synonyme

de *tête de Boche*, c'est-à-dire tête d'Allemand, à cause (prétend-on) de leur compréhension lente et difficile» (Sainéan 1915, 11; Herv. im Original).

Aufgrund der Schwierigkeit den Ursprung von *boche* zu identifizieren, führt Déchelette neben den genannten möglichen eine weitere Hypothese an, der zufolge *boche* ein Anagramm von *schwob*, ein im Elsass zur Bezeichnung der Deutschen verwendeter Begriff,[111] sei (Déchelette 1972, s.v. *boche*). Obwohl sie nicht auszuschließen ist, scheint diese Ursprungshypothese doch zumindest weniger plausibel und wird im weiteren Verlauf kaum aufgenommen. Zu Beginn des 20. Jahrhunderts werden *boche* die Bedeutungen 'tête dure' und 'allemand' zugeschrieben. «La réputation de lourdauds, de brutes, attribuée aux Allemands par la propagande française des années 1910 et plus encore des années de guerre, a provoqué la fusion de deux sens. Ainsi s'explique le succès du mot [...] de 1914 à 1950» (Rey 2010, s.v. *boche*). Die pejorative Konnotation hebt auch Sainéan (1915, 10) hervor: «Les atrocités de la guerre ont projeté sur ce nom comme une lueur sinistre. De sobriquet simplement ironique qu'il était avant la guerre, il est devenu un stigmate, un nom monstrueux [...]». Dauzat (1919, 54) wiederum beschreibt den Verlust der pejorativen Konnotation der Bezeichnung *boche* im Verlauf des Krieges sowie die synonyme Verwendung von *Boche* und *Allemand*, ohne dass dies jedoch zu einer veränderten Evaluation der Bezeichneten führte. Neben *boche* liefert das Korpus zwei weitere Belege zur Bezeichnung des deutschen Feindes:

(294) *le patelin (Le Sauley) était*
occupé par les Boches, mais je crois que d'ici quelques
jours il en sera dégagé de ***ces sâles poux gris***
(Joseph Grandemange jun., 4.12.1914)

(295) *Un de*
ces jours elle se trouvera avec tous les habitants de
cette localité, dégagée des mains de ***ces poux gris***.
(Joseph Grandemange jun., 4.12.1914)

Joseph Grandemange verwendet zweimal die Bezeichnung *poux gris*, wobei er die attestierte Kollokation *manteaux gris* und die daraus resultierende ellipti-

---

[111] Die Bezeichnung *schwob* bezieht sich im Besonderen auf die Schwaben und generell auf Altdeutsche: «dient zur Bezeichnung aller Altdeutschen, weil [...] die Schwaben, wanderlustig und arm, mit Vorliebe in das reiche Elsass einwanderten» (Martin/Lienhart 1907, s.v. *Schwab*). Im FEW (1966 XVII, s.v. *Schwabe*) wird es als 'allemand' für die Varietät Neuchâtels und der Ajoie angegeben.

sche Form *gris* (Rézeau 2018, s.v. *gris*) mit dem lästigen und parasitären Tier kombiniert.

Neben *poilus* zur Bezeichnung der Soldaten des Ersten Weltkriegs auf französischer Seite im Allgemeinen, dokumentiert das Korpus elf Okkurrenzen von *bleu* und seinem Diminutiv *bleuet*, die im *argot des tranchées* in Anspielung auf die Farbe der Uniform für die noch nicht an der Front eingesetzten Soldaten gebraucht werden. «Au temps de paix, un bleu était un conscrit arrivant à la caserne, un jeune soldat. Au pays poilu, un *bleu* est celui qui n'a pas encore vu la guerre de près, qui n'a pas encore reçu le baptême de feu» (Déchelette 1972, s.v. *bleu*). Der Diminutiv *bleuet*, eigentlich dt. 'Kornblume', bezeichnet zudem Soldaten einer ganz bestimmten Klasse, nämlich die Zwanzigjährigen, die 1917 eingezogen wurden: «Soldat de la classe 1917 [...]. les bleuets sont ceux qui n'ont pas connu d'autre uniforme que le bleu horizon, un bleu tout neuf que la guerre n'a pas maculé de sang, ni de boue» (Déchelette 1972, s.v. *bleuet*).[112] Das Korpus belegt den Gebrauch von *bleu* sowohl von den hinter der Front gebliebenen Familien *les bleus doivent partir le 15 Octobre* (Antoinette Perrin, 20.9.1915) oder als Autodetermination *en te souhaitant le bonsoir de la part de toute la famille Ton bleu MValdenaire* (M. Valdenaire, 11.3.1916).

Ein sehr charakteristisches Lexem innerhalb des Argots der Soldaten des Ersten Weltkriegs ist das mit 14 Okkurrenzen belegte *cafard* bzw. seine graphische Variante *caffard*.

(296) *Depuis que je suis rentré*
*j'ai un **cafard** terrible*
Mais avec quelques litres
de pinard j'espère que
cela se passera.
(Claude Philibert, 10.9.1918)

(297) *Je n'ai même pas eu le **cafard**; car, je*
sais ce que je suis destiné à présent. Ce n'est plus
comme l'orsque j'allais au front!...
(Aloïs Grandemange, 11.4.1918)

Cafard bedeutet 'ennui, mélancolie, idées noires (comme le cafard)' (Déchelette 1972, s.v. *cafard*) oder 'dépression passagère, spleen, accès de neurasthénie'

---

[112] *Bleuet* diente bereits 1791–1792 aufgrund der Farbe ihrer Uniform zur Bezeichnung der Kriegsfreiwilligen (Rézeau 2018, s.v. *bleuet*).

(Dauzat 1919, s.v. *cafard*). Hinzu kommt die Konsequenz der Desertion aus dem Gefühl des *cafard* heraus: «Prise de regard mentale qui restreint le champ intellectuel, rend esclave des impressions triste et ne suggère au malade d'autre guérison qu'une absence géographique, de sorte que le cafard devient l'excuse, facile, des déserteurs» (Esnault 1919, s.v. *cafard*). Die Verwendung von *cafard* in den genannten Kontexten war bereits vor 1914 durch die französischen kolonialen Truppen verbreitet worden (Dauzat 1919, 37; Rézeau 2018, s.v. *cafard*). Der Ursprung innerhalb der afrikanischen Kolonialtruppen rührt auch von der hauptsächlichen Verbreitung des namensgebenden Tieres her: «Le *cafard* est le nom de la blatte des cuisines, insecte qu'on prétend importé de Levant et appelé encore *bête noire*, d'où la notion de mélancolie, de nostalgie, de profond abattement. C'est un apport des colonies, où le *cafard* sévit tout particulièrement» (Sainéan 1915, 55).

In Beispiel (296) wird neben der Erwähnung des *cafard* das Gegenmittel erwähnt, bei dem es sich ebenfalls um ein typisches Lexem des Argots der Soldaten handelt: *pinard* 'vin' (Déchelette 1972, s.v. *pinard*; Esnault 1919, s.v. *pinard*). *Pinard*, im Korpus nur in vier Okkurrenzen belegt, ist bereits vor dem Ersten Weltkrieg in den Kasernen in Gebrauch, vor allem in der Champagne und in Lothringen, und stellt aus formaler Sicht eine pejorative suffigierende Derivation der Rebsorte *pinot*, *pinaud* oder *pineau* dar (Dauzat 1919, 60; Sainéan 1915, 38). Rézeau (2018, s.v. *pinard*) charakterisiert das Lexem als *populaire*. Metonymisch für *un litre de pinard* steht *un litre*, das ebenfalls das Etikett *populaire* trägt (TLFi 1994, s.v. *litre*; Académie française 2000, s.v. *litre*).

Die in der metaphorischen Relation von *cafard* offengelegte Expressivität und Bildhaftigkeit des *argot des tranchées* wird außerdem am Lexem *marmite* 'gros obus' deutlich, das ursprünglich einen Kochtopf bezeichnet, seit 1914 jedoch metaphorisch zur Benennung der Granaten verwendet wird (FEW VI,2 1967, s.v. *mit-*). «Ce n'est pas dans le sens culinaire que ce mot est le plus employé: il désigne le plus souvent les gros obus dont les éclats semblent des morceaux de marmites» (Déchelette 1972, s.v. *marmite*). Sainéan (1915, 17–18) führt die Bezeichnung *marmite* auf die Ähnlichkeit der Granaten mit den Feldkochtöpfen zurück. Esnault (1919, s.v. *marmite*) schränkt mit der Bedeutungsangabe 'gros obus boche' die Referenz weiter ein. Auch bei *marmite* handelt es sich nicht um einen Neologismus des Ersten Weltkriegs, da die Bezeichnung bereits im 18. Jahrhundert in Gebrauch ist (Dauzat 1919, 77; Rézeau 2018, s.v. *marmite*).

Einige wenige Okkurrenzen belegen den Gebrauch von *fourbi*, das erstens 'affaire, aventure, besogne' (298), zweitens 'bagage du soldat' (299) und drittens 'détournement de ce qu'on doit distribuer' (Déchelette 1972, s.v. *fourbi*) bedeuten kann.[113] Auch Littré (1873–1874, s.v. *fourbi*) fügt diesem Begriff bereits das Markierungsetikett *Terme d'argot militaire* hinzu.

(298) *ont à seulement*
évacuès les gens hier alors tu
*parles d'un **fourbi** les pauvres*
gens ont les a mis a la porte
(Paul Labriet, 13.2.1916)

(299) *il faut marcher vite en se baissant*
le plus possible & marcher sur un terrain terriblement
glissant, avec le risque de tomber à l'eau à chaque
*pas, avec tout notre **fourbi** sur le dos.*
(Émile Garnier, 8.11.1914)

Im Beleg (299) scheint neben der attestierten Bedeutung zusätzlich eine Konnotation des Chaos und des Durcheinanders aktualisiert zu werden.

Wie für das *français familier* sind auch für den Argot der Soldaten Neubildungen mittels Kürzung charakteristisch (Dauzat 1919, 187), wie etwa diese Belege illustrieren: *aéro* 'aéroplane' (Déchelette 1972, s.v. *aéro*; Rézeau 2018, s.v. *aéro*) in *Les canons, les fusils, les mitrailleuses, les aéros* (Paul Desmettre, 29.9.1914). Die ersten Attestationen für *aéro* sind aus dem Jahr 1914 (Rézeau 2018, s.v. *aéro*), die Korpusbeispiele liefern entsprechend frühe Belege. Weitere Beispiele sind *rata* 'soupe aux pommes de terre, ragoût' (Dauzat 1919, s.v. *rata*) und 'nourriture en général' (Déchelette 1972, s.v. *rata*) in *comme repas on eu quelques petits biscuits de troupe et un peu de ratat* (Justin Poinçot, 20.8.1914), *perm* 'permission' (Déchelette 1972, s.v. *perme*; Esnault 1919, s.v. *perm*; Rézeau 2018, s.v. *perme*) in *Tu a eu de la chance de pouvoir déja aller en perm* (R. Valdenaire, 3.5.1916), das seit 1895 attestiert ist (Rézeau 2018, s.v. *perme*), sowie *convalo* 'permission accordée à un militaire, à la suite d'une hospitalisation pour maladie ou blessure, pour achever de rétablir sa santé', das Rézeau (2018, s.v. *convalo*) zufolge frühestens 1915 attestiert ist. Dem entspricht das illustrierende Beispiel aus Barbusse *Le Feu* im TLFi (1994, s.v. *convalo*). Das vorliegende Beispiel liefert einen frühen, im authentischen Sprachgebrauch bezeugten Beleg:

---

[113] Dauzat belegt nur die ersten beiden Bedeutungen von *fourbi* (Dauzat 1919, s.v. *fourbi*).

(300) *Je vois que Germain Emile et
Joseph Gartner sont en* **convalo** *d'un
mois.*
(Paul Grandemange, 7.3.1916)

Zwei im Korpus dokumentierte Entlehnungen aus dem Arabischen sind Teil des militärischen Argots, den die Soldaten während des Ersten Weltkrieges verwenden.[114] Fünf Okkurrenzen belegen den Gebrauch von *guitoune* 'tente, toile de tente' und 'abri de tranchée' (Dauzat 1919, s.v. *guitoune*; Déchelette 1972, s.v. *guitoune*; Esnault 1919, s.v. *gourbi*; Sainéan 1915, 57) und 'abri du front, plus ou moins rudimentaire, allant de la tente à une construction en dur' (Rézeau 2018, s.v. *guitoune*). Im *français familier* kann es zudem scherzhaft in der Bedeutung 'Haus, Behausung, Wohngelegenheit, Zimmer' gebraucht werden (Christ 1991, 393). Es handelt sich um eine Entlehnung des arab. GĪṬŪN zur Bezeichnung eines Zelts, das im Argot der im Norden Afrikas stationierten Truppen gebraucht wurde und dessen erste Belege Mitte des 19. Jahrhunderts dokumentiert sind (Christ 1991, 396–397). Ab 1914 wurde es im militärischen Argot für die Bezeichnung eines Unterstands in den Schützengräben verwandt (Rey 2010, s.v. *guitoune*), welche während des Krieges eine große Verbreitung erfährt (Christ 1991, 396). Die Herausbildung der letzteren Bedeutung während des Ersten Weltkrieges wird von Dauzat (1919, 122) ebenfalls belegt. Die fünf im Korpus attestierten Beispiele stammen alle aus dem Jahr 1915 und stellen so sehr frühe Beispiele dieser Verwendung im authentischen Sprachgebrauch der Soldaten dar. Beispielhaft sei hier Albert Provot zitiert:

(301) *Dans la journée quand je voulais
être seul j'entrais dans ma* **guitoun**
*et je fermai la porte par ma toile
de tente.*
(Albert Provot, 14.6.1915)

Die neu entstandene Bedeutung von *guitoune* löst im Gebrauch das seit 1855 zur Bezeichnung eines Unterstands in den Schützengräben verwandte *gourbi*, von arab. GURBĪ, ab (Dauzat 1919, 122; Déchelette 1972, s.v. *gourbi*; Esnault 1919, s.v. *gourbi*; Rey 2010 s.v. *gourbi*; Sainéan 1915, 57). Die ersten Belege von *gourbi*

---

[114] Unter 5.1.14.3 wurden diese beiden Entlehnungen bereits hinsichtlich ihrer graphischen Darstellung beschrieben, wohingegen sie hier als Teil des Wortschatzes, genauer des *Argot des tranchées*, in den Blick genommen werden.

stammen aus der Mitte des 18. Jahrhunderts, auch bei dieser Entlehnung ist eine scherzhafte Verwendung als 'Daheim, Haus, Domizil' im *français familier* dokumentiert (Christ 1991, 386–389). Vier Belege dokumentieren *gourbi* 'abri du front, plus ou moins rudimentaire et plus ou moins spacieux, souvent enterré' und 'construction plus ou moins sommaire dans un cantonnement' (Rézeau 2018, s.v. *gourbi*), so zum Beispiel:

(302) *mes cammarades*
mon transportés dans un **gourbit**
pour obtenir le premier panse-
ment
(Louis Vuibert, 23.1.1915)

Ein weiterer zur Zeit des Ersten Weltkriegs in der Konsolidierung begriffener Neologismus ist *Rosalie* zur Bezeichnung des Bajonetts, der seit 1914 attestiert ist (Esnault 1919, s.v. *Rosalie*) und auf ein im selben Jahr komponiertes Lied zurückgeht (Rézeau 2018, s.v. *Rosalie*).

(303) *S'il te donnait seulement sa*
place tu lui donnerait bien ta
Rosalie
(Joseph Grandemange sen., 27.3.1916)

Die Verwendung im Brief Joseph Grandemanges senior an seinen Sohn an der Front entspricht der Beobachtung Esnaults (1919, s.v. *Rosalie*) dieser Terminus habe sich hinter der Front größerer Beliebtheit erfreut als unter den Frontsoldaten selbst. Auch für das als argotisch markierte *remettre ça* 'recommencer (à se battre)', das bei Rézeau (2018, s.v. *remettre*) für 1915 und 1916 belegt ist, liefert das Korpus eine ähnlich frühe Aktualisierung:[115]

(304) *Enfin ici, on respire, mais*
*je crois bien qu'***on va remettre**
ça *je n'en suis pas sûr,*
mais.........!
(Paul Grandemage, 27.8.1918)

---

115 Im TLFi (1994, s.v. *remettre*) und im FEW (X 1962, s.v. *rĕmĭttĕre*) ist *remettre ça* mit *populaire* markiert, allerdings in der weniger spezifisch auf den Krieg gemünzten Bedeutung 'faire à nouveau ce qu'on a déjà fait' mit Beispielen aus den Jahren 1941 und 1976 im TLFi.

Für ein weiteres dem *argot des tranchées* zuzurechnenden Lexem, *petit poste* 'poste en avant de la première ligne, destiné à surveiller l'ennemi et à prévenir ses attaques surprises', liefert das Korpus eine frühere Verwendung als bisher attestiert, da diese Bedeutung für frühestens 1916 dokumentiert ist (Rézeau 2018, s.v. *poste*):[116]

(305) *nous venons de passer 8 jours de **petit poste***
et ce n'est pas le filon!
(Joseph Grandemange jun., 00.12.1915)

Ein weiterer in den Briefen ausgeprägter Themenkomplex, für den argotische Wendungen gewählt werden, stellen die Bezeichnungen der Truppenbewegungen dar, für die die Verben *remonter* und *redescendre* gebraucht werden. Im Korpus sind 21 Okkurrenzen von *remonter en première ligne/aux tranchées* oder auch *remonter* in absolutem Gebauch attestiert (cf. auch Rézeau 2018, s.v. *remonter*): *Nous devont de nouveaux remonter en 1er ligne se soire* (Auguste Jeandon, 27.4.1916) oder *Il y a des grandes chances que nous remontions encore ce soir pour la 3e fois* (Paul Grandemange, 31.8.1918). Der früheste Nachweis des Antonyms *redescendre* ist bei Rézeau (2018, s.v. *redescendre*) für 1916 belegt.[117] Der aus dem Jahr 1918 stammende Korpusbeleg zeigt eine frühe Aktualisierung dieser Bedeutung durch Paul Grandemange:

(306) *Je ne sais quand ma Division*
*va **redescendre** au repos*
mais.... il en manquera
à l'appel.
(Paul Grandemange, 14.4.1918)

Zum Verweis auf die Front, insbesondere auf die ersten Linien und die Schützengräben, verwenden die Soldaten euphemistisch *là-haut* (Dauzat 1919, s.v. *là-haut*; Esnault 1919, s.v. *monter*; Rézeau 2018, s.v. *là-haut*), im Korpus sechsmal attestiert, wie der Beleg aus dem Jahr 1918 zeigt:

---

116 Im TLFi (1994, s.v. *poste*) und in der neunten Auflage des Akademiewörterbuchs (Académie française 2011, s.v. *poste*) ist diese Bedeutung nicht attestiert. In der achten Auflage des *Dictionnaire de l'Académie française* (1935, s.v. *poste*) ist sie aufgeführt, allerdings ohne Beispiel und ohne Datierung.
117 Diese Bedeutungen von *redescendre* sind weder im TLFi (1994) noch im *Dictionnaire de l'Académie française* (1935) belegt.

(307) *Je voudrais*
bien être à sa place car ce
n'est pas possible de faire souf-
frir des hommes comme nous
avons souffert du 24 Aout
au 10 Septembre. J'ai pleuré
2 fois **la haut** *et je n'ai*
pas été le seul.
(Paul Grandemange, 13.9.1918)

Der ausschließliche Gebrauch von *remonter, redescendre* und *là-haut* in den genannten Bedeutungen von Soldaten stellt die spezifische Einbettung in den Handlungskontext heraus. In diesen Zusammenhang ist auch *reconnaître* in der Bedeutung 'déclarer (un soldat) malade, lors d'une visite médicale' (Rézeau 2018, s.v. *reconnaître*) einzuordnen. Alle drei Belege aktualisieren die elliptische Struktur *reconnu (malade)*, wobei in (309) der Grund für die Anerkennung mit *pour* angefügt wird:

(308) *Il y a plus de 40 malades à la Cie, tous sont* **reconnus**
par le major auquel on a fait un rapport s/ les corvées
des nuits précédentes. Par protestation, je me suis fait
porter malade aussi, je suis **reconnu** *aussi.*
(Émile Garnier, 17.1.1915)

(309) *31/10 Visite de santé, plusieurs ont été* **reconnu** *pour démangeaisons*
(Justin Poinçot, 31.10.1914)

Im Kontext des Krieges spielt die gesundheitliche (Un)Versehrtheit eine wesentliche Rolle, ausreichend schwere, jedoch nicht lebensbedrohliche Verletzungen können den Soldaten eine Perspektive der Rekonvaleszenz abseits der Schützengräben eröffnen und werden daher vielfach als positiv bewertet. In diesem Zusammenhang stehen verschiedene Kollokationen mit *blessure*, wie zum Beispiel *une jolie blessure* (Paul Labriet, 16.2.1916), *c'est la fine blessure* (Paul Grandemange, 26.10.1918) oder *ma glorieuse blessure* (Paul Grandemange, 22.2.1915). Die ersten beiden Varianten sind ebenfalls bei Rézeau (2018, s.v. *blessure*) für 1916 belegt. Das letzte Beispiel erweitert die Verwendung möglicher Adjektive in dieser Kollokation um *glorieux*. Die Verwendung von *petit* zur Qualifizierung von *blessure* im folgenden Beispiel ist im Satzzusammenhang ebenfalls in die Bedeutung der genannten Beispiele einzureihen, wenngleich hier die positive

Bewertung stärker kontextabhängig ist und daher die semantische Entwicklung der Struktur offenlegt:

(310) *Je puis remercier Dieu de m'a-*
*voir donné cette **petite blessure** qui*
m'ouvre un horizon plein d'espérance
sur l'avenir
(Paul Grandemange, 31.10.1918)

Vor allem hinsichtlich der Frequenzen argotischer Wendungen, aber auch mit Blick auf populärsprachliche Termini, könnte die hohe Zahl literarischer Werke, die sich mit dem Ersten Weltkrieg befasst, falsche Erwartungen an ein Korpus wecken, das zu dieser Zeit verfasste Texte enthält. «Il semble donc nécessaire [...] de dépasser cet horizon d'attente premier, inadapté dans la mesure où il fut orienté par la fiction et un certain nombre d'ambitions politiques justifiées par le contexte» (Bianchi 2015, 128). Die im Korpus dokumentierte und im Vergleich mit allen diasystematischen Varianten eher geringe Anzahl argotischer Lexeme resultiert aus einer Vielzahl unterschiedlicher Faktoren. Zunächst ist die ländliche Herkunft der Schreiber zu nennen, da Argots tendenziell mit städtischer Umgebung assoziiert werden, und weiterhin die Kommunikation mit den Ehefrauen und Familienangehörigen, die mit dem Argot der Frontsoldaten wenig vertraut sind. Zudem bieten sich die in den Briefen behandelten Themen nicht unbedingt für die Verwendung von Argot an, wenn dieser nicht auch Teil des Vorkriegsalltags war (cf. auch Bianchi 2015, 129). Die Verwendung von Lexemen, die Teil des Argots der Frontsoldaten sind, variiert in Abhängigkeit der Schreiber und des Kommunikationspartners. Hierbei ist die hohe Frequenz des Lexems *boche*, das beinahe die Hälfte aller Okkurrenzen argotischer Lexeme auf sich vereint und das von einer Vielzahl von Schreibern, Männern und Frauen, verwandt wird, zu betonen. Dies verdeutlicht einerseits die eher geringe Präsenz argotischer Formen im Korpus und andererseits die relativ hohe Akzeptanz und weite Verbreitung von *boche*.

5.2.5 Individuelle Aneignung und gehobener Sprachgebrauch

Die Verfasser der Ego-Dokumente verwenden eine Reihe von Lexemen, die sich einer klaren Zuschreibung zum *français familier* oder *populaire*, zu regionalspezifischen Verwendungsweisen oder zum *argot des tranchées* entziehen und die darüber hinaus nicht als lexikalisierte Einträge in Referenzwerken verzeichnet sind. Außerdem verwenden die Schreiber einige wenige lexikalische Strukturen, die einem als *littéraire* markierten gehobenen Register angehören, und die zu einer umfassenden Betrachtung des Wortschatzes ergänzt werden. Zur ersten Gruppe gehört der intransitive Gebrauch von *blesser*, wie er von Marie Anne Grandemange aktualisiert wird:

(311) *que tu ne **blèsse** plus comme*
te sueur comme tu etait
chez nous tes Pieds endurcis
malgrèe tout les fatigue que
(Marie Anne Grandemange, 4.6.1916)

Diese Verwendung ist weder im GrandRobert (2001, s.v. *blesser*) noch im TLFi (1994, s.v *blesser*) oder im *Dictionnaire de l'Académie française* (1992-) erwähnt. Rézeau (2018, s.v. *blesser*) weist *blesser aux pieds* und *blesser des pieds* und *blesser* elliptisch nach, ohne jedoch eine diasystematische Bewertung vorzunehmen.

(312) *hier nous avons eu*
*28 diner il a falut **se crouller***
(Marie Pierrel, 10.10.1915)

Eine offenbar seltene Bedeutung von *se crouler* als 'se bouger' ist nur in FEW (II,2 1946, s.v. **corrŏtŭlare*) verzeichnet, gegenüber gängigeren Verwendungsweisen 's'effondrer, s'affaisser' oder 'être renversé, être réduit à néant' (Académie française 1935, 1992, s.v. *crouler*; GrandRobert 2001, s.v. *crouler*; TLFi 1994, s.v. *crouler*).[118]

Der folgende Auszug aus einem Brief von Philomène Angly an Aloïs Grandemange aktualisiert eine Verwendung von *mousse*, die keiner der verzeichneten Konnotationen zu entsprechen scheint:

(313) *Je fait réponse a votre carte que j'aie reçu*
ainsi que de votre jolie frimousse je vous fait
mes compliment vous êtes très bien posée y a

---

[118] Eine andere Hypothese wäre die Assoziation von dem im Beleg geschriebenen *se crouller* mit *se grouiller* 'se remuer' oder *populaire* 'se dépêcher' (TLFi 1994, s.v. *grouiller*), unter der Voraussetzung der Desonorisierung von /g/ und der Reduktion von /ill/ zu /ll/ in der schriftlichen Wiedergabe. Hierfür könnte unter Umständen eine regionalspezifische Prägung der Schreibung postuliert werden, ähnlich wie die Tendenz zur Desonorisierung stimmhafter Konsonanten im Elsass (Carton et al. 1983, 15), da der Schreiber aus den nicht allzuweit entfernten Vogesen stammt.

> *une chose qui vous manque navez vous pas*
> *encore fait quelque connaissance d'une petite*
> *Bellette pour vous donner un peu de* **mousse**
> (Philomène Angly, 28.3.1916)

In metaphorischer Bedeutung kann *mousse* als 'en parlant de qqc. de léger, de pétillant, de scintillant' interpretiert werden, mit der als *vieux* etikettierten Kollokation *faire de la mousse*, die synonym zu *faire mousser* 'vanter, mettre éxagérément en valeur' im *français familier* (TLFi 1994, s.v. *mousse, mousser*). Als populärsprachlich ist die von einem anderen Sem von *mousse* ausgehende Form *se faire de la mousse* 'se faire du souci' attestiert. Wenngleich sich die Schreiberin hier an einen jungen Soldaten der Klasse 1917 wendet, scheint die im DRF attestierte Bedeutung 'petit garçon' (Rézeau 2001, s.v. *mousse*) nicht adäquat für den vorliegenden Kontext, der eine Bedeutung im Sinne von 'donner un peu de courage' zu aktualisieren scheint.

Auch die folgende Verwendung von *tenir*, die am ehesten 'faire trois magasins' zu entsprechen scheint, konnte weder einem allgemeinen noch einem regionalspezifischen Gebrauch zugeordnet werden (cf. Académie française 1935, s.v. *tenir*; FEW XIII,1, 1966, s.v. *tĕnēre*; Rézeau 2001, s.v. *tenir*; TLFi 1994, s.v. *tenir*):

(314) *Mme Philibert* **a tenu** *3 magasins*
ce matin pour en chercher pour la maman
qui est malade. mais elle n'en a point trouver.
(André Saunier, 23.2.1917)[119]

Das nachfolgende Beispiel illustriert den selbstständigen Umgang mit Wortbildungsverfahren und die Anwendung erlernter morphologischer Muster auf neue Kontexte:

(315) *C'est une faute d'***irréfléchissement** *et d'innattention.*
(Paul Grandemange, 22.12.1915)

Paul Grandemange bildet entsprechend der Regeln der Präfigierung den Neologismus *irréfléchissement*, parallel zum existierenden *innattention*, möglicherweise analog zu Formen wie *irresponsable*. Er zeigt dadurch Übung und Verständnis im

---

[119] Die in diesem Beleg aktualisiert Form der prä- und postverbalen Negation mit *point* ist als Archaismus mit Verbreitung im ruralen Milieu belegt (Thibault 2020b, 423).

Umgang mit derivationellen Wortbildungsprozessen und scheut außerdem nicht vor einer selbstständigen Anwendung dieser Kenntnisse zurück.

Die Verwendung von *il y a quantités de* im Plural (TLFi 1994, s.v. *quantité*), wie sie von einem Schreiber des Korpus dokumentiert wird, ist als seltener Gebrauch markiert:[120]

(316) ***Il y aura quantités de***
places vacantes et je sais que tu es
intelligent, seulement il faut travailler
l'écriture rapide et très coulante.
(Joseph Grandemange jun., 10.10.1914)

Über nicht dokumentierte oder seltene Bedeutungen hinausgehend liefert das Korpus einen Beleg für ein nicht attestiertes Verb:[121]

(317) *Crois le plaisir que j'ai éprouvé*
en recevant de tes nouvelles car je n'avais
*pas **récepté** ta lettre d'il y a 3 semaines*
dis-tu.
(Paul Grandemange, 28.4.1915)

Von lat. RECIPERE (FEW X 1962, s.v. *recĭpĕre*) ist nur *recepter* als 'recevoir quelqu'un chez soi, donner asile à, abriter' für das 15. Jahrhundert belegt, dessen Bedeutung jedoch nicht dem vorliegenden Beleg entspricht. Es scheint sich hier um eine regressive Derivation von *récepteur* zu handeln, etwa nach dem Vobild von *intercepter* und *intercepteur* oder *accepter* und *acception*, möglicherweise verbunden mit einer Hyperkorrektur. Hier könnte die Schriftlichkeit und das Bewusstsein für eine damit verbundene Norm ins Gewicht fallen, im Sinne einer als «scripturalité forcée» (Ernst 2020, 30).

Einem älteren Sprachstand mit gleichzeitiger literarischer Konnotation werden das vorangestellte Adjektiv *méchant* (318) zur Qualifizierung von Objekten 'qui est sans valeur, de mauvaise qualité ou dans un état déplorable' (GrandRobert 2001, s.v. *méchant*; TLFi 1994, s.v. *méchant*) und das Nomen *quartier* (319) 'vie sauve, grâce, miséricorde' (GrandRobert 2001, s.v. *quartier*; TLFi 1994, s.v. *quartier*) im Ausdruck *pas de quartier* zugeordnet.

---

120 Im GrandRobert (2001, s.v. *quantité*), im FEW (II,2 1946, s.v. *quantitas*) und in den Wörterbüchern der Académie française (1935, 2011) ist die Wendung im Plural nicht verzeichnet.
121 Das Verb ist weder im GrandRobert (2001) noch im TLFi (1994) oder im *Dictionnaire de l'Académie française* (1935) attestiert.

(318) *Derrière la ferme ns rencontrons 7 tombes dont 2
portent sur une **méchante** croix de bois, une inscription.*
(Émile Garnier, 7.11.1914)

(319) *En arrivant s/
la tranchée ennemie, comme se tournant vers ses hommes il leur
criait: **pas de quartier**, tuez-les tous*
(Émile Garnier, 13.5.1915)

Das Verb *tarder de* wird außer in der unpersönlichen Konstruktion *il me tarde de* + Infinitiv einem älteren Sprachstand zugeordnet (GrandRobert 2001, s.v. *tarder*; TLFi 1994, s.v. *tarder*) oder als der Literatursprache zugehörig markiert (Grevisse/Goosse 2016, 1222). Eine regionalspezifische Verwendung wird für Drôme (Rézeau 2018, s.v. *tarder*) und Dauphiné (Grevisse/Goosse 2016, 1222) angegeben.[122] Da die regionalspezifische Verbreitung auf das Kopus nicht zutrifft, sind die beiden Belege, die *tarder de* aktualisieren, als Attestationen eines vergangenen Sprachstandes oder eines literarischen Sprachgebrauchs zuzuordnen:

(320) *J'ai bien reçu votre lettre daté du 29 Septembre qui m a
fait grand plaisir de voir que vous n avez geurre **tarde de**
me repondre*
(Eugénie Pierrel, 6.10.1915)

(321) *J'ai de-
mandé à venir au fort de
Parment à Remiremont dans
un poste de fort; **je tarde**
d'en savoir la décision!*
(Aloïs Grandemange, 9.4.1918)

Als einem literarischen Sprachgebrauch zugehörig werden auch *embrassement* (322) (GrandRobert 2001, s.v. *embrassement*; TLFi 1994, s.v. *embrassement*) und *près de* (323) bewertet.[123]

---

[122] Die unmarkierte unpersönliche Form ist ebenfalls belegt: *il me tarde de les voir pour rire un peu* (Marthe, 14.5.1916).
[123] Das von lat. BRACHIUM stammende *embrassement* ist vor allem im 12. bis 17. Jahrhundert gebräuchlich und wird seit etwa 1500 von *embrassade* ersetzt (FEW I 1928, s.v. *brachium*). Littré (1873–1874; s.v. *embrassement*) bewertet *embrassement* als allen Stilen gemein, wohingegen *embrassade* das Markiertheitsprädikat *familier* trägt.

(322) *Un dernier*
embrassement *à Suzette et Jean*
(Albert Provot, 20.12.1914)

(323) *je vais*
me renseigner **près du** *vaguemestre*
(Paul Grandemange, 23.5.1918)

Die Adverbialstruktur *près de* im Sinne von 'auprès de' mit einer sehr schwachen Ausprägung der räumlichen Bedeutung als einem älteren oder literarischen Sprachgebrauch zugehörig ausgezeichnet (GrandRobert 2001, s.v. *près*; TLFi 1994, s.v. *près*).

Die Bedeutung 'en attente de' von *en instance de* ist mit dem Prädikat *littéraire* markiert (TLFi 1994, s.v. *instance*), sie ist allerdings im GrandRobert (2001, s.v. *instance*) sowie in den Wörterbüchern der Académie française (1935, 2000, s.v. *instance*), im FEW (IV 1952, s.v. *instare*) und in Littré (1873–1874, s.v. *instance*) unmarkiert. Der fogende Beleg aktualisiert diesen Gebrauch im Korpus. Möglicherweise handelt es sich um die Reproduktion offizieller Kommunikation, möglicherweise sucht Paul Grandemange seiner Situation nach seiner Verwundung einen formelleren Charakter zu verleihen.

(324) *Seuls*
sont restés à la 30me les Auxiliaires
et ceux qui sont **en instance** *d'hopi-*
tal.
(Paul Grandemange, 20.5.1916)

Auch das Verb *sinuer* wird im TLFi (1994, s.v. *sinuer*) als *littéraire* ausgezeichnet, ohne Markierung im GrandRobert (2001, s.v. *sinuer*).[124]

---

[124] Das Verb *sinuer* ist weder im Wörterbuch der Académie française (1935), noch in Littré (1873–1874) verzeichnet, wobei in letzterem das Adjektiv *sinueux* als *Terme de chirurgie* (Littré 1873–1874, s.v. *sinueux*) aufgeführt ist.

(325) *il m'a fait*
une entaille sur l'epaule et après
*il a **sinué** avec ses mains pour la*
faire glisser et il l'a eu tout
de suite
(Paul Labriet, 10.10.1914)

Die häufigste Form, die einem *français soutenu* zuzurechnen ist, ist *je puis* (Grevisse/Goosse 2016, 1160; TLFi 1994, s.v. *pouvoir*), das im Korpus in 58 Okkurrenzen attestiert ist. Über die Hälfte dieser Belege stammen von Paul Grandemange, der sich bereits in der Untersuchung der orthographischen Variation durch eine hohe Anzahl an Übergeneralisierungen, möglicherweise aus dem Bestreben einem prestigreichen normativen Sprachgebrauch zu entsprechen, ausgezeichnet hat. Es könnte sich hier auch um in der Schule erlernte sprachliche Handlungsroutinen handeln.

5.2.6 Markierung und metasprachliche Kommentierung

Aus einer metasprachlichen Perspektive empfinden manche Schreiber offenbar in der graphischen Wiedergabe bestimmter Lexeme das Bedürfnis, diese vom restlichen Text abzuheben. Diese Markierungen in unterschiedlicher Form finden sich in allen Bereichen diasystematisch markierter Lexeme und lexikalischen Strukturen. Einige werden gar mit einer metasprachlichen Kommentierung zur Erklärung ihrer Bedeutung versehen. Die graphische Markierung bestimmter sprachlicher Formen als nicht dem eigentlich zu verwendenden Register entsprechende lexikalische Elemente bedeutet eine gewisse Distanzierung des Schreibers zum Geschriebenen, ähnlich wie es François für die Verwendung des *français populaire* in der Literatur beschreibt:

> «C'est là façon, bien sûr (qu'on retrouverait aisément chez Céline ou chez Queneau, par ex.), de signaler qu'on pratique, qu'on illustre (qu'on exploite parfois) le L.P. mais qu'on le fait ‹en connaissance de cause›, en détenteur d'un autre langage. [...] Les auteurs les plus populaires, quelles que soient leur origine sociale et leurs déclarations d'intentions, n'échappent pas à cette règle qui leur paraît, sans doute, légitimer leur utilisation du L.P.» (François 1985, 304–305).

Zur typographischen Hervorhebung stehen den Schreibern unterschiedliche Formen zur Verfügung. Doppelte französische Anführungszeichen werden beispielsweise in dem als *familier* markierten *butor* (326) 'un homme stupide, grossier, maladroit' (Littré 1873–1874, s.v. *butor*; TLFi 1994, s.v. *butor*) oder für das als *po-*

pulaire etikettierte *abatis* (327) 'les bras et les jambes d'une personne' (Académie française 1992, s.v. *abattis*; Bauche 1920, 1184) sowie in Rézeau (2018, s.v. *abattis*) als *matriculer ses abatis* verwendet. Im TLFi (1994, s.v. *abattis*) und von Déchelette (1972, s.v. *abatis*) wird *abatis* dem Argot bzw. dem *argot des tranchées* zugeordnet. Dieselbe typographische Markierung wird auch für *jus* (328) gebraucht, das als 'café' dem *argot des tranchées* (Dauzat 1919, s.v. *jus*; Déchelette 1972, s.v. *jus*; Esnault 1919, s.v. *jus*; Rézeau 2018, s.v. *jus*) oder dem *français familier* (FEW V 1950, s.v. *jūs*) zugeordnet wird.

(326) *notre*
 chef de Poste est tout ce qu'il y à
 *de plus «**butor**».*
 (Aloïs Grandemange, 11.10.1918)

(327) *si cela peut se continuer*
 de la sorte je reviendrai avec mes
 *«**abatis**» au complet.*
 (Paul Desmettre, 14.8.1914)

(328) *on nous*
 donne chemise, calecon & chaussettes
 propres & ce qu'il y a de chic
 *c'est qu'après on a «**jus**» & ci-*
 garette.
 (Joseph Colle, 22.5.1916)

Auch die im Deutschen üblichen Anführungszeichen können gebraucht werden, wie etwa zur Markierung von *costaud* (329) 'qui est fort, résistant moralement' mit der Markierung *familier* (TLFi 1994, s.v. *costaud*):

(329) *On ne le reconnaissait pas.*
 *car il était "**costaud**" à ce moment-là.*
 (Paul Grandemange, 4.6.1917)

Weiterhin stellen Unterstreichungen eine Variation der Hervorhebung dar, wie beispielsweise in (330) des als *familier* markierten *cuite* 'accès d'ivresse' (TLFi 1994, s.v. *cuite*):

(330) *Moi, quand il est venu me*
voir j'ai eu la **cuite** *le samedi soir*
(Joseph Grandemange jun., 20.5.1915)

Schließlich können die genannten graphischen Herausstellungen kombiniert werden, wie im Beispiel (331) das dem *français familier* zugeschriebenen *pagaille* 'désordre, désorganisation, débandade, désarroi' (Rézeau 2018, s.v. *pagaille*; TLFi 1994, s.v. *pagaille*) oder in (332) *là sautait*, das als 'avoir faim' und 'ne pas manger, mal manger' dem *français populaire* zugeordnet (Rézeau 2018, s.v. *sauter*; TLFi 1994, s.v. *sauter*), aber auch zum Argot der Soldaten gezählt wird (Esnault 1919, s.v. *la sauter*).

(331) *si vous aviez vu*
cette **"pagaille"**
(Paul Grandemange, 31.8.1918)

(332) *Il nous à certifié que les soldats Bôches*
"là sautait" *et qu'à leur avis cela serait*
fini pour fin Juillet.
(Paul Grandemange, 4.6.1917)

Dieselbe doppelte graphische Markierung nimmt Paul Grandemange auch in der Schreibung eines Lexems vor, das sowohl dem *argot des tranchées* als auch dem *français populaire* angehört: *maous* 'gros, lourd, volumineux' (Déchelette 1972, s.v. *maous*), 'gros, énorme, magnifique' (Dauzat 1919, s.v. *maous*) bzw. *maouss* 'gros, bon, épatant' (Esnault 1919, s.v. *maouss*), möglicherweise abgeleitet von der populärsprachlichen Form *Mahaut* für *Mathilde* (FEW XVI 1959, s.v. *Mathilde*). Rézeau (2018, s.v. *maous*) dokumentiert *maous* und die Variante *maousse* als Intensitätsmarker mit den Bedeutungen 'particulièrement réussi, agréable, magnifique' und 'gros important' und versieht es mit der Markierung *populaire*. Die im Korpus aktualisierte Bedeutung erscheint nicht gänzlich transparent:

(333) *Merci de même pour le Tabac. A bientot*
le cher plaisir de Reçevoir de vos nouvelles ainsi
que le **"Maous"**. *je vous embrasses tous de tout mon coeur.*
(Paul Grandemange, 27.9.1915)

Laut Dauzat (1919, 107–108) handelt es sich bei *maous* um eine Variante von *mahaud* 'lourdaud, nigaud', das unter anderem in den Departements Maine und Anjou gebraucht wird und das darüber hinaus als kollektiver Spitzname zur

Bezeichnung der Bretonen dient. Sainéan ergänzt die Verwendung von *maous* um die des epithetischen Adjektivs, das sich sowohl auf eine Granate, einen Mann als auch auf die Qualifizierung eines Päckchens beziehen kann (Sainéan 1915, 36). Diese letzte Erläuterung scheint für den vorliegenden Kontext am adäquatesten: In diesem Sinne freut sich Paul Grandemange im Beispiel offenbar nicht nur über baldige Neuigkeiten, sondern auch über ein großes Päckchen, dessen Inhalt er im Vorhergehenden bestellt.

Eine andere graphische Markierung zur Hervorhebung diasystematisch markierter Elemente besteht in der graphischen Allusion, wie sie Joseph Grandemange in folgendem Beleg realisiert:

(334) *Dame, il faut*
bien se soigner un peu avant d'aller
se faire casser la g... pas?
(Joseph Grandemange jun., 17.12.1915)

In diesem Auszug wird das niedrig markierte Element nur in einer Ellipse angedeutet, der Leser muss *se faire casser la gueule*, das *français populaire* und *familier* (TLFi 1994, s.v. *gueule*) oder ausschließlich dem populärsprachlichen Register (Bauche 1920, 239; Littré 1873–1874, s.v. *gueule*) zugerechnet wird, eigenständig ergänzen.

Ein Lexem kann sowohl in unmarkierter Form (cf. Beispiele 296 und 297) als auch von unterschiedlichen Herausstellungsformen begleitet sein, auch innerhalb der Briefe eines Schreibers:

(335) *Il à le* ***cafard***
(Paul Grandemange, 18.6.1918)

(336) *Chers Parents, j'avais le **"cafard"***.
(Paul Grandemange, 24.5.1915)

(337) *Je n'ai pas trop le* ***"cafard"***
cela peut aller, mais je n'ai pas
beaucoup de temps à moi.
(Paul Grandemange, 10.5.1916)

Ein mutmaßlicher durch Markierung in doppelten Anführungszeichen herausgestellter Regionalismus ist das Verb *mucher*, eine Variante von *musser*, das in der Bedeutung 'se cacher' mit dem Prädikat *populaire* versehen und seit 1896 in verschiedenen, unter anderem der hier abgebildeten, graphischen Varianten attestiert ist. Bis ins 13. Jahrhundert ist *musser* gebräuchlich, bevor es von *cacher* verdrängt wird und im 15. Jahrhundert aus der Schriftsprache verschwindet. Sein Gebrauch bleibt in einigen diatopischen Varietäten, besonders im Pikardischen, in der Normandie, und in der Bourgogne erhalten. Die ursprüngliche Bedeutung 'sich verstecken' ist noch immer gegenwärtig, auch wenn sich in einigen Gebieten spezifischere Bedeutungsnuancen herausbilden, wie etwa in Boulogne-sur-Mer oder in Artois 'couvrir (dans un lit)' (FEW VI,3 1969, s.v. *mukyare).

(338) *Nous avons apporté de la paille fraiche, trouvée ds une meule voisine, le froid ne ns gêne pas trop, car ns sommes* **"muchés"** *bien au chaud, sous la paille.*
(Émile Garnier, 25./26.11.1914)

Der Schreiber Émile Garnier, der *mucher* verwendet, stammt aus Paris. Zur Zeit der Redaktion dieses Eintrages befindet sich Garnier mit seinem Regiment im Norden Frankreichs. Er könnte daher die diatopische Variante *mucher* dort gehört haben und die regionale Aussprache in seinem Text imitieren. Mit der Absetzung in doppelten Anführungszeichen distanziert sich der Schreiber in seinem Tagebuch von einem unmarkierten Gebrauch, sei es ob der diatopischen Markierung oder weil er das Verb aus einem anderen Grund in diesem Kontext nicht für adäquat erachtet. Durch die graphische Markierung gibt er gewissermaßen den Ursprung, für den er nicht die Verantwortung übernimmt, da er außerhalb seines idiolektalen Sprachgebrauchs liegt, an.

Ein weiterer Regionalismus wird von seinem Verfasser in Anführungszeichen gesetzt und so vom übrigen Sprachgebrauch abgegrenzt:

(339) *Je ne sais pas si je me trompe, mais tu devais etre* «**notié**» *hier, parceque j'ai bien mal aux cheveux et j'ecris comme un vulgaire chat.*
Tiens zut, voila qu'on m'apporte de l'ouvrage.
(Paul Colle, 31.1.1916)

Das im Beispiel von Paul Colle verwandte *notié* geht auf lat. NITIDIARE 'reinigen' frz. *nettoyer* zurück (FEW VII 1955, s.v. *nĭtĭdiare*). In den südlichen Vogesen, aus denen Paul Colle stammt, ist die Realisierung von *nettoyer* als *notyé* [notje] belegt (Bloch 1917a, s.v. *nettoyer*), für Meurthe-et-Moselle auch *notye* 'éplucher, peler, nettoyer', außerdem ist in der Varietät von La Bresse (Vosges, Remiremont und Saulxures) 'ruiner qn' attestiert (FEW VII 1955, s.v. *nĭtĭdiare*). Die Verwendung im

Kontext mit der als *familier* etikettierten Struktur *avoir mal aux cheveux* 'malaise extrême et l'hébétement qui suivent d'ordinaire l'ivresse' (TLFi 1994, s.v. *cheveu*) erinnert an eine Nähe zur ebenfalls in diesem Raum belegten Kollokation *nettoyer les brots* 'boire beaucoup' (FEW VII 1955, s.v. *nĭtĭdiare*). Ein als *familier* gewerteter Gebrauch von *nettoyer* 'anéantir, épuiser, laisser sans réaction, tuer' (TLFi 1994, s.v. *nettoyer*) mag hier ebenfalls einfließen. Der Auszug zeigt weiterhin die dem *français familier* zugehörigen *écrire comme un chat* 'écrire mal, au moyen de petites lettres illisibles' (TLFi 1994, s.v. *chat*) und die Interjektion *zut* (TLFi 1994, s.v. *zut*), die die Expressivität des Briefes und seine konzeptionelle Affinität zur kommunikativen Nähe herausstellen. Die graphische Hervorhebung und die damit implizierte Distanzierung des Schreibers bezieht sich jedoch einzig auf *notié* und nicht auf die anderen diasystematisch markierten Formen im Text.

Der gleiche Schreiber nimmt in einem anderen Brief ebenfalls eine graphische Markierung vor, die umso erstaunlicher ist, als *poilu* als der Terminus, der stets mit dem Ersten Weltkrieg in Verbindung gebracht wird, gehandelt wird:

(340) *La semaine derniere, je n'ai pas trouvé le temps
long, car tu sais que nous avions notre «Poilu»*
(Paul Colle, 19.5.1916)

Das von Dauzat (1919, 47) postulierte weltweite Renommee muss zumindest für diesen Schreiber aus den Vogesen eingeschränkt werden. Der Referent für den im Brief angesprochenen *poilu* ist der auf Heimaturlaub bei der Familie verweilende Bruder, weshalb vielleicht die neue Referenzierung die Hervorhebung bedingt. Außerdem erscheint denkbar, dass der eher frühe Zeitpunkt im Verlauf des Krieges eine noch in der Konsolidierung befindliche Verbreitung dokumentiert. Ebenso möglich ist, dass sich Paul Colle, der im Moment der Redaktion des Briefes nicht mobilisiert ist, den Sprachgebrauch der Soldaten aneignet und gleichzeitig angibt, nicht Teil dieser Gruppe zu sein.

Die graphische Hervorhebung bestimmter Lexeme legt offen, dass die Schreiber über ein Bewusstsein der Markiertheit bestimmter Verwendungen verfügen. Durch diese Hervorhebung stellen sie eine gewisse Distanz zu dem entsprechenden Gebrauch her. Diese Distanzierung kann aus der Bewertung, was dem sprachlichen Ausdruck in einem Brief angemessen ist oder auch welches Register die Kommunikation mit dem jeweiligen Interaktionspartner zulässt oder vielleicht sogar fordert, resultieren. Sie kann jedoch auch, insbesondere in der Verwendung von Lexemen des *argot des tranchées*, das Gemeinschaftsgefühl der Soldaten stärken und ihre Zugehörigkeit zu dieser Gruppe markieren, gleichzeitig aber den differierenden Gebrauch von Lexemen innerhalb dieser Gruppe markieren. Bei Lexemen, denen neben der diasystematischen Verwendung eine allgemein gebräuchliche Bedeutung entspricht, könnte die graphische Hervorhebung so aus dem Bestreben resultieren, auf die tatsächlich intendierte und vom allgemein gebräuchlichen Sinn differierende Konnotation im Text hinzuweisen. Dies implizierte, dass sich die Scheiber der abweichenden Bedeutung argotischer Lexeme außerhalb des Kontextes, in dem der *argot des tranchées* verwendet wird, bewusst sind. So könnten sich die graphischen Absetzungen erklären, wenn ein gängiges Lexem wie etwa *jus* in Beispiel (328) nicht in seiner Bedeutung 'Saft', sondern mit seiner an der Front üblichen Konnotation 'Kaffee' gebraucht wird.

Gleichwohl scheinen auch andere Zwecke der graphischen Hervorhebung begründbar. Im folgenden Beispiel scheint Henri Cablé nicht zwingend das Lexem *Boche* herausstellen zu wollen, sondern verfolgt auf inhaltlicher Ebene eine expressivere Darstellung eines Syntagmas, da er einen wichtigen Hinweis an seine Frau weitergibt, der für eine erfolgreiche Zustellung des Päckchens wesentlich ist:

(341) *il faudra que tu colle du papier pour cacher* **l'adresse Boche**
(Henri Cablé, 26.2.1918)

Die Soldaten zeigen durch die graphischen Hervorhebungen sowie durch metasprachliche Kommentare[125] ein Bewusstsein für den Sprachgebrauch an der Front und für argotische Lexeme: «Dans leur conscience qu'il est besoin d'expliquer les termes employés, nos épistoliers signalent leur perception d'un entre-deux linguistique les séparant de l'Arrière, et mettent en relief des usages nettement ressentis comme non conventionnels» (Bianchi 2015, 137). Zwei Beispiele aus dem Korpus belegen die metasprachliche Kommentierung des Soldaten Albert Provot, der einen an der Front gebräuchlichen Ausdruck in einem Brief an seine Eltern verwendet und diesen jeweils kommentiert. In Beispiel (342) markiert Provot zunächst die Kollokation *sonner à coups de marmites*, möglicherweise um sie als Zitat zu markieren oder um sie graphisch abzusetzen, um sie daraufhin mit dem metasprachlichen Kommentar *comme nous disons* zu erklären. In (343) verwendet Provot das dem *argot des tranchées* zugeschriebene *singe*, das 'viande en conserve' (Dauzat 1919, 150; Rézeau 2018, s.v. *singe*; Sainéan 1915, 51) und präziser «Le soldat appelle singe le bœuf assaisonné renfermé dans des boîtes de 300 grammes ou 2 kilos» (Déchelette 1972, s.v. *singe*) bedeutet und seit 1895 attestiert ist (Rézeau 2018, s.v singe). Im Beispiel gibt Provot die Erklärung des Lexems in Klammern an.

---

[125] Metasprachliche Kommentierungen von in der Konsolodierung begriffener Neologismen wie etwa *cafard* sind im Korpus Rézeaus sehr häufig (cf. Rézeau 2018, s.v. *cafard*; s.v. *singe*).

(342) *Seulement il faut rester là toute la journée, car aussitôt que l'on sort, Les Boches qui peuvent nous voir, se mettent à «**nous sonner à coups de marmites**» comme nous disons.*
(Albert Provot, 14.6.1915)

(343) *Chaque homme porte 2 **boîtes de singe (bœuf en conserve)**, 1 boîte de potage condensé, 1 sachet de café, 1 sachet de sucre en poudre, et 8 biscuits.*
(Albert Provot, 30.5.1915)

Durch die Verwendung dieser lexikalischen Formen zeigt Albert Provot zum einen seine Integration in die Gruppe der Frontsoldaten an und zum anderen wird die Abgrenzug dieser Gruppe von den zu Hause gebliebenen Angehörigen deutlich. Die Auszüge aus Albert Provots Brief belegen, dass er sich des in Teilen spezifischen Sprachgebrauchs der Frontsoldaten bewusst ist und auch weiß, dass dieser nicht zwangläufig von den Adressaten verstanden wird. Gleichzeitig ermöglicht er durch die Verwendung dieser Lexeme seinen Kommunikationspartnern einen Einblick in die sprachliche Realität an der Front.

Die Verfasser der Ego-Dokumente zeigen in diesen graphischen Markierungen und den metasprachlichen Kommentaren ein Bewusstsein über verschiedene Register, Stile und Dialekte, die sie in der Redaktion der Briefe unterschiedlich bewerten und daher in ihren Texten absetzen.

5.2.7 Gesamtbetrachtung der lexikalischen Einflüsse

Aus der vorangegangenen Beschreibung sollte die Heterogenität, die den Wortschatz der weniger geübten Schreiber des Analysekorpus prägt, deutlich geworden sein sowie die Varietäten, aus denen er sich speist. Der Wortschatz der Verfasser der Ego-Dokumente ist durch das Zusammenwirken verschiedener diastratischer, diaphasischer und diatopischer Varietäten charakterisiert. Ausgehend von einem *français commun* als Referenz sind dies im vorliegenden Analysekorpus Anleihen aus dem *français familier*, dem *français populaire* sowie dem *argot des tranchées* und regionalsprachlicher Varianten. Eine eindeutige Zuordnung zu einer Varietät ist zwar nicht immer gegeben, jedoch wurde hier die grundsätzliche Markierung eines Elements, gegenüber einer unmarkierten Form, als entscheidend bewertet.

Die Schreiber bedienen sich nicht einer Varietät, etwa des *français populaire*, wie vielleicht aufgurnd der sozialen Herkunft der Schreiber vermutet werden könnte, sondern verfügen über ein vielschichtiges Repertoire lexikalischer Strukturen, das sich einerseits aus der privaten Kommunikationssituation mit engen Vertrauten ergibt und andererseits aus der Situation der Korrespondenz während des Krieges, stets jedoch die individuelle Aktualisierung vor dem soziobiographischen Hintergrund abbildet. Unter dem erstgenannten Aspekt lassen sich sekundär nähesprachliche Elemente zusammenfassen, wie lexikalische und in Ansätzen auch diasystematisch markierte morphosyntaktische Strukturen, die *français familier* und *français populaire* zuzuordnen sind oder die regionalspezifische Gebrauchsweisen darstellen. Die Themenfelder, die vielfach von markierten Lexemen adressiert werden, entsprechen denjenigen thematischen Komplexen, die sich in alltäglicher Kommunikation finden und der Steigerung der Emotionalität dienen, wodurch sich zugleich die innerhalb der Varianten hohen Frequenzen des *français familier* erklären dürften.

Das Korpus dokumentiert produktive Wortbildungsverfahren, wie die Reduplikation (*bobo*, *pépère*, *zouzou*), die Kürzung (*sous-off*, *perme*) oder die Suffigierung (*froussard*), und gleichzeitig das Prestige, das bestimmten Lexemen in einer spezifischen symmetrischen Kommunikationssituation zugeschrieben werden kann. Sowohl einzelne Lexeme als auch phraseologische Strukturen steigern die Expressivität der Ego-Dokumente und zeigen die nähesprachliche Prägung der Texte an. Die Expressivität kann sich hierbei entweder auf den Kommunikationspartner, beispielsweise in *mon poteau* und *mon fieu*, oder auf die Darstellung eines Gegenstands, wie zum Beispiel *flotte* und *notié*, beziehen. Expressive und gleichzeitig sparsame Versprachlichungen zeigen die Schreiber etwa in der Verwendung des Adverbs *vivement*, dessen Geltungsbereich über die einzelne lexikalische Position im Satz hinausgeht, oder im Gebrauch bestimmter markierter Interjektionen, wie zum Beispiel *va* und *dame*. Hierbei wird deutlich, dass auf der lexikalischen Ebene angesiedelte Einheiten mit diskursstrukturierenden und diskursmarkierenden Funktionen verknüpft sein können, wenn die Funktion bestimmter lexikalischer Elemente über den einzelnen Satz hinausgeht und pragmatischer Art ist. Weiterhin ist die Verwendung hypokoristischer Formen wie Diminutive zur Adressierung der Kommunikationspartner oder zur Autodenomination ein wichtiges Charakteristikum des *français familier* und des *français populaire*, das der Versicherung der gegenseitigen Vertrautheit dient. Aus pragmatischer Perspektive wird so die affektive Einstellung gestärkt und die familiären Relationen über die Distanz ausgedrückt. Hypokoristika entsprechen den Kommunikationsbedingungen der konzeptionellen Nähesprache und sind in einem Korpus privater Briefe als Ausdruck affektiver und emotionaler Beteiligung der Schreiber prinzipiell vorhersehbar.

Der sogenannte *argot des tranchées* ist neben dem *français familier* und *populaire* eine weitere lexikalische Quelle, derer sich die Schreiber in der Redaktion der Texte bedienen und die vor allem expressive Formen, wie beispielsweise *marmite* und *cafard*, oder spezifische Fachtermini wie *gourbi* und *guitoune* zur Verfügung stellt. So ist es auch nicht überraschend, dass nahezu alle Okkurrenzen, die dem *argot des tranchées* zugeordnet werden konnten, von Männern stammen, noch dazu in der Mehrheit von denjenigen, die auch tatsächlich mobilisiert und an der Front sind. Allerdings vereint *boche* die Hälfte aller Okkurrenzen des *argots des tranchées* auf sich, wodurch die Bezeichnung für die Deutschen so zwar ihre Verbreitung demonstriert, da eine Vielzahl der Schreiber sie verwendet, jedoch die grundsätzliche Frequenz argotischer Lexeme eingeschränkt werden muss. Die geringe Verwendung von dem *argot des tranchées* entsprechenden Lexeme mag angesichts der Präsenz von frühen Studien (cf. Dauzat 1919, Esnault 1919, Sainéan 1915) zu dieser Varietät überraschen.

Für einige diasystematisch markierte Lexeme, die einer individuellen Aneignung oder einem selten dokumentierten Sprachgebrauch entsprechen, liefert das Korpus frühe Attestationen oder schriftliche Belege in der authentischen Kommunikation weniegr geübter Schreiber. Gerade hinsichtlich regionalspezifisch geprägter Lexeme kann das Korpus zu einer Bestätigung des Gebrauchs in den jeweiligen Gebieten in authentischer Sprachverwendung beitragen oder sogar die Region, in der der entsprechende Gebrauch bereits attestiert ist, erweitern. Auch wenn es sich hier lediglich um punktuelle Verwendungsweisen handelt und gewiss keine Generalisierung vorgenommen werden darf, so sind es dennoch Illustrationen dieser Verwendungen im Geschriebenen.

In allen Unterbereichen der lexikalischen Variation zeigt sich, dass die Schreiber die diasystematisch markierten Lexeme teilweise durch verschiedene graphische Muster hervorheben. Möglicherweise tun sie dies, um die spezifische semantische Konnotation eines allgemein gebräuchlichen Lexems zu betonen, um anzuzeigen, dass sie das gebrauchte Lexem in irgendeiner Weise als nicht angemessen betrachten oder um den jeweiligen Sprachgebrauch innerhalb der neuen sozialen Gruppe, der sie mit der Mobilmachung angehören, den Kommunikationspartnern zu vermitteln. Insgesamt betrachtet sind graphische Markierungen und metasprachliche Kommentierung Ausdruck eines Bewusstseins über die unterschiedliche Bewertung von Varietäten und zeigen die eigene Positionierung hinsichtlich dessen, was der Redaktion eines Briefes an einen bestimmten Kommunikationspartner als angemessen empfunden wird, an.

Als Hintergrund der Ausführungen zum Wortschatz der Schreiber ist stets die individuelle Schreiberbiographie sowie die schriftliche Alphabetisierung der Schreiber und die Routine im Umgang mit Schrift zu sehen, die die Unterschiede in der Verwendung eines markierten Sprachgebrauchs determinieren (Bianchi 2015, 132). Die Kompetenz im Umgang mit unterschiedlichen sprachlichen Registern und die Bandbreite, die einem Schreiber zur Verfügung steht, sind abhängig vom Grad der Dominanz der Sprache und der Routine im Umgang mit ihr. Je geübter ein Schreiber ist, desto variierender kann er sich sprachlich ausdrücken. Bei weniger geübten Schreibern kommt neben dem Grad der Schriftkompetenz das Bewusstsein hinzu, dass im schriftsprachlichen Ausdruck eine prestigereiche Varietät zu verwenden ist, die vielfach stark von der im Alltag gebrauchten Varietät abweicht. Aus dieser Wahrnehmung heraus könnten sich bestimmte Wendungen, die einem *français soutenu* näher stehen, erklären.

Innerhalb der Varianten finden sich einige Formen bei einer Vielzahl von Schreibern, wie zum Beispiel Varianten in der Wahl des Auxiliars. Andere Varianten wiederum sind spezifisch für eine Schreibergruppe oder für einen Schreiber oder eine Schreiberin. Wie bereits erwähnt, werden dem Argot der Soldaten zugeschriebene Lexeme, wie *cafard*, *fine blessure*, *remonter* und *redescendre*, fast ausschließlich von mobilisierten Männern gebraucht. Die meisten Varianten insgesamt finden sich in den Texten Paul Grandemanges, der jedoch auch der Schreiber ist, der die meisten Briefe verfasst hat. Zugleich ist er auch derjenige, der die meisten dem *français soutenu* zugerechneten Formen sowie diejenigen, die als *littéraire* markiert sind, gebraucht. Zum einen ist Paul Grandemange der jüngeren Generation der Briefschreiber zuzurechnen, deren schulische Ausbildung weniger weit in der Vergangenheit liegt, zum anderen zeigt er auch in anderen Bereichen des schriftsprachlichen Ausdrucks eine umfassende Kompetenz mit einer Tendenz zu Übergeneralisierungen. Innerhalb der Regionalismen geht die hohe Frequenz von *de même* auf die Konstitution bestimmter individueller epistolärer Routinen zurück. So bezeugen die Brüder Joseph und Paul Grandemange vielfach die eigene gute Gesundheit und verleihen ihrer Hoffnung Ausdruck, Gleiches möge für ihre Familie der Fall sein, wofür sie bevorzugt die Adverbialstruktur *de même* verwenden. Eine offenbar stark in der Sprechergemeinschaft verwurzelte Kollokation ist die von unterschiedlichen Schreibern gebrauchte *avoir le temps long après quelqu'un*, die zudem in einer wörtlichen Übertragung ins Deutsche im Korpus attestiert ist (cf. Beispiel 578). Viele expressive Formen über alle diasystematisch markierten Varianten hinweg finden sich in der Kommunikation von Aloïs Grandemange und seinen Freunden, wofür das hohe Prestige markierter Formen innerhalb einer Gruppe angeführt wurde. Innerhalb der populärsprachlichen Varianten zeigt sich, dass die Verwendung des definiten Artikels nahezu ausschließlich von André und Maria Saunier gebraucht wird. Dieser stigmatisierte Sprachgebrauch, der ins Schriftliche übertragen wird, lässt sich möglicherweise auf einen niedrigeren Bildungsgrad zurückführen, denn Maria Saunier hat keine Ausbildung absolviert und André Saunier steht im Jahr 1917 noch vor seiner Ausbildung zum Bäcker. Gleichwohl entspricht auch diese Verwendungsweise in der Kommunikation unter Vertrauten der nähesprachlichen Konzeption der Briefe.

Wie an einzelnen Punkten in der lexikalischen Beschreibung deutlich wurde, wenn diasystematisch markierte Strukturen beobachtet wurden, die die Ebene der Lexik übersteigen, korreliert nicht allein der Wortschatz, den die weniger geübten Schreiber in den Ego-Dokumenten aktualisieren, eng mit den Kommunikationsbedingungen, unter denen die Redaktion der Texte stattfindet, sondern auch morphosyntaktische Partikularitäten des schriftlichen Sprachgebrauchs, die das folgende Kapitel in den Blick nimmt.

5.3 Morphosyntaktische Variation

5.3.1 Vorbemerkungen

Der schriftsprachliche Ausdruck weniger geübter Schreiber ist nicht allein von orthographischer Kompetenz oder der Wahl register- und gruppenspezifischer Lexeme und Wendungen geprägt, auch wenn die beiden Analyseebenen zumindest auf einen ersten Blick sehr salient sind. Gerade bei der Redaktion längerer Texte kommt der Beschreibungsebene der morphosyntaktischen Strukturierung eine tragende Funktion zu. Schrift als kulturelle und soziale Technik impliziert nicht nur die Übertragung von Lauten und Inhalten in das schriftliche Medium, sondern bedeutet ebenfalls die Konstruktion längerer Texte (Steffen/Zaiser/Thun 2018, 7). Auf dieser Ebene bildet das Analysekorpus eine Vielzahl unterschiedlicher Partikularitäten des Schriftsprachgebrauchs weniger geübter Schreiber ab, von denen im Folgenden einige ausgewählte Ausprägungen beleuchtet werden. Ziel dieses Kapitels ist nicht die exhaustive Beschreibung aller unter den Bereich der Morphosyntax zu fassenden Aspekte, sondern eine Darstellung ausgewählter Elemente, die für den schriftsprachlichen Ausdruck weniger geübter Schreiber charakteristisch erscheinen. Für morphosyntaktische oder auch rein syntaktische Betrachtungen stellt das Korpus eine äußerst reiche Datengrundlage dar und ergäbe dementsprechend eine Vielzahl weiterer Ansatzpunkte zur Analyse, als hier angeführt und vertieft werden können. So ließen sich beispielsweise hypotaktische und parataktische Strukturen näher beleuchten oder die Verwendung von Relativsätzen und den jeweils verwendeten Pronomen, der Gebrauch von *que* in seinen verschiedenen Funktionen, Relativsatzkonstruktionen sowie unpersönliche Konstruktionen des Typs *Il est encore arrivé 200 boches jeudi* (André Saunier, 4.1.1917, Brief 1).[126] Im Folgenden gilt das Interesse der Beschreibung derjenigen morphosyntaktischen Partikularitäten, die eng mit einer textuellen Konzeption der kommunikativen Nähe verknüpft sind.[127] In der definitorischen Erarbeitung des Konzepts der weniger geübten Schreiber wird in einigen Ansätzen (Massicot 2018; Oesterreicher 1994, 2004) bereits die Affinität der von diesen Schreibern produzierten Texte mit der konzeptionellen Nähesprache in den Vordergrund gestellt (cf. hierzu auch Kapitel 2). Die ausgeprägte Tendenz der Ego-Dokumente des Korpus zu einer sprachlichen Ausgestaltung, die in vielen Punkten den Kommunikationsbedingungen der französischen Nähesprache entspricht, wurde bereits erwähnt (Kapitel 2 und Kapitel 4). Bei der Betrachtung der Ausprägung des schriftlichen Sprachgebrauchs weniger geübter Schreiber auf der morphosyntaktischen Ebene kommt den externen Faktoren der Kommunikation wie Expressivität, Spontaneität oder der Themenentwicklung eine bedeutende Rolle zu. Der zu vermutende relativ geringe Planungsaufwand bei der Redaktion der Texte wird in der syntaktischen Strukturierung abgebildet, die tendenziell von einer linearen, extensiven und aggregativen Versprachlichung geprägt ist (Koch/Oesterreicher 2011, 12). Zur Überprüfung der Hypothese der Korrelation der von weniger geübten Schreibern verfassten Privatbriefe und der Affinität zur Nähesprache wird das vorliegende Korpus auf der Ebene der Morphosyntax mit Blick auf nähesprachliche Formen untersucht.

Im Zusammenhang einer syntaktischen Beschreibung von Texten weniger geübter Schreiber stellt sich die drängende Frage nach der Einheit des Satzes und seiner Definition. Das Konzept Satz formt sich im 18. Jahrhundert und verbreitet sich bis zu seiner Stabilisierung im 19. Jahrhundert (Seguin 1993, 12–13). Die Definition des Konzepts zeichnet sich durch die vielschichtige Überlappung verschiedener Perspektiven aus:

> «Aujourd'hui le signifié du mot semble formé d'éléments de signification seulement empilés les uns sur les autres: une phrase est à la fois un ensemble intonatif, une suite graphique de mots entre deux points, l'expression globale d'une idée, une structure syntaxique achevée, et l'emblème de telle ou telle prose [...]. Mais si l'on interroge le sentiment métalinguistique courant, elle est avant tout une séquence grammaticale pourvue d'un sujet et d'un verbe, et comportant une organisation simple ou complexe» (Seguin 1993, 12).

---

126 Zu unpersönlichen Konstruktionen mit *il est*, cf. Thibault (2020a, 113).
127 Diese Auswahl resultiert aus dem Erkenntnisinteresse der Studie und impliziert eine Hierarchisierung morphosyntaktischer Elemente. Aus dem Ansatz die nähesprachliche Konzeption der Texte auf der morphosyntaktischen Ebene möglichst facettenreich abzubilden resultiert eine einschränkende, jedoch unvermeidliche Selektion hinsichtlich der Bibliographie.

Die Vagheit der semantischen und syntaktischen Definitionen des Satzes führen in der Forschungsgeschichte immer wieder zu neuen Definitionsversuchen (Bußmann 2002, s.v. *Satz*). Aufgrund seiner problematischen Definition wird der Terminus *Satz* beispielsweise von der Forschungsgruppe um Berrendonner *Groupe de Fribourg* ganz zurückgewiesen (Berrendonner/Béguelin 2012, 8). Mit Blick auf die gesprochene Sprache erachtet Blanche-Benveniste (1997, 111) die syntaktischen Kategorien des Satzes und der Proposition für nicht ausreichend um alle Spezifitäten der gesprochenen Sprache zu berücksichtigen. Auch Adam (2011, 82) weist den eng mit dem Sprachsystem korrelierten Terminus *Satz* zurück, dessen Abgrenzung und Beschreibung unscharf sind: «Elle [la phrase, L.S.] est certes une unité de segmentation (typo)graphique pertinente, mais sa structure syntaxique ne présente pas une stabilité suffisante» (Adam 2011, 81). Ein Satz sei ein typographisches Konzept, «dont une majuscule et un point signalent les deux bornes» (Adam 2011, 83).

Aus metasprachlicher Perspektive ist jedoch die Bezeichnung des Gegenstands der syntaktischen Analyse unverzichtbar (cf. auch Adam 2011, 83). Zur Bezeichnung der Einheit syntaktischer Analysen wählt Adam (2011, 83–85) die Bezeichnung *proposition-énoncé* als diejenige Einheit, die zugleich das Resultat einer Äußerung eines Senders gegenüber einem Kommunikationspartner ist und eine syntaktisch-semantische Mikroeinheit darstellt.

Die Satzdefinition in Mahrer (2017) ähnelt stark der von Adam formulierten typographischen Konzeption: «Par unité de l'énonciation *écrite*, j'entends que la phrase [...] est reconnaissable par ses propriétés topographiques: ouverture par une majuscule, fermeture par un signe de ponctuation fort» (Mahrer 2017, 310; Herv. im Original). Mahrer (2017, 310–311) sieht *phrase* als graphisches Gegenstück zur *période* nach Berrendonner (2004, 253): «Si les énonciations sont des actes de communication, chaque période peut être caractérisée comme un petit programme communicatif planifié, visant un but [...] que l'intonation conclusive signale comme atteint».

Die Umsetzung des Konzeptes Satz von weniger geübten Schreibern ist verschiedenen Beschränkungen unterworfen:

> «La phrase apparaît ainsi comme un moule à la fois trop grand et trop petit pour le propos. ce qui conditionne l'écriture, c'est d'avantage l'aménagement de ce qui est à dire ez la ‹phrase› au sens moderne. Gérer à la fois l'information à transmettre et la construction grammaticale du discours impose d'obéir à deux logiques parallèles, parfois contradictoires, et peut devenir une opération trop complexe pour les scriteurs peu entraînés» (Siouffi 2020, 201).

Sowohl das semantische als auch das graphische Kriterium zur Abgrenzung von Sätzen erweist sich für das vorliegende Analysekorpus als problematisch. Die graphische Abgrenzung mit initialer Majuskel und finalem Punkt gemäß der typographischen Definition Adams und Mahrers ist für das Korpus von Ego-Dokumenten weniger geübter Schreiber häufig nicht ausreichend, da die Schreiber weder systematisch Majuskeln und Minuskeln differenzieren noch propositionelle Einheiten immer durch Interpunktionszeichen segmentieren (Steuckardt 2015c, 95). Viele der Schreiber des Analysekorpus verzichten in ihren Texten auf Interpunktion oder setzen sie nur sehr spärlich um. Gesetzte Zeichen der Interpunktion können auch dazu führen, dass bestimmte Sequenzen missverständlich werden, wie im folgenden Beispiel, in dem der Punkt nach *faut* als Bindestrch für *faut-il les prendre* gelesen werden muss:

(344) *Madame Picard et les dame de chez dufour de
la lande sont venue pour des chapaux faut.
il les prendre bonjour de notre part*
(Maria Saunier, 17.2.1917)

Auch in anderen Texten, die von weniger geübten Schreibern verfasst wurden, werden Zeichen der Interpunktion vielfach ausgelassen, wodurch die syntaktische Strukturierung nicht immer transparent ist (Ernst 1999, 96). Im Verzicht auf Zeichen zur Markierung der Interpunktion oder in einer inkohärenten Verwendungsweise besteht darüber hinaus ein Zusammenhang zum Register des populärsprachlichen Französisch (François 1985, 324). Auch die Distinktion syntaktischer Einheiten über ein inhaltliches Kriterium genügt vielfach nicht, da die ausgeprägte Affinität zum konzeptionell gesprochenen Französisch eine hohe Dichte an Versprachlichungsmustern wie Anakoluthe, Kontaminationen, elliptische Strukturen und freie Themenentwicklung, die an den mündlichen Sprachfluss erinnert, erlaubt. Dadurch werden klare Grenzen zwischen den einzelnen Segmenten intransparent.

In einer Betrachtung der syntaktischen Gliederung des Journals von Ménétra, das der Pariser Glaser im 18. Jahrhundert verfasste, ist festzuhalten, dass sich die syntaktischen Einheiten nicht als inkorrekt bewerten ließen, aber: «il est impossible d'y délimiter une *phrase*, au sens grammatical qui est en train de s'imposer» (Seguin 1993, 396).

Für die Beschreibung syntaktischer Partikularitäten des *Corpus 14* wählt Steuckardt das Konzept der Periode, auch im Hinblick auf die Spezifität des sprachlichen Ausdrucks weniger geübter Schreiber: «cette démarche paraît judicieuse pour aborder des discours sortant du cadre de l'écrit normé» (Steuckardt 2015c, 96). Die folgende Beschreibung folgt Steuckardts Konzeption von syntaktischen Einheiten der Texte weniger geübter Schreiber als periodische Strukturierung. Außerdem ist gegenüber dem Satz als abstrakte Einheit des Systems, ohne Berücksichtigung seines Kontextes, der Begriff der *Äußerung* eine wichtige Größe in der vorliegenden Beschreibung. Diese betrachtet die «konkrete Sprachverwendung in einer gegebenen kommunikativen Situation, d.h. *kontextgebunden* und *funktional-pragmatisch*» (Ewert-Kling 2010, 37; Herv. im Original).

Für die vorliegende Beschreibung morphosyntaktischer Auffälligkeiten wurde das gesamte Korpus unter Anwendung zweier Kriterien untersucht: Welche sprachlichen Formen morphosyntaktischer Prägung resultieren aus der kommunikativen Nähe in einem weiter gefassten Sinne? Welche morphosyntaktischen Strukturen wären aus dieser Perspektive erwartbar, sind jedoch im Korpus nicht entsprechend ausgeprägt? Die jeweiligen Partikularitäten wurden mit MAXQDA codiert und bilden die Grundlage der folgenden Ausführungen, deren Ziel weder die exhaustive Auflistung aller morphosyntaktischen Charakteristika des Korpus ist, noch deren Betrachtung in allen denkbaren Funktionen. Es wird vielmehr eine Darstellung angestrebt, die unterschiedliche Entwicklungen des schriftlichen Sprachgebrauchs weniger geübter Schreiber auf der Ebene der morphosyntaktischen Strukturierung der Texte offenlegt. Die Entwicklungen lassen sich zwei generellen, kontrastierenden Richtungen zuordnen. Zum einen bilden sie eine Beeinflussung durch Versprachlichungsstrategien der kommunikativen Nähe ab und zum anderen widersprechen sie diesen und zeigen Übereinstimmungen mit einer für die kommunikative Distanz charakteristischen Versprachlichung.[128]

5.3.2 Der Einfluss der kommunikativen Nähe auf die morphosyntaktische Organisation

Die folgende Darstellung der spezifischen Ausprägungen des Sprachgebrauchs weniger geübter Schreiber in Abhängigkeit der kommunikativen Nähe oder in Abgrenzung zu ihr geht von den kleineren zu den größeren Einheiten vor: sie beginnt bei eher morphologischen Gesichtspunkten, um umfassendere syntaktische Komponenten bis hin zu pragmatisch-syntaktischen Aspekten der Strukturierung von Information in den Blick zu nehmen.

Auslassung des Subjektmorphems *il*

Eine Partikularität der französischen Nähesprache, insbesondere in medial mündlicher Form, ist die Möglichkeit der Auslassung obligatorischer präverbaler Subjekt-

---

[128] Cf. herzu Ernst (2015, 96): «En général, les auteurs sont conscients des exigences du média écrit. Des effets perturbateurs viennent de deux côtés: des éléments de la langue parlée familière ayant échappé au contrôle des auteurs [...], et l'effort de scripturalité qui comporte plusieurs types d'hypercorrection».

pronomen in unpersönlichen Konstruktionen, insbesondere bei den Verben *falloir*, *y avoir* und *paraître* (Grevisse/Goosse 2016, 280). Fehlende Personalpronomen etwa in der Konstruktion *y a* und *faut* sind die Fortführung von im Altfranzösischen gängigen Mustern und gelten im Sprachgebrauch des Neufranzösischen als *populaire* markierte Strukturen Koch/Oesterreicher 2011, 177; Müller 1975, 196; Prüßmann-Zemper 1990, 837).

Im Korpus finden sich 13 Auslassungen eines Subjektpronomens der 3. Person Singular. Neben den bereits erwähnten Verben *y avoir* und *falloir* belegt das Korpus auch Konstruktionen mit *valoir* und *suffir*.

(345) *cher Alise **y a** rien*
       a me remercier sur ce petit colis
       (Philomène Angly, 14.5.1916)

(346) *le cormerce va assé bien et **faut** espère*
       que sa dure.
       (Eugénie Pierrel, 21.9.1915)

(347) *voila bientot arrivé au fête de Pâque*
       *et nous **faut** encore triner par rei*
       dans la Pologne
       (Jean-Baptiste Jeandon, 28.3.1915)

(348) *les fagots qu Aimé avait acheté*
       au trébouchot et les siens de Rozière
       qui sont a coté de chez nous
       ***faudra** que maman les fassent rentrer*
       (Henri Cablé, 31.10.1914)

(349) *je souffre beaucoup*
       *enfin **vaut** encore mieux cela*
       que d'être tué
       (Paul Labriet, 20.3.1915)

(350) *comme les enfants sont ingrats **suffit** qu'on les*
       choiyent ils ne pensent plus á leurs parents.
       (Antoinette Perrin, 18.9.1915)

Die unterlassene schriftliche Abbildung des Subjektpronomens in der Struktur *il y a* wird dadurch begünstigt, dass es häufig in der medial mündlichen nähesprachlichen Kommunikation mit dem Pronomen *y* kontrahiert wird und dementsprechend nicht mehr als autonome Einheit wahrgenommen wird (cf. Kap. 5.1.8). Entsprechend muss die Wahl von *y a* nicht unbedingt den Ausfall des Subjektpronomens implizieren, sondern kanng als Abbildung der Haplologie interpretiert werden (Grevisse/Goosse 2016, 254–255). Der Ausfall des Subjektpronomens in den Konstruktionen *il y a* und *il faut* ist bereits im *Journal* von Héroard dokumentiert (Ernst 1985, 70). Das Korpus liefert mit *suffir* und *valoir* zwei weitere Verben, die offenbar eine Auslassung des Subjektmorphems akzeptieren. Einzig das Verb *falloir* ist neben den Formen im Präsens Indikativ auch im Futur belegt (348) und erlaubt die Setzung eines Objektpronomens *nous* (347), ohne dass ein Subjektpronomen vorausginge.

Fehlende Numeruskongruenz
Weiterhin charakteristisch für das konzeptionell gesprochene Französisch im engeren Sinne ist die Tendenz zur fehlenden Numeruskongruenz der Verbform in der Konstruktion *c'est* vor einem Prädikativum im Singular oder im Plural (Koch/Oesterreicher 2011, 168–169). Diese typisch nähesprachliche Form ist in zwölf Okkurrenzen im Korpus belegt. Beispielhaft seien die folgenden genannt:

(351) **c'est deux ou trois hommes** *qui étaient restés dans la tranchée*
(Albert Provot, 14.6.1915)

(352) **ce n'est pas des lettres** *de désespoir.*
(Joseph Grandemange jun., 20.5.1915)

(353) *car rappelles toi de mes conseils,* **(c'est peut-être les derniers)**
(Paul Grandemange, 20.10.1914)

Der Gebrauch des Singulars überwiegt in der informellen gesprochenen Sprache gegenüber der Pluralform *ce sont*, obwohl er auch in geschriebenen Belegen attestiert ist, allerdings zumeist in markiertem Gebrauch (Grevisse/Goosse 2016, 1259). Die in Beispiel (351) illustrierte markierte Rhematisierung wird weiter unten erläutert (cf. 5.3.3).

Gebrauch des *subjonctif*

Das Französisch der kommunikativen Nähe zeigt eine ausgeprägtere Variabilität im Gebrauch des *subjonctif* und des Indikativs. Vielfach wird der *subjonctif* in Kontexten, in denen seine Verwendung von der präskriptiven Norm verlangt wird, nicht realisiert. Dies betrifft insbesondere die Verwendung im Zusammenhang mit Verben des Glaubens und des Meinens in der Negation sowie der Interrogation oder die Verwendung nach bestimmten Konjunktionen oder Verben, die eine emotionale Verfassung anzeigen. Nach volitiven Verben ist der Gebrauch des *subjonctif* jedoch auch im konzeptionell gesprochenen Französisch stabil (Koch/Oesterreicher 2011, 171).

Das Korpus belegt diese für die Nähesprache typische Variabilität in einigen Kontexten, wenngleich es von einer ausschließlichen Verwendung des Indikativs weit entfernt ist, da die Anwendung des *subjonctif* der Norm entsprechend bei vielen Schreibern in verschiedenen sprachlichen Zusammenhängen dokumentiert ist. Die variierende Anwendung zeigt sich sowohl in der Verwendung des Indikativs in eindeutigen, den *subjonctif* erfordernden Kontexten als auch in der Wahl subjunktivischer Formen in Zusammenhängen, die dem Indikativ vorbehalten sind. Der Gebrauch des Indikativs anstelle des *subjonctif* ist nach Blanche-Benveniste (1997, 41–43) eine typisierende Abweichung mit sozialem Marker. Eindeutige Anwendungskontexte des *subjonctif*, in denen im Korpus indikativische Formen stehen können, sind beispielsweise die Verbalkonstruktionen *vouloir que*, *être heureux que*, *être content que*, *être fâché que*, *se plaindre que* oder *regretter que*. Als Beispiele lassen sich die folgenden Auszüge aus den Ego-Dokumenten anführen:

(354) *Nous voulons pas*
  *que vous **avez** de la misère*
  (Marie Anne Grandemange, 15.4.1915)

(355) *Je voudrais que vous **m'envoyez** 2 paires*
  (Joseph Grandemange jun., 21.6.1915)

(356) *Je suis heureux que Paulette et Alice*
  ***sont** toujours en bonne santé aussi*
  *et qu'elles **ont** toujours le même emploi*
  chez leurs anciens patrons.
  (Joseph Grandemange jun., 15.10.1918)

(357) *je suis bien contente que tu **va** mieux*
  (Maria Saunier, 25.12.1916)

(358) *je me disais*
*il va être fâché que je ne lui **écris** pas*
(Aloïs Grandemange, 25.2.1915)

(359) *car il y à des Clients qui*
*se plaignent qu'il n'**est** pas souvent là.*
(Paul Grandemange, 9.11.1914)

(360) *[No]us* ~~reget~~ *regretton*
*tu **nas** pas de*
mission
(Germain, 9.2.1916)

Der Gebrauch indikativischer Formen in Verbalkonstruktionen zum Ausdruck emotionaler Tatsachen ist in Kommunikationskontexten, in denen weniger streng auf die Anpassung an eine präskriptive Norm geachtet wird, häufiger als in standardsprachlichen Grammatiken postuliert (Grevisse/Goosse 2016, 1583). Auch nach konzessiven Konjunktionen, nach unpersönlichen Wendungen zum Ausdruck eines emotionalen Zustands oder nach negierten Verben des Denkens und des Meinens ist die Wahl des Indikativs belegt:

(361) ***pour que*** *la geurre fini vite*
(Eugénie Pierrel, 27.1.1916)

(362) *et cela m'a suffit*
pour que *je l'**ai** recommandé de la sorte.*
(Paul Grandemange, 9.11.1914)

(363) ***Afin que**, si vous ne pouvez plus lui écrire*
*a votre aise, vous **n'oubliez** pas celle que*
vous aimez
(Alice, 8.11.1914)

(364) *quels moment heureux pour nous tous, **c'est***
***dommage** qu'il **sera** trop court enfin il faudra être content tout*
de même.
(Antoinette Perrin, 3.1.1915)

(365) **Je ne crois pas**
   du mois que votre classe, la mienne, la classe
   des Bleuets, **est** *destinée à aller voir les Boche[s]*
   (Alice, 24.3.1916)

Anhand von Beispielen wie (363) und (365) ließe sich vermuten, dass die Distanz zwischen dem Auslöser für den *subjonctif* und der entsprechenden Verbform die Wiedergabe des Modus favorisiert. Lange, von Einschüben gekennzeichnete syntaktische Konstruktionen trügen demnach dazu bei, dass der Schreiber die ursprüngliche Matrixkonstruktion, die den *subjonctif* erfordert, aus den Augen verliert.

Besonders die beiden Konstruktionen *être heureux que* und *être heureux de voir que* stellen einen für Variation anfälligen Kontext dar, da offenbar die Verwendung des *subjonctif* in *être heureux que* auf den Kontext der den Indikativ erfordernden Konstruktion *être heureux de voir que* übertragen wird.

(366) *Je suis surtout* **heureux**
   de voir *que cher Joseph* **reçoive** *bien régulièrement les lettres et les colis.*
   (Paul Grandemange, 9.6.1916)

(367) *Je suis aussi très heureux de voir*
   que vous **avez** *reçu ma Clarinette*
   (Paul Grandemange, 6.12.1918)

Diese Beispiele verdeutlichen, dass sich in den Texten eines Schreibers in den gleichen Kontexten Varianten des Modus ergeben können und dass bestimmte Gebrauchsweisen nicht vollständig verinnerlicht wurden.

Generell sind im Korpus nur Präsensformen des *subjonctif* oder Formen des *subjonctif passé* belegt, mit Ausnahme von drei Okkurrenzen, die einen *subjonctif* im Imperfekt wiedergeben könnten:

(368) *non que l'obus* **eût** *pu me*
   faire du mal puisqu'il passait
   un peu au dessus du talus, mais à
   cause de la déflagration des gaz et du
   déplacement d'air.
   (Albert Provot, 14.6.1915)

(369) *Ils ont tous disparus sans qu'il y en **eut** un seul
de dégringolé*
(Paul Colle, 31.1.1916)

(370) *ce n'est qu'après cette
quinzaine qu'il **fût** défendu à tout civil d'approcher du parc.*
(Justin Poinçot, 12.9.1914)

Die Beispiele (368) und (370) belegen eindeutig die graphische Realisierung des *subjonctif*, wobei dieser nur in (368) auch vom Kontext gefordert wird. In (369) macht die Konjunktion *sans que* den Gebrauch des *subjonctif* eigentlich notwendig, aufgrund des fehlenden Zirkumflexes ist hier jedoch die Form nicht eindeutig dem *subjonctif imparfait* oder dem *passé simple* zuzuordnen. Die Abwesenheit bestimmter Tempora des *subjonctif*, insbesondere *imparfait* und *plus-que-parfait*, entspricht einer grundsätzlichen Tendenz des Französischen der kommunikativen Nähe und zeigt sich in Ansätzen ebenfalls im formelleren geschriebenen Französisch (Grevisse/Goosse 2016, 1200; Koch/Oesterreicher 2011, 171).

Varianten im Umgang mit den beiden Modi zeigen sich nicht nur in der Abwahl des *subjonctif* und in einer Präferenz für den Indikativ, sondern auch im umgekehrten Fall.[129] Die folgenden Korpusbelege illustrieren die Wahl subjunktivischer Formen in Kontexten, die den Indikativ vorsehen, wie bereits in Beleg (370) im Zusammenhang der Verwendung des *subjonctif* im Imperfekt gezeigt wurde:

(371) *La santé est toujours bonne
pour moi et pour nous;
j espére qu'elle en **soit** de
même pour toi.*
(Aloïs Grandemange, 3.10.1914)

(372) *Je suis toujours en bonne santé
et j'espère qu'il en **soit** de même pour toute
la famille.*
(Joseph Grandemange jun., 30.10.1914)

---

129 Diese Entwicklung beschreiben Grevisse/Goosse (2016, 1200) beispielsweise für den Gebrauch des *subjonctif* nach *après que* oder *s'attendre que*.

(373) *je ne doute pas qu'il **soit** pris bon
pour le service.*
(Joseph Grandemange jun., 5.6.1915)

Die überwiegende Zahl der Kontexte, die keine Verwendung des *subjonctif* erfordert, betrifft das Verb *espérer* wie in Beispiel (371) und (372). Hier übertragen die Schreiber offenbar ihr Wissen um den Gebrauch subjunktivischer Formen auf diesen Kontext. Nach affirmativem *espérer que* steht in der Regel das Futur, nur in negativen Kontexten stünde ein *subjonctif* (Littré 1873–1874, s.v. *espérer*). Der Gebrauch subjunktivischer Formen nach *espérer que* ist belegt, wenn *espérer* im Sinne von *souhaiter* interpretiert wird. Diese Assimilierung wird jedoch in Teilen von Grammatikern verurteilt (Grevisse/Goosse 2016, 1574). Innerhalb der Okkurrenzen der übergeneralisierenden Verwendung des *subjonctif* nach *espérer que* entfällt ein Großteil der Belege auf die Texte von Joseph Grandemange junior, weshalb sich hier ein individueller Gebrauch gefestigt zu haben scheint.

Die Auszüge verdeutlichen, dass die Schreiber generell die Formen des *subjonctif* und seine Anwendung in Teilen kennen. Die Variation im Gebrauch von Indikativ und *subjonctif* hinsichtlich der jeweiligen Verwendungskontexte legt offen, dass insbesondere die spezifischen Regeln zur Verteilung nicht immer zur Gänze erworben wurden. Zugleich muss ausdrücklich darauf hingewiesen werden, dass im Korpus eine normkonforme Verwendung des *subjonctif* in vielen Kontexten belegt ist. Die Verwendung des *subjonctif* oder des Indikativs bietet Anknüpfungspunkte zur morphogrammischen Variation (5.1.12): Der folgende Beleg zeigt, dass in Teilen nicht zweifelsfrei zu entscheiden ist, ob es sich bei einer Verbalform um eine Konjugation des *subjonctif* handelt:

(374) *Je suis heureux de voir que tu **aie**
passé chez Mr et Mr Pierrel à Lure*
(Paul Grandemange, 25.6.1916)

Hier kann nicht eindeutig geklärt werden, ob der Schreiber den *subjonctif* Präsens der 1. Person Singular von *avoir*, also eine graphische Variante für die 2. Person Singular, wählt oder ob es sich um eine homophone (und morphogrammische) Variante für die Konjugation der 2. Person Singular Indikativ Präsens von *être* handelt.

Gebrauch des *passé simple*

Als charakteristisches Merkmal der kommunikativen Nähe gilt neben einer reduzierten Anwendung des *subjonctif* die Abwesenheit des *passé simple*, das für die kommunikative Nähe im Grunde gänzlich untypisch ist und überwiegend der kommunikativen Distanz zugeschrieben wird. Grevisse/Goosse (2016, 1189) gehen davon aus, dass das *passé simple* nahezu komplett aus dem Gebrauch der gesprochenen Sprache verschwunden ist. Die narrative Funktion des *passé simple* übernimmt das *passé composé* (Koch/Oesterreicher 2011, 170). Aus dieser Perspektive ist für das vorliegende Analysekorpus eine eher geringe bis keine Verwendung zu erwarten. In den Ego-Dokumenten des Analysekorpus ist das *passé simple* zwar wenig frequent, allerdings nicht vollständig abwesend. Einige Belege demonstrieren, dass es auch von weniger geübten Schreibern in Texten, die sich durch eine Affinität zur kommunikativen Nähe auszeichnen, verwendet wird und dies nicht nur in den Formen der 3. Person Singular und Plural.[130]

(375) *Ce **fut** une cérémonie touchante entre toute. ↧L'allocution que le célébrant a prononcée en guise de sermon a surtout été très bien.*
(Paul Desmettre, 16.8.1914)

(376) *je **fût** blessée se jour par des éclats, atteint au 2 bras et à la cuisse gauche, je **fût** penser aussitôt, à un poste de secours sur cette route, j'ai été dirigé au Elaon, et de la sur Clermonts, (Argonnes) là j'ai été penser une deuxièmes fois, partie le 1̶3̶4 Juillet, au matin, je **fût** dirigé sur Château-Chinon à l'hopital 66, Annexe Ste Claire, j'ai eu de très bon soins aussi, j'y suis rester 1 ̶m̶o̶i̶s̶mois et ½, ne pouvant pas me faire extraire mes eclats*

---

130 Cf. hierzu auch Grevisse/Goosse (2016, 1189): «Certains linguistes estiment que le temps est rare en dehors de la 3e personne». Dem entgegen dokumentiert auch die bretonische Verfasserin privater Briefe zur Zeit des Ersten Weltkriegs den Gebrauch des *passé simple* in allen drei Personalformen des Singulars (Thibault 2020b, 428).

d'obus, je **fût** envoyer ici dans
cette hopital de Nevers
(Adolphe Guerton, 17.10.1915)

(377) C'est par la grâce de l'officier qui
commandait la batterie dont j'ai parlé plus haut, que le massacre
fut arrêté, c'est à ce moment que nous **fûmes** amassé, déséquipé
tout ceux qui pouvaient marcher **furent** conduit sur la route
de Morhange, je **fus** tout surpris de retrouver parmi nous mon
camarade Cordier
(Justin Poinçot, 20.8.1914)

(378) Je reconnus de suite ton
écriture.
(Paul Grandemange, 14.10.1914)

Auch wenn das *passé simple* vielfach als ein dem gesprochenen Französisch fremdes Tempus dargestellt wird, kann es in spezifischen Funktionen verwendet werden: «Il est presque toujours présenté comme un temps littéraire, qui aurait complètement disparu du français parlé. On le rencontre pourtant encore [...]. Il apparaît souvent dans des situations que les locuteurs ressentent comme solennelles» (Blanche-Benveniste 1997, 52). So verwenden etwa Kinder dieses Tempus zur Wiedergabe historischer Fakten oder in der Beschreibung historischer Figuren. Zu Beginn des 20. Jahrhunderts ist das *passé simple* zudem im Süden Frankreichs aufgrund des okzitanischen Substrats noch etwas weiter verbreitet (Blanche-Benveniste 1997, 53; Grevisse/Goosse 2016, 1189). Auch andere Texte weniger geübter Schreiber dokumentieren den Gebrauch des *passé simple* als narratives Tempus, wie etwa das Tagebuch des kanadischen Zimmermanns Charles Morin (Martineau 2018, 82) oder das Journal von Héroard (Ernst 2015, 97). Die Verwendung des *passé simple* in den genannten Beispielen könnte sowohl auf eine registerspezifische Konnotation, da das Tempus als feierlich empfunden wird, oder auch auf seine narrative Funktion zurückgehen. Die Wahrnehmung als zu einem bestimmten, gehobenen Register zugehörig könnte durch das Medium des Schriftlichen begünstigt werden. Die Schreiber des Analysekorpus sind mit dem schriftlichen Ausdruck in ihrem Alltag zu Beginn des Krieges größtenteils wenig oder gar nicht vertraut und könnten daher die Redaktion als einen formellen Akt wahrnehmen, dem sie mit dem Gebrauch bestimmter Muster zu entsprechen suchen. Diese Haltung insbesondere weniger geübter Schreiber gegenüber dem schriftsprachlichen Ausdruck wurde bereits im Bereich orthographischer Variation zur Erklärung von übergeneralisierenden Schreibungen herangezogen und sie scheint auch auf morphosyntaktischer Ebene ihren Ausdruck zu finden.[131]

Negation

Ein bezeichnendes Merkmal des gesprochenen Französisch ist die Reduktion der zweigliedrigen Negation, die im gesprochenen informellen Sprachgebrauch eindeutig dominiert. Es zeigt sich eine klare Verteilung der postverbalen Negation hinsichtlich der konzeptionell gesprochenen und der konzeptionell geschriebenen Sprache, da sich das Geschriebene durch einen weitgehenden Erhalt der zweigliedrigen Negation mit dem präverbalen Element *ne* auszeichnet (Grevisse/ Goosse 2016, 1398; Koch/Oesterreicher 2011, 172–173). Der Ausfall von *ne* ist in der Negation im gesprochenen Französisch aufgrund seiner hohen Frequenz und seiner Verbreitung bei einem Großteil der Sprecher nicht mehr als Normabweichung zu bewerten (Blanche-Benveniste 1997, 37). Dabei ist die Reduktion des präverbalen Negationselements keine Innovation des 20. Jahrhunderts. Bereits das Journal von Héroard aus dem 17. Jahrhundert belegt den Ausfall von *ne* in deklarativen Sätzen, sowohl in der Sprache des Prinzen als auch, wenn auch nur gelegentlich, bei Héroard selbst (Ernst 1985, 85–86). In einer korpusbasierten Studie weisen Martineau/Mougeon (2003, 145) nach, dass der Ausfall von *ne* im 17. Jahrhundert noch sehr wenig frequent ist, sich im 18. Jahrhundert langsam in spezifischen Kontexten verbreitet und sich erst im 19. Jahrhundert in einer strukturell breiten Verteilung ausdehnt.

Das vorliegende Korpus belegt, dass die zweigliedrige Negation *ne…pas* im schriftlichen Sprachgebrauch der Schreiber sehr frequent und präsent ist. Aufgrund des nähesprachlichen Charakters der Texte des Analysekorpus läge die Annahme nahe, weitgehend eine postverbale Negation zu erwarten. Im Gegensatz dazu weisen die Texte der weniger geübten Schreiber jedoch nur relativ wenige Auslassungen des präverbalen Negationselements *ne* auf, der überwiegende Anteil negierter Konstruktionen dokumentiert die beiden Bestandteile der Negation.[132] Untersucht wurde die Verbalnegation im Korpus, wobei die sehr frequente Struktur *n'est-ce pas* ausgeschlossen wurde, da sie in dieser Form fixiert gebraucht wird. Insgesamt weist das Korpus 2.432 verneinte Propositionen mit den prinzipiell zweigliedrigen Strukturen *ne…pas, ne…plus, ne…rien, ne…jamais, ne…aucun, ne…nul,*

---

131 Cf. hierzu Kapitel 5.1.10 Worterkennung und Segmentierung und 5.1.14 Nicht-funktionale Variation.
132 Im Korpus des CHSF, der eine längere Zeitspanne vor der Situierung dieses Korpus umfasst, ist die einfache Verneinung ebenfalls selten (Thun 2018b, 278).

ne..guère, ne...point sowie *ne...que* auf.¹³³ Davon umfassen 2.282 Belege, d.h. 94%, die prä- und postverbalen Negationselemente. Ausschließlich postverbale Negation ist in 83 Okkurrenzen belegt, welche einem Anteil von 3,5% entspricht. Diese Frequenzen stehen in deutlichem Kontrast zu denjenigen, die für das *Corpus 14* erhoben wurden: für 25% der Negationen wurde die ausschließlich postverbale Variante gewählt (Steuckardt 2014, 363).¹³⁴ Beispielhaft für die zweigliedrige Negation seien die folgenden genannt:

(379) *tu sais en ce moment il **n'**y*
*a **aucune** permission c'est fini*
(Paul Labriet, 13.2.1916)

(380) *on **net jamais** tronquil*
(Jean-Baptiste Pierrel, 1.4.1916)

(381) *[...] il **ne** fallait **pas** écouter tous ces*
racontage que cétait pour se moquer de la
religion
(Philomène Angly, 18.6.1916)

In 67 der Negationen verwenden die Schreiber nur die präverbale Verneinung mit *ne*, welche in den folgenden Belegen fakultativ ist (Grevisse/Goosse 2016, 1384–1386):

(382) *Voilà quelque temps que je **n'**ai reçu*
de vos nouvelles
(Joseph Grandemange jun., 15.11.1917)

(383) *Je Tenvoie un petits colis*
aussi avec Ton cinture un
peut de scausisons d'arle je
***ne** sait se qui Te faut Tu ne*
dit rien
(Marie Anne Grandemange, 11.3.1916)

---

133 Auch wenn *ne...que* keinen negativen Sinn im eigentlichen Sinne ausdrückt (cf. Grevisse/Goosse 2016, 1390) wurde die Struktur hier aufgrund ihrer zweigliedrigen Zusammensetzung aufgenommen.

134 Eine andere Studie zu einem ähnlichen Korpus belegt ebenfalls eine deutliche Tendenz zur Erhaltung des präverbalen Negationselements (Pellat 2020, 237).

(384) *j ai songé que*
vous serez absent pendant un moment
*et que vous **ne** pourriez recevoir de*
nouvelles.
(Alice, 25.4.1916)

Die bevorzugte Wahl der zweigliedrigen Negation im vorliegenden Korpus mag zum einen an der differierenden Ausrichtung des Korpus und den jeweiligen Schreiberprofilen selbst liegen. Möglicherweise spielt auch Aufnahme der Textsorte Tagebuch eine Rolle. Mit Blick auf den individuellen Schreiber könnte sich die vorherrschende Variante der prä- und postverbalen Negation aus dem individuellen Respekt, den ein Schreiber der Redaktion aufgrund einer geringen Routine entgegenbringt, erklären. Außerdem, und dies erscheint wesentlich, zeigt sich in dieser Wahl ein Bestreben, den als hoch wahrgenommenen Anforderungen der schriftlichen Praxis zu genügen (cf. auch Ernst 2003, 94).

Belege für die Reduktion der zweigliedrigen Negation sind beispielsweise:

(385) *tout cela sous*
*la menace continuelle des balles **qui arrêtent pas***
(Émile Garnier, 7.1.1915)

(386) *je vous*
*assur que **lon a pas** le tenp de trouvé*
le temps long
(Eugénie Pierrel, 21.9.1915)

(387) ***Jai rien** de nouveau*
(Hubert Perrin, 8.2.1918)

(388) *ce que*
nous avons jamais
***pu**.*
(Paul Braun, 18.11.1918)

Die ausschließlich postverbale Negation wird sowohl von Schreibern, die wie Émile Perrin eine relativ ausgeprägte Regelkompetenz aufweisen, als auch von Schreibern wie Eugénie Pierrel, die insgesamt viele Varianten produziert, verwendet. Außerdem ist nicht nur der Ausfall von *ne* in Kombination mit der Negationspartikel *pas*, sondern zum Beispiel ebenfalls mit den postverbalen Elementen *rien* oder *jamais* dokumentiert. Der Auszug aus Eugénie Pierrels Brief in (386) könnte aufgrund des Kontextes auch lediglich eine unterlassene graphische Markierung der Negationspartikel *ne* anzeigen, da die Partikel mit elidiertem <e> nach *on* in der Aussprache kaum wahrnehmbar ist.[135] Die von Meisner/Robert-Tissot/Stark (2016) formulierte Hypothese, nach der komplexe lexikalische Subjekte den Erhalt von *ne* favorisieren, wird von den Belegen aus diesem Korpus am Anfang des 20. Jahrhunderts nicht gestützt.[136]

Kontinuität der linearen Progression
Wie in der theoretischen Situierung dieses Subkapitels erläutert, führen die Versprachlichungsstrategien, die sich durch eine Affinität zur kommunikativen Nähe auszeichnen, verbunden mit der spärlichen Verwendung von Interpunktionszeichen in Teilen dazu, dass die Texte mit dem kontinuierlichen Sprachfluss der gesprochenen Sprache assoziiert werden: «l'absence, ou plus exactement la faible présence, des signes de ponctuation, et ses conséquences sur notre perception des ‹phrases›. Cette faible présence donne au lecteur le sentiment d'un flux verbal» (Steuckardt 2015c, 91).

Der folgende Brief Marie Anne Grandemanges an ihren Sohn Aloïs illustriert eingängig und zugespitzt, was sich in vielen anderen Briefen des Korpus finden lässt: Er enthält nicht eine Markierung der Interpunktion, wodurch die Identifizierung zusammengehöriger syntaktischer Einheiten signifikant erschwert ist.

(389) *Jeudi le 11 Mars 1916*
 Mon chère petits Aloyse
 La santè est toujour bonne
 pour moi et pour nous touses
 et jespère que ma petites lettres
 Te trouvera Te méme malgrè Tout
 les ennuie que jaie et Toujour
 eut je pense Toujour baucoup
 a Toi mon chère petits et sourtout
 en se moment Tu Toit songer
 aussi que veut du s'est cruelle
 pour moi Te me voir sèparer Te
 mes chère petits oui il faut que
 je Te le repète en mème temps

---

135 Diese Auslassung von *ne* nach *on* wird bei Grevisse/Goosse (2016, 1400) explizit verurteilt.
136 Pusch (2020, 222–223) kann die Hypothese ausgehend von exemplarischen Korpusbelegen des Briefkorpus (Rézeau 2018) lediglich partiell bestätigen.

> *que j'ecrit les larmes coules*
> *que personne ne voit rien*
> *sa fait du bien en plus Te sa*
> *je pense à mon peauvre Joseph*
> *je veut bien qu'il est hors de*
> *danger mais s'est la misère que*
> *jaie peur i s'est long avant*
> *et de avoir ces colis ch chère*
> *petits je veut encore lui preparer*
> *un colis pour al'Allemagne*
> *son pain qui se suit et ainsi*
> *un colis chaque 8 jours*
> *et pour l'argent il ne faut*
> *plus lui en envoyez il ne reçoit*
> *rien il nous dit ne m'envoyez*
> *plus d argent rien qu à manger*
> *enfin chère petit Aloyse*
> *je Tenvoie un petits colis*
> *aussi avec Ton cinture un*
> *peut de scausisons d'arle je*
> *ne sait se qui Te faut Tu ne*
> *dit rien*
> *en attendant le plaisir*
> *Te Te lire reçoit mon chère*
> *petit un Tendre baiser*
> *Te Ta chère Maman*
> *et Te Ton chére p Papa*
> *bien le bonjour de Charles et Josèphine*
> *et un bon baiser Te leur part*
> *Maman*
> (Marie Anne Grandemange, 11.3.1916)

Die syntaktischen Relationen im Brief sind an vielen Stellen unterspezifiziert: «Ici certains rapports restent libres, non spécifiés. [...] Il n'y a ni frontière de proposition, ni frontière de complément, ni frontière avec ce qui suit: chaque élement d'information se détache de ce qui précède, établissant un lien de portée syntaxique indétérminée» (Seguin 1993, 398–399). Am Anfang des Briefs schreibt Marie Anne *et jespère que ma petites lettres Te trouvera Te méme malgrè Tout les ennuie que jaie et Toujour eut je pense Toujour baucoup a Toi mon chère petits*. Die fehlende Interpunktion macht die Entscheidung, ob das präpositionelle Syntagma *malgré tous les ennuis* der vorhergehenden Proposition oder der nachfolgenden als Einschränkung zuzuordnen ist, besonders schwer. Ebenso verhält es sich weiter in der Sequenz: *je pense Toujour baucoup a Toi mon chère petits et sourtout en se moment Tu Toit songer aussi que veut du s'est cruelle pour moi Te me voir sèparer Te mes chère petits*. Handelt es sich bei *et surtout en ce moment* um die Spezifizierung der vorhergehenden Proposition, sie denke gerade besonders oft an ihre lieben Kleinen? Möglicherweise handelt es sich auch um die Einleitung des folgenden Segments, Aloïs denke sicher vor allem im Moment, dass seine Mutter sich in einer grausamen Situation befinde. Oder handelt es sich vielmehr bei *et sourtout en se moment Tu Toit songer aussi* um eine elliptische Struktur als direkte Ansprache ihres Sohnes, die eine gleiche Bewertung der Ereignisse und ein ähnliches Empfinden der Situation voraussetzt?

Häufig lassen sich propositionelle Einheiten durch die Rekonstruktion des Gesprochenen identifizieren, wobei diese Rekonstruktion aus der Retrospektive immer hypothetisch bleiben muss. Die Strukturierung der Propositionen ist vielfach aggregativ und wird linear nach rechts erweitert. Dabei integriert die Schreiberin verschiedene Perspektiven in ihren Brief, wie zum Beispiel in der direkten Redewiedergabe ihres Sohns Joseph: *il ne reçoit rien il nous dit ne m'envoyez plus d argent rien qu à manger enfin chère petit Aloyse*. Josephs Worte sind vollständig in die Proposition Marie Annes integriert und graphisch nicht durch die konventionelle Markierung mit Doppelpunkt oder Anführungszeichen hervorgehoben, weshalb der Leser die Identifizierung der Aussage eines Dritten selbst leisten muss. Grundsätzlich erhöhen die von den Schreibern produzierten graphischen Varianten, vor allem wenn sie morphogrammischer Art sind, die Komplexität der Identifizierung syntaktischer Einheiten. Vielfach können die syntaktischen und grammatischen Beziehungen unklar bleiben, da die Schreiber in der Graphie angelegte Spezifizierungen der grammatischen und syntaktischen Beziehungen nicht realisieren. So sind zahlreiche Sätze zweimal zu lesen und erst in Abgrenzung zu den vorhergehenden und nachfolgenden können einzelne syntagmatische Einheiten identifiziert werden.

Gegenüber dem absoluten Verzicht auf die Markierung der Interpunktion dokumentiert das Korpus auch eine exzessive Verwendung von Interpunktionszeichen, die in expressiver Funktion bestimmte Propositionen hervorzuheben scheinen:

(390) *Tu n'as pas besoin de me
le dire Papa! que vous travaillez
bien. Je le sais! Et quand tu me
dis que tu travailles e! je sais que
tu travailles beaucoup, et bien.*
(Joseph Grandemange jun., 10.2.1915)

Die Schwierigkeit für den Leser, bei fehlender Interpunktion die Satzrelationen zu etablieren, wird auch am folgenden Auszug deutlich:

(391) *cela n'a pas l'air*
malin de voir des hommes encadrés
par des autres baïonnette au canon,
J'ai écrit à Laurent jeudi. dernier.
(André Saunier, 13.1.1917)

Die nicht vollständige Markierung der Apposition *baïonnette au canon* durch Kommata zeichnet diese nicht als solche aus. Lediglich der semantische Gehalt der Konstituente gibt Aufschluss darüber, dass *autres* nicht *baïonnette* determiniert, sondern dass es sich um die pronominale Wiederaufnahme von *hommes* durch *autres* handelt, die wiederum durch die Apposition spezifiziert sind. Die Setzung des Kommas am Ende der Konstituente scheint schließlich den Abschluss der Proposition anzuzeigen, da der Schreiber danach einen Themenwechsel vollzieht. Die Verwendung der Interpunktion in der letzten Zeile des Ausschnitts vor *dernier* legt den Formulierungsprozess offen, indem die zunächst als abgeschlossen markierte Einheit erweitert und spezifiziert wird.

Auch wenn der Terminus *Satz* in seiner Anwendung auf das Analysekorpus problematisch ist, lässt sich aus den Texten eine gewisse Strukturierung herauslesen (Steuckardt 2015c, 92). Der Verzicht auf die graphische Kennzeichnung zusammengehöriger Propositionen zwingt den Leser, die Äußerungen des Schreibers über die gesprochene Sprache zu rekonstruieren und so syntaktisch-semantische Einheiten zu identifizieren.

Anstelle von konventionellen Interpunktionszeichen wählen manche Schreiber andere Mittel zur syntaktischen Strukturierung, wie das folgende Beispiel zeigt:

(392) ~~mes~~ ***et*** *mois les pier mon jelé*
*tout les deux **mes** je n'est*
*toujours marcher **et** il avais*
de la première ligne a la
cuisine 3 ou 4 kilomètre
***et** a chaque toure que je faisais*
sa me faisais la moitier
*plus **mes** a lécoide il avais*
que moie que jalais chèrcher

> *la soups **et** jais fais 4 ou 5 en*
> *toure par jour et laut*
> *me mantais par desut le*
> *genous **et** jais fait sela tout*
> *le tent **mes** cont gétais a[r]river*
> *on 1eres ligne des fusiade et*
> *les marmite des boche*
> *qui tembais pas loin de la*
> *tête **et** les boche an jamais*
> *peur nous sortir des trencher*
> ***et** poutent que les mitralieur*
> *ne manquais pas cher les*
> *boche*
> (Eugène Lorieau, 1915)

Eugène Lorieau verzichtet hier zur Gänze auf Punkte oder Kommata zur graphischen Strukturierung der Äußerungen. Stattdessen fällt der signifikante Gebrauch der Konjunktionen *et* und *mais* auf, die er nicht ausschließlich in ihrer ursprünglichen Funktion als koordinierende Konjunktionen, sondern offenbar auch zur Gliederung seines Textes verwendet. Die Konnektoren übernehmen eine ähnliche Funktion wie Interpunktionszeichen, da sie die einzelnen Propositionen voneinander abgrenzen und gleichzeitig den Übergang in Form einer Aneinanderreihung ermöglichen. Dieser Gebrauch von *et* und *mais* und die dadurch entstehende syntaktische Verschränkung etabliert textuelle Kohärenz zwischen den einzelnen Propositionen und erleichtert dem Leser das Verständnis, wenngleich die Repetition der Konnektoren stilistisch einseitig wirkt.

Die textuelle und thematische Progression vollzieht sich zumeist linear durch die sukzessive Aneinanderreihung mehr oder weniger abgeschlossener syntaktischer Einheiten, die in der Regel graphisch nicht voneinander abgesetzt sind. Dadurch sind die Lesbarkeit und die Verständlichkeit der Ego-Dokumente deutlich erschwert. Die einzelnen Propositionen können vor allem durch eine Rekonstruktion der gesprochenen Äußerung mit einer Hypothese zur Intonation identifiziert werden. Ein gesprochener Redestrom ist im Allgemeinen durch einen eher geringen Planungsaufwand gekennzeichnet, aus dem wiederum die Präferenz für Versprachlichungsstrategien mit aggregativer Aneinanderreihung von Inhalten resultieren (cf. auch Große et al. 2016, 7). Die sprunghafte thematische Entwicklung sowie die knappe Verwendung von Konnektoren der Textorganisation verstärken den Eindruck einer geringen Planung, da der Text nicht einer vorüberlegten Struktur, sondern vielmehr den Ideen des Schreibers folgt (Mahrer 2017, 17).

Die erwähnten Beispiele illustrieren die für die kommunikative Nähe charakteristische Freiheit der thematischen Progression und verdeutlichen gleichzeitig, dass weniger geübte Schreiber diese Versprachlichungsstrategie auf das geschriebene Medium übertragen:

> «D'une manière générale, l'apparence d'un fouillis d'idées mal organisées et décousues est une caractéristique typique des scripteurs peu lettrés et un argument en faveur d'une rédaction linéaire du texte au détriment d'une planification préparée sur un brouillon» (Klippi 2018, 118).

Der folgende Auszug aus der Korrespondenz Paul Labriets an seine Frau Appoline zeigt, wie der Schreiber in rascher Folge und ohne verbindende Konnektoren die folgenden Themen abhandelt: das Verfassen des Briefes mit der Begründung, warum er den Brief an diesem Tag schreibt, die Ankündigung der Truppenbewegung in die Schützengräben, das Wetter und die damit verbundene Einschränkung der Korrespondenz, die hoffnungslose Situation der Frontsoldaten, die Frage nach dem Kriegsende, schließlich seine eigene Gesundheit und die seiner Familie.

(393) *Je t'écris ces quelques mots tu sais*
parceque probablement je ne pourrais
pas t'écrire demain nous partons
ce soir aux tranchées et par le
temps qu'il fais tu sais je ne
pourrais pas t'écrire il plut
jamais je n'ai vu un temps pareil
jamais nous sommes dans l'eau
la boue jusqu'au genoux
et toujours mouillés je ne sais
pas comnent que l'on ne
crève pas quand donc que
tout cela finira je me le
demande malgré tout cela
la santeé est toujours assez
bonne je pense qu'il en est
de même pour vous tous
(Paul Labriet, 16.2.1916)

Der Verzicht auf Interpunktionszeichen und die Gliederung des Briefes in einem Block ohne Absätze evozieren den mündlichen Redefluss und scheinen die Gedanken des Soldaten relativ direkt abzubilden. Die verschiedenen Themen werden weder eingeleitet, noch begründet und ergeben sich einzig aus der Abfolge dessen, was Paul Labriet denkt. Die prompte Sukzession verschiedener Themen ohne Zeilenwechsel oder einleitende Kommentierung zeigt auch ein Brief Joseph Grandemanges junior, in dem die einzelnen Propositionen nur unter Berücksichtigung der Folge der Korrespondenz ihre Logik erhalten.

(394) *Pourquoi me demander á*
la croix-rouge? Je partirai à mon
tour, comme les copains. Il faut
la justice partout. D'ailleurs je ne
suis pas inscrit ici comme sanitaire.
Donnez le bonjour à Joséphine et Charles
et faites-leur lire mes nouvelles.
Avez-vous reçu mes photographies?
Accusez-m'en réception, s'il vous plait!
Ernest Pierrat n'est plus avec moi
depuis le mois d'Octobre dernier. Ici
nous avons fini les foins, les regains
et la moisson. Tous mes compliments à
Didier ainsi qu'à sa femme. Je sais que
Mr Maurice Hans à acheté une fabrique
au Ménil et que Alice et ma Marraine
y travaillent. J'ai envoyé ma photo à Céline
à Parrain, à Mr Flayelle et à mon ancien patron
à Baccarat. Je vous rendrai réponse là-dessus.
(Joseph Grandemange jun., 1.9.1918)

Der entstehende Eindruck einer gehetzten, ungeglätteten und bisweilen stakkatoartigen Progression, die sich linear immer mehr nach rechts ausweitet, ist bei den an der Front befindlichen Soldaten wie Paul Labriet oder den Kriegsgefangenen wie Joseph Grandemange junior auch der spezifischen Situation, in der sie schreiben, geschuldet. Das Ziel ihrer Kommunikation ist das Mitteilen einer Vielzahl verschiedener Inhalte, für die ein begrenzter Raum, sowohl zeitlich als auch materiell, zur Verfügung steht.

In anderen Fällen kann die Kohärenz der thematischen Abfolge zwar theoretisch gegeben, jedoch durch einen Einschub unterbrochen sein, wie es der Brief Paul Grandemanges zeigt. Hier schreibt Paul von seinem Wunsch seine ganze Familie zu sehen und schweift ab, um von seinem Besuch in Langres und dem Tausch der Gewehre zu berichten. Nach diesem Einschub nimmt er mit *Ce qui me ferait un touchant plaisir* das Thema des Besuchs wieder auf, um es hinsichtlich der Zahl der Besucher auf seinen Bruder Aloïs einzuschränken:

(395) *Hier, Dimanche, il y a eu*
beaucoup de jeunes soldats qui ont eus
la visite de leurs Parents et les autres
de leur frère. – Cela m'a fait un
effet de voir ainsi le plaisir qu'éprou
vaient les jeunes soldats en voyant soit
leurs frères ou leurs Parents. Nous devons
partir dans 15 jours. Il est certain
que nous irons du côté de Soissons, ce
qui vous prouve la distance qui va
nous séparer d'ici une quinzaine.
Ce que je voudrais serait de vous voir tous
avant de partir mais cela est impos-
sible. Samedi après-midi nous avons
étés à Langres pour changer nos Fusils
car nous avions le fusil 1886 non modifié
En ce moment nous avons le véritable
fusil Lebel et commençons les tirs et
les assauts à la baïonnette demain.
Nous ferons l'assaut à la baïonnette
sur des mannequins (grandeur d'homme)
habillés en soldats.- Ce qui me ferait
un touchant plaisir serait d'en voir
au moins 1 de chez nous avant mon
départ. – Aloïs aurait peut-être la
permission de vous chers Parents.
(Paul Grandemange, 21.9.1914)

Aus den Kommunikationsbedingungen der konzeptionellen Nähesprache resultieren die freie Themenentwicklung und die relative Spontaneität dessen, worüber berichtet wird. Die hohe emotionale Beteiligung der Gesprächspartner sowie der umfassende gemeinsame Wissenskontext favorisieren eine ausgeprägte Toleranz hinsichtlich dieser Versprachlichungsstrategien. Aus den Bedingungen der kommunikativen Nähe ergeben sich ebenfalls einige spezifische syntaktische Formen, wie etwa Anakoluthe, Ellipsen, Kontaminationen, Engführungen oder Strukturen semantischer, jedoch nicht formaler Kongruenz (*constructio ad sensum*). Faktoren der Kommunikation wie die Planung der Formulierung sowie der soziale, emotionale und sprachliche Kontext erklären diese syntaktischen Partikularitäten, wobei eher oberflächliche Strukturen auf der Ebene des Formulierungsvorgangs von

Mustern mit semantischer Motivation zu differenzieren sind (Koch/Oesterreicher 2011, 81).

Offenlegung des Formulierungsvorgangs
Texte der kommunikativen Nähe zeigen eine höhere Toleranz für Planänderungen in der syntaktischen Strukturierung und weisen aus diesem Grund eine höhere Anzahl von Anakoluthen, Kontaminationen und Nachträgen auf (Koch/Oesterreicher 2011, 84). Ein Anakoluth liegt vor, wenn eine Planänderung in Form einer Korrektur der syntaktischen Struktur erfolgt, die einen Bruch darstellt (Grevisse/Goosse 2016, 265; Koch/Oesterreicher 2011, 84).[137]

Die folgende syntaktische Konstruktion scheint nach *que le sousofficier de la cuisine* einen solchen Bruch aufzuweisen:

(396) *un camarade qui*
était a la cuissine de cam=
pagne vient de me dir
ces jours çi que le sousof=
ficier lui de la cuissine
que je servirez peut être
a la cuissine
(Joseph Antoine, 26.3.1915)

Die Redewiedergabe des Kameraden, dessen Subjekt *sous-officier* ist, wird nicht zu Ende geführt. Stattdessen wird die relevante Information, Joseph Antoine habe die Möglichkeit in der Küche zu dienen, mit dem die Redewiedergabe einleitenden *vient de me dire* verknüpft. Eine spezifische Ausprägung des Anakoluths ist die Kontamination, bei der die Korrektur nicht abrupt erfolgt, sondern eine Konstruktion in eine andere überführt wird (Koch/Oesterreicher 2011, 84). Das Korpus dokumentiert verschiedene Planänderungen dieser Art in den Texten weniger geübter Schreiber, die an einigen Belegen exemplifiziert werden. Im Auszug aus Léon Mayzauds Tagebuch wird *l'on avait fait* unter Auslassung des Subjektpronomens mit *[nous] ne marchions pas* koordiniert: *mais la chaleur ne fut pas trop mauvaise et l'on avait fait plusieurs pauses et ne marchions pas trop vite* (Léon Mayzaud, 12.7.1917). In den folgenden beiden Beispielen kombinieren die Schreiber eine subordinierte Verbalergänzung mit einer infinitivischen Ergänzung: *tache que Joseph sois gentil et d'écouter comme il faut* (Paul Labriet, 3.5.1916) und *il faut qui soigne ses hommes et les pousser*

---

137 Zur Form des Anakoluth in nähesprachlichen Texten des 17. Jahrhunderts, cf. Ernst (2020, 29).

au travail (Marie Anne Grandemange, 2.11.1914). Die Ergänzung des Verbs *remercier* ist auch in folgendem Beleg Gegenstand des Übergangs in eine andere syntaktische Konstruktion:

(397) *donc je joint dans l'enveloppe*
que je place dans ma lettre un petit billet
pour vous **remercier de ce que** *vous avez bien*
voulu m'envoyer *penser amoi.*
(Philomène Angly, 28.3.1916)

In der Streichung des ursprünglichen *m'envoyer* wird die von der Schreiberin vorgenommene Planungsänderung ersichtlich. Ein anderes Beispiel von Marie Anne Grandemange weist Züge einer Kontamination auf, wenn die Konstruktionen *je demande que la santé [soit bonne]* und *je demande de la santé pour…* zugrunde gelegt werden, aber auch einer unvollständigen syntaktischen Konstruktion, wenn von *je demande que la santé [soit bonne] pour nous tous…* ausgegangen wird:

(398) *je Temande que la santè pour*
nous *touses pour pouvoir*
vous soutenir s'est la seul
choses chère Aloïse je m'ennuie
beaucoup pour Joseph
(Marie Anne Grandemange, ohne Datum, Brief 1)

Die typisch nähesprachliche syntaktische Form des Nachtrags betrifft die Alternation der linearen Abfolge der Konstituenten, wobei ein Element ausgelassen und nachgeliefert wird (Koch/Oesterreicher 2011, 85). Im folgenden Korpusbeleg ergänzt Paul Desmettre am Ende seiner Äußerung die zeitliche Dimension mit der Angabe *Aujourd'hui même*:

(399) *Je suis heureux de connaitre*
l'adresse de Désiré, je vais lui
adresser une carte. **Aujourd'hui même.**
(Paul Desmettre, 20.8.1914)

Die nachgelieferte Konstituente erscheint hier zudem dadurch als abgesetzt von der vorhergehenden Konstruktion, als der Schreiber sie typographisch abgrenzt.

Syntaktische Muster semantischer Motivation:
Ein wesentliches Merkmal konzeptionell gesprochener Sprache sind Leerstellen in der syntaktischen Organisation (Koch/Oesterreicher 2011, 86), die dank der engen Verknüpfung mit Kontexten, sprachlicher, aber auch außersprachlicher Art, vervollständigt werden können. Hierzu zählen beispielsweise holophrastische Konstruktionen, Engführungen oder die Dominanz semantischer Kongruenz.

Die folgenden beiden Beispiele können relativ problemlos aus dem Kontext mit *il n'y a pas* oder *il y a* ergänzt werden:

(400) *chez eux **pas de** restes*
   du jour avant
   (Joseph Grandemange sen., 13.4.1916)

(401) *aujourd'hui c'est la communion des enfants*
   *si l'on avait seulement encore leurs âge **bien des***
   ***emuis** que l'on ne connaitrai pas*
   (Philomène Angly, 28.5.1916)

In einem weiteren Beispiel Joseph Grandemanges senior wird die Bedeutung des sozio-historischen und politischen Kontextes des Ersten Weltkrieges besonders relevant zur Komplettierung der Äußerung:[138]

(402) *[Si] c'etait un vaccin contre les balles*
   je dirais bon. mais.
   (Joseph Grandemange sen., 27.3.1916)

Joseph Grandemange kommentiert die vierte Impfung seines Sohnes mit Unverständnis. Sie ergäbe für ihn nur Sinn, wenn es sich um eine Impfung gegen die Munition der Gegner handelte. Da dies jedoch nicht der Fall sein kann, überzeugt ihn die Häufigkeit dieser schmerzhaften Impfungen nicht. Diesen Inhalt versprachlicht er äußerst ökonomisch, indem all sein Unverständnis und seine Kritik nicht explizit, sondern lediglich in *mais* dargestellt werden, das gedanklich vom Leser ergänzt werden muss. Diese Versprachlichungsstrategie ist besonders bezeichnend für die kommunikative Nähe und resultiert aus der engen Verknüpfung des Kontextes mit der Äußerung:

---

[138] Grevisse/Goosse (2016, 247) bezeichnen diese Sonderform der Ellipse als *suspension*.

«Gerade höchst ‹fragmentarische›, sog. holophrastische Äußerungen werden nämlich [...] eingebunden in Situations- und Handlungskontexte, gebraucht; sie kommen der emotionalen Beteiligung und/oder der Spontaneität entgegen und funktionieren problemlos in eindeutigen Wissens- und Erfahrungskontexten, bei origo-naher Referenz und/oder Nachfragemöglichkeiten von seiten des Partners. Im Nähediskurs sind sie mit anderen Worten völlig adäquate und selbstverständliche Äußerungsformen» (Koch/Oesterreicher 2011, 88).

Eine weitere holophrastische Konstruktion ist eng mit dem Ereignis des Krieges verknüpft und betrifft den Ausdruck der Hoffnung auf Frieden:

(403) *nous prions pour*
la Paix **mais quand** *Cher enfant*
nous avons eut une lettre de Ton
chère frère Joseph
(Marie Anne Grandemange, 16.2.1915)

Die Unsicherheit der Schreiberin, wann dieser Frieden, für den sie betet, eintreten könnte, und die Hoffnungslosigkeit der Situation werden durch die Verwendung der elliptischen Struktur *mais quand* und die unterlassene vollständige Versprachlichung der Interrogation deutlich hervorgehoben. Der sprachliche und außersprachliche Kontext desambiguieren gleichzeitig die holophrastische Äußerung.

Bei der Engführung handelt es sich ebenfalls um eine spezifisch nähesprachliche Formulierungsstrategie, die eine bereits erwähnte Konstituente verdoppelt und so semantisch präzisiert. Obwohl diese Strategie für den Schreiber auch Formulierungserleichterungen impliziert, entspricht sie maßgeblich semantischen und expressiven Motivationen (Koch/Oesterreicher 2011, 85). Im folgenden Auszug aus Émile Garniers Tagebuch präzisiert der Schreiber das Subjekt, dem eine Überraschung widerfährt:

(404) *Pendant que ns finissons de diner, nous*
avons une surprise ou plutôt Foudard a une
surprise,
(Émile Garnier, 16.9.1914)

Die Engführung wird zusätzlich durch das fokussierende Adverb *surtout* begleitet, ebenso wie es in einem Brief Paul Labriets dokumentiert ist:

(405) *je pense que vous*
　　　êtes toujours en bonne santée
　　　ainsi que vos camarades qui
　　　sont avec vous surtout fanfan
　　　et Colin
　　　(Paul Labriet, 20.3.1915)

Der Schreiber erwähnt zunächst alle Kameraden seines Schwiegervaters, um die Referenten daraufhin einzugrenzen und zwei bestimmte Soldaten herauszustellen. Eine zweifache sukzessive Engführung demonstriert Joséphine Grandemange, wenn sie zuerst Frankreich als zur Rettung bestimmter Empfänger ihrer Gebete bezeichnet und dies in einem ersten Schritt auf die Soldaten, die für Frankreich kämpfen, eingrenzt, zu denen auch ihr Bruder Paul gehört, den sie in einem letzten Schritt als eigentlichen Empfänger ihrer Gebete spezifiziert:

(406) *et ~~presque~~ toutes*
　　　mes prières que je reçite sont pour sauver la France
　　　sauvez les soldats, et surtout pour sauver mon cher Popol.
　　　(Joséphine Grandemange, ohne Datum)

Die hypokoristische Ansprache ihres Bruders erscheint hier als Endpunkt einer Klimax, die gleichzeitig vom Allgemeinen zum Speziellen führt. Als letztes Beispiel einer Engführung sei der folgende Auszug von Henri Cablé erwähnt, der die schlechten Umstände in den Schützengräben beschreibt:

(407) *car on ne peut dormir longtemp*
　　　on est toujours mal campé et équipé surtout
　　　(Henri Cablé, 7.1.1915)

Cablé führt die miserablen Schlafbedingungen zunächst auf die Unterbringung und dann auf die Ausstattung zurück, anaphorisch hervorgehoben durch *surtout*.

Syntaktische Formen, die einer *constructio ad sensum* entsprechen, weisen eine semantische Kongruenz bei gleichzeitiger syntaktischer Inkongruenz des Numerus in der Bezeichnung von Kollektiven auf und sind charakteristisch für die konzeptionelle Nähesprache (Koch/Oesterreicher 2011, 83). Das Korpus dokumentiert einige Belege semantischer Kongruenzen in Kontexten, in denen die Schreiber mit im Singular stehenden Bezeichnungen auf Kollektive referieren. Sehr häufig handelt es sich um die Bezeichnung eines Anteils aus einem Kollektiv, wie zum Beispiel *la moitié de* oder *la presque totalité de*, oder um die Bezeichnung einer militärischen Einheit, die ebenfalls eine gewisse Anzahl an

Soldaten umfasst, wie in *le régiment* oder *la patrouille*. Die folgenden Beispiele illustrieren die Sinnkongruenzen:

(408) *Prèsque **la moitier** de la Comp **sont** rester en route*
(Auguste Jeandon, 25.2.1916)

(409) ***la presque totalité** des marchandises de la Coopérative **sont** liquidées*
(Paul Grandemange, 28.4.1915)

(410) *nous avons eu messe chanté, **la majeure partie** des soldats y **assistaient***
(Justin Poinçot, 9.8.1914)

(411) ***Le Rgt 426** qui est a droite de nous **ont** ue se matin un Volltreffer*
(Auguste Jeandon, 30.6.1917)

(412) ***une patrouille** de hulans embusquée [...] **ont** fait un feu de salve*
(Justin Poinçot, 19.8.1914)

(413) ***tout le monde partaient** a la maison*
(Joseph Grandemange sen., 21.2.1916)

Bei anteiligen Mengenangaben, Beispiele (408) bis (410) stehen Singular und Plural in einem Konkurrenzverhältnis, beide Möglichkeiten sind dokumentiert (Grevisse/Goosse 2016, 587). Gleiches gilt für Kollektivbezeichnungen, die mehr als die Quantität bezeichnen, wie *le régiment* (411) oder *la patrouille* (412), und in denen das Verb gewöhnlich dem Numerus dieser Angabe folgt, auch hier ist der *Accord* nach dem Komplement des Kollektivs attestiert, wenn dieses vom Schreiber als der eigentliche Kern des Syntagmas wahrgenommen wird (Grevisse/Goosse 2016, 589). Hingegen ist die Wahl der Verbform im Plural nach *tout le monde* nicht akzeptiert (Grevisse/Goosse 2016, 1034), wie in Beispiel (413) belegt.[139] Die Verwendung des Verbs im Plural könnte in diesem Fall jedoch durch die Homophonie der Singular- und Pluralformen begründet sein und implizierte dementsprechend keine morphosyntaktische Inkongruenz, sondern die Wahl eines Morphogramms. Die grundlegende Motivation für die Verwendung des Plurals liegt in der Semantik der Kollektivbezeichnungen, die für die Schreiber of-

---

[139] Thibault (2020b, 420–421) belegt in den Briefen einer bretonischen Schreiberin den Gebrauch von Pluralformen nach *tout le monde*, die nicht mit dem entsprechenden Singular homophon sind.

fenbar dominiert. Le Bellec (2015, 81) zufolge handelt es sich um eine Neuausrichtung auf den Blickwinkel des Schreibers. Hierbei ist jedoch infrage zu stellen, wie bewusst diese Ausrichtung erfolgt, möglicherweise handelt es sich für die Schreiber lediglich um die logische Konsequenz aus der Bedeutung der Kollektivbezeichnungen. Koch/Oesterreicher (2011, 84) halten für das gesprochene Französisch eine relativ geringe Zahl solcher Konstruktionen fest und führen dies auf die häufige phonische Übereinstimmung der Singular- und Pluralformen in der 3. Person zurück. Die Tatsache, dass die Verfasser der Ego-Dokumente sinnkongruente Formen auch schriftlich realisieren, unterstreicht die Dominanz des semantischen Aspekts über den formalsyntaktischen.

Bereits die genannten Versprachlichungsmuster der syntaktischen Gliederung machen deutlich, dass auf dieser Ebene nicht nur die Explizierung syntaktischer Relationen im Vordergrund steht, sondern dass diese Versprachlichungen semantisch motiviert sind, gewissermaßen die «prevalenza della semantica sulla sintassi» (Fresu 2016, 330). Im Folgenden werden unter dem Titel der *Informationsstruktur* exemplarisch einige Korpusbelege für diese Art der Versprachlichung vorgestellt.[140]

5.3.3 Informationsstrukturierung

Die konzeptionelle Nähesprache zeichnet sich im Bereich der syntaktischen Strukturierung durch eine dominierende Prägung informationsstruktureller Prinzipien aus, die vorrangig semantischen Faktoren gehorchen und hinter denen der Ausdruck syntaktischer Relationen zurücktritt (Koch/Oesterreicher 2011, 89). In der Nachfolge des Forschungsansatzes der funktionellen Satzperspektive nach der Prager Schule, definiert Halliday Informationsstruktur folgendermaßen:

> «[...] informations systems assign to the discourse a structure which is independent of sentence structure and through which the speaker both organizes the act of communication into a chain of message blocks, the ‹information units›, and specifies within each message block the value of the components in the progression of the discourse» (Halliday 1967, 211).

Die Informationsstruktur überträgt eine pragmatisch-kommunikative Perspektive auf die Konstituentenstruktur und umfasst drei wesentliche Dimensionen: Bekanntheit, Topikalität und Fokus (Musan 2010, 2). Im Rahmen der Strukturierung der Informationseinheiten bewertet der Produzent, welche Information

---

[140] Da die Informationsstruktur zwar Affinitäten mit der Nähesprache aufweist, jedoch ebenso in der Distanzsprache relevant ist, wird sie in einem separaten Unterkapitel behandelt.

neu und welche gegeben ist. Dabei impliziert *neu* nicht notwendigerweise, dass diese Komponente noch nicht erwähnt wurde, obwohl dies zumeist zutrifft: «the speaker presents it as not being recoverable from the preceding discourse» (Halliday 1967, 204). Die beiden Diskurskonstituenten Thema und Rhema versprachlichen jeweils bekannte und neue Information (Halliday 1967, 205). Als thematisch werden diejenigen Konstituenten eines Diskurses bezeichnet, die bekannt, vorerwähnt oder Ausgangspunkt des mitgeteilten Inhaltes sind. Rhematische Bestandteile enthalten neue, noch nicht vorerwähnte Information oder das Ziel der Mitteilung (Koch/Oesterreicher 2011, 89). Auch die Dimension der Topikalität ist zweigeteilt, in Topic und Kommentar. Topic bezeichnet das, worüber etwas ausgesagt wird, und der Kommentar das, was über das Topic ausgedrückt wird (Musan 2010, 25). Die dritte Dimension der Informationsstruktur liefert mit dem Fokus ein Muster, mit dem der Produzent saliente Information vor einem Hintergrund herausstellt (Halliday 1967, 204): «it involves the selection, within each information unit, of a certain element or elements as points of prominence within the message» (Halliday 1967, 203).

Diese pragmatisch ausgerichtete Beschreibung syntaktischer Einheiten in der gesprochenen Sprache über die reine grammatikalische Untersuchungsperspektive hinaus ermöglicht, dass ehemals marginalisierte Strukturen regelhaft werden (Blanche-Benveniste 1997, 68). Eine informationsstrukturelle Betrachtung impliziert dabei stets die Berücksichtigung der Produzentenperspektive, da das kommunikative Verhalten des Sprechers bzw. Schreibers die Informationsstrukturierung einer Äußerung modelliert. Der Schreiber markiert durch die Anordnung der Informationseinheiten, welche Inhalte ihm besonders salient und wichtig in der Kommunikation erscheinen, welche Inhalte er hervorheben möchte und welche er vielleicht als gegeben voraussetzt. So wird seine eigene Perspektive nicht nur anhand dessen expliziert, was er kommuniziert, sondern auch wie er dies tut, nämlich in der linearen Anordnung dieser Einheiten. Die Informationsstruktur einer Äußerung richtet sich nicht nur nach den Mitteilungszielen des Produzenten, sondern auch nach dem von ihm vermuteten Informationsstand beim Rezipienten (Musan 2010, 1). Es handelt sich dabei stets um das «kognitive Informationswissen der Gesprächsteilnehmer bezüglich einer Entität im Diskurs» (Ewert-Kling 2010, 51) und nicht um tatsächliche Merkmale einer Entität in der außersprachlichen Wirklichkeit. In diesem Zusammenhang stellt sich die Frage nach der bewussten Anwendung dieser spezifischen Muster. Möglicherweise wählt der Schreiber bewusst eine bestimmte Herausstellungsstruktur innerhalb einer als konzeptionell gesprochen wahrgenommenen Textsorte. In Anbetracht der geringeren Schreiberfahrung der Verfasser der Ego-Dokumente könnte die Wahl segmentierter Konstruktionen auch auf eine Affinität mit der spezifischen Ausprägung ihrer Schriftsprachkompetenz hindeuten. Diese Frage kann jedoch nur im Einzelfall untersucht und jeweils im betreffenden Kontext als Tendenz in die eine oder in die andere Richtung beschrieben werden (Steuckardt 2014, 357).

Während die spezifischen Ausprägungen des gesprochenen und geschriebenen Französisch im Bereich der Morphologie erheblich sind, trifft dies auf die syntaktische Strukturierung nicht zu (Blanche-Benveniste 1997, 65). Daraus folgt, dass einige Muster syntaktischer Gliederung nicht exklusiv der gesprochenen Sprache, sowohl im medialen als auch im konzeptionellen Sinne, angehören, sondern auch in distanzsprachlicher Kommunikation auftreten können (cf. auch Koch/Oesterreicher 2011, 99). Einige informationsstrukturierende Muster korrespondieren jedoch mit Faktoren, die für die syntaktische Organisation des *français familier* und des *français populaire* charakteristisch sind, wie etwa Subjektivität, Expressivität und Spontaneität. Diese werden insbesondere von Dislokationen und Präsentativstrukturen abgebildet (Prüßmann-Zemper 1990, 838–839). In der unmarkierten syntaktischen Struktur folgt das Rhema auf das Thema, was aus informationsstruktureller Perspektive einem gleichmäßigen Zuwachs an Information entspricht. Wird diese Abfolge umgekehrt, deutet dies auf die emotionale Involviertheit des Produzenten hin, denn dieser formuliert das Ziel seiner Mitteilung prominent zu Beginn der Äußerung und ergänzt die übrige Information danach (Koch/Oesterreicher 2011, 95).

Die Strukturierung der Information kann durch unterschiedliche sprachliche Formen ausgedrückt werden. Neben den in diesem Kapitel vorgestellten syntaktischen Mustern stehen dem Produzenten lexikalische und in der medial mündlichen Sprache auch prosodische Mittel zur Verfügung (Musan 2010, 2). Im Folgenden steht die Frage im Vordergrund, wie weniger geübte Schreiber die kommunizierten Inhalte strukturieren und wie sie saliente Information herausstellen. Wie gelangen die Schreiber von einem Thema zum anderen? Wie gewährleisten sie thematische Übergänge und Kohärenz? Ausgehend von der Prämisse, dass in der Informationsstrukturierung semantische anstelle von syntaktischen Prinzipien favorisiert werden, wird anhand von Dislokationen, Präsentativstrukturen und Spaltsätzen exemplarisch dargelegt, wie die weniger geübten Schreiber des Korpus bei der Strukturierung und Anordnung der von ihnen kommunizierten Inhalte vorgehen.

Spaltsätze (*phrases clivées*)
Syntaktische Strukturen wie Spaltsätze sind nicht exklusiv der kommunikativen Nähe zuzuordnen, sie sind vielmehr dem geschriebenen Code zuzurechnen, da hier andere sprachliche Mittel zur Fokussierung wie Intonation und Betonung wegfallen (Gil 2003, 195). Spaltsätze entsprechen jedoch in ihrer pragmatischen Ausrichtung auf die Sprecherperspektive zum einen dem Forschungsansatz, der

das Individuum in das Zentrum der Aufmerksamkeit stellt, und zum anderen korrespondieren sie mit Kommunikationsbedingungen, die typisch für die konzeptionell gesprochene Sprache sind, wie etwa Expressivität, Spontaneität und ein gemeinsamer Wissenskontext.

Bei einem Spaltsatz handelt es sich um «eine biklausale Struktur mit Kopulaprädikat im Matrixsatz und subordiniertem Satz, welche systematisch mit einer propositional und illokutiv äquivalenten monoklausalen Variante korrespondiert» (Dufter 2006, 32). In der frankophonen Forschung zirkulieren verschiedene Termini zur Bezeichnung dieser Struktur, zum Beispiel *phrase clivée*, *mise en relief*, *dispositif à auxiliaire* oder *dispositif d'extraction* (Dufter 2006, 32). Die häufigste und expliziteste Form des Spaltsatzes im Französischen ist die Abspaltung eines Elements mit *c'est...qui* für Subjekte und *c'est...que* für andere Satzfuntionen (Grevisse/Goosse 2016, 627). Das im Matrixsatz enthaltene *c'est* ist weder durch *il* noch durch *cela* oder *ça* zu ersetzen, es kann jedoch negiert, futurisch oder im Plural auftreten (Dufter 2006, 34). Die Verbalform *est* kann als partiell fossilisiert betrachtet werden, da ihre Konjugation zumeist nicht verändert und eine Form für alle Tempora, Aspekte und Modi verwandt wird. Das Kopulaprädikat gewährleistet die Abspaltung der Subjekte und Verbergänzungen, weshalb ihm in diesem Kontext die grammatikalische Funktion eines Auxiliars zukommt (Blanche-Benveniste 1997, 98).

Das Korpus dokumentiert eine Vielzahl von Spaltsätzen mit *c'est* im Matrixsatz und unterschiedlichen extrahierten Konstituenten. Nicht nur Nominalsyntagmen oder Pronomina können abgespalten werden, die Korpusbelege zeigen zudem Extraktionen von Adverbial- oder subordinierten Kausalphrasen (cf. auch Dufter 2006, 36).[141]

(414) *c'est ça qui me soutient*
(Louise, 15.8.1915)

(415) *c'est moi qui ait eu tort*
(Paul Grandemange, 9.11.1914)

(416) *c'est dans le midi qu'elle a èté*
(André Saunier, 13.1.1917)

---

[141] Im geschriebenen Code ist die Identifikation von Spaltsätzen gegenüber ihrer Bewertung im mündlichen Code deutlich komplizierter, da nicht auf die prosodische Gestaltung zurückgegriffen werden kann, die die Spaltsätze in der gesprochenen Sprache begleitet (cf. auch Wehr 2011, 196).

(417) *Et c'est parce que j'aime ma Soeur Josephine que je lui souhaite*
(Joseph Grandemange jun., 26.10.1914)

Diese Auszüge illustrieren eine wesentliche Funktion der Spaltsätze, die in der Erklärung einer Handlung oder eine Sache liegt (Grevsse/Goosse 2016, 630). Eine andere Funktion dieser Herausstellungsstruktur ist die Markierung einer Erfahrung (Grevisse/Goosse 2016, 630), wie etwa in Beispiel (419). Das extrahierte Element kann unterschiedliche grammatische Funktionen wie Subjekt, Objekt, Adverbiale oder die Funktion eines infinitivischen Komplements erfüllen (Dufter 2006, 36–37) und in Interrogativsätzen auftreten:

(418) *C'estait cette vilaine balle qui ma touché dans la cuisse*
(Louis Vuibert, Januar 1915)

(419) *c'est un défaut que je ne pardonnerai jamais*
(Joseph Grandemange jun., 30.6.1918)

(420) *c'est à Paulette et Alice qu'il faut songer*
(Joseph Grandemange jun., 29.4.1917)

(421) *c'est a Saint Maurice sur- Saône que c'est consigné et non ici.*
(Joseph Grandemange sen., 30.1.1916)

(422) *C'est de vous voir pleurer tous deux que je suis désolé!*
(Paul Grandemange, 23.5.1918)

(423) *esque ce n'est pas la qui est ton oncle*
(Maria Saunier, 25.12.1916)

Eine wesentliche Funktion des Spaltsatzes ist die Fokussierung von Konstituenten (Gil 2003, 195). Typische weitere Interpretationspräferenzen sind Kontrast und Exhaustivität (Dufter 2006, 54).

> «Dans le cas de contraste, le locuteur corrige une présupposition de son interlocuteur, en partie inexacte, et dans le cas d'‹exhaustive listing›, il comble une lacune dans une présupposition incomplète. Dans les deux cas, le locuteur exclut explicitement des candidats alternatifs que l'interlocuteur pourrait envisager dans un contexte donné» (Wehr 2011, 190).

Die Versprachlichung eines Kontrasts und seine Hervorhebung durch die Spaltsatzstruktur wird am Beispiel Joseph Grandemanges senior besonders deutlich, wenn er hervorhebt, dass Saint-Maurice-sur-Saône und nicht Saint-Maurice-sur-Moselle gesperrt ist. Exhaustivität wird an *c'est moi qui ait eu tort* (Paul Grandemange, 9.11.1914) illustriert, in dem Paul sein Unrecht eingesteht und allein sich (und niemand anderem) die Schuld zuschreibt. Der Spaltsatz bietet den Schreibern die Möglichkeit den salienten Informationsblock an die prominente Position des Äußerungsbeginns und somit das aus ihrer Sicht wesentliche Element in den Vordergrund zu stellen. Gleichzeitig erlaubt ihnen dieses Versprachlichungsmuster pragmatische Inhalte mitzukommunizieren, die sie im mündlichen Code vielleicht durch Intonation oder Betonung realisiert hätten. Einige Spaltsätze scheinen im subordinierten Teil auch neue Informationen zu enthalten, auf die die Aufmerksamkeit des Kommunikationspartners mit Hilfe abgespaltener anaphorischer Pronomen gelenkt werden soll. «Les éléments anaphoriques dans la partie clivée construisent un lien sémantique avec ce qui précède et préparent une information qui, dans la plupart des exemples, n'est ni présupposée ni présentée comme telle» (Wehr 2011, 205). Diesen Mechanismus zeigt folgender Auszug aus Justin Poinçots Tagebuch:

(424) *Nous sommes passé à la cantine Sébastopol*
tenue par mon frére, **c'est là que** *nous avons pu boire un verre*
pour la derniére fois avant de nous séparer.
(Justin Poinçot, 31.7.1914)

Mit dem Pronomen *là* referiert Poinçot auf die Kantine, die sein Bruder führt, und gewährleistet mit der Abspaltung den thematischen Übergang. Ein weiteres frequentes Muster dieser Funktion ist die Abspaltung von *pour cela* oder *pour ça* (cf. auch Wehr 2011, 205–206), wie sie im folgenden Beleg dokumentiert ist:

(425) *dont on a tous le temps long pour*
rentrer a la maison chez sa famille
dont il nous attende depuis longtemps
cest pour cela que *je lui[s] aie dit quelle*
devait faire faire le portrait car javais
trop le temps long pour les revoir
(Jean-Baptiste Jeandon, 28.3.1915)

Mit *pour cela* nimmt Jeandon den Gedanken der Sehnsucht nach der Familie auf, den er davor formuliert und den er im Anschluss noch einmal aktualisiert. Die Abspaltung ermöglicht die ökonomische Versprachlichung der Begründung für die im subordinierten Teil verfassten Inhalte.

In seiner Funktion als einführendes Element bleibt *c'est* in der überwiegenden Zahl der Spaltsätze im Korpus im Präsens (cf. Grevisse/Goosse 2016, 627, 1529), wenngleich auch Matrixsätze im Imperfekt dokumentiert sind:

(426) **c'étaient** *nos camarades du fort Albec qui nous
les amener à la porte du camp*
(Justin Poinçot, 26.11.1914)

(427) *Enfin,* **c'était** *la joie qui se
faisait son effet!*
(Joseph Grandemange jun., 20.5.1915)

Der Beleg (426) zeigt, dass das Kopulaprädikat auch im Plural gebraucht wird, ebenso wie das Beispiel (428). Im Gegensatz dazu enthält (429) eine Inkongruenz von Kopulaverb und extrahiertem Subjekt, die in konzeptioneller Nähesprache tendenziell stärker ausgeprägt ist (cf. 5.3.2, Fehlende Numeruskongruenz):

(428) *seulement* **ce sont** *les rats qui cornent la nuit sur nous*
(Paul Labriet, 13.2.1916)

(429) **c'est** *les nuits qui sont trop longues et froide le matin.*
(Henri Cablé, 21.10.1914)

Im authentischen Sprachgebrauch zeigt sich häufig eine Kumulation verschiedener Funktionen. So könnte etwa im Beispiel (429) auch für eine Partikel, die das Prädikat einführt, argumentiert werden.[142] Die Variabilität der Extraktion zeigt sich in Spaltsätzen aus dem Korpus, in denen das extrahierte Element mit einer anderen syntaktisch gleichwertigen Komponente koordiniert wird, wie in (430), oder zusätzlich mit *pour* oder *donc* fokussiert wird, wie die Auszüge (431) und (432) zeigen:

(430) *c'est* **du courage et de la patience**
qu'il nous faut à tous
(Émile Perrin, 8.1.1915)

---

[142] Dies zeigt exemplarisch, ähnlich wie in der Anwendung des Konzepts Satz, die Grenzen der grammatikalischen Analyse auf.

(431) c'est pour
de la viande que j'ai reçu
(Paul Grandemange, 14.10.1914)

(432) **c'est donc moi** qui suis obliger defaire
la correspondance
(Maria Saunier, 17.2.1917)

Die Funktion der Fokusmarkierung von Spaltsätzen ist unbestritten, allerdings besteht in der Forschung Uneinigkeit hinsichtlich des Geltungsbereichs des Fokus, das heißt, ob dieser ausschließlich die extrahierte Komponente markiert oder auch den subordinierten Teil der Konstruktion (Dufter 2006, 43). Die subordinierte Komponente des Spaltsatzes kann in den Skopus des Fokus rücken: «Solche biklausale Strukturen mit weitem Fokus können dabei als präsentative Spaltsätze der Einführung eines neuen Diskursreferenten dienen [...], aber auch einen neuen Sachverhalt [...] mit einem räumlichen, zeitlichen oder situativen Bezugsrahmen im abgespaltenen Ausdruck versehen» (Dufter 2006, 45). Ein aus dieser Anlage resultierender Vorteil von Spaltsätzen ist, dass sie die gleichzeitige Fokussierung oder Kontrastierung zweier lexikalischer Elemente ermöglichen (Dufter 2006, 51; Lambrecht 2000, 51).

Eine weitere Funktion von Spaltsätzen ist aspektueller Natur und liegt in ihrer Kopulastruktur begründet: «Da nämlich ihr Matrixprädikat das Zutreffen oder Nichtzutreffen einer Identitätsbeziehung ausdrückt, denotieren c'est-Spaltsätze grundsätzlich Zustände, auch dann, wenn ihre monoklausalen Varianten Handlungen oder andere Geschehnisse bezeichnen» (Dufter 2006, 51). Diese Eigenschaft favorisiert unter anderem die formelhafte Verwendung von Spaltsätzen in der Eröffnung von Briefen (Dufter 2006, 51). Das Korpus belegt viele dieser formelartigen Spaltsätze, die sich präferenziell, jedoch nicht ausschießlich, in der Sequenz der Brieferöffnung befinden:[143]

(433) *C'est avec plaisir que je recevrai*
de tes nouvelles, il est certain qu'il y aura du
retard dans les correspondances
(Paul Desmettre, 8.8.1914)

---

[143] Diese formelhaften Strukturen sind Gegenstand des Kapitels 7.

(434) *C'est avec grande joie que
je manges un peu tous les jours*
(Paul Grandemange, 27.9.1915)

(435) *Enfin c'est avec regret que
nous quitterons ce cher secteur
de Meurthe et Moselle où nous
étions merveilleusement bien.*
(Paul Grandemange, 5.8.1918)

(436) *C'est avec empressement que
je vous donnes de mes nouvelles*
(Paul Grandemange, 28.1.1915)

(437) *C'est le coeur bien gros que je
viens répondre à votre aimable
lettre du 18Cnt.*
(Paul Grandemange, 23.5.1918)

(438) *C'est de tout mon coeur que je vous en remercie.*
(Paul Grandemange, 5.1.1916, Brief 1)

Die ersten drei Belege werden im Brieftext verwendet, die letzten drei in der Eröffnung. Besonders Paul Grandemange variiert das abgespaltene Element und gebraucht diese Struktur als variabel einsetzbare Strategie zur Markierung einer emotionalen Haltung gegenüber einer Handlung. Nicht nur der Erhalt der Korrespondenz kann als subordinierte Handlung versprachlicht werden, so wie auch nicht nur positive Emotionen im Matrixsatz ausgedrückt werden. Der Spaltsatz stellt für die weniger geübten Schreiber offenbar einen operablen Mechanismus zum Ausdruck einer Emotion, die sich auf eine Handlung bezieht, dar, den sie mit unterschiedlichen Inhalten aktualisieren können.

Eine Variante des Spaltsatzes, bei dem der subordinierte Satz dem Matrixsatz vorausgeht, wird als *Sperrsatz* oder auch als *pseudo-clefts*, *wh-clefts* oder französisch *phrase pseudo-clivée* bezeichnet (Dufter 2006, 32). Die folgenden Korpusbelege exemplifizieren diese Satzspaltung:

(439) *Ce qu'il faut c'est d'être
attentif de l'oreille car la nuit l'ennemi
pourrait bien avancer facilement*
(Paul Grandemange, 24.11.1914)

(440) ce qui ^{est} mal dans nos pantalons c'est
qu'ils sont courts
(Henri Cablé, 19.9.1915)

(441) Ce qui est ennuyeux ici, et dans
toute la région, c'est le manque de
cours d'eau
(Albert Provot, 30.5.1915)

(442) Ce qu'il me manquait de plus c'était des chausettes
(Joseph Grandemange jun., 29.10.1914)

(443) Máis ce qui me désole
le plus c'est que les
permissions sont supprimés
(Claude Philibert, 20.11.1918)

Die Konstituente, die den subordinierten Satz spezifiziert, wird erst als zweites verbalisiert. Daraus resultiert eine gewisse Spannung, die einen expressiven Effekt in der Formulierung bietet, indem das spezifizierende Element zunächst angekündigt wird (Blanche-Benveniste 1997, 98). Neben dieser expressiven Funktion erklärt Blanche-Benveniste den Erfolg der Konstruktion mit der Möglichkeit der Verbindung von Komplementen und Subjekten, die eine mit *que* angeschlossene Verbalkonstruktion enthalten (Blanche-Benveniste 1997, 99). Claude Philiberts Beispiel verdeutlicht den Anschluss eines solchen Subjekts. Die Beispiele zeigen zum einen unterschiedliche syntaktische Anschlüsse der spezifizierenden Komponente im Matrixsatz und zum anderen, dass die subordinierte Komponente auch im Imperfekt verwendet werden kann.

Präsentativstrukturen
Innerhalb der satzspaltenden Konstruktionen nehmen Präsentativstrukturen eine besondere Stellung ein. Auf syntaktischer Ebene korrespondieren sie ebenfalls mit externen Faktoren wie Spontaneität, Affektivität und Emphase und sind in der konzeptionell gesprochenen Sprache besonders frequent. Ihre wesentliche Funktion ist die Hervorhebung einer aus Sprecherperspektive salienten Komponente (Müller 1975, 206). Präsentativstrukturen können folgendermaßen definiert werden:

> «Une construction présentative est définie comme une structure phrastique dont la fonction discursive n'est pas d'informer l'interlocuteur d'une propriété attribuée à une entité

ou situation donnée (la fonction prédicative) mais d'introduire une entité ou situation nouvelle dans un monde de discours, normalement dans le but de la rendre cognitivement accessible en vue d'une prédication ultérieure» (Lambrecht 2000, 51).

Die hier behandelten Präsentativstrukturen mit *il y a ... qui* und *voilà ... qui* haben präsentativen und prädikativen Charakter zugleich. Sie bestehen aus einem Matrixsatz, der ein neues Element einführt, und einem subordinierten, prädikativen Relativsatz, der eine neue Information über dieses ausdrückt (Lambrecht 2000, 49). Syntaktisch gesehen ist das präsentierte Element Objekt des Matrix- und Subjekt des Relativsatzes, der wiederum zugleich Prädikat des vorangehenden Subjektes und Ergänzung des Hauptverbs ist. *Il y a* und *voilà* übernehmen die lokative Funktion der Situierung des als Topic eingeführten Bestandteils (Lambrecht 2000, 50). Die beiden Teile der Präsentativstruktur stehen in wechselseitiger Beziehung, da der Matrixsatz nur in Kombination mit dem Relativsatz eine Informationseinheit darstellt (Lambrecht 2000, 51). Mit *voilà* abgespaltene Komponenten bilden hierbei eine Ausnahme, da sie autonom auftreten könnten (Lambrecht 2000, 63).

Aus informationsstruktureller Perspektive wird das abgespaltene Element durch den Matrixsatz fokussiert und fungiert als Topic für den im Relativsatz geäußerten Kommentar (Lambrecht 2000, 51). Die im subordinierten Relativsatz ausgedrückte Proposition wird als für den Interaktionspartner neue Information behandelt (Lambrecht 2000, 53).

Die Einführung eines neuen Topics ist *per se* kein konzeptionell nähesprachliches Muster, die sparsame Versprachlichung über Strukturen wie *il y a* steht der konzeptionell gesprochenen Sprache jedoch sehr nahe. Die Ökonomie der Versprachlichung ist formal insofern gegeben, da weder *il y a* noch *voilà* morphologische Kongruenz hinsichtlich Genus oder Numerus verlangen (Koch/Oesterreicher 2011, 115).

Konstruktionen wie *il y a ... qui*, von Blanche-Benveniste (1997, 93) als «dispositif auxiliaire de la détermination nominale» mit der Markierung *familier* bezeichnet, werden als Präsentativstruktur zum Ausdruck indefiniter Subjekte verwendet, um das als wenig natürlich wahrgenommene initiale *un* + Substantiv zu vermeiden (Blanche-Benveniste 1997, 92–93). Sie stellen das Subjekt nicht des Subjekts wegen heraus, sondern um die Aufmerksamkeit darauf zu lenken, dass etwas konstatiert wird (Grevisse/Goosse 2016, 630). Als Beispiele aus dem Korpus lassen sich anführen: *il y à un Comité qui s'occupe des prisonniers* (Joseph Grandemange, 11.6.1916) oder *à la maison il y a un bon lit qui est vide* (Juliette Cablé, 28.00.00). Auch die Einführung indefiniter Subjekte im Plural ist in der Form belegt:

(444) *il y a des*
*boches **qui** sont occupés à casser la glace sur*
le canal.
(André Saunier, 23.2.1917)

(445) ***il y a** des quantités d'hommes **qui***
font tout leur possible pour ne pas trouver
à leur taille, ils arrivent trop tard aux
*distributions si bien que le soir **il y en a***
*un très grand nombre **qui** ne sont pas équipés.*
(Émile Garnier, 4.8.1914)

(446) ***Il y à** beaucoup d'individus **qui** se trouvent*
dans mon cas, avec les mêmes
malaises
(Aloïs Grandemange, 6.6.1918)

Im Unterschied zu anderen Herausstellungsstrukturen akzeptiert die *il y a* Konstruktion keine oder eine minimale Kohäsion mit den vorhergehenden Propositionen (Barnes 1985, 79). Konstruktionen mit *il y a* führen ein neues Element in fokussierter Position ein (Koch/Oesterreicher 2011, 181; Véronique 2013, 15–16). Die folgenden Korpusbelege demonstrieren diese Funktion:

(447) ***Il y a***
*Berquand Auguste **qui** est In-*
firmier ici.
(Paul Grandemange, 10.1.1916)

(448) *tout cela est*
*peu confortable (!) car **il y a eu** 4 ou 5 obus **qui** ont percé*
à peu près tous les toits de la maison.
(Émile Garnier, 12.1.1915)

(449) *heureusement, **il y avait** les petites sœurs des pauvres de l'endroit*
***qui** venaient*
(Léon Mayzaud, 12.7.1917)

(450) *mais*
*ici à St Maurice **il y en a** déja 2 **qui** ont réçu leur feuille de route.*
(Aloïs Grandemange, 25.2.1915)

Die Belege demonstrieren weiterhin, dass neben der Einführung indefiniter Subjekte, auch die Akzeptanz definiter Subjekte, die eindeutig identifiziert werden können oder einen einzigartigen Referenten haben, in *il y a*-Abspaltungen möglich sind (Lambrecht 2000, 57).

Blanche-Benveniste (1997, 93) bewertet *il y en a qui* als Äquivalent zu *certains*, wie es zum Beispiel im Beleg Justin Poinçots gebraucht wird: *parmi nous il y en avait qui était blessé sérieusement* (Justin Poinçot, 20.8.1914). In einem anderen Beispiel von Joseph Grandemange scheint durch den Zusatz von *tant* nicht *certains*, sondern *plusieurs* intendiert, wobei auch hier ein indefinites Kollektiv bezeichnet wird: *car en ce moment il y en à tant qui souffrent et en partageant; c'est moins pénible* (Joseph Grandemange jun., 1.12.1917). Die Polyvalenz der Satzspaltung mit präsentativem *il y a* umfasst auch temporale oder restriktive Verwendungskontexte (Véronique 2013, 6). Das Korpus belegt einige Abspaltungen restriktiver Natur mit *il n'y a que*, das in dieser Form der Struktur *c'est...que* unter Zusatz der genannten Restriktion gleichwertig ist (Grevisse/Goosse 2016, 629):

(451) *Il n'y a que les*
nuits qui sont un peu fraiches
(Albert Provot, 30.5.1915)

(452) *Nous tremblons des pieds à la tête & il n'y a que*
la marche qui ns réchauffe
(Émile Garnier, 19.9.1915)

(453) *Il n'y avait plus que moi qui*
était en danger
(Paul Grandemange, 31.10.1918)

Die Schreiber verbinden hier die über *ne...que* ausgedrückte Restriktion mit der Präsentativstruktur, wobei sie das präsentierte Element als Topic etablieren und zugleich die Einschränkung prominent markieren. Die temporale Verwendungsweise von *il y a* mit einer Zeitangabe in der Funktion einer Präposition (Blanche-Benveniste 1997, 92) ist ebenfalls im Korpus dokumentiert. Es handelt sich hier um die der Form *il y a* eigentlich inhärente Bedeutung (Grevisse/Goosse 2016, 630). Die weniger geübten Schreiber verwenden diese Struktur häufig vorangestellt, scheinbar analog zur Präsentativstruktur. Dies könnte eine Verbindung der Funktion von *il y a* als Präposition mit der Abfolge einer Präsentativstruktur andeuten. Die Schreiber stellen die vergangene Zeit, die mit dem präpositional gebrauchten *il y a* markiert wird, als saliente Information an den Beginn der Äußerung. Zugleich können sie aufgrund der Imitation einer Präsentativstruktur eine zweite neue Information anführen:

(454) *esque l'Oncle Nori ne ta pas ecrit pour sa pagniere il y a bien un moi que je lai pas vue*
(Maria Saunier, 17.2.1917)

(455) *Tu vas me gronder, car il y à certainement trop long-temps que je ne t'ai pas donné de mes nouvelles.*
(Aloïs Grandemange, 25.2.1915)

(456) *il faut marcher vite [...], avec tout notre fourbi sur le dos. Il y a cinq minutes que ns sommes partis, lorsqu'une balle siffle tout à côté de moi,*
(Émile Garnier, 8.11.1914)

(457) *il y avait au moins <u>25 jours</u> que j'attendais un mot*
(Paul Desmettre, 21.9.1914)

(458) *pour tes parents nous ne savons pas ce qu'ils font a ces moment car il y a déjà longtemps qu'on ne les a pas vu,*
(Émile Grandemange, 15.6.1916)

Die Voranstellung der Präpositionalphrase zeigt die Positionierung der Information im Vordergrund der Äußerung an. Dies wird in Beispiel (457) durch die typographische Markierung zusätzlich betont. Neben der expressiven Hervorhebung bestimmter Inhaltsblöcke verwenden die Schreiber die Voranstellung als narrative Strategie wie in (456). Die Vorwegnahme eines möglichen Vorwurfs in (455) bestätigt die pragmatische Funktion der Voranstellung in der Interaktion: Aloïs Grandmange versucht so dem Vorwurf seines Bruders zuvorzukommen und sich zu rechtfertigen. Dass häufig ein vergangener Zeitraum salient herausgestellt wird, hängt auch mit der Kommunikationssituation des Krieges und der Bedeutung der Korrespondenz zusammen. Das abgespaltene Element kann, wie in Maria Sauniers Beispiel (454), zusätzlich durch ein Adverb hervorgehoben werden. Die Voranstellung der Präpositionalphrase scheint auf ökonomische und effiziente Weise die Herausstellung einer zeitlichen Adverbiale zu erlauben, ähnlich wie *c'est ... que*.

Mit *voilà* eingeleitete Präsentativstrukturen können eine deiktische oder eine ereignismarkierende Funktion übernehmen, wobei die deiktische Funktion auf die Präsenz einer Einheit in der außersprachlichen Welt hinweist und die ereignishafte eine unerwartete Situation einführt (Lambrecht 2000, 61). Die deiktische Präsentativstruktur geht auf eine direkte Perzeption des Produzenten zurück, der seine Wahrnehmung mit seinem Kommunikationspartner teilt. Der mit *voilà* eingeleitete Referent partizipiert direkt an dem im Relativsatz ausgedrückten Ereignis und, wenngleich er in der Äußerungssituation nicht aktiviert ist, so ist er doch identifizierbar (Lambrecht 2000, 61). Bezüglich der Perzeption weist Lambrecht (2000, 63) auf die in der Kommunikationssituation prinzipiell gegebene Möglichkeit einer für den Rezipienten gleichen Wahrnehmung hin. Für das vorliegende Korpus kann dies nicht als gegeben postuliert werden. Die virtuelle Teilnahme der Interaktionspartner an der Äußerungssituation könnte jedoch von den Schreibern intendiert sein. In der ereignismarkierenden Funktion verliert *voilà* seinen deiktischen Wert und nähert sich funktional *il y a* an. Ähnlich wie in *il y a*-Strukturen wird die mit *voilà* eingeführte Information, die aus dem Kontext deduzierbar ist, als Teil einer nicht erwarteten Situation dargestellt. Es handelt sich also nicht um neue Information, jedoch um eine neue Situation, an der das abgesetzte Element in irgendeiner Weise partizipiert (Lambrecht 2000, 64). Die folgenden Auszüge aus dem Korpus zeigen exemplarisch die Verwendung der Präsentativstruktur mit *voilà*:

(459) *Voilà la saison des foins qui est
arriver. Je fauche tous les jours*
(Joseph Grandemange jun., 26.5.1918)

(460) *voila le froid qui revient dans nos montagnes*
(Philomène Angly, 18.6.1916)

(461) *je me dèpèche à terminer ma lettre
voilà le vaguemestre qui vient
les prendres*
(Paul Labriet, 13.2.1916)

(462) *Voila L'Autriche qui capitule*
(Paul Grandemange, 4.11.1918)

Die Belege aktualisieren das als prototypisch gekennzeichnete Prädikat der Konstruktion, das eine sich nähernde oder sich entfernende Informationseinheit oder den Übergang von Existenz zu Inexistenz einer Entität codiert (Lambrecht 2000, 64). Das in der konzeptionell gesprochenen Sprache weniger übliche *voici* (Lambrecht 2000, 61) ist auch im Korpus dokumentiert, jedoch in deutlich weniger Okkurrenzen. Ein Beispiel aus Eugénie Pierrel Briefen verdeutlicht die präsentativische Struktur mit *voici*: *voisi déjà le printemp qui arrive* (Eugénie Pierrel, 27.1.1916). In der Referenz auf den Ablauf einer Dauer entspricht der Gebrauch von *voilà ...que* dem von *il y a ...que* (Grevisse/Goosse 2016, 1530). Diese in Littré (1873–1874, s.v. *voilà*) nicht attestierte Bedeutung wird in den folgenden Beispielen aktualisiert:

(463) *voilà seulement huit
jours qu'André marche*
(Antoinette Perrin, 7.3.1915)

(464) *car nous
voilà deja 10 semaine que
nous sommes par ici*
(Jean Baptiste Jeandon, 28.12.1914)

Im letzten Beispiel scheint *nous voilà* mit der präsentativischen, die Dauer bezeichnenden Struktur verknüpft worden zu sein.

Dislokationen
Beim Verfahren der Dislokation handelt es sich um eines der frequentesten syntaktischen Muster im gesprochenen Französisch der informellen Kommunikation zur Markierung eines Topics (Ewert-Kling 2010, 107). Dislokationen können folgendermaßen definiert werden: «des dispositifs syntaxiques dans lesquels un argument du verbe est exprimé deux fois, par un pronom clitique et par un syntagme lexical détaché en périphérie» (Berrendonner 2007, 85). Dislokationen sind Teil der Herausstellungsstrukturen, da sie «fakultative Konstituenten außerhalb des Satzrahmens des Bezugssyntagmas» (Stark 1997, 28) erlauben.

Generell werden Links- und Rechtsdislokationen unterschieden. Die Versetzungen sind formal dadurch gekennzeichnet, dass sie im Bezugssyntagma obligatorisch koreferente und kongruente klitische Pronomen aufweisen und dass die dislozierten Elemente theoretisch an der Argumentstelle, an der sie durch die Pronomen vertreten werden, wieder einfügbar sind (Stark 1997, 28). Linksdislokationen zeichnen sich gegenüber Rechtsversetzungen durch einen höheren Integrationsgrad aus, da der Produzent die Voranstellung planen und in der pronominalen Wiederaufnahme bestätigen muss (Koch/Oesterreicher 2011, 93; Stark 1997, 31). Rechtsdislokationen sind enger syntaktisch mit dem Bezugsrahmen verknüpft und codieren kontinuierlichere Referenten (Ashby 1988, 227). Eine Vielzahl unterschiedlicher Konstituenten kann disloziert werden, von Nominal-, Präpositional- und infinitivischer Verbalphrase über Adverbien zu prädikativen Adjektiven. Im Französischen wird insbesondere die syntaktische Funktion des Subjekts, gefolgt von der des Objekts versetzt. Generell sind im Französischen Linksversetzungen häufiger als Rechtsversetzungen (Stark 1997, 28). Bei Dislokationen links des Bezugssyntagmas ist das dislozierte Element in der Regel prosodisch abgesetzt, die symmetrische Rechtsdislokation möglich und schließlich besteht die Möglichkeit Konstituenten, zum Beispiel *bon* oder *eh bien*, vor dem dislozierten Element einzufügen (Berrendonner 2007, 86).

Berrendonner (2007, 91–93) betont die Bedeutung der Prosodie bei der Identifikation von Dislokationen. Dieses Kriterium der prosodischen Absetzung oder Integration dislozierter Elemente in die Äußerung kann für das vorliegende Korpus jedoch nicht angewandt werden. Daraus ergibt sich, dass Äußerungen wie *Je te dirai. que l'Oncle Degrange il a attrapé une congestion, ces jours-ci* (André Saunier, 13.1.1917) oder *les français il vont à la poursuit* (Marie Anne Grandemange, 16.2.1915) nicht zweifelsfrei als Dislokationen einzuordnen sind, da neben der nicht zugänglichen Prosodie keine typographische Markierung der Dislokation durch Interpunktion erfolgt (cf. auch Ewert-Kling 2010, 112). Eine prosodische Absetzung von *l'Oncle Degrange* und *les français* erlaubte die eindeutige Klassifizierung als Versetzung, eine kontinuierliche prosodische Gestaltung deutete auf eine Doppelung hin, wobei das Pronomen jeweils Affixcharakter hätte (Stark 1997, 22–24). Aus funktionaler Perspektive spräche die Nennung des Eigennamens *Degrange* und der generischen Bezeichnung *les français* in dieser Position für eine Linksversetzung mit topic-etablierender Funktion (cf. Ewert-Kling 2010, 156).

Dislokationen codieren syntaktisch bestimmte diskurspragmatische Motivationen: «most left- and right-dislocations are pragmatically marked; that is, their use seems to be motivated by specific discourse needs» (Ashby 1988, 223). Die wesentliche Funktion von Linksdislokationen ist die Änderung oder Etablierung eines Topics (Ashby 1988, 217; Berrendonner 2007, 86), wobei auch Rechtsdislokationen in bestimmten Kontexten Topicverlagerungen markieren können (Ashby 1988, 218). Als bevorzugte Funktion von Rechtsversetzungen ist jedoch die Desambiguierung und Spezifizierung des Referenten zu werten (Ashby 1988, 220), dabei zeichnen sie sich insbesondere durch Topic-Kontinuität aus (Ewert-Kling 2010, 225). In bestimmten Kontexten können Rechtversetzungen auch eine epithetische Funktion erfüllen, sofern der dislozierte Bestandteil den Referenten modifiziert oder dessen Charakter spezifiziert (Ashby 1988, 221).[144] Grundsätzlich kann hinsichtlich der Funktionen von Links- und Rechtsdislokation festgehalten werden, dass Rechtsdislokationen eine größere Breite an Funktionen abdecken als Linksdislokationen. Während Linksdislokationen im Wesentlichen zur Topikalisierung und zur Positionierung eines Elements im Vordergrund dienen, können nach rechts dislozierte Elemente diese Funktion zwar auch bedienen, sie stehen darüber hinaus jedoch zur Desambiguierung und Spezifizierung des Referenten, zur Hinzufügung zusätzlicher Information sowie als Füllelement und zum Abschluss einer diskursiven Einheit zu Verfügung (Ashby 1988, 224). Hinsichtlich der links dislozierten Elemente lässt sich eine größere Vielfalt von Informationswerten differenzieren (Blasco 1995, 58–59).

Dislokationen sind in nähesprachlicher Kommunikation hoch frequent (Stark 1997, 31).[145] Dementsprechend favorisiert die nähesprachliche Ausrichtung der Ego-Dokumente des Analysekorpus die Verwendung von Dislokationen. An den folgenden Auszügen werden exemplarisch verschiedene Funktionen von Dislokationen im Korpus erläutert. Linksversetzungen können in ihrer grundlegenden Funktion zur Markierung eines Topics gebraucht werden, wie die Beispiele (465) und (466) zeigen:

(465) *Si seulement il faisait beau*
*car se n'est pas la pose **dans nos trous***
nous mouillions aussi bien dedans que
dehors nous ne pouvons plus tenir
une poignée de paille sèche nous ne *$^{n'y}$*
pouvons $^{arriver\ à}$ nous sécher parce nous ne devons
pas faire un gros feu nous sommes trop près
*des Boches. **dans nos trous** il n'y fait*
pas trop froid seulement étant mouillé
on est vite engourdie
(Henri Cablé, 7.1.1915)

Im Auszug aus Henri Cablés Korrespondenz ist die dislozierte Präpositionalphrase *dans nos trous* exakt so vorerwähnt und wird von Cablé als Topic wie-

---

144 Die weiteren in einem Korpus mündlicher Sprache festgestellten Funktionen des *filler* und des *turn-closing* (Ashby 1988, 222) scheinen für das vorliegende schriftsprachliche Korpus vernachlässigbar zu sein.
145 Bereits frühe Studien zur Dislokation belegen, so Stark (1997, 22), eine Automatisierung der Struktur, weshalb in der Forschungsgemeinschaft immer wieder die Frage nach der Grammatikalisierung thematisiert wird.

deraufgenommen, wodurch er die thematische Kohärenz seiner Beschreibung sicherstellt unter gleichzeitiger Hervorhebung des Topics. Ewert-Kling (2010, 165) bezeichnet diese Funktion von Linksdislokationen auch als *Topic-Hervorholung* oder als *kontinuierlichen Topic-Wechsel*, der eine bereits erfolgte Einführung eines Topics impliziert und der den Wechsel des Topics als Übergang anzeigt. In (466) variiert das vorerwähnte Topic leicht unter Qualifizierung des Referenten:

(466) *ont à seulement*
 *évacuès **les gens** hier alors tu*
 *parles d'un fourbi **les pauvres***
 ***gens** ont les a mis a la porte*
 de chez eux comme des malpropres
 (Paul Labriet, 13.2.1916)

Das durch Dislokation hervorgehobene Topic *les pauvres gens* wurde bereits als *les gens* erwähnt und erfährt in der Versetzung eine Spezifizierung, indem der Referent durch *pauvres* qualifiziert wird. Blasco (1995, 51) definiert die Wiederaufnahme eines bereits gegebenen Elements mit einem spezifischen referentiellen Gewicht als eine der informationellen Funktionen von Linksdislokationen. Eine weitere von ihr identifizierte Funktion ist die Selektion eines Elements aus einer Aufzählung mehrerer Elemente.

Das folgende Beispiel aktualisiert weniger eine Selektion eines Elements aus einer Aufzählung, sondern führt vielmehr im dislozierten Teil die zuvor aufgezählten Punkte zusammen:

(467) *Comme je vois, tout le monde se*
 marie là-haut, voilà tous mes
 copains qui sont mariés, la Cousine
 Philomène s'est mariée aussi les
 premiers jours d'Octobre. ŧ
 ***A tous ces gens**, je **leurs** envoyent*
 mes compliments et mes meilleurs
 voeux de bonheur, bonne chance
 à tous
 (Joseph Grandemange jun., 1.11.1918)

Das Topic ist bereits in Form der Referenten *tout le monde, mes copains* und *cousine Philomène* eingeführt und wird im dislozierten *tous ces gens* zusammengefasst. Der Schreiber unterstützt so die Kohärenz der Textstruktur und markiert zugleich das Topic, worüber er die Aussage *je leur envoie mes compliments* trifft. Hierbei wird die angemerkte Differenzierung von referentieller und lexikalischer Wiederaufnahme des Topics relevant (Blasco 1995, 53).

Geht die dislozierte Komponente nicht direkt als Topic aus dem sprachlichen Kontext hervor, unterhält sie zumeist spezifische Inferenzrelationen zum Kontext (Blasco 1995, 53; Ewert-Kling 2010, 112). Diese Formen der Identifizierung können als *Topic-Ableitung* bezeichnet werden (Ewert-Kling 2010, 173–175). Die folgenden beiden Auszüge aktualisieren jeweils ein Topic, das nicht explizit vorerwähnt ist, sich jedoch aus dem Kontext ergibt. In (468) wird Joséphines und Charles' Foto zwar nicht vorher genannt, die Thematisierung des Fotos der Eltern, das der Schreiber erhalten hat, liefert jedoch den Rahmen zur Interpretation des Topics. Der Auszug (469) liefert eine Aufzählung der Situation der Familienmitglieder: Geht der Kontrast zwischen der Situation der Schwester Joséphine und der eigenen Situation des Schreibers noch durch die Herausstellung durch *pour moi* hervor, wird die Situation des Vaters durch die Topikalisierung in der Dislokation kontrastiert.

(468) *J'ai reçu hier soier votre lettre avec votre photo*
*mais **celle de Josephine et de Charles** je ne l'ai*
pas reçu.
(Joseph Grandemange jun., 6.1.1918)

(469) *Pour moi cela*
marche bien. Joséphine est
embauchée chez Mr Maugenot
avec Berthe Gartner car ici
on ne travailleras pas de
*l'hiver. **Papa lui il** va*
à la coupe
(Aloïs Grandemange, 3.10.1914)

Die Dislokation kann die Funktion der Kontrastierung übernehmen, wenn das dislozierte Element in inhaltlicher Opposition zur vorhergehenden Äußerung steht (Blasco 1995, 55). Innerhalb der diskursiven Progression muss das Topic im dislozierten Teil also nicht unbedingt vorerwähnt sein, wenn es in einer semantischen Inferenzrelation zum Geäußerten steht. Eine weitere Möglichkeit ist die Rekonstruktion des Topics aus dem Gesamtkontext der Äußerung. Im folgenden Auszug kann der Zusammenhang zwischen der versetzten infinitivischen Verbalphrase *coucher sur la paille* und den Zahnschmerzen insofern aus dem Kontext des Krieges inferiert werden, als die Unterbringung im Krieg weniger komfortabel ist und Schmerzen grundsätzlich mit der Notwendigkeit einer Ruhephase korrelieren:

(470) *Si vous venez apportez moi [...] un flacon à Alcool de Menthe car*
J'ai souvent mal aux dents (et **coucher sur la paille**
ce *n'est pas le rêve.)*
(Paul Grandemange, 29.9.1914)

Durch die Dislokation der Verbalphrase stellt Paul Grandemange einerseits die thematische Kohärenz zwischen den einzelnen Propositionen her und markiert andererseits die Schlafbedingungen als Topic. Ein weiteres Beispiel aus einem Brief Paul Desmettres zeigt die Inferenz des Topics aus dem Kontext der epistolären Kommunikation, die die Vermittlung von Neuigkeiten voraussetzt. Zudem ist *mes nouvelles* in der formelhaften Brieferöffnung genannt, worauf der Schreiber zusätzlich Bezug nehmen könnte:

(471) *Ma bien Chère Elisa.*
Une nouvelle occasion se présente à
moi pour te donner de mes nouvelles, je
la saisis avec empressement pour une fois
de plus te mettre au courant de ce qui se
passe ici. A franchement parler, **de nouvelles**
*je n'***en** *ai pas, ma situation toujours la*
même et je ne m'en plains pas tant
(Paul Desmettre, 18.3.1915)

Vielfach fehlt bei Linksdislokationen die Präposition, die die Kongruenz der dislozierten Konstituente mit dem Pronomen markiert (Blanche-Benveniste 1997, 68). Das folgende Beispiel zeigt dies besonders deutlich, da in der ersten Linksversetzung die Präposition ausgelassen wird, wodurch die Bezüge weniger eindeutig sind, in der zweiten jedoch genannt wird:

(472) *nous avons envoyez le*
colis que Tu nous a demandè
le petits colis *il* **y** *avait pas grand*
chose je n'ai rien Trouvè chez le Boucher
la Troupe ramasse Tout mais **TanT le gross**
il **y** *a Te Tout ce que Tu nous a*
demandez
(Marie Anne Grandemange, 9.5.1915)

Die Struktur der Dislokation erlaubt auch eine mehrfache Versetzung, wobei das erste dislozierte Element als Rahmen der folgenden Äußerung dient (Blasco 1995, 54):

(473) *leur carnon*
　　　***le 77 il** arausais les trencher*
　　　tout les jour
　　　(Eugène Lorieau, 1915)

Im Beispiel (473) setzt der Schreiber zunächst *leur canon* ab, das durch *le 77* spezifiziert wird, woraufhin das klitische Pronomen *il* durch Kongruenz mit beiden dislozierten Elementen die Kohärenz herstellt. Möglicherweise ist dieses Beispiel auch nicht als zweifache Dislokation, sondern als Dislokation mit eingeschobener Apposition zu werten.

Rechtsversetzungen zeichnen sich dadurch aus, dass die dislozierten Konstituenten nicht über semantische Relation etabliert werden können, sondern ein bereits gegebenes Element aktualisieren und dementsprechend als lexikalische, syntaktische oder referentielle Erinnerung funktionieren (Blasco 1995, 58; Véronique 2013, 8). Die folgenden Auszüge zeigen, dass die weniger geübten Schreiber rechtsversetzte Konstituenten zur Spezifizierung und Desambiguierung des Referenten verwenden:

(474) ***nous** parlons bien*
　　　*souvent de vous **nous deux la femme***
　　　champêtre qui est voisine de chaine avec
　　　moi
　　　(Philomène Angly, 28.3.1916)

(475) *[il] se plaie bien a Belfort [...]*
　　　nous** y sommes aller **nous
　　　trois, papa, Marie et moi
　　　(Eugénie Pierrel, 23.10.1915)

(476) *esque ce n'est*
　　　*pas la **qui** est **ton oncle***
　　　(Maria Saunier, 25.12.1916)

(477) *Je termine en **vous** embrassant*
　　　*bien fort, **le petit chasseur de Belley.***
　　　(Camille Simonin, 5.2.1916)

Im letzten Beispiel handelt es sich um die Rechtsversetzung des Objekts, das spezifiziert wird, indem eine bestimmte Qualität herausgestellt wird. In manchen Kontexten, in denen eine Rechtsdislokation auftritt, ist der Referent bereits eindeutig identifiziert, wie etwa im folgenden Beispiel:

(478) *Pour **Kestel**, **il** doit être au ballon **lui** et*
* **nous** ne sommes qu'au petit **nous**,*
  (Joseph Grandemange jun., 17.7.1915)

Hier scheinen die beiden rechtsdislozierten Pronomina *lui* und *nous* vielmehr den Kontrast zwischen den beiden genannten Parteien zu betonen. In der Rechtsdislokation kann zudem ein emphatischer Fokus vorliegen (Wehr 2011, 194), wenn eine emotionale Beteiligung vorliegt: «le locuteur réagit avec émotion à un contexte verbal antérieur ou à une situation. Il exprime un sentiment ou une attitude subjective. Ce type de focus se trouve souvent dans des jugements de valeur» (Wehr 2011, 193). Eine emphatische Hervorhebung scheint auch in diesen Auszügen eine Motivation der Versetzung zu sein:

(479) *J'ai reçu une bonne lettre de Jeanne,*
* me disant qu'elle avait déjà une autre*
* adresse pour le pain (Suisse). **Elle** est*
* bien dévouée aussi, **la petite Jeanne**.*
  (Joseph Grandemange jun., 14.5.1916)

(480) *On voit bien qu'**il***
* est à l'abri **lui**!*
  (Émile Garnier, 8.11.1914)

(481) *Je crois pas que si tu n'est pas soldat tu ne*
* fais pas ton devoir. Au contraire, **tu** fais ton devoir*
* à la maison, **toi**, et c'est **un devoir** aussi **celui-là**.*
  (Joseph Grandemange jun., 3.11.1914)

Im letzten Beispiel wird sowohl die angesprochene Person emphatisch betont als auch die Aufgabe, die ihm zufällt. Das Adverb *là* weist einem dislozierten Element den Status des Bekannten zu, das zuvor definiert wurde und erfüllt zugleich eine Art «effet de clôture» (Blasco 1995, 50). Das Korpus belegt außerdem die parallele Links- und Rechtsversetzung in einer Äußerung (cf. auch Ewert-Kling 2010, 150), wie in (483), bei dem links- und rechtsdisloziertes Element auf denselben außersprachlichen Referenten verweisen:

(482) **Et Josephine
et Charles** *que font* **ils ces deux
petits tourtereaux**, *n'y at-il
pas encore un petit boulanger
où une petite boulangère à la
maison.*
(Joseph Grandemange jun., 15.11.1917)

Mit der Linksdislokation markiert Joseph Grandemange das Subjekt seiner Frage und das Topic auf das sich alle folgenden Propositionen beziehen. Im Bezugssyntagma ist das Subjekt pronominal mit *ils* wiederaufgenommen. Das rechtsdislozierte Nominalsyntagma *ces deux tourtereaux* expliziert das Subjekt und fügt gleichzeitig in der Bewertung eine neue Information hinzu. Erst diese Spezifizierung des Subjekts begründet Josephs Nachfrage, die eigentlich weniger darauf abzielt, wie Joséphine und Charles ihre Zeit verbringen, sondern vielmehr auf möglichen Nachwuchs. Dieser wird in der Verwendung des Berufs von Charles explizit thematisiert.

In Teilen ist die Dislozierung eines Elements nicht eindeutig als links oder rechts vom Bezugssyntagma zu beurteilen, da sie kombiniert in einer Äußerung auftritt. In folgendem Beispiel steht das dislozierte Element zwischen zwei Syntagmen, denen es jeweils als Dislokation zugeordnet werden könnte:

(483) *il est bien à
plaintre* **le peauvre enfant**
aussi loin qu'il est
(Marie Anne Grandemange, 3.10.1914)

Das Nominalsyntagma *le peauvre enfant* könnte entweder als rechtsdisloziert zu *il est bien à plaindere* oder als linksdisloziert zu *il est loin* betrachtet werden. In jedem Fall gewährleistet *le peauvre enfant* in diesem Kontext die thematische Stabilität und Kohärenz des Textes.

Die Bedeutung von Dislokationen in ungeplanter nähesprachlicher Kommunikation wurde vielfach betont (Barnes 1985, 114; Ewert-Kling 2010, 153; Koch/Oesterreicher 2011, 16), wobei ihr Gebrauch weder mit einem spezifischen sozioökonomischen Status der Sprecher korreliert werden kann, noch exklusives Merkmal bestimmter Varietäten, wie zum Beispiel des *français populaire*, ist (Barnes 1985, 114). Das vorliegende Korpus bestätigt eindeutig die Verwendung von Dislokationen nicht nur in mündlichen Sprachdaten (cf. Barnes 1985), sondern auch in geschriebenen Texten nähesprachlicher Prägung.

5.3.4 Gesamtbetrachtung morphosyntaktischer Variation

Für die Verfasser der Ego-Dokumente bieten Satzspaltungen und Dislokationen in verschiedenerlei Hinsicht ein probates sprachliches Mittel zur Strukturierung der kommunizierten Information, zur Etablierung von Kohärenz ihrer Aussage sowie zur Markierung salienter Inhalte. Über Linksdislokationen des Topics stellen sie thematische Kontinuität her, markieren eine Information als Topic bei einem Topicwechsel oder in einem Kontrast, spezifizieren und qualifizieren ein bereits erwähntes Topic oder heben generell einen Referenten als besonders salient hervor. Rechtsdislokationen sichern ebenso die Kohärenz, da möglicherweise uneindeutige Referenten desambiguiert werden, ihnen eine Eigenschaft zugeschrieben oder eine seiner Qualitäten betont wird. Konstruktionen mit *c'est*, *il y a* oder *voilà* bieten die Möglichkeit ein Element zu präsentieren und gleichzeitig eine Prädikation zu leisten. Zur Gestaltung der textuellen Verknüpfung von Inhalten generell wurde bereits auf die Juxtaposition von Themen bei gleichzeitigem Verzicht auf Interpunktion sowie auf die Verwendung bestimmter Konjunktionen hingewiesen. Daneben scheinen nun Versetzungen und Spaltungen für die Schreiber praktikable Verfahren zu sein, um das Topic einer Äußerung syntaktisch zu markieren und gleichzeitig pragmatische Funktionen zu codieren. Satzsegmentierungen und Herausstellungsstrukturen sind nicht exklusiv nähesprachliche Muster, obwohl sie sich durch eine hohe Frequenz in konzeptionell gesprochensprachlichen Texten auszeichnen.

Insgesamt lassen sich innerhalb der morphosyntaktischen Partikularitäten, die sich in den Texten des Korpus abzeichnen, sowohl Verschriftlichungen, die auf die Kommunikationsbedingungen der konzeptionellen Nähesprache zurückgehen, feststellen als auch Merkmale, die auf den die Distanzsprache kennzeichnenden Konditionen beruhen, wie die Verwendung des *subjonctif* und des *passé simple* sowie die Dominanz der zweigliedrigen Negation. Gleichzeitig zeigt sich in verschiedenerlei Hinsicht eine semantische Prägung syntaktischer Strukturen, die sich stark auf die unterschiedlichen Kontexte stützen und die nähesprachliche Formulierungen im geschriebenen Medium abbilden. Die Verwendung von Herausstellungsstrukturen in Kombination mit anderen nähesprachlichen Merkmalen, wie der Auslassung des Subjektmorphems in unpersönlichen Konstruktionen, der fehlenden Numeruskongruenz bei *c'est* mit Nomen im Plural oder dem variierenden Gebrauch des *subjonctif*, unterstreicht den Einfluss der für die Nähesprache typischen Kommunikationsbedingungen in der Redaktion der Ego-Dokumente auf der morphosyntaktischen Ebene. Gleichzeitig wird eine gegenläufige Tendenz offensichtlich, die vielleicht mehr überraschen mag und die sich im Gebrauch des *passé simple* oder auch in der hauptsächlichen Verwendung der zweigliedrigen Negation niederschlägt. Diese Tendenz scheint eher durch Versprachlichungsstrategien der kommunikativen Distanz geprägt, der die Schreiber im Medium des Schriftlichen Rechnung tragen.

5.4 Die textuell-diskursive Gestaltung

5.4.1 Produktionsmodus der gesprochenen Sprache: Auslassungen, Repetitionen, Korrekturen

Von spezifischen syntaktischen Strukturen, die den Ausdruck der konzeptionell gesprochenen Sprache begleiten, sind gewisse Produktionsmodi zu differenzieren, wie etwa Fragmente, Hesitationen, Wiederholungen oder Korrekturen, die Anzeichen des Produktionsmodus der gesprochenen Sprache sind (Blanche-Benveniste 1997, 87).

Das Analysekorpus belegt 39 Auslassungen ganzer Lexeme oder einzelner Silben, die individuelle oder situativ bedingte Versehen zu sein scheinen und weder mit einer unzureichenden Regelkompetenz der Schreiber noch mit anderen Subsystemen der französischen Orthographie erklärt werden können. Die Auslassungen ganzer Lexeme lassen sich nur aufgrund des Kontexts erschließen, wie im Beispiel von *Je T'ecris ces quelque [lignes] pour Te faire savoir* (Marie Anne Grandemange, 9.5.1915) oder von *je [suis] satisfait de [te] savoir en bonne santé* (Emile Amet, 00.00.1916). Auslassungen grammatikalischer Elemente oder einzelner Silben ergeben sich aus den Kollokationen und den geschriebenen Silben. In den folgenden Belegen ist es bei Paul Grandemange die Struktur *c'est ... qui*, die das fehlende Element nahelegt, bei Paul Labriet die Kollokation *auprès de qqn*, bei André Saunier die Konjunktion *depuis que* und bei Henri Cablé *il y a*:

(484) *si c'est Mme Pierrel [qui] a étée elle-même toucher son allocation*
(Paul Grandemange, 16.2.1916)

(485) *oui qu'il ne se plaigne pas auprès [de] nous*
(Paul Labriet, 16.2.1916)

(486) *Depuis [que] tu es parti, il est mort ici beaucoup de monde*
(André Saunier, 21.1.1917)

(487) *il n'y [a] encore pas de réquisitions au pays*
(Henri Cablé, 7.1.1915)

Der Abbruch am Ende der Äußerung in *Donnez bien a votre soeur Josephine ainsi qu'a Monsieur et Madame Pierrel et Eugenie et Marie. Quand a vous mon bien cher Aloïs [...]* (Charles Parisot, 31.7.1915) kann lediglich aufgrund des Kontextes der epistolären Kommunikation und mit Kenntnis bestimmter formelhafter Routinen etwa mit *le bonjour de ma part* ergänzt werden.

Neben Auslassungen dokumentiert das Korpus auch Repetitionen von Lexemen, die auf Unterbrechungen der Redaktion oder Versehen schließen lassen:

(488) *pour répondre à votre belle* **carte carte** *qui nous a fait grand plaisir*
(Emile Amet, 00.00.1916)

(489) *Nous t'embrassons* **tous de tous de tout** *coeur*
(André Saunier, 19.1.1917)

(490) *Et puis* **en route**, *ns ns sommes arrêtés je ne sais combien de fois* **en route**
(Émile Garnier, 5.8.1914)

Die Wiederholung von *carte*, von *tous de* oder der Nachtrag von *en route* scheinen auf mangelnde Konzentration zurückzuführen zu sein. Andere Belege aus dem Korpus deuten auf Korrekturen hin, die die Schreiber im Redaktionsprozess vornehmen und ohne dass sie die geänderte Komponente streichen:

(491) *Je viens* **de d'**aprendre *[...] que vous ettes tous malades*
(Henri Cablé, 4.2.1915)

(492) *On lui a pris [...] son livret militaire, et* **sa ma** *médaille d'identité*
(Albert Provot, 14.6.1915)

Explizite Korrekturen, die durch Überschreibungen und Streichungen verdeutlicht werden, sind ebenfalls im Korpus dokumentiert. Bei der Codierung des Korpus für die orthographische Analyse wurden auch Durchstreichungen sowie Überschreibungen von Graphemen und Lexemen berücksichtigt. Das Korpus belegt 516 Streichungen ganzer Lexeme, zum Beispiel *Mon tricot n'est pas encore* ~~avare~~ *arrivé* (Henri Cablé, 31.10.1914), oder einzelner Grapheme, etwa *Milles Caresses et Baisers de votre petit Paul* (Paul Grandemange, 24.6.1918), und 415 überschriebene Segmente, beispielsweise in *Ernest e<overtyped: t>st en ce moment garçon de café au Café du Commerce* (Joseph Grandemange jun., 10.10.1914). Bei durchgestrichenen und überschriebenen Textpassagen spielt der Aspekt der Strukturierung und Organisation von Inhalten einer Äußerung auf der Satz- und der Textebene eine wichtige Rolle. Durchstreichungen sind Indizien für den Schreibprozess und seine Revision (Klippi 2018, 115). Aus der Perspektive des Schreibprozesses sind Korrekturen in der dritten Phase der Revision und Evaluation des Textes, nach der Planung und der Verschriftung, zu verorten (cf. Kap. 5.1.2). Diese Phase erfordert bereits ein gewisses Maß an schriftlicher Alphabetisierung, da Schreiber erst Inhalte zu verschriftlichen und diese danach an potenzielle Leser anzupassen lernen (cf. auch Klippi 2018, 117). Die Texte weniger geübter Schreiber legen so den Redaktionsprozess und seine verschiedenen Etappen offen, ähnlich wie es bei der Produktion mündlicher Rede der Fall ist (cf. Blanche-Benveniste 1997, 17; 89; Mahrer 2017, 18).

Im Gegensatz zu den unter 5.3.2 und 5.3.3 behandelten syntaktischen Konstruktionen, die spezifischen semantischen und pragmatischen Motivationen folgen, handelt es sich bei diesen genannten Partikularitäten um Anzeichen des gesprochensprachlichen Produktionsmodus, der auf einer makro-orientierten Diskursebene deutlich wird. Diese spezifischen Merkmale diskursiver Progression können mit dem Register des *français populaire* verknüpft werden: «Le trait le plus véridique est sans doute une certaine désarticulation du discours, avec des ruptures de constructions, des phrases inachevées, des pseudo-achèvements de phrases par phatèmes (comme *hein*)» (François 1985, 325). Die von François als Wesenszüge des populärsprachlichen Ausdrucks bezeichneten phatischen Elemente sind Gegenstand des folgenden und letzten Unterkapitels.

5.4.2 Diskursmarker

In Abhängigkeit der Einzelphilologie, der Forschungstradition und der Untersuchungsperspektive hält die Diskursmarkerforschung[146] zur Bezeichnung ihres Gegenstands eine große Zahl verschiedener Termini bereit.[147] So zählen Dostie/Pusch (2007, 3) zum Beispiel die französischen *marqueurs discursifs*, *marqueurs pragmatiques*, *mots du discours*, *particules discursives* und *particules énonciatives* oder *connecteurs* auf. Diskursmarker sind insbesondere in der gesprochenen

---

[146] Eine der ersten und äußerst detaillierten Arbeiten, die sich explizit mit Diskursmarkern auseinandersetzt, ist die in der anglophonen Forschung entstandene Untersuchung von Schiffrin (1987). In der Folge werden Diskursmarker in einer Vielzahl von Einzelsprachen und in unterschiedlichen Kommunikationskontexten (cf. auch Maschler/Schiffrin 2015) untersucht. Für eine Übersicht über verschiedene Ansätze der Diskursmarkerforschung, cf. Dostie/Pusch (2007) oder Fraser (1999).
[147] Die terminologische Heterogenität und die divergierenden Definitionen werden in vielen Arbeiten explizit thematisiert (cf. auch Fraser 1999, 932; Maschler/Schiffrin 2015).

Sprache frequent und beziehen sich auf die Interaktionspartner und auf den in einer spezifischen Situation kommunizierten Inhalt (Dostie/Pusch 2007, 4):

> «Parler, c'est parler à quelqu'un d'autre, ce qui implique que l'autre aura en sa possession le maximum d'indices nécessaires pour saisir la pensée du locuteur, de même que ce qui est attendu de lui comme coproducteur du discours conversationnel» (Dostie/Pusch 2007, 5).

Diskursmarker etablieren eine Relation zwischen dem von ihnen eingeführten Segment und dem oder den vorhergehenden. Ihre Bedeutung ist prozedural und die je spezifische Interpretation wird in Abhängigkeit des sprachlichen und außersprachlichen Kontextes ausgehandelt (Fraser 1999, 950).

Koch und Oesterreicher verwenden den Terminus *Gesprächswörter* und fassen darunter neben Turn-taking-Signalen, Überbrückungsphänomenen, Korrektur- und Abtönungssignalen Interjektionen sowie Gliederungs- und Kontaktsignale (Koch/Oesterreicher 2011, 43–63). Die Bezeichnung *Gesprächswort* eignet sich für die vorliegende Beschreibung insofern, als dass sie die Konzeption des Briefs als Gespräch auch terminologisch abbildet. Diskursmarker integrieren nicht nur eine soziale Perspektive, indem sie sich in die Kommunikation von mindestens zwei Interaktionspartnern einschreiben, sondern weisen auch eine auf das Individuum fokussierte, soziolinguistische Ausrichtung auf: «Discourse markers tell us not only about the linguistic properties (e.g. semantic and pragmatic meanings, source, functions) of a set of frequently used expressions, and the organization of social interactions and situations in which they are used, but also about the cognitive, expressive, social, and textual competence of those who use them» (Maschler/Schiffrin 2015, 205). Gesprächswörter dienen einer sparsamen Versprachlichung innerhalb der für konzeptionelle Nähesprache typischen Kommunikationsbedingungen und erfüllen verschiedene pragmatische sowie textuelle Funktionen (Koch/Oesterreicher 2011, 69). Von den Gesprächswörtern sind im Korpus Interjektionen, Gliederungs- und Kontaktsignale besonders präsent. Ihr Gebrauch ergibt sich aus den Instanzen und Faktoren der Kommunikation, da sie sich auf den Kontakt zwischen den Interaktionspartnern, auf die Rollenverteilung in der Kommunikation, auf deiktische Felder, auf die Kontexte und auf Emotionen beziehen (Koch/Oesterreicher 2011, 42).[148]

Interjektionen sind ein salientes Merkmal der konzeptionell gesprochenen Sprache, da sie Emotionen des Sprechers gegenüber seinem Kommunikationspartner oder in Bezug auf den Kommunikationsgegenstand ausdrücken. Sowohl Inhalt als auch Form einer Interjektion sind in der Regel synthetisch. Sie

---

[148] Eine umfassende Auswahl an Diskursmarkern im Briefkorpus Rézeaus (2018) identifiziert auch Pusch (2020, 229–230).

entsprechen einem hohen Maß an Spontaneität in der Kommunikation, einer starken Einbindung in die Kommunikationssituation und einer Vertrautheit zwischen den Interaktionspartnern. Ihre Bedeutung ist in einer synthetisierten Form konventionalisiert und ergibt sich nicht mehr aus den lexikalischen Bestandteilen (Koch/Oesterreicher 2011, 60–61). Der Kommunikationspartner tritt hier in den Hintergrund, zugunsten des Ausdrucks einer Emotion des Sprechers. Diese Subjektivität ist die Grundlage für die Bezeichnung als 'mot-phrase subjctif' (Grevisse/Goosse 2016, 1536).

Folgende Interjektionen sind im Korpus attestiert: *ah, allez, allons, bravo, courage, eh* und *eh bien, hélas, hip hip hourrah, oh, oh mon dieu, oui, non, tiens, va, voyons* und *zut*. Insgesamt verwenden die Schreiber knapp über 200 Interjektionen, wobei *ah* (51 Okkurrenzen) und *allons* (40 Okkurrenzen) am frequentesten sind. Einige Interjektionen sind typographisch durch ein Ausrufezeichen markiert (Steuckardt 2015c, 93). Die verwandten Interjektionen beziehen sich die Expressivität stärkend auf die Mitteilung oder auch in affektiver Funktion auf den Kommunikationspartner. Ihr Gebrauch simuliert das alltägliche Gespräch in physischer Gegenwart, was gerade in der Verwendung von *oui* oder *non* deutlich wird.[149]

Gliederungssignale markieren den Aufbau und die Struktur von Diskursen und werden abstrahiert von ihrer üblichen Funktion verwandt (Koch/Oesterreicher 2011, 46), wobei sich ihre gliedernde Funktion in der nähesprachlichen Kommunikation auf die Markierung von Beginn und Ende eines Abschnitts beschränkt (Koch/Oesterreicher 2011, 43). Die Schreiber des Korpus verwenden als Anfangssignal zum Beispiel *oui* wie in *oui cher Aloïs Paul a été très affecté de votre départ* (Joseph Colle, 22.2.1916) oder *tu sais* wie in *tu sais en ce moment ce n'est pas le moment de dire des bêtisses* (Paul Labriet, 16.2.1916). Zur Markierung des Abschlusses einer Proposition dokumentiert das Korpus *hein, tu sais* und *quoi* sowie *n'est-ce pas*, wobei letzteres besonders frequent ist: *Qu'en dites vous... J'ai le temps n'est ce pas?* (Paul Grandemange, 10.6.1918). Die Polyfunktionalität der Gesprächswörter wird hier deutlich, wenn *n'est-ce pas* nicht nur als Schlusssignal gebraucht wird, sondern sich gleichzeitig auf den Kontakt zwischen den Interaktionspartnern bezieht und als Sprechersignal dem Rezipienten gewissermaßen eine Reaktion nahelegt (cf. Koch/Oesterreicher 2011, 50). Als Gliederungssignal ist *quoi* besonders sparsam, da der Produzent elliptisch versprachlicht und bestimmte Inhalte nur andeutet (Koch/Oesterreicher 2011, 58–59): *Maintenant je pèse 134 livres; un petit cochon quoi!* (Aloïs Grandemange, 3.10.1914), *C'est la Fête pour nous quoi!* (Paul Grandemange, 7.3.1916). Das inter-

---

[149] Das Tagebuch Héroards dokumentiert die vom *Dauphin* in gesprochener Rede gebrauchten Interjektionen, häufig in Kombination mit Personenanreden (Ernst 1985, 14–15).

jektiv gebrauchte *quoi* stellt die subjektive Expressivität des Schreibers heraus (Pusch 2020, 229). Viefach werden auch verschiedene Signale kombiniert, wie *enfin* und *que veux-tu* im Abschluss dieser Proposition*: Nous lui avons envoyez Tes Te l'argent à Bourges a faire suivre, enfin que veut tu s'est comme sa* (Marie Anne Grandemange, 24.4.1915).

Kontaktsignale entsprechen der grundlegenden Funktion menschlicher Kommunikation zwischen den beteiligten Interaktionspartnern und sind in der nähesprachlichen Kommunikation besonders bedeutend, da sie sich auf die Kooperation der Gesprächspartner beziehen. Die wesentliche Grundlage für Kontaktsignale ist die physische Kopräsenz, die für das vorliegende Korpus nicht angenommen werden kann. Darüber hinaus fördern emotionale Beteiligung, Vertrautheit der Kommunikationspartner und Spontaneität die Verwendung von Kontaktsignalen. Es lassen sich Sprecher- und Hörersignale unterscheiden (Koch/Oesterreicher 2011, 50), wobei für das vorliegende Analysekorpus nur jeweils die Sprechersignale berücksichtigt werden können. Das Korpus dokumentiert eine Vielzahl unterschiedlicher sprachlicher Muster, die auf den Kontakt der Schreiber verweisen. Die epistoläre Korrespondenz an sich ist zugleich Symbol und Ort, an dem sich der Kontakt konkretisiert. Eine frequente Bezeichnung des Kontakts ist zum Beispiel das Verb *voir*, wie in *Dieu nous a gardé. voyez-vous et à présent de Joseph et Aloïs vous avez l'esprit tranquille* (Paul Grandemange, 23.7.1918) oder in *les magasins ferme à 6 heures tu vois si cela va être chix* (Maria Saunier, 20.11.1916). Auch die direkte Ansprache verbunden mit *oui* oder *non*, zum Beispiel in *Oui, cher frère, prends courage* (Aloïs Grandemange, 17.10.1914) oder in *Cher Aloïs tu nous dit que tu vois que nous avons bien du mal. Non. crois moi. nous faisons ce que nous pouvons* (Joseph Grandemange sen., 13.4.1916), bezieht sich direkt auf den Kontakt mit dem Gesprächspartner sowie auf ausgetauschte Inhalte. Als Kontaktsignale können ebenfalls die bereits in der lexikalischen Betrachtung erwähnten *je te promets*, *je t'assure* und *je te jure* bewertet werden (cf. 5.2.3.1), die zugleich registerspezifische Aktualisierungen der Kontaktmarkierung darstellen. Die Verwendung von Diskursmarkern im Korpus entspricht der grundsätzlichen Konzeption eines Briefs als Dialog unter Abwesenden, die sich auch in Briefen, die dem *français populaire* nahestehen, konkretisieren: «Il n'est pas rare que les lettres s'efforcent de reconstituer une situation de communication directe» (François 1985, 301). Die folgenden beiden Ausschnitte aus Joseph Grandemanges Briefen illustrieren ein vielfältiges Inventar gebrauchter Gesprächswörter:

(493) *Ne vous faites pas de*
 bile surtout **hein!** *Papa n'est pas appelé*
 pour la réquisition, **non?** *Et Paul la classe*

1914! ***quoi!*** *n'est pas appelé non plus. Il
faut s'y attendre. Peut être il ne restera plus
chez nous qu'Aloïs avec Maman, Pauvre Maman
pas de bile **va** nous avons espoir au coeur*
(Joseph Grandemange jun., 3.8.1914)

(494) ***Ah!*** *oui, si on à chance de rentrer qu'elle
noce, on fera en famille,* ***n'est-ce pas?***
*Je lui ai dit à Paul qu'il n'y aura rien de trop
lourd ni comme plats ni comme bouteilles.
Il faut encore bien rire un peu,* ***pas vrais?***
(Joseph Grandemange jun., 3.11.1914)

Die explizite Bezeichnung der Korrespondenz als Gespräch in Form von *entretien* und *entrenir* in den Beispielen *Nous terminons notre petit entretient en t'envoyant nos plus tendres baisers* (Joseph Grandemange sen., 13.4.1916) und *Je profite d'un petit moment de repos pour m'entretenir un instant avec toi* (Émile Grandemange, 6.4.1916) unterstreicht die Konzeption des Briefs als Unterhaltung aus Sprechersicht.

5.4.3 Diskursive und textuelle Komposition

Der Aufbau der Texte des Korpus wird in Teilen im spezifischen Produktionsmodus der gesprochenen Sprache durch Auslassungen, Korrekturen und Repetitionen offengelegt. So sind die unterschiedlichen Etappen des Schreibprozesses in der Übertragung von Inhalten ins schriftliche Medium und eventuell anschließender Revision erkennbar. Zumeist liegen schriftliche Texte dem Leser in fixierter und verdinglichter Form in ihrem letzten Überarbeitungsstand vor, da gerade die Entkoppelung der Redaktion medial schriftlicher Texte dem Verfasser Zeit zur Planung, zur Revision und zur Korrektur lassen. Die Kommunikationssituation, in der die vorliegenden Texte verfasst wurden, lässt wenig Zeit für die Redaktion unter oft widrigen Umständen. Ebenso steht die Knappheit des Materials einer mehrfachen Überarbeitung entgegen. Es ist daher natürlich, dass die Texte diese außersprachliche Situation widerspiegeln. Dieser spezifischen sozio-historischen Kommunikationssituation kommt auch die Wahrnehmung des Briefes als Gespräch entgegen. Der Brief ersetzt im Krieg das alltägliche Gespräch mit der Familie und mit Freunden, er dient der Kontaktsicherung und der Erhaltung der persönlichen Beziehungen. Die Schreiber organisieren den Brief daher häufig mit Gliederungssignalen, die der familiären Umgangssprache entsprechen und drücken über Interjektionen und Kontaktsignale die für Nähesprache charakteristische Expressivität und Affektivität aus.

5.5 Variation im schriftsprachlichen Ausdruck: Zusammenführung

Im Zentrum dieses Kapitels stand die Variation im schriftsprachlichen Ausdruck weniger geübter Schreiber auf orthographischer, lexikalischer, morphosyntaktischer und textuell-diskursiver Ebene. Alle Bereiche zeigen unterschiedliche Ausprägungen der Variation, die auf den Schreiber, auf die Interaktionspartner oder auf die Kommunikationssituation verweisen. Wie bewusst sich die in den Ego-Dokumenten aktualisierte Wahl von Varianten auf den unterschiedlichen Ebenen des Sprachgebrauchs aus Sprecherperspektive vollzieht, muss unbeantwortet bleiben. Ziel der Analyse ist jedoch aufzuzeigen, welche Varianten zur standardsprachlichen Norm in diesem Schriftgebrauch auftreten, die die jeweilige kommunikative Funktion erfüllen und die auf die verschiedenen Schreibkompetenzen und den Umgang mit der Schrift zurückgehen.

Die orthographische Variation ist am stärksten auf den Schreiber zentriert, da hier die individuelle Regelkompetenz und der Grad des Schriftspracherwerbs vor dem Hintergrund einer präskriptiven Norm am deutlichsten sichtbar werden. Die orthographische Analyse hat aufgezeigt, in welchen Bereichen diese Norm für die Schreiber von Relevanz ist und wo sie andere sprachliche Muster wählen. In keinem Fall ist im Korpus das Scheitern einer Kommunikationshandlung erwähnt, sodass aus funktional-kommunikativer Perspektive die beschriebenen Varianten vielleicht eine erhöhte Aufmerksamkeit des Lesers fordern, jedoch nicht die Mitteilungsleistung einschränken. Die Stellung eines Schreibers innerhalb einer bestimmten *peer-group*, seine jeweilige Biographie sowie seine persönliche sozioökonomische Situation spielen eine wichtige Rolle, in der Selektion verschiedener Varianten. Der Einfluss der Regelkompetenz ist auch in der morphosyntaktischen Variation feststellbar, tritt jedoch zusammen mit der Wahl bestimmter Versprachlichungsstrategien, die den Kommunikationsbedingungen der Nähesprache entsprechen, auf. Innerhalb der morphosyntaktischen Organisation der Texte überwiegen semantische über syntaktische Relationen, obwohl auch weniger erwartbare, klassisch distanzsprachliche Merkmale im Korpus dokumentiert sind.

Der im Korpus aktualisierte Wortschatz belegt die Verfügbarkeit und die anschließende Wahl verschiedener Register und gruppenspezifischer Varietäten, die die Schreiber in Abhängigkeit der Kommunikationssituation und des Interaktionspartners realisieren. Hier wird die Diversität des schriftsprachlichen Ausdrucks der Schreiber dokumentiert. Zugleich werden die Verfasser der Ego-Dokumente als Produzenten in ihrer sozialen, geographischen und situativen Umgebung definiert. Außerdem fällt die Dominanz familiär- und populärsprachlicher Markierungen auf, die sich vielfach überschneiden und sich in die Kommunikationssituation der privaten Korrespondenz einschreiben. Neben der Aktualisierung von im schriftlichen Medium selten belegter diasystematisch markierter Lexeme, kann in Teilen ein regionalspezifischer Gebrauch bestätigt bzw. erweitert werden. Die Verwendung des *argot des tranchées* ist insgesamt eher zurückhaltend und wird innerhalb der Schreibenden insbesondere von Männern gebraucht. Einige wenige Lexeme des Argots, und hierbei insbesondere das Lexem *boche*, sind im Korpus präsent, in der Gesamtheit allerdings sind argotische Ausdrücke von den Schreibern dieses Korpus seltener gebraucht.

In allen vier Bereichen lassen sich sowohl übergreifende generalisierende Tendenzen sowie individuelle Präferenzen ablesen, wie es am Beispiel der orthographischen Variation augenfällig wird: Die Schreiber unterscheiden sich zunächst in Bezug auf die Textmenge und auf die darin enthaltenen Varianten. Innerhalb dieser Varianten selegieren die Schreiber präferiert unterschiedliche Ausprägungen. Ein Schreiber neigt mehr zur Wahl übergeneralisierter Varianten, die andere mehr zur phonogrammischen Verschriftlichung und wieder ein anderer Schreiber wählt Gramme, die die regionalsprachliche Aussprache abbilden. Auch im Lexikon zeigen sich deutlich differierende, individuelle Ausgestaltungen in der Wahl register- und gruppenspezifischer Varietäten. So weist ein Schreiber etwa relativ wenige orthographische Varianten auf, demonstriert aber ein hoch diversifiziertes Spektrum diaphasischer und diastratischer Strukturen.

Generell zeichnen sich in den Texten aus entgegengesetzten Richtungen kommende Beeinflussungen ab: Zum einen lassen sich Verschriftlichungsstrategien identifizieren, die den Gegebenheiten der kommunikativen Nähe entsprechen und Funktionen der Expressivität, der sparsamen Versprachlichung sowie einem geringen Planungsaufwand entsprechen. Zum anderen wird in den Texten ein Bewusstsein für das Medium und vielmehr noch für die Konzeption der distanzsprachlicher Kommunikation deutlich. Hierbei kommt es vermehrt zur Abwahl von als kolloquial markierten Wendungen und zur Auswahl stilistisch höher markierter Elemente. Die den Versprachlichungsstrategien der kommunikativen Nähe entgegenlaufende Tendenz einer intensiven Verschriftlichung, die in Teilen eine Annäherung an die kommunikative Distanz darstellt, könnte sich mit dem Bewusstsein der Schreiber für bestimmte sprachliche Elemente erklären, die sie als dem Medium des Geschriebenen angemessen erachten und daher für die Redaktion ihrer Texte wählen. Grundsätzlich gibt das Korpus eine prominente Anwendung von Versprachlichungsstrategien wieder, die den Kommunikationsbedingungen der Nähesprache entsprechen und welche wiederum durch die Textsorte Brief und ihre Ausrichtung auf den privaten Raum natürlicherweise evoziert werden.

6 Sprachkontakt

Im vorhergehenden Kapitel standen Charakteristika des schriftsprachlichen Ausdrucks weniger geübter Schreiber und die von ihnen angewandten Verschriftlichungsstrategien im Mittelpunkt der Analyse. In diesem Kapitel soll der Blick nun auf Formen des Sprachkontakts gerichtet werden, die von einem Ausschnitt des Gesamtkorpus der Ego-Dokumente abgebildet werden. Diese Texte wurden von Sprechern verfasst, deren Herkunftsregion durch den politisch beeinflussten und historisch gefestigten Kontakt des Französischen und des Deutschen geprägt ist. In Abhängigkeit der jeweiligen regierenden Autorität dominieren Französisch und Deutsch als Nationalsprache. Die historische Sprachkontaktsituation im Raum Elsass und Lothringen umfasst darüber hinaus die jeweiligen dialektalen Varianten des Elsässischen[1] und des Lothringischen. Die Ego-Dokumente des in diesem Kapitel untersuchten Subkorpus geben diese sprachliche Koexistenz in der individuellen Verschriftlichung und aus der subjektiven Perspektive der Verfasser wieder.[2]

Die Ego-Dokumente schreiben sich in die komplexe Vielschichtigkeit der sprachlichen Situation[3] ein, in der Französisch, Deutsch und der Dialekt unterschiedlichen Gebrauchskontexten zugeordnet und von verschiedenen Akteuren, wie Politikern, der Kirche oder der Familie, mit variierender Funktion verwendet werden. Für den Sprachgebrauch des Einzelnen resultieren daraus konkrete Konsequenzen im Sprachgebrauch, wie Zweisprachigkeit, Zweischriftigkeit oder kontaktinduzierte Übertragungen. Die Zweisprachigkeit im Elsass und in Lothringen ist wesentlich durch die politischen und historischen Ereignisse des 19. und 20. Jahrhunderts geprägt, welche Nationalitäten neu definieren und mit der Sprache zu festigen suchen. Nicht nur die in einer spezifischen Kommunikationssituation gebrauchten Varietäten der Sprecher alternieren, auch die Zuordnung zu Gebrauchskontexten, wie National-, Unterrichts- oder Verwaltungssprache, und damit die Zuschreibung von Prestige, ist von der Veränderung betroffen. Außerdem können sich von den Varietäten übernommene symbolische Funktionen im historischen Verlauf und je nach Kommunikationssituation ändern.

---

1 Unter Elsässisch werden hier alle germanischen dialektalen Varianten im Kontaktraum gefasst.
2 Nicht nur das Elsass und Lothringen zeichnen sich durch Mehrsprachigkeit aus, so hält Glessgen auf der Grundlage des Briefkorpus von Rézeau (2018) fest: «Vers 1915, la France était un pays *plurilingue* habité en grande partie par des individus blingues ou au moins ‹di(a)glosiques›» (Glessgen 2020, 92; Herv. im Original).
3 Das sprachliche Nebeneinander im Elsass und in Lothringen erschöpft sich nicht im Französischen, Deutschen und Elsässischen, es ließe sich beispielsweise um die Varietät des Jiddischen im Elsass und das regionale Französisch im Elsass erweitern (cf. Salmon 1985c, 363).

Dieses Kapitel beschäftigt sich mit den von den Verfassern der Ego-Dokumente angewandten Schreibpraktiken, die sich in einem zwei- bzw. mehrsprachigen Raum konkretisieren. Dabei lassen sich folgende Fragestellungen präzisieren:
- Wie gestaltet sich der sprachliche Ausdruck weniger geübter Schreiber im Medium des Schriftlichen vor dem Hintergrund des individuellen und sozialen Bilingualismus?
- Auf welchen Ebenen des sprachlichen Ausdrucks manifestiert sich der Sprachkontakt und welche konkreten sprachlichen Formen bilden ihn ab?

Drei Schreiber werden exemplarisch, soweit es die Dokumentation zulässt, anhand ihrer Sprach- bzw. Schreibbiographie unter Berücksichtigung der schulischen und beruflichen Ausbildung, der unterschiedlichen Sprach- und Schreibkompetenzen sowie ihrer geographischen und sozialen Herkunft dargestellt. Die Texte der Fonds, für die diese Schreiber jeweils maßgeblich sind, weisen Transferenzen unterschiedlichen Grades in verschiedenen Bereichen des sprachlichen Ausdrucks auf, die in ihrer Art und dem sprachlichen Kontext ihres Auftretens zu beschreiben sind.

Zur soziohistorischen Situierung des weiteren Kommunikationskontextes der im vorliegenden Kapitel untersuchten Ego-Dokumente wird in einem ersten Schritt die politische und historische Realität des *Reichslandes Elsass-Lothringen* von der Annexion bis zum Ausbruch des Ersten Weltkriegs nachgezeichnet und der Blick auf sprach- und bildungspolitische Maßnahmen (6.1) gerichtet. Im Rahmen der Beschreibung des diesem Kapitel zugrunde gelegten Teilkorpus (6.2) werden neben der Diskussion um die Bedeutung und den Einfluss des Dialekts (6.2.1) die Biographien der bereits erwähnten Schreiber Jeandon, Braun und Lacombe vorgestellt (6.2.2). Nach einem kurzen Überblick zur Erforschung von Sprachkontakt aus historischer Perspektive (6.3) legt die sich anschließende Analyse kontaktinduzierter sprachlicher Formen (6.4) den Schwerpunkt auf die deutsch-französische Kontaktsituation und nimmt ergänzend Englisch (6.4.7.1) und Italienisch (6.4.7.2) hinzu.

6.1 *Elsass-Lothringen* 1871–1914

6.1.1 Historische und sprachliche Situation

In seiner historischen Entwicklung ist das Elsass eine traditionell zweisprachige Region und wurde in seiner Geschichte vielfach abwechselnd französisiert und germanisiert. Nachdem es 1678 von Ludwig XIV. erobert wurde und der französischen Regierung unterstand, fiel es nach der Annexion durch das Deutsche

Kaiserreich 1871 wieder an Deutschland. Diese wechselvolle Geschichte erklärt die spezifische elsässische Identität, die sich auch in der Bezeichnung *Français de l'intérieur* niederschlägt, mit der sich die Elsässer von den westlich der Vogesen lebenden Franzosen abgrenzten (Carton et al. 1983, 14).

Nach dem Ende des deutsch-französischen Krieges 1870–71 legen die Friedens-Präliminarien von Versailles, die die Grundlage für den am 10. Mai 1871 in Frankreich geschlossenen Friedensvertrag zwischen Frankreich und dem *Deutschen Reich* bilden, folgende territoriale Regelung fest: «Frankreich verzichtet zu Gunsten des Deutschen Reichs auf alle seine Rechte und Ansprüche auf diejenigen Gebiete, welche östlich von der nachstehend verzeichneten Grenze belegen sind» (Bismarck/Thiers/Favre 1871, 216). Die betreffenden Gebiete gehen «[...] für immer mit vollem Souverainetäts- und Eigenthumsrechte» (Bismarck/Thiers/Favre 1871, 217) in den Besitz des *Deutschen Reiches* über. Die Demarkationslinie verläuft von der luxemburgischen Grenze zwischen Redingen und Hussigny (Bismarck et al. 1871, 224) bis zur südwestlichen Grenze des Arrondissements Metz, über die westliche Grenze des Arrondissements Château Salins, den Bergkamm zwischen Seille und Moncel und an der westlichen Grenze des Kantons Schirmeck. Im weiteren Verlauf stimmt die Grenzlinie mit den Departements Haut-Rhin und Bas-Rhin überein, sie verläuft durch den Kanton Delle bis zur Schweizer Grenze (Bismarck/Thiers/Favre 1871, 216–217). Die Kantone Belfort, Giromagny und Delle sowie der westliche Teil des Kantons Fontaine bleiben französisch (Bismarck et al. 1871, 224).

Im historischen Zusammenhang vor 1870 sind das Elsass und Lothringen distinkte Verwaltungsbezirke, erst die deutsche administrative Bezeichnung suggeriert die Einheit der unter *Reichsland Elsass-Lothringen* zusammengefassten Regionen. Das Elsass und die jeweiligen Teile Lothringens unterscheiden sich sowohl in sprachlicher und kultureller als auch in ökonomischer und historischer Perspektive so deutlich voneinander, dass L'Huillier (1970, 437) von einer «unité artificielle»[4] spricht.[5]

---

4 Cf. hierzu auch Roth (2007c, 179): «Jusqu'en 1895–1900, il serait abusif et inexact de parler d'un espace politique alsacien-lorrain». Zum ungleichen Verhältnis generell von Elsass und Lothringen während der Annexion: «l'Alsace a une population double de celle de la Lorraine, les Alsaciens sont plus aptes que la majorité des Lorrains à s'insérer dans le système allemand et à lui fournir des cadres moyens [...]. Quant aux Lorrains ils doivent aller à Strasbourg pour trouver des interlocuteurs et régler une question, d'où le sentiment très excessif à mon avis d'une subordination à l'Alsace» (Roth 2007c, 188).
5 Der deutsch-französische Krieg sowie die sich anschließende Annexion des Elsass und Lothringens in Teilen bedeutet für die Mehrheit der Bevölkerung eine traumatische Erfahrung (Vogler 1994, 301). In Frankreich provoziert die territoriale Restrukturierung Empörung, verbun-

428 — 6 Sprachkontakt

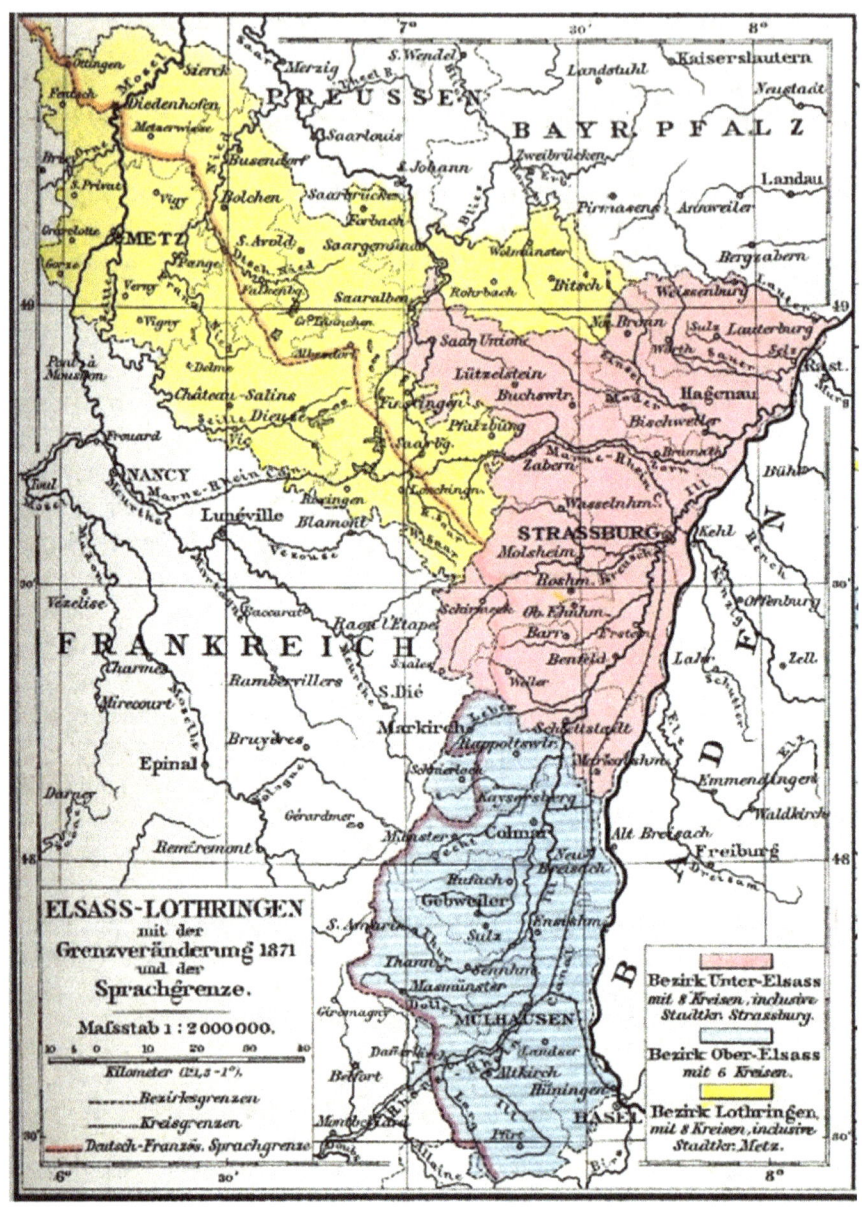

Abbildung 9: Die Sprachgrenze 1871 im Reichsland Elsass-Lothringen (Droysen 1886, 41).

den mit einer Idealisierung der sogenannten verlorenen Provinzen: «Metz et Strasbourg deviennent des symboles et des horizons» (Roth 2007a, 8).

Das *Gesetz, betreffend die Vereinigung von Elsaß und Lothringen mit dem Deutschen Reiche* vom 9. Juni 1871 unterstellt das *Reichsland Elsass-Lothringen* der direkten Staatsgewalt des Kaisers (Bismarck 1871, 212). Im Gegensatz zur relativen Autonomie der anderen 26 Staaten des Kaiserreichs ist der Status des *Reichslands* ein anderer: «[...] le Reichsland est perçu comme une terre à germaniser avec une mentalité de colonisation, où il s'agit d'éliminer progressivement tous les éléments français ou welches et donc la double culture, considérée comme un handicap sur le plan intellectuel» (Vogler 1994, 376).

Für die preußische Regierung beruht die Annektierung des Elsass und Lothringens in Teilen primär auf militärischen und sicherheitsstrategischen Gründen (Bronner 1970, 12). Ethnische und sprachliche Argumente wie die «deutsche Muttersprache» sowie der «urdeutsche Charakter» der Elsässer stehen zunächst nicht im Vordergrund, Bismarck bedient sich jedoch ihrer zur Legitimation und Stärkung seiner Position.[6] Die Verstrickung politischer und sprachlicher Fragen wird in der preußischen Germanisierungspolitik deutlich, die sich im Wesentlichen auf die eng miteinander verwobenen Bereiche der Sprach- und Bildungspolitik konzentriert. Die Volksschule entwickelt sich zum «Hauptkampfschauplatz der sprachpolitischen Gefechte» (Hartweg 1987, 131), sie ist für die Bismarck'sche Regierung das fundamentale Mittel zur Integration der *Elsass-Lothringer*. Die Verbreitung der deutschen Sprache soll die dauerhafte Annektierung bekräftigen und die Bevölkerung von Frankreich und dem Wunsch nach einer Rückkehr dorthin abwenden (Rimmele 1996, 70). Zu Beginn der Annektierung haben die gehobenen Bevölkerungsschichten nahezu komplett den Gebrauch des Hochdeutschen verloren:[7] Ein Großteil der elsässischen Bevölkerung vor 1870 verwendet eine dialektale Varietät. Im Hochdeutschen verfügt die

---

[6] Die Annexion der eroberten Gebiete durch die Bündelung der militärischen Kräfte Nord- und Süddeutschlands sollen Symbol der nationalen Einigung sein (Jurt 2014, 200). Sprache und Kultur sind in der Argumentation um die nationale Zugehörigkeit *Elsass-Lothringens* und in der Legitimation seiner Annexion von großer Bedeutung. Neben sprachlichen, kulturellen und ethnischen Faktoren wird jedoch eine Vielzahl anderer historischer, sicherheitspolitischer, militärischer und moralischer Argumente angeführt, was, so Jurt, die Schwäche der sprachlich-kulturellen Argumentation belege (Jurt 2014, 217–218).

[7] Das der germanophonen Dialektzone angehörende Elsass wird mit Ende des 30-jährigen Krieges immer mehr in den frankophonen Regierungsbereich integriert und bis 1789 dringt das Französische immer weiter vor, auch wenn «von einer konsequenten Sprachpolitik mit einer geplanten Expansion des Frz. [..] nicht die Rede sein» (Hartweg 2008, 2781) kann. Daher bleibt das Elsass «vor 1789 eine weitgehend deutschsprachige Landschaft» (Hartweg 2008, 2782). Mit der Französischen Revolution und der Ideologie einer einheitlichen und unteilbaren Republik wird die Verbreitung des Französischen auch propagandistisch weiter vorangetrieben (Hartweg 2008, 2781–2784).

elsässische Bevölkerung über passive Kenntnisse, die aktive Beherrschung ist stark rückläufig (Hartweg 2008, 2785).

> «Die große Mehrheit der im E. geborenen Bevölkerung sprach Mundart und las und verstand die dt. Standardsprache, die auch die ältere Generation, soweit Schulbildung vorhanden war, noch in Schrift und Wort beherrschte – dies aber in einem Umfang, der bereits deutlich unter dem Durchschnitt ähnlich alphabetisierter Gegenden des Deutschen Reiches lag, was aus den häufigen Klagen der dt. Verwaltung nach 1870 hervorgeht, man fände keine des schriftlichen Gebrauchs der dt. Sprache mächtigen Bürgermeister, oder Beigeordnete und technische Bildung wäre fast ausschließlich auf frz. erfolgt» (Hartweg 1987, 128).

Auf der Grundlage der Volkszählung von 1875 etabliert die statistische Behörde *Elsass-Lothringens* 1878 folgende Zahlen für das *Reichsland*:[8] 385 französischsprachige, 1.225 deutschsprachige und 86 gemischtsprachige Gemeinden (Lévy 1929, 333–334). 77,4% der Bevölkerung gibt Deutsch als Muttersprache an, 12,1% Französisch und 10,5% beide Sprachen (Lévy 1929, 424). Die Angabe des Deutschen als Erstsprache einer Mehrheit der elsässischen Bevölkerung impliziert nicht selbstverständlich einen kompetenten Umgang mit der offiziellen deutschen Hochsprache. Sprachgebrauch und Sprachkenntnisse der elsässischen Bevölkerung werden im Wesentlichen durch die Faktoren Alter, soziale Schichtung und schulische Ausbildung bestimmt.

1910 repräsentiert die frankophone Bevölkerung lediglich 6,1% im Ober-Elsass und 3,8% im Nieder-Elsass (Vogler 1994, 371). Der Sprachgebrauch variiert je nach sozialer Stellung der Sprecher, nach ihrem Beruf und ihrer Ausbildung.

> «La population rurale et ouvrière et les artisans se servent exclusivement de l'alsacien. Le milieu commerçant possède, à côté de l'allemand, un certain bagage de connaissances françaises. La haute bourgeoisie possède une culture d'origine française. Les hauts fonctionnaires et les membres des professions libérales parlent selon l'occasion français, alsacien ou haut-allemand» (Vogler 1994, 372).

---

8 Die erhobenen Zahlen geben lediglich einen Eindruck der Sprachsituation nach 1870, sie sind, abgesehen von deutlich variierenden Ergebnissen je nach erhebender Institution/Person, hinsichtlich ihres Untersuchungsziels und auch hinsichtlich ihrer Methode zumindest mit äußerster Zurückhaltung zu behandeln. Viele Daten wurden noch während oder kurz nach Ende des Krieges erhoben, gerade die ideologische Aufladung von Sprache und ihre enge Verbindung mit der Politik sind hier nicht zu vernachlässigen (cf. hierzu Lévy 1929, 329). Weiterhin geben die verwendeten Begrifflichkeiten *Deutsch* und *Französisch*, insbesondere beim Deutschen, keinen Aufschluss über die Verteilung der Kenntnisse hinsichtlich der standardisierten Hochsprache und der Dialekte. Die Erklärungen stellen mehr oder weniger bewusste Positionierungen, die die sprachliche Zugehörigkeit markieren, dar, geben jedoch nicht unbedingt den aktuellen Sprachgebrauch wieder (Huck 2015, 155).

In den zahlenmäßig überlegenen, weniger gut situierten Bevölkerungsschichten verliert das Französische nach 1871 rasch an Boden, insbesondere durch die unbestreitbaren Fortschritte im Unterricht (Lévy 1929, 341). In vielen Bereichen des Lebens erfolgt eine funktionelle Verteilung zwischen einer vom Dialekt dominierten Mündlichkeit und einer dem Hochdeutschen vorbehaltenen Schriftlichkeit. Mit Blick auf die unteren Gesellschaftsschichten spricht Hartweg von einer diglossischen Situation: «Landwirte, Arbeiter, kleine Handwerker und überwiegende Teile der Landbevölkerung sprachen ausschließlich Mundart und schrieben Dt.» (Hartweg 1987, 145). Landbevölkerung, Arbeiter und Handwerker verwenden in Alltagssituationen unter sich weiterhin die vertraute dialektale Varietät, zumeist übernehmen ihre Kinder ein ähnliches Sprachverhalten. Wahrscheinlich erfahren sie eine erste sprachliche Sozialisierung in der Sprachvarietät der Familie und eine zweite mit Gleichaltrigen in der jeweiligen dialektalen Varietät. Sprecher, deren berufliche Situation den Kontakt mit Kunden verlangt und/oder regelmäßige Schriftpraxis erfordert, verfügen sehr wahrscheinlich über ein breiteres sprachliches Repertoire, das unterschiedliche Kenntnisse des Französischen, des Dialekts und des Deutschen umfasst und innerhalb dessen sie eine gewisse Mobilität zeigen müssen, indem sie je nach Situation die verfügbaren Kenntnisse aktivieren (Huck 2015, 155–156).

Weit über die Jahrhundertwende hinaus bleibt die Sprachenfrage der zentrale Punkt der Politik in *Elsass-Lothringen*. Sprach- und bildungspolitische Maßnahmen unterscheiden sich in Abhängigkeit von der geographischen Lage einer Gemeinde, von der romanischen oder germanischen dialektalen Prägung der Bevölkerung, von Migrationsbewegungen und in Bezug auf den primären oder sekundären Bildungssektor. In der Konsequenz differieren Französisch, Deutsch und Elsässisch im Kontaktraum bisweilen deutlich in Bezug auf ihren Status, ihre Symbolfunktion und die Sprechereinstellungen. Die über vier Jahrzehnte währende deutsche Annexion wirkt sich in unterschiedlicher Weise auf die Situation beider Nationalsprachen aus: das Deutsche als offizielle Sprache der Autoritäten verbreitet sich nahezu flächendeckend und die Gesellschaft übergreifend. Die Neuorganisation des primären Bildungssektors mit Einführung der allgemeinen Schulpflicht, der Militärdienst, die zunehmende Zeitungslektüre, die ausgeprägte Immigration Altdeutscher, deutsch-elsässische bzw. deutsch-lothringische Ehen, der zunehmende Verkehr und eine höhere Mobilität begünstigen die Verbreitung des Deutschen, sodass «die dt. Standardsprache in fast allen Schichten der Bevölkerung mit ziemlicher Vollkommenheit in der Schrift beherrscht wurde» (Hartweg 1987, 138). Das Französische wird in Teilen der Bevölkerung bewahrt, in denen es als Ausdruck der Opposition zur deutschen Regierung funktioniert und ein Zugehörigkeitsgefühl zu Frankreich markiert.

Die folgenden Unterkapitel stellen die sprachliche Situation und die gesetzgebenden Maßnahmen bezüglich des Deutschen und des Französischen sowie die Reformen in der Bildungspolitik dar und zeigen auf, wie sich die Stellung der Sprachen während der 48 Jahre dauernden Annexion verändert und welche Faktoren sie beeinflussen.

6.1.2 Sprach- und Bildungspolitik des Deutschen Kaiserreichs

6.1.2.1 Sprachpolitik
Die politische Annexion *Elsass-Lothringens* bewirkt «un renversement complet dans le rôle des langues française et allemande» (Lévy 1929, 321), wobei Deutsch zur offiziellen Sprache und Französisch zu einer zwar geographisch und kulturell nahen, aber doch zu einer nur tolerierten Fremdsprache degradiert wird (Lévy 1929, 321).

Das *Gesetz, betreffend die amtliche Geschäftssprache* (Bismarck 1872, 159–160) vom 31. März 1872 institutionalisiert das Deutsche als offizielle Amts- und Geschäftssprache sowie als Sprache der Gerichtsbarkeit in *Elsass-Lothringen*, in mündlicher und schriftlicher Kommunikation. Bezüglich der frankophonen Gebiete gelten folgende Ausnahmeregelungen:[9]

> «In den Landestheilen mit überwiegend französisch redender Bevölkerung kann jedoch auch über diesen Zeitpunkt [1.7.1872, L.S.] hinaus den öffentlichen Bekanntmachungen und zur Publikation bestimmten allgemeinen Erlassen der Kaiserlichen Verwaltungsbehörden eine französische Übersetzung beigefügt werden» (Bismarck 1872, 160).

Zum Zeitpunkt des Gesetzerlasses werden 423 Gemeinden vom Gebrauch des Deutschen als offizieller Sprache entbunden (Lévy 1929, 348). In frankophonen Gemeinden darf bis 1. Januar 1878 Französisch verwendet werden, nach Ablauf der Frist soll jedoch auch dort Deutsch die einzige Verwaltungs- und Amtssprache sein (Philipps 1975, 131). Anhaltender Widerspruch sorgt dafür, dass auch nach 1878 Ausnahmeregelungen gewährt werden. Bis 1892 erreicht die preußische Administration zumindest eine Reduzierung der vom Gebrauch des Deutschen befreiten Gemeinden: von 27 auf 21 Gemeinden im Nieder-Elsass und von 24 auf 3 im Ober-Elsass (Vogler 1994, 308).

---

[9] Das Bewusstsein der deutschen Verwaltung für die Tatsache, dass den Bewohnern der frankophonen Gemeinden die offizielle Sprache ihrer neuen politischen Zugehörigkeit unbekannt war, mag die Ablehnung einer abrupten Einführung des Deutschen als einzige offizielle Sprache in diesen Gebieten begründen (Huck 2015, 138).

Auch in den deutschsprachigen Gemeinden vollzieht sich der Übergang zum Deutschen als Amtssprache nicht ohne Schwierigkeiten. Abgesehen von einer des Hochdeutschen mächtigen Elite fällt einem großen Teil der Bevölkerung der Gebrauch der neuen offiziellen Verwaltungssprache nicht leicht (Philipps 1975, 132). Insbesondere die gehobenen elsässischen und lothringischen Gesellschaftsschichten sind außerstande sich der deutschen Hochsprache in schriftlicher und mündlicher Kommunikation zu bedienen (Lévy 1929, 338–339).

Die Reaktionen auf die sprachpolitischen Maßnahmen und deren Anwendung sind bei Unterstützern und Gegnern unterschiedlich und abhängig von der je aktuellen politischen Lage und der individuellen Positionierung der einzelnen Akteure. Die Bevölkerung protestiert hauptsächlich empört dagegen, die deutschen Behörden sind zum Teil nachsichtig in der Anwendung der Gesetze. Dennoch kommt es teilweise zu erbitterten Auseinandersetzungen zwischen beiden Lagern,[10] die in kleinlichen Schikanen, wie der Ablehnung französischer Vornamen und der Korrektur von als deutsch geltenden Familiennamen gipfeln (Rimmele 1996, 31). Zu diesen als schikanierend empfundenen Maßnahmen, die besonders die erste Zeit der Annexion prägen, zählt auch die ab Oktober 1870 erfolgte methodische Germanisierung von Toponymen im deutschsprachigen Teil des *Reichslandes*. Neben Toponymen müssen Straßennamen, Reklame, Geschäfts- und Vereinsbezeichnungen sowie öffentliche Aushänge bis hin zu Grabinschriften deutsch sein (Hartweg 1987, 132; Huck 2015, 144; Lévy 1929, 365–374).[11]

Besonders die Presse ist vom Regierungswechsel und der Sprachgesetzgebung betroffen: Ab Dezember 1871 muss die Publikation einer Zeitung per Gesetz autorisiert werden. Der sogenannte Diktaturparagraph im Gesetz ermöglicht das Verbot jeglicher Veröffentlichung ohne Angabe von Gründen sowie das Verbot des Verkaufs oder Abonnements ausländischer Zeitungen. Jede Infragestellung der neuen politischen Situation und jede Kritik an der Regierung von Seiten der Journalisten hätte eine sofortige Schließung zur Folge. Explizit ausgeschlossen wird das *Reichsland* aus dem Geltungsbereich des 1874 für das *Deutsche Reich* erlassenen relativ liberalen Gesetzes zur Pressefreiheit (Roth 2007b, 26). Erst um die Jahrhundertwende erfährt der Journalismus durch ein 1898 verabschiedetes Gesetz zur Liberalisierung der Publikation von Printmedien eine gewisse Öffnung (Rimmele 1996, 27). Der sogenannte Diktaturparagraph wird 1902 von

---

10 Viele der von der deutschen Regierung unternommenen Maßnahmen zur Regelung der Sprachenfrage gehen auf Denunziationen aus der Bevölkerung zurück, hierbei spielt insbesondere die *Metzer Zeitung* eine prominente Rolle (Lévy 1929, 401).
11 Prominentes Beispiel der bisweilen absurden Germanisierungspolitik ist die Ersetzung des französischen *coiffeur* durch das deutsche *friseur* sowie das Verbot der Angabe von *pharmacie* neben *Apotheke* (Lévy 1929, 370–371).

Kaiser Wilhelm II. abgeschafft und die Situation der Presse sowie die Pressefreiheit verbessern sich deutlich (Roth 2007b, 28).

Gleichzeitig avanciert die Presse zum Instrument der Germanisierung und zu einem effizienten Verbreitungsmittel des Deutschen in dem Teil der Bevölkerung, der die Schule beendet hat: «On peut hardiment dire que la presse a plus efficacement contribué que tous les ukases du gouvernement ensemble à la propagation réelle de la langue allemande» (Lévy 1929, 395–396). So soll es 1902 in Elsass und Lothringen 178 Presseorgane gegeben haben, davon 132 ausschließlich und 28 teilweise auf Deutsch, weshalb, auch aufgrund der Vielzahl von Neugründungen, von einer «regelrechte[n] Explosion im Zeitungs- und Zeitschriftenwesen» (Hartweg 1987, 144) im Elsass gesprochen werden kann. Die 1882 gegründete *Straßburger Post* erhebt sich zu einer der führenden überregionalen südwestdeutschen Zeitungen. Neben der deutlich überwiegenden deutschsprachigen Presse erscheinen auch zweisprachige und französische Zeitungen und erfahren dank des 1898 verabschiedeten Gesetzes einen bedeutenden Aufschwung: 1902 gibt es neben aus Frankreich eingeführten Presseerzeugnissen 18 frankophone Zeitungen und Zeitschriften (Hartweg 1987, 144; Lévy 1929, 454).

Ziel der vom Deutschen Kaiserreich im *Reichsland* etablierten Politik ist die Germanisierung und gleichzeitige Entfranzösisierung der annektierten Gebiete (Huck 2015, 140), um so die vollständige Integration dieser Territorien in den geopolitischen Kulturraum des Deutschen Kaiserreiches zu erreichen. Eine grundlegende Prämisse für die Ausrichtung der Sprach- und Bildungspolitik im Kaiserreich ist die Auffassung, es handle sich um die Wiederherstellung eines ursprünglichen und natürlichen Zustands: «Für die Regierung war die Durchsetzung der deutschen Sprache im öffentlichen Leben ein Mittel, den ‹urdeutschen Charakter› der Elsässer wieder zum Vorschein zu bringen, die nationale Einheit zu festigen und als unwiderruflich zu manifestieren» (Rimmele 1996, 29). Bis 1914 hält die Besatzungsmacht kontinuierlich an der Verbreitung der deutschen Sprache fest, zwischen einzelnen Maßnahmen erstrecken sich jedoch zum Teil lange zeitliche Abstände. So wechseln sich in Abhängigkeit von allgemeinpolitischen Entwicklungen (sprach-)politische Entschlossenheit, Verzögerung und Realpolitik ab oder überlagern sich (Huck 2015, 145). «Au total, entre 1871 et 1914, le cap de la ‹défrancisation› reste certes maintenu, mais avec des flottements, des hésitations, des périodes répressives et tatillonnes alternant avec une tolérance fondée sur la patience et la persuasion» (Huck 2015, 140).

Entgegen der ideologischen Erwartungen der preußischen Nationalisten, die Elsässer und Lothringer identifizierten sich aufgrund ihrer deutschen Sprach- und Kulturzugehörigkeit schnell mit dem neuen politischen System, erweist sich die Situation als komplexer, da die Sprachen nicht von ihren jeweiligen Gebrauchsdomänen abstrahiert werden können und noch weniger von den symbolischen Funktionen, die sie erfüllen. Die deutsche Besatzungsmacht betrachtet die Elsässer aufgrund ihrer Sprache und Kultur als Deutsche, die Elsässer jedoch bleiben der deutschen Besatzung gegenüber feindlich gesonnen (Huck 2015, 136). Zivilkommissar Kühlwetter fasst dies in seinem Bericht an die Regierung in der vereinfachenden Formel «La langue de la masse est allemande et son sentiment est français» (Kühlwetter an Bismarck in seinem Rapport vom 31.08.1870, zitiert nach Igersheim 1971, 289) zusammen. Die partielle Unkenntnis des Französischen während des Ersten Weltkrieges, vor allem im Departement Haut-Rhin, wird in den Briefen Rézeaus (2018, 887) dokumentiert.

Die Auffassung der preußischen Regierung über die nationale Zugehörigkeit der Elsässer und Lothringer sowie die anfängliche Unterschätzung der Komplexität der Situation spiegelt sich auch in der bildungspolitischen Gesetzgebung wider.[12] Im folgenden Kapitel wird zu zeigen sein, welchen Beitrag die Bildungspolitik neben den dargestellten sprachpolitischen Maßnahmen zur generellen und umfassenden Germanisierung der elsässischen und lothringischen Bevölkerung in den annektierten Gebieten leistet.

6.1.2.2 Bildungspolitik

Die Argumente, die zur Legitimation der Annexion angeführt werden und die in der Sprachpolitik zum Tragen kommen, werden auch in der Bildungspolitik aufgegriffen. Die Annektierung entspricht der Wiederherstellung eines ursprünglichen natürlichen Zustandes und einer gesellschaftlichen Wiedervereinigung:

> «Die feste Zuversicht, das eigentliche Wesen der Elsässer als eines deutschen Volksstammes werde nach kurzer Zeit hinter dem französisierten Habitus zum Vorschein kommen, die Bevölkerung werde zur Sprache ihrer Väter zurückfinden und sich leicht in das Reich integrieren, ermunterte die reichsländische Regierung, bei ihren sprachlichen Bestimmungen tolerante Übergangsregelungen zu schaffen [...]. Die weitgehende Verdrängung des Französischen aus der Schule im deutschsprachigen Gebiet schien deshalb die natürliche Konsequenz aus der ethnischen Herkunft der elsässischen Bevölkerung zu sein» (Rimmele 1996, 161).[13]

---

12 Cf. hierzu auch Moureau-Martini (1985, 298): «À lire en octobre 1872 les instructions officielles qui décrétaient que tout enseignement devait se faire en allemand, on ne peut s'empêcher de penser que les instances à Berlin n'étaient pas tout à fait au courant de la complexité de la situation».

13 Im Widerspruch dazu steht, dass für große Teile Lothringens und einzelne Gegenden im Elsass keine historisch begründbare germanische Zugehörigkeit motiviert werden kann. Diese Tatsache, neben dem Gefühl der Überlegenheit nach dem militärischen Sieg, könnte ein weiterer Grund für die Nachsicht in der Sprachenpolitik sein, wobei dem Elsass grundsätzlich mehr Gewicht beigemessen wurde als Lothringen (Rimmele 1996, 161).

Die bereits angesprochene politische Einzelstellung des *Reichslandes* im sogenannten Deutschen Reich wird auch in der Entscheidungshoheit des Reichskanzlers in Angelegenheiten des Schulwesens und der Bildungspolitik deutlich.[14]

Bei den bildungspolitischen Erlassen und Entscheidungen sind grundsätzlich zunächst frankophone und germanophone Gebiete hinsichtlich des Anwendungsbereichs der bildungspolitischen Maßnahmen zu unterscheiden und in einem weiteren Schritt Volksschulen von allen anderen Bereichen der höheren Schulbildung, wie Realschulen, Gymnasien, Lehrerseminare und Universität (Lévy 1929, 377).

Der erste Weg der sprachlichen Integration ins Kaiserreich ist die Schule. Daher misst die deutsche Regierung der Bildung, insbesondere in der Primarstufe, große Bedeutung bei und führt 1871, zehn Jahre vor Frankreich, die obligatorische Schulpflicht für Jungen und Mädchen in *Elsass-Lothringen* ein (Vogler 1994, 310).[15]

> «Die Schule – genauer: die Volksschule – war im 19. Jahrhundert für den größten Teil der Bevölkerung die erste Instanz in der Vermittlung von Lese- und Schreibfähigkeiten. Die institutionelle Etablierung der Schule und in diesem Zusammenhang die Durchsetzung der allgemeinen Schulpflicht gaben für die Massenalphabetisierung den Ausschlag» (Elspaß 2005, 77–78).

Das Deutsche ist, außer in den als frankophon anerkannten Gebieten, allgemeine Unterrichtssprache, wie im von Friedrich von Kühlwetter im April 1871 eingeführten neuen Studienplan für Volksschulen festgelegt. In der Volksschule der deutschsprachigen Gemeinden wird Französisch auch als Fremdsprache nicht unterrichtet (Huck 2015, 148; Lévy 1929, 378; Rimmele 1996, 77). Dies lässt sich mit dem grundlegenden Ziel der Ausbildung in der Volksschule begründen, das die religiöse und

---

14 Einer der Hauptgründe dem *Reichsland Elsass-Lothringen* den Status eines selbstständigen Bundesstaates zu verwehren, ist, so Hartweg, die Regelung der Unterrichtssprache nicht der Gesetzgebung in Straßburg überlassen zu wollen (Hartweg 1987, 132). Cf. dazu Philipps (1975, 156; Herv. im Original): «Cette crainte de voir l'Alsace se tourner un peu trop vers le français explique pourquoi les adversaires du bilinguisme veillaient toujours à ce que le problème des langues restât de la compétence de l'Empire et non pas de celle du *Reichsland*. On se méfiait à Berlin et aussi dans certains milieux allemands en Alsace des décisions qu'auraient pu prendre le *Landesausschuss* et, surtout, à partir de 1911, le *Landtag*».

15 Die Schule soll neben der Aneignung grundlegender Kompetenzen wie Lesen, Schreiben und Rechnen auch aktive Teilhabe am bürgerlichen und moralischen Leben der Nation mit ausgeprägt religiösen Zügen vermitteln. Diese Ausweitung der Bildungspolitik sorgt für beachtliche Impulse im Bereich der Primarstufe. In den Jahren 1873 bis 1905 steigt die Anzahl der Klassen in Straßburg von 82 auf 297, was einer Steigerung von 263% entspricht. Gleichzeitig sinkt die durchschnittliche Klassengröße von 77 auf 49 Schüler. Auch die Gehälter der Lehrer steigen im Schnitt um 51% bei Männern und um 80% bei Frauen. 1896 wird die Schule kostenfrei und bleibt es in den meisten Gemeinden des Elsass bis 1914 (Vogler 1994, 311–312).

moralische Erziehung zukünftiger Bürger in der deutschen Muttersprache, die sie korrekt sprechen, lesen und schreiben können sollen, ist (Lévy 1929, 378). Neben der Integration ins Arbeitsleben im deutschen Kaiserreich nimmt das Argument der Nationalitätszugehörigkeit über die Sprache einen wichtigen Platz ein, handelt es sich doch um die Ausbildung guter deutscher Patrioten (Vogler 1994, 315–316).

In den frankophonen und gemischtsprachigen Gebieten ist auch nach der Annexion der Unterricht auf Französisch autorisiert, sofern Französisch die Erstsprache einer Mehrheit der Schüler ist. In Klassen mit Kindern deutscher und französischer Muttersprache, muss im Einzelfall entschieden werden. Deutsch als Unterrichtsfach ist Gegenstand des Lehrplans an allen Schulen (Lévy 1929, 378–379).

In der Sekundarstufe der ehemals französischsprachigen Gebiete bleibt Französisch bis Ende der 1870er Jahre präsent, um den Schülern zu ermöglichen, die Schule auf Französisch zu beenden. Am Gymnasium der deutschsprachigen Gebiete wird Französisch als Fremdsprache unterrichtet. Der Unterricht wird jedoch ob seiner mangelhaften Qualität kritisiert, da häufig Altdeutsche, die weniger kompetent als ihre Schüler sind, im Stile einer toten Fremdsprache unterrichten (Girardot-Soltner 1985, 255; Lévy 1929, 393). Generell ist die Diskussion um die Sprachenfrage in den weiterführenden Schulen deutlich weniger ausgeprägt als in den Volksschulen, was sich mit der Einstellung der deutschen Regierung, die in der Volksschule ein wesentliches Element zur Erziehung und Bildung der *elsässisch-lothringischen* Jugend sieht, begründen lässt. «Der eigentliche Sprachenstreit zwischen Franko- und Germanophilen entzündete sich jedoch an der Volksschule als der Einrichtung, die die Masse der Bevölkerung erreichte und so am ehesten geeignet war, eine Änderung in den Sprachenverhältnissen herbeizuführen» (Rimmele 1996, 70).

In Ermangelung öffentlicher Schulen der Sekundarstufe für Mädchen schicken gut situierte Familien ihre Töchter auf Pensionate oder Privatschulen, von denen ein Teil vom *Reichsland* zur Förderung und Ausbreitung der deutschen Kultur subventioniert wird (Vogler 1994, 314). Theoretisch ist auch in diesen Einrichtungen das Deutsche obligatorische Unterrichtssprache. Die Inspektion kümmert sich jedoch wenig um die Pensionate, sodass bis in die 1890er Jahre hinein Französisch primäre Unterrichtssprache bleibt, auch als Zeichen der Opposition gegenüber dem Deutschen (Rimmele 1996, 69). Kein anderer Schultyp bereitet der deutschen Regierung größere Schwierigkeiten als die höheren Mädchenschulen und die Pensionate (Lévy 1929, 387).[16] «[A]u lendemain de la guerre de 1914–18, force est de

---

[16] Unter den Bildungseinrichtungen für Mädchen nehmen diejnigen der *Sœurs de Ribeauvillé* im 19. und 20. Jahrhundert eine führende Rolle ein. Die Schwestern, die sich eine französische

constater que les filles qui avaient été scolarisées dans ces établissements ont une bien meilleure connaissance du français que les garçons des mêmes milieux» (Huck 2015, 150).

Abhängig von Schultyp und von der Lage der Schule in einem deutsch- oder französischsprachigen Gebiet übernehmen die Lehrer eine tragende Rolle in der Vermittlung des Deutschen, an die auch ihre Ausbildung angepasst werden muss. Nach Ende des deutsch-französischen Kriegs kommt es zur vorübergehenden Schließung der Sekundarschulen aufgrund von Lehrermangel durch Emigration (Hartweg 1987, 134). Die Suche nach kompetenten Deutschlehrern gestaltet sich problematisch (Huck 2015, 148; Rimmele 1996, 60–61).[17] Erst mit einer neuen, im Kaiserreich ausgebildeten Lehrergeneration verbessert sich der Unterricht des Deutschen, obgleich noch bis 1914 eine zum Teil dialektal geprägte Aussprache des Hochdeutschen bemängelt wird (Rimmele 1996, 62–63).[18]

Die Präferenz für altdeutsche Lehrer aufgrund ihrer vermuteten deutschnationalen Gesinnung und die Ausbildung neuer Lehrer an den Seminaren sollen für die Implementierung des Hochdeutschen in den Schulen und die «Verbreitung der deutschen Sprache [...] und die so erhoffte Integration und sprachliche Angleichung der fremdsprachigen und die Wiedergewöhnung der dialektsprachigen Bevölkerungsteile an die hochdeutsche Schriftsprache» (Rimmele 1996, 59–60) sorgen. Die Seminare für Lehrerbildung sind einer der effektivsten Orte der Germanisierung, sodass gegen Ende der deutschen Annexion viele Grundschullehrer über keine Französischkenntnisse mehr verfügen (Lévy 1929, 449–450).

Die Mehrheit der elsässischen und lothringischen Bevölkerung akzeptiert die Einführung der deutschen Unterrichtssprache, protestiert jedoch gegen den kompromisslosen Ausschluss des Französischen in den deutschsprachigen Gemeinden, «weil diese Sprache als wertvolle und geschätzte Bildungsmöglichkeit galt, an die man gerade Anschluß gefunden hatte» (Hartweg 1987, 133). Die Forderung des Französischunterrichts in den deutschsprachigen Gebieten wird mit

---

patriotische Gesinnung bewahrten, führten außerdem auch nach 1871 den Unterricht des Französischen fort und verwendeten es im privaten Bereich. Dies führte zu Schwierigkeiten mit den deutschen Autoritäten sowie zu Durchsuchungen des Klosters und sogar zu Verhaftungen einzelner Schwestern (Blum 2016, 35).

17 Ähnlichen Problemen sah sich die französische Regierung vor 1870 gegenüber: «Die Jahre 1850 bis 1870 bildeten eine Phase der intensiven und methodischen Propagierung des Frz., obwohl nicht wenige Lehrer die Unterrichtssprache Frz. nicht oder nur mangelhaft beherrschten» (Hartweg 1987, 127).

18 Zunächst werden die elsässischen Dialekte zugunsten eines exemplarischen deutschen Standards zurückgedrängt und nicht in den Unterricht einbezogen. 1891 wird verordnet, dass sich der Unterricht auf die Dialekte als brückenschlagendes Glied zwischen dem Elsässischen und dem Deutschen stützen solle (Huck 2015, 151).

der Notwendigkeit für den Handel, mit familiären Beziehungen und mit der persönlichen Bindung an das Französische begründet. Die Verwaltung argumentiert mit der politischen Unmöglichkeit, mit fehlenden kompetenten Lehrkräften, der Unfähigkeit der breiten Masse zwei Sprachen zu erlernen und dem Verweis auf weiterführende Bildungsinstitutionen (Hartweg 1987, 135; Lévy 1929, 447–449).[19] Die Positionen in der Bevölkerung scheinen unvereinbar: auf elsässischer Seite verlangen insbesondere die städtische Bourgeoisie und ein großer Teil der Katholiken den Unterricht des Französischen in allen Volksschulen des *Reichslands*, wohingegen die Mehrheit der Altdeutschen dieses kategorisch ablehnt (Vogler 1994, 315–316). Wenngleich die effektive Resonanz der Diskussion in der Bevölkerung nicht beurteilt werden kann, wird die Schärfe der Debatte deutlich: so wird Zweisprachigkeit als Bildungsschwindel tituliert und behauptet, das Verbot des Französischen führe zu intellektueller Kretinisierung (Hartweg 1987, 137). Daran wird deutlich, dass die Debatte um die Unterrichtssprache(n) den Rahmen der Volksschule bei weitem übersteigt: «C'est que, volontairement ou non, derrière le problème de l'école primaire se dressait toujours la question d'Alsace-Lorraine tout entière» (Lévy 1929, 449).

Bis zum Ausbruch des Ersten Weltkriegs ist die Sprachenfrage in der Bildungspolitik Gegenstand zum Teil heftiger Debatten.[20] Die deutschen Autoritäten halten jedoch am übergeordneten Ziel, der Einführung des Deutschen als alleinige Unterrichtssprache trotz verschiedener Übergangs- und Ausnahmeregelungen unbeirrt fest. Während einer langen Zeit übt die deutsche Regierung Nachsicht bezüglich der Einhaltung der Regeln (Lévy 1929, 383). Noch in der 1911 verabschiedeten Neuordnung der Verfassung *Elsass-Lothringens* werden Ausnahmen zum Gebrauch des Französischen als Unterrichtssprache eingeräumt (Bethmann-Hollweg 1911, 232).

So wie die Haltung der preußischen Autoritäten in den sprach- und bildungspolitischen Maßnahmen auf kuriose Weise Strenge und Milde vermischt, «de véritables tracasseries alternent avec des mesures qu'on ne peut qualifier

---

19 Aus der Perspektive, die sprachliche und kulturelle Identität werde auf der Ebene der demographischen Mehrheit ausgehandelt, werden zur Verdrängung der Zweisprachigkeit aus der Volksschule zugunsten der Einheit der Bevölkerung unterschiedliche Argumente angeführt. Dabei wurde die Zweisprachigkeit Einzelner weder auf deutscher noch auf französischer Seite beanstandet, es sollte allerdings ein Privileg einer kleinen, in einem der beiden Kulturräume solide verankerten Elite sein (Philipps 1975, 139–140).

20 Dabei wird nicht nur der quantitative Anteil der Sprachen im Schulsystem diskutiert, sondern auch die Qualität des Unterrichts. 1914 wird in Schulen der Sekundarstufe der deutschsprachigen Zonen die mangelnde Kompetenz des fehlerfreien Ausdrucks in Wort und Schrift der Schüler bemängelt (Lévy 1929, 451–452).

qu'indulgentes» (Lévy 1929, 403), so muss auch die Beurteilung ihrer Bildungspolitik selbst ambivalent ausfallen. Ein großes Verdienst der deutschen Bildungspolitik ist die praktische Beseitigung des Analphabetismus dank der allgemeinen Schulpflicht (Lévy 1929, 454). Auch die Fortschritte des Deutschen in den Schulen sind unbestreitbar, «la réorganisation de l'enseignement primaire avait coupé les ponts qui conduisaient au français; elle renforçait par contre les bases germaniques que les dialectes en usage en Alsace et en Lorraine contenaient depuis toujours» (Lévy 1929, 341–342). Die preußischen Autoritäten zeigen Geduld in der immer wieder erneuerten Erlaubnis, den Unterricht in frankophonen Gemeinden auf Französisch fortzusetzen, und Willen zur Reform in der Publikation zusätzlichen pädagogischen Materials und der öffentlichen Debatte zur Integration der Dialektsprecher (Moureau-Martini 1985, 298). Dennoch zielt der gegenüber dem Französischen in Elsass und Lothringen demonstrierte Liberalismus nicht auf die Formung eines zweisprachigen *Reichslands*. Aus der Perspektive der deutschen Regierung handelt es sich um die progressive Stärkung der Position des Deutschen, um seine Vormachtstellung gegenüber dem Französischen definitiv festzulegen (Philipps 1975, 166). Argumente wie die Bedeutung des Französischen als Sprache der Gebildeten oder die Vorteile der Zweisprachigkeit für Handel und Industrie können an der Rolle des Französischen als Fremdsprache nichts ändern. Übergeordnetes Ziel bleibt die Umkehrung der Französisierung der Gesellschaft, insbesondere der Oberschicht, und eine Rückkehr zum Deutschen (Rimmele 1996, 67).

Neben den zentralen Aspekten der Sprach- und Bildungspolitik sind weitere Faktoren für die Dynamik und die Entwicklung der sprachlichen Situation in Elsass und Lothringen von Bedeutung. Mit der Annektierung der elsässischen und lothringischen Gebiete durch das deutsche Kaiserreich setzen Migrationsbewegungen aus dem Kaiserreich in das *Reichsland* und aus den annektierten Territorien nach Frankreich oder andere Länder ein, die sowohl sprachliche und als auch sprachpolitische Folgen haben und daher im Folgenden kurz ausgeführt werden.

6.1.3 Migrationsbewegungen: Emigration der Autochthonen und Immigration der Altdeutschen

Mit der Annektierung wird die Mehrheit der Elsässer und Lothringer vor die sogenannte «Optionsfrage» (Rimmele 1996, 25) gestellt und muss sich zwischen Emigration und dem Verbleib entscheiden. Letzterer bedeutet die Auferlegung der deutschen Staatsbürgerschaft, die Emigration hingegen das unsichere Exil und der definitive Abschied von Angehörigen und der Heimat (Vogler 1994, 301).

Artikel 2 des Friedensvertrags vom 10. Mai 1871 sieht bis 1. Oktober 1872 für Elsässer und Lothringer, die die französische Staatsangehörigkeit zu behalten beabsichtigen, die Möglichkeit der unbehelligten Verlegung ihres Wohnsitzes nach Frankreich vor (Bismarck et al. 1871, 225).[21] Ungefähr 50.000 bis 60.000 Elsässer, etwa 5 bis 6% der Bevölkerung, entscheiden sich für die französische Staatsangehörigkeit und emigrieren nach Frankreich, Algerien oder Amerika. Dieser Exodus bedeutet einen deutlichen Verlust aktiver und potentieller Sprecher des Französischen und betrifft durch eine proportional höhere Emigration insbesondere liberale und intellektuelle Bevölkerungsschichten sowie die städtischen Ballungszentren Strasbourg, Colmar oder Mulhouse.[22] Besonders betroffen sind außerdem die frankophonen Grenzgebiete, aus denen deutlich mehr Elsässer und Lothringer emigrieren (Huck 2015, 136–137). Besonders hoch ist die Emigration zudem in militärischen Kreisen, vor allem junge Männer suchen durch die Emigration den preußischen Wehrdienst zu umgehen. In den Jahren nach 1872 werden über 50% der potentiellen Rekruten zu diesem Zweck die Vogesen überqueren (Vogler 1994, 303).

Aus dem Kaiserreich in die annektierten Regionen immigrieren sogenannte *Altdeutsche*, vor allem Angehörige des Militärs und Beamte, die 1875 etwa 4% der Bevölkerung repräsentieren. Von den 39.000 deutschen Immigranten gehören etwas mehr als 16.000 dem Militär an. Um die Jahrhundertwende beruhigen sich die großen, je nach administrativer und politischer Situation der Gebiete stark variierenden Migrationsströme, der Anteil der *Altdeutschen* beläuft sich auf ca. 9–11% der Bevölkerung (Huck 2015, 137).

Die *Altdeutschen* unterstützen dezidiert die Germanisierungspolitik und sind für die Verbreitung der deutschen Sprache von großer Bedeutung. Sie widersetzen sich der Erhaltung des Französischen im Alltag, besonders in den Volksschulen, und verurteilen zum Teil den Gebrauch des Französischen in dem von ihnen als urdeutsch verstandenen Gebiet (Vogler 1994, 306).[23] Aus sprachlicher Sicht

---

21 Laut Vertrag werde die französische Staatsangehörigkeit der in den abgetretenen Gebieten beheimateten Personen, die binnen sechs Wochen nach Ratifizierung des Vertrags von ihrem Recht Gebrauch machen und nach Frankreich zurückkehren, als durch den Kriegszustand nicht unterbrochen betrachtet, «als ob sie nie aufgehört hätten, in Frankreich zu wohnen» (Bismarck et al. 1871, 232).
22 Viele Intellektuelle zögern über Jahre bis sie sich zur Emigration entscheiden. Andere, wie Albert de Dietrich, bleiben, verweigern jedoch jegliche Form der politischen Kooperation (Vogler 1994, 304).
23 Auch die mit 80.000 Männern im *Reichsland* vertretene Armee unterstützt die Germanisierungspolitik. Ihr haftet jedoch ein abschreckender Ruf an, der viele junge Elsässer und Lothringer zur Flucht verleitet. Zudem bietet sie durch die Dominanz Adliger kaum die Möglichkeit des sozialen Aufstiegs (Vogler 1994, 361).

bringen die *Altdeutschen* die Verbreitung des gesprochenen Hochdeutschen mit, das in dieser Form vorher fast ausschließlich in der Kirche praktiziert wurde. Die Integration ins Hochdeutsche wird durch Eheschließungen zwischen *Altdeutschen* und Elsässern bzw. Lothringern beschleunigt, die weniger in den oberen und mittleren Gesellschaftsschichten, vermehrt jedoch unter Arbeitern geschlossen werden (Hartweg 1987, 130).

Auch die *Elsass-Lothringer*, die sich gegen die Emigration entscheiden, verwenden weiterhin in unterschiedlichen Kontexten und aus verschiedenen Gründen die französische Sprache und tragen so dazu bei, dass das *Reichsland Elsass-Lothringen* auch als Teil des deutschen Kaiserreichs weitgehend zwei- bzw. dreisprachig bleibt.

6.1.4 Gründe für den Erhalt des Französischen im *Reichsland Elsass-Lothringen*

Drei Gründe favorisieren im Wesentlichen den Erhalt des Französischen im Kaiserreich: Frauen, die katholische Kirche und ein großer Teil der urbanen Bourgeoisie (Vogler 1994, 364).

Die Rolle der Frauen

Die Neigung der Frauen, das Französische zu bewahren, zeigt sich in den von der deutschen Regierung 1910 erhobenen Zahlen, nach denen fast doppelt so viele Frauen als Männer Französisch als ihre Muttersprache angeben: in Straßburg sind es 1.180 Männer gegenüber 1.998 Frauen; in Metz 3.948 Männer und 6.016 Frauen (Lévy 1929, 425). Dies mag unter anderem an den Mädchenpensionaten liegen, in denen lebhafter Widerstand gegen die Germanisierung geleistet wird und in denen Deutsch in großen Teilen stark vernachlässigt wird. Schulbücher werden häufig aus Frankreich importiert und enthalten zum Teil politische Anspielungen. Die Schülerinnen stammen vor allem aus dem Bürgertum, das ohnehin weitgehend frankophil bleibt (Vogler 1994, 318). Das Französische dient dazu, sich vom Deutschen abzuheben, «un critère de distinction et un attribut spécifique de l'éducation féminine» (Hartweg 1985, 164). Die deutsche Verwaltung versucht diesem durch die Schließung von Schulen, durch Entzug der Lehrbefugnis und durch Verbot französischsprachiger Schulbücher entgegenzuwirken.

Die bereits erwähnten deutsch-französischen Ehen, die häufig in Städten und industriell geprägten Regionen geschlossen werden, bestätigen die Bedeutung der Frau in der Weitergabe des Französischen. In den meisten Fällen dieser Eheschließungen, deren Anteil sich zwischen 1896 und 1910 auf etwa ein

Viertel aller geschlossenen Ehen in Straßburg beläuft, ist der Mann Deutscher und die Frau Elsässerin bzw. Lothringerin. Da die familiäre Umgangssprache in den meisten Fällen von der Frau bestimmt wird, ist Französisch so häufig Familiensprache (Huck 2015, 152).

Katholizismus: Klerus und Kirche
Die Position der katholischen Kirche in der Sprachenfrage variiert in Abhängigkeit von den politischen Verhältnissen, gesetzgebenden Maßgaben und eigenen Interessen der Machtfestigung.

Vor 1870 gilt das Deutsche dem katholischen Klerus als Bastion der Religion, der Moral und traditioneller Werte im Kampf gegen die aus ihrer Sicht durch Urbanisierung verbreitete Irreligion sowie den Sitten- und Werteverfall. Die katholische Kirche verteidigt die deutsche Sprache als «Schutzwall der Religion» (Hartweg 1987, 140). Sie widersetzt sich der 1833 mit der *Loi Guizot* institutionalisierten französischen Unterrichtssprache, der Religionsunterricht erfolgt weiterhin in der deutschen Muttersprache der Schüler. So favorisiert der katholische Klerus die Verbreitung der deutschen Kultur und erreicht die Gleichstellung des Deutschen mit der französischen Nationalsprache in den Volksschulen. Außerdem hegt der Klerus ein gewisses Misstrauen gegenüber der französischen Sprache: «Le français est considéré comme un danger pour le catholicisme, les instituteurs français étant souvent laïques» (Girardot-Soltner 1985, 254). Die Aufrechterhaltung des Deutschen vor 1870 im Elsass und in Lothringen ist auch der protestantischen Theologischen Fakultät, die teilweise auf Deutsch unterrichtet, zu verdanken. Der Gottesdienst ist der einzige Ort, der das Hochdeutsche im mündlichen Sprachgebrauch präsent hält (Hartweg 1985, 163–164).[24]

In der Planung und Umsetzung ihrer Germanisierungspolitik beziehen sich die preußischen Autoritäten auf die Position des Klerus vor 1870 und setzen auf eine Allianz mit den Kirchen, vor allem mit der einflussreichen und mehrheitlichen katholischen Kirche (Hartweg 1985, 163).

Sowohl die von süddeutschen liberalen Beamten verfolgte laizistischere Schulpolitik als auch der von Bismarck begonnene Kulturkampf gegen den deutschen politischen Katholizismus führen dazu, dass die katholische Kirche im *Reichsland*

---

[24] Die bestehenden historisch bedingten kulturellen Verbindungen des Protestantismus mit Deutschland werden in den Jahren der Annexion verstärkt (Hartweg 2008, 2789). Die enge Verbundenheit des protestantischen Glaubens mit dem Deutschen ist im Wesentlichen anerkannt: «le caractère quasi sacré de l'allemand pour les pasteurs protestants qui sont attachés à la langue de Luther par les mêmes motifs qui les attachent à leur communion, dont les plus profondes racines ont poussé dans le sol germanique» (Hartweg 1985, 161–162).

die Seiten wechselt und sich dem nationalen Protest anschließt. Dennoch bleibt sie ihrem Grundsatz, den Religionsunterricht in der Muttersprache abzuhalten, treu (Hartweg 1985, 164, 1987, 140–141).

Obwohl laut Artikel 6 des Friedensvertrags mit der Annektierung der Gebiete auch die Kirchen dem jeweiligen nationalen Recht unterstellt werden (Bismarck et al. 1871, 226), bleibt der katholische Klerus doch deutlich frankophil, auch aus Opposition dem hauptsächlich protestantischen Deutschland, wahrgenommen als das Land Luthers, gegenüber und als Reaktion auf den *Kulturkampf* (Vogler 1994, 364–365). Mit Beginn der Annexion protestiert die katholische Kirche gegen die Einführung des Deutschen als Sprache des Religionsunterrichts in französisch- und gemischtsprachigen Gemeinden und gegen das Verbot des Französischen in der Kirche unter Berufung auf ihre Haltung zugunsten der deutschen Sprache vor 1870 (Hartweg 1987, 141). Noch lange Zeit nach der Annexion behält der französische Klerus den Gebrauch des Französischen bei und trägt so zu seiner Bewahrung bei:[25]

> «Le clergé a reçu une éducation française et même à la campagne le culte catholique conserve un caractère français. Sa langue de conversation dans la vie publique est longtemps exclusivement le français. Sa formation demeure ‹romane› au Grand Séminaire qui reste un foyer de la culture française, l'allemand n'y est introduit qu'en 1888, mais les séminaristes continuent à se parler en français» (Vogler 1994, 365).

Die Kirche nutzt ihre starke Präsenz außerdem zur Verteidigung der *elsässisch-lothringischen* Besonderheit, insbesondere in ihrer eigenen Presse (Grandhomme 2007, 285). Gemeinhin wird ihr durch den institutionalisierten Gebrauch von Französisch und Deutsch ein großer Beitrag zum Erhalt der Zwei- bzw. Dreisprachigkeit zuerkannt (Gardner-Chloros 1991, 17).

Bourgeoisie: Symbolischer Gebrauch des Französischen

Neben der Tilgung des Französischunterrichts in den Volksschulen führen die Migrationsbewegungen zu einem quantitativen Rückgang des Französischen und provozieren darüber hinaus einen Wandel der Gesellschaft, im Sinne einer Spaltung in einheimisches und altdeutsches Besitz- und Bildungsbürgertum (Lévy 1929, 396–397), deren Kreise sich gewöhnlich kaum überschneiden und die sich durch je unterschiedlichen Sprach(en)gebrauch auszeichnen:

> «Es [Französisch, L.S.] avancierte zur prestigebeladenen vornehmen ‹Sonntagssprache›, zum ‹Hochdt. des E.›, zum Demonstrationsmittel frz. Gesinnung, um dem altdt. Bürgertum

---

[25] Erst 1892 wird per Gesetz das eigentlich schon 1872 eingeführte Deutsche als Sprache der Geistlichkeit festgesetzt (Huck 2015, 142).

gegenüber eine scharfe Trennungslinie zu markieren, dies generell oder durch spontanes Code-Switching aus der Mundart bei Gegenwart Altdeutscher. [...] Die erste [Gruppe des einheimischen Besitz- und Bildungsbürgertums, L.S.] praktizierte gegenüber der zweiten [Gruppe des altdeutschen Besitz- und Bildungsbürgertums, L.S.] einen sehr weitgehenden gesellschaftlichen Boykott, wobei die frz. Sprache das sinnfällige Zeichen der Zugehörigkeit bildete. [...] In sprachlicher Hinsicht verfügte diese Gruppe z. T. nur über den dt. Grundwortschatz und gängige Redewendungen, praktizierte häufig das geschilderte Code-Switching oder simulierte totale Unkenntnis der dt. Sprache» (Hartweg 1987, 139–140).

Stehen Minderheitensprachen mit dominierenden Sprachen in Konkurrenz oder besteht gar ein Sprachkonflikt (Boyer 2001), nehmen Sprecher häufig unterschiedliche Wertzuschreibungen vor. Es gilt diesen Konflikt auf der Ebene der jeweiligen Sprachbenutzer zu beschreiben: «[...] les déséquilibres et inégalités sociolinguistiques sont envisagés du point de vue de la société dans son ensemble, des groupes ou même des communautés qui s'y affrontent pour la reconnaissance et/ou la défense de leur identité» (Boyer 2001, 53). Trotz der Dominanz des Deutschen als offizieller Sprache, des Dialekts im nähesprachlichen Bereich und des deutlichen Rückgangs des Französischen erhält ein Teil der Bevölkerung ganz bewusst den Gebrauch des Französischen, dem in der Gesamtheit der sprachlichen Interaktionen jedoch lediglich eine sekundäre Rolle zukommt:

«Il est essentiellement investi d'un rôle symbolique polymorphe: selon ses usagers, il reste langue de protestation et/ou devient langue de démarcation, accentuant l'une des fonctions qui est parfois attribuée au dialecte, et/ou langue de la distinction. Les locuteurs du français présentent une large palette de compétences réelles: la bonne maîtrise des uns (l'élite cultivée) peut se réduire à quelques bribes pour une partie des couches moyennes» (Huck 2015, 157–158).

In den oberen Gesellschaftsschichten wird die französische Sprache und Kultur durch Lektüre, Privatunterricht und französische (Privat-)Schulen aufrechterhalten. Die traditionell frankophone Bourgeoisie bewahrt und pflegt die französische Sprache als distinktives Merkmal. Viele Familien schicken ihre Kinder nach Frankreich in katholische Internate, um ihnen eine französische Ausbildung und die damit verbundene kulturelle Prägung zu ermöglichen (Vogler 1994, 365). Französisch gilt darüber hinaus als eleganter und schicker (Lévy 1929, 340), sein Einfluss bleibt auch bei kulinarischen Gewohnheiten und dem Kleidungsstil bestehen (Vogler 1994, 367).

Der besonders zwischen 1900 und 1914 aufblühende Gebrauch des Französischen in der Bourgeoisie als Ausdruck von Kultur und höherer Bildung (Lévy 1929, 458–459) wirkt sich auch auf das Sprachverhalten sozial weniger gut situierter Schichten aus, die öffentlich Französisch gebrauchen, um den Anschein höherer Bildung zu erwecken: «Il [le français] devient le langage courant

de nombre de familles dont les grands-parents ne pratiquaient que l'alsacien»
(Vogler 1994, 370).

Der Sprachgebrauch des Französischen ist mit soziolinguistischen, häufig stereotypen Repräsentationen und Werten aufgeladen, «des images [..], des attitudes et [...] des *valeurs*» (Boyer 2001, 54, Herv. im Original). Neben Eleganz und Prestige ist Französisch außerdem Ausdruck der Opposition und frankophiler Gesinnung, der sich unter dem legislativen Druck der Regierung nur noch verstärkt: «Plus on veut les amener à l'usage de l'allemand, plus le sens inné d'opposition des Alsaciens s'éveille. Dans beaucoup de milieux on ne connaissait pas de meilleur moyen d'exprimer indirectement et pourtant efficacement l'horreur de l'Allemand que de parler le français» (Lévy 1929, 341). Französisch, ebenso der Dialekt,[26] wird zum bevorzugten Mittel des Protests gegen die Annexion. Nach 1870 wechseln viele Familien zum Französischen als interner Umgangssprache, manchmal dieselben, die sich vor 1870 für den Erhalt des Deutschen einsetzten. Dies führt dazu, dass auch noch nach der Jahrhundertwende der Gebrauch des Französischen in zahlreichen Familien verbreitet ist, sodass Schüler bei ihrer Einschulung des Deutschen nicht mächtig sind (Vogler 1994, 364).

> «Langue de coeur ou langue de culture, langue de contestation dans tous les cas, le français ou un certain français – même ténu et minoritaire – semble avoir mieux survécu qu'on aurait pu le penser à la période 1870–1918, à côté de l'alsacien, langue véhiculaire, ce que ne démentent pas les témoignages sur cette époque» (Salmon 1985a, X–XI).

Trotz der symbolischen Bedeutung des Französischen beherrscht die große Mehrheit der elsässischen und lothringischen Bevölkerung es nicht oder nicht mehr: «L'allemand a (re)pris une place centrale, sinon exclusive, dans le domaine de l'écrit et peut s'appuyer, s'agissant de son apprentissage pour l'usage oral, sur les dialectes que n'a cessé de parler la population» (Huck 2015, 160).

---

26 In den 90er Jahren des 19. Jahrhunderts fordert ein Teil der jungen Generation die Revalorisierung des Elsass und seines Dialekts in Literatur, Theater, Lyrik, Zeichnungen oder Zeitschriften wie der *Revue alsacienne illustrée* ein, als Ausdruck einer gefühlten Nicht-Zugehörigkeit zum deutschen Staat (Vogler 1994, 372–373; Rimmele 1996, 21). Literatur im Dialekt belegt eine sich konstituierende regionale Identität, die für die gegen ihren Willen naturalisierten deutschen Elsässer und Lothringer «eine Art Ersatz-Identität» (Jurt 2014, 221–222) darstellt. Auch im privaten Bereich erweitert sich der Gebrauch des Dialekts, besonders die junge Generation aus bescheidenen Verhältnissen, die nicht mehr ausreichend Französisch spricht, verwendet Dialekt aus Ablehnung des Hochdeutschen. Die deutschen Autoritäten akzeptieren den Dialekt als germanisch und bevorzugen ihn gegenüber dem Französischen, von französischer Seite wiederum betrachtet man den Dialekt als grundlegend verschieden vom Hochdeutschen (Lévy 1929, 457).

6.1.5 Ausbruch des Ersten Weltkriegs

Zum Ausbruch des Kriegs ist die sprachliche Situation in voller Entwicklung begriffen. Das Deutsche gewinnt insbesondere durch den Einfluss der Wirtschaft, durch soziale Variabilität und interne Migration stetig an Boden. Der elsässische Dialekt bleibt im familiären Bereich und im Alltag die gebräuchliche Varietät. Die sprachliche Entwicklung der Sprecher(-gruppen) verläuft in den Gemeinden unterschiedlich, beeinflusst von Faktoren wie der geographischen Lage und der Nähe zu Frankreich, der verfügbaren Kommunikationsmittel und -wege, der wirtschaftlichen Situation, der internen Kolonisierung und Migrationsbewegungen, der bei Immigrierten und in Arbeitermilieus deutlich höheren Geburtenrate sowie der sozialen Situation (Lévy 1929, 428–431).

Trotz dieser verstärkten Verbreitung des Deutschen auch innerhalb der dialektophonen Bevölkerung und obwohl es zum Teil als Literatur- und Kultursprache fungiert, gelingt es nicht, in der frankophonen Bevölkerung das Deutsche zu implementieren oder womöglich einen Sprachwechsel zu bewirken (Rimmele 1996, 81–82).[27]

Die Resultate einer wenigstens in Teilen erfolgreichen «Befriedung in sprachlicher und psychologischer Hinsicht» (Hartweg 1987, 144) werden mit Beginn des Kriegs durch die von der Militärdiktatur ergriffenen Repressionsmaßnahmen zunichtegemacht. Die Ausrufung des Kriegsgefahrzustands im *Reichsland* führt zu Einschränkungen der Freiheiten der Bürger: öffentliche Versammlungen werden verboten, die Presse zensiert und Post muss offen verschickt werden (Huck 2015, 167–168).

> «So wurde, was in über 40 Jahren eher behutsam vorangetrieben worden war, in wenigen Jahren zerstört, als eine gewaltsame beschleunigte Germanisierung in Angriff genommen wurde, z. B. bei Personennamen, Inschriften und in der Toponymie, selbst wenn Umsiedlungspläne nicht über das Projektstadium hinauskamen» (Hartweg 2008, 2789–2790).

Der gravierendste und nachhaltigste Eingriff in die persönlichen Rechte der Elsässer und Lothringer ist das 1915 verabschiedete Gesetz, das äußere Zeichen französischer Gesinnung und den öffentlichen Gebrauch des Französischen unter Gefängnisstrafe von bis zu einem Jahr stellt (Hartweg 1987, 145).[28] Diese

---

[27] Die schon während der Französischen Revolution als Nationalitätenfrage motivierte Sprachenfrage findet sich auch in diesem Konflikt wieder: «Von dt. Seite wurde behauptet, daß Sprachdualismus moralischen Schaden bedeute, und ‹Doppelsprachigkeit› wurde mit ‹Doppelzüngigkeit› gleichgesetzt» (Hartweg 1987, 138).
[28] Autoren wie De Dietrich bezeugen die Inhaftierung aufgrund des Gebrauchs des Französischen und feiern ihn als heroische Tat: «Au moment d'écrire ces lignes, j'apprends que deux jeunes parentes, de seize et quatorze ans, viennent d'être condamnées à la prison pour avoir

Maßnahme führt zu einer verschärften Diskrepanz zwischen Nationalität und nationalem Zugehörigkeitsgefühl,[29] die die Präferenz für Frankreich eher noch verstärkte: «on peut dire que les autorités militaires ont bien travaillé pour la France» (Lévy 1929, 489).[30]

Im Zuge der allgemeinen Mobilisierung werden im Elsass am 1. August 1914 etwa 220.000 Männer einberufen. 8.000 Männer melden sich freiwillig, 3.000 fliehen nach Frankreich, um der Einberufung zu entgehen (Huck 2015, 168). Für die Elsässer und Lothringer ist der Erste Weltkrieg eine besonders schmerzhafte Erfahrung, nicht selten stehen sich Familienmitglieder auf beiden Seiten gegenüber: «Que ce soit dans l'un ou l'autre camp, sous l'un ou l'autre uniforme, les Alsaciens sont en proie au déchirement» (Vogler 1994, 377). Während der allgemeinen Mobilmachung 1914 und der folgenden Appelle bis 1918 werden insgesamt über 250.000 Elsässer rekrutiert.[31] Im Vergleich zu Deutschen und Franzosen zeigen die Elsässer keine besondere patriotische Begeisterung, wodurch sich die geringe Zahl Freiwilliger erklärt. Verantwortliche des Militärs verdächtigen die elsässischen Rekruten der Desertion, weshalb das Oberkommando sie im März 1915 an die Ostfront nach Russland schickt. Gleichzeitig wird die rigorose Kontrolle ihrer Korrespondenz eingeführt und ihr Fronturlaub eingeschränkt. Mehr als 35.000 Elsässer und Lothringer fallen im Ersten Weltkrieg (Vogler 1994, 377–379).

Nicht nur elsässischen und lothringischen Soldaten wird Misstrauen entgegengebracht, auch die nach Frankreich flüchtende Zivilbevölkerung wird aufgrund ihres Akzents der deutschen Abstammung verdächtigt (Philipp 1985, 24).[32]

---

parlé français. Bravo, montrez à vos juges que leurs misérables rigueurs ne vous font pas peur» (De Dietrich 1917, 1–2).
29 «Pour les Allemands, au cours du XIXe siècle, la langue est devenue pour ainsi dire identique à la nationalité, en tous les cas un trait essentiel de celle-ci. Pour les Français par contre elle en est un signe tout à fait accessoire que le sentiment, la volonté d'unité priment de loin. Et maintenant, que constatent les uns comme les autres en Alsace-Lorraine? Ceci: Les Alsaciens-Lorrains parlent allemand et sentent en Français» (Lévy 1929, 505).
30 Ähnlich äußert sich auch Hartweg: «Nach der Französischen Revolution liefert die Zeit von 1914 bis 1918 das zweite Beispiel dafür, daß eine gewaltsam erzwungene Beschleunigung der Entwicklung der Sprachverhältnisse in ihr Gegenteil umschlägt» (Hartweg 1987, 145).
31 Die Ungenauigkeit und Schwankungen der Zahlen zu den elsässischen und lothringischen Soldaten im Ersten Weltkrieg zeugt auch von der politischen Bedeutung: zwischen 17.000 und 25.000 Elsässer und Lothringer sollen auf französischer Seite gekämpft haben, 380.000 im deutschen Heer (Grandhomme 2007, 296).
32 Anekdotisch beschreibt De Dietrich das Beispiel zweier 1914 in Belfort weilender Elsässer, die in Frankreich bleiben, um für die französische Armee zu kämpfen. Da sie nur Dialekt und kaum Französisch sprechen, werden sie der deutschen Nationalität verdächtigt und vor das Kriegsgericht gestellt (De Dietrich 1917, 2–4).

Nach Kriegsende bezeichnen französische Truppen die heimkehrenden elsässischen und lothringischen Soldaten als «sales boches» (Vogler 1994, 379).

Die Jahre 1914–1918 unter der strengen Militärdiktatur sind durch Verhaftungen, willkürliche Unterdrückung und Angriffe auf die individuelle Freiheit sowie Durchsuchungen gezeichnet. Die Ankunft der französischen Armee im November 1918 wird daher mit Erleichterung aufgenommen. Sprachlich gesehen erinnert die Situation 1918 an diejenige, wie sie sich vor 1870 dargestellt hatte: «[...] lorsque, en 1918, l'Alsace redevient française, la majorité de sa population – surtout dans les couches populaires – ignore notre langue» (Demarolle 1985, 193).

Die historischen und politischen Ereignisse, die das Elsass und Lothringen in der Geschichte in jeweils unterschiedliche nationale Kontexte stellen und nationale Zugehörigkeit neu ordnen, schaffen die spezifisch elsässische Zweisprachigkeit: «c'est des aléas tortueux et déchirants de l'histoire qu'est né ce bilinguisme, non de la volonté délibérée des Alsaciens» (Salmon 1985a, IX). Das Deutsche und das Französische werden jeweils zu unterschiedlichen Zeitpunkten zu Mitteln der politischen Unterdrückung und zu Vehikeln der Ausfechtung eines ideologischen Kampfes, der sich zu einem regelrechten Sprachenkampf entwickelt, «une véritable guerre des langues» (Lévy 1929, 321). Die wechselnde Zuschreibung der Sprachen zu je verschiedenen Gebrauchskontexten wird in der individuellen Ausprägung der Zweisprachigkeit der Verfasser der Ego-Dokumente im Subkorpus, das im folgenden Kapitel näher vorgestellt wird, reflektiert.

6.2 Beschreibung des Subkorpus

Das vorliegende Subkorpus wurde im Hinblick auf die Darstellung und Untersuchung sprachkontaktinduzierter Erscheinungen in Ego-Dokumenten, die zu einem überwiegenden Teil im *Reichsland Elsass-Lothringen* verfasst wurden, aus dem Gesamtkorpus ausgegliedert. Das Spezifikum des deutsch-französischen Sprachkontakts im Analysekorpus ist durch die geographische Lage der konsultierten Archive gegeben, die sich in der deutsch-französischen Grenzregion Elsass und Lothringen im weiteren Sinne befinden. Häufig korreliert die geographische Lage der Archive eng mit der Herkunft der Verfasser der Ego-Dokumente, da in den Archiven in der Regel aus der Gemeinde oder dem Departement stammende Dokumente aufbewahrt werden. Die Zahl und Verteilung der Ego-Dokumente im Subkorpus sind abhängig von ihrer Verfügbarkeit und können weder in ihrem Umfang noch in ihrer Verteilung einem Anspruch auf Repräsentativität genügen. Sie können jedoch durch Einzelanalysen die Kenntnisse und das Verständnis darüber erweitern, wie weniger geübte Schreiber in konkreten Kommunikationssituationen mit dem ihnen zur Verfügung stehenden zweisprachigen Sprachmaterial umgehen. In einer weiteren, nachgelagerten Perspektive könnte diese Untersuchung, im Bild eines Mosaiks, als ein Beitrag zum Panorama des historischen Sprachkontakts im Medium des Schriftlichen im Sprachgebrauch nicht nur der gebildeten Elite Frankreichs, sondern auch von Vertretern der demographischen Mehrheit verstanden werden.

Das Subkorpus dieses Analysekapitels besteht aus 12 Postkarten und Briefen sowie zwei Tagebüchern in französischer Sprache. Im Detail setzt es sich aus drei Fonds zusammen: Aus dem Fonds *Auguste Jeandon*, bestehend aus 10 Postkarten und einem Tagebuch, dem Fonds *Paul Braun* mit zwei Postkarten und Briefen und dem Fonds *Germain Lacombe*, der das zweite Tagebuch des Subkorpus stellt.

Tabelle 27: Subkorpus zur Analyse kontaktinduzierter Formen.

Name	Anzahl der Wortformen		
	Tagebuch	Briefe	Postkarten
Jeandon	2.291	–	786
Braun	–	108	58
Lacombe	14.715	–	–
Dokumente Gesamt	2	1	11
Wortformen Gesamt	17.006	108	844

Zwei der drei das Subkorpus konstituierenden Fonds enthalten außerdem insgesamt 160 Briefe und Postkarten in deutscher Sprache. Da im Fokus dieser Arbeit die französische Sprache steht, werden im Folgenden primär die französischsprachigen Dokumente betrachtet, auch wenn die deutschsprachigen Dokumente in den drei Fonds, abgesehen von der Textsorte *Tagebuch*, quantitativ stärker repräsentiert sind. Die deutschsprachigen Ego-Dokumente werden zur kontrastiven Analyse einzelner Aspekte der Schreibkompetenz bilingualer Schreiber als komplementäres Vergleichskorpus herangezogen (cf. Tabelle 28).

Ein weiterer Fonds, die Korrespondenz der Familie Andlauer,[33] der im Zuge der Recherche zur Konstitution des Analysekorpus konsultiert wurde, dokumentiert ebenfalls Zweisprachigkeit im Medium des Schriftlichen. Dieser

---

[33] Quelle: *Archives départementales du Bas-Rhin*, Referenz: FRAD067_GC_166_ANDLAUER_02_001 - FRAD067_GC_166_ANDLAUER_02_146, Digitalisierung: *Archives départementales du Bas-Rhin*.

Tabelle 28: Vergleichskorpus deutschsprachiger Dokumente.

Name	Anzahl der Dokumente		
	Tagebuch	Briefe	Postkarten
Jeandon	–	–	144
Braun	–	4	13
Lacombe	–	–	–
Dokumente Gesamt	–	4	156

Fonds, bestehend aus 44 Briefen und Postkarten (sieben französisch- und 37 deutschsprachige), wurde letztendlich nicht in das Analysekorpus der Arbeit aufgenommen, da die zur Charakterisierung der Ego-Dokumente relevanten biographischen Daten nicht verfügbar sind. An einigen Stellen wird der Fonds dennoch zur Unterstützung und Erweiterung der Belege aus dem Korpus erwähnt. Die Beschreibung der kontaktinduzierten sprachlichen Formen, die der Fonds *Andlauer* dokumentiert, wie beispielsweise Codeswitching, das in Teilen mit Schriftartenalternation verbunden ist, muss sich im Wesentlichen auf die Textoberfläche beschränken, da die soziohistorischen und biographischen Daten zu den Schreibern, die zur näheren Beschreibung des Kontextes und der Kommunikationssituation nötig wären, nicht herangezogen werden können. Die Beispiele aus dem Fonds *Andlauer* belegen dennoch ähnliche Okkurrenzen von Script- und Codeswitching wie die anderen Fonds im Subkorpus, deren Schreiber näher charakterisiert werden können.

In der hier eingenommenen Perspektive steht das mehrsprachige Individuum als Mitglied einer bestimmten sozialen Gruppe im Zentrum der Aufmerksamkeit, um den individuellen Gebrauch zweier Sprachen und ihre wechselseitige Beeinflussung im Idiolekt zu untersuchen. Dies lässt sich dadurch begründen, dass kontaktinduzierte Prozesse nicht zwischen Sprachen oder Sprachsystemen ablaufen, sondern sich in der konkreten sprachlichen Äußerung, die grundsätzlich schriftlich oder mündlich sein kann, eines individuellen Sprechers oder Schreiber manifestieren (cf. auch Winter-Froemel 2011, 1).

Die Ego-Dokumente dieses Subkorpus sind vom beständigen Kontakt zweier Sprachen in einem mehr oder minder klar umrissenen geographischen Raum geprägt, dessen verschiedene Konstellationen den schriftlichen Ausdruck der weniger routinierten Schreiber auf unterschiedlichen Ebenen beeinflussen. Die Sprachkontaktsituation beschränkt sich nicht nur auf die Nationalsprachen Französisch und Deutsch, sondern betrifft ebenso die verschiedenen dialektalen und umgangssprachlichen Varietäten der jeweiligen Nationalsprache. Die Bedeutung des elsässischen Dialekts im sprachlichen Ausdruck der Schreiber des Subkorpus soll im Folgenden eingehender betrachtet werden.

6.2.1 Einfluss und Bedeutung des Dialekts

Bei der Beschreibung des sprachlichen Hintergrunds sowie bei der Betrachtung der sprachlichen Situation in Elsass und Lothringen um die Jahrhundertwende stellt sich die Frage nach der Ausprägung der Drei- bzw. Mehrsprachigkeit, genauer gesagt stellt sich die Frage nach dem Einfluss des Dialekts.

Bereits Ende des 19. Jahrhunderts werden Sprachdaten zu den Dialekten im Kontaktraum erhoben. Sowohl auf deutscher als auch auf französischer Seite entstehen die ersten grundlegenden Studien zu Dialekten, mit Georg Wenker, der die Grundlagen für den *Deutschen Sprachatlas* legt (Wenker/Wrede 1895), und Gilles Gilliéron als Begründer des *Atlas Linguistique de France* (Gilliéron 1968). Auf Wenkers Inititative hin werden 1887 in allen Schulorten des damaligen *Deutschen Reiches* die Übersetzungen von 40 Sätzen sowie einer Wortliste in den jeweiligen Dialekt erhoben. Die Abfrage bezieht auch die drei französischen Departements Moselle, Bas-Rhin und Haut-Rhin mit ein. Ziel der Initiative ist die Untersuchung der diatopischen Lautvariation. In Frankreich gilt Gilliérons Untersuchungsinteresse der Beschreibung des dialektal geprägten Wortschatzes mittels eines Fragebogens, der lexikalische Einheiten abfragt und in Lautschrift festhält (Stein 2011, 283). Gilliéron versteht sein Projekt der Untersuchung der Dialekte in 693 Gemeinden als bescheidenen linguistischen Beitrag sowohl in materieller Hinsicht der Bereitstellung von Daten als auch in analytischer Hinsicht der Erfassung und Beschreibung der Varietäten (Gilliéron 1968, 3). Aus den Studien erscheinen der ALF (*Atlas Linguistique de France*) und der DSA (*Deutscher Sprachatlas*), die sich hinsichtlich der berücksichtigten Orte unterscheiden, da der ALF deutlich weniger engmaschig strukturiert ist. Das Departement Moselle ist im ALF nicht enthalten, Bas-Rhin und Haut-Rhin sind mit jeweils nur einem Ort vertreten (Stein 2011, 283–285).

Im Zusammenhang mit den im Elsass und in Lothringen gesprochenen Dialekten ist zunächst das in weiten Teilen durch den germanophonen Dialekt geprägte Elsass von dem dialektal zweigeteilten Lothringen zu differenzieren: «Elle [la Lorraine] est divisée depuis le haut Moyen-Âge entre Lorraine germanophone (une partie de la Moselle) et francophone ou romane (Meurthe-et-Moselle avec Nancy, la capitale de ducs de Lorraine, Meuse et Vosges, plus particularistes et plus traditionnelles)» (Carton et al. 1983, 19). Im Nordosten Lothringens wird in den Dörfern ein germanischer Dialekt gesprochen, der sich mittelhochdeutschen Varietäten annähert, während im übrigen Lothringen, vor allem in den Vogesen, vom Französischen beeinflusste romanische Dialekte verwandt werden (Carton et al. 1983, 19). Die Mehrheit der im Elsass und in den annektierten Teilen Lothringens vorherrschenden Dialektvarianten ist also dem deutschen Sprachraum zuzuordnen: «La plus grande partie des départements du Haut-Rhin et du Bas-Rhin appartient à l'espace dialectal allemand» (Bothorel-Witz/Philipp/Spindler 1984, 7).[34] So wird auch in den meisten Fällen auf einen deutschen Dialekt referiert, wenn von *dialecte*/Dialekt oder *alsacien*/Elsässisch gesprochen wird. Der elsässische Dialekt wird in der Studie zu den regionalen Akzenten des Französischen folgendermaßen charakterisiert:

> «Proche du moyen-haut-allemand, le dialecte alsacien *varie d'un village à l'autre*. Les patoisants sont donc obligés de savoir une seconde langue: c'était l'allemand pour les personnes qui ont fréquenté l'école avant la guerre de 1914–1918, et le français pour les générations d'après-guerre. Les personnes âgées savent généralement assez mal le français, les jeunes assez mal l'allemand. À la campagne, c'est le patois local qui est le plus utilisé» (Carton et al. 1983, 14; Herv. im Original).

Die in Teilen Lothringens und im Elsass gesprochenen germanischen Dialekte stehen dem Mittelhochdeutschen sehr nahe und haben bestimmte Charakteristika wie etwa die langen Vokale und Diphthonge bewahrt (Bothorel-Witz/Philipp/Spindler 1984, 5).

In den französischsprachigen Gebieten in Lothringen und im Elsass sind jedoch auch romanische Dialekte in Gebrauch. This identifiziert für das Elsass vier romanische Dialektgruppen, drei lothringische und eine burgundische: Das Vallée de la Bruche im Departement Bas-Rhin, das Gebiet um Rombach-le-Franc im Departement Haut-Rhin und die Gebiete von Aubure bis Orbey sowie von Eteimbes bis Magny im Südwesten an der Grenze zum Departement Vosges (This 1888, 47). Der *Atlas linguistique et ethnographique de l'Alsace* (ALA II) hält hierzu fest:

> «Dans les deux départements alsaciens il y a par conséquent un certain nombre de communes appartenant à l'espace dialectal roman: une vingtaine dans le Haut-Rhin, environ vingt six [sic] dans le Bas-Rhin, c'est-à-dire 5,3% du nombre total des communes du Haut-Rhin, 5% de celles du Bas-Rhin. Le pourcentage diminue lorsqu'on totalise la population de ces communes (où le patois roman reste d'ailleurs plus vivant qu'en Meurthe-et-Moselle, par exemple). Dans le Haut-Rhin, l'aire romane compte environ 16.000 habitants, c'est-à-dire 2,5% de la population du département, dans le Bas-Rhin 18 900 habitants, c'est-à-dire 2,1%. Même si le nombre de patoisants diminue, cette population ne pratique pas le dialecte alsacien germanique [...] (Bothorel-Witz/Philipp/Spindler 1984, 7).

---

34 Angesichts der fehlenden Paginierung im *Atlas Linguistique et Ethnographique de l'Alsace* wurde diese von mir rekonstruiert, ausgehend vom Inhaltsverzeichnis, das die Seite 1 darstellt.

Spezifisch elsässische Formen sind selten und schwer identifizierbar:[35] «Le domaine alsacien se caractérise par un ensemble de faits linguistiques qu'il a en commun soit avec le nord de l'espace dialectal allemand, soit avec le sud, soit avec l'ouest. Ce domaine est soumis à plusieurs courants d'influence linguistiques» (Bothorel-Witz/Philipp/Spindler 1984, 7).

Während der Annexion nähert sich der im Elsass und in Teilen Lothringens verwendete germanische Dialekt strukturell dem deutschen Standard an, die Zahl französischer Lexeme wird reduziert und tendenziell durch Lexeme germanischen Ursprungs ersetzt (Lévy 1929, 431). Symbolisch kann der Dialekt als Ausdruck einer eigenen, elsässischen bzw. lothringischen Identität und einer oppositionellen Haltung gegenüber der Regierung fungieren (Hartweg 1987, 138–139). Er ist die Sprache der Vertrautheit und der Intimität: ‹l'idiome de la ‹petite patrie›, cette langue du cœur usuelle, familiale et familière» (Géa 2015, 54).

In Anbetracht der medial schriftlichen Kommunikation in den vorliegenden Ego-Dokumenten könnte zunächst, obwohl die dialektale Varietät im alltäglichen Sprachgebrauch einer Mehrheit der Elsässer und Lothringer dominierte,[36] ein eher geringer und weniger bedeutender Anteil dialektaler Formen in den Texten vermutet werden, da die Schreiber den Standard der deutschen Hochsprache erlernt haben und das Schriftliche stark mit diesem Standard assoziiert ist. Außerdem sind die Unterschiede zwischen Sprach- und Varietätenkontakt gerade im Bereich der Phonologie, die im Schriftlichen am wenigsten zugängliche Ebene, besonders stark ausgeprägt. Die Aussprache der Korpusbelege kann bestenfalls rekonstruiert werden und muss letztlich immer hypothetisch bleiben. Im Bereich des Lexikons, der Morphologie und der Syntax sind die Überschneidungen zwischen einer Sprache und einem Dialekt grundsätzlich deutlich größer als bei zwei verschiedenen ausgebauten Sprachen (Riehl 2014, 142).

Mit Blick auf die Verfasser der Ego-Dokumente ist anzunehmen, dass der Dialekt die dominierende Varietät im mündlichen Sprachgebrauch ist. Gerade Sprecher, die im Umgang mit dem Medium des Schriftlichen und dem Schreiben an sich weniger erfahren und weniger routiniert sind, zeigen eine stärkere Beeinflus-

---

35 Der Kontaktraum Elsass und Lothringen zeichnet sich durch eine äußerst vielfältige und heterogene Dialektvariation aus. Die vorliegende Untersuchung zu Sprachkontaktphänomenen verfolgt nicht primär ein dialektologisches Interesse. Sprachliche Merkmale der spezifischen lokalen Dialekte werden in der Analyse der Korpusbelege jeweils punktuell charakterisiert, wenn es der Beschreibung kontaktinduzierter Formen dient.
36 «Sur le plan des variétés orales, l'allemand standard parlé est utilisé dans la vie publique, mais n'est pas employé par les autochtones dans les situations informelles. Leur variété orale reste invariablement le dialecte» (Huck 2015, 12).

sung durch das Mündliche allgemein im Prozess der Verschriftlichung, sodass der Dialekt als beeinflussender Faktor unter diesen Umständen doch in Betracht zu ziehen ist. Die Tilgung von Regionalismen wächst je länger die Ausbildung und je höher der Grad an Bildung ist (Géa 2015, 60). Insbesondere im Gebrauch bestimmter, dialektal geprägter Lexeme und vor allem in der graphischen Realisierung der Lexeme, die häufig durch die Aussprache mitbestimmt wird, ist der Einfluss des Dialekts daher nicht zu unterschätzen. Géa (2015, 56) dokumentiert im *Corpus 14* eine Beeinflussung durch das okzitanische Substrat in phonetischen, morphosyntaktischen und lexikalischen Transferenzen.

Eine Möglichkeit zur Rekonstruktion des Elsässischen und der regional gefärbten Umgangssprache besteht in der unbewussten Wiedergabe diatopischer Elemente des Schreibers.[37] Auch wenn die im Unterricht für das Französische als Fremdsprache verwendeten Schulbücher bewusst keine Verweise auf den Dialekt enthalten,[38] finden sich in verschiedenen während der Annexion publizierten Lehrwerken unbewusste Zeugnisse der Beeinflussung des Französischen durch das Deutsche (Salmon 1983, 243–246). Obwohl es sich quantitativ um nicht relevante Größen handelt, sind «variantes et erreurs [...] révélatrices d'un état de langue» (Salmon 1983, 247).

Ein Beispiel regional markierten Sprachgebrauchs im Deutschen aus dem Analysekorpus, das sich ebenso im Französischen findet (cf. Kapitel 5.2.3.2), ist der Gebrauch des bestimmten Artikels vor Eigennamen, der sowohl im Französischen als auch im Deutschen diasystematisch gefärbt ist. Gleichzeitig zeigt sich hier die Nähe diatopisch und diaphasisch markierter Elemente: im Französischen gilt der Gebrauch des definiten Artikels auch als populärsprachlich markiert, im aktuellen Sprachgebrauch des Deutschen ist er Teil der Umgangssprache im süddeutschen und mitteldeutschen Raum (Zifonun/Hoffmann/Strecker 1997, 1932). Der normative Sprachgebrauch im 19. Jahrhundert schreibt die Ver-

---

37 Das im Elsass gesprochene regionale Französisch charakterisiert Pellat folgendermaßen: «Les traits spécifiques du français régional d'Alsace [...] sont généralement expliqués par le contact avec une langue germanique, sous deux aspects complémentaires: les dialectes alsaciens, essentiellement utilisés dans les échanges oraux, et l'allemand littéraire (*Hochdeutsch*) employé comme langue de l'écrit» (Pellat 1992, 262). Die grundsätzliche Schwierigkeit einer Abgrenzung und Klassifizierung von dialektalen Varianten und Elementen des regionalen Französisch erscheint im vorliegenden Korpus aufgrund der Textgrundlage deutlich ausgeprägt, weshalb von einer eindeutigen Zuordnung abgesehen und der Fokus auf diatopische Varianten gerichtet wird.
38 Beispielhaft lässt sich hier die Grammatik *Grammaires élémentaires allemande et française comparées. A l'usage des élèves nés allemands qui veulent apprendre simultanément les deux langues* von Ignace Mertian anführen, die nach der Analyse von Blum weder im deutsch- noch im französischsprachigen Teil Dialektalismen enthält (Blum 2016, 113).

wendung von Eigennamen ohne Artikel vor, außer zur Markierung von Familiarität oder Geringschätzung (Heyse 1893, 180). Diese von Frei auch für das Französische konstatierte Expressivität der Kombination von definitem Artikel und Eigenname, «le parler populaire actualise explicitement les prénoms» (Frei 1929, 197), ist in der ländlichen Umgangssprache verloren gegangen (Frei 1929, 243). In der von Aub-Büschner als *patois* beschriebenen Varietät der Gegend um Ranrupt im Südwesten des Departement Bas-Rhin steht der definite Artikel nicht nur vor Vornamen, sondern auch ebenfalls vor Familiennamen: «le Jean du Benoît» (Aub-Büschner 1962, 38). Im Hinblick auf die Deklination von Eigennamen im Deutschen erkärt Adelung in seiner *Deutschen Sprachlehre für Schulen* (1806) den Gebrauch des Artikels vor Personennamen im Nominativ als unnötig: «Saul sprach zu dem David, nicht der Saul» (Adelung 1806, 158). Das folgende Beispiel (495) von Auguste Jeandons Cousine illustriert diesen Gebrauch:

(495) *die Marie geht gut*
       (Cousine A.M., 14.4.1915)

Es handelt sich möglicherweise um eine direkte Übertragung der französischen Sequenz *la Marie va bien*, da die im Deutschen übliche, ebenfalls dialektal markierte Entsprechung *der Marie geht es gut* wäre. So handelt es sich eventuell nicht um die Abbildung der Verwendung des definiten Artikels vor Eigennamen im Deutschen, sondern um eine Übertragung des französischen Sprachgebrauchs ins Deutsche.

Eine bewusste Verwendung des Dialekts zur Erzielung bestimmter konversationeller Effekte zeigt sich bei Paul Grandemanges[39] Einschüben in der Korrespondenz mit seinem Vater Joseph Grandemange, die beide[40] den in den südlichen Vogesen gebräuchlichen romanischen Dialekt oder die dialektal geprägte Umgangssprache verwenden oder zu imitieren suchen. Paul Grandemanges metasprachliche Äußerungen zeigen ein Bewusstsein für die fehlende Verschriftung des Dialekts und die damit verbundene Schwierigkeit der graphischen Wiedergabe.

---

39 Die Texte der Familie Grandemange sind nicht Teil des Subkorpus dieses Kapitels, da in ihren Texten, mit Ausnahme einiger weniger, Sprachkontakt grundsätzlich nur in sehr geringem Maße abgebildet wird.
40 Leider ist der Brief Joseph Grandemanges senior, auf den Paul antwortet, nicht im Fonds enthalten.

(496) *Né vô fyï*
 pou dé bile! ..
 (Paul Grandemange, 17.6.1916)[41]

Die dialektale Wendung in (496) könnte im Französischen mit *Ne vous faites pas de bile* wiedergegeben werden. Mit Ausnahme von *bile* und *pou*[42] lassen sich alle Elemente des Auszugs in der dialektalen Varietät der südlichen Vogesen nachweisen (Bloch 1917c).[43] Zwischen Vokalen wird die Verneinungspartikel *ne* mit kurzem geschlossenen Vokal realisiert (Bloch 1917c, s.v. *ne*). Das Reflexivpronomen *vous* wird *vo*, mit kurzem geschlossenem Vokal, gesprochen (Bloch 1917c, s.v. *vous*). Das Verb des Satzes *faire* wird im Dialekt in der zweiten Person Plural *fyï* mit kurzem *i* wiedergegeben (Bloch 1917c, s.v. *faire*). Die Präposition *de* wird vor Konsonant als *dé* mit kurzem geschlossenen /e/ gesprochen (Bloch 1917c, s.v. *de*). Glessgen (2020, 55) stellt fest, dass eher routiniertere Schreiber dialektale Formen transliterieren, da die Verschriftung rein oraler Varietäten eine gewisse Sicherheit verlange, insbesondere in Anbetracht des Französischen als dominante Unterrichtssprache im Schulwesen. Dies scheint das vorliegende Korpus insofern zu bestätigen, als es sich bei Paul Grandemange im Vergleich aller Verfasser der Ego-Dokumente um einen eher geübten Schreiber handelt.

Die Wahl des Dialekts als Sprache der Intimität nimmt der Äußerung möglicherweise eine gewisse Härte, die ihr im Kontext des Krieges zukommt. Außerdem verleiht der Schreiber seinem Text einen verspielten, humorvollen Ton. Der Sprachwechsel von der Standardsprache zum Dialekt übernimmt in diesem Beispiel möglicherweise eine abtönende Funktion, in deren Skopus die gesamte Äußerung in dieser spezifischen Kommunikationssituation steht.

Die Funktion des Dialekts als Sprache der Intimität wird in der Verwendung des dialektalen affektiven Diminutivs *-le* in Beispielen aus dem Fonds

---

[41] Aus der Verschriftung des Dialekts geht die grundlegende Einsicht des Schreibers hervor, dass mit Alphabetschriften jegliche Sprache verschriftet werden kann (Thun 2018b, 275).

[42] In der genannten Dialektvariante wird *pas* durch *mi* mit kurzem Vokal ausgedrückt (Bloch 1917c, s.v. *pas*). Eventuell könnte es sich bei der hier verschrifteten Form um die Wiedergabe von *peu* handeln, dessen dialektales Äquivalent *po* (langer, geschlossener Vokal) ist (Bloch 1917c, s.v. *peu*).

[43] Da es sich bei Paul Grandemange um einen Laien handelt und aufgrund der fehlenden Verschriftung des Dialekts, entspricht die Verwendung der Diakritika nicht der von Bloch verwendeten Notation. Es lässt sich vermuten, dass Grandemange ähnliche Motivationen leiten, da aus seiner Sicht die Buchstaben ohne Diakritika zur Wiedergabe des Lautes nicht ausreichen, dennoch kann die Übereinstimmung der so kodierten lautlichen Charakteristika nicht mit Sicherheit festgestellt werden.

Andlauer[44] deutlich: *elle aime beaucoup [...] mon prisonnier son Seppelé comme elle l'appelle* (Andlauer, 12.10. ohne Jahr) und *notre cher Mioderle* (Andlauer, 10.6.1915) oder *pauvre miaderle* (Andlauer, 10.6.1915). Im ersten Beispiel handelt es sich um die deutsche Kurzform von Joseph, in den letzten beiden Beispielen wird die elsässische Form von *Mutter* als Basis der Suffigierung verwendet.

Der zweite Beleg (497) für die Verwendung diatopischer Charakteristika im Schriftlichen ist weniger eindeutig als dialektale Varietät zu bestimmen. Es handelt sich um eine fiktive Redewiedergabe im Dialekt, die zum Teil auch einer humoristischen, ludischen Sprachverwendung zu entsprechen scheint. Der Schreiber selbst weist auf mögliche Verständnisschwierigkeiten hin:

(497) *Tu me fais bien rire tu sais papa avec
ton patois au sujet de la visite de Madame
Pierrel. A mon tour: «Si pieu évoué eune
permission, effaut l'espérer, on vé quo pessat
quèque bionnes djeunaîlles essone, né mi
donc» Excusez s'il y a de l'incompréhensible
car je ne suis pas bien fort sur ce genre de
langage -*
(Paul Grandemange, 28.1.1916, Brief 2)

Die Aussage entspricht wohl in etwa der folgenden: 'S'il peut avoir une permission, il faut l'espérer, on veut qu'on passe quelques bonnes déjeunailles ensemble n'est-ce pas donc'. Bloch (1917c) weist einige der im Beispiel aktualisierten Formen in der in den südlichen Vogesen gebrauchten Varietät nach: Im Bereich der Verben wird *pouvoir* in der dritten Person Singular *pyœ* mit kurzem, geschlossenem [œ] gesprochen (Bloch 1917c, s.v. *pouvoir*), ähnlich wie *vouloir* in der dritten Person Singular *yœ*, ebenfalls mit kurzem, geschlossenem [œ] (Bloch 1917c, s.v. *vouloir*). Die konjugierte Verform von *falloir* in der unpersönlichen Konstruktion *il faut* wird im Dialekt aus den entsprechenden Formen *è* /ɛ/ (kurz und offen) vor Konsonant für *il* (Bloch 1917c, s.v. *il*) und *fó* /fo/ (geschlossener Vokal) kontrahiert (Bloch 1917c, s.v. *falloir*). Bei der von Grandemange verwendeten Form *pessat* handelt es sich wahrscheinlich um die dritte Person Singular des Verbs *passer*, die Bloch mit *pèsa* wiedergibt, wobei beide Vokale kurz sind und *e* zusätzlich offen gesprochen wird (Bloch 1917c, s.v. *passer*). Das finale Flexionsmorphem *-t* könnte sich aus einer Generalisierung analog zu

---

44 Der Fonds *Andlauer* ist aus den erläuterten Gründen nicht Teil des Subkorpus, wird jedoch stellenweise zur Ergänzung der Belege aus dem Analysekorpus hinzugenommen.

anderen Verbformen der 3. Person Singular erklären, die auf *-t* enden. Das Verb *avoir* entspricht in Blochs Notation im Infinitiv der Form *èwé* mit kurzen Vokalen (Bloch 1917c, s.v. *avoir*). Die Notation von *ensemble* entspricht fast exakt Blochs Schreibung *èsòn* (Bloch 1917c, s.v. *ensemble*). Auch *kék* mit geschlossenem Vokal für *quelque* entspricht abgesehen von der Wiedergabe von [k] Grandemanges Schreibung (Bloch 1917c, s.v. *quelque*). Bei der Verneinung wird *pas* im Dialekt durch *mi* ersetzt (Bloch 1917c, s.v. *pas*) und *ne* vor Konsonant mit kurzem geschlossenem Vokal realisiert (Bloch 1917c, s.v. *ne*).[45] Leichte Abweichungen im Vergleich mit der Notation Blochs ergeben sich beim Adjektiv *bonnes* und der dialektalen Variante *bwòn* mit kurz gesprochenem Vokal (Bloch 1917c, s.v. *bon*) sowie beim indefiniten Artikel *une*, den Bloch *èn*, mit kurzem Vokal, notiert (Bloch 1917c, s.v. *un*).[46] Im Vergleich zu Beispiel (496) scheint Beispiel (497) schwächer dialektal geprägt, da es weniger diatopisch stark markierte Elemente enthält, auch bedingt durch die kommunizierten Inhalte und die dadurch verwendeten Lexeme. In einer Bestimmung als dialektale Varietät oder als Umgangssprache könnte Beispiel (497) im Vergleich zu Beispiel (496) eher als Wiedergabe regional gefärbter Umgangssprache verstanden werden. In seinem Kommentar über seine in Dialekt wiedergegebene Rede zeigt Paul Grandemange zum einen das Bewusstsein darüber, dass Dialekte gewöhnlicherweise nicht verschriftete Varietäten darstellen. Zum anderen lässt er eine gewisse Geringschätzung gegenüber dem Dialekt erkennen, wenn er den Dialekt als *ce genre de langage* bezeichnet. Diese einer Bekannten und Nachbarin aus dem Wohnort Saint-Maurice-sur-Moselle in den Mund gelegten Äußerungen sind zudem aufschlussreich in Bezug auf die Charakterisierung Marie Pierrels aus Pauls Sicht sowie in Bezug auf sein Verhältnis zu ihr. Darüber hinaus zeugt diese Redewiedergabe, die den Sprachgebrauch abzubilden versucht, von diatopischen (und diastratischen) Markierungen in der französischen Umgangssprache zur Zeit des Ersten Weltkriegs.[47]

Die Schwierigkeit, die tatsächliche Beeinflussung durch den Dialekt im Geschriebenen zu bestimmen, besteht einerseits in der Heterogenität der dialektalen Varianten im Kontaktraum und ihrer Aufsplitterung in eine Vielzahl dialektaler

---

[45] Die Form *n'e-mi* bzw. *n'mi* in der Bedeutung 'n'est-ce pas' ist auch in Varlet ([1896] 1978, s.v. *ne'mi, n'mi*) attestiert.
[46] Die Abweichung bei der Notation dieses Beispiels lässt sich möglicherweise mit der unterschiedlichen Wahrnehmung der lautlichen Charakteristika und mangelnder Übung in der Wiedergabe phonetischer Spezifika begründen.
[47] Cf. hierzu auch die auf diatopische Variation im Gesprochenen zurückgehende Varianz in der Schreibung der Okklusive /t/ und /d/ in den Texten Marie Anne Grandemanges in Kapitel 5.1.11 Phonogrammische Variation.

Varietäten,⁴⁸ andererseits darin, dass generell wenig Beschreibungen der elsässischen und lothringischen Dialektvarianten Ende des 19. und Anfang des 20. Jahrhunderts vorliegen, auf die zurückgegriffen werden könnte.⁴⁹ Die Beobachtungen zum Sprachkontakt in diesem Analysekapitel können sich dementsprechend nur sehr eingeschränkt auf Erhebungen zum Sprachgebrauch dialektophoner Elsässer und Lothringer stützen.⁵⁰

Die Darstellung der Schreiberbiographie in einer historischen Sprachkontaktsituation muss sich notwendigerweise, nicht nur in Bezug auf die Verwendung des Dialekts, auf andere Daten als Grundlage der Analyse stützen, als dies in synchronen soziolinguistischen Untersuchungen aktueller Sprachkontaktsituationen möglich ist.

6.2.2 Die Schreiberbiographien: Rekonstruktion des sprachlichen Hintergrunds

Die sich Anfang des 20. Jahrhunderts als soziologische Methode etablierende biographische Methode, auch «Methode persönlicher Dokumentation (*personal documents*) oder menschlicher Dokumente (*human documents*) genannt» (Szczepanski 1974, 226), hat «die Erkenntnis allgemeiner sozialer Zusammenhänge aus der Perspektive der seelischen Innendimension einer oder mehrerer

---

48 Dazu Philipp (1985, 21) in Bezug auf phonetische bzw. phonologische Charakteristika der Dialekte im Kontaktraum: «Cependant, le dialectologue sait qu'il y a autant de systèmes phonologiques en Alsace que de localités, ce qui signifie qu'il y a autant d'accents différents que de parlers».
49 Die schriftliche Verwendung gallormanischer Dialekte im Briefkorpus Rézeaus wird von Glessgen (2020, 54–55) als äußerst selten beurteilt und mit spezifischen Funktionen, ähnlich wie in den wenigen Beispielen aus dem Anaysekorpus, in Verbindung gebracht.
50 Neben diesen raren Zeugnissen des Dialekts oder der regionalen Umgangssprache sind weitere Quellen für den elsässischen Dialekt um die Jahrhundertwende zum einen literarische Texte, in denen das Elsässische bzw. das Französische im Elsass mit geographisch und sprachlich externem Blick betrachtet wird, wie *Les aventures du colonel Ronchonot* von Gustave Frison oder *Les facéties du sapeur Camember* von Christophe alias G. Colomb. Daneben geben nicht literarische Texte, wie die Kriegsmemoiren des Schriftstellers Paul Lintier *Avec une batterie de 75, Le tube 1233, Souvenirs d'un chef de pièce (1915–1916)* oder Crons *Auto-imitation pédagogico-récréative du français d'Alsace à Strasbourg à l'époque allemande* (1902) den elsässischen Dialekt wieder (Salmon 1985c, 381).Außerdem bieten Zusammenstellungen von Fehlern einen Zugang zu Charakteristika des Elsässischen, wie zum Beispiel die 1902 von Cron publizierte *Liste alphabétiques des alsacianismes dans l'emploi des mots*, die er als Sammlung häufig begangener Fehler und selten beachteter Regeln im elsässischen Französischen verstanden wissen möchte.

Personen» (Szczepanski 1974, 230) zum Ziel. Die hierfür verwendeten biographischen Dokumente bringen die persönlichen Ansichten des Verfassers zu bestimmten, von ihm beschriebenen, Vorgängen zum Ausdruck (Szczepanski 1974, 232).

Im für die biographische Methode in der Soziologie grundlegenden Werk *The Polish Peasant in Europe and America* entwickeln die Autoren Thomas und Znaniecki (1918–1920) an der *University of Chicago* eine neue empirische Analysemethode auf der Grundlage persönlicher Dokumente, nämlich Korrespondenzen und Autobiographien. Das Erkenntnisinteresse der Autoren bezieht sich auf die Beschreibung und die sozialpsychologische Erklärung der Veränderung von Lebensformen, Verhalten und Gewohnheiten emigrierter polnischer Bauern (Thomas/Znaniecke 1958, 74–86). Der enge Zusammenhang der untersuchten Einstellungen und Werte mit dem jeweiligen Kontext ist dabei von äußerster Wichtigkeit:

> «Every attitude and every value [...] can be really understood only in connection with the whole social life of which it is an element, and therefore this method [systematization and classification of attitudes and values prevailing in a concrete group, L.S.] is the only one that gives us a full and systematic acquaintance with all the complexity of social life» (Thomas/Znaniecke 1958, 77).

Die Methode der Sprachbiographie an der Schnittstelle zwischen Kontakt- und Soziolinguistik überträgt die von Thomas und Znaniecki entwickelten soziologischen Ansätze auf sozio- und kontaktlinguistische Fragestellungen. Neben sprachbiographischen Interviews und schriftlicher Befragung mit gezielter Aufforderung werden die Daten üblicherweise in Form einer Auswertung verschiedener authentischer Schriftzeugnisse erhoben. Die Auswertung dieser Texte ist ohne Anspruch auf Repräsentativität, sie ermöglicht jedoch eine «Rekonstruktion von Lebens- und Denkformen» (Wildgen 2005, 1336).

Ego-Dokumente eignen sich in besonderer Weise für die Rekonstruktion der soziohistorischen Lebenswirklichkeit des Individuums sowie seiner jeweiligen mentalen Repräsentationen und Beurteilungen dieser Wirklichkeit, denn

> «[d]ie Fragestellung der Sprachbiographie zielt auf die Wahrnehmung der eigenen Person im sozialen Kräftefeld und als Gestaltung eines Weges in einer Umwelt, die Bedingungen (positive, negative), Widerstände, Werte vorgibt. Dabei ist die Wahrnehmung des Statuswechsels, z.B. von der Familie in die Schule, von der Schule in die Arbeitswelt, zur Gründung einer Familie, die Beziehung zu Kindern und Enkeln, besonders aufschlussreich. Diese Untersuchungen decken nicht nur allgemeine Tendenzen, sondern auch individuelle Lösungen und damit den Wahlraum der Sprecher in einer sozialen Situation auf» (Wildgen 2005, 1336).

Die Rekonstruktion der Schreiberbiographie fokussiert das Individuum in seinem historischen, sozio-politischen, situativen und kommunikativen Kontext. Die Betrachtung konkreter und individueller kontextabhängiger sprachlicher Äußerungen entspricht dem von Winter-Froemel (2011) angewandten methodologischen Individualismus, den sie mit Blick auf Sprachwandel in Zusammenhang mit dem Prozess der Entlehnung untersucht. Es handelt sich dabei um einen «Ansatz, nach dem sprachliche Phänomene grundsätzlich ausgehend von der Ebene der Sprachbenutzer/der *parole* konzipiert werden (*usage-based*); für sprachlichen Wandel angesetzte Erklärungsfaktoren werden demnach grundsätzlich auf das sprachliche Handeln der einzelnen Sprachbenutzer bezogen» (Winter-Froemel 2011, XVII; Herv. im Original).

Sowohl die Beschreibung der Wandelphänomene als auch ihre Erklärung setzen auf der Ebene der einzelnen Kommunikationssituation und der Sprachbenutzer an, es geht darum, «die kognitiven und kommunikativen Rahmenbedingungen der Kommunikation zu erfassen sowie die Absichten des Produzenten (Sprechers oder Schreibers) und die Interpretationsmechanismen des Rezipienten (Hörers oder Lesers) zu analysieren» (Winter-Froemel 2011, 194–195). In Bezug auf Codeswitching betont auch Gardner-Chloros (1991, 184) den Zusammenhang mit individuellen, die sprachliche Geschichte eines Menschen betreffenden Charakteristika und dem Sozialverhalten der Sprecher.

Die Schreiberbiographie stellt den individuellen Sprachbenutzer ins Zentrum der Erklärungsansätze für Kontaktphänomene im Allgemeinen, wobei es die jeweilige spezifische Kontaktsituation und die beteiligten Schreiber sowie den kognitiven und kommunikativen Rahmen, zu denen im vorliegenden Fall die soziale und individuelle Zwei- bzw. Mehrsprachigkeit zu rechnen ist, zu berücksichtigen gilt. Auf die Bedeutung von Zweisprachigkeit und ihrer Ausprägung für den konkreten Fall der Entlehnung wird von Winter-Froemel (2011, 277) immer wieder hingewiesen. Der individuelle Zweisprachige als psychologisch komplexe Entität entspricht nicht der Summe zweier monolingualer Sprecher, er verfügt über zwei auf unterschiedliche Weise vernetzte mentale Sprachsysteme, die simultan aktiviert werden: «They may be separate at some levels, but totally indistinguishable at other levels (for instance, a speaker's semantic categories or intonation may remain the same regardless of whether he is speaking language A or B)» (Gardner-Chloros 1991, 43). Der konkrete Sprachgebrauch resultiert demnach nicht aus der Alternation zweier außerhalb vom bilingualen Sprecher existierender diskreter Sprachsysteme, vielmehr schafft der Sprecher sein eigenes komplexes System (Gardner-Chloros 1991, 69).

Neben sozialem und individuellem Bilingualismus sind Sprechereinstellungen und das Wesen der Sprachgemeinschaft wesentliche Faktoren, die die Prozesse des Sprachkontakts bestimmen. Für die Sprachwahl in der je spezifischen

Kommunikationssituation sind drei Faktoren entscheidend: die soziale Gruppe, zu der der Schreiber gehört, die Kommunikationssituation selbst und der Gegenstand der Kommunikation (Gardner-Chloros 1991, 37). Generell beeinflussen neben der Kommunikationssituation Alter, Intensität des Sprachkontakts und regionale Herkunft die sprachliche Anpassung der Schreiber (Elspaß 2005, 124).

Die Verfasser der Ego-Dokumente des Analysekorpus entstammen den unteren bis mittleren Gesellschaftsschichten, ihr Alltag ist höchstwahrscheinlich vom konstanten Gebrauch zweier Sprachen geprägt, sodass beide Sprachen auch in den von ihnen verfassten Texten, die darüber hinaus der kommunikativen Nähe zuzuordnen sind (cf. Kapitel 3.3.2), koexistieren. Die Kommunikationssituation der Korrespondenz mittels Briefen und Postkarten ersetzt das alltägliche Gespräch vor dem Krieg, das Schreiben des Tagebuchs hingegen entbehrt im Allgemeinen eines direkten Interaktionspartners. Gegenstand der Kommunikation sind insbesondere die Gesundheit, phatische Sequenzen der Kontakterhaltung, die Ernährung und medizinische Versorgung sowie Schilderungen des (Kriegs-)Alltags.

Entscheidend bei der Betrachtung der Kommunikationssituation und ihren Rahmenbedingungen ist weniger der Ansatz einer objektiven Beschreibung, sondern vielmehr, wie diese von den Kommunikationsteilnehmern konzeptualisiert und wahrgenommen werden, das heißt die «kognitive Filterung bzw. Internalisierung von Erklärungsfaktoren» (Winter-Froemel 2011, 260).

Der sprachliche Hintergrund der Verfasser der Texte im Analysekorpus ist grundsätzlich hypothetischer Natur und kann nur aufgrund verschiedener Parameter ausgehend von den schriftlichen Texten konstruiert werden. Die Herkunft der Sprecher sowie der Wohnort lassen in Verbindung mit den Texten auf eine, sehr wohl unterschiedlich ausgeprägte, Zweisprachigkeit bzw. Mehrsprachigkeit schließen. Diese Zwei- bzw. Mehrsprachigkeit gestaltet sich in Abhängigkeit vom konkreten Wohnort (Zugehörigkeit zum als germanophon oder als frankophon betrachteten Teil, Ausnahmeregelungen in der Sprachpolitik für traditionell frankophone Gemeinden, geographische Nähe zu Frankreich, zu Deutschland oder zur Schweiz), von der schulischen und beruflichen Ausbildung, dem ausgeübten Beruf, dem Alter der Schreiber sowie von persönlichen Einstellungen in unterschiedlichem Maße aus.

Die folgenden Rekonstruktionen der sprachlichen Biographie der Schreiber dieses Subkorpus stützt sich auf zwei wesentliche Aspekte: zum einen auf zusätzliches Archivmaterial (zusätzlich zur Korrespondenz und zu den Tagebüchern archiviertes Material sowie weiterführende Archivrecherchen) und zum anderen auf die Texte selbst und die darin enthaltenen Kommentare metasprachlicher Art.

Ausgehend von der Annahme, dass Aussagen über die Bedeutung der verschiedenen kontaktinduzierten sprachlichen Formen nur unter Bezug auf die je spezifische Kommunikationssituation sowie die sozialen und individuellen Bedingungen getroffen werden können, werden im Folgenden die Biographien der Schreiber unter Bezugnahme auf soziale und historische Aspekte vorgestellt, um für die Interpretation der Sprachbeispiele den je spezifischen Kontext der Kommunikationssituation heranziehen zu können.

6.2.2.1 Auguste Jeandon

Auguste Jeandon wird 1881 in Lapoutroie, im Departement Haut-Rhin, geboren, wo er mit seiner Ehefrau Marie Jeandon, geborene Antoine, und ihren gemeinsamen drei Kindern lebt. Aus der Korrespondenz geht hervor, dass er als Gemeindediener, zum Teil auch als *Agent de police* bezeichnet, arbeitet. Die Wahrnehmung seiner elsässischen Identität wird in folgendem Tagebucheintrag deutlich:

(498) *un transport*
doit partire poure le
Hartmansweilerkopf je
suis nommer pour alles
avec, un ordre vient
que les alsassien ne parte
pas, sa fait que je ne part pas
(Auguste Jeandon, 23.12.1915)

Jeandons Geburts- und Wohnort Lapoutroie zählt zu den offiziell als frankophon anerkannten Gebieten. Im Zuge der Germanisierung in den 90er Jahren des 19. Jahrhunderts wird Lapoutroie in Schnierlach umbenannt. Lapoutroie bzw. Schnierlach gehört zu den frankophonen Gemeinden, deren Bürgermeister von Beginn der Annexion an die Übersetzung administrativer Dokumente ins Französische einfordern und offizielle Sendungen auf Deutsch mit der Begründung, die Sprache des Dokuments sei unbekannt, zurückschicken (Lévy 1929, 346; Vogler 1994, 307).[51] Auch hinsichtlich des Deutschen als Sprache der Jurisdiktion ist Lapoutroie Teil der Ausnahmen. Im *Gesetz betr. Abänderungen der*

---

[51] Noch im Jahr 1915 bittet der Kreisdirektor von Ribeauvillé bezugnehmend auf eine Verordnung über das Verbot der französischen Sprache im öffentlichen Raum um die Genehmigung einer Ausnahme für die Gemeinden Diedolshausen, Schnierlach, Urbach und Urbeis (Le Bonhomme, La Poutroye, Fréland et Orbey). Die Umgangssprache des größten Teils der jeweiligen

Gerichtsverfassung vom Juli 1871 wird festgehalten, dass unter anderem in Lapoutroie Verhandlungen und Urteile in französischer Sprache erfolgen (zitiert nach Lévy 1929, 375). Erhebungen der deutschen Regierung ergeben, dass 1905 in 13 Kantonen noch über die Hälfte der Bewohner französischsprachig ist, in Lapoutroie sind es sogar 93,35% der Bewohner (Lévy 1929, 426).

Trotz der Immigration Altdeutscher verwenden die Bewohner *patois* und weiterhin Französisch, wie This in seiner Studie zur deutsch-französischen Sprachgrenze feststellt:

> «Schnierlach (frz. La Poutroie) mit Weilern und Gehöften redet ebenfalls patois. Nur in Schnierlach selbst, wo, ebenso wie in *Hachimette*, sehr viel französisch gesprochen wird, sind schon seit wenigstens 20 Jahren einige deutsch sprechende Familien [...] eingewandert; es sind meist Gewerbtreibende (Wirte, etc.). In einigen Familien stammt der Mann oder die Frau aus einem deutsch sprechenden Orte» (This 1888, 34).

Da in Schulen frankophoner Gemeinden mit mehr als 20% französischsprachigen Schülern der Unterricht in der Erstsprache Französisch beginnt, ist Französisch in diesen Gebieten nicht nur Unterrichtsfach, sondern auch Unterrichtssprache in anderen Fächern (Lévy 1929, 443). Es ist also zu vermuten, dass Auguste Jeandon seine Schulbildung in französischer Sprache beginnt und erst im Anschluss das Deutsche erlernt. Bezüglich der Sprache, die die Familie zu Hause spricht, können nur Vermutungen angestellt werden. Wahrscheinlich ist, aufgrund der Erhebungen zur Sprachkompetenz der deutschen Regierung und einer allgemeinen Tendenz der Elsässer und Lothringer Französisch als Sprache der Familie und der Intimität zu bewahren, dass das Französische, neben dem Dialekt, im Hause Jeandon eine wesentliche Rolle gespielt hat. Laut Vogler bleibt der Gebrauch des Französischen auch nach der Jahrhundertwende in vielen Familien weit verbreitet: «[e]n 1908 encore [...] l'usage du français demeure général dans bon nombre de familles alsaciennes au point que bien des élèves arrivent à six ans à l'école sans connaître un seul mot d'allemand» (Vogler 1994, 364).

Neben der geographischen Lage seines Heimatdorfes mag Jeandons katholische Konfessionszugehörigkeit eine Rolle im Erhalt des Französischen gespielt haben (cf. 6.1.4). In seinem Tagebuch beschreibt er sich als praktizierender Katholik:

(499) *Nous nous confessont* $^{a\ 2\ heurs}$
(Auguste Jeandon, 7.3.1916)

Bevölkerung sei entweder *patois* oder Französisch. Der Antrag wird mit Hinweis auf militärische und sicherheitsstrategische Gründe abgelehnt (Lévy 1929, 493).

Die soziale Zweisprachigkeit seiner Umgebung drückt sich in Jeandons individueller Zweisprachigkeit aus. Er verwendet beim Schreiben seiner Texte sowohl Deutsch als auch Französisch, wodurch auf ebenfalls vorhandene Kompetenzen im mündlichen Gebrauch in beiden Sprachen zu schließen ist.

Wie alle Elsässer, die sich dazu entschließen, nach der Annexion in ihrem Heimatland zu bleiben, absolviert Jeandon den deutschen Militärdienst und wird im Zuge der allgemeinen Mobilmachung 1914 in die deutsche Armee eingezogen. Jeandon unterhält mit seiner Familie und seinen Freunden eine regelmäßige, notwendigerweise deutschsprachige Korrespondenz.[52] Gleichzeitig verfasst er ein Tagebuch auf Französisch, obwohl er im deutschen Heer kämpft. Die deutsche Militärdiktatur verbietet ab 1915 den Gebrauch des Französischen im öffentlichen Raum, daher erforderte es von Jeandon Mut und zugleich große Vorsicht, sein Tagebuch auf Französisch zu verfassen.

Die Verwendungskontexte für beide Sprachen sind relativ eindeutig getrennt: Deutsch wird in der «öffentlichen» Korrespondenz mit der Heimat verwendet, das heißt in den Postkarten und den Briefen, die von der Front und an die Front verschickt werden,[53] Französisch unter Ausschluss der Öffentlichkeit allein für den Schreiber.[54] Dennoch kommt es in beiden Kommunikationskontexten zu Überschneidungen und einer gleichzeitigen Verwendung beider Codes.

Es stellt sich die Frage, aus welchen Gründen Jeandon das Risiko auf sich nimmt, als Mitglied im deutschen Militär ein französisches Tagebuch zu schreiben. Wie bei der Beschreibung des sprachlichen Hintergrunds kann auch hier lediglich gemutmaßt werden. Das Schreiben auf Französisch, der Sprache der Intimität, könnte für Jeandon eine Art Zufluchtsort in den Unruhen des Krieges symbolisieren. Hier ließe sich die von Gumperz (1982a) eingeführte Unterscheidung des *we-* und *they-code* heranziehen, wobei der *we-code* als Sprache des Vertrauten mit Intimität und persönlicher Beteiligung assoziiert wird und der *they-code* als Sprache der Institutionen mit Autorität und Distanz (Gumperz

---

[52] Wie unter 6.1.5 beschrieben, waren die Kontrollen der Korrespondenz elsässischer und lothringischer Soldaten besonders streng.
[53] Diese Texte sind insofern als öffentlich zu verstehen, als zum einen die Korrespondenz für die Zensur offen verschickt werden musste und von den jeweiligen Bevollmächtigten gelesen wurde bzw. gelesen werden konnte (Huck 2015, 167–168). Zum anderen ist die offizielle Sprache im öffentlichen Raum das Deutsche und der Gebrauch des Französischen unterliegt drastischen Sanktionen (Hartweg 1987, 145).
[54] Ergänzend könnte hier die Familie zu einem späteren Zeitpunkt sowie Nachfahren als Empfänger gedacht werden.

1982a, 66).[55] Unter Berücksichtigung der symbolischen Funktion des Französischen als Ausdruck einer oppositionellen Haltung könnte es außerdem als Ablehnung seiner vollständigen Integration in die kaiserliche Armee und damit in das deutsche Kaiserreich an sich bewertet werden. Weiterhin ist eine Verknüpfung der Sprachwahl mit den jeweiligen Kompetenzen im schriftlichen Ausdruck nicht auszuschließen. Dabei hat der Schreiber jedoch lediglich bei der Redaktion des Tagebuchs eine gewisse Freiheit in der Wahl der Sprache. Möglicherweise lässt sich diese Wahl mit den subjektiv wahrgenommenen Kompetenzen im schriftlichen Ausdruck begründen, die der Schreiber auch in Abhängigkeit der Textsorte bewertet.

6.2.2.2 Paul Braun

Paul Braun, geboren 1886 in Oberhaslach, lebt mit seiner Ehefrau Louise, geboren 1885 in Niederhaslach, in Oberhaslach und arbeitet dort als Holzhändler. Am 2. August 1914 wird er im 99. Regiment der Landwehr mobilisiert und bereits im Oktober 1914 von französischen Truppen in der Region Bures (Meurthe-et-Moselle) gefangen genommen. Bis Januar 1915 ist er in Sisteron interniert, danach bis Januar 1919 im Lager elsässischer und lothringischer Kriegsgefangener in Saint-Rambert-sur-Loire. Louise führt in Oberhaslach, das nahe der deutsch-französischen Sprachgrenze zwischen Molsheim, im germanophonen Teil des *Reichslandes*, und Schirmeck[56] im frankophonen Teil liegt, einen Kolonialwarenladen. Wie Jeandon wird Paul Braun im August 1914 mobilisiert und kämpft in der deutschen Armee. Seine erste Postkarte vom 3. August 1914 trägt daher auch den Aufdruck *Postkarte* und *Deutsches Reich*.

Viele biographische Details zum Ehepaar Braun, insbesondere zu ihrem Sprachgebrauch, ergeben sich aus den Texten. Paul ist zweisprachig, da er sich beim Schreiben an seine Frau beider sprachlichen Codes bedient. Der Wechsel zwischen den Codes erfolgt nicht nur von einer Korrespondenz zur anderen, sondern auch auf unterschiedliche Weise innerhalb eines Textes.

Louise verwendet in den von ihr erhaltenen Dokumenten nur Deutsch. Sie beherrscht die Kurrentschrift und verwendet sie auch, wohingegen Paul Braun fast ausschließlich in lateinischer Schrift schreibt, wenn er auf Deutsch schreibt. Offen-

---

55 Die Korrelation von Sprachen und Gebrauchsdomänen sowie die Bewertungen von Seiten der Sprecher sind im Kontext historischer Ego-Dokumente mit Bedacht vorzunehmen. Die Zuschreibungen können nicht mit Sicherheit postuliert werden, sondern lediglich aufgrund der Schreiberbiographien konstruiert werden. Die komplexe Situation des sozialen Bilingualismus stellt ohnehin eine eindeutige und klare Domänenspezifik der beteiligten Sprachen in Frage.
56 «In Schirmeck [...] wird meist französisch gesprochen» (This 1888, 20).

bar spricht einer von beiden nicht oder nicht gut Französisch, denn nach Ende des Kriegs, kurz vor seiner Heimkehr, schreibt Paul Braun seiner Frau:

(500) *Noch 14 Tagen dann brauchst Du überhaupt keine Briefe mehr zu schreiben kannst mir alles mündlich erzäh len. Und dann mußt Du zimlich französisch lernen mit mir. Ich werde mich wohl über so manches verwundern wenn ich nach Hause komme.*
(Paul Braun, 6.1.1919)

Es ist nicht eindeutig, ob er sich hierbei auf seine eigenen mangelnden Französischkenntnisse oder die seiner Frau bezieht. Da von Paul Braun jedoch sowohl deutsch- als auch französischsprachige Ego-Dokumente vorliegen und von Louise nur deutschsprachige, erscheint es wahrscheinlicher, dass er sich auf Louises mangelhafte Kenntnisse bezieht. Dies erklärte auch die überwiegende Zahl deutschsprachiger Korrespondenz an seine Frau, die von Paul Braun, der sich durchaus als französisch gesinnter Elsässer darstellt, erhalten ist. Die adressatenabhängige Wahl der Sprache der Äußerung scheint generell in Paul Brauns Korrespondenz gegenüber dem Ausdruck seiner Identität und patriotischen Haltung zu überwiegen. Er privilegiert durch die Sprachwahl das Gelingen der Kommunikation mit seiner Frau. In der Regel kennen die Schreibenden die Sprachkenntnisse ihres Gesprächspartners sehr genau, sodass Kommentare wie in (500) für sie keinen Zweifel lassen. Wenn auch für den heutigen Leser Pauls sprachliche Prägung nicht unmissverständlich ist, so ist es seine politische und ideologische umso mehr. Folgende zwei Beispiele explizieren seine Wahrnehmung der Situation des Elsass und derjenigen, die aus seiner Sicht für die Situation verantwortlich zeichnen:

(501) *Nous retournons donc à la France ou est notre place et ou il a toujours été. Et nous pouvons franchement et librement prononcer nos sentiments, ce que*

> nous avons jamais
> pu.
> (Paul Braun, 18.11.1918)

(502) *Unsere*
Peiniger haben ja jetzt
unser Land verlassen
und wir werden von nun
an in Frieden leben.
(Paul Braun, 18.11.1918)

6.2.2.3 Germain Lacombe

Vor der Mobilmachung lebt der am 3. Mai 1881 in La Bastide-l'Évêque (Aveyron) geborene Germain Lacombe in Kalifornien (USA). Mit der Einberufung kehrt er nach Frankreich zurück, um, wie er schreibt, seine Pflicht als französischer Soldat zu erfüllen.

(503) *Si la France avait*
déclaré la guerre je ne serais pas
là, je n'aurais pas quitté le beau
pays de Californie, la France dans
cette guerre me represente la meilleure
civilisation, ce qu'il y a de plus
beau et de plus noble dans l'hu
manité
(Germain Lacombe, 4.12.1914)

Sein Tagebuch überlässt er der Krankenschwester Madeleine Pachoud im amerikanischen Militärkrankenhaus in Neuilly. Es lässt sich nicht feststellen, ob Germain Lacombe das Tagebuch erst während seiner Rekonvaleszenz oder bereits während des Feldzugs verfasst.

Die Besonderheit des Schreibers Lacombe besteht darin, dass er durch seinen Aufenthalt in den USA über Englischkenntnisse verfügt, deren Ausprägung zwar schwer einzuschätzen, deren vorhandene Einflüsse jedoch aufgrund der Textbelege unstrittig ist. Auch seine Kenntnisse des Deutschen sind schwer zu fassen. Im Text beschränken sie sich auf den Gebrauch einiger, wohl durchaus geläufiger, deutscher Entlehnungen und Einzelwortswitches, die sich darüber hinaus ausschließlich auf den semantischen Bereich des Militärs konzentrieren.

Wahrscheinlich erschöpft sich seine Kompetenz des Deutschen darin, zumindest lässt der Text keine tiefergehenden Kenntnisse annehmen.

Durch seinen elaborierten Schreibstil und eine relative sichere Schriftkompetenz hebt sich Germain Lacombe deutlich von den meisten anderen Schreibenden im Korpus ab. Die Hereinnahme dieses Tagebuchs erweitert den Fokus des Analysekorpus auf die Region um das Elsass und um Lothringen, da es sich um einen im Süden Frankreichs geborenen Schreiber handelt.

6.3 Historischer Sprachkontakt

6.3.1 Forschungsüberblick

Bereits früheste Sprachzeugnisse, wie die *Glosas emilianenses* oder die *Straßburger Eide*, zeugen von Mehrsprachigkeit und dokumentieren zum Teil noch vor der Herausbildung der romanischen Sprachen den Kontakt zwischen Sprachen im Medium des Schriftlichen.[57] Als Beispiele für frühe Sprachkontaktsituationen reflektierende Texte lassen sich ebenfalls hispanoarabische *Jarchas*, die sogenannten *macaronic texts* (u.a. Schendl 2000) oder die Niederschriften von Luthers Tischreden (Stolt 1964) anführen. Viele dieser frühen Dokumente spiegeln die jeweiligen diglossischen Sprachsituationen wider (Callahan 2004, 81).

Nicht zufällig nimmt das Lateinische in diesem Zusammenhang aus kulturellen und soziohistorischen Gründen eine besondere Stellung ein. Im europäischen Mittelalter beherrscht nahezu jeder, der des Schreibens kundig war, neben einer Volkssprache auch Latein. Obwohl Mehrsprachigkeit und ihre Reflektion in geschriebenen Texten bereits im Mittelalter weit verbreitet ist, bleiben nicht monolinguale Schriftstücke häufig von der Forschung unberücksichtigt mit der Begründung eines, mit Blick auf den Schreiber, inkompetenten oder, im Falle abwechselnder Sprachen, fragmentierten Sprachgebrauchs (Pahta/Skaffari/Wright 2018a, 5).

> «More generally, the non-monolingual background or practices of the writer often go unnoticed, remaining dissociated from the linguistic features of the writer's output or the wider multi-lingual context of the day. Embracing a multilingual approach to language history leads the researcher to look beyond the main language of a text and consider

---

[57] Im 9. Jahrhundert vertieft die Karolingische Reform die Diskrepanz zwischen der lateinischen Distanzsprache und den romanischen Nähesprachen bis zum Bilingualismus, welche das Vordringen der romanischen Volkssprachen in Distanzdiskurstraditionen erleichtert. Dies zeigt sich am ehesten in Distanzdiskurstraditionen mit Medienwechsel, wie den *Straßburger Eiden* (Koch/Oesterreicher 2011, 138-140; 143).

what a holistic over-view of all the languages in it reveals, about the ‹grammar› of non-monolingual writing on the one hand or individual identity or societal practice on the other» (Pahta/Skaffari/Wright 2018a, 5).

In der Forschung zu mehrsprachigen Schreibpraktiken aus historischer Perspektive sind Untersuchungen zum Englischen prominent vertreten, wie der Sammelband von Pahta, Skaffari und Wright (2018b) verdeutlicht. Zur Erweiterung und Kontrastierung dieser Perspektive erachten die Autoren einen über die Grenzen des anglophonen Raumes hinausgehenden Ansatz als wünschenswert: «it is important to look beyond the borders and coasts of England and aim at a Europe-wide approach» (Pahta/Skaffari/Wright 2018a, 6).[58]

Die von Schendl/Wright (2011a, 34–35) formulierten Desiderata für die historische Sprachkontaktforschung sind im Wesentlichen eng mit den Quellen multilingualer Daten verknüpft: So fordern sie unter anderem die Berücksichtigung von bisher ausgeschlossenem Material, die Zusammenstellung multilingualer elektronischer Korpora verschiedener Texttypen zur automatischen Bearbeitung und die Möglichkeit der diachronen Untersuchung eines Texttyps über lange Zeiträume hinweg. Diese für die anglistische Forschung konkretisierten Desiderata lassen sich ohne Schwierigkeiten auf die Untersuchung historischer Sprachkontaktsituationen des Französischen ausweiten, ohne dass die Forschung hier auf dieselbe Bandbreite an Vorarbeiten zurückgreifen könnte.

Für den für die vorliegende Analyse relevanten Kontakt im deutsch-französischen Sprachraum Elsass und Lothringen belegen die Studien von Cron (1902) bereits die Sprachkontakterscheinung Codeswitching unter der elsässischen und lothringischen Bevölkerung.[59] Für einen früheren Zeitraum präsentiert Mutz (2009) eine knappe Zusammenstellung französischer (ad hoc-)Entlehnungen indeutschen Briefwechseln von Goethe und Schiller, Mozart und Nannerl sowie von Caroline Schlegel-Schelling, ohne die sprachkontaktinduzierten Formen jedoch näher zu charakterisieren.[60] Aus aktueller Perspektive untersucht Gardner-Chloros (1985, 1991, 2009) den deutsch-französischen Sprachkontakt im Elsass im mündlichen Sprachgebrauch.

---

[58] Außerhalb Europas beschäftigt sich Martineau (2010, 626) mit der Sprachkontaktsituation des Englischen und Französischen in Kanada und den USA in privaten Texten des 19. und frühen 20. Jahrhunderts. Zum Englischen sind außerdem das Italienische und das Albanische Kontaktsprachen in einem Korpus von im 20. Jahrhundert in den USA niedergeschriebenen Kochrezepten (Prifti 2015).

[59] Einen anderen frühen Beleg für den Gebrauch von Codeswitching liefert De Dietrich (1917, 85), der sich auf die gesprochene Sprache bezieht, dessen Werk jedoch aufgrund seiner stark normativen und ideologischen Ausrichtung eine wenig objektive Quelle darstellt.

[60] Mutz (2009) spricht eine folgende Publikation an, ohne Genaueres zu nennen.

Mit Blick auf die Erforschung von Sprachkontakt plädiert Gardner-Chloros für eine engere Verknüpfung der historischen und aktuellen Soziolinguistik, die bisher in unzureichendem bzw. einseitigem Austausch stehen: «Although many questions of fundamental concern to sociolinguistics can be explored effectively through historical evidence, spontaneous linguistic production overwhelmingly remains the focus of sociolinguistic theory and analysis» (Gardner-Chloros 2018, 19).

Untersuchungen zum historischen Sprachkontakt stützen sich, gezwungenermaßen, im Wesentlichen auf medial schriftliche Texte.[61] In schriftlichen Texten sind wesentliche Faktoren, die zur Interpretation kontaktinduzierter Formen üblicherweise herangezogen werden und beispielsweise die Charakterisierung von Codeswitching oder Entlehnungen erleichtern, nicht angelegt. Kriterien, wie Intonation, prosodische Elemente, Satzabbrüche oder Häsitationsphänomene, die in der Sprachkontaktforschung als Indikatoren für Integration ins Sprecherlexikon unter anderem zur Charakterisierung und Abgrenzung von Entlehnung und Codeswitching herangezogen werden, können im Fall der schriftlichen Ego-Dokumente aus dem Ersten Weltkrieg nicht nutzbar gemacht werden.

Ein Vorteil schriftsprachlicher Analysedaten ist die Möglichkeit in schriftlichen Daten Formen zu identifizieren, die im mündlichen Sprachgebrauch nicht wahrnehmbar sind, beispielsweise homophone heterographe Realisierungen wie *Shnee* oder *seelish* (Lattey/Tracy 2001, 420).[62] Diese Einsicht in die graphische Realisierung von Elementen der simultan aktivierten Sprachsysteme ermöglichen ausschließlich geschriebene Texte: «Our letter corpus shows that there are more options to spelling than derive from German or English alone [...], this, too, is an insight into the bilingual mind that is only available via written data» (Lattey/Tracy 2001, 422).

Aus methodologischer Sicht besteht bei der Arbeit mit dieser Art von Texten und gerade bei weniger routinierten Schreibern die Schwierigkeit in der Unterscheidung devianter Orthographie in einer der beiden Sprachen von tatsächlichen Kontaktphänomenen. Diese Differenzierung ist mitunter nicht eindeutig, in Teilen weisen Beispiele Charakteristika beider Aspekte auf (Lattey/Tracy 2001, 421). In dieser Hinsicht warnt Elspaß (2005, 53) vor einer vorschnellen

---

[61] Eine Ausnahme bilden zum Beispiel die Aufnahmen von Kriegsgefangenen im Ersten Weltkrieg, die im Berliner Lautarchiv archiviert sind (https://archives.cendari.dariah.eu/index.php/das-berliner-lautarchiv, [letzter Zugriff: 24.9.2019], cf. Große/Lange (im Druck).

[62] Problematisch bewerten Lattey und Tracy bei der Analyse schriftsprachlicher Daten allerdings, im Besonderen bei Privatbriefen, die zum Teil schwer leserliche Handschrift, deren Buchstaben nicht immer eindeutig als Minuskel bzw. Majuskel identifizierbar sind (Lattey/Tracy 2001, 422).

Argumentation auf Grundlage der Sprachkontaktsituation, die andere Einflüsse, wie beispielsweise den Einfluss des Mündlichen im Geschriebenen, nicht ausreichend berücksichtigt. Als Beispiel führt er den Gebrauch des Akkusativs nach *wegen* im Deutschen an, der nicht unbedingt aus dem Kontakt mit dem Englischen resultiert, wie Lattey/Tracy (2001, 424) argumentieren. In den Privatbriefen des 19. Jahrhunderts aus dem nord- und mitteldeutschen Raum ist er ebenfalls dokumentiert und lässt sich auf die mündliche Konzeption der Texte zurückführen (Elspaß 2005, 53).

Ein Vorteil schriftlicher Texte ist die Abbildung einer Form des Sprach- bzw. Kulturkontakts, der in medial mündlichen Texten nicht sichtbar werden kann. Die im *Reichsland* lebenden Schreiber verfügen nicht nur über Kompetenzen in zwei Sprachen im mündlichen und schriftlichen Ausdruck, sondern darüber hinaus über Schreibkompetenzen in zwei unterschiedlichen Schriftartensystemen, der lateinischen Schrift und der deutschen Kurrentschrift.

6.3.2 Biliteralismus im Kontaktraum *Reichsland Elsass-Lothringen*

Seit der Frühen Neuzeit dominiert in den Handschriften aus deutschsprachigen Gebieten der Gebrauch der deutschen Kurrentschrift,[63] gegenüber der in anderen europäischen Sprachräumen verwendeten lateinischen Schrift bzw. den Antiqua-Schriften (Elspaß 2005, 145).[64] Bereits im Mittelalter und der Frühen Neuzeit verfügen die Schriftarten über verschiedene Konnotationen: Mit Ornamenten verzierten Buchstaben wird höheres Prestige zugeschrieben als Buchstaben, die sich durch eine klare, schnell lesbare Linie auszeichnen. Besonders in Deutschland kommt es zu einer ausgeprägten Ideologisierung der Funktionen der Schriftarten (Polenz 1996, 272). «Seit der Reformation wurde die Schriftenwahl schrittweise ideologisiert nach Gegensätzen wie: lutherisch gegen reformiert, national gegen kosmopolitisch, romantisch gegen humanistisch / aufgeklärt / modern [...]» (Polenz 1996, 273).[65]

Den beiden Schriftarten, Kurrent und Antiqua, werden traditionell bestimmte funktionale Domänen zugeordnet: Fremdwörter und fremdsprachige Zi-

---

[63] Nach von Polenz sind bei dieser Entwicklung Handschrift und Druck in engem Zusammenhang zu sehen (Polenz 1996, 272). Entsprechend werden im Druck Frakturschriften gegenüber Antiqua bevorzugt (Elspaß 2005, 145; Polenz 2013, 65).

[64] Zum historischen Hintergrund des Gebrauchs von Kurrentschrift und lateinischer Schrift, cf. auch Schiegg/Sowada (2019, 4–6).

[65] Die Grammatiker Adelung und Grimm sprechen sich deutlich für die Abschaffung der Kurrentschrift aus. Grimm (1840, 29) bezeichnet sie als barbarische Schriftart, Adelung hofft auf

tate sowie Eigennamen werden in Antiqua bzw. lateinischer Schrift geschrieben, um sie vom deutschsprachigen Text in Kurrent abzusetzen.

> «Die kulturpatriotische Bewegung des Sprachpurismus [...] hatte es – in humanistisch-gelehrter Tradition – erreicht, daß nach dem philologischen Herkunftsprinzip alle als nicht traditionell deutsch empfundenen Text-Elemente in der Schriftartenwahl pedantisch mit Antiqua/*Lateinschrift* ausgezeichnet wurden» (Polenz 1996, 273; Herv. im Original).

Im Zuge von Bismarcks Kulturkampf wird die Ideologisierung der Schriftarten weiter politisiert: Während die Gegner der Antiqua bzw. der lateinischen Schrift sie bekämpfen, schreiben liberale Anhänger ihr Internationalität und Emanzipation zu (Polenz 1996, 274). Vor allem nationalistische Kreise halten demonstrativ an der Kurrentschrift (und der Frakturschrift als Entsprechung im Druck) zur Differenzierung und Kennzeichnung fremdsprachiger Elemente in deutschen Texten fest (Elspaß 2005, 145).[66] Seit der Frühen Neuzeit ist die ideologisch bedingte graphische Hervorhebung von Orts-, Monats- oder Personennamen sowie fremdsprachigen Segmenten und Fremdwörtern in lateinischer Schrift üblich (Elspaß 2005, 148). Die Praxis der (typo-)graphischen Markierung durch die Verwendung von Antiqua bzw. lateinischer Schrift bleibt im Druck bis ins 18. Jahrhundert und in Handschriften bis Anfang des 20. Jahrhunderts in Gebrauch. Sie reicht von der Redaktion ganzer Texte aus dem Bereich der Technik und der Naturwissenschaften in Antiqua bzw. lateinischer Schrift bis zur Schreibung einzelner Morpheme (z.B. -*iren*), die so als nicht indigen deutsch gekennzeichnet werden (Elspaß 2005, 145; Polenz 1999, 45). Auch der gegenteilige Fall, die Markierung einer deutschen Flexionsendung (-*ren*) in einem fremdsprachigen Wort ist belegt (Polenz 2013, 65). Der Schriftwechsel dient darüber hinaus häufig zur Markierung eines Zitats und kennzeichnet formale Elemente, zum Beispiel des Texttyps Brief, wie Brieferöffnung mit Datum und Anrede oder Adresse (Elspaß 2005, 136; Polenz 1999, 45).

Die Schriftart konditioniert neben der Praxis des Schreibens auch den Schreibunterricht. Besonders für weniger geübte Schreiber impliziert das Erlernen einer kalligraphisch anspruchsvollen Schriftart wie der Kurrentschrift

---

ihre Abschaffung: «Man hat in den neuern Zeiten mehr als Ein Mahl den Vorschlag gethan, sie [eckige Schrift, L.S.] auch hier mit der schönern runden Lateinischen Schrift zu vertauschen, und es ist zu hoffen, daß selbige nach und nach die erstere völlig verdrängen wird» (Adelung 1814, 414). Trotz der Reputation beider Grammatiker ändert sich die zeitgenössische Schreibpraxis zunächst nicht.

[66] Mit der Erklärung von Kurrent zur deutschen Schrift im deutschen Sprachraum müssen auch Nicht-Deutsche oder Nicht-Österreicher im Dienst deutscher bzw. österreichisch-ungarischer Behörden die Kurrentschrift beherrschen (Elspaß 2005, 146).

einen komplexeren Schrifterwerbsprozess und symbolisiert auch nach Abschluss der Ausbildung eine größere Hürde das Schreiben aufzunehmen:

> «Erschwert wurde das Schreiben insgesamt durch die von den Schulbehörden durchgesetzte Verschärfung der kalligraphischen Anforderungen, die [...] auf Kosten schreibökonomischerer Schriftarten und eines stärker inhaltlich orientierten Schreibunterrichts durchgesetzt wurden: Die Fähigkeit, geschriebene Texte zu produzieren, wurde vor allem im Aufsatzunterricht entwickelt – der aber in Volksschulen kaum stattfand [...]» (Elspaß 2005, 152).

Detaillierte Kenntnisse über den tatsächlichen Unterricht bezüglich der Verwendung von Kurrentschrift und lateinischer Schrift bzw. Antiqua sind nicht bekannt, ebensowenig hinsichtlich des Unterrichts der Rechtschreibung (Elspaß 2005, 423). Die wenigen Hinweise zum Gebrauch der beiden Schriftarten haben häufig eher präskriptiven Charakter und transportieren die Meinung des Autors, geben jedoch wenig Aufschluss über tatsächliche Unterrichtsmethoden (Schiegg/Sowada 2019, 6). «Detailed descriptions of when to use which script are only rarely found. The teaching of the use of different scripts [...] probably arose more in practice than as a topic in school grammars» (Schiegg/Sowada 2019, 6).

Eine Ausnahme bildet der *Wegweiser für deutsche Lehrer*, herausgegeben von Diesterweg, der die Bedeutung des Kalligraphieunterrichts für die Ausbildung kognitiver Fähigkeiten betont (Diesterweg 1838, 384). Der Schreibunterricht soll mit der Kurrentschrift beginnen, da diese die zuerst gebrauchte Schriftart darstelle und, falls nötig, auch ausreiche (Diesterweg 1838, 391). Auf den Unterricht der lateinischen Schrift könnte in ländlichen Schulen notfalls verzichtet werden, an bürgerlichen Schulen jedoch in keinem Fall (Diesterweg 1838, 396). Zur Verwendung der beiden Schriftarten gibt Diesterweg folgenden Hinweis:

> «Da alle den fremden Sprachen entlehnte und nicht eigentlich eingebürgerte Wörter, namentlich technische, geographische und andere Benennungen nicht wohl anders als mit Cursivschrift geschrieben werden können, so wird sie häufig mit der Currentschrift in demselben Aufsatze zusammen geschrieben werden müssen» (Diesterweg 1838, 397).

Ein Beispiel für die Differenzierung im Druck bietet De Dietrichs französischsprachiger Text, der die Elsässer in Vorbereitung der sprachlichen Assimilation bei der Rückkehr des Elsass zu Frankreich zur Korrektur ihres Akzents aufruft. Deutsche Entlehnungen werden in Teilen graphisch in Frakturschrift markiert und so hervorgehoben: «avant tout, que personne ne soit ce que les Boches appellent *beleidigt*» (Dietrich 1917, XI; Herv. im Original).

Auch in Elspaß' Briefkorpus ist diese für medial schriftlichen Sprachkontakt spezifische Hervorhebung dokumentiert, in den Handschriften erfolgt der Wechsel allerdings zwischen der Kurrentschrift und der lateinischen Schrift. Die Mehrheit der Verfasser der Auswandererbriefe verwendet in Briefen auf Deutsch die

Kurrentschrift (Elspaß 2005, 147). Vereinzelt sind Briefe auf Niederländisch und in Einzelfällen auch deutschsprachige Briefe in lateinischer Schrift verfasst. In deutschsprachigen Briefen verwenden Schreiber die lateinische Schrift vor allem, in unterschiedlicher Konsequenz, zur graphischen Hervorhebung von Orts-, Monats- und Personennamen, fremdsprachigen oder dialektalen Elementen sowie von konstitutiven Teilen des Texttyps Brief, nämlich Ort, Datum, Adresse, Absender und in einzelnen Fällen auch von Grußformeln (Elspaß 2005, 462). Das Korpus der Auswandererbriefe zeigt, dass die Schreiber die Kurrentschrift nicht immer konsequent nach fremdsprachigen und deutschen Namen und Lexemen verwenden.

> «Vielfach sind Ort und Datum wie auch englische Wörter im Text in deutscher Schrift geschrieben. Andererseits geraten indigene Wörter, die im Text hinter Fremdwörtern stehen, gewissermaßen in den Sog der Schreibung in lateinischer Schrift; auch innerhalb eines Wortes kann es zum Wechsel der Schriftart kommen» (Elspaß 2005, 149).

Besonders Schreiber, die das Englische noch nicht kompetent beherrschen, geben englische Ausdrücke und Wörter «meist in bemüht phonetischer Schrift ‹nach dem Hören›» (Elspaß 2005, 148) in lateinischer Schrift wieder. Der häufige, nicht motivierte Wechsel zwischen lateinischer und deutscher Schrift ist insofern nicht verwunderlich, als selbst in Analysen von Schreibheften des 19. Jahrhunderts Schwankungen nachgewiesen werden konnten (Elspaß 2005, 149).

Die Wahl der Schrift ist zudem abhängig vom Adressaten: Ein Schreiber verfasst einen einzigen Brief an verschiedene Adressaten und bedient sich je nach Adressat des Niederländischen oder des Deutschen. Der Sprachwechsel wird also vom Schriftwechsel begleitet, für Niederländisch die lateinische Schrift, für Deutsch Kurrent (Elspaß 2005, 149).

Die Auswahl der Schriftart kann zum Teil auch durch praktische Anforderungen gegenüber einem kulturideologisch geprägten Gebrauch zur Markierung indigen deutscher und fremdsprachiger Anteile im Text geprägt sein, da die international gebrauchte lateinische Schrift für die erfolgreiche Zustellung einer Postsendung unerlässlich ist (Elspaß 2005, 150).

Im Korpus der französischsprachigen Ego-Dokumente beschränkt sich der Wechsel der Graphie, der bisweilen deutschsprachige Elemente begleitet, auf den Fonds Jeandon und mit geringem Anteil auch auf den Fonds Braun und lässt sich bei mehreren Schreibern belegen. Am deutlichsten ausgeprägt ist er bei Auguste Jeandon, der bei einigen Wechseln vom Französischen ins Deutsche gleichzeitig von lateinischer Graphie zur deutschen Kurrentschrift wechselt. Der bereits erwähnte Fonds der Korrespondenz der Familie Andlauer dokumentiert ebenfalls den Wechsel von lateinischer Schrift in die Kurrentschrift für deutschsprachige Elemente und Sequenzen. Die jeweiligen Belege werden im Zusammenhang mit den Okkurenzen von Schriftartenwechsel des Subkorpus in ergänzender Perspektive zur Beschreibung hinzugenommen.

Elsässische und lothringische Schreiber verfügen im 19. und frühen 20. Jahrhunderts, wie das Korpus zeigt, nicht allein über bilinguale Sprachkompetenzen im mündlichen und schriftlichen Ausdruck, sondern auch über eine biliterale Schriftkompetenz. Die graphische Variation an der Textoberfläche birgt semiotisches Potential und kann daher als kommunikative Praxis betrachtet werden.[67] Spitzmüller (2013, 3) entwickelt eine Soziolinguistik der Schriftlichkeit und betrachtet graphische Variation, genauso wie sprachliche Variation, als eine für die Sprachwissenschaft relevante soziale und kommunikative Praxis (Spitzmüller 2013, 2).

Was in zweisprachiger Literatur bewusst aus stilistischen Gründen Anwendung findet, zeigen die authentischen Ego-Dokumente des Analysekorpus:

> «[...] inherent to the print medium is the ability to visually isolate certain portions of the text from the rest. This may be done to emphasize a word or phrase, in order to imitate the variation in tone or volume that performs this same function in speech. [...] The visual contrast between typefaces highlights the opposition between the two languages. [...] Conversely, non-differentiation of the languages may reflect an attitude toward the EL, or toward codeswitching between the ML and EL, as being the manifestation of an unmarked code» (Callahan 2004, 103).

Die Transmission über den visuellen Kanal hat den wesentlichen sensorischen Effekt, den Kontrast zwischen beiden Sprachen in der Graphie sichtbar zu machen. Die Verwendung zweier Schriftarten könnte so durch Markierung der sprachlichen Form auf eine gewisse Distanzierung des Schreibers hindeuten, wobei auch die Nicht-Anwendung beider Schriftarten bedeutsam sein kann. Der Schriftartenwechsel soll anhand der Korpusbelege mit Blick auf seine Bedeutung für die Interpretation kontaktinduzierter Formen und ihrer Verankerung im Sprecherlexikon untersucht werden.

6.4 Sprachkontakt in schriftlichen Ego-Dokumenten

Die Ego-Dokumente dieses Unterkapitels stellen in doppelter Hinsicht eine komplementäre Datengrundlage zur Sprachkontaktforschung dar, da sie den deutsch-französischen Sprachkontakt zum einen aus der individuellen Perspektive weniger geübter Schreiber und zum anderen in historischen Privatbriefen abbilden. Die folgende Untersuchung sprachkontaktinduzierter Formen möchte

---

67 Cf. hierzu auch Schiegg/Sowada (2019).

so einen Beitrag zur Sprachkontaktforschung in historischer Perspektive leisten und dabei sowohl die Breite der behandelten Textsorten um private Briefe, Postkarten und Tagebücher als auch die Vielfalt der Schreiber um die Gruppe der weniger gebildeten und weniger routinierten Schreiber erweitern. Zweisprachige Schreiber werden im Folgenden zugleich als Teil einer sozialen Gruppe und als Individuum mit einem je spezifischen biographischen Hintergrund betrachtet. Zur Erklärung der von ihnen verwendeten sprachkontaktinduzierten Formen sollen daher potentielle überindividuelle Faktoren und individuelle Entscheidungen berücksichtigt werden.

Für die vorliegende Sprachkontaktsituation des Französischen mit dem Deutschen scheinen der lange und intensive Sprachkontakt sowie die generell relativ ausgeprägte soziale wie individuelle Zweisprachigkeit der Elsässer und Lothringer wesentlich zu sein. Ein bilingualer Sprecher vereint nicht nur zwei oder mehr monolinguale Sprecher in sich, sondern «[...] un être de communication à part entière» (Grosjean 2015, 33). Weiterhin erscheinen das dem Französischen zugeschriebene Prestige sowie seine identitätsstiftende Funktion und die Verwendung der beiden Sprachen in bestimmten Domänen als relevante zu berücksichtigende Faktoren.

Die Ego-Dokumente des Subkorpus dokumentieren Codeswitching, ad hoc-Entlehnungen und Entlehnungen sowie unterschiedliche Phänomene sprachlichen Transfers im Bereich der Orthographie, der Morphosyntax, der Semantik und der Wortstellung.[68] Aus einer Perspektive, die nicht lediglich Sprachkontakt zwischen National- und/oder Standardsprachen abzubilden sucht, bieten medial schriftliche Texte der Nähekommunikation eine wichtige komplementäre Perspektive für die Sprachkontaktforschung:

> «Gerade für die Sprachkontaktforschung ist es unerlässlich, nicht nur kodifizierte oder gar idealisierte Sprachsysteme zu vergleichen, sondern sich über die spezifischen Sprachverhältnisse zwischen Dialekten, regionalen Umgangssprachen und überregionaler Standardsprache sowie zwischen Alltagssprache und Hochsprache im Klaren zu werden, die zum Zeitpunkt eines Sprachkontakts herrschten» (Elspaß 2005, 53).

Mit Blick auf die den Sprachkontakt abbildenden Formen in den Ego-Dokumenten sollen im Weiteren zunächst auf die Interrelation von Schreibung

---

[68] Im Fokus der ursprünglichen Verwendung des Begriffs des Transfers bei Weinreich (1963) und Haugen (1956) steht der Austausch zweier Systeme (cf. Reinfried 1999, 97). Dies suggeriert zwei distinkte Sprachsysteme im Sprecher, was jedoch aufgrund der informellen Kommunikationssituation mit Angehörigen, den zum Teil ähnlichen beteiligten Varietäten, der historischen Zweisprachigkeit und der damit usuellen Verwendung zweier Sprachen und eventuell auch aufgrund der Ausprägung der mehrsprachigen Kompetenz zumindest in Frage gestellt werden sollte.

und Aussprache zurückgehende Transfererscheinungen in der Orthographie (6.4.1) beschrieben werden, die sich in unterschiedlicher Form ebenfalls in den nachfolgenden Ausprägungen des deutsch-französischen Sprachkontakts, nämlich Codeswitching, Entlehnungen und Lehnbedeutungen (6.4.2 bis 6.4.5) sowie syntaktische und morphologische Transferenzen (6.4.6), wieder finden. Die Grundlage für die angeführten möglichen soziolinguistischen Erklärungen stellen die jeweiligen Schreiberbiographien[69] und die Kommunikationssituation dar, anhand derer die verschiedenen Motivationen und Funktionen zu identifizieren sind.[70]

6.4.1 Transfererscheinungen durch Interrelation von Orthographie und Aussprache

Auf allen Ebenen des sprachlichen Kontakts lassen sich Beeinflussungen in der Graphie feststellen. Den Schreibenden stehen zwei verschiedene orthographische Systeme, das deutsche und das französische, zur Verfügung, mittels derer sie die mentale, phonetisch und zumeist auch zumindest im Ansatz graphisch gespeicherte,[71] Vorlage eines Wortes realisieren können. Nicht immer wählt der Schreiber das orthographische System der Sprache, das der Sprache der Äußerung entspricht, und nicht immer kann die jeweilige Schreibung auf den Sprachkontakt zurückgeführt werden. Das Vorhandensein zweier orthographischer Systeme sowie deren Überlappung ist zweifellos Bestandteil der Schreibkompetenz Zweisprachiger. Über das Bewusstsein bei der Anwendung des einen

---

69 Der Rückgriff auf die Schreiberbiographie ermöglicht es beispielsweise Elspaß eine mögliche Beeinflussung des Englischen bei der Verbzweitstellung nach *weil* auszuschließen. Sprachkontaktinduzierte Erscheinungen des Englischen sind vor allem auf lexikalischer Ebene, der Ebene der Diskursmarker und Modalpartikel erkennbar. «Veränderungen des grammatischen Systems erfolgen dagegen – wenn überhaupt – erst nach langem und intensivem Sprachkontakt» (Elspaß 2005, 300–301).
70 Die Problematik vom Kontext losgelöster Interpretationen zeigt Gardner-Chloros am Beispiel der Zuweisung einer Sprache als Matrixsprache aufgrund des bestimmten oder unbestimmten Artikels: Äußerungen, die aus einem elsässischen Artikel und ansonsten französischen Elementen bestehen, würden als elsässische gewertet, wenngleich ein überwiegender Teil der lexikalischen Elemente französisch ist. Dabei muss aus Sprecherperspektive die Relevanz eindeutiger Zuweisungen zu bestimmten Klassifikationsschemata ohnehin in Frage gestellt werden: «[...] assigning utterances to one or the other ‹base› language when this may have no meaning for the speakers involved» (Gardner-Chloros 1991, 101).
71 Cf. auch Kapitel 5.1.2.

oder des anderen orthographischen Systems können jedoch gerade bei weniger geübten Schreibern nur Hypothesen angestellt werden. Lexeme mit von der Orthographie der Sprache der Äußerung abweichender Schreibung, die in ähnlicher Form sowohl Teil des deutschen als auch des französischen Lexikons sind, können nicht immer letztgültig einem Sprachsystem zugewiesen werden. Sie könnten je nach Perspektive als (ad hoc-)Entlehnung oder als Einwortcodeswitching betrachtet werden (cf. 6.4.4 zur Abgrenzung von Codeswitching und Entlehnung bei einzelnen Wörtern). In diesem Zusammenhang scheinen Toponyme ein besonders produktives Feld für Überschneidungen darzustellen, weswegen sie hier beispielhaft erwähnt werden sollen. Die Schwierigkeit besteht darin zu ergründen, ob der Schreiber über beide Formen eines Toponyms verfügt, sofern das Deutsche und das Französische unterschiedliche Bezeichnungen bereitstellen. Diese Frage kann nicht für jeden Schreiber letztgültig geklärt werden.

Auch im Hinblick auf die Rekonstruktion der Aussprache gibt das vorliegende Korpus nur bedingt Aufschluss. Mittels der Graphem-Phonem-Korrespondenzen könnten Rückschlüsse in Bezug auf die Aussprache gezogen werden. Da die Zweisprachigkeit der Schreibenden jedoch vermutlich relativ umfassend ist, muss die Aussprache nicht zwangsläufig stark von der normativen Aussprache differieren und kann daher nicht in jedem Fall die Abweichungen in der Schreibung begründen. Die folgenden Beispiele demonstrieren Transferenzen im Bereich der Orthographie:

(504) *Le Rgt 426 qui est a droite*
*de nous ont **ue** se matin un*
Volltreffer en fesant léxèrsisse
*ils ont **ue** 27 mort*
(Auguste Jeandon, 30.6.1917)

(505) *ont me plase a*
***Neumuhl** dans la 3em Comp*   'Neumühl'[72]
(Auguste Jeandon, 16.10.1915)

---

[72] Ein komplementäres Beispiel, die Beeinflussung deutscher Phonem-Graphem-Korrespondenzen bei der Schreibung französischer Toponyme, zeigt ein Beispiel von Marie Anne Grandemange, deren Texte nicht Teil des Subkorpus dieses Kapitels sind: in der hyperkorrekten Schreibung *Mülhouse* (Marie Anne Grandemange, 23.12.1915) wendet sie in einem ansonsten durchgängig französischsprachigen Text PGK-Regeln des deutschen Orthographiesystems an und schafft so eine hybride Form.

(506) *nous devont*
*partire pour la **Mazédonie***   'Macédoine' dt. Mazedonien
(Auguste Jeandon, 27.5.1917)

(507) *Nous sommes alarmer*
*poure allez dans les **Voges***   'Vosges' dt. Vogesen
(Auguste Jeandon, 9.3.1917)

Die graphische Wiedergabe von [y] durch <ue> in Beispiel (504) könnte aus der im Deutschen üblichen graphischen Wiedergabe des Lautes mit <ü> bzw. <ue> resultieren. Möglicherweise handelt es sich jedoch lediglich um ein Vertauschen der Buchstaben. Das Tagebuch belegt insgesamt vier Okkurrenzen.[73] Die regelmäßige Form *eu* hingegen kommt nicht vor, was trotz der geringen Frequenz der Form der Hypothese des Vertauschens der Buchstaben entgegensteht.

Die graphische Wiedergabe von [y] variiert auch in (505). Die Schreibung ohne Umlaut <ü> entspricht der korrekten Aussprache des Toponyms, wenn man die GPK-Regeln des Französischen zugrunde legt, nach denen <u> [y] gesprochen wird. Auf der Ebene der Aussprache kann also Kongruenz vermutet werden, wohingegen bei der Schreibung Abweichungen hinsichtlich des zugrunde gelegten orthographischen Systems bestehen. Die Varianz in der Schreibung zeigt sich insofern, als das Korpus das Toponym auch in der für das Deutsche normgerechten Schreibung *Neumühl* (Auguste Jeandon, 23.12.1915) enthält.

Die Beeinflussung beider Orthographien zeigt Beispiel (506), das eine hybride Form darzustellen scheint: Auf das Deutsche gehen sowohl <z> als auch das Suffix *-(do)nie[n]* zurück, wohingegen der Akut durch das Französische bedingt ist. Da in diesem Beispiel jedoch auch keine übereinstimmende Aussprache angenommen werden kann, scheint hier die deutsche Form *Mazedonien* an die französische Orthographie angepasst worden zu sein.

In Beispiel (507)[74] könnte das fehlende <s> zum einen auf die Aussprache zurückzuführen sein, für deren übliche Realisierung es nicht zwingend erforderlich wäre, zum anderen auf die Beeinflussung durch das deutsche *Vogesen*. Diese Schreibung deutet auf eine unvollständige Integration hin, sogenannte «orthographic blends» (Lattey/Tracy 2001, 424), wie es auch bei *Unter Elsace* (Marie Jeandon, 7.7.1916) der Fall ist. Wie in (504) ist allerdings bei all diesen Beispielen auch eine unmotivierte Schreibung nicht auszuschließen.

---

[73] Die weiteren Belege sind: *poure Ersatz aux Rgh 132 qui a **ue** beaucoup de perte* (Journal Jeandon, 28.3.1916), *j'ai **ue** 12 joure en plus par le Sperrung* (Auguste Jeandon, 13.2.1918).
[74] Das Tagebuch Jeandons belegt drei Okkurenzen für *Voges* und eine für *Vosges*.

Der reziproke Einfluss deutscher und französischer Orthographie auf die konkrete Schreibung zeigt sich nicht nur bei der Wiedergabe von Toponymen. Im Beispiel *mes Cammerade* (Paul Braun, 31.10.1914) lässt sich <e> durch dt. <Kamerad> erklären. Die Schreibung mit Majuskel scheint ebenfalls durch die deutsche Orthographie bedingt, die Doppelung des Nasal <m> hingegen könnte durch die Analogie zu französischen Lexemen wie beispielsweise *commander* oder *commandant* motiviert sein.

Ähnliche Transfererscheinungen in der Orthographie weisen auch die deutschsprachigen Texte auf, wie das Beispiel *Famillie* (Paul Braun 7.8.1914, 11.8.1914, 14.8.1914) zeigt. Die im Deutschen nicht übliche Doppelung des Laterals lässt sich auf die französische Schreibung *famille* zurückführen. Ein weiteres Beispiel ist *Blouse* (Paul Braun, 6.1.1919), dt. *Bluse*, in einem auf Deutsch verfassten Brief, für das der Schreiber französische Phonem-Graphem-Korrespondenz-Regeln anwendet, nach denen [u] <ou> geschrieben wird. Es ist hier nicht festzustellen, ob es sich um eine Form der ad hoc-Entlehnung aus dem Französischen mit teilweise ins Deutsche integrierter Orthographie handelt, oder ob es sich um Einzelwortcodeswitching oder aber um eine Transfererscheinung im Bereich der Orthographie handelt. Das Vorhandensein eines nahezu homophonen Lexems in beiden Sprachen erhöht die Durchlässigkeit und das gegenseitige Durchdringen der beiden Sprachen.

In den folgenden Beispielen (508) und (509) realisiert der Schreiber /ʃ/ gemäß der französischen Korrespondenzregeln mit dem Digraphen <ch>. Die erste Variante *chice* wird vom Schreiber korrigiert, <c> vor <e> würde sowohl im Französischen als auch im Deutschen nicht als Okklusiv realisiert. Auch bei *carte* wird das französische Graphem für /k/ verwendet. Beispiel (510) zeigt die konsequente graphische Wiedergabe von /v/ ausgehend von der französischen Orthographie sowie, unter anderem, Irregularitäten bei der Schreibung von /i:/ im Deutschen.

(508) *Lieber Auguste*
*Ich **chieeke** euch*
*diese **carte***
(Joseph Antoine, 11.9.1914)

(509) *Liebe Schwester Marie*
*Ich **chike** euch mein Fotographie*
(Joseph Antoine, 26.10.1914)

(510) Lieber Sch**v**ager
*Hab deine Karte erhalten. Will **di**er*
auch sagen das Ich gestern in Freibourg var
*[...] kannst **v**ohl denken*
*vas **vi**er gemacht haben hab auch heute*
*Kopf **v**eh dafür aber es macht nichs*
bin doch fro das Ich sie gesehen hab
*und **v**eis **v**ie es bei uns geht*
(Philipp, 26.10.1915)

Die im Korpus dokumentierten Formen orthographischen Transfers lassen sich folgendermaßen resümieren:

Tabelle 29: Orthographischer Transfer im Korpus.

französische Texte	deutsche Texte
– orthographic blends: *Mazédonie, Voges, Cammerade* – Wahl der französischen Graphie <u> anstelle von <ü> für /y/ in deutschem Toponym – Wahl der deutschen Graphie <ue> für /y/	– Wahl der französischen Graphie /k/: <c> anstelle von <k> /ʃ/: <ch> anstelle von <sch> /v/: <v> anstelle von <w> /u/: <ou> anstelle von <u> – Reduktion von <ck> zu <k> – Übergeneralisierung der Graphie <ie> für /i:/ – Geminierung von <l> analog zu französischer Graphie

Weitere Transferenzen durch die Überschneidung der beiden orthographischen Systeme und den entsprechenden Korrespondenzregeln werden im Folgenden jeweils unter dem übergeordneten Aspekt der kontaktinduzierten Form besprochen.

6.4.2 Codeswitching

6.4.2.1 Theoretische Vorbemerkungen

Der alternierende Gebrauch von mindestens zwei Sprachen oder Varietäten im Ausdruck Zwei- bzw. Mehrsprachiger wird unter Codeswitching gefasst.[75] Eine frühe Definition aus der Konversationsanalyse, ursprünglich zur Bezeichnung einer diskursiven Strategie, beschreibt konversationelles Codeswitching folgendermaßen: «Conversational code switching can be defined as the juxtaposition within the same speech exchange of passages of speech belonging to two different grammatical systems or subsystems» (Gumperz 1982a, 59). In Abgrenzung dazu bezeichnet situationelles Codeswitching den Sprachwechsel in Abhängigkeit von Situation und Kontext, von bestimmten sprachlichen Handlungen (Sprechen in der Öffentlichkeit, sprachliche Rituale) oder von bestimmten Gesprächspartnern bzw. Sprechergruppen (Familie, Freunde, Unbekannte, Vorgesetzte etc.) (Gumperz 1982a, 60).

In der Sprachkontaktforschung ist die Definition von Codeswitching nicht unumstritten und vor allem nicht einheitlich. Die terminologischen und konzeptuellen Kontroversen um das Phänomen beruhen auf unterschiedlichen Ansätzen innerhalb verschiedener sprachwissenschaftlicher Disziplinen, die unterschiedliche methodologische Ansätze wählen. Daraus ergeben sich eine Vielzahl verschiedener, mehr oder weniger stark differierender Definitionen von Codeswitching und häufig Unterschiede in der Bezeichnung des Phänomens.[76] Es erscheint hierbei wichtig, nicht aus dem Blick zu verlieren, dass es sich um eine konstruierte Kategorie zur Erfassung bestimmter Sprachkontaktphänomene handelt: «CS [Codeswitching, L.S.] is not an entity which exists out there in the objective world, but a construct which linguists have developed to help them describe their data» (Gardner-Chloros 2009, 10).

Eine weitere Schwierigkeit in der Untersuchung von Codeswitching besteht nicht nur in der terminologischen und konzeptuellen Heterogenität der Ansätze, sondern auch in der Kombination der verwendeten Sprachen und den konkreten sprachlichen Formen, in denen sich Codeswitching in verschiedenen Sprachgemeinschaften manifestiert. Eine definitive Charakterisierung wird insofern erschwert, als dass Codeswitching ein breites und heterogenes Spektrum kontaktinduzierter Sprachformen umfasst (Bullock/Toribio 2009, 2). Die Formen, die Codeswitching annehmen kann, reichen von Einschüben einzelner Wörter bis

---

75 Wechseln monolinguale Sprecher bzw. Schreiber zwischen Registern und Dialekten, wird dies häufig als *style shifting* bezeichnet (Bullock/Toribio 2009, 2; Pahta/Nurmi 2009, 29).
76 Zur fehlenden einheitlichen Bezeichnung von Codeswitching, cf. auch Pahta/Skaffari/Wright (2018a, 7): «In sum, there is no consensus on the name of the phenomenon itself».

hin zu längeren Diskurssegmenten. Hierbei werden die unterschiedlich ausgeprägten Sprachkompetenzen der Sprecher in den jeweiligen Sprachen relevant sowie die kommunikativen Ziele, die aus der Sprecherperspektive den Wechsel motivieren.[77]

Im Vergleich zur Erforschung von Entlehnungen interessieren sich Linguisten verhältnismäßig spät für Codeswitching. In den letzten Dekaden des 20. Jahrhunderts beginnt die linguistische Auseinandersetzung mit Codeswitching in größerem Maße und die Überwindung der postulierten Tendenz zur Einsprachigkeit, sodass sich Codeswitching als untersuchenswerter Gegenstand in der Sprachwissenschaft etablieren kann (Auer/Eastman 2010, 84; Gardner-Chloros 2009, 9).[78]

Die Arbeiten, die sich mit Codeswitching beschäftigen, lassen sich im Wesentlichen um die folgenden Hauptachsen herum situieren, die jeweils die Perspektive auf Codeswitching sowie die in der Analyse angewandte Methodologie nachhaltig beeinflussen. Nichtsdestoweniger lassen sich zwischen den einzelnen Ansätzen Affinitäten und Überschneidungen erkennen.

Ein Großteil der Studien verfolgt bei der Untersuchung von Codeswitching einen soziolinguistischen Ansatz (Gardner-Chloros 2009, 10), der die soziokulturelle Einbettung von Texten bzw. Gesprächen sowie die sozialen Faktoren, die Sprachwahl und Sprachwechsel beeinflussen, ins Zentrum stellt (Schendl/Wright 2011b, 3). Dieser Ansatz (u.a. Gardner-Chloros 1991, 2009, Pahta/Nurmi 2009; Nurmi/Pahta 2010) zeichnet sich durch seine Diversität aus und berücksichtigt zahllose außersprachliche Faktoren, wie etwa Alter, soziale Schicht, Gender, soziale Netzwerke, Identität, Sprechereinstellungen und Normen der Sprachgemeinschaft (Bullock/Toribio 2009, 16). Neben den soziolinguistischen Studien, die sowohl die soziale als auch die interaktionale Bedeutung von Codeswitching untersuchen, etabliert sich ein weiterer Ansatz, der Codeswitching aus konversationsanalytischer Perspektive erfasst. Hier sind insbesondere die Arbeiten von Auer (z.B. 1984, 1999) sowie Auer/Eastman (2010) und Gumperz (1982a, 1982b) zu nennen. Auer (1999) führt die von anderen Definitionen abweichende Differenzierung von *Codeswitching* und *Codemixing* ein. Traditionell bezeichnet Codeswitching den Sprachwechsel bei unabhängigen syntaktischen Einheiten und Codemixing den satzinternen Sprachwechsel (z.B. Muysken 2000, 4). Auer hingegen sieht Codeswitching gegeben, wenn die individuelle Juxtaposition zweier Sprachen oder Codes von den Gesprächsteilnehmern

---
[77] Poplack (1980, 615) weist den engen Zusammenhang zwischen der Ausprägung der Sprachkompetenz und der Form des Switches nach. So erfolgt der Sprachwechsel intrasentential tendenziell häufiger bei Zweisprachigen mit guter bzw. ausgeprägter mündlicher Sprachkompetenz.
[78] Für einen Überblick über verschiedene Publikationen, cf. Gardner-Chloros (2009).

als lokal bedeutungstragend wahrgenommen werde. Codemixing bezeichne den Gebrauch zweier Sprachen, der nur als rekurrentes Muster, jedoch nicht in jedem individuellen Fall, bedeutungstragend sei (Auer/Eastman 2010, 87).[79]

Studien, die Codeswitching aus psycholinguistischer Perspektive untersuchen, konzentrieren sich auf die kognitiven Mechanismen, denen die bilinguale Sprachproduktion und -rezeption sowie der bilinguale Spracherwerb unterliegen (Bullock/Toribio 2009, 14). Beispielhaft ließe sich das Konzept des *triggers* (Clyne 1987) in die Reihe psycholinguistischer Arbeiten bringen.

Der grammatische oder strukturelle Ansatz stellt die systematischen Regeln und Beschränkungen von Codeswitching auf allen Ebenen der Sprachstruktur in den Mittelpunkt. Ein großer Teil der Studien, die einen grammatischen oder strukturellen Ansatz verfolgen, untersuchen syntaktische und morphologische Muster von Codswitching (Bullock/Toribio 2009, 14–15). Hier sind besonders prominent das Matrix-Language-Frame Modell von Myers-Scotton (u.a. 1993; Myers-Scotton/Jake 2009)[80] und die Arbeiten von Poplack (1980, 2001) zu morphosyntaktischen Beschränkungen, wie die Freie-Morphem-Beschränkung (1980, 585) oder die Äquivalenzbeschränkung (1980, 586), anzuführen. Muysken schlägt eine dreigliedrige Typologie grundlegender Muster des Sprachwechsels vor, die unterschiedlichen strukturellen Beschränkungen unterliegen: *insertion*, *alternation* und *congruent lexicalization*. Das Muster der Insertion weist Parallelen zu Myers-Scottons MLF-Modell auf, da es den Einschub einzelner Wörter oder Phrasen in eine gegebene Struktur bezeichnet. Im Muster der Alternation, in Anlehnung an Poplack (1980), wird zwischen Äußerungen eines Turns oder zwischen Turns ein Sprachsystem durch ein anderes ersetzt. Hier erfolge ein wirklicher Wechsel, da dieser Grammatik und Lexikon miteinschließe. In der kongruenten Lexikalisierung werden lexikalische Elemente aus verschiedenen Sprachsystemen in einer gemeinsamen grammatischen Struktur verwendet. Kongruente Lexikalisierung zeichnet sich durch Nähe zu monolingualer Variation bzw. Register- und Stilwechsel aus. Zwischen den drei genannten Mustern von Codeswitching bestehen jeweils graduelle Übergänge. Muysken verwendet *code mixing* als übergreifende Bezeichnung für *insertion*, *alternation* and *congru-*

---

[79] Die grundsätzlich schwierige Entscheidung, ob aus der Perspektive der Sprecher ein Sprachwechsel lokal Bedeutung trägt oder nicht, erscheint im Hinblick auf das Analysekorpus, das historisches Codeswitching in medial schriftlichen Texten untersucht, noch deutlich erschwert, sodass diese Unterscheidung im Folgenden kaum relevant sein wird.

[80] Zur grundsätzlichen Kritik am Terminus *Matrix-Language*, cf. u.a. Gardner-Chloros (2018, 31), die gegen die Verwendung des Begriffs argumentiert, da dieser die Prävalenz einer Sprache postuliert.

ent lexicalization, code switching umfasse ausschließlich die Form des alternierenden Sprachwechsels (Muysken 2000, 3–10).[81]

In dieser Arbeit wird den Analysen zum Codeswitching zunächst ein relativ weit gefasster Begriff des Konzepts Codeswitching zugrunde gelegt, ähnlich wie Pahta/Nurmi (2009), die ebenfalls Codeswitching in Privatbriefen untersuchen: «the term *code-switching* is used as an umbrella term to refer to any identifiable changes from one language to another within a communicative episode, in this case a single letter, or a sequence of letters between two correspondents» (Pahta/Nurmi 2009, 29).[82]

Medial schriftliches und historisches Codeswitching
In der Forschung wurde Codeswitching hauptsächlich als Phänomen medial gesprochener Sprache untersucht. Im Allgemeinen bildeten dabei in aktuellen Kommunikationssituationen erhobene sprachliche Daten den Gegenstand der Analyse.

Obwohl auch frühere Studien, wie beispielsweise Stolts Untersuchung zu Luthers Tischreden (1964) durch die Niederschrift der Reden, Codeswitching in authentischen historischen Kommunikationssituationen im Medium des Geschriebenen abbilden, wird historisches Codeswitching erst in den 1990er Jahren als eigenständiger Untersuchungsbereich in der anglistischen Forschung berücksichtigt: «[...] up to the 1990s, linguists' general attitude towards historical mixed texts has been one of neglect and disregard» (Schendl/Wright 2011a, 17).[83]

In Teilen konnten die Arbeiten zu historischem Codeswitching bereits einige Funktionen von medial mündlichem Codeswitching auch für historische Sprachwechsel bestätigen. Eine grundlegende Unterscheidung von medial schriftlichem und medial mündlichem Wechsel des Codes bleibt jedoch in der Möglichkeit der visuellen Markierung in der Darstellung des Sprachwechsels bestehen.

---

[81] Bereits Stolt (1964) unterscheidet zwischen Umschaltung und Einschaltung, welche Muyskens Termini *alternation* und *insertion* entsprächen.
[82] Cf. hierzu auch den von Gardner-Chloros zugrunde gelegten *common sense approach*: «CS is presented here in a rounded manner, looking at work carried out from the Sociolinguistic, Psycholinguistic, Grammatical and Acquisitional perspectives as well as the Pragmatic. CS is taken at face value, rather than with a particular theory as the point of departure. It is important that CS be considered as the multifaceted phenomenon it is, rather than purely as a means of testing theoretical positions» (Gardner-Chloros 2009, 7).
[83] Diese Publikation bietet ebenfalls einen Überblick über die ersten Publikationen zu historischem Codeswitching in den 1990er Jahren.

«Among the aspects which differ between the written and the spoken medium is the possibility of visual representation such as use of colour, images, letter size, etc. in written code-switching (an aspect also relevant for historical code-switching) versus suprasegmentals, gestures and facial expression in bilingual speech [...]» (Schendl/Wright 2011a, 29).

Mit Ausnahme typographischer Hinweise entbehren medial schriftliche Formen von Codeswitching der parasprachlichen Informationen, die in mündlichen Kommunikationssituationen verfügbar sind. Traditionell zur Beschreibung und Interpretation von Codeswitching herangezogene Kriterien, wie beispielsweise die phonologische Integration, prosodische Merkmale oder Häsitationsphänomene, können in schriftlichen Ego-Dokumenten nicht genutzt werden.

Des Weiteren kann sich medial schriftliches Codeswitching von medial mündlichem hinsichtlich der bewussten Sprecherinvolviertheit unterscheiden, denn Schreiben, so Callahan, schaffe «a mindfulness that allows the writer to manipulate the language» (Callahan 2004, 101). Diese Feststellung betrifft besonders das von ihr untersuchte Korpus fiktionaler Texte. Für die Ego-Dokumente des vorliegenden Analysekorpus können weder die Produktionsbedingungen fiktionaler Texte noch diejenigen spontaner mündlicher Rede angenommen werden. Vielmehr scheint es sich um eine Form zwischen der oben erwähnten Achtsamkeit und der für mündliches Codeswitching beobachteten Unterschreitung der bewussten Aufmerksamkeit der Sprecher (Schendl 2000, 71) zu handeln. Das Verfassen eines Tagebuchs oder einer Postkarte zeichnet sich durch einen höheren Grad der Planung und Integration gegenüber spontaner mündlicher Sprachproduktion aus. Es handelt sich um endgültige, festgehaltene Äußerungen, die eine höhere Elaboriertheit, Kompaktheit und Informationsdichte ermöglichen. Zugleich sollte jedoch die konkrete Kommunikationssituation nicht außer Acht gelassen werden: Die Schreiber sind enormem physischen und psychischen Druck ausgesetzt, Schreibmaterial und Ausstattung sind dürftig und nehmen wesentlichen Einfluss auf die Intention der Schreiber sowie den Grad ihrer Achtsamkeit. Außerdem spielt hier die Schreibkompetenz der Schreiber, ihre Erfahrung und Routine im Schreiben eine wesentliche Rolle. Je weniger routiniert die Schreiber sind, desto weniger vielfältig sind die ihnen zur Verfügung stehenden Register und desto näher sind sich die Ausprägungen nähe- und distanzsprachlicher Konzeption.

In der Forschung zu Codeswitching der vergangenen Jahre wurde Codeswitching häufig mit informellen gesprochensprachlichen Registern in Verbindung gebracht.[84] Callahan (2004, 69) zufolge entsprechen die syntaktischen und dis-

---

84 Den Zusammenhang von Codeswitching und dem mündlichen Code einerseits und informellen Registern andererseits bestätigt Callahan in einer Umfrage. Sprecher zeigen eine deutli-

kursiven Muster medial schriftlichen Codeswitchings denen im mündlichen Medium und benötigen daher kein eigenes Modell syntaktischer Beschreibung. Die Opposition 'gesprochen' – 'geschrieben' stellt dementsprechend keinen wesentlichen Faktor zur Vorhersage der syntaktischen Muster von Codeswitching dar, sie bildet jedoch eine wichtige Voraussetzung für das Auftreten von Sprachwechsel generell.[85] «Written formats are often considered to be more formal, and formality constrains the use of codeswitching. In speech as well as in writing, codeswitching tends to be restricted to certain genres» (Callahan 2004, 69). Entscheidend für die Verwendung von Codeswitching in schriftlichen Texten ist also weniger das Medium, sondern vielmehr die Konzeption (cf. Koch/Oesterreicher 1986) des Textes. Die Ego-Dokumente des vorliegenden Korpus weisen in verschiedenen Punkten Affinitäten zur kommunikativen Nähe auf, wodurch häufiger Sprachwechsel begünstigt scheint. Die medial schriftlichen Ego-Dokumente bieten in dieser Hinsicht eine komplementäre Perspektive: Ihre Affinität zur Nähesprache und die informelle Kommunikationssituation (Gardner-Chloros 1991, 160) sowie der hohe Bekanntheitsgrad der Gesprächsteilnehmer (Gardner-Chloros 1991, 150) begünstigen Codeswitching.[86] Auch Pahta/Nurmi (2009) bestätigen einen Zusammenhang zwischen Codeswitching in persönlicher Korrespondenz und einem informellen Schreibstil (Pahta/Nurmi 2009, 50) und sehen in privaten Briefen eine lohnende Informationsquelle zur Untersuchung von historischem Codeswitching:

> «What makes personal correspondence such a useful source of information on the code-switching practices of earlier times is the interactive nature of the data. Produced for a particular communicative purpose in a defined reader-writer relationship, personal letters allow us to trace the social and interpersonal aspects of code-switching better than most other genres» (Nurmi/Pahta 2010, 151).

---

che Präferenz für Codeswitching im mündlichen Sprachgebrauch, da der Wechsel der Sprache als kolloquialer, informeller, gar unprofessionell empfunden wird und daher, wenn überhaupt, in informellen Texten angewandt wird (Callahan 2004, 112). Geschriebenes Codeswitching scheine darüber hinaus auf spezielle Genres wie Romane, Poesie oder Liedtexte beschränkt, deren Hauptziel die Unterhaltung ist (Callahan 2004, 118).

85 Nach Schendls Untersuchung (2000, 77) sind die Unterschiede zwischen medial mündlichem und medial schriftlichem Codeswitching weitgehend quantitativ und weniger qualitativ: «[T]he main difference between switching strategies in the medieval written and the modern spoken data seems to lie less in the presence or absence of specific features or types, but rather in their relative frequencies» (Schendl 2000, 82).

86 Dass sich Informalität nicht auf medial mündliche Spracherzeugnisse beschränkt, dokumentieren die von Lattey und Tracy erhobenen schriftlichen Daten, deren informeller Charakter Codeswitching zu begünstigen scheint: «And informality, of course, may extend to the written medium, given a high degree of familiarity and shared contextual knowledge between sender and receiver [...]» (Lattey/Tracy 2001, 417-418).

Funktionen des Sprachwechsels

Die aktuelle Forschung zum medial mündlichen Codeswitching betrachtet es als ein multifunktionales und polysemes Phänomen, dessen diskursive oder interaktionelle Funktionen zugleich auf der Mikro- und auf der Makroebene zu verorten sind (Pahta/Nurmi 2009, 30). Gardner-Chloros, die ähnlich wie später Winter-Froemel (2011) die Bedeutung des einzelnen Sprachbenutzers hervorhebt, vertritt in ihrer Arbeit einen pluralistischen Ansatz zur Erfassung der Komplexität von Codeswitching. «Code-switching is, ultimately, a means which individuals use to articulate their personal structures of meaning on to the constraints on the use of languages which are imposed by the society in which they live» (Gardner-Chloros 1991, 68).

Für medial mündliches Codeswitching wurden in der Forschung verschiedene Funktionen identifiziert, die zum einen sozial und zum anderen diskursiv motiviert sein können (Bullock/Toribio 2009, 10).

Nach Gardner-Chloros (2009, 42–43) lassen sich die Faktoren, die das Auftreten und die Form von Codeswitching in konkreten Kommunikationssituationen beeinflussen, drei verschiedenen Gruppen zuordnen, zwischen denen sowohl Interrelationen als auch Überlappungen bestehen können: vom Sprecher unabhängige, sprecherbezogene soziale und diskursstrukturierende Faktoren.

Letztgenannte Faktoren sind konversationeller Natur und stellen Strategien zur Diskursstrukturierung zur Verfügung. In einer frühen Arbeit zum Codeswitching wird es als bewusst eingesetzte Strategie, als «contextualization cue» (Gumperz 1982a, 131), definiert, die kontextbasierte Annahmen signalisiert. Sprecher verwenden Codeswitching mit unterschiedlichen diskursiven Funktionen, wie beispielsweise zur Markierung von Äußerungsgrenzen, von Zitaten, Wiederholungen, Interjektionen oder zur Markierung und zum gleichzeitigen Absetzen von eigener Rede von rekonstruiertem Dialog, von Redewiedergabe oder von metadiskursiven Kommentaren. Außerdem kann mit dem Sprachwechsel ein bestimmter Kommunikationspartner explizit adressiert werden. Codeswitching dient weiterhin zur Elaboration oder Evaluation, zur Erklärung oder zur Fokussierung, zur Aufmerksamkeitserhaltung, zum Ausdruck von Subjektivierung oder Objektivierung, zur Markierung von Topik- und Rollenwechsel sowie zur Rahmung neuer Information gegenüber bereits gegebener Information (Callahan 2004, 16; Pahta/Nurmi 2009, 30).

Innerhalb der sozialen Faktoren lassen sich zunächst vom Sprecher unabhängige Faktoren wie Prestige, Machtverhältnisse oder die Zuschreibung zu bestimmten Kontexten erkennen. Diese stehen Faktoren, die sich auf den Sprecher als Individuum und als Mitglied verschiedener Gruppen beziehen, gegenüber. Zur zweiten Gruppe zählen soziale Netzwerke und Beziehungen, Spracheinstellungen und Ideologien sowie die individuellen Sprachkompetenzen (Gardner-Chloros 2009, 42–43). Grundlegend für das Auftreten, die Form und die Häufigkeit von Codeswitching ist eine ausreichende sprachliche Kompetenz des Sprechers in beiden Sprachen. Der häufig verwendete Begriff der lexikalischen Notwendigkeit zur Erklärung des Auftretens von Codeswitching bezieht sich so einerseits auf die Kompetenz des Sprechers, andererseits auf mögliche lexikalische Leerstellen in einer Sprache (Gardner-Chloros 1991, 179). Wichtig hierbei ist immer die Begründung einer lexikalischen Notwendigkeit aus der Perspektive des Sprechers.

Autobiographische Details, Charakteristika der Schreiberpersönlichkeit sowie die Übernahme verschiedener sozialer Rollen in bestimmten Kontexten können zu hoher Alternation der Sprachen führen. Pahta und Nurmi (2010; 2009) beobachten eine Korrelation zwischen den verschiedenen sozialen Rollen eines Schreibers und dem Gebrauch von Codeswitching zur Konstruktion und Aushandlung interpersoneller Rollen in privaten Briefen an verschiedene Gesprächspartner. Verfügen die Korrespondenten über eine enge Beziehung, spiegelt sich dies in einer höheren Frequenz von Codeswitching wider (Pahta/Nurmi 2009, 27).

Aus soziopsychologischer Sicht dient Codeswitching zur Konstruktion und Markierung verschiedener sozialer oder dualer Identitäten in zweisprachigen Gemeinschaften (Bullock/Toribio 2009, 16). Bei Erfüllung dieser Funktion schließen Lattey/Tracy (2001, 416–417) weitere Bedeutungszuschreibungen zum Sprachwechsel explizit aus. In Anbetracht der komplexen historischen und sprachlichen Situation der Elsässer und Lothringer erscheint das Postulat einer derartigen Ausschließlichkeit jedoch nicht operabel. Die Markierung und Herausstellung der Identität ist im historischen Kontext der elsässisch-lothringischen Ego-Dokumente zweifellos eine nicht zu vernachlässigende Komponente, die den Hintergrund für die Betrachtung aller Dokumente des Analysesubkorpus bildet.

Die Konstruktion einer zweisprachigen Identität scheint eng mit der Zuschreibung von Varietäten zu bestimmten Sprachgemeinschaften, der von Gumperz (1982a) eingeführten Unterscheidung von *we-code* und *they-code*, verknüpft. Hierbei entspricht die Sprache der Intimität und persönlichen Involviertheit dem *we-code*, die institutionelle Sprache der Autorität, assoziiert mit Distanz, dem *they-code*.[87]

Darüber hinaus kann die Assoziation einer Sprache mit bestimmten semantischen Bereichen Codeswitching ermöglichen. So stellte Gardner-Chloros

---

[87] Die Beschreibung des Sprachgebrauchs unter Berücksichtigung des *we* bzw. *they-code* erfolgt unter der in 6.2.2 formulierten Prämisse bezüglich der problematisierten Eindeutigkeit der Zuweisung zu spezifischen Domänen.

bei bilingualen Sprechern, deren dominante Sprache das Elsässische ist, eine starke Assoziation bestimmter semantischer Felder mit dem Französischen fest, welche Codeswitching vom Elsässischen ins Französische begünstigt (Gardner-Chloros 1985, 53).

Soziolinguistische Ansätze untersuchen soziale und pragmatische Funktionen von Codeswitching für individuelle Sprecher und soziale Gruppen. Auf der Mikroebene, die nach Bullock/Toribio (2009, 16) am besten untersucht ist, gilt es die Sprechermotivationen und textuelle Funktionen in spezifischen Texten und Texttypen zu identifizieren, wohingegen auf der Makroebene die Sprachgemeinschaft in den Blick genommen wird. Zwischen den verschiedenen inner- und außersprachlichen Faktoren bestehen Interrelationen, die eine Isolation einzelner Faktoren erschwert. Weder makrolinguistische Faktoren, wie soziale Normen, Alter, Geschlecht oder soziales Netz, deren Einfluss und hierarchische Ordnung in Abhängigkeit von extralinguistischen sowie sprecherspezifischen Kriterien variiert, noch mikrolinguistische Faktoren scheinen separat hinreichend zur Erklärung von Codeswitching. Eine Trennung beider Ebenen, die ohnehin nur theoretisch realisierbar ist (Gardner-Chloros 1991, 51), soll daher nicht angestrebt werden:

> «In this respect, a combined micro- and macro-level analysis may be warranted since it is difficult to appreciate an individual's performance independently from the social context in which it unfolds. In other words, the sociolinguist must know a great deal about the community in which she or he works, ideally including knowledge about the socio-historical situation of language contact» (Bullock/Toribio 2009, 16).

Zur Beschreibung und Analyse der verschiedenen Formen von Codeswitching in den Ego-Dokumenten aus der Grenzregion *Elsass-Lothringen* sollen also sowohl Faktoren der Mikro- und der Makroebene herangezogen werden sowie der jeweils spezifische Kontext, in der eine Sprachform aktualisiert wird. In Bezug auf den spezifischen soziohistorischen Kontext, in dem Codeswitching auftritt, sind auch die sich verändernden kulturellen, rhetorischen und textuellen Konventionen zu berücksichtigen (Schendl/Wright 2011a, 29).

Die Zahl der potentiell Codeswitching auslösenden Faktoren, wie die spezifische Kommunikationssituation, der sprachliche Kontext, das Register, das Kommunikationsziel und die beteiligten Kommunikationspartner, ist hoch und trägt maßgeblich zur Komplexität des Phänomens bei. Aus dieser Vielzahl verschiedener Motivationen ergeben sich, neben unterschiedlichen Proportionen der beteiligten Sprachen, ebenso viele Formen, in denen Codeswitching auftritt, von der Übernahme (fachspezifischer) Einzelwörter bis hin zum systematischen Wechsel ganzer Sätze, sodass nicht von einfachen, sondern von multiplen Sprechermotivationen auszugehen ist (Gardner-Chloros 1991, 178).

Ein Faktor von Interesse für das vorliegende Analysekorpus ist der Einfluss sprachlicher Unsicherheit, die in unterschiedlicher Weise die Wahl der Sprache beeinflussen kann. Obwohl Codeswitching in stark konventionalisierter Form auftreten kann, ist sein Ursprung häufig eng mit sprachlicher Unsicherheit, zum Beispiel in Bezug auf den Gesprächspartner, auf die eigenen sprachlichen Fähigkeiten oder auf die in einer Situation angemessene Sprache, verknüpft:

> «Il peut résulter d'une compétence inégale dans les deux langues alors qu'on pense devoir utiliser l'une ou l'autre; d'une incertitude quant aux préférences de son interlocuteur; d'une stratégie tout à fait délibérée visant à marquer les tournants du discours ou les changements d'interlocuteur; de l'effet associatif d'un champ sémantique pour un locuteur donné; d'un conflit entre l'identité ethnique et les connaissances linguistiques; ou d'une ‹habitude sociale› rendue possible par l'existence d'autres locuteurs bilingues propres» (Gardner-Chloros 1985, 55).

Die persönliche Akzeptanz von Codeswitching (Gardner-Chloros 1991, 161) kann für das vorliegende Korpus als relativ hoch eingeschätzt werden, da der Raum, aus dem die Schreibenden ursprünglich stammen und in dem sie zum Teil noch immer leben, durch eine historisch gefestigte Zweisprachigkeit geprägt ist. Im Kontaktraum Elsass und Lothringen sind Französisch, Deutsch und in weiten Teilen der germanische Dialekt, wenn auch möglicherweise in verschiedenen Kontexten, gleichzeitig präsent. Es ist daher durchaus möglich, dass in Interaktionen eine ständige Alternation der Sprachen als unmarkiert wahrgenommen wird. In diesem Fall käme dem Codeswitching keine weitere Bedeutung als der Vermittlung von Information zu.[88]

Wie weiter oben erwähnt, konnten Arbeiten zum historischen Codeswitching bereits einige aus dem medial mündlichen Codeswitching bekannte Funktionen auch für Codeswitching im Medium des Geschriebenen nachweisen. Dazu zählen die Funktionen des Zitierens, der textuellen Organisation, der Kennzeichnung epistolärer Konventionen und genrespezifischer Muster bestimmter Kommunikationssituationen sowie die Markierung von Gruppenzugehörigkeit (Pahta/Nurmi 2009, 30).[89] Neben den genannten Funktionen weisen Lattey und Tracy (2001, 416) in ihrer Studie privater Briefe einer in die USA emigrierten Münchnerin Sprachwechsel in der Funktion einer Wie-

---

[88] Sprachwechsel in Kommunikationssituationen, in denen beide Sprachen zur Identität der Sprecher gehören, können einer Motivation entbehren (Gardner-Chloros 2009, 46), «[...] CS as a whole functions as a marker of being Alsatian in the twenty-first century» (Gardner-Chloros 2009, 48).
[89] Ein Beispiel für die Verwendung eines Sprachwechsel in der Funktion des Zitierens liefert Elspaß' Korpus von Auswandererbriefen: «*hier in* Amerika heist es *helb ju selfs*» (Elspaß 2005, 71; Herv. im Original).

derholung, einer Explizierung oder als Emphase sowie zur Markierung von Sprecherbeteiligung oder Autorität nach.

Die Beschreibung der Belege aus dem Korpus wird zeigen, inwiefern diese bereits belegten und weitere für medial mündliches Codeswitching ausgearbeitete Funktionen für die Codeswitching-Formen in den Ego-Dokumenten zur Zeit des Ersten Weltkriegs geltend gemacht werden können.

6.4.2.2 Deutsch-französisches Codeswitching im Korpus

Die Formen von Codeswitching im Korpus und ihre Relation zum jeweiligen Kontext sind äußerst heterogen, so wie die vermuteten zugrundeliegenden Motivationen, die den Sprachwechsel bedingen. Das Analysekorpus belegt innerhalb einer Äußerung sowohl inter- als auch intrasententielles Codeswitching. Ebenso kann ein Sprecher die Sprache innerhalb einer Äußerung oder in Abhängigkeit der Kommunikationssituation wechseln. Der vielschichtige Kontakt der Sprachen im Individuum und die daraus resultierenden Überlappungen in der Kompetenz des Sprechers konkretisieren sich in vielfältigen zweisprachigen Äußerungsformen. In der folgenden Darstellung der Formen von Codeswitching wird zunächst differenziert, ob für beide Sprachen dieselbe Schriftart verwendet wird oder ob der Sprachwechsel von einem Wechsel der Schriftart begleitet ist (6.4.2.2). Die jeweiligen Sprachwechsel werden daraufhin jeweils nach der vermuteten dominanten diskursiven Funktion gegliedert, wobei, ausgehend von der Annahme, dass in keinem Fall nur eine Funktion erkennbar ist, jeder Sprachwechsel um mögliche soziolinguistische Funktionen der Makro- und Mikroebene ergänzt werden.

Diskursstrukturierung: Codeswitching bei formelhaften Textbausteinen

Die diskursstrukturierende Funktion von Codeswitching wird im folgenden Beispiel (511) deutlich. Der deutschsprachige Brief wird durch die epistolären Eröffnungs- und Schlussformeln auf Französisch eingerahmt.

(511)   *Ma chère Louise.*
Deinen Brief und
Karte von Neujahr habe
mit vielen Freuden
erhalten und habe
mich noch einmal
bemüht um eher
nach hause zu kom-
men. Es ist Mayer

> vom Kaffe geschäft
> Scholler Mayer, der
> Komandant vom
> Depôt, war Sonntag
> bei ihm war aber leider
> nichts zu machen
> Na in viezzehn Tagen
> haben wirs ja um und
> dann gehen wir doch nach
> hause. [...] Ich
> grüße und Küsse Dich
> von ganzem Herzen Dein
> lieber treuer Paul
> **mils baissées et au revoir**
> (Paul Braun, 6.1.1919)

Der französischen Eröffnung entspricht die ebenfalls französischsprachige Abschlussformel am Ende des Briefs. Durch die prominente Position im Text wird dem Französischen zugleich eine gewissermaßen symbolische Präsenz verliehen. Möglicherweise empfindet der Autor in diesem Fall Französisch außerdem als expressiver, unter Umständen auch als affektiver, wodurch der Verfasser aus pragmatischer Perspektive seine persönliche Einstellung weitergibt und durch die Wahl der Sprache der Intimität die Nähe zu seiner Kommunikationspartnerin aufbaut. Da zum Zeitpunkt des Verfassens die Rückkehr des Elsass zu Frankreich bereits absehbar ist, könnte die Wahl der französischen Einrahmung auch der neuen offiziellen Sprache geschuldet sein und einem Gefühl der Verpflichtung oder bewussten Positionierung entsprechen.

Dieser Brief weist neben der eindeutigen Alternation auf den bereits von Lattey und Tracy (2005, 347) problematisierten Aspekt des Sprachwechsels hin, der sich an komplexen Formen von Sprachmischung, in denen die beteiligten Sprachen nicht immer eindeutig abgegrenzt werden können, zeigt. Neben Eröffnung und Schluss in französischer Sprache besteht der Brief aus deutschen lexikalischen Einheiten, die zum Teil syntaktischen Regeln der französischen Grammatik zu gehorchen scheinen. Beispielhaft sei folgender Ausschnitt aus (511) genannt, der auf der Grundlage der französischen syntaktischen Struktur gebildet scheint: *Es ist Mayer vom Kaffe geschäft Scholler Mayer, der Komandant vom Depôt.* Lattey/Tracy (2005, 348) bezeichnen die lexikalische Realisierung einer Äußerung in einer Sprache, deren zugrundeliegende syntaktische und grammatische Muster jedoch der anderen Sprache entstammen, als *Crossover*.

Formen des *Crossover* verdeutlichen, dass beim Sprachwechsel nicht immer alle sprachlichen Ebenen involviert sein müssen, da die beteiligten Sprachsysteme im Individuum koexistieren und nicht alternieren. «That is, we are dealing with two co-existent systems, simultaneously activated and both involved in the production of individual utterances» (Lattey/Tracy 2001, 414). Der Sprecher bedient sich des Sprachwechsels bzw. beider simultan aktivierter Sprachen und selektiert die Alternativen, mit denen er die gewünschte Nachricht bestmöglich kommunizieren kann (Lattey/Tracy 2001, 417). Die simultan aktivierten Sprachsysteme überlagern sich nicht nur im Bereich der Lexik, in dem der bilinguale Schreiber aus dem Repertoire zweier Sprachen schöpfen kann, sondern auch im Bereich der Grammatik, der im Gegensatz zum Wortschatz häufig dem bewussten Sprachgebrauch entzogen ist. Dieser Sprachgebrauch zeichnet sich jedoch auf den zweiten Blick durch eine gewisse Regelmäßigkeit aus, «that can be explained in terms of the bilingual's coming to grips with two co-activated systems and working out solutions that include co-production» (Lattey/Tracy 2001, 428). Bei bilingualen Sprechern lassen sich verschiedene Sprachmodi differenzieren, die sich hinsichtlich der Aktivierung der Sprachen unterscheiden:

> «À tout moment, et en se fondant sur des facteurs psychosociaux et linguistiques, le bilingue se demande, de manière subconsciente la plupart du temps, quelle langue utiliser pour l'échange, et s'il est possible de se servir de l'autre ou d'une autre langue que comprend l'interlocuteur sous forme de ‹parler bilingue›, c'est-à-dire en utilisant une langue de base à laquelle s'ajoutent des éléments d'une autre langue par alternances de code et d'emprunts de mots ou d'expressions» (Grosjean 2015, 57).

Bei der Aktivierung der Sprachen wird ein graduelles Prinzip angwandt, Sprachen sind nicht entweder aktiviert oder deaktiviert sondern können sich bezüglich des Grads ihrer Aktivierung unterscheiden. Die verschiedenen Sprachmodi sind innerhalb eines Kontinuums zwischen dem monolingualen und dem bilingualen Modus zu verorten (Grosjean 2015, 57). Beim monolingualen Sprachmodus kontrolliert der Sprecher seine Äußerung so gut wie möglich. Im bilingualen Sprachmodus ermöglicht die gleichzeitige Aktivierung beider Sprachen häufigere Sprachwechsel. Der Sprachmodus wird dabei von verschiedenen Faktoren wie Gesprächsteilnehmer, Kommunikationssituation oder Thema und Ort der Kommunikation beeinflusst (Grosjean 2015, 58).

Die Struktur des zweisprachigen Abschlusses seiner Korrespondenz verwendet Paul Braun auch in einer Postkarte (512), in der sich im Vergleich zu (511) lediglich die Reihenfolge der Sprachen im Briefabschluss unterscheidet.

(512) *Tu aurais déjà entendu
       que je suis perdu par mes*

> *Cammarade (vermißt).*
> *Je suis prisonier de gGuerre*
> *à Sisteron.* [...] **Un salue pour**
> **toute la famille.**
> **Die herzlichsten Grüße und**
> **Küße Dein**
> **lieber Paul**
> (Paul Braun, 31.10.1914)

Die Wiederholung der abschließenden französischen Briefformel auf Deutsch steigert durch die Absetzung zum vorhergehenden Französischen die Expressivität. Die zweisprachigen Elemente des Texttyps Brief üben eine weitere, über die textuelle Ebene hinausgehende Funktion aus. Mit dem Gebrauch formelhafter Textelemente in zwei Sprachen drückt der Schreiber seine Zugehörigkeit zu zwei Diskursgemeinschaften aus.

Nicht nur Briefende und -anfang zeigen Codeswitching und tragen so zur deutlichen diskursiven Strukturierung bei, auch im Brieftext lassen sich Wechsel vom einen in den anderen Code feststellen. Der folgende Brief ist je zur Hälfte auf Französisch und auf Deutsch verfasst, beginnend auf Französisch und auf Deutsch endend. Der Spachwechsel erfolgt ohne grammatische Verbindung zwischen den beiden Sätzen am Übergang.

(513) *Nous retournons*
       donc à la France ou
       est notre place et ou
       il a toujours été. Et nous
       pouvons franchement
       et librement prononcer
       nos sentiments, ce que
       nous avons jamais
       pu. Alors il y a aussi
       de l'espoir pour nous
       revoir bientôt. Peut être
       encor quelques semaines
       et nous sommes ensembles.
       Meine Liebe ich denke bald
       Neuigkeiten direckt von
       Dir zu bekommen. durch
       französische Post, dann
       wird es viel schneller gehn

> *und in einigen Tagen*
> *sind unsere Briefe am*
> *Platz. Kann Dir jetzt nicht*
> *sagen wann ich kommen*
> *darf, hoffe aber sehr bald,*
> *vielleicht schon vor Weihnachten*
> *Gedulte Dich also noch ein*
> *wenig es geht uns ja*
> *jetzt allen gut. Unsere*
> *Peiniger haben ja jetzt*
> *unser Land verlassen*
> *und wir werden von nun*
> *an in Frieden leben.*
> *Meine Gesundheit ist*
> *immer gut und*
> *ich hoffe auch bei*
> *euch. Ich habe Geld*
> *genug wenn mir*
> *Kleider kaufen will und*
> *Schuhe.*
(Paul Braun, 18.11.1918)

Obwohl sich Paul Braun ohne Schwierigkeiten beider Sprachen bedient, ist nicht ausgeschlossen, dass er zunächst aus einem Gefühl der Obligation oder Angemessenheit das Französische wählt, angesichts der aus dem französischen Kriegsgefangenenlager versandten Korrespondenz. Er beginnt seine Äußerung in der von ihm als angemessen empfundenen Sprache, wechselt jedoch in die Sprache, in der er sich kompetenter ausdrücken kann, sobald ein Hindernis aufkommt (cf. hierzu auch Gardner-Chloros 1985, 52). Nachdem Paul Braun insgesamt jedoch eine relativ ausgeglichene Zweisprachigkeit zeigt, könnte die Motivation für den Sprachwechsel vielmehr auf diskursstruktureller Ebene zu verorten sein. Der Wechsel am Anfang der Zeile könnte auf eine Unterbrechung der Redaktion oder auf eine die Sprachwahl beeinflussende Veränderung der Kommunikationssituation hindeuten. Die Diskontinuität mündlicher Sprachproduktion wird als ein das Sprechen Zweisprachiger beeinflussender Faktor aufgefasst (Gardner-Chloros 1991, 183). Die Konzeption eines Briefes als Gespräch unter Abwesenden sowie die Affinität der Ego-Dokumente zur Nähekommunikation ließen möglicherweise eine Ausdehnung dieses Einflussfaktors auch auf medial schriftliches Codeswitching in diesem Kontext zu. Diese Art des Sprachwechsels, der mit Brüchen im Sprechfluss übereinstimmt und dessen Schnittstellen keine oder eine diskontinuierliche grammatikalische Verbindung aufweisen, bezeichnet Gardner-Chloros (1991, 175) als «disjointed switching». Diese Form des Codeswitching tritt verstärkt in Kontexten mit generell hoher Codeswitching-Frequenz auf, da hier das frequente Alternieren intensiv genug ist, eine Art Mischsprache darzustellen und Hemmnisse bezüglich eines 'richtigen' Sprechens abzulegen. So wird eine stärkere Akzeptanz von Codeswitching geschaffen (Gardner-Chloros 1991, 177).

Möglicherweise löst in Beispiel (513) auch die direkte, an die Ehefrau gerichtete Ansprache *Meine Liebe* den Wechsel aus, da aus den erhaltenen Briefen ein dominanterer Gebrauch des Deutschen in Louises Korrespondenz erschlossen werden kann. Die Ansprache der Ehefrau erfolgte demnach in der Sprache der Kommunikation des Paares und erleichterte dadurch die Fortführung des Textes auf Deutsch. Neben dieser Adressatenspezifizierung ist weiterhin der Inhalt der jeweiligen Textabschnitte zu berücksichtigen. Callahan stellt in ihrer Arbeit eine Korrelation zwischen dem Gebrauch von Spanisch und Englisch in fiktionalen Texten und dem Inhalt der Texte fest. Meist handelt es sich um Situationen, in denen Spanisch die usuelle Sprache im Allgemeinen, der Figuren oder des Erzählers ist. Spanisch oder spanisch-englisches Codeswitching und die damit verbundene Thematik umfassen im Wesentlichen soziale, politische oder kulturelle Anliegen der Latino-Gemeinschaft. Die Sprachbenutzer werden dergestalt als Mitglied der ethnischen Gruppe der US-Latinos identifiziert (Callahan 2004, 118–119).

In (513) drückt Paul Braun im ersten, auf Französisch geschriebenen Abschnitt, seine Freude über die Rückkehr nach Frankreich aus und beschreibt ein Fest mit anderen Wehrpflichtigen. Zur Unterstützung des ausgedrückten Patriotismus könnte eine Korrelation von Inhalt der Äußerung und Sprache der Äußerung etabliert werden. Ob diese Verbindung vom Schreiber allerdings bewusst oder unbewusst genutzt wird, muss unbeantwortet bleiben.[90] So würde die Identifikation mit Frankreich neben der Aussage über Frankreich auf Französisch ausgedrückt werden. Die inhaltliche Blickrichtung wird zusätzlich durch die Wahl der Sprache unterstützt und hervorgehoben. Der zweite, auf Deutsch gehaltene Abschnitt, wird durch die direkte Adressierung der Ehefrau, bei der eine Präferenz für das Deutsche vermutet wird, eingeleitet. Daraufhin folgen eher alltägliche und in der Korrespondenz übliche Themen wie die Zustellung von Nachrichten, die Gesundheit, die baldige Heimkehr und

---

[90] Grundsätzlich ist immer auch ein unmotivierter Switch denkbar: «One is left once again with the hypothesis that in some cases such as this, bilinguals switch for the sake of switching» (Gardner-Chloros 1991, 156).

die finanzielle Situation. Die Zuschreibung des Deutschen (bzw. als Entsprechung in der Schrift zum germanischen Dialekt) als Sprache des Alltags könnte hier die Sprachwahl erklären. In diesem Abschnitt expliziert Paul Braun weiterhin mit *unsere Peiniger* die aus seiner Sicht Verantwortlichen für die Leiden der Elsässer und Lothringer, möglicherweise auch für die Leiden der Franzosen insgesamt. Auch hier könnten die Thematik und die Agenten, über die gesprochen wird, die Wahl der Sprache konditionieren. Allerdings ist dieses Beispiel im Vergleich zum ersten Abschnitt in Bezug auf eine mögliche Korrelation von Sprache der Äußerung und Inhalt der Äußerung weniger eindeutig, denn zum Ausdruck positiv konnotierter Konzepte wie Frieden wäre möglicherweise aus Paul Brauns Sicht das prestigehaltigere Französisch die angemessenere Sprache.

Die Korrelation von Inhalt und Sprache bzw. die Zuweisung einer Sprache zu bestimmten Domänen zeigt ein weiteres Beispiel von Paul Braun. Deutsch und Französisch erscheinen räumlich getrennt auf einer Postkarte (Paul Braun, 18.2.1915) aus einem Gefangenenlager in Frankreich. Der Text der Karte ist auf Deutsch verfasst, die Adresse auf der Vorderseite jedoch auf Französisch. Vorgedruckte Textteile der Adresse in französischer Sprache könnten hier das Codeswitching im Sinne eines *triggers* erleichtern, außerdem beeinflussen möglicherweise praktische Gründe der Postzustellung im frankophonen Kontext die Sprachwahl. Der Schreiber wählt zur Angabe der Adresse die Sprache, die ihm in der spezifischen Kommunikationssituation als offiziell gültig und als Sprache der Administration erscheint, und wählt für den Text an seine Frau, deren dominante Sprache Deutsch zu sein scheint, das Deutsche.

Das folgende Beispiel für Codeswitching in einem deutschsprachigen Text liefert einen weiteren Beleg für der Strukturierung einer Äußerung dienendes Codeswitching, das gleichzeitig dem Französischen eine symbolische Präsenz im Text verschafft.

(514) *Hier ist ganz schön blauen*
Bohnen, und dicke bekommen
mir ziemlich. **enfin**
Hoffendlich wird der Krieg
bald zum Ende sein.
(August Raffner, 13.11.1916)[91]

---

91 Gardner-Chloros' Korpus liefert ebenfalls Belege für *enfin* in Konversationen am Arbeitsplatz «Enfin, ich müess zügern, in de leschte Zit han sich mini Beziehungen mit ihm vil ge-

Der Wechsel des Topics vom Beschuss durch Kugeln (blaue Bohnen als Metapher für Kugeln) zum Kriegsende wird im Beispiel durch den Einschub des Diskursmarkers *enfin* eingeleitet. Gardner-Chloros (1985, 54; 1991, 141) zählt *enfin* zu den gebräuchlichen konversationellen Ausdrücken, so wie auch *ah bon, non, à propos, merci, voilà* oder *d'accord, ne, gell, oh je* und *ja, ja*, die zu einer diskursstrukturierenden Funktion der Einleitung eines neuen Topics einer Sprache symbolische Präsenz verschaffen. Diese symbolische Präsenz einer Sprache dient dem Schreiber dazu, seine Zugehörigkeit zur bilingualen Sprachgemeinschaft der Elsässer und Lothringer zumindest anzudeuten.

> «Emblematic or etiquette switching refers to the use of switching to signal membership in and solidarity with other members of a speech community or ethnic group. Extensive codeswitching is unnecessary to accomplish this purpose. It may be limited to frozen formulaic and tag phrases that do not require the speaker's fluency in the EL [Embedded Language; L.S.]» (Callahan 2004, 18).[92]

Dieses sogenannte Tagswitching kann einem Konflikt zwischen ethnischer Identifizierung und sprachlichen Kompetenzen entspringen und erfordert nicht zwingend umfassende Kenntnisse der Sprache, aus denen die symbolischen, phatischen Ausdrücke übernommen werden (Bullock/Toribio 2009, 4; Gardner-Chloros 1985, 54). Gerade bei geringer Sprachkompetenz in einer der beiden Sprachen ist die Verwendung fester lexikalischer Verbindungen oder einzelner phatischer Ausdrücke eine Möglichkeit eine Zugehörigkeit zu einer bestimmten Diskursgemeinschaft zu signalisieren: «The less-proficient thus favor switch sites and types requiring little or even no productive knowledge of the other language, such as tags, routines or frozen phrases» (Poplack 2004, 594).

Frühe Arbeiten betrachten Tagswitching nicht als Codeswitching im engeren Sinn, sondern als Teil des monolingualen Idiolekts (Gumperz 1971). Die phatischen Ausdrücke zeichnen sich durch eine relativ große syntaktische Freiheit aus, sodass auch der Einschub zwischen zwei Sätzen im Beispiel keinerlei Einschränkungen unterliegt. «Tags are freely moveable constituents which may be inserted almost anywhere in the sentence without fear of violating any grammatical rule» (Poplack 1980, 589).

---

bessert» (1991, 145) und «Enfin, d'meischte wie drinne spiele, ils sont costauds, verdeckel dû» (1991, 157). Die Verwendung von *enfin* in diesen Beispielen des elsässisch-französischen Sprachkontakts deutet auf eine Ausprägung deutsch-elsässischen Sprachkontakts im Beispiel (514).

[92] Auch Gardner-Chloros (1985, 54) belegt Codeswitching als soziale Gruppenkonvention: Häufig greifen junge Elsässer, die das Elsässische nicht gut genug beherrschen, auf das Französische zurück.

In der Tat könnte im vorliegenden Beispiel auch für die Charakterisierung als Entlehnung argumentiert werden (cf. 6.4.4 zur Abgrenzung von Codeswitching und Entlehnung bei einzelnen Wörtern), wenn berücksichtigt wird, dass einzelne, grammatikalische Operatoren eher entlehnte Formen sind (Matras 2009, 110). Die absolute Nicht-Integration dieser einzelnen Okkurenz im vorliegenden Beispiel sowie in Verbindung mit den genannten spezifischen diskursiven sowie soziolinguistischen Funktionen weisen der Form jedoch ausgeprägte Charakteristika eines Sprachwechsels zu und deuten daraufhin, dass es sich eher um Codeswitching in Form eines einzelnen Wortes als um eine Entlehnung handelt, ohne dies abschließend bewerten zu können.

Zitieren: Codeswitching zur Herausstellung von Zitaten
Den sprachlichen Wechsel innerhalb einer Äußerung zeigt folgendes Beispiel (515), in dem dem deutschen Text eine Art Postskriptum angefügt wird, das die patriotische Gesinnung des Verfassers und seine Freude über die Rückkehr des Elsass zu Frankreich ausdrückt.

(515) *Einstweilen leb*
wohl und bleib gesund
bis zu unserem frohen
Wiedersehen im französischen
Elsass Tausend
Küsse
Dein Paul
Vive la France
(Paul Braun, 18.11.1918)

Damit entspricht Braun der Position der französischen Regierung, die Elsässer fühlten sich während der deutschen Annexion als Teil Frankreichs. Somit schien auch die französische Zensur im Kriegsgefangenenlager nichts zu beanstanden zu haben. Der Sprachwechsel dient zum einen der Herausstellung des Zitats, dessen zahlreiche symbolische Implikationen verschiedene Szenarien französischer Geschichte und Kultur aufrufen. Der Ausruf *Vive la France* markiert emblematisch die ideologische und geistige Zugehörigkeit zu Frankreich sowie die soziale Situation des Schreibers und könnte nur schwer auf Deutsch oder in einer anderen Sprache wiedergegeben werden. Zudem übernimmt es indexikalische bzw. ikonische Funktion und zeigt die doppelte Sprecheridentität an (cf. Lattey/Tracy 2005, 345). Der Sprachwechsel an sich ist Zeichen der zweisprachigen Identität des Verfassers. Codeswitching scheint hier bewusst vom

Sprecher eingesetzt zu werden zur Erfüllung der spezifischen kommunikativen Funktion, «montrer qu'on appartient à une culture qui est à cheval entre la culture française et la culture alsacienne traditionnelle» (Gardner-Chloros 1985, 52).

Wenngleich längere Inserte in vielen Fällen eher Formen von Codeswitching darstellen (Adamou 2016, 43; Matras 2009, 111), kann im vorliegenden Beispiel auch eine Entlehnung eines Syntagmas nicht ausgeschlossen werden (cf. 6.4.4 zur Abgrenzung von Codeswitching und Entlehnung bei einzelnen Wörtern). Die einzelne Okkurenz dieser Form und die fehlende syntaktische und morphologische Integration in die deutschsprachige Äußerung legen jedoch einen Sprachwechsel nahe.

Codeswitching zwischen Französisch und dem elsässischen Dialekt
Die Verwendung dialektaler Varianten und deren Einflüsse wurden bereits unter 6.2.1 thematisiert. Das Subkorpus *Andlauer* belegt über die beschriebenen Okkurrenzen hinausgehendes Codeswitching vom Französischen in die elsässische dialektale Variante und zurück.

Der Dialekt wird in einem französischsprachigen Brief zum Ausdruck von Emotionalität und emotionaler Beteiligung gewählt, wie in *Die verdammte Schwobe müsse dafehr bezahle net wor?* (Andlauer, 29.12.1914). In einem als Postskriptum formulierten Nachtrag wird die phatische Äußerung formuliert. Interessant ist hier die Gleichsetzung des Feindes mit den Schwaben, die als Bewohner der im Süden des deutschen Kaiserreichs gelegenen Region in der Wirklichkeit des Schreibers vielleicht dem lokalen Feind am nächsten kommen. Im gleichen Brief wechselt der Schreiber Xavier von Französisch auf Elsässisch zur Formulierung einer Frage, die sich auf künftige Pläne bezieht und möglicherweise familieninterne rekurrente Handlungsmuster beschreibt. Die Sprache der Äußerung entspricht zudem möglicherweise der Sprache, die der Schreiber für ein ungezwungenes Gespräch mit mehr oder weniger alltäglichen Inhalten wählen würde. So schreibt Xavier: *Im Pfingste müch du met mehr uf Rose und onf Ste Odile, gal du vet?* (Andlauer, 29.12.1914).[93]

Die beiden letzten Beispiele sind im Briefzusammenhang am Ende des Texts, in Form eines Postskriptums und kurz vor der epistolären Schlussformel, zu verorten, sodass hier zudem eine Bedeutung des Dialekts in der Interaktion vermutet werden kann.

---

[93] In etwa lässt sich die Frage folgendermaßen paraphrasieren: *An Pfingsten musst Du mit mir nach Rosenheim und auf den Berg Sainte-Odile, Du willst doch, oder?*

6.4.2.3 Codeswitching mit Schriftartenwechsel: Scriptswitching

Auch die Formen von Codeswitching, die durch einen Wechsel der Schriftart hervorgehoben sind, zeigen die im Vorhergehenden beschriebene diskursive Funktion des Herausstellens eines Zitates.

(516) [...] *Je forme*
des voeux pour qu'il aie chance et qu'il
ne retourne plus au feu.
(Santa Maria, bitte für uns)
En attendant le plaisir de vous lire,
Recevez, Chersparents mes meilleurs baisers
Jh Grandemange
(Joseph Grandemange jun., 7.8.1915)

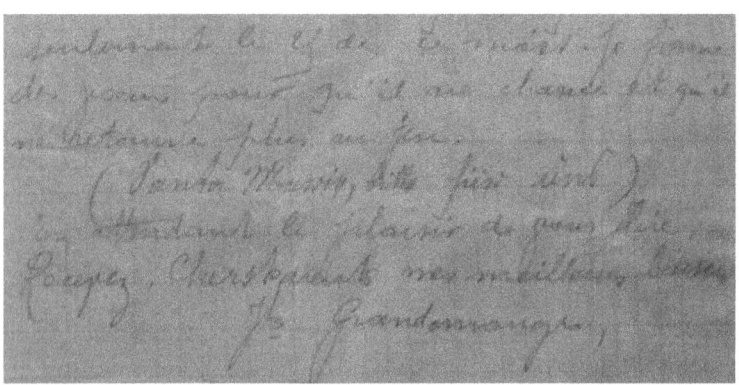

Abbildung 10: Scriptswitching zur Herausstellung eines Zitats (Joseph Grandemange jun., 7.8.1915).

Wie bereits erwähnt, ist der Fonds Grandemange nicht Teil des Subkorpus dieses Analysekapitels, dennoch wurde er bereits mehrfach in diesem Kapitel ergänzend herangezogen. Joseph Grandemange junior wechselt in (516) zur Explizierung seines Wunsches vom Französischen ins Deutsche, als er den Beginn oder den Titel eines Gebets zitiert, von dem er seinen Eltern schreibt, dass er es für seinen Bruder spricht oder sprechen möchte. Der Beleg ist graphisch zweifach graphisch hervorgehoben: einerseits durch Klammersetzung und andererseits durch den Wechsel von lateinischer Schrift in deutsche Kurrentschrift.

Joseph Grandemange lebt im *Territoire de Belfort* außerhalb des *Reichslandes*. Seine Korrespondenz weist neben diesem Beispiel, mit Ausnahme einiger metasprachlicher Kommentare zu einem späteren Zeitpunkt, als er sich in deutscher Kriegsgefangenschaft befindet, keine deutschsprachigen Elemente auf. Aus der Kriegsgefangenschaft bittet er am 30.4.1916 seine Eltern um Zusendung seiner Deutschlehrbücher, wodurch bestätigt wird, dass er in einer institutionalisierten Form das Deutsche erlernt hat. Es ist daher umso mehr herauszustellen, dass die deutschsprachige Sequenz in (516) in deutscher Kurrentschrift wiedergegeben ist. Es erfolgt hier also ein gleichzeitiger Wechsel der Sprache und der Schriftart, wodurch der Sprachwechsel auch graphisch markiert ist. Dies entspricht der üblichen Differenzierung in fremdsprachige und indigene Segmente (Elspaß 2005, 148) und der gleichzeitigen Hervorhebung des aus der Sicht des Schreibers fremdsprachigen deutschen Zitats. Dem Deutschen wird hierbei gemäß den (typo)graphischen Konventionen die deutsche Kurrentschrift zugeordnet, der französischen Sprache die lateinische Schrift.

Auch die deutschsprachigen Texte belegen, wie Beispiel (517), dass der Wechsel des sprachlichen Codes mit dem gleichzeitigen Wechsel der Schriftart verbunden sein kann. So schreibt Marie an ihren Mann Auguste Jeandon:

(517) *Auf baldige wiedersehn*
vielleicht für Neujahr deine treue Marie
Paul Maria und Adrienne
vient vite
(Marie Jeandon, 26.12.1917)

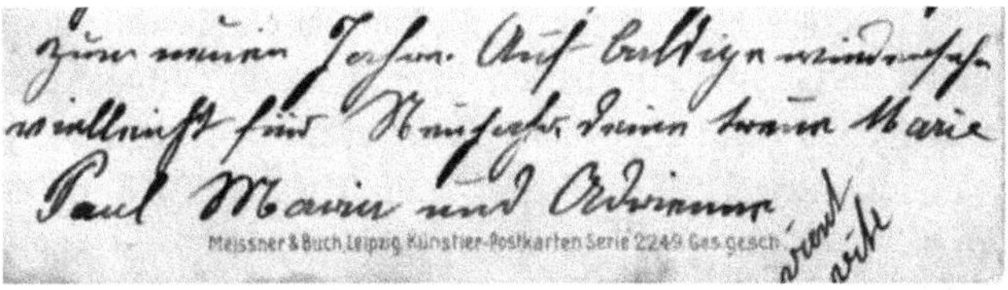

Abbildung 11: Codeswitching mit Scriptswitching im Postskriptum (Marie Jeandon, 26.12.1917).

Im Sinne eines Postskriptums (cf. Beispiel (515) fügt die Schreiberin an den deutschsprachigen und in Kurrentschrift gehaltenen Text *vient vite* in lateinischer Schrift an. Der Wechsel vom Deutschen als der offiziellen Sprache zum Französischen könnte in dieser spezifischen Kommunikationssituation dem Wechsel vom institutionellen Code (*they-code*) zum Code der Intimität und der persönlichen Involviertheit (*we-code*) entsprechen. Die Mobilisierung Auguste Jeandons im deutschen Heer gibt die Korrespondenz auf Deutsch vor, der

Wohnort der Familie Jeandon lässt jedoch eine stark frankophone Prägung der Familie im Alltag vermuten. Nach Gumperz (1982a, 93–94) kommt Codeswitching nicht nur eine kontrastiv hervorhebende Funktion zu, auch die Richtung des Switches verfügt über semantischen Gehalt und kann als metaphorische Erweiterung der Opposition des we- und they-code verstanden werden. In dieser Hinsicht könnte dem Wechsel im Beispiel von der im epistolären Genre üblichen Abschlussformel zum Ausdruck persönlicher Gefühle dieser zusätzliche semantische Gehalt zugeschrieben werden. Auer (1984, 88) zufolge, wird die den Sprachen zugeschriebene, über den lokalen Kontext hinausgehende Bedeutung, die in die Interaktion eingeschrieben und dort relevant wird, nur im markierten Fall, also bei divergierender Sprachwahl und Kommunikationssituation, relevant. Dies wäre im vorliegenden Fall gegeben, denn die in der Kommunikationssituation zu wählende Sprache ist das Deutsche.

Über den Gebrauch des formelhaften Zusatzes in Form eines emblematischen Switches (Poplack 1980) oder gar in Form von Tagswitching (Appel/ Muysken 1987, 118) drückt Marie Jeandon ihre ethnische Identifikation aus und kommuniziert Zugehörigkeit zu und Solidarität gegenüber einer Gruppe.[94] Den Zusammenhang von Codeswitching und Solidarität als Indikator für Gruppenzugehörigkeit und als we-code untersucht Mäkilähde (2018, 301): «[...] those cases where the function of CS is analysable [...] as establishing, indicating or maintaining ‹like-mindedness› between S [Speaker, L.S.] and H [Hearer, L.S.], in other words some form of in-group membership between them».

Der französische Zusatz könnte auch als nicht-funktionales Codeswitching bewertet werden, wenn der Sprachwechsel als durch die französischen Vornamen, die als trigger funktionieren und den Übergang von einem Code in den anderen ermöglichen, ausgelöst betrachtet würde. Möglicherweise ist die Assoziation des Französischen mit der lateinischen Schrift und des Deutschen mit der Kurrentschrift auch so stark, dass die Schreiberin unbewusst die aus ihrer Sicht angebrachte Schriftart für die Wiedergabe der jeweiligen Nationalsprache wählt.

Aus dem Fonds Andlauer ist ein Brief (Andlauer, 10.6.1915)[95] besonders hervorzuheben, der den Sprach- und Schriftartenkontakt besonders eindrucksvoll darstellt und der an dieser Stelle Erwähnung finden soll. In den folgenden Beispielen ist der Sprachwechsel jeweils von einem Wechsel der Schriftart begleitet und hervorgehoben. Der Wechsel vom Französischen ins Deutsche mit gleichzeitigem Wechsel in die Kurrentschrift erfolgt in Verbindung mit spezifischen

---

94 In Callahans Korpus funktioniert Spanisch häufig als affektiv aufgeladener ethnischer «solidarity marker» (Callahan 2004, 128).
95 Archiviert in den Archives départementales de Strasbourg unter der Referenz FRAD067_G-C_166_ANDLAUER_02_082 - FRAD067_GC_166_ANDLAUER_02_088.

Begriffen der deutschsprachigen bzw. elsässischen Kultur. Das erste Beispiel *manger une bonne **Artäpfelsup wie [thun], oder e dicker Eierkuche, Lawerknöpfel, Sürinelch o weißer Ruß*** belegt die Alternation im Zusammenhang mit kulinarischen Bezeichnungen von Gerichten, das zweite beim Attribut *Schweinehund*, das den deutschen Gegnern zugeschrieben wird: *qui se trouve aujourd'hui au millieu de cette fournaise de Boches, ésperons moins **Schweinhund***. Das deutsche Substantiv wird hier als *bare-form* in adjektivischer Funktion verwendet, die im Deutschen eher ungewöhnlich wäre. Der Text belegt eine Variante dieses Attributs, die zugleich eine hybride Schreibung unter Verwendung von Antiqua und Kurrentschrift (im Beispiel fett markiert) zeigt: *à mon poste en face des Soi**hunde***. Das dritte Beispiel der Verbindung von Script- und Codeswitching schient zum einen Züge eines Zitats aufzuweisen, indem die Worte eines Dritten, authentisch oder imaginiert, wiedergegeben werden. Zum anderen erfüllt die Verwendung des typischen weiblichen Vornamens *Gretchen*, der eng mit der deutschen Literatur verbunden ist, eine gewisse Stereotypisierung der Deutschen: *et surement beaucoup parmis eux ne verront plus leur **liebes Schätzchen (Gretchen)***.

Die Funktion von Codeswitching zur Herausstellung eines Zitats wird im Analysekorpus sowohl mit gleichzeitigem Schriftartenwechsel als auch ohne belegt. Der Brief belegt an verschiedenen Stellen den Zusammenhang von Redewiedergabe mit Sprachalternation. So scheint, dass bestimmte Sequenzen der Äußerung der Kommunikationspartnerin entnommen und zitiert werden, die zum Teil durch eine einleitende Formulierung, wie zum Beispiel *du sagst*, expliziert werden: *c'etait notre premier rencontre a Paris **es war wie du sagst so schön gewesen, es hat so sollen sein***. Weiter unten erfolgt die Wiederaufnahme in nahezu identischem Wortlaut: *et cett encore* ^{toi} *qui a eu le plaisir, de recevoir les siennes pour moi, **es hat so solle sein***. An anderer Stelle im Brief nimmt der Schreiber erneut den Wortlaut der Äußerung seiner Kommunikationspartnerin auf und leitet die Äußerung auch hier wieder explizit ein: ***du sagst dich drückts, nur du kannst nicht sagen**, mais pourquoi que ce qui d'embéche*. Der Wechsel der Sprache und der gleichzeitige Wechsel der Schriftart könnten auf die Äußerungssprache Deutsch bzw. Elsässisch hinweisen, die Alternation der Schriftart würde dementsprechend die beiden Varietäten graphisch voneinander absetzen.

Im letzten Beleg für Scriptswitching in Zusammenhang mit Codeswitching aus dem Fonds *Andlauer* wird die Inkonsequenz in der Anwendung der beiden Schriftarten deutlich, die auch die Belege aus dem Subkorpus dokumentieren. So beginnt der Sprachwechsel vom Französischen ins Deutsche in der Kurrentschrift (im Beispiel in Fettdruck) und wechselt bei der Schreibung des Toponyms *Rosheim*, hier in abgekürzter bzw. möglicherweise dialektaler Form, in lateinische Schrift. Der zweite Sprachwechsel erfolgt dann ausschließlich in lateinischer Schrift, möglicherweise ausgelöst durch das hybride Nominalsyntagma *Fahne tricolore*.

> *que nous serions heu-*
> *reux si Dieu le permet* **so nehmen**
> **wir zwei** <u>Rose in Sturm ein</u>. [...] *nous irons*
> *directement mettre le* <u>Fahne tricolore</u>
> <u>auf der Kirchturm. Wenns nur Mor-</u>
> <u>gen schon wäre.</u>
> (Andlauer, 3.1.1916)[96]

Die Hervorhebung des Sprachwechsels durch graphische Elemente wie beispielsweise Klammersetzung oder Anführungszeichen wird durch die Verwendung einer anderen Schriftart besonders deutlich. Codeswitching, das je nach Medium der Kommunikation in unterschiedlicher Weise hervorgehoben wird, wird als *flagged switching* bezeichnet:

> «These switches are marked at the discourse level by pauses, hesitation phenomena, repetition, metalinguistic commentary, and other means of drawing attention to the switch, with the result of interrupting the smooth production of the sentence at the switch point» (Poplack/Sankoff 1988, 1176).

Es handelt sich hier um die funktionale Markierung (*functional flagging*) des Sprachwechsels im Gegensatz zur Markierung, die aus Schwierigkeiten bei der Sprachproduktion resultieren, wie beispielsweise bei Häsitationsphänomenen (Poplack 2004, 593).

6.4.2.4 Scriptswitching in monolingual deutschen Texten

Der Wechsel der Schriftart ist nicht notwendigerweise an den Wechsel der Sprache gebunden. Die Schreiber im Korpus nehmen auch in monolingual deutschen Texten zum Teil einen Wechsel der Schriftart vor. In Übereinstimmung mit den schriftsprachlichen Konventionen (cf. Elspaß 2005, 148), erfolgt insbesondere bei Eigennamen, Toponymen und Elementen der Adresse der Wechsel von deutscher Kurrentschrift zu lateinischer Schrift, sowohl im Absatz der Adressierung als auch im Fließtext.

Bei der Angabe der Adresse kommt es häufig zu einer Vermischung der Schriftarten, wobei vielfach der Name des Adressaten und Toponyme in lateinischer Schrift (im Beispiel in Fettdruck markiert) und der übrige Text in Kurrent angegeben werden:

---

96 Die Unterstreichungen entsprechen dem Original.

(518) *Feldpostkarte*
   An Wehrmann **Jeandon**
   2te **Ersatz Batl.** *99.*
   3 Comp.
   in Neumühl
   bei Kehl
   Baden
   (Marie Jeandon, 20.12.1915)

Die Schreibung von Eigennamen und Toponymen in lateinischer Schrift scheint zum Teil die Schreibung darauffolgender Elemente in ebenfalls lateinischer Schrift auszulösen.

(519) *Feldpost*
   An
   Frau Aug **Jeandon**
   Polizeidiener
   in **Schnierlach**
   O/Els.
   (Auguste Jeandon, 19.11.1915)

Abbildung 12: Scriptswitching in monolingual deutschen Texten (Auguste Jeandon, 19.11.1915).

Der Wechsel von Kurrentschrift in lateinische Schrift gerade bei der Angabe der Adresse erstaunt umso mehr, als dass in der funktionellen Zuschreibung die Kurrentschrift der offiziellen

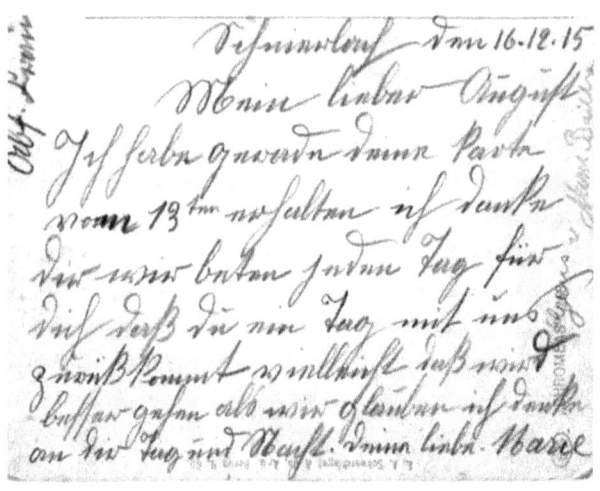

Abbildung 13: Scriptswitching bei der Unterschrift (Marie Jeandon 16.12.1915).

Kommunikation vorbehalten war. Die Tendenz, für Eigennamen lateinische Schrift zu verwenden, setzt sich im Fließtext der Korrespondenzen fort. In folgendem Beispiel verwendet Marie Jeandon sehr konsequent Kurrentschrift, unterschreibt jedoch in lateinischer Schrift:

Der frequente Wechsel von lateinischer zu Kurrentschrift beim Familiennamen *Jeandon*, lässt sich möglicherweise dadurch begründen, dass der Nachname mit der französischen Sprache identifiziert wird. Nicht nur beim Familiennamen *Jeandon* wird die Schriftart gewechselt, im Fließtext werden häufig Namen wie *Joseph Parmentier* (Marie Jeandon, 10.11.1916), *Raffner* (Auguste Jeandon, 2.8.1917) oder *Petitdemange* (Auguste Jeandon, 19.6.1918) in lateinischer Schrift geschrieben. Auch Verwandtschaftsbezeichnungen wie *Marraine* (Marie Jeandon, 28.10.1916) oder Toponyme wie *Marlen* (Auguste Jeandon, 2.7.1917) können im Fließtext in lateinischer Schrift wiedergegeben werden.

Einige Schreiber scheinen ihre eigene idiolektale Mischung der beiden Schriftarten entwickelt zu haben, wie Joseph Antoine in 1.11.1914, der zum Teil nur einzelne Buchstaben in Kurrent übernimmt. Die Übernahme eines einzelnen Buchstaben der einen in die andere Schriftart zeigt auch Paul Braun in folgendem Beispiel (520), in dem er bei der Schreibung des Lexems *Sonntag* die der Kurrentschrift entsprechende Majuskel verwendet:

(520) [...] *der*
 Komandant vom
 Depôt, war **Sonntag**
 bei ihm [...]
 (Paul Braun, 6.1.1919)

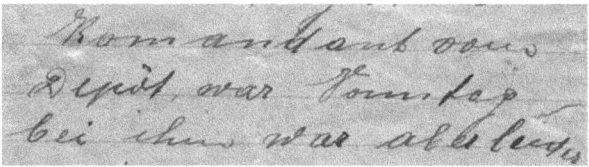

Abbildung 14: Scriptswitching einzelner Buchstaben
(Paul Braun, 6.1.1919).

Die Funktionen von Code- und Scriptswitching im Korpus lassen sich folgendermaßen synthetisieren:

Tabelle 30: Funktionen von Codeswitching im Korpus.

Codeswitching zur Diskursstrukturierung und -markierung – Rahmung mit epistolären Formeln – Adressatenspezifizierung im Text – Gebrauch von Diskursmarkern
emblematisches Codeswitching, evtl. in Kombination mit Scriptswitching – Ausdruck von Emotionalität – Markierung sozialer Zugehörigkeit
Codeswitching zur Herausstellung von Zitaten, evtl. in Kombination mit Scriptswitching
Scriptswitching in monolingual deutschen Texten – Markierung von Patronymen und Toponymen – Nicht-funktionale Wechsel – hybride Schreibungen

Nach dem umfangreichen Bereich des Codeswitching ergibt sich aus der Betrachtung sprachkontaktinduzierter Formen im Analysekorpus ein zweites bedeutendes Feld, das den individuellen Bilingualismus der Schreiber sowie den sozialen Bilingualismus der Sprachgemeinschaft, in der sie leben, vereint: die Entlehnung fremdsprachiger Elemente in einer Äußerung.

6.4.3 Entlehnungen

6.4.3.1 Vorbemerkungen

Entlehnungen bezeichnen die Übernahme lexikalischer, diskursiver oder syntaktischer Elemente einer anderen Sprache in ein Sprachsystem (Siblot/Steuckardt 2017a, 124). Bei der Betrachtung von Entlehnungen müssen grundsätzlich zwei den Begriff konstituierende theoretische Aspekte getrennt gedacht werden: der Vorgang der Entlehnung, die der Schreiber vornimmt, und das Ergebnis einer Zusammenfassung dieser Prozesse auf der Ebene des Systems (Siblot/Steuckardt 2017a, 124; Winter-Froemel 2011, 1). Entlehnung bezeichnet so einerseits von einer Sprache in eine andere übernommene Wortformen und andererseits den Prozess dieser Übernahme. Im Folgenden wird der Fokus auf den vom individuellen Schreiber vorgenommenen Vorgang der Entlehnung unter Berücksichtigung des Kontexts und der Kommunikationssituation gerichtet. Dabei ist in den meisten Fällen der Okkurrenzen die erste Verwendung, also Innovation im engeren Sinne, nicht gegen eine bereits erfolgte und mehr oder weniger etablierte Übernahme in den idiolektalen und überindividuellen Sprachgebrauch abzugrenzen (cf. zu den Begriffen Winter-Froemel 2011, 212–214). Die allgemeine Nachzeichnung des Entlehnungsprozesses bestimmter Entlehnungen ist jedoch nicht Ziel dieser Arbeit, vielmehr geht es um die exemplarische Beschreibung der kontaktinduzierten Entlehnungen in der individuellen Äußerung.[97]

Als Ausgangslage einer am Sprachbenutzer orientierten Definition von Entlehnungen betrachtet Alexieva Entlehnungen als Kopien eines Etymons in der Zielsprache und erklärt so Inkongruenzen struktureller und semantischer Eigenheiten der Entlehnung im Vergleich zum Etymon:

---

[97] Aus der Perspektive der exemplarischen Beschreibung von Entlehnungen in der individuellen Äußerung wird auf eine Quantifizierung der Entlehnungen verzichtet. Für eine quantifizierende Erfassung wäre die begriffsgeschichtliche Analyse jedes Lexems im Korpus ab dem 13. Jahrhundert eine Voraussetzung. Dies kann in der vorliegenden Arbeit nicht geleistet werden und verspricht zudem für den individuellen Sprachgebrauch nur begrenzte Einsichten.

«A closer look shows that foreign words are not really ‹borrowed› into other languages – either literally or metaphorically. They are not transferred across languages, and the source language, as is well known, is not deprived of any of its ‹borrowed› words. What, to my mind, really happens is *the creation of close lexical copies of the respective foreign words by the ‹borrowing› language itself*. This process involves the active imitation of the form of the source words by substituting the original phonemes and graphemes with those of the recipient language, which means that the latter creates copies using its own resources. Then it subjects these copies to overall grammatical assimilation and uses them to express what is usually only a part of the semantics of their etymons» (Alexieva 2008, 48; Herv. im Original).

Kritisch merkt Winter-Froemel (2011, 269) die Setzung der Zielsprache als Agens an und plädiert für die Setzung des Sprechers bzw. Schreibers als Agens. Mit dieser Definition wird der Fokus auf den kommunikativen Aspekt von Entlehnung, den Entlehnungsvorgang, den ein Sprecher in einer konkreten Situation vornimmt, gerichtet.

Eine den individuellen Sprachbenutzer ins Zentrum stellende Perspektive muss notwendigerweise die je spezifischen Kontexte der Entlehnungssituation mit den (anderen) beteiligten Sprachbenutzern und ihren Wissensbeständen berücksichtigen (cf. Winter-Froemel 2011, 17). Für das vorliegende Korpus sind insbesondere die jeweiligen Kenntnisse und Kompetenzen der Schreiber in Ausgangs- und Zielsprache von Bedeutung. Hypothesen zu den Wissensbeständen der Schreiber können auf der Grundlage der Schreiberbiographie (cf. 6.2.2) aufgestellt werden.

Entlehnungen sind in Schreibung und Aussprache durch einen Prozess der Integration[98] je unterschiedlich stark an die Zielsprache angepasst. Lehnwortintegration bedeutet den Abbau struktureller, in der Zielsprache fremder Merkmale und die Ersetzung dieser Merkmale durch der Zielsprache entsprechende Elemente (Winter-Froemel 2011, 87).[99] Bezüglich der bei der Integration tatsächlich ablaufenden Mechanismen sowie der von den Schreibern angewandten Strategien können lediglich Hypothesen formuliert werden, da jeweils nur das Ausgangswort und die verwendete Form der Zielsprache verglichen werden können (Winter-Froemel 2011, 18). Hinsichtlich eines lediglich gering ange-

---

[98] Integration soll in Anlehnung an Winter-Froemel (2011) als formale Veränderung eines Wortes und seine Anpassung an die Zielsprache verstanden werden, nicht als Gebrauch fremdsprachlicher Wörter und daran anschließender Übergang in den Wortschatz der Zielsprache (cf. Winter-Froemel 2011, 76).
[99] Integrationsprozesse sind immer auch zeitgenössischen Strömungen unterworfen: So werden bis Ende des 18. Jahrhunderts englische Entlehnungen in der französischen Graphie an die Aussprache angepasst (*ear-loans*), bis Beginn des 20. Jahrhunderts wird tendenziell die originale Schreibung der Anglizismen übernommen (*eye-loans*), aus der die Aussprache in der Zielsprache abgeleitet wird (Winter-Froemel 2011, 13).

passten fremdsprachigen Elements stellt die französische Forschung den Terminus *xénisme* bereit: «l'emprunt d'une unité lexicale qui demeure perçue par les locuteurs comme n'appartenant pas à la langue réceptrice» (Siblot/Steuckardt 2017b, 421).

Die sich aus der unterschiedlichen Anpassung ergebenden verschiedenen Grade der Integration erlauben eine je unterschiedliche Interpretation hinsichtlich des Status der entlehnten Form, wie beispielsweise bei der Entscheidung eine bestimmte Form als Codeswitching oder als Entlehnung zu betrachten (cf. hierzu auch 6.4.4). Nicht nur formal divergiert die Charakterisierung entlehnter Formen, ihre Aktualisierung und die damit verbundenen Konnotationen variieren in einem gegebenen Kontext sprecherabhängig erheblich (Siblot/Steuckardt 2017b, 422).

Carstensen (1965) identifiziert in seiner Arbeit zu Anglizismen im Deutschen mit Schwerpunkt auf der Pressesprache verschiedene Stufen der Übernahme fremdsprachiger Wörter: die niedrigste Stufe im Prozess der Integration ist eine die Entlehnung begleitende Erklärung zur Verständnissicherung. In einem nächsten Schritt wird auf die Erklärung verzichtet, die Entlehnung wird jedoch typographisch durch Anführungszeichen, Kursivdruck oder beides markiert. Die höchste Stufe der Integration ist in der unmarkierten Schreibung ohne Erklärung erreicht. Der Gebrauch von Majuskeln bei aus dem Englischen ins Deutsche entlehnten Lexemen gibt die feste Integration ins Lexikon des Deutschen an (Carstensen 1965, 90–91).

Bei der unterschiedlich ausgeprägten Adaptation fremdsprachiger Wörter an die Zielsprache steht der individuelle Sprachbenutzer im Mittelpunkt der Beobachtungen, denn dem formalen und semantischen Wandel gemeinsam «ist die Tatsache, dass die jeweiligen Veränderungen vom Rezipienten ins Spiel gebracht werden, indem dieser einen aktualisierten Zeichenausdruck (re)analysiert» (Winter-Froemel 2011, 288).[100] Die von den Verfassern der Ego-Dokumente vorgenommenen und verwendeten Entlehnungen im Korpus und die jeweils unterschiedlichen Grade ihrer Integration werden in den folgenden Unterkapiteln beschrieben.[101]

6.4.3.2 Entlehnungen im Korpus

Ab dem 18. Jahrhundert nimmt die Zahl der Entlehnungen aus dem Deutschen bzw. aus deutschen Mundarten ins Französische zu. Dabei stellt neben der Mine-

---

[100] Winter-Froemel (2011) thematisiert die Reanalyse einzelner Entlehnungen explizit ausschließlich im Medium des Mündlichen.
[101] Martineau (2018, 80) hält Entlehnungen aus dem Englischen im französischen Tagebuch von Charles Morin fest, ohne diese allerdings weiter zu klassifizieren oder zu beschreiben.

ralogie die Militärterminologie einen der Schwerpunktbereiche, aus dem viele Bezeichnungen entlehnt werden, dar (Stefenelli 1981, 237). Neben Lexemen, die lange vor der Redaktion der Ego-Dokumente im Französischen dokumentiert sind, wie zum Beispiel *obus* vom dt. *Haubitze* (TLFi 1994, s.v. *obus*), belegt das Analysekorpus einige frühe Verwendungsweisen von Entlehnungen. Die Analyse der Entlehnungen versteht sich nicht als exhaustive Erfassung aller aus anderen Sprachen übernommenen Formen im Französischen. Vielmehr gilt es, den in sprachlichen Entlehnungen fixierten Sprachkontakt, wie er von den Autoren der Ego-Dokumente aktualisiert wird, aufzudecken und zu beschreiben.

Folgende Beispiele des Korpus sind als Entlehnungen aus dem Deutschen ins Französische oder aus dem Französischen ins Deutsche[102] zu charakterisieren:

(521)   *Ont nous averti que nous*
        quitteront demain matin
        a 7 heurs pour Noroy le sec
        *poure **Ersatz** aux Rgt 132*
        (Auguste Jeandon, 28.3.1916)

(522)   *le **Ers.Bat**.*
        (Auguste Jeandon, 28.6.1916)

Laut dem TLF ist *ersatz* seit 1916 als militärischer Begriff etabliert (TLFi 1994, s.v. *ersatz*), Bloch und von Wartburg zufolge bereits ab 1915 (Bloch/Wartburg 1964, 232). Im FEW (III 1934, s.v. *ersatz*) ist für *Ersatz* lediglich die Bedeutung 'succédané, spéc. produit alimenatire destiné à en remplacer d'autres qui sont devenus rares' mit dem Zusatz «Während des Weltkrieges aus dem d. übernommen, da Deutschland auf alle weise bedacht sein musste, die knapp gewordenen oder fehlenden lebenswichtigen produkte zu ersetzen» vermerkt. Unter der Annahme, dass der Gebrauch eines Lexems einem Eintrag im Wörterbuch zeitlich vorausgeht, ist das Lexem, als Jeandon sein Tagebuch verfasst, im Prozess der Konsolidierung, insbesondere in der militärischen Terminologie. Die Verwendung der Majuskel als Reminiszenz an das deutsche Etymon mag das Sprecherbewusstsein des Zweisprachigen um den Wortursprung anzeigen. Ungewöhnlich ist die unterlassene Apostrophierung des bestimmten Artikels in

---

[102] Nicht nur Handschriften, sondern auch gedruckte Postkarten enthalten Entlehnungen, wie das aus dem Französischen entlehnte *bagage* zeigt: *Deutsche **Bagage** in Grajewo* (Jean-Baptiste Jeandon, 1.9.1915). Das Kollektivum zu frz. *bagues* 'Gepäck' *Bagage* bedeutet im Französischen 'Troß'. Die semantische Reduktion zu 'Gesindel' liegt nur im Deutschen vor und erfolgt bei Entlehnung (Kluge 2002, s.v. *Bagage*).

(522), die möglicherweise eine gewisse Distanzierung des Schreibers zum etymologisch deutschen Wort anzeigt.[103]

Der folgende Auszug aus Lacombes Tagebuch ist ein früher Beleg für die Entlehnung *taube*:

(523) *Aussi voyons-nous plusieurs*
       Taubes *cannonés par nos artilleurs.*
       (Germain Lacombe, 18.11.1914)

Die *Taube* ist ein vor und im Ersten Weltkrieg von Deutschland konstruiertes und verwendetes Flugzeug, «[a]vion boche; [...] extension du nom d'une marque d'avion de bombardement» (Esnault 1919, 513), das seinen Spitznamen seiner der einer Taube ähnelnden Flügelform verdankt: «Sorte d'avion boche ressemblant à un pigeon (*taube* en allemand)» (Déchelette 1972, 210). Die Entlehnung aus dem Deutschen ist von Dauzat ab 1914 dokumentiert (Dauzat 1938, 701), von Esnault wird sie auf etwa 1915 datiert (Esnault 1919, 513). Rézeau belegt *taube* 'avion allemand' ab 1912, das zum Teil ohne Genusmarkierung auftritt. Zudem kann die Verwendung einer initialen Majuskel sowie des deutschen Pluralmorphems *-n* von einer unvollständigen Adaptation zeugen (Rézeau 2018, s.v. *taube*).[104] Es handelt sich hier also um einen frühen Nachweis des Lexems im Sprachgebrauch. Neben der Lexikalisierung spricht in Beispiel 0 die Integration der Entlehnung in Bezug auf die Schreibung für die Zuweisung als Entlehnung, da die Pluralmarkierung nach französischem Vorbild durch das Pluralmorphem *-s* vorgenommen wird. «Was morphologische Aspekte von Entlehnungsprozessen angeht, so wird allgemein angenommen, dass morphologisch unanalysierte Formen übernommen werden bzw. dass das Flexionsverhalten von Lehnwörtern durch das System der ZS [Zielsprache, L.S.] bestimmt ist» (Winter-Froemel 2011, 18).

Beim Vorgang der Entlehnung erfährt die entlehnte Form einen Genuswechsel von *die Taube* zu *le Taube*, möglicherweise beeinflusst durch das französische *le pigeon*. Hinzu kommt, dass im Allgemeinen «[...] eine Zuweisung zum maskulinen Genus als das häufigste, unmarkierte Integrationsverfahren angesetzt» (Winter-Froemel 2011, 18) wird.

Auch andere Schreiber des Gesamtkorpus, deren Texte nicht so deutlich wie die Texte dieses Subkorpus durch Sprachkontakt beeinflusst sind, verwenden ebenfalls diese Entlehnung:

---

103 Zum Vergleich: Frantext (1998-2020) liefert keine Belege für *le ersatz*, wohl aber 38 Okkurenzen im gesamten Korpus für *l'ersatz* [letzter Zugriff: 25.10.2017].
104 Im TLFi (1994) und im FEW ist *taube* nicht aufgeführt, im GrandRobert (2001, s.v. *taube*) mit dem Zusatz *vieux* ab 1914.

(524) Cher Paul **les**
taube marche contuniellement
(Marie Anne Grandemange, 16.2.1915)

(525) Le 14 écoulé il
est venu un ~~focker~~ **taube** boche
sur le haut de la Goutte du rieux
[...] le monde disait
qu'estque l'on entend, moi j'ai dit
c'est **le taube** qui bombarde
(Joseph Grandemange sen., 16.3.1916)

(526) Maintenant, je vais te dire q. q. mots sur le
«bombardement» **des taubes** sur St Maurice
(Paul Colle, 31.1.1916)

Alle drei Schreiber wohnen nicht im *Reichsland Elsass-Lothringen*. Sie verwenden in ihrer Korrespondenz ausschließlich Französisch, obwohl sich gelegentlich Einflüsse der in den südlichen Vogesen gebräuchlichen Dialektvariante feststellen lassen. Die Verwendung der deutschen Entlehnung von vorwiegend einsprachigen Schreibern unterstreicht die Verbreitung der Entlehnung bereits zur Zeit des Ersten Weltkrieges. Das Genus in (525) stimmt mit dem Genus in (523) überein. In (524) wird der Plural graphisch nicht durch ein Pluralmorphem markiert, was sich jedoch auch dadurch erklären ließe, dass weniger erfahrene Schreiber in der gesprochenen Sprache nicht realisierte finale Konsonanten graphisch häufig nicht wiedergeben. In (526) wird der Plural sowohl prädeterminierend als auch mittels eines Pluralmorphems markiert.

Verschiedene Formen eines Etymons im Korpus lassen sich mit Winter-Froemel, die «Variation als ein offensichtliches und wichtiges Merkmal vieler Entlehnungsprozesse» (Winter-Froemel 2011, 27) betrachtet, mit Polymorphie erklären. Dabei sind «einem bestimmten Konzept [sind] (innerhalb der ZS) mehrere Ausdrücke zugeordnet» (Winter-Froemel 2011, 27) sind. Dies kann sogenannte Luxuslehnwörter[105] betreffen, wenn in der Zielsprache zumindest ein weiterer

---

105 Die Termini *Luxus-* und *Bedürfnislehnwort* werden in der Forschung kontrovers diskutiert, beeinflusst auch durch die häufig von Purismus geprägte Diskussion. Daher werden die Kategorien nicht selten verworfen. Die Schwierigkeit in der Verwendung der Begriffe liegt einmal darin begründet, dass aus Sprecherperspektive immer ein irgendwie geartetes Bedürfnis zur Entlehnung besteht, welches z.B. auch affektiv oder konnotativ sein kann, und reine Luxuslehnwörter so gesehen nahezu nicht existieren. Zum anderen ist auch die Begründung der Auf-

Ausdruck vorliegt, aber auch die Schaffung unterschiedlicher Formen in der Zielsprache für ein Wort in der Ausgangssprache bedeuten. Zur Erklärung der Varianten in einer Sprachgemeinschaft führt Winter-Froemel, neben kommunikativen, soziolinguistischen und stilistischen Faktoren, die Ausprägung der Zweisprachigkeit in der jeweiligen Sprachgemeinschaft an:

> «Bei sehr heterogenen Kenntnissen bezüglich der AS [Ausgangssprache, L.S.] lässt sich annehmen, dass die Entstehung von Varianten begünstigt wird (d.h. sowohl wenig als auch stark integrierte Formen realisiert werden), während bei homogenen Kenntnissen der AS tendenziell eher eine geringe Zahl von Varianten zu erwarten ist» (Winter-Froemel 2011, 29).

Die Entlehnung einer deutschen Bezeichnung zusätzlich zu einer im Französischen bereits vorliegenden Form wird an folgendem Beispiel (527) des Schreibers Germain Lacombe deutlich. Er verwendet sowohl das französische Lexem *Empereur* als auch das deutsche *Kaiser* und beweist, dass er über beide sprachliche Formen (beide *signifiants*) des einen *signifiés* verfügt.[106]

(527) *Les C^{ments} de*
compagnie craignent une attaque
gènerale des Allemands, car le
27 est le jour de l'anniversaire
*de la naissance de **l'Empereur***

---

nahme eines Lehnworts mit dem Bezeichnungsbedürfnis unzureichend, da dem Sprecher grundsätzlich immer auch andere Optionen, wie beispielsweise die Paraphrasierung oder die Neuschöpfung, zur Verfügung stehen (Winter-Froemel 2011, 303-304). Dennoch spielt die Unterscheidung in einigen Kontexten, wie bei den Motiven für Entlehnungen, beim Sprachwandel, bei der Verbreitung von Entlehnungen und deren Verlauf sowie beim Bedeutungs- und Bezeichnungswandel, zumindest implizit eine Rolle und erscheint daher von gewisser Relevanz (Winter-Froemel 2011, 304-308). Winter-Froemel führt in Anlehnung an den Begriff der Katachrese aus der Rhetorik eine auf linguistischen Kriterien beruhende Differenzierung in katachrestische und nichtkatachrestische Innovation ein, die nach dem Vorhandensein eines lexikalisierten Ausdrucks in der Zielsprache fragt. Eine katachrestische Innovation liegt vor, wenn in der Zielsprache keine lexikalisierte Bezeichnungsalternative existiert. Handelt es sich dagegen um eine nichtkatachrestische Innovation, stellt die Zielsprache eine lexikalisierte, alternative Bezeichnung für ein Konzept bereit. Katachrestische und nichtkatachrestische Innovationen rufen jeweils unterschiedliche Inferenzen hervor, wobei sich nichtkatachrestische Innovationen durch eine grundsätzliche Markiertheit auszeichnen (Winter-Froemel 2011, 308-3019).
106 Im TLFi (1994, s.v. *kaiser*) und im GrandRobert (2001, s.v. *kaiser*) ist *kaiser* in einem isolierten Beleg aus dem Jahr 1859 und dann ab 1913 belegt, im FEW (II,1 1949, s.v. *Caesar*) hingegen nicht.

et ils pourraient bien faire
une attaque effort extraordina[ire]
pour presenter un cadeau de
victoire au **Kaiser**.
(Germain Lacombe, 25.1.1915)

In der Terminologie Winter-Froemels handelte es sich hier um eine nichtkatachrestische[107] Innovation, da das Französische zum Zeitpunkt der Entlehnung bereits ein lexikalisiertes Äquivalent bereitstellt (Winter-Froemel 2011, 308–315). Allerdings ist das dt. *Kaiser* spezifisch für den deutschen Kulturkreis und bietet so den Vorteil den Referenten zu spezifizieren und eindeutig zu identifizieren. Aus dieser Perspektive könnte die Form wiederum als eher katachrestisch betrachtet werden. Aus semantischer Perspektive erfolgt bei der Verwendung von *Kaiser* eine Verengung der Bedeutung auf die speziellere Komponente des Kaisers Wilhelm II. Diese Reduktion von Polysemie der Ausgangssprache in der Zielsprache entspricht einer generellen Tendenz bei Entlehnungen (Alexieva 2008, 43; Winter-Froemel 2011, 21). In Beispiel (527) erfolgt nicht die Zuschreibung einer spezielleren Bedeutung in der Zielsprache, die das entlehnte Wort in der Ausgangssprache nicht hat, es erfolgt lediglich eine Verengung auf eine Bedeutungskomponente durch Entlehnung einer konkreten Bedeutung.

So könnte die parallele Verwendung der beiden Ausdrücke auch als Spiel mit den Bezeichnungen und als als ironisch markierte Ausdrucksweise gewertet werden, was von der Tatsache, dass «nichtkatachrestische Innovationen [...] grundsätzlich als markiert gelten können» (Winter-Froemel 2011, 319), unterstrichen wird.

Eine weitere Entlehnung aus dem Deutschen, die während des Ersten Weltkriegs verstärkt gebraucht wird, ist *capout* (TLFi 1994, s.v. *capout*). Das aus dem deutschen *kaputt* und aus dem niederländischen *kapot*[108] entlehnte Adjektiv *capout* weist Affinitäten zum Sprachgebrauch der Soldaten auf und wird als 'Tué! ou tuer!' (TLFi 1994, s.v. *capout*) und als «Mot latin *caput*, tête, prononcé ainsi par les Allemands. Kapout exprime la menace de mort, exactement de décapitation. Les Allemands en se rendant demandent la vie sauve en disant, Kamarade, pas kapout; d'où son emploi des poilus» (Déchelette 1972, 125) umschrieben. In einem weiteren Verständnis kann die Wendung *moi, pas capout!* als Synonym

---

[107] «Innovation, die neben eine bereits in der Sprache vorhandene, alternative Bezeichnung für das jeweilige Konzept tritt» (Winter-Froemel 2011, XVII).
[108] Während im TLFi als etymologischer Ursprung die germanischen Sprachen, genauer das Deutsche und das Niederländische (TLFi 1994, s.v. *capout*), angegeben sind, gibt Rey (2010, s.v. *kapout*) nur das Deutsche an.

zu *Grâce!* gewertet werden, insbesondere im Zusammenhang einer Gefangennahme (Esnault 1919, s.v. *capout*). Die folgenden Beispiele aus dem gesamtkorpus illustrieren den Gebrauch in den Jahren 1914 und 1915:

(528) *plusieurs de ces curieux nous montraient le poing, la canne,*
*nous criaient Paris **Capout***
(Justin Poinçot, 23.8.1914)

(529) *Tous les jours*
*on venait nous dire que Paris était pris (Paris **capout**)*
(Justin Poinçot, 24.8.1914)

(530) *d'après*
les dires des Prisonniers Bôches
*«152ème, Lions, toujours nous **kapout***
avec soldats pareils» Ce qui veut
dire que les Soldats du 152eme
se battent comme des lions et
*qu'ils \Les Bôches/ seront toujours '**capout**' avec*
de tels braves.
(Paul Grandemange, 12.5.1915)

Die Graphien in Beispiel (530) machen deutlich, dass Paul Grandemange, in der wörtlichen Redewiedergabe der deutschen Gefangenen auch das deutsche Graphem <k> verwendet, wohingegen er in seiner eigenen metasprachlichen Erklärung <c> wählt und das Lexem in seiner Paraphrasierung der erklärungsbedürftigen Aussage graphisch absetzt.

Auch die deutschsprachigen Texte des Korpus belegen Entlehnungen aus dem Französischen. Die Verwendung von *département* im Beispiel (531) ist auch im heutigen Sprachgebrauch nicht ungewöhnlich und lässt sich durch das fehlende Äquivalent im Deutschen begründen. Bei *département* handelt es sich um eine spezifisch französische Form der geopolitischen Administration, weswegen der Schreiber im Beispiel die französische Bezeichnung übernimmt:

(531) [...] *Vergesse*
nicht auf der Adresse
*das **departement** (Loire)*
Brief kommt später
an dadurch.
(Paul Braun, 6.1.1919)

Es handelt sich hierbei um eine hybride Schreibung, da die Schreibung mit Minuskel auf die Schreibung des Etymons im Französischen verweist, die Auslassung des Akuts jedoch wiederum auf die deutsche Orthographie.[109] In anderen Kontexten verwendet Paul Braun in seinen Briefen den Akut zwar nicht immer systematisch, aber doch so regelmäßig, dass sein Ausbleiben in diesem Kontext nicht als generelle idiolektale Regelmäßigkeit gewertet werden kann. In Beispiel (532) verwendet der Schreiber das im 18. Jahrhundert aus dem Französischen entlehnte *Depot* (Kluge 2002, s.v. *Depot*), indem er es wie im Französischen mit Zirkumflex, allerdings ohne Akut, und mit Majuskel schreibt.

(532) [...] der
Komandant vom
Depôt, *war Sonntag*
bei ihm
(Paul Braun, 6.1.1919)

Bei dieser hybriden Form kann letztlich nicht eindeutig entschieden werden, ob es sich um eine teilweise an die französische Orthographie angepasste Schreibung der Entlehnung ins Deutsche oder um Einzelwortcodeswitching mit partiell an das Deutsche angepasster Graphie handelt. Dies wirft eine bisweilen problematische und nicht eindeutige Differenzierung zwischen Entlehnung einerseits und Codeswitching andererseits auf, die je nach Perspektivierung unterschiedlich beantwortet werden kann. Das Analysekorpus bietet weitere Belege für einzelne aus einer anderen Sprache übernommene Lexeme in den Ego-Dokumenten. Die Frage der Differenzierung von Entlehnung und Einzelwortcodeswitching wird im folgenden Unterkapitel aufgegriffen und vertieft.

6.4.4 Zur Abgrenzung von Entlehnung und Codeswitching bei Einzelwörtern

Entlehnungen sind nicht immer eindeutig von Codeswitching, bei dem die beiden beteiligten Sprachsysteme zumindest in einigen Aspekten diskret bleiben, abzugrenzen. Zur Differenzierung von Codeswitching und Entlehnungen ist festzustellen, ob es sich um einen momentanen Wechsel der Sprache handelt oder ob die Elemente einer Sprache bereits Bestandteil der anderen (gewor-

---

[109] Cazeaux verwendet in seinem 1867 publizierten *Versuch über das Beibehalten der deutschen Sprache im Elsaß* das aus dem Französischen entlehnte *Departementen* (Cazeaux 1867, 16) und *Departemente* (Cazeaux 1867, 43), die die orthographische und morphologische Integration in die deutsche Sprache anzeigen.

den) sind. Bei der Betrachtung einzelner Wörter erweist sich dies als besonders komplex, vor allem aus synchronischer Perspektive ist die Differenzierung nahezu unmöglich (Auer/Eastman 2010, 86; Gardner-Chloros 2009, 30–31). Diese Differenzierung erscheint jedoch umso relevanter, als dass in verschiedenen Korpora die Inserte einzelner Lexeme einer Sprache in eine andere eine hohe Frequenz aufweisen (cf. u.a. Adamou 2016, 78).

Üblicherweise beruht die Einschätzung einer sprachlichen Form als Lehnwort oder als Einzelwortcodeswitching auf der phonologischen, morphologischen und syntaktischen Integration des Lexems.[110] Callahan (2004, 5) berücksichtigt darüber hinaus auch die Motivation des Sprechers, die Formen zu gebrauchen.

Das Kriterium der phonologischen Integration wird häufig zur Abgrenzung von Entlehnungen und Codeswitching verwendet. Seine Zuverlässigkeit wird jedoch aufgrund intraindividueller Variation und struktureller Ähnlichkeit der phonologischen Systeme kritisch diskutiert.[111] Auf das vorliegende Analysekorpus kann es ohnehin nicht angewandt werden, da Kriterien der Aussprache nicht zur Verfügung stehen.[112] Auch das von Callahan aufgenommene Kriterium der Motivation des Sprechers ist in historischen Texten nicht direkt zugänglich und nur rekonstruierbar.

Neben phonologischer Adaptierung, die mit orthographischer einhergehen kann, sind Quantität und Frequenz weitere Faktoren der Differenzierung (Callahan 2004, 6). Während frühere Studien zum Codeswitching einzelne Lexeme zumeist als Entlehnungen klassifizieren (Callahan 2004, 7–8), betrachtet Myers-Scotton (1993), unter der Voraussetzung der spontanen Verwendung des Lexems, das nicht Teil des Lexikons der betreffenden Varietät der Sprechergemeinschaft ist, einzelne Wörter als Codeswitching. Als methodolo-

---

110 Semantische Kriterien können zwar die Etablierung einer Entlehnung beeinflussen, sind jedoch bei ihrer Differenzierung von einem Codeswitch von geringerer Relevanz: «Semantic criteria– above all the question of whether there is a corresponding non-borrowed word with approximately the same meaning available in variety B, or whether the borrowing fills a lexical gap– may influence whether a word becomes an established loan, but cannot indicate where the word is on the integration scale at a given moment» (Auer/Eastman 2010, 86).
111 Phonologische Kriterien zur Definition von Lehnwörtern sind insofern problematisch, als es auch phonologisch nicht integrierte Lehnwörter gibt (Poplack 1980, 598; Winter-Froemel 2011, 35).
112 Cf. hierzu auch Winter-Froemel (2011, 34): «Dabei ist allerdings grundsätzlich anzumerken, dass entsprechende lautliche Kriterien bei medial graphischer Kommunikation nicht anwendbar sind».

gisches Kriterium zur Unterscheidung dient hier die Frequenz, Myers-Scotton spricht ab drei Okkurrenzen von Entlehnung (Myers-Scotton 1993, 16 und 163).[113]

Im Zusammenhang der Abgrenzung von Codeswitching und Entlehnung differenziert Myers-Scotton (1993, 169) zwei semantische Typen von entlehnten Einzelwörtern. Kulturspezifische Lehnwörter, «cultural loans» (Myers-Scotton 1993, 169), bezeichnen Konzepte oder Objekte, die neu in der Kultur der Zielsprache sind, wie zum Beispiel institutionelle Terminologie. Solche Entlehnungen werden leichter von Monolingualen angenommen, da sie neue Konzepte und Objekte bezeichnen, für die noch keine Bezeichnung existiert. Dagegen kennzeichnen Kernwortschatzentlehnungen, sogenannte «core forms» (Myers-Scotton 1993, 169), Elemente, für die ein Äquivalent in der Zielsprache vorhanden ist und deren Aufnahme keiner tatsächlichen lexikalischen Notwendigkeit entspricht.[114] Sie sind daher häufig redundant. Der Gebrauch dieser entlehnten Formen erfordert Zweisprachigkeit, ihr Status unterscheidet sich, zumindest am Anfang, nicht von Codeswitching-Formen. Callahan (2004) hingegen differenziert Entlehnungen und Codeswitching nicht über die Frequenz, sondern über die Zugänglichkeit für monolinguale Sprecher. Ist eine Form nur Sprechern mit zumindest ansatzweise bilingualer Kompetenz zugänglich, wird sie als Codeswitching behandelt. Eine Form mit Eintrag in einem einsprachigen Standardwörterbuch wertet sie als Entlehnung (Callahan 2004, 38). Gardner-Chloros (1991) verfolgt zur Quantifizierung von Codeswitching einen ähnlichen Ansatz, indem sie Lexeme einer Sprache, die auch von monolingualen Sprechern der anderen Sprache weitverbreitet und häufig genutzt werden, als Entlehnungen klassifiziert. Diese Formen werden nicht in ihre weitere Analyse von Codeswitching einbezogen. Zur Bestimmung dieses Einzelwörter-Codeswitching ordnen drei bilinguale Straßburger die möglichen Codeswitches den drei Kategorien *Entlehnungen*, *Switches* und *Zwischengruppe* zu (Gardner-Chloros 1991, 162).[115]

---

113 Callahan kritisiert Myers-Scottons Ansatz, ab drei Okkurenzen von Entlehnung zu sprechen, da das Korpus die Okkurrenzen stark beeinflusst (Callahan 2004, 10), Myers-Scotton selbst gibt dieses Kriterium in späteren Arbeiten auf (Adamou 2016, 67).
114 Die von Myers-Scotton angeführten Termini zur Differenzierung von Entlehnungen und Codeswitching verweisen auf die Unterscheidung von Bedürfnis- und Luxuslehnwort, wobei sich *Cultural loans* der Kategorie der Bedürfnislehnwörter annäherten und *Core forms* neben in der Zielsprache existierenden Formen stünden (Winter-Froemel 2011, 305).
115 Gardner-Chloros problematisiert die nicht unbedenkliche Einteilung auf der Grundlage der Einschätzung von nur drei Sprechern und deren geringe Übereinstimmung: «But more significantly and largely due to the heavy use the judges made of the intermediate category – the degree of agreement between the three judges was only 37 per cent (that is to say, all three placed the items in the same category in only just over a third of cases)» (Gardner-Chloros 1991, 162).

Die von Callahan und Gardner-Chloros angewandte Methode integriert ein weniger formales als soziales Charakteristikum von Lehnwörtern in die Differenzierung, nämlich die Habitualisierung von Entlehnungen, sowohl in individuellen Äußerungen als auch in Äußerungen in einer Sprachgemeinschaft insgesamt. Lexikalisierte Lehnwörter sind eindeutig als etabliert zu charakterisieren:

> «Despite etymological identity with the donor language, established loanwords assume the morphological, syntactic, and often, phonological, identity of the recipient language. They tend to be recurrent in the speech of the individual and widespread across the community. The stock of the established loanwords is available to monolingual speakers of the recipient language, who access them normally along with the remainder of the recipient-language lexicon» (Poplack 2001, 2063).

Jedoch ist auch der Begriff der Habitualisierung nicht eindeutig, denn er wirft die Frage auf, ab wann von einer habitualisierten Entlehnung gesprochen und wie dies entsprechend festgestellt werden kann (cf. Winter-Froemel 2011, 35).

Winter-Froemel (2011) hält als relevante Kriterien der Abgrenzung von Entlehnung und Codeswitching die morphologische und syntaktische Integration fest, wobei bei ähnlicher Wortstellung in beiden Sprachen und nicht realisierter Flexion die eindeutige Einordnung einzelner Wörter als Codeswitching oder als Entlehnung ungelöst bleiben muss (Winter-Froemel 2011, 35–36).[116]

Zur Vermeidung der eindeutigen terminologischen Zuordnung und Bezeichnung als Codeswitching oder als Entlehnung wird häufig die Bezeichnung *Nonce-borrowing* oder *ad hoc-Entlehnung* zur Beschreibung momentaner Einzelentlehnungen, die sich auf lange Sicht nicht als Entlehnung etablieren, verwendet:

> «Like its established counterpart, the nonce loan tends to involve lone lexical items, generally major-class content words, and to assume the morphological, syntactic, and often, phonological identity of the recipient language. Like CS, on the other hand, nonce borrowing is neither recurrent nor widespread, and necessarily requires a certain level of bilingual competence» (Poplack 2001, 2063).

Im Grunde unterscheiden sich Entlehnungen von ad hoc-Entlehnungen primär mit Blick auf die zeitliche Entwicklung, da der Prozess der Entlehnung sowie die Etablierung in der Zielsprache bei Entlehnungen bereits abgeschlossen ist, wohingegen «dieser potenzielle Prozess (der selbstverständlich nicht in jedem

---

116 Cf. hierzu auch Schendl (2000, 74): «In mixed-language texts, a clear differentiation between borrowing and single word switches seems hardly possible. Such a differentiation is, however, of crucial importance for the establishment of constraints as well as for any statistical analysis. For the present data, neither frequency nor morphological integration and spelling provide safe criteria for an unambiguous classification of individual items, which– in spite of close textual analysis– thus remains to a certain extent debatable».

Fall eintreten muss) bei den *nonce borrowings* noch an seinem Anfang steht» (Winter-Froemel 2011, 37).

Auch Codeswitching enthält in der synchronischen Perspektive insofern eine diachrone Komponente, als Entlehnungen als Formen von Codeswitching beginnen können. Zwischen ihnen besteht daher eine graduelle Beziehung (Gardner-Chloros 1991, 64). Hierin wird der Wert der historischen Untersuchung für die aktuelle Bewertung besonders deutlich: «Historical texts can also shed light on how to draw a useful distinction between code-switching and borrowing» (Gardner-Chloros 2018, 20).

Frühere Arbeiten, etwa Appel/Muysken (1987, 172), fassen Codeswitching und Entlehnung als zwei verschiedene und diskrete Erscheinungen von Sprachkontakt, cf. hierzu Poplack und Sankoff (1988, 1177): «Borrowing is a very different process from code-switching, subject to different constraints and conditions». Die aktuellere Forschung hingegen geht von der Konzeptualisierung beider Formen in einem Kontinuum und nicht von zwei grundsätzlich unterschiedlichen Erscheinungen, zumindest nicht aus der Perspektive eines bilingualen Sprechers bzw. Schreibers, aus (Schendl/Wright 2011a, 24). Auch Matras (2009, 110) sowie unter anderem Winter-Froemel (2011, 36), Gardner-Chloros (1991, 48, 2009, 12) und Schendl (2018, 47) gehen von einem Kontinuum aus, das sich zwischen den Polen 'Entlehnung' und 'Codeswitching' situieren lässt und innerhalb dessen die jeweiligen konkreten Formen abhängig von verschiedenen Beschränkungen zu beschreiben sind.[117] Dabei sind die sprachlichen Formen für jeden Sprecher bzw. Schreiber individuell zu untersuchen, um zu bestimmen, inwiefern es sich um einen bewussten Switch, eine spontane und einzelne Okkurrenz oder um eine entlehnte Form handelt (Gardner-Chloros 2009, 12).

Matras (2009) identifiziert für dieses Kontinuum zwischen den beiden äußeren Polen 'Code-switching' und 'Entlehnung' verschiedene Binnendimensionen, die in sich wiederum ein Kontinuum bilden.[118] Die Konzeptualisierung des Kon-

---

117 Poplack dagegen argumentiert bei einzelnen Lexemen einer Sprache in einer anderen Sprache grundsätzlich dafür, diese als Entlehnungen zu betrachten, auch wenn die Entlehnung nur momentan erfolgt und sich nicht etabliert. «Whatever the linguistic properties of the language pair examined, ranging from typologically distinct to nearly identical, and the diagnostic employed - phonological, morphological or syntactic, lone other-language items overwhelmingly surface with the *patterns* of the language in which they are incorporated [...]. This is true not only of the grosser linguistic structures, but more remarkably, of the fine details of the quantitative conditioning of linguistic variability. Such parallels can only be construed as evidence that they have been borrowed, despite the lack of dictionary attestation of diffusion across the community» (Poplack 2004, 594).
118 Matras' Überlegungen zum Kontinuum zwischen Codeswitching und Entlehnung gehen auf die Ausführungen Myers-Scottons zurück, die die Differenzierung von Code-Switch und

tinuums mit den verschiedenen internen Dimensionen ist dynamisch und nimmt nicht nur die Größe 'Zeit', während der ein lexikalisches Element in Gebrauch ist, auf, sondern auch verschiedene Beschränkungen und Präferenzen, die seine Verwendung in einer Vielzahl von Kontexten bedingen (Matras 2009, 110–111). Zwischen den jeweiligen Binnendimensionen bestehen Interrelationen und Affinitäten, die Übergänge zwischen den einzelnen Kontinua sind fließend.

Zweisprachigkeit	
bilingualer Sprecher	monolingualer Sprecher
Beschaffenheit und Aufbau	
elaborierte Äußerung/Satz	einzelnes lexikalisches Element
Funktonalität	
konversationeller Effekt, stilistische Wahl	Standardausdruck
Spezifizität	
Lexikalisch	para-lexikalisch
Operationalität	
Kernwortschatz	grammatikalische Operation
Regularität	
einzelne Okkurrenz	reguläre Okkurrenz
Strukturelle Integration	
nicht integriert	integriert

Codeswitching ⟵ Kontinuum ⟶ Entlehnung

Abbildung 15: Die Dimensionen des Kontinuums Codeswitching - Entlehnung nach Matras (2009, 111).

Eine grundlegende Beschränkung beim alternierenden Sprachgebrauch ist die Zweisprachigkeit der Sprachbenutzer und der Grad der Ausprägung des Bilingualismus. Bilinguale Sprecher, für die die zweisprachige Kommunikation der Normalfall ist, verfügen theoretisch über ein unbegrenztes Potential für Codeswitching. Verwenden hingegen monolinguale Sprecher ein etymologisch fremdsprachiges Wort, ist von einer Entlehnung auszugehen (Matras 2009, 112). Die zweite Dimension bezieht sich auf die kontextuelle Einbettung (sprachlicher und

---

Entlehnung eineserseits und die weitere Spezifizierung von kulturellen Lehnwörtern und Lehnwörtern des Kernwortschatzes anführt.

außersprachlicher Kontext) sowie die strukturelle Komplexität des Sprachwechsels. Alternierendes Codeswitching auf der Äußerungsebene und unmittelbar im spezifischen Kommunikationskontext konstruierte kreative Sequenzen verlangen ausgeprägte Sprachkompetenz in beiden Sprachen. Des Weiteren ziehen sie stärker die Aufmerksamkeit des Rezipienten auf sich und verlangen vom Schreiber größeres Selbstbewusstein die Sprache der Äußerung, wenn auch nur temporär, zu wechseln. Sie neigen weniger als einzelne Wörter zur Integration in den Wortschatz der Zielsprache (Matras 2009, 112). In der dritten und funktionalen Dimension stehen sich Sprachwechsel zum Ausdruck spezieller konversationeller Effekte und Insertionen, die lexikalische (und konzeptuelle) Lücken füllen, sogenannte «default expressions» (Matras 2009, 112), gegenüber. Oft handelt es sich bei letzteren um die einzigen Ausdrücke zur Bezeichnung eines bestimmten Referenten in der betreffenden Sprache. Prototypisches Codeswitching wird als bewusste und diskursstrategische Verwendung eingeordnet und besteht neben einer sprachlichen Alternative des gleichen propositionalen Inhalts. Ausnahmen bilden die von bilingualen Sprechern verwendeten Bezeichnungen von Konzepten und Institutionen, die spezifisch für die Kommunikation in einer Sprache sind (Matras 2009, 112). Die vierte Dimension der Spezifizität bezieht sich auf die Einzigartigkeit des Referenten, für deren Bezeichnung Matras den Terminus *para-lexical* einführt, da das Verfahren des Referierens der Zuweisung von Wortformen als «individualised identity-badges» ähnelt bzw. tatsächlich gleichkommt (Matras 2009, 112). Als Beispiel ist hier institutionelle Terminologie zu nennen, deren Nennung in der ursprünglichen Sprache die Möglichkeit der Aktivierung eines präzisen Bildes bietet, das mit der jeweiligen Institution verbunden ist. Paralexikalische Strukturen zur Bezeichnung der originalen Objekte und Konzepte verringern den Auswahleffekt, über den bilinguale Sprecher verfügen und stehen daher dem Pol der Entlehnung näher. Rein lexikalische Elemente werden hingegen häufig zur Erzielung eines bestimmten kommunikativen Effekts ausgewählt (Matras 2009, 113). In der fünften Dimension der Operationalität werden grammatische Elemente, die unbewusst zur Reduzierung des Verarbeitungsaufwands gewählt werden, nahe an den Pol der Entlehnung gerückt. Bilingualen fällt es meist leichter, Äquivalente im Bereich des Kernwortschatzes wiederzufinden als die Kontrolle über den Selektionsmechanismus in Bezug auf nicht-referentielle operationelle Elemente wie Diskursmarker, Indefinite etc., aufrechtzuerhalten. Auch hier ist die mangelnde Selektionsmöglichkeit ausschlaggebend. Die Dimension der Regularität, in der die einzelne Okkurrenz der regulären gegenübersteht, bezieht sich nicht unbedingt auf die Frequenz der Form, sondern auf die (Un-)Abhängigkeit von kontextuellen Auswahlbeschränkungen. Codeswitching gilt demnach als in jeglichem aktivierten Kontext als angemessen. Die letzte Binnendimension umfasst die strukturelle Integration bzw. Nicht-Integration des einzelnen Wortes. Je nach beteiligten Sprachen können hier Schwierigkeiten bei grundsätzlicher Ähnlichkeit der Sprachen bestehen. Matras konzipiert Integration als ein in seinem Wesen unabgeschlossener Prozess, der daher graduelle Ausprägungen erfährt. Darüber hinaus können Integrationskonventionen von einer bilingualen Sprachgemeinschaft sowie im Sprachgebrauch eines einzelnen Sprechers variieren (Matras 2009, 113).

Dieses pluridimensionale Kontinuum, das je verschiedene Bündel an Kriterien vereint, hebt die Schwierigkeit der Differenzierung hervor. Ein prototypischer Sprachwechsel erfolgt als einmalige, nicht integrierte Okkurrenz auf der Äußerungsebene, bewusst vorgenommen von einem bilingualen Sprecher zur Erfüllung bestimmter stilistischer oder konversationeller Effekte. Die ideale Entlehnung ist die regelmäßige, strukturell integrierte Okkurrenz eines einzelnen lexikalischen Elements in einem monolingualen Kontext, das als standardmäßiger Ausdruck verwendet wird. Häufig handelt es sich um einen einzigartigen Referenten oder um einen grammatischen Ausdruck (Matras 2009, 113–114). Gerade bei Zweisprachigen wird grundsätzlich zwischen diesen beiden prototypischen Formen ein großes Potential ambiger Formen, «potential for fuzziness» (Matras 2009, 114), bestehen bleiben.

Unter der Annahme eines Kontinuums zwischen Codeswitching und Entlehnung lassen sich unterschiedliche Formen von Übergängen von einer in die andere Sprache beobachten, die abhängig vom jeweiligen Kontext mehr dem prototypischen Codeswitching entsprechen können oder sich eher einer klassischen Entlehnung annähern. Im Medium des Geschriebenen ist es ungleich schwieriger den Status einer anderssprachigen Struktur und ihr Verhältnis zum unmittelbaren sprachlichen Kontext zu bestimmen, da Faktoren wie die Aussprache keinen Anhaltspunkt bilden. Es ist darüber hinaus im Korpus nicht eindeutig festzustellen, ob der Schreiber deutschsprachige Begriffe aus Mangel an französischen Äquivalenten verwendet und ob er diese bewusst oder unbewusst in den französischen Text integriert. In Anbetracht des ausgeprägten sozialen und individuellen Bilingualismus im Elsass und in Lothringen erscheint außerdem die gleichzeitige Verwendung der beiden Sprachen als habituelle, und daher unmarkierte, Sprachform der Schreiber durchaus plausibel.

Anhand der folgenden Beispiele wird die Schwierigkeit der Einordnung einzelner Wörter als Codeswitching oder Entlehnung deutlich.

(533) Cest l'église d'=
 Ypern non loin de Boulers.
 (Joseph Antoine, 29.3.1915)

(534) *Mosquoue ou*
  St Petersburg
  (Auguste Jeandon, 12.8.1918)

Wie in Beispiel (507) *Mazédonie* scheinen Toponyme hier besonders durchlässig für kontaktinduzierte Überlappungen.[119] Die Verwendung der deutschen Variante des Toponyms *Ypres* in (533) kann sowohl als Codeswitch als auch als Entlehnung gewertet werden, wobei zu bedenken ist, dass dem Schreiber möglicherweise nur die deutsche Form bekannt ist. Die Aussprache gäbe einen Anhaltspunkt zur Interpretation. Die deutsche Schreibung *Petersburg* (534) statt *Saint-Pétersbourg* neben der hyperkorrekten französischen Schreibung des Toponyms *Moskau* (*Moscou*) zeugt ebenfalls von Schwierigkeiten und Schwankungen in der Graphie von Toponymen. Im vorliegenden Fall wäre es nur mithilfe der Aussprache möglich, *Petersburg* als Einzelwortcodeswitching dem Deutschen oder als hybride Form mit ans Deutsche angepasster, variierender Schreibung eher dem Französischen zuzuordnen. Toponyme sind, wie gezeigt, bisweilen anfällig für Variation in der Orthographie und, falls eine Ähnlichkeit in beiden Sprachen gegeben ist, besonders durchlässig für Transferphänomene. Sie können so den Übergang von einer Sprache in die andere erleichtern und funktionieren als *trigger-words*.[120] Im Beispiel (534) ist möglicherweise die in beiden Sprachen gebräuchliche Abkürzung *St.* das homonyme Element, das den Wechsel auslöst.

Für Einzelwörter, die nicht eindeutig als Entlehnung zu belegen und vielmehr in einem Kontinuum zwischen Codeswitching und Entlehnung zu situieren sind, erscheint zunächst die Klassifizierung als ad hoc-Entlehnung vorteilhaft, wenn nicht mit relativer Sicherheit die Integration in das Lexikon des Schreibers bestimmt werden kann. Zugleich wird der Aspekt des Instantanen im Prozess der Übernahme eines fremdsprachigen Wortes in den Text be-

---

119 Als Begründung des Gebrauchs englischer Lexeme im deutschen Text sehen Lattey und Tracy (2001, 429) den Mangel an Äquivalenten als eine Möglichkeit, besonders bei Ortsnamen oder kulturspezifischen Termini.
120 Der psychologische Zugriff auf Codeswitching und die Erklärung seines Auftretens stellt Trigger-Phänomene als Codeswitching auslösendes Element ambiger Zugehörigkeit in den Mittelpunkt: «Triggering, which is a psychologically rather than socially conditioned type of code switching, occurs in two forms: (a) consequential triggering, following a trigger word [...], and (b) anticipational triggering, anticipating a trigger word, usually at the beginning of phrase of which the trigger word is the head word» (Clyne 1987, 756). Lexikalischer Transfer, zweisprachige Homophone, Eigennamen oder Kompromissformen aus beiden Sprachen sind Beispiele für Triggerformen (Clyne 1987, 744–745).

wahrt.¹²¹ Obwohl auf der aktuellen Ebene der Sprachäußerung, aus der Perspektive des einzelnen Schreibers, der Gewinn einer eindeutigen Zuweisung zu diskreten Kategorien in Frage zu stellen ist, soll unter Anwendung des pluridimensionalen Kontinuums nach Matras eine genauere Beschreibung unternommen werden. Dabei sind die beiden ersten Binnendimensionen sowie die Dimension der Operationalität zu vernachlässigen, da sie für alle ad hoc-Entlehnungen gleichermaßen gelten: es handelt sich um Einzelwörter und nicht um grammatikalische Operatoren, die von bilingualen Schreibern im zweisprachigen Kontext verwendet werden.

6.4.4.1 Ad hoc-Entlehnungen im Korpus ohne Wechsel der Graphie
Die folgenden Belege für ad hoc-Entlehnungen ohne Schriftartenwechsel entsprechen in ihrer Darstellung einer absteigenden relativen Motiviertheit: Von Quasi-Homonymen (535) bis (537) mit minimalen Abweichungen in der Schreibung sowie den Varianten dieser Quasi-Homonyme (538) über Pseudo-Homonyme (539) und (540) zu ad hoc-Entlehnungen, (541) bis (553), für die eine relativ ausgeprägte Sprachkompetenz vorausgesetzt werden muss. Unter diesen Formen sind wiederum einige Komposita, (541) bis (544), die als teilweise motiviert betrachtet werd können, da ein Bestandteil in beiden Sprachen aufgrund einer früheren Entlehnung zumindest graphisch annähernd übereinstimmt. So wurde *trommel* in *trommelfeuer* (541) bereits aus dem Deutschen ins Französische entlehnt (Littré 1873, s.v. *trommel*; TLFi 1994, s.v. *trommel*),¹²² *Kompanie* in *Genésungscompagnie* (542) und *Artillerie* in *artilriestellung* (544) aus dem Französischen ins Deutsche. Die Übereinstimmung kann ebenfalls über ein den beiden Sprachen gemeinsames Etymon hergestellt werden, wie lat. *cursus* in *Granatverferkursus* (543).

Quasi-Homonyme und Pseudo-Homonyme

(535) Nous *avont* **Rgt. appel**.
       (Auguste Jeandon, 14.4.1916)

---

121 Die Verwendung des Begriffs *ad hoc-Entlehnung* verweist auf die Verwendung einzelner Lexeme, die jeweils nicht der Sprache der Äußerung entsprechen, und soll in keiner Weise implizieren, dass bereits eine Affinität zum Bereich der Entlehnungen angenommen wird.
122 Rézeau (2018, s.v. *trommel*) zufolge ist diese Entlehnung aus dem Deutschen nicht vor 1915 belegt. Es finden sich zudem keine lexikalisierten Einträge im TLFi (1994), im *Dictionnaire de l'Académie française* (1935) oder im GrandRobert (2001).

(536) Sisteron, le 31. **Oktober** 1914
Bien chère Louise!
(Paul Braun, 31.10.1914)

(537) A 10 heure du matin
nous sommes arriver a la
Front
(Auguste Jeandon, 21.6.1917)

(538) Nous quittont Marlen
poure la **Ostfront**.
(Auguste Jeandon, 15.6.1917)

(539) [...] Le
lendemain il m envoy aux
reviere
(Auguste Jeandon, 1.5.1916)

(540) je me declare malade poure
ma jambe et je suis
envoyer a **Revier** a
Goldscheuer.
(Auguste Jeandon, 4.10.1916)

Teilweise motivierte Komposita

(541) les français prenne la forèts
sous feux vers 11 heure avec
trommelfeuer.
(Auguste Jeandon, 19.4.1916)

(542) [...] je suis envoyer
a la **Genésungscompagnie**
a Sundheim
(Auguste Jeandon, [Juli].1916)

(543) je suis envoyer a
Oberhofen pour faire un
Granatverferkursus
(Auguste Jeandon, 2.1.1917)

(544) ils sont venu jusque nos
       artilriestellung
       (Auguste Jeandon, 21.7.1917)

Gering motivierte ad hoc-Entlehnungen

(545) poure allez dans des autre **Stellung**
       a 60 klm d'ici
       (Auguste Jeandon, 14.8.1917)

(546) Aujourdhuit nousdevont
       arriver aux **Stellung**
       (Auguste Jeandon, 20.8.1917)

(547) Nous allont aux **Stellung**
       poure travaillez
       (Auguste Jeandon, 22.12.1917)

(548) Nous allont a **Stellung**
       (Auguste Jeandon, 24.12.1917)

(549) mon Brotbeutel et ma **Feld=
       flache** qui ont étté enleve
       (Auguste Jeandon, 19.4.1916)

(550) Le Rgt 426 [...] ont ue se matin un
       Volltreffer
       (Auguste Jeandon, 30.6.1917)

(551) [...] nous avont nos quartier
       dans les ançien **Unterstandt**
       (Auguste Jeandon, 15.4.1916)

(552) Nous somment a Witzy
       dans des **Unterstand**.
       (Auguste Jeandon, 17.12.1917)

(553) *Prèsque toute les nuit je
vai aux **Horchposten***
(Auguste Jeandon, 21.8.1917)

Die Belege repräsentieren zunächst klare Transferenzen aus dem Deutschen ins Französische, weisen jedoch auf den Ebenen der Orthographie sowie der Genus- und Numerusflexion unterschiedliche Formen der Integration in das System der Zielsprache Französisch auf.

Orthographische und morphologische Integration
Bei allen ad hoc-Entlehnungen handelt es sich um Nomina, die zu der am häufigsten entlehnten bzw. von Codeswitching betroffenen Wortklasse zählen (Gardner-Chloros 2009, 31).

Alle ad hoc-Entlehnungen aus dem Deutschen werden mit Ausnahme von (539), (541) und (544) mit Majuskeln geschrieben, welche die etymologisch fremdsprachige Herkunft der ad hoc-Entlehnungen auch graphisch deutlich markieren. Neben der Verwendung der Majuskeln zeigen die Belege in den verschiedenen (ortho-)graphischen Realisierungen unterschiedliche Formen der Anpassung an das Französische und somit unterschiedliche Grade der Integration:

In *Genésungscompagnie* (542) wird [e] graphisch mit <é> statt <e> wiedergegeben, wodurch zumindest eine französisierte Aussprache angedeutet werden könnte. Auch für [k] werden die PGK-Regeln des Französischen angewandt, wie bereits das Beispiel *carte* (509) in einem deutschsprachigen Text zeigte. Im Deutschen wird [k] mit <k> wiedergegeben, wohingegen im Französischen <c> oder <qu> steht. Ebenso wird [ʃ], dem im Deutschen das Graphem <sch> entspricht, nach den Korrespondenzregeln des Französischen mit <ch> wiedergegeben: *Feldflache* 'Feldflasche' (549) (cf. Beispiele 508 und 509 in Kapitel 6.4.1).

Der Laut [v] kann in der deutschen Orthographie grundsätzlich durch <v> oder <w> dargestellt werden, im Französischen wird nahezu ausschließlich <v> verwendet. Die Gleichlautung der verschiedenen Graphien im Deutschen führt im Rahmen der Nichtabgrenzung der beiden den Nationalsprachen eigenen Phonem-Graphem-Korrespondenzen dazu, dass [v] im Deutschen wie im Französischen mit <v> wiedergegeben wird: *Granatverferkursus* (543). Diese Einflüsse auf der Ebene der Schreibung finden sich auch in den auf Deutsch verfassten Briefen (cf. Beispiel 510 in 6.4.1).

Im Beispiel *artilriestellung* (544) 'Artilleriestellung' könnte die Graphie der deutschen ad hoc-Entlehnung zum einen durch die Aussprache des französischen *artillerie* [aʀtijʀi] beeinflusst sein und zum anderen durch die phonetische Übertragung von Lexemen im Allgemeinen. Die Nicht-Verwendung der Majuskel lässt sich darauf zurückführen, dass *artillerie* im Französischen existiert und lediglich das zweite Element des Kompositums ausschließlich fremdsprachig ist.

Rgt. appel (535) ist ein Beispiel hybrider Schreibung, die verschiedene Formen der Überschneidungen zweier simultan aktivierter sprachlicher Systeme zeigt: *appel* entspricht zwar der französischen Schreibung, interpretiert man jedoch das finale *l* als apokopierten Doppelkonsonanten <ll>, könnte unter Berücksichtigung der Majuskel von *Rgt.* auch für dt. *Appell* argumentiert werden. Da es sich bei *Rgt.* für *Regiment* oder *régiment* um eine sowohl im Deutschen als auch im Französischen gängige Abkürzung handelt, kann im vorliegenden Fall keine Entscheidung für eine Zuschreibung zum Deutschen oder zum Französischen getroffen werden. Für das Deutsche spräche die syntaktische Konstruktion mit fehlendem Artikel, die dem dt. *Wir haben Regimentsappell* entspräche, wohingegen im Französischen entweder der unbestimmte oder der bestimmte Artikel stehen müsste. Auch der soziohistorische Kontext der Äußerung spricht eher für eine Entlehnung aus dem Deutschen, da der Schreiber Auguste Jeandon im deutschen Heer mobilisiert ist und ihm die militärischen Begriffe höchstwahrscheinlich im Deutschen geläufiger sind.

Die Formen *Unterstandt* (551) und *Unterstand* (552) zeigen die bereits angesprochene Variation von Entlehnungen in der Zielsprache. Beispiel (552) zeigt die der normativen Schreibung entsprechende Form, Beispiel (551) zeigt eine übergeneralisierte Schreibung mit *-dt*, das im Deutschen eine durchaus gängige Konsonantenverbindung, besonders in implosiver Stellung, darstellt.

Neben der Integration ins französische Orthographiesystem kann der Schreiber Adaptationen der Formen in Bezug auf Genus und Numerus vornehmen.

Beim Entlehnungsvorgang kann das Genus der ausgangssprachlichen Form in der Zielsprache entweder beibehalten oder gewechselt werden. Beispiele wie (535), (539) bis (541), (544) bis (548), (552) und (553) lassen keine Rückschlüsse bezüglich des Genus zu, da weder über Epitheta noch über Artikel eine Zuordnung möglich ist.

In den Beispielen (537), (538), (542), (543), (549) bis (551) wird die ad hoc-Entlehnung mit dem ausgangssprachlichen Genus in die Zielsprache integriert. In Teilen entspricht das ausgangssprachliche Genus dem des Äquivalents bzw. Teiläquivalents der Zielsprache, wie in *-kursus* (543) oder *-compagnie* (542). Steht den ad hoc-Entlehnungen in der Zielsprache ein in Bezug auf Schreibung und/oder Aussprache sehr ähnliches Äquivalent gegenüber, können sie in Teilen dank des in der Zielsprache nicht übereinstimmenden Genus als ad hoc-Entlehnung identifiziert werden. In *la Front* (537) markiert das feminine Genus, neben der Majuskel, relativ stark das deutsche Etymon. In *la Ostfront* (538) wird dies durch die Übernahme eines Kompositums noch verstärkt. Im Fall von *Front* ist die Entlehnung bzw. der Sprachwechsel dadurch begünstigt, dass es sich in beiden Sprachen um sehr ähnlich klingende und in der Graphie nahezu identische Wörter handelt. Da *Front* abgesehen von der Majuskel als Homograph zu betrachten ist, könnte die Übernahme nicht-funktionalen Gründen entsprechen bzw. nicht soziolinguistisch, sondern vielmehr psycholinguistisch motiviert sein (Clyne 1987, 755). Das Tagebuch liefert eine Okkurrenz für das französische Äquivalent *le front* in *derière le front* (Journal Jeandon, 9.8.1916).

Das Korpus zeigt für ad hoc-Entlehnungen ohne Graphiewechsel keine Okkurrenzen von Genuswechsel bei der Übernahme von der Ausgangssprache in die Zielsprache. Inkongruenzen bestehen lediglich in Bezug auf einen Vergleich mit dem Genus des zielsprachlichen Äquivalents.

Bei zehn der 19 oben genannten Beispiele handelt es sich um eine Pluralform, wobei dieser lediglich bei einer Form auch morphologisch markiert ist. In *aux reviere* (539) markiert sowohl die französische Präposition in Verbindung mit dem bestimmten Artikel als auch das deutsche Pluralsuffix *-e* den Plural. Das Korpus belegt zugleich die Form im Singular (540). Der Sprecher scheint in diesem Fall nicht eine unanalysierte Form übernommen zu haben, sondern entlehnt ebenfalls das im Deutschen für dieses Nomen übliche Flexionsparadigma.

Das Beispiel *Horchposten* (553) trägt zwar neben der Verbindung aus Präposition und Artikel keine morphologische Pluralmarkierung, da jedoch auch im Deutschen ein Nullmorphem für den Plural angenommen wird, besteht hier formal Kongruenz.

Die Pluralmarkierung der anderen Formen erfolgt ausschließlich prädeterminierend über bestimmte Artikel *les ançien Unterstandt* (551), unbestimmte Artikel wie *des* in (545) und (552), die Verbindung bestimmter Artikel und Präposition *aux* wie in (539), (546) und (547) sowie (553) oder über das Possessivadjektiv *nos* (544).

Die anderen Beispiele stehen dagegen im Singular, der entweder durch den bestimmten Artikel *la* in (537), (538) und (542), den unbestimmten Artikel *un*, wie in (543) und (550), oder durch das Possessivadjektiv *ma* (549) ausgedrückt wird. In (535), (536), (540), (541) und (548) zeigen weder die Form selbst noch der sprachliche Kontext den Numerus an. In Beispiel (535) wird das direkte Objekt ohne Verknüpfung an das Verb angeschlossen, in (536) steht es wie üblich in der Angabe des Datums ebenfalls ohne Markierung und in (540), (548) sowie (541) steht eine Präposition, *à* und *avec*, jedoch ohne Artikel.

Flagged Codeswitching

Im Vergleich zu den vorhergehenden Belegen aus Jeandons Tagebuch sind die folgenden beiden Beispiele in Bezug auf ihre orthographische und morphologische Integration stärker dem Codeswitching zuzurechnen. Bis auf die abweichende Verwendung von <F> statt <V> in (554) entsprechen die Schreibungen der beiden Belege der deutschen Orthographie.

(554) [...] *Tout à
coup des hurlements farouches,
des cris de «**Forwaerts**» et
~~les~~ ᵖˡᵘˢⁱᵉᵘʳˢ allemands sortent de leur
tranchées.*
(Germain Lacombe, 27.12.1914)

(19) *Tu aurais déjà entendu
que je suis perdu par mes
Cammarade **(vermißt)**.
Je suis prisonier de ~~g~~Guerre
à Sisteron.*
(Paul Braun, 31.10.1914)

In Beispiel (554) erfolgt der Sprachwechsel bei der Interjektion zur Erzielung eines humoristischen Effekts und verweist durch die Form eines Zitats symbolisch auf die Deutschen. Die Markierung als Zitat setzt den Wechsel der Sprache zugleich graphisch ab und strebt als Wiedergabe der Rede Dritter in der ursprünglichen Sprache der Äußerung Authentizität an. Die Aneignung und Wiedergabe von Äußerungen Dritter in einer Sprache, die nicht der des Sprechers entspricht, bezeichnet Steuckardt (2011, 108) im Kontext des Kriegs als «dialogisme interlinguistique», wobei aufgrund der historischen, spezifischen Kommunikationssituation eine über die zitierende Wiedergabe hinausreichende Aneignung des Diskurses des Anderen verhindert wird (Steuckardt 2011, 108–109).

Beispiel (19) dokumentiert den Wechsel vom Französischen ins Deutsche und zurück innerhalb einer Äußerung in Form der explizierenden Wiederholung des fr. *perdu* auf Deutsch. Die wörtliche Wiederholung könnte aus einem Gefühl sprachlicher Unsicherheit des Schreibers resultieren. Paul Braun kennt möglicherweise den Begriff nur im Deutschen, da er seinen Militärdienst in der deutschen Armee abgeleistet hat. Das französische Äquivalent für *vermißt* wäre *disparu* in der Kollokation *porter disparu*, die Paul jedoch nicht verwendet. Die Verwendung des deutschen *vermißt* erlaubt Paul, seine Situation unmissverständlich und eindeutig darzustellen. Die sprachliche Unsicherheit ließe sich nicht nur auf Pauls Ausdruckskompetenz, sondern auch auf die seiner Frau Louise beziehen, deren unzureichende Französischkenntnisse möglicherweise der Grund für den Wechsel sind, den Paul somit vornimmt, um das Verständnis sicherzustellen. Die Verwendung von *vermisst* zitiert gleichsam einen Status und entspricht der offiziellen administrativen Bezeichnung und der im Krieg gebräuchlichen Kategorie. Für den im deutschen Militär mobilisierten Paul Braun repräsentiert das Deutsche möglicherweise auch den angemessenen Code für die Kommunikation von mit dem militärischen Kontext verbundenen Inhalten. Nach Myers-Scottons Markiertheitstheorie, die Codeswitching in einer weiter gefassten soziolinguistischen Perspektive sieht, vollzieht sich die Wahl einer Sprache im Spiegel der jeweiligen Rechte und Pflichten, die der Sprache in einer bestimmten Sprachgemeinschaft zukommen und die der Sprecher in einer spezifischen Interaktion in den Vordergrund stellt (Myers-Scotton 1993, 115).

Die Klammersetzung kann als schriftliches Äquivalent zur Markierung, die im Mündlichen durch Pausen oder Änderung der Intonation bewirkt werden kann, dienen. «On the borrowing-to-codeswitching continuum, flagging devices can signal, at the lowest end, an unintegrated loan, and on the highest, a switch» (Callahan 2004, 9). Obwohl auch hier letztgültig nicht über die eindeutige Zuweisung entschieden werden kann, scheint die graphische Markierung durch Setzung der Klammer oder der Anführungszeichen im Gegensatz zu den Beispielen (535) bis (553) auf eine geringere Integration und somit auf eine größere Nähe zum Pol 'Codeswitching' hinzuweisen.

Die Ego-Dokumente dieses Subkorpus belegen weitere ad hoc-Entlehnungen, die sich von den vorhergehenden insofern unterscheiden, als sie in einer anderen Schriftart, der deutschen Kurrentschrift, wiedergegeben werden.

6.4.4.2 Ad hoc-Entlehnungen mit Wechsel der Schriftart

Hinsichtlich der Funktion des Schriftartenwechsels stellt sich die Frage, ob aus Sprecherperspektive die Verwendung von Kurrentschrift die bewusste graphische Hervorhebung eines deutschen Lexems bedeutet. Dies setzte ein Bewusstsein des Schreibers für die Etymologie der jeweiligen Wörter voraus.

Typographische Markiertheit sieht Winter-Froemel insbesondere im Zusammenhang mit einer Art distanzierender Haltung, die der Schreiber gegenüber einer sprachlichen Form einnimmt:

> «Im Fall einer typographischen Hervorhebung hingegen scheint diese vor allem dadurch motiviert, dass sich der Produzent zu einem gewissen Grad von der Form distanzieren möchte, d.h. hier kann eine metasprachliche bzw. zitierende Verwendung festgestellt werden» (Winter-Froemel 2011, 37).

Der Gebrauch einer anderen Schriftart könnte also Erkenntnisse hinsichtlich der Positionierung eines Schreibers gegenüber einer ad hoc-Entlehnung ermöglichen. Die (typo-)graphische Differenzierung könnte Ablehnung oder bei nicht realisierter Markierung Akzeptanz eines Lexems angeben. Etablierte Entlehnungen, die der Schreiber entweder nicht als fremdsprachig (hier deutschsprachig) wahrnimmt oder deren Herkunft er zwar erkennt, der er jedoch keine Bedeutung (mehr) beimisst, die in jedem Fall jedoch in der französischen Sprache oder zumindest im Lexikon des jeweiligen Schreibers integriert sind, wären graphisch nicht durch Schreibung in Kurrent markiert. Lexeme, die kalligraphisch nicht hervorgehoben sind, wie *ersatz* (522) oder *trommelfeuer* (541), könnten so als in den Wortschatz des Schreibers integrierte Entlehnungen charakterisiert werden. Bei *ersatz* ist darüber hinaus aufgrund der Lexikalisierung von einer im Gebrauch der frankophonen Sprachgemeinschaft etablierten Entlehnung auszugehen.

In folgenden Beispielen wird das deutschsprachige Element im französischsprachigen Text graphisch durch den Wechsel der Schriftart von der lateinischen in die deutsche Kurrentschrift abgesetzt. Für die ersten beiden Beispiele, oder im Fall von *Minenkursus* (556) zumindest für eine Komponente, liegen gleichzeitig Okkurrenzen in lateinischer Schrift vor. Bei den letzten beiden Belegen handelt es sich um hybride Schreibungen, bei denen jeweils innerhalb des Lexems beide Schriftarten verwendet werden.

Okkurenzen in lateinischer Schrift und in Kurrentschrift

(555) *une bombe vient éclater juste sur notre* **Unterstand**
(Auguste Jeandon, 25.8.1917)

(556) *La Comp est parti et moi je reste ici poure faire un* **Minenkursus**
(Auguste Jeandon, 24.8.1918)

Okkurenzen ausschließlich in Kurrentschrift

(557) *On dit que nous devont de nouveaux faire une* **Vormarsch**
(Auguste Jeandon, 12.8.1918)

(558) *j'ai ue 12 joure en plus par le* **Sperrung**
(Auguste Jeandon, 13.2.1918)

(559) *Nous avont* **Feldgottesdienst** *sure un pré*
(Auguste Jeandon, 3.3.1916)

(560) Nous avont **Besichtigung**
(Auguste Jeandon, 8.4.1916)

(561) je suis aux **Reserwelazareth Reichshallentheater**
(Auguste Jeandon, 5.5.1916)

(562) je suis nommer poure partiere en Belgique poure remplacer des **Feldienstfähige** derière le front.
(Auguste Jeandon, 9.8.1916)

(563) A 10 heure du matin nous sommes arriver a la Front, nous somme mi dans le **Landw. Inft.** Rgt 21.
(Auguste Jeandon, 21.6.1917)

Hybride Schreibungen

(564) mon **Brotbeutel** et ma Feld= flache qui ont étté enleve
(Auguste Jeandon, 19.4.1916)

(565) Je demande un **Nach= urlaub** et je recoit encore 4 jours.
(Auguste Jeandon, 7.12.1916)

(566) La Comp va aux **Wirtchaft= kommando**
(Auguste Jeandon, 22.8.1918)

Auch diese durch Schreibung in Kurrentschrift hervorgehobenen ad hoc-Entlehnungen werden, wie diejenigen ohne Wechsel der Schriftart, auf unterschiedliche Weise an die französische Zielsprache angepasst und in die Äußerung integriert.

Orthographische und morphologische Integration
Mit Ausnahme von *Reserwelazareth* (561), *Feldienstfähige* (562) und *Wirtchaftkommando* (566) entsprechen die ad hoc-Entlehnungen in ihrer Graphie der normativen Schreibung. Die Schreibung dieser Okkurrenzen dokumentiert nicht die reziproke Beeinflussung zweier sich unter Umständen überlappender orthographischer Systeme, die sich in 6.4.1 in der Anwendung französischer Phonem-Graphem-Korrespondenzen zur Wiedergabe deutscher Lexeme darstellten.

In *Reserwelazareth* (561) zeigen sich zwei interessante Formen der Hyperkorrektur: Zum einen wird das romanische <v> im aus dem Lateinischen entlehnten *Reserve* in germanisierter Form durch <w> dargestellt. Dadurch wird das Determinans hyperkorrekt an die deutsche Orthographie angepasst und der germanische Ursprung des Kompositums herausgestellt. Zum anderen wird die seit dem 16. Jahrhundert im Deutschen etablierte Entlehnung *Lazarett* des französischen *lazaret* (Kluge 2002, s.v. *Lazarett*) mit -*th* geschrieben. Im Zuge der zweiten Orthographischen Konferenz wurde 1901 der Digraph *th* bei schwankendem Gebrauch in indigenen Wörtern auf *t* festgelegt (von Polenz 1999, 240). So könnte die Verwendung von *th* am nicht indigenen *Lazarett* als übermäßige Markierung des fremdsprachigen Ursprungs dienen und gleichzeitig auf eine archaische Schreibweise im Deutschen zurückgehen. Eine Beeinflussung durch die elsässische Aussprache scheint ebenfalls möglich. Der Schreiber überträgt die harte Aussprache des stimmlosen Okklusiv in der Schreibweise <th>. De Dietrich beschreibt in seiner ideologisch geprägten Abhandlung die Übernahme der Elsässer der Aussprache stimmloser Okklusive im Deutschen:

> «c'est-à-dire à faire entendre, après l'articulation, comme un h fortement aspiré [...]. Les Alsaciens ont souvent pris ce défaut des Allemands. Par exemple, c'est de dire en allemand pour *Tod*, en accentuant fortement le t: *T'hot'h* afin de donner plus d'expression et de force» (De Dietrich 1917, 66; Herv. im Original).

De Dietrichs Interpretation dieser Aussprache als Ausdruck von Härte soll in diesem Zusammenhang vernachlässigt werden, es belegt jedoch eine im Elsass verbreitete Aussprache, die die hier vorliegende Schreibung erläutern könnte.

Beispiel (562) stellt einen ungewöhnlichen Fall dar, da *Feldienstfähige* im deutschen Wortschatz nicht existiert. Sehr wahrscheinlich sind *Felddienstunfähige* gemeint. Die nicht realisierte Doppelung des stimmhaften Okklusiv <d> lässt sich darauf zurückführen, dass sie in der Aussprache nicht wahrnehmbar ist. Weshalb der Schreiber das Präfix *un*- auslässt, kann nicht erklärt werden. Möglicherweise handelt es sich um eine kalligraphische Varianz und ein flüchtigkeitsbedingtes Versehen.

Wie bereits in vorhergehenden Beispielen dokumentiert (cf. *chike* 'schicke' Belge 508 und 509 sowie *Feldflache* 'Feldflasche' in 549), stellt die graphische

Wiedergabe des Phonems [ʃ] die Schreiber vor die Schwierigkeit das der Sprache der Äußerung bzw. des Lexems zugehörige orthographische System zu wählen. Im Deutschen entspricht dem Phonem das Graphem <sch>, nach den Korrespondenzregeln des Französischen wird es jedoch mit <ch> wiedergegeben. Im Beispiel *Wirtchaftkommando* (566)[123] 'Wirtschaftskommando' wählt der Schreiber zur Wiedergabe des Phonems also die französische Graphem-Phonem-Korrespondenz aus, obwohl es sich um ein deutsches Lexem handelt. Die zweite Komponente -*kommando* geht auf eine Ableitung des Verbs *kommandieren* von frz. *commander* zurück (Kluge 2002, s.v. *kommandieren*).[124]

Außer drei Formen, (561), (566) und (562), stehen alle ad hoc-Entlehnungen mit Wechsel der Schriftart im Singular, der durch den bestimmten Artikel *le* (558) und (563), den unbestimmten *un* in (556) und (565) sowie *une* in (557) oder durch Possessivadjektive wie *notre* (555) und *mon* (564) ausgedrückt wird. In den Beispielen (559) und (560) liegt kein Determinant vor, der Singular kann lediglich aufgrund fehlender morphologischer Pluralmarkierung erschlossen werden.

Der Plural der Beispiele (561), (566) und (562) wird jeweils prädeterminierend markiert, durch die Verbindung der Präposition *à* mit dem bestimmten Artikel *les* oder durch den unbestimmten Artikel *des*. Alle drei Nomina tragen kein Pluralmorphem.

Hinsichtlich des Genus bestehen wie bei ad hoc-Entlehnungen ohne Schriftartenwechsel drei Möglichkeiten: die Beibehaltung des Genus der Ausgangssprache, der Wechsel des Genus in der Zielsprache und keine Markierung des Genus. In den Belegen (555) und (559) bis (562) sowie (566) ist das Genus nicht erkennbar, in *un Minenkursus* (556), *mon Brotbeutel* (564) und *un Nachurlaub* (565) entspricht das Genus der Zielsprache dem der Ausgangssprache. In *le Sperrung* (558) 'die Sperrung' und *une Vormarsch* (557) 'der Vormarsch' erfährt die ad hoc-Entlehnung eine Änderung des Genus. Möglicherweise ist der Wechsel in (558) durch die semantische Nähe zu frz. *blocage* bedingt, dessen Genus maskulin ist, so wie das feminine Genus in (557) möglicherweise vom femininen Genus des französischen Beinahe-Homophons *la marche* inspiriert ist. Ein weiterer Beleg dokumentiert das in Ziel- und Ausgangssprache nicht übereinstimmende Genus: ***le Landw[ehr] Inf[an]t[erie] Reg[imen]t*** (563). Das im Französischen nicht existente deutsche Neutrum muss der Schreiber in eine Form übertragen. Er wählt hier die Zuschreibung des häufig als unmarkiert wahrgenommenen Maskulinums.

---

123 In diesem Beispiel fehlt außerdem das Fugenelement -*s*-, das wahrscheinlich nicht übertragen wird, da es in der Aussprache nicht wahrgenommen wird.
124 Ein weiterer Schreiber, dessen Texte nicht Teil dieses Subkorpus sind, schreibt aus deutscher Kriegsgefangenschaft und belegt die Verwendung von *Kommando*: *Nous sommes toujours nous deux Pierrat dans le même **Kommando** seulement* (Joseph Grandemange jun., 19.8.1917).

Schriftartenswitching
Wenn der Wechsel der Schriftart als *Flagging* betrachtet wird, zeigt die Schreibung in Kurrent nach der oben formulierten Hypothese den nicht abgeschlossenen Prozess der Integration an, der jedoch auch nicht in jedem Fall zum Abschluss gebracht werden muss. Die verwendeten deutschsprachigen Lexeme sind Teil des Wortschatzes des zweisprachigen Sprechers, jedoch nicht Teil des französischen Sprachsystems, das die Sprache der Äußerung darstellt. Einige Wörter wie *Feldgottesdienst* (559), *Besichtigung* (560) oder *Reserwelazareth* (561) gibt der Schreiber nur in Kurrent und nicht in lateinischer Schrift wieder. Durch die Schreibung der ad hoc-Entlehnungen aus dem Deutschen in deutscher Kurrentschrift hebt der Schreiber den fremdsprachigen Ursprung hervor und zeigt die Nicht-Etablierung im französischen Wortschatz einsprachiger Schreiber an.

Es stellt sich die Frage, warum Korpusbelege wie beispielsweise *Front* (537), die durch Schreibung mit Majuskel und Beibehaltung des Genus etymologisch deutlich markiert sind, nicht in Kurrentschrift geschrieben sind, wenn die Schreibung in Kurrent den deutschen Ursprung der Lexeme kennzeichnet.

Der Wechsel des Schriftsystems erfolgt nicht systematisch, da der Wechsel vom Französischen ins Deutsche nicht selbstverständlich einen Wechsel der Graphie impliziert. Einige Lexeme, zum Beispiel *Unterstand* mit den orthographischen Varianten, werden sowohl in lateinischer (551) und (552) als auch in Kurrentschrift (555) wiedergegeben. Am Beispiel *Brotbeutel* (564) wird die Inkonsequenz in der Schreibung besonders deutlich: der erste Teil *Brot-* steht in Kurrentschrift, der zweite Teil *-beutel* in lateinischer Schrift.[125] Die Zuweisung der Schriftart scheint sich hier an den freien, lexikalischen Morphemen als Einheit zu orientieren und nicht am Kompositum. Das zweite Beispiel für die Vermischung beider Schriftarten *Nachurlaub* (565) beginnt eindeutig in Kurrentschrift und schließt mit einer hybriden Schreibung *-urlaub* ab, in der einzelne Grapheme <r>, <a> und das zweite <u> eindeutig der Kurrentschrift sowie das erste <u> eindeutig der lateinischen Schrift entsprechen. Die Grapheme <l> und könnten aufgrund ihrer Ähnlichkeit in beiden Schriftarten sowohl der einen als auch der anderen zuzuordnen sein. Im letzten Beispiel für die Verwendung beider Schriftarten in einem Lexem ist die Präsenz der Kurrentschrift auf ein Minimum reduziert: in *Wirtchaftkommando* (566) ist ein einziges Graphem eindeutig der Kurrentschrift zuzuordnen. Der graphische Wechsel von einer Schriftart in

---

[125] Auch in Elspaß' Korpus ist der Schriftwechsel innerhalb eines Wortes dokumentiert: intell*igenteren*, Rad*icale Partei* (Elspaß 2005, 148-149). Die Kursivierung entspricht der lateinischen Schrift.

die andere für einen Buchstaben scheint unterhalb der bewussten Kontrolle des Schreibers zu verlaufen.

Die unsystematischen Realisierungen eines Lexems sowohl in Kurrent als auch in lateinischer Schrift demonstrieren die Überlagerung der beiden Sprachen im Individuum auf den verschiedenen sprachlichen Ebenen, einschließlich der Schriftart. Die Schwankungen in der Schriftart könnten, ausgehend von der Annahme, kalligraphische Markierung symbolisiere Distanz, beim individuellen Schreiber einen noch nicht abgeschlossenen Prozess der Aneignung eines Lexems, das er als spezifisch deutsch wahrnimmt, tradieren. Die scheinbar aleatorische Hervorhebung durch Kalligraphie könnte sich mit unterschiedlichen Graden der Vertrautheit mit den deutschen Wörtern erklären. Die Verwendung der Kurrentschrift und die damit einhergehende Änderung der mechanischen Komponenten des Schreibprozesses (Position der Hand, Bewegungen, Position der Finger etc.) sowie die Unterbrechung des Schreibflusses scheinen darauf hinzudeuten, dass die Schreibung eines deutschen Wortes in einem in französischer Sprache verfassten Text bewusst geschieht. Verbunden damit ist möglicherweise die Intention, das sprachliche Element herauszustellen, um so gleichzeitig die beiden Sprachen voneinander abzusetzen.

6.4.4.3 Semantischer Bereich der ad hoc-Entlehnungen

Neben Erklärungsfaktoren wie Wortart und Morphemtyp, strukturelle Ähnlichkeit der beteiligten Sprachen oder Intensität des Sprachkontakts findet der semantische Bereich, aus dem entlehnt wird, in der Entlehnungsforschung Berücksichtigung. Hierbei scheint besonders die Unterscheidung von *basic* und *nonbasic vocabulary* interessant, die Winter-Froemel als Kernwortschatz und v.a. Fachwortschatz mit der Differenzierung von katachrestischer und nichtkatachrestischer Innovation in Beziehung setzt. Eine Mehrzahl der katachrestischen Innvationen entstammt dementsprechend bestimmten Fachwortschätzen (Winter-Froemel 2011, 223).

Die ad hoc-Entlehnungen mit und ohne Schriftartenwechsel im Korpus sind zu einem sehr großen Teil eng mit dem semantischen Feld des Militärs verknüpft. Ihr Gebrauch konzentriert sich auf Kontexte der militärischen Kommunikation und Organisation sowie des Kriegsalltags. Angesichts der Tatsache, dass die Sprache des Militärs die deutsche ist, erscheint es durchaus möglich, dass dem Schreiber die als ad hoc-Entlehnungen eingeführten Wörter auch nur im Deutschen bekannt sind. Dies wird gestützt von Grosjeans (2015, 42) Untersuchung des bilingualen Sprachgebrauchs, in der bestimmte Domänen und Lebensbereiche mit unterschiedlichen Sprachen korreliert werden. Am Beispiel der Biographie von Auguste Jeandon wird dies besonders deutlich: Geboren 1881, leistet Jeandon seinen Militärdienst in der preußischen Armee und kommt dort wohl zum ersten Mal mit dem Militärjargon und spezifischen Bezeichnungen für die militärische Organisation in Kontakt. Die Notwendigkeit der Verwendung dieser spezifischen Bezeichnungen beschränkt sich vermutlich auch auf die Armee, eine Verwendung einer Vielzahl der oben genannten Beispiele außerhalb des Krieges erscheint in über den militärischen hinausgehenden Kontexten, wie dem familiären und beruflichen, wenig wahrscheinlich. Es ist daher denkbar, dass Jeandon die äquivalenten Bezeichnungen im Französischen nicht geläufig sind, weil er nie in sprachlichen Kontexten handelte[126], in denen diese relevant wären.

Hinzu kommt der zum Teil sehr spezifische semantische Gehalt vieler ad hoc-Entlehnungen, für die nicht in jedem Fall ein französisches Äquivalent existiert. In vielen Fällen scheint die deutsche Bezeichnung für den Schreiber der standardmäßigen Bezeichnung zu entsprechen, «the only expression in the language representing the particular concept» (Matras 2009, 112). Die semantische Spezifik einer Vielzahl der verwendeten ad hoc-Entlehnungen wird bei der Betrachtung der Verwendung von möglichen französischen Entsprechungen deutlich. Für dt. *Unterstand* (Beispiele 552, 553 und 556) wäre das französische Äquivalent *abris*, das der Schreiber jedoch nicht erwähnt. Für dt. *Stellung* (Beispiele 546 bis 549) wird frz. *positions* nicht verwendet, dafür ist frz. *poste* viermal belegt. Jedoch liegt hier offenbar keine Bedeutungskongruenz vor, da *poste* in den belegten Verwendungen die Position eines Einzelnen bezeichnet oder in der Kollokation *faire du poste* vorkommt und *Stellung* sich auf die Position des Regiments bezieht.

Aus der Sicht des Schreibers scheinen die im Korpus belegten ad hoc-Entlehnungen einer kommunikativen Notwendigkeit zu gehorchen. Eine Entlehnung aus einem kommunikativen Bedürfnis heraus impliziert die Übernahme der fremdsprachlichen Bezeichnung zusammen mit dem Bezeichneten, das typischerweise spezifisch für eine Kultur ist (Winter-Froemel 2011, 301). Ein großer Teil der von den ad hoc-Entlehnungen bezeichneten Gegenstände und Konzepte ist spezifisch mit der deutschen Gesellschaftsorganisation bzw. der militärischen Struktur Ende des 19. und Anfang des 20. Jahrhunderts verknüpft. Das Bedürfnis zur Entlehnung besteht dabei jedoch weniger auf der Ebene des Sprachsystems, sondern resultiert vielmehr aus der subjektiven Perspektive des Sprachbenutzers.

Zwischen den ad hoc-Entlehnungen besteht also eine eindeutige, wenn auch unterschiedlich stark ausgeprägte Affinität zur Fachsprache des deutschen

---

[126] Das tragische Schicksal vieler Elsässer wird an Auguste Jeandons Biographie deutlich, der auch während des Zweiten Weltkriegs mobilisiert wurde. In dieser Hinsicht werden die Gebrauchskontexte erweitert, allerdings zu einem späteren Zeitpunkt und daher ist dies für die vorliegende Arbeit vernachlässigbar.

Militärwesens. Bei einigen Begriffen wie *Besichtigung* (481) ist die gleichzeitige Verwendung im allgemeinen Wortschatz durchaus wahrscheinlich, jedoch unter Umständen mit differierender Bedeutung. Fachsprachliche Termini zeichnen sich durch eine hohe Verständlichkeit für die Sprachbenutzer sowie durch Präzision in der Bezeichnung und Universalität im Gebrauch aus. Dadurch heben sie sich zum einen von Entlehnungsprozessen ab, entsprechen jedoch gleichfalls nicht exakt den Gebrauchsmustern von Codeswitching (Sylvester 2018, 94). «It does not appear to be their foreignness that forms any part of the decision to include these terms in the texts» (Sylvester 2018, 93–94).

Im Bereich des Wortschatzes erweist sich die klare Differenzierung verschiedener Sprachen unter Umständen als schwierig. Sylvester (2018, 93) diskutiert Mehrsprachigkeit in mittelalterlichen Texten aus England und die Wahrnehmung verschiedener Sprachen auf Seiten der Sprecher, hebt jedoch die überlegte Konzeption und bewusste Redaktion der mittelalterlichen Texte in ihrem Korpus hervor, sodass aus ihrer Sicht die Verwendung verschiedener Lexeme aus mehr als einer Sprache noch keine Evidenz für eine mangelnde Differenzierung der einzelnen Nationalsprachen bietet.

In Bezug auf weniger geübte Schreiber des vorliegenden Korpus ist gerade dies nicht auszuschließen: Möglicherweise betrachten die Schreiber die ihnen zur Verfügung stehenden Mittel verschiedener Sprachen als ein umfassendes, globales Repertoire, aus dem sie schöpfen, um ihre kommunikativen Ziele möglichst effizient zu erreichen. Die Schreiber verwenden beide Sprachen ohne dabei die auf Abstraktionen beruhenden Konstruktionen der jeweiligen Nationalsprache zu differenzieren. Inwiefern dieser Sprachgebrauch bewusst eingesetzt wird oder sich unbewusst vollzieht, muss dahingestellt bleiben. Es ist nicht ausgeschlossen, dass die Schreiber in einer spezifischen Kommunikationssituation oder grundsätzlich nicht über das Wissen um den Ursprung der jeweiligen sprachlichen Formen verfügen oder dass das Wissen um die Etymologie zwar bekannt ist, jedoch zum Ausdruck der jeweiligen kommunikativen Zwecke als irrelevant eingestuft wird.

In diesem Zusammenhang scheint außerdem die von Matras eingeführte kontinuierliche Binnendimension der Spezifizität relevant zu werden, die sich auf die Einzigartigkeit der Referenten bezieht. Matras differenziert hier lexikalische von paralexikalischen Elementen, die konzeptuell einer Entlehnung näher stehen. Hierzu zählen beispielsweise Bezeichnungen für Institutionen und institutionelle Terminologie, affektive Ausdrücke und Kosenamen, deren Verwendung in der originalen Form dazu dient, das jeweils assoziierte, konkrete Bild als Handlungskontext zu evozieren (Matras 2009, 112). Genau dies scheint besonders bei Beispielen wie *Reserwelazareth* (561) oder *Besichtigung* (560) relevant, sodass mit Matras bei diesen Formen für eine konzeptuelle Annäherung zu Entlehnungen argumentiert werden könnte.

Die enge Korrelation von Sprachwechsel und bestimmten semantischen Bereichen zeigt auch Gardner-Chloros' zweisprachiges Korpus aktueller Sprachaufnahmen aus Straßburg. Dialektophone verwenden in Kommunikationssituationen auf Elsässisch im Zusammenhang mit bestimmten Themen gewisse, mit den Themen verwandte Termini auf Französisch, wie *promesse de vente, contrat de vente, plus-value, bulletin de commande, accompte*, die zu einem Wechsel der Sprache der Äußerung führen können (Gardner-Chloros 1991, 121). In Straßburg ist das Französische die dominante Sprache in bestimmten Bereichen des öffentlichen Lebens: «French dominates in certain areas of public and professional life and so French vocabulary must be used unless one wishes to distinguish oneself as a dialectal purist» (Gardner-Chloros 1991, 94). Diese Reflektion der soziolinguistischen Realität im lexikalischen Switching kann in umgekehrter Weise für die sprachliche Situation des Deutschen und des Französischen im *Reichsland Elsaß-Lothringen* zur Zeit des Ersten Weltkriegs gelten. Aufgrund des Militärdienstes und der Mobilisierung in der kaiserlichen Armee dominiert in Jeandons individuellem Sprachgebrauch Deutsch den Wortschatz im Bereich Militär, wodurch sich die hohe Zahl der ad hoc-Entlehnungen, unabhängig von der Wahl der Schriftart, erklären lässt.[127]

6.4.4.4 Zwischenfazit: Bewertung der ad hoc-Entlehnungen

Insgesamt dokumentiert das Subkorpus 35 als ad hoc-Entlehnungen charakterisierte Lexeme. Dies entspricht bei einer Gesamtwortzahl dieses Korpusausschnitts von knapp 18.000 Wortformen etwa 0,2%. Diese Zahl ist jedoch insofern verfälscht, als das Subkorpus das umfangreiche Tagebuch Germain Lacombes enthält, der keine ad hoc-Entlehnung verwendet. Betrachtet man die Anzahl der von Auguste Jeandon gebrauchten ad hoc-Entlehnungen in Abhängigkeit der Wortzahl seines Tagebuchs, ergibt sich eine Proportion von knapp 1,5% ad hoc-Entlehnungen im Text. Zwölf ad hoc-Entlehnungen sind vom Wechsel der Schriftart begleitet, was 34% entspricht.

---

[127] Cf. Lattey/Tracy (2001), die einen ähnlichen Zusammenhang für die deutsch-englische Sprachkontaktsituation nachweisen: «In the context of Elsa E.'s German-American network of family and friends, a language variety developed that was essentially German but included a number of English vocabulary items, primarily nouns, which designated areas of the lexicon that were new in the speakers' experience – because they first encountered them in the United States or because their own use of them dates from after their arrival in America – or that had such strong *utterance potential* that they supplanted the corresponding German terms» (Lattey/Tracy 2001, 420; Herv. im Original).

Rekapitulierend seien die Binnendimensionen der Differenzierung von Einzelwortcodeswitch und Entlehnung nach Matras (2009) wiederholt, verbunden mit einer Einschätzung in Bezug auf die Okkurrenzen des Analysekorpus:

Tabelle 31: Differenzierung Codeswitching – Entlehnung nach Matras (2009).

Bilinguale Sprecher:	Codeswitching
Einzelnes lexikalisches Element:	Entlehnung
Funktonalität:	Tendenz in Richtung Entlehnung
paralexikalische Elemente:	Entlehnung
Operationalität:	eher Kernwortschatz, Tendenz in Richtung Codeswitching
Regularität:	einzelne Okkurrenz vs. reguläre Okkurrenz?
Strukturelle Integration:	Entlehnung

Allein unter Berücksichtigung der ersten beiden Binnendimensionen des Kontinuums zur Beurteilung einzelner Lexeme als Codeswitching oder als Entlehnung nach Matras wird die Hybridität der vorliegenden ad hoc-Entlehnungen mit und ohne Schriftartenwechsel deutlich: Die Zweisprachigkeit der Schreiber wäre ein erstes Indiz zu ihrer Einordnung als Codeswitching, der Status als einzelnes lexikalisches Element deutete hingegen auf eine Entlehnung.

Bei den ad hoc-Entlehnungen mit und ohne Schriftartenwechsel handelt es sich ausschließlich um Nomina, deren syntaktische Integration ins Französische unproblematisch ist, da sie durch strukturelle Ähnlichkeit und eine ähnliche Wortstellung in beiden Sprachen begünstigt wird (cf. Clyne 1987, 753). Das Analysekorpus bestätigt die offenbar bei den Sprachbenutzern bestehende Präferenz zur Entlehnung lexikalischer Elemente und freier Morpheme gegenüber grammatischer Elemente oder gebundener Morpheme, auch Verben werden tendenziell weniger entlehnt als Nomina (cf. Winter-Froemel 2011, 221).

Die Varianz in der orthographischen und morphologischen Integration, beispielsweise in Bezug auf die Verwendung von Majuskeln, in Bezug auf Pluralmarkierung und Genus, also die Integration in das orthographische System der Zielsprache, erlaubt ebenfalls keine eindeutige Zuordnung. Hinsichtlich des Gebrauchs von Majuskeln im Deutschen herrscht bei den Verfassern der Ego-Dokumente offenbar eine gewisse Verunsicherung. Im Französischen werden Majuskeln nur in sehr begrenzten, konkreten Gebrauchskontexten verwendet, woraus möglicherweise die Unsicherheit in deren korrekten Gebrauch im Deutschen resultiert. Es könnte sich allerdings auch um einen Hinweis auf den Grad der Integration des Lexems in den französischen Wortschatz des Schreibers handeln oder um eine bewusste Hervorhebung des etymologisch fremden Wortes. Demnach würde die Nicht-Verwendung der Majuskel im Beispiel *trommelfeuer* auf die Integration in den französischen Wortschatz des Schreibers hindeuten, verbunden unter Umständen auch mit dem fehlenden Bewusstsein bezüglich der Etymologie. Nicht auszuschließen ist jedoch auch simples Versehen oder eine bewusste Adaptation an die französische Graphie.[128]

Des Weiteren werden übernommene einzelne Wortformen in Bezug auf ihre Flexion an die Zielsprache angepasst. Die Flexionsparadigmen entlehnter Formen können aus der Ausgangssprache mitentlehnt und integriert werden. Werden unanalysierte Formen übernommen, wird das Flexionsparadigma der Zielsprache angewendet. Überschneidungen zeigen sich auch bei der Zuweisung des Genus, das entweder dem ausgangssprachlichen, dem zielsprachlichen oder, bei Übereinstimmung, beiden Sprachen entsprechen kann. Sowohl Genus als auch Numerus müssen jedoch nicht immer erkennbar sein. Die Markierung des Plurals erfolgt in den meisten Fällen prädeterminierend über Determinanten, was für eine Übernahme morphologisch unanalysierter Formen aus dem Deutschen, ohne eine gleichzeitige Entlehnung des Flexionsparadigmas, spricht.

Die belegten Transferenzen auf den unterschiedlichen Ebenen der Orthographie sowie der Flexion stehen mit der jeweiligen individuellen Kompetenz des Sprechers in den betreffenden Sprachen und dem Grad der Zweisprachigkeit in engem Zusammenhang: «Das Auftreten entsprechender formaler sowie auch auffälliger semantischer Veränderungen kann dabei mit der Ausprägung der AS-Kompetenz des innovierenden Sprachbenutzers in Verbindung gesetzt werden» (Winter-Froemel 2011, 279).

Mit Blick auf die morphosyntaktische Integration ist das Vorausgehen eines Artikels in derselben Sprache vor dem ad hoc entlehnten Lexem relevant für seine Einschätzung als Entlehnung oder als Codeswitch. Steht der Artikel in derselben Sprache wie das fremdsprachige Wort, handelt es sich tendenziell eher um Codeswitching als um eine Entlehnung (Gardner-Chloros 1991, 166). Im Analysekorpus müssten dementsprechend die deutschsprachigen Lexeme von einem deutschsprachigen Artikel eingeleitet werden, um sie eher dem Codeswitching zuordnen zu können. In allen vorliegenden Okkurrenzen werden jedoch die französischen Artikel mit dem deutschsprachigen lexikalischen Element verwendet, sodass unter diesem Gesichtspunkt die Interpretation der Okkurrenzen als Entlehnungen nahe liegt.

---

128 Wäre bei den Schreibern des Korpus nicht von einer so ausgeprägten Zweisprachigkeit auszugehen, könnte die Verwendung der Majuskeln auch als fehlerhafte Reanalyse interpretiert werden. Dies erscheint jedoch auch aufgrund der Ähnlichkeit der Schriftarten für den vorliegenden Kontext wenig plausibel.

Die Tatsache, dass es sich bei den ad hoc-Entlehnungen um lexikalische Elemente und nicht um grammatikalische Operatoren handelt, die dem Schreiber theoretisch als Auswahlmöglichkeit zur Verfügung stehen, legt wiederum eher eine Bewertung als Codeswitch nahe. Dieser von Matras immer wieder betonten Auswahlmöglichkeit als Charakteristikum von Codeswitching stehen die drei Binnenkontinua der Funktionalität, der Spezifizität und der Regularität entgegen, die eng mit dem semantischen Bereich, aus dem die ad hoc-Entlehnungen stammen, verknüpft sind.

Schriftartenswitching als Markierung der fremdsprachigen Elemente (*flagging*) ist ein zusätzliches Element, spezifisch für den elsässischen lothringischen Sprachraum zu Beginn des 20. Jahrhunderts, das den nicht abgeschlossenen Prozess der individuellen Aneignung einzelner Lexeme beschreibt und die Überlagerungen der Sprachkompetenzen im bilingualen Individuum graphisch sichtbar macht.

6.4.5 Lehnbedeutung

Das Korpus zeigt weitere Phänomene sprachlichen Transfers im Bereich der Entlehnung, die sowohl bezüglich ihrer Frequenz als auch in ihrer Markiertheit weniger auffällig als (ad hoc-)Entlehnungen sind. Im Bereich des lexikalischen Transfers ist neben den bereits genannten Formen die Lehnbedeutung zu nennen, «eine äußerst unauffällige Form der Entlehnung» (Blank 1997, 349). Wird nur eine Bedeutung eines fremdsprachigen Wortes entlehnt und ein vorhandenes Lexem in seiner Bedeutung so erweitert, spricht man von Lehnbedeutung (Betz 1974, 136; Wildgen 2005, 1340). Der Sprecher kopiert die Polysemie eines Wortes in einer anderen Sprache (Blank 1997, 349), wodurch der Kontext der Anwendung des Lexems erweitert wird.

(567) *Je reçoit les nouvelles
que nous avont **recut** une petite
fille le vendredi 14 entres 6 et 7 heur
du soire*
(Auguste Jeandon, 24.4.1916)

(568) *il ne tirent pas beaucoup
le fusils mais l'artileries **fait**
terriblement.*
(Auguste Jeandon, 17.4.1916)

In Beispiel (567) wird das frz. *recevoir* um die Bedeutungskomponente 'gebären, zur Welt bringen' des deutschen Äquivalents *bekommen* erweitert. Im Französischen müsste *nous avons eu* stehen, *recevoir un enfant* bedeutete eigentlich 'ein Kind empfangen/in Empfang nehmen/aufnehmen'. Diese semantische Erweiterung ist in dialektophonen Milieus für das Französische im Elsass umfassend dokumentiert und in ihrem Gebrauch stigmatisiert (Rézeau 2001, 2007, s.v. *recevoir*). Die Verbreitung dieser Bedeutungserweiterung dokumentiert sogar ein deutsch-französisches Schulbuch Ende des 19. Jahrhunderts: «‹Je reçus du fruit› – ‹ich erhielt Obst›» (Salmon 1985b, 271). Diese attestierte Verwendung von *recevoir* im Kontaktraum lässt vermuten, dass es sich bei diesem Beispiel nicht nur um eine idiolektale Verwendung, sondern um eine Form mit größerer Verbreitung in der Sprachgemeinschaft handelt.

Dagegen ist die überindividuelle Verwendung des zweiten Korpusbelegs (568) für sprachkontaktinduzierte Lehnbedeutung weniger eindeutig. Die ungewöhnliche Verwendung von *faire* ohne Ergänzung und nicht als Auxiliar oder in einer festen Kollokation könnte auf den germanischen Dialekt zurückzuführen sein. In süddeutschen Dialektvarianten können die Verben *tun* oder *machen* in bestimmten Kontexten die semantische Komponente von 'klingen' oder 'Lärm machen' annehmen. Es könnte sich also bei dieser Formulierung um eine Übertragung des dialektalen Ausdrucks germanischen Ursprungs auf das Französische handeln. Leider belegen die Texte Auguste Jeandons keine weitere Okkurrenz dieser Form, die diese Verwendung bestätigen oder verwerfen könnten.

Die Alternation des Französischen und des Deutschen sowie der Bereich des Wortschatzes stellen im Korpus diejenigen Bereiche dar, die den deutsch-französischen Sprachkontakt am deutlichsten und am detailliertesten abbilden. Neben der beschriebenen wechselseitigen Beeinflussung des Französischen und des Deutschen im Bereich der lexikalischen Transferenzen belegen die Ego-Dokumente des Subkorpus ebenfalls sprachkontaktinduzierte Formen auf der Ebene der Syntax und der Morphologie, jedoch in deutlich geringerem Ausmaß.

6.4.6 Morphosyntaktische Transferenzen

Der Kontakt des Deutschen und des Französischen wird auch in der Wortstellung sichtbar: Das Korpus belegt zunächst die Veränderung der französischen Wortstellung durch den Einfluss des Deutschen bei der Stellung der Verneinungspartikel in Kombination mit einem Adverb. In den folgenden Beispielen wird die unmarkierte Wortstellung im Deutschen Pers.Pron. – Verb – *noch nicht* auf den französischen Satz übertragen:

(569) [...] *mais nous ne savont*
encore pas *ou nous allont*
(Auguste Jeandon, 24.2.1916)

(570) *Le soire nous sommes alar₌*
mer, mais nous partont
ne partont **encore pas**.
(Auguste Jeandon, 27.2.1916)

(571) [...] *mai il*
n'ait **encor pas** *sur ci j'i₌*
rez
(Joseph Antoine, 26.3.1915)[129]

Auch die Doppelung der Adverbien im folgenden Beispiel (572) lässt sich durch die Beeinflussung des Deutschen erklären. Im Französischen wäre hier *toujours* allein zur Angabe des andauernden Zustands ausreichend.

(572) *Je vous envoie cette carte pour vous*
dire que je suis **encore toujours** *en bonne*
santé
(Jean Baptiste Jeandon, 28.3.1915)

Die Kombination der beiden Adverbien wird im TLFi (1994, s.v. *encore*) als *familier* markiert und ihr Auftreten als selten und pleonastisch evaluiert. Dieser Gebrauch zur Markierung des durativen Aspekts ist für den elsässischen Sprachraum seit 1837 attestiert und stigmatisiert (Rézeau 2007, s.v. *toujours*). Die Doppelung der beiden Adverbien führt Cron als für das Elsass spezifische diatopische Variante in seiner *Liste alphabétique des alsacianismes dans l'emploi des mots* und gibt als die unmarkierte zu verwendende Alternative *toujours* an (Cron 1902, 26).

Ein weiteres Beispiel für die Transposition der unmarkierten Topologie vom Deutschen ins Französische zeigt Beispiel (573). Die Reihenfolge der Negationspartikel und des Adverbs folgt der deutschen Wortstellung, im Französischen stünde *je ne suis même pas blessé*.

---

129 Diese Reihung von Adverb und Negationspartikel ist auch in den Dialektvarianten der südlichen Vogesen belegt: «Enfin il faut noter que la particule ‹pas› est toujours placée après ‹encore› [...] qui conserve sa place immédiate après le verbe sur le modèle des phrases affirmatives» (Bloch 1917b, 229).

(573) *Je ne suis **pas même**
       blèsser*
       (Auguste Jeandon, 19.4.1916)

Nicht nur im Bereich der Negation zeigen sich Transferenzen aus dem Deutschen. Die folgenden Relativsätze zur näheren Bestimmung des Ortes scheinen nach dem Muster eines deutschen Relativsatzes konstruiert:

(574) *Le Rgt 426 qui est a droite
       de nous ont ue se matin un
       Volltreffer [...]*
       (Auguste Jeandon, 30.6.1917)

(575) *[...] les Russes ne
       tirent pas mal mais **ou**
       nous sommet poure le
       moment il ń y a pas trop
       de danger.*
       (Auguste Jeandon, 28.6.1917)

In beiden Beispielen folgen die Relativsatzkonstruktionen dem topologischen Muster des Deutschen. In der Bestimmung des Subjekts in Beispiel (574) überträgt der Schreiber die Konstituentenstruktur des Deutschen, wohingegen im Französischen *qui est à notre droite* stünde. Im zweiten Relativsatz (575) ist die Auslassung des Adverbs *là* in *là où nous sommes* möglicherweise ebenfalls durch die Übertragung der deutschen Struktur bedingt. Als letztes Beispiel der aus dem Deutschen ins Französische übertragenen syntaktischen Strukturen sei ein Beispiel genannt, das möglicherweise nur die Differenz in der Häufigkeit passiver Konstruktionen im Deutschen und im Französischen abbildet:

(576) *Je suis de nouveaux
       changer, je suis envoyer
       a la Genésungscompagnie
       a Sundheim.*
       (Auguste Jeandon, [Juli] 1916)

Der passivische Gebrauch von *changer quelqu'un* in Beispiel (576) bedeutete eigentlich 'placer sur un autre poste' (TLFi 1994, s.v. *changer*), wird hier vom Schreiber im Sinne von *je suis muté* verwendet. Die Präferenz des Deutschen für passivische Formulierungen führt hier möglicherweise zu einer Variante im Gebrauch.

6.4 Sprachkontakt in schriftlichen Ego-Dokumenten — 553

Die deutschsprachige Korrespondenz des Fonds Jeandon dokumentiert ebenfalls die Übernahme französischer Strukturen, die mit Elementen des Deutschen ausgefüllt werden.

(577) *Wenn es mier etwas*
fehlt werde ich dier schon schreiben
(Auguste Jeandon, 18.12.1915)

(578) *Wir haben so sehr*
lange Zeit nach dir
(Maria Jeandon, 11.7.1918)

(579) *Wir haben*
so zeit lang auf dir.
(Maria Jeandon, 5.9.1918)

(580) *Lieber Vater*
*Wir kommen dir beide **für dir***
*ein fröhliches Neujahr **wünschen***
(Paul und Maria Jeandon, 29.12.1915)

(581) *Ir sollt mir sagen ob*
*ich **y** schön binn Ich bin an der*
*linken Seite **im knien**.*
(Joseph Antoine, 26.10.1914)

So kann in Beispiel (577) die im Deutschen unübliche Struktur auf das französische *S'il me manque quelque chose je t'écrirai* zurückgeführt werden kann, wodurch sich auch das eigentlich überflüssige Pronomen *es* erklärte. Ebenso scheinen französische Konstruktionen die Formulierungen in (578), (579) und (580) zu erklären. Der im Deutschen ungewöhnliche Ausdruck für 'jdn. vermissen' in (578) und (579) scheint nur verständlich, wenn man das frz. *avoir le temps long après qqn* als Vorlage heranzieht (cf. 5.2.3.3). Die wortwörtliche Übertragung dieser Struktur ins Deutsche zeigt, wie stark dieser Gebrauch im Kontaktraum verwurzelt ist. Die Varianz in der Präposition *auf/nach* könnte zudem die im Deutschen nicht lexikalisierte Struktur andeuten. Die im Deutschen ebenfalls ungebräuchliche Infinitivkonstruktion (580) ließe sich ebenfalls unter Berücksichtigung der französischen Konstruktion *pour te souhaiter* erklären. Beispiel (581) zeigt neben der Entlehnung eines französischen Pronomens zum Verweis auf das beigefügte Foto die Übernahme der französischen Expression *à genoux*, die mit deutschen lexikalischen Elementen wiedergegeben wird.

Neben den genannten Strukturen, die relativ eindeutig auf die deutsch-französische Sprachkontaktsituation zurückzuführen sind, zeigen die deutschsprachigen Texte auch Belege, die weder im Deutschen noch im Französischen gebräuchlich sind. Exemplarisch seien hierfür zwei Ausschnitte aus den Beispielen (511) und (513) von Paul Braun genannt, die pro-drop-Konstruktionen aktualisieren: *Deinen Brief und Karte von Neujahr habe ø mit vielen Freuden erhalten* (Paul Braun, 6.1.1919) *Ich habe Geld genug wenn ø mir Kleider kaufen will und Schuhe* (Paul Braun, 18.11.1918). Könnte man im ersten Beispiel noch die Umkehrung der verkürzten Satzstruktur *habe deinen Brief [...] mit Freuden erhalten* vermuten, ist dies im zweiten Beispiel nicht möglich.

Die folgende Übersicht resümiert die syntaktischen kontaktinduzierten Partikularitäten:

Tabelle 32: Syntaktische Formen des Sprachkontakts.

Französische Texte	
Position von Adverbien	*encore pas, pas même, encore toujours*
Relativsätze	*mais ou nous sommet*
Passivkonstruktionen	*je suis [...] changer*
Deutsche Texte	
Übernahme von frz. Konstruktionen	*Wenn es mir etwas fehlt*
Infinitivkonstruktion	*für dir [...] wünschen*
Phraseologismen	*lange Zeit nach jdm. haben*

Im Bereich der Lehnmorphologie fällt vor allem die Schreibung *-iere* des Verbalsuffixes *-ir* auf. Möglicherweise beeinflusst durch die graphische Realisierung des langen [i:] durch <ie> im Deutschen, übernimmt der Schreiber unter Anwendung der Phonem-Graphem-Korrespondenz des Deutschen das deutsche Verbalsuffix *-ieren*, das ursprünglich aus dem Französischen entlehnt und zur Bildung von Verben mit deutschen Basen produktiv verwendet wurde.[130]

---

[130] Das deutsche Verbalsuffix *-ieren* wurde ursprünglich aus dem Französischen nach dem Modell der französischen Verben auf *-er* entlehnt und zur Bildung von Verben mit deutschen Basen produktiv verwendet: *interessieren* von *intéresser*, *passieren* von *passer* oder *telephonieren* von *téléphoner* (Matzen 1985, 66-67).

(582) *Nous allont a Marlen*
cherchez de habits neufes poure
partiere
(Auguste Jeandon, 10.8.1916)

(583) [...] *je*
doit **repartiere** *a la garnison*
(Auguste Jeandon, 26.6.1916)

In Anbetracht der Kontaktsituation und der phonetischen Nähe von *-iere* zum deutschen Verbalsuffix *-ieren*, erscheint es möglich, dass Jeandon durch Analogie mit der in der Schule erlernten deutschen Konjugation handelt. Die Formen auf *-iere* werden jedoch nicht systematisch verwandt, sie stehen neben ohne Digraph realisierten Formen, wie in *nous devont* **partire** (Auguste Jeandon, 22.5.1917). Das Korpus belegt insgesamt vier Okkurrenzen ohne Digraph gegenüber sieben mit Digraph sowie eine flektierte Form *je partirai* (Journal Jeandon, 30.9.1916). Ein weiterer die Analogie begünstigender Faktor sind Lexeme wie *Revier* im Deutschen, das ebenfalls einen Digraphen enthält und im Korpus dokumentiert ist: *Le lendemain il m envoy aux* **reviere** (Auguste Jeandon, 1.5.1916).

Bei diesen Belegen erscheint auch eine Beeinflussung durch den elsässischen Dialekt möglich. Das Elsässische weist eine Vielzahl redundanter Entlehnungen von französischen Verben auf, die über eine Suffigierung mit *-iere* ins Elsässische entlehnt werden, wie *déménagiere, remplaciere* oder *dépanniere* (Gardner-Chloros 1985, 54; 1991, 177).[131]

Im deutschsprachigen Raum generell besteht zu Beginn des 20. Jahrhunderts große Varianz in der Orthographie dieses Verbalsuffixes. 1901 wird auf der II. Orthographischen Konferenz eine für den gesamten deutschen Sprachraum gültige Rechtschreibreform beschlossen, unter deren wichtigsten Neuerungen die Schreibung *-ieren* statt *-iren* ist (Elspaß 2005, 421).[132]

Ein weiteres Beispiel der sprachlichen Einflussnahme des Deutschen auf das Französische im Kontaktraum ist die Zuschreibung des Genus im folgenden Beispiel:

---

[131] Gardner-Chloros' Korpus belegt ursprünglich französische, alsatianisierte Verben mit dem Suffix *-iere*, darunter gut integrierte Lehnwörter, spontane Switches sowie viele, die auch ins Deutsche entlehnt wurden (Gardner-Chloros 1991, 177–178).
[132] Grammatiker wie Adelung lehnen eine einheitliche Schreibung *-ieren* ab und favorisieren die Beibehaltung der aus dem Französischen stammenden Endung *-iren* (Elspaß 2005, 429).

(584) *Nous retournons
donc à la France ou
est notre* **place** *et ou*
il *a toujours été. Et nous
pouvons franchement
et librement prononcer
nos sentiments, ce que
nous avons jamais
pu.*
(Paul Braun, 18.11.1918)

Im Französischen wird *place* ein feminines Genus zugeschrieben, im Deutschen hingegen heißt es *der Platz*. Paul Braun verwendet in der pronominalen Wiederaufnahme im Beispiel das dem Deutschen entsprechende maskuline Genus.[133]

Zum Abschluss der Untersuchung des Sprachkontakts im Kontaktraum Elsass und Lothringen in den Ego-Dokumenten zur Zeit des Ersten Weltkriegs sollen im Folgenden die betrachteten Sprachen Deutsch und Französisch zur Ergänzung sprachkontaktinduzierter Formen in den Ego-Dokumenten um das Englische und das Italienische erweitert werden. Das Tagebuch Germain Lacombes weist aufgrund Lacombes Aufenthalts in den USA verschiedene Formen sprachlichen Transferts aus dem Englischen ins Französische auf, die sich wie die deutsch-französischen Kontaktphänomene auf unterschiedlichen Ebenen des sprachlichen Ausdrucks beschreiben lassen. In äußerst geringem Maß weist die Korrespondenz von Paul Grandemange italienischsprachige Elemente auf, die er offenbar während eines Aufenthalts seines Regiments in Italien erworben hat.

6.4.7 Weitere Kontaktsprachen zum Französischen

6.4.7.1 Französisch – Englisch

Die Beeinflussung der französischen Sprache durch das Englische auf der Ebene der Orthographie zeigt sich in der folgenden graphischen Realisierung des frz. *canon* und *canonade*. Das Korpus liefert 25 Okkurrenzen von *cannon* und seinen

---

[133] Morphosyntaktische Transferenzen sind ebenfalls von Arias Álvarez/Oyosa Romero (2018, 297–298) in einem spanischsprachigen Briefkorpus belegt und werden auf die indigene Erstsprache der Schreiber zurückgeführt.

Derivaten wie *cannonade* oder *cannoné* 'canonné' gegenüber fünf Okkurrenzen von *canon*.

(585) *nous avons entendu*
 *le **cannon** ~~pour~~ toute la journée*
 (Germain Lacombe, 17.11.1914)

(586) *A 7 h une*
 ***cannonade** terrible commence.*
 (Germain Lacombe, 14.12.1914)

(587) *Aussi voyons-nous plusieurs*
 *Taubes **cannonés** par nos artilleurs.*
 (Germain Lacombe, 18.11.1914)

Im Bereich der Entlehnungen aus dem Englischen belegt Lacombes Tagebuch eine Lehnbedeutung (588) sowie eine Lehnbildung (589):

(588) *[...] je ne*
 pouvais croire que l'attaque reussisse
 et je pensais qu'elle était plutôt
 *due à la **pressure** de l'opinion*
 publique en France qu'à l'initiative
 du généralisime.
 (Germain Lacombe, 14.12.1914)

(589) *Comme le temps est assez beau*
 ~~et qu'il~~ et que le bataillon va
 être de reserve en seconde ligne
 ***mes esprits sont assez éleves**.*
 (Germain Lacombe, 10.12.1914)

In Beispiel (588) wird das frz. *pressure*, dessen Bedeutung 'action d'empointer les aiguilles ou les épingles' (Littré 1873–1874, s.v. *pressure*) ist, unter dem Einfluss des Englischen um die semantische Komponente 'moralischer Druck, Zwang, Verpflichtung' erweitert. Das im Englischen polyseme *pressure* wird kopiert, wodurch sich der Gebrauchskontext von frz. *pressure* erweitert. Im Französischen existiert bereits ein Lexem mit der aus dem Englischen entlehnten Bedeutungskomponente: frz. *pression* 'contrainte exercée sur quelqu'un. La pression des circonstances' (Littré 1873–1874, s.v. *pression*). Die Verwendung von *pressure* aus der Sicht des zweisprachigen Schreibers bietet sich zum einen aufgrund der im Englischen homographen Form zum anderen aufgrund der Ähnlichkeit zum eigentlichen Äquivalent im Französischen an, sodass dem Schreibenden möglicherweise nicht bewusst ist, dass er nicht den eigentlichen Ausdruck gewählt hat. Der im Französischen nicht übliche Ausdruck (589) *mes esprits sont assez élevés* ist auf das englische *high spirits* 'Hochstimmung, gute Laune' zurückzuführen. Der Schreiber übernimmt die englische Struktur und füllt sie mit lexikalischen Elementen aus dem Französischen auf.

Wahrscheinlich ist die geringe Zahl syntaktischer Transferenzen aus dem Englischen im Tagebuch auf die relativ hohe Schreibkompetenz des Schreibers Germain Lacombe zurückzuführen. Bezeichnenderweise verwendet Germain Lacombe in seinem Tagebuch die im anglophonen Raum üblichen Konventionen zur Angabe der Uhrzeit, verzichtet jedoch auf den Zusatz *a.m.* oder *p.m.* zur Spezifizierung der Tageshälfte.

(590) *Le soir à* **10 h**
 nous partons aux tranchées
 par une bourrasque de
 pluie et de neige
 (Germain Lacombe, 10.1.1915)

(591) *A* ~~1 h~~ **13 h**. *violente cannonade*
 le château est bombarde.
 (Germain Lacombe, 11.12.1914)

(592) *C'est avec une*
 vraie satisfaction qu'à **9 21 h**. *nous*
 partons ~~po..~~ *aux avant-postes*
 (Germain Lacombe, 12.12.1914)

Lacombe scheint sich der Unterschiede in der Angabe von Uhrzeiten in Frankreich und den USA bewusst zu sein, worauf zumindest seine zum Teil vorgenommenen Korrekturen hinweisen könnten.

Die ergänzende Betrachtung des französisch-englischen Sprachkontakts ist aufgrund der Datengrundlage im Vergleich zum Subkorpus zum französisch-deutschen Kontakt nur in deutlich geringerem Maße möglich. Die Untersuchung des sprachlichen Ausdrucks eines Sprechers kann natürlicherweise weder Vollständigkeit noch Repräsentativität anstreben und nur punktuelle Beobachtungen ermöglichen. Dennoch bietet die Hinzunahme sprachkontaktinduzierter Formen eines weiteren Sprachenpaars komplementäre Ansatzpunkte.

Im Wesentlichen entsprechen die kontaktinduzierten Formen im englisch-französischen Sprachkontakt denjenigen, unter 6.4.1 bis 6.4.7 beschriebenen Aspekten. Die relativ geringe Häufigkeit orthographischer Transferenzen spricht für eine sichere Kompetenz im schriftlichen Ausdruck und eine erste Sozialisierung im Französischen in Frankreich sowie für das Erlernen des Englischen als Fremdsprache zu einem späteren Zeitpunkt. Germain Lacombe zeichnet sich durch einen relativ sicheren Ausdruck im Schriftlichen aus, weswegen er die beiden sprachlichen Systeme deutlicher getrennt hält. Hervorzuheben ist die Transferenz von Kulturspezifika wie der Angabe der Uhrzeit, die die den deutsch-französischen Kontakt abbildenden Texte nicht aufweisen.

6.4.7.2 Französisch – Italienisch

Während seiner Mobilisierung ist das Regiment Paul Grandemanges unter anderem in Italien stationiert. Dort erwirbt er offenbar Kenntnisse des Italienischen, die er später in der Korrespondenz mit seinen Eltern anwendet. Die folgenden Beispiele zeigen jeweils im Schlussteil des Briefes ein Grußwort an die Eltern (593) und einen Hinweis auf die Militärkapelle, zu der er selbst gehört (594):

(593) *PS: Bons Baisers à ma chère Soeur Josephine.*
C'est malheureux cher Papa que tu n'aie plus guère de tabac, c'est une grande crise. ici nous
n'avons que notre paquet de gros tous les 5 jours. **Bouonnassère mio Padre et mio Madre.**
(Paul Grandemange, 15.7.1918)

(594) *Dis papa j'ai 2 paquets de tabac, j'en fume*
le moins possible pour faire une petite provision pour
ma permission. (pour toi).
Oggi, bella journata, toutti musicanti molto piachéré. *– (Aujourd'hui belle journée, tous les Mu-*
[siciens] sont contents). – À vous lire s/ peu je vous
[envoie] mes meilleures amitiés et mes plus doux
[baise]rs. Votre fils qui vous
aime pour la vie Grandemange Paul
(Paul Grandemange, 30.7.1918)

Die Verwendung des Italienischen scheint sowohl ludische als auch expressive Funktionen zu erfüllen. Die beiden relativ kurzen Belege des Italienischen lassen keine weiterführenden Rückschlüsse auf die tatsächliche Sprachkompetenz Paul Grandemanges im Italienischen zu. Die Schreibung entspricht einer eher phonetisierenden Wiedergabe unter Verwendung vor allem französischer Phonem-Graphem-Korrespondenzen, wie beispielsweise /u/ durch <ou> in *bouonnassère* 'buona sera' oder in *toutti* 'tutti', was sich dadurch erklären lässt, dass es sich bei Grandemanges Spracherwerb des Italienischen im Wesentlichen um einen mündlichen Prozess handelt. Dem steht die Wiedergabe spezifisch italienischer Grapheme wie <gg> in *oggi* gegenüber, die darauf hindeuten, dass Grandemange zumindest in Teilen auf eine graphische, visuelle Vorlage der Lexeme zurückgreifen kann. Die hybride Schreibung *journata* vereint den französischen Stamm *jour-* und das italienische Suffix *-nata*. Das erste Beispiel erscheint dem Schreiber offenbar so verständlich, dass er ihm keine Übersetzung, wie in (594), an die Seite stellt. Auffallend ist bei der Wiedergabe des italienischen Einschubs im Französischen die nicht literale, sondern paraphrasierende Beschreibung von *molto piachéré* mit *sont contents*.

6.5 Gesamtbetrachtung sprachkontaktinduzierter Variation

Von einem kommunikativen Blickwinkel aus Schreiberperspektive betrachtet scheint die Zuordnung von Formen des Sprachkontakts zu sprachlichen Kategorien eher sekundär. Dem bilingualen Schreiber und seinem Gesprächspartner[134] sind vermutlich sowohl die französischsprachigen als auch die deutsch- oder englischsprachigen Sequenzen verständlich. Die jeweiligen kommunikativen Ziele werden also in jedem Fall problemlos erreicht. Hinsichtlich der Motivationen des Schreibenden ist davon auszugehen, dass es sich um ein Bündel mehrerer grundsätzlich verfügbarer Motive handelt, die in der je spezifischen Kommunikationssituation mit variierender Gewichtung auf den Schreibprozess Einfluss nehmen. Grundsätzlich ist die Frage, ob der Einsatz zweier verschiedener Sprachen und die gegebenfalls auftretende Markierung der anderssprachigen Elemente bewusst oder unbewusst vom Schreiber vorgenommen wird, lediglich auf der Grundlage der jeweils spezifischen Kontexte sowie der Sprachbiographien rekonstruierbar. Die Analyse und Interpretation sprachkontaktinduzierter Ausprägungen in Ego-Dokumenten weniger geübter Schreiber muss notwendigerweise in manchen Punkten hypothetisch bleiben. Die Größe der Korpus erlaubt zudem keine generalisierenden Aussagen.

---

134 Im Fall der Redaktion eines Tagebuchs ist ein unmittelbarer Gesprächspartner nicht zu vermuten.

Die grundlegende Voraussetzung für alle beschriebenen lexikalischen Transferenzen ist die individuelle Zweisprachigkeit der Sprachbenutzer sowie eine sie umgebende bilinguale Sprachgemeinschaft. Diese Zweisprachigkeit kann jedoch individuell unterschiedlich stark ausgeprägt sein, nicht jeder lexikalische Transfer erfordert unbedingt profunde Kenntnisse der Ausgangssprache. Ein Sprecher kann emblematisch seine ethnische Zugehörigkeit als Elsässer und Lothringer oder seine Zugehörigkeit zu einer bestimmten sozialen Gruppe markieren, indem er lediglich punktuell einzelne expressive, phatische oder diskursmarkierende Elemente verwendet. Dagegen erfordert extensives Codeswitching hinreichende Kenntnisse in beiden Sprachen.

Die Schreiber weisen ihre bilingualen und biliteralen Kompetenzen im schriftlichen Medium nach. Sie bedienen sich ihrer, um ihre jeweiligen kommunikativen Ziele zu erreichen. Dabei wird der soziale und historische Kontext beispielsweise bei der Alternation der Sprachen in Zusammenhang mit bestimmter Terminologie (cf. ad hoc-Entlehnungen), die spezifisch mit bestimmten Themenbereichen verbunden ist, wie dem semantischen Bereich des Militärs, relevant. Die historisch-politische Situation zeigt ihren Einfluss, wenn die Schreiber den Sprachwechsel bei Ausdrücken präferieren, die dem Französischen symbolische Präsenz verschaffen und die der ethnischen Identifizierung und Solidaritätsbekundung dienen.

Die gleichzeitige Aktivierung beider Sprachsysteme beim individuellen bilingualen Sprachbenutzer und die wechselseitige Beeinflussung der beiden Sprachen werden auf allen Ebenen des sprachlichen Ausdrucks deutlich. Das Korpus dokumentiert Codeswitching, Scriptswitching, Entlehnungen, ad hoc-Entlehnungen, Lehnbedeutungen und orthographischen, morphosyntaktischen sowie kulturspezifischen Transfer. Die Bereiche des lexikalischen Transfers mit den unterschiedlichen Formen der Entlehnung sowie des Codeswitching stellen dabei diejenigen Ebenen dar, die sprachkontaktinduzierte Phänomene am deutlichsten abbilden. Die jeweiligen sprachlichen Formen differieren in ihrer Anpassung an die Zielsprache, woraus unterschiedliche Grade der Integration resultieren.

Überschneidungen der beiden sprachlichen Systeme zeigen sich bei der Übertragung von Phonem-Graphem-Korrespondenzen einer Sprache auf die andere auf allen Ebenen des Sprachkontakts. So geben die Schreiber gewisse Phoneme deutscher Lexeme mit im Französischen üblichen Graphemen wieder. Auch der umgekehrte Fall ist im Korpus dokumentiert. Hier ist der Einfluss der individuellen Schreibkompetenz, oder genauer der Erfahrung und Übung im Schreiben von Bedeutung. Routiniertere Schreiber halten die beiden orthographischen Systeme offenbar strikter getrennt.

Ein Spezifikum des Analysekorpus ist die Verwendung zweier Schriftarten und der damit verbundene Biliteralismus der Schreibenden, der kommunikative Funktionen übernehmen kann. Der Wechsel der Schriftart begleitet unsystematisch sowohl Einzelwortcodeswitching und ad hoc-Entlehnungen als auch längere alternierte Sequenzen und kann dabei unterschiedliche Funktionen wahrnehmen. Die deutsche Kurrentschrift markiert den etymologischen Ursprung deutschsprachiger Entlehnungen und Sequenzen und gibt ein, möglicherweise diffuses Bewusstsein für den Sprachwechsel an. Die graphische Absetzung in Kurrentschrift wiedergegebener Elemente im Text in lateinischer Schrift gibt den im Vorgang befindlichen Prozess der Familiarisierung des Schreibers mit den jeweiligen Elementen wieder. Eindeutig identifizierte deutschsprachige Formen werden so markiert, sie sind nur dem zweisprachigen Sprecher ohne weiteres verständlich. Mit der graphischen Hervorhebung bestimmter Elemente befolgen die Schreiber, möglicherweise unbewusst, die im deutschen Sprachraum geltenden (typo-)graphischen Schriftsprachkonventionen. Sie weisen der Schriftart außerdem semiotische und pragmatische Funktionen zu. Jede kontaktinduzierte Form kann neben dem Schriftartenwechsel zusätzlich im Text graphisch markiert sein, zum Beispiel durch Setzung von Anführungszeichen oder Klammern. Diese graphische Herausstellung entspricht den pragmatisch-kommunikativen Funktionen, denen im mündlichen Sprachgebrauch Phänomene der Intonation oder der Häsitation entsprechen.

Diese Analyse liefert einen Beitrag zur Erforschung des Sprachkontakts sowohl aus historischer Perspektive als auch im Medium des Schriftlichen und trägt dazu bei, den Sprachgebrauch einer in der Sprachgeschichte wenig präsenten sozialen Gruppierung mit zweisprachigem Hintergrund zu beleuchten. Die Hinzuziehung der individuellen Schreiberbiographie ermöglicht die Präzisierung des in den Ego-Dokumenten aktualisierten mehrsprachigen schriftlichen Ausdrucks.

7 Epistoläre Kommunikation

Neben der in Kapitel 5 untersuchten Variation im schriftsprachlichen Ausdruck und seiner kontaktinduzierten Beeinflussung, die Gegenstand von Kapitel 6 ist, wird in diesem Kapitel das für das Verfassen von Briefen essentielle Wissen um Diskurstraditionen und ihre Realisierung im Korpus betrachtet. Der schriftsprachliche Ausdruck weniger geübter Schreiber konkretisiert sich zum einen in Abhängigkeit der individuellen Alphabetisierung sowie der Routine und der Erfahrung im Umgang mit dem schriftlichen Medium, zum anderen in einem bestimmten geopolitischen Raum vor dem Hintergrund spezifischer sozialer und historischer Parameter. Diese Kriterien beeinflussen die orthographische, lexikalische, morphosyntaktische und diskursive Variation im Schreiben der Verfasser der Ego-Dokumente und die Wahl der jeweiligen Varietät sowie der Schriftart. Darüber hinaus kommt einem weiteren Aspekt der Schreibkompetenz entscheidende Bedeutung zu, der die individuelle Sprachkompetenz sowie den zweisprachigen Hintergrund der Schreiber insofern ergänzt, als er das die Textsorte Brief betreffende Wissen sowie seine diskursive Umsetzung betrifft. In diesem Zusammenhang wird auch die Vermittlung dieses Wissens und seines Erwerbs durch weniger geübte Schreiber beleuchtet (7.1). Das vorliegende Kapitel fragt nach den für die epistoläre Kommunikation charakteristischen Diskurstraditionen (7.2) sowie nach den epistolären Formeln und ihren Funktionen (7.3). In der Analyse werden die epistolären Formeln im Korpus nach ihrem Vorkommen in Brieferöffnung, Briefschluss und Briefkörper in ihren unterschiedlichen Verwendungsweisen untersucht (7.5).

7.1 Kommunikative Praxis des Briefschreibens

Die kommunikative Praxis des Briefeschreibens ist bereits im 17. Jahrhundert relativ verbreitet, bleibt jedoch zunächst auf gebildete Schichten beschränkt. Erst ab Mitte des 19. Jahrhunderts weitet sich mit der steigenden Alphabetisierung der Kreis der an dieser Praxis partizipierenden gesellschaftlichen Gruppen aus (Große 2018, 141). Im Verlauf des 19. Jahrhunderts schreitet nicht nur die Massenalphabetisierung voran, auch das epistoläre Schreiben diversifiziert sich und bildet den Bereich des pragmatischen epistolären Schreibens aus (Große 2018, 142).

In Anlehnung an Keller (1992) wendet Große (2018, 141) den Begriff der pragmatischen Schriftlichkeit, den Keller (1992, 1) als «Gebrauch der Schriftkenntnis im Dienste praktischer Lebensbewältigung» definiert, auf die Korrespondenz der Soldaten und ihrer Familien aus dem Ersten Weltkrieg an. Die räumliche Trennung führt dazu, dass die Soldaten und ihre Familien im Medium der Schrift miteinander kommunizieren, um sich gegenseitig des Wohlergehens zu versichern. Im Zusammenhang der vorliegenden Analyse stellt sich die Frage, wie das normative Wissen, das zur Redaktion eines Briefes unabdingbar war, erworben wurde. Selbstverständlich ist die tatsächliche, retrospektive Klärung des kulturellen und sprachlichen epistolographischen Wissens und die Frage nach der Umsetzung vorgeschlagener Modelle in den Briefen weniger geübter Schreiber äußerst kompliziert (Große 2018, 158). Verschiedene mögliche Quellen können als mutmaßliche Beeinflussungen herangezogen werden. Epistolographisches Wissen wurde zum einen auf institutionellem Wege und zum anderen innerhalb der Familie vermittelt.

Die Redaktion von Briefen ist als beliebte Form der pragmatischen Schriftlichkeit in der didaktischen Vermittlung vor 1914, sowohl in der Schule als auch in Briefstellern, gut verankert (Große 2018, 146). Im Schulunterricht der Primar- und Sekundarstufe wurde die Briefredaktion im Rahmen des Aufsatzunterrichts gelehrt, der im 19. Jahrhundert die prototypische Form der unterrichteten Schriftlichkeit in der Primarstufe darstellte. Allerdings enthalten die Schulbücher relativ wenig Informationen zum tatsächlichen Unterrichten der epistolären Redaktion. Der Fokus in den in der Primarstufe benutzten Schulbüchern liegt auf der Vermittlung von Stilkonventionen und weniger auf der Bereitstellung eines Formelinventars, welcher eine dezidierte Ablehnung bestimmter, als unangemessen empfundener Eröffnungsformeln nicht ausschließt (Große 2018, 143–145 und 150–151).

Eine weitere Quelle zum normativen Wissen des Briefschreibens bieten die sogenannten Briefsteller,[1] die im 19. Jahrhundert für ein breiteres diversifiziertes Publikum geöffnet werden (Große 2018, 145–146). Mit dieser Öffnung gehen die Erweiterung des Spektrums an Briefmodellen sowie die pragmatische Ausrichtung einher. Als potentielle Schreiber werden nun auch Landwirte, Arbeiter oder Soldaten aufgenommen (Große 2018, 153). Ebenso finden Privatbriefe immer mehr Berücksichtigung in den Briefstellern (Große 2003, 155). Für die für das vorliegende Korpus interessante soziale Gruppe der Soldaten werden Modelle für

---

1 Unter Briefstellern werden Zusammenstellungen von Briefen verstanden, «deren eigentliche praktisch-didaktische Funktion ausschließlich in der Übernahme von Modellen und Regeln zur Redaktion von Briefen liegt» (Große 2003, 137). Sie explizieren das weitgehend implizit tradierte normative und praktische Wissen (Große 2017, 9–10). Briefsteller umfassen traditionell eine Einführung, normative Vorgaben wie etwa die Anrede und Formeln betreffend sowie eine Auswahl exemplarischer Briefe (Große 2003, 137). Für eine umfassende diachrone Analyse des in französischen Briefstellern vermittelten normativen diskursiven, textuellen und sprachlichen Wissens cf. Große (2017).

Liebes- oder Bittbriefe um Geld angeboten. Die in den Modellbriefen behandelten Themen sind die Ankunft im Regiment, Krankheit und Krankenhausaufenthalt, eine Beförderung oder die Ankündigung eines Heimaturlaubs (Große 2018, 153–155). Die Perspektive einer an einen Soldaten schreibenden Person wird hingegen nur äußerst selten eingenommen (Große 2018, 157). Einige Briefsteller vermeiden die Empfehlung bestimmter epistolärer Formeln, da sie grundsätzlich für einen freieren Stil plädieren (Steffen 2018b, 180). Andere wiederum geben klare normative Vorgaben, auch was epistoläre Formeln anbelangt (Große 2017).

Die Aufbewahrung und das Zirkulieren einzelner Briefe mit Vorbildcharakter führten zur Aneignung bestimmter diskursiver Traditionen innerhalb der Familie, ebenso wie die bis ins 20. Jahrhundert verbreiteten Briefsammlungen (Große et al. 2016, 2; Große 2018, 143). Die Familie repräsentiert einen wichtigen Ort des Erwerbs und der Konsolidierung epistolärer Formeln, die ihre ursprüngliche Referentialität verlieren und so verfestigt werden (Steffen 2018b, 181).

7.2 Diskurstraditionen im Brief

In der kommunikativen Praxis des privaten Briefs muss der Schreiber nicht nur über Wissen zum Sprachsystem und zur sprachlichen Norm des Französischen verfügen, sondern auch über Wissen um Tradition (Große et al. 2016, 2; Kabatek 2015, 56). Jede sprachliche und schriftliche Äußerung ist durch kulturelle Tradition geprägt (Schrott 2015, 480).[2] Diskurstraditionen können mit Koch (1997, 59) als diachron wandelbare Regelkomplexe verstanden werden und sind «historisch konventionalisierte Techniken [...], sie erzeugen textuelle Gleichförmigkeiten, die den Einzeltext als einer — metaphorisch gesprochen — historischen ‹Reihe› zugehörig erkennbar werden lassen» (Aschenberg 2003, 5). Bereits der Begriff *Diskurstradition* trägt in sich «die Konventionalität, mithin die notwendige Historizität der genannten Muster und Schemata» (Oesterreicher 1997, 21). Diskurstraditionen schließen mediale und konzeptionelle Aspekte ein (Aschenberg 2003, 6) sowie als «habitualisiertes Wissen [..], das sich in der Produktion, Rezeption und Benennung sowie in der expliziten Normierung von Diskursen äußert» (Aschenberg 2003, 7), ebenfalls eine produzentenorientierte Perspektive.

Diskurstraditionen gehen auf die Unterscheidung Coserius zurück, der zufolge Texte als eine Einheit «der einzelsprachlichen grammatischen Strukturierung»

---

2 Wenngleich hinsichtlich der Relevanz von Diskurstraditionen in der Forschergemeinschaft Einigkeit besteht, so bleiben ihre Konzeptualisierung und die Beschreibung ihrer Charakteristika häufig divers (Große 2017, 43).

(Coseriu 2007, 29), auch als *Textgrammatik* bezeichnet (Coseriu 2007, 34), begriffen werden können und als autonome sprachliche Manifestation, «die weder allein von der Ebene des Sprechens im allgemeinen [sic] noch von der Ebene der Einzelsprachen her geklärt werden kann» (Coseriu 2007, 47). Auf dieser zweiten Betrachtungsebene sind Diskurstraditionen als strukturelle Muster einzelsprachunabhängiger Regelkomplexe bestimmter Textsorten zu situieren (Wilhelm 2015, 64). Diskurstraditionen lassen sich auch in die Konzeption der Sprachkompetenz nach Coseriu einordnen. Der Sprachbegriff der *langage* (Coseriu 1988, 72), der das universelle Sprechen, die historische Einzelsprache und die individuelle Realisierung als Text oder Diskurs differenziert, wird von Koch (1997) dahingehend präzisiert, als er auf der historischen Ebene die Einzelsprache von den Diskurstraditionen differenziert, die voneinander unabhängige Ebenen darstellen, denn «quer zu den einzelsprachlichen Traditionen bzw. Normen sind hier die [...] Diskurstraditionen bzw. Diskursnormen anzusetzen» (Koch 1997, 45). Unter Diskurstraditionen wird eine Vielzahl unterschiedlicher Realisierungen kulturellen und sprachbezogenen Wissens subsumiert, die alle Tätigkeitsbereiche des Sprechens und Schreibens betreffen (Schrott 2015, 483–484). Die Beschreibung von Diskurstraditionen strebt danach, «die ganze Bandbreite des Traditionellen in Texten aufzudecken und in allen Fragen der sprachlichen Beschreibung – gerade auch denjenigen der Grammatik oder der Pragmatik – die Bedeutung textueller Tradition zu bestimmen» (Kabatek 2011, 99). Mit Blick auf die Textsorte des Briefs können Diskurstraditionen folgendermaßen definiert werden:

> «Des ‹traditions discursives› se présentent comme des faisceaux de modèles et de normes historiques, implicites ou explicites, pour l'interaction épistolaire, qui évoluent par répétition, habitude ou routinisation, et qui se manifestent aux niveaux de la forme, du contenu et du cadre culturel et socio-communicatif selon une complexité différente» (Große 2017, 48).

Diskurstraditionen sind hinsichtlich ihrer definitorischen Setzung zu differenzieren, wobei definitorisch gesetzte Diskurstraditionen eine normative Funktion übernehmen, explizit vermittelt und von den Sprechern erlernt werden. Dagegen bilden sich nicht definitorisch gesetzte Diskurstraditionen in der Alltagskommunikation ohne Regulierung heraus. Ein weiteres Kriterium zur Definition von Diskurstraditionen ist ihre Spezifizierung. Gering spezifizierte Diskurstraditionen werden von einer großen Zahl von Produzenten beherrscht, wohingegen hoch spezifizierte Diskurstraditionen nur von wenigen Sprechern bzw. Schreibern benutzt werden. Manche Diskurstraditionen funktionieren autonom, andere wiederum sind Teil einer Gattung oder Textsorte (Schrott 2015, 484–485).

Die Struktur von Privatbriefen ist durch ein Geflecht von Diskurstraditionen gekennzeichnet, die einerseits eine Orientierung in der Redaktion darstellen und andererseits ein gewisses normatives Gewicht mitbringen, das den freien

Ausdruck einschränken kann (Schrott 2015, 480). Diskurstraditionen legen beispielsweise fest, dass Briefe mit einer Adressierung sowie einer Frage nach dem Gesundheitszustand des Empfängers eröffnet und mit einer Grußformel beendet werden (Schrott 2015, 482). Die hier behandelten Diskurstraditionen sind einmal in die Charakterisierung der Textsorte des Briefs integriert, weiterhin sind sie einer großen Gruppe an Produzenten zugänglich und schließlich werden sie explizit gelehrt und erlernt. Letzteres Kriterium sollte nicht verabsolutierend verstanden werden, da diskurstraditionelle Formen des Briefs zwar erlernt werden, jedoch nicht nur in bewusst explizierender Weise in normativ orientierten Kontexten wie der Schule oder eventuell den Briefstellern. Zu ihrer Ausformung trägt ebenfalls der Umgang mit ihnen in der Alltagskommunikation bei.[3]

Die Bewertung der Auswahl bestimmter Diskurstraditionen folgt dem Kriterium der Angemessenheit an die Situation, an das Kommunikationsziel sowie an den Rezipienten und seine Erwartungen (Koch 1988, 341–342). Auf Seiten der Schreiber setzt dies die Möglichkeit der Selektion aus einem Inventar voraus. Mit einer geringeren Schreibkompetenz wird dementsprechend die Einschränkung der Selektions- und Adaptationsmöglichkeit an die kommunikative Absicht in Beziehung gesetzt (Schrott 2015, 485).

Eng mit dem Begriff der Diskurstradition ist das Wissen um Formeln, um eine allgemeine Textstruktur sowie um die kommunikativen Umstände des Textes verbunden (Große 2018, 147). Wenngleich das Wissen um Diskurstraditionen nicht einzelsprachlich ist (Schrott 2015, 482), so sind bestimmte Formeln als Diskurstraditionen «anhand ihrer einzelsprachlichen Fixierung erkennbar» (Große 2017, 51; Wilhelm 2015, 67). Diese einzelsprachlichen Formulierungen der epistolären Diskurstraditionen stehen im Zentrum des vorliegenden Kapitels. Ihre Funktionen werden im folgenden Unterkapitel erläutert.

7.3 Struktur des Briefs und epistoläre Formeln

7.3.1 Ars dictaminis populaire

In der Regel folgen Briefe einem dreigliedrigen Schema aus Eröffnung, Briefkörper und Schluss, wobei insbesondere die rahmenden Abschnitte von Eröffnung und Schluss zumeist hoch formelhaft sind (cf. auch Rutten/van der Wal 2014, 79). Diese Dreiteilung kann mit Steffen (2018b) verfeinert werden, der anhand von

---

[3] Cf. hierzu auch Große (2017, 44), die zwischen bewusster und unbewusster Aneignung differenziert.

Briefen weniger geübter Schreiber aus der Zeit von 1789 bis 1914 und auf der Grundlage der traditionellen *ars dictaminis* ein konventionelles Modell der epistolären Struktur entwickelt, welches er *ars dictaminis populaire* nennt (Steffen 2018b, 174). Die Gliederung der *ars dictaminis* in *salutatio, exordium, narratio, petitio* und *conclusio* (Steffen 2018b, 175) werden in der *ars dictaminis populaire* in die Teile *salutatio, (confirmatio receptionis), pseudo-exordium (dissertatio valetudinis), narratio, (petitio), nuntiatio parentum* sowie *conclusio* erweitert und modifiziert (Steffen 2018b, 177).

Die Bezeichnung als *pseudo-exordium* begründet sich insofern, als das *exordium* eigentlich das Thema des Briefes darstellt, das im Korpus privater Briefe stets die Kommunikation des Wohlergehens ist (Steffen 2018b, 177). Der Abschnitt der *narratio* enthält den eigentlichen Inhalt des Briefes und die Versprachlichung verschiedener situativ bedingter Themen. Im Vergleich einer «markante[n] diskurstraditionellen Durchformung an Anfang und Ende» (Schrott 2015, 480) ist die *narratio* weniger formelhaft (Rutten/van der Wal 2014, 85; Steffen 2018b, 178). Die stärker formelhaft geprägten Abschnitte von Anfang und Ende enthalten auch vielfach syntaktisch komplexe Strukturen, die dem Text eine würdevolle Nuancierung verleihen, wenngleich die Schreiber angesichts syntaktischer Komplexität nicht der Norm entsprechende Lösungen wählen (Branca-Rosoff 2015, 47). Typisch für die *ars dictaminis populaire* ist die Ambivalenz zwischen dem Streben nach einem schriftsprachlichen Stil und der starken Affinität der Mitteilung zur kommunikativen Nähe (Steffen 2018b, 177), die sich insbesondere in der Diskrepanz zwischen formelhafter epistolärer Rahmung von Eröffnung und Schluss und *narratio* widerspiegeln.

Die *ars dictaminis populaire* bietet weniger geübten Schreibern einen vom Kontext und der Schreibsituation unabhängigen Rahmen, in den sie die Mitteilung einbetten (Rutten/van der Wal 2014, 75). Dieser aus Formeln bestehende Rahmen variiert bis zu einem gewissen Maße inter- sowie intraindividuell.

7.3.2 Funktionen epistolärer Formeln

Mit Rutten und van der Wal (2014) können epistoläre Formeln die drei Funktionen der Textkonstitution, mit den Subfunktionen der Markierung des Texttyps und der Textstruktur, der Intersubjektivität sowie des Christlich-Rituellen zugeordnet werden. Als pragmatische Bezugsgröße dienen jeweils der Text selbst sowie die beteiligten Interaktionspartner. Christlich-rituelle Formeln sind an den christlichen Glauben und die Erwähnung eines göttlichen Referenten gebunden (Rutten/van der Wal 2014, 81–82). Da diese dritte Größe im vorliegenden Analysekorpus keine prominente Rolle einnimmt, werden im Folgenden nur textkonstituierende und intersubjektive Formeln berücksichtigt.

Textkonstitutive Formeln lassen sich in Texttyp- und Textstruktur-Formeln differenzieren. Texttyp-Formeln identifizieren einen Text als Brief und umfassen die Adressierung, das Datum, Begrüßung, eröffnende und abschließende Formeln sowie die Unterschrift. «Without actually having to read the body of the text, the text type is revealed by these surrounding text-type formulae» (Rutten/van der Wal 2014, 82). Der zweite Subtyp textkonstitutiver Formeln sind textstrukturierende Wendungen, die die textuelle Strukturierung und insbesondere den Übergang von einem Diskursteil zum nächsten gewährleisten. Prinzipiell können textstrukturierende Formeln in allen Texten und an allen Stellen in einem Text auftreten. Tatsächlich sind sie jedoch typisch für Briefe und genauer für spezifische Funktionen (Rutten/van der Wal 2014, 82–83). Diese häufig metasprachlichen Formeln sind Ausdruck mangelnden Vertrauens in die Effizienz des graphischen Mediums (Steffen 2018b, 179).

Intersubjektive Formeln betonen den interaktionellen Aspekt der Kommunikation und fokussieren die Beziehung zwischen Produzent und Rezipient. Aus inhaltlicher Perspektive umfassen sie die Themen Gesundheit, Grüße und Kontakt. Die Gesundheit betreffende intersubjektive Formeln betreffen in der Regel die zwei Bestandteile der Feststellung des eigenen Wohlergehens und der Wünsche für den Empfänger. Intersubjektive Grußformeln beziehen sich auf den Empfänger der Korrespondenz oder auf Dritte, während den Kontakt betreffende Formeln der Intersubjektivität Bezug auf den Erhalt des epistolären Kontakts nehmen (Rutten/van der Wal 2014, 83).

Die genannten Funktionen epistolärer Formeln sind nicht als separate Kategorien aufzufassen, Formeln können mehrere Funktionen gleichzeitig erfüllen, wobei zumeist eine Funktion dominiert. Zudem sind alle epistolären Formeln insofern textkonstitutiv, da sie im Wesentlichen in Briefen auftreten und diese Textsorte markieren (Rutten/van der Wal 2014, 84).

Für weniger geübte Schreiber stellen epistoläre Formeln eine konventionalisierte, relative «safe option» (Rutten/van der Wal 2018, 240) in der Redaktion eines Briefs dar, weshalb in ihren Texten eine höhere Frequenz dieser Formeln gegenüber einem kreativeren und freieren Stil bei geübteren Schreibern zu erwarten wäre. Die Wahl vorgefertigter Formulierungen gewährt dem Schreiber mehr Verarbeitungszeit. Sobald eine Formulierung erlernt und abgespeichert wurde, muss sie als Ganzes lediglich aktiviert werden, wodurch ein erneuter Formulierungsvorgang erspart wird (Rutten/van der Wal 2014, 131–132). Zwar besteht in medial schriftlichen Texten grundsätzlich die Möglichkeit zur Überarbeitung ohne Zeitdruck (cf. Rutten/van der Wal 2014, 132), jedoch können weniger geübten Schreibern hier die Formeln eine «Formulierungshilfe» (Elspaß 2005,

180–181) sein. Der Gebrauch lexikalisierter Formeln, die als ganze Einheiten aus dem Gedächtnis abgerufen werden, erleichtern und beschleunigen den Redaktionsprozess (Rutten/van der Wal 2014, 132–133). Rutten und van der Wal (2014) stellen fest, dass der Gebrauch formelhafter Strukturen mit Schriftsprachkompetenz, Schreiberfahrung sowie Schulbildung, mit dem sozialen Status und mit dem Geschlecht der Schreiber korreliert. Die Texte weniger geübter Schreiber weisen mehr Formeln auf, ebenso die Texte von Frauen und die von Vertretern niedrigerer sozialer Schichten (Rutten/van der Wal 2014, 163–164).

Die Frage, inwiefern die Texte von Soldaten und ihren Familien aus dem Ersten Weltkrieg die in normativen Publikationen wie Schulbücher oder Briefsteller verbreiteten Briefmodelle und Formeln aufnehmen, beantwortet Große folgendermaßen:

> «[N]ous exagérerions sans doute si nous constatons que leur pratique était sans modèle. Au niveau de formules et de la structure textuelle les scripteurs étaient assez bien guidés; par contre, au niveau pragmatique, les sujets se sont clairement limités à quelques circonstances précises, certes utiles afin d'organiser la vie ‹quotidienne› des soldats dans les tranchées et à l'arrière, mais en même temps éloignées d'un traitement linguistique émotionnel des conséquences de la guerre» (Große 2018, 158).

Für weniger geübte Schreiber stellen die vorgeschlagenen Modelle und vorgefertigten Strukturen einen hilfreichen ersten Ansatz zur Versprachlichung alltäglicher Bedürfnisse dar (Große 2018, 161; Steffen 2018b, 181). Außerdem entspricht die traditionelle Gestaltung des Briefes mithilfe stets wiederkehrender, verfestigter Formeln auch den Erwartungen des Empfängers (Steffen 2018b, 181). Rutten und van der Wal nehmen keinen direkten Einfluss der Briefsteller an, wenngleich diese die üblichen epistolären Konventionen abbilden:

> «Although the manuals present letter-writing conventions, it is more likely that pupils at school and youngsters at home learnt letter-writing conventions and formulaic language and further developed their writing skills by participation in actual writing practices, that is by reading and copying letters and hearing them read aloud» (Rutten/van der Wal 2014, 202).

Aus Schreiberperspektive, ist die Verwendung epistolärer Formeln weniger durch präskriptive Vorgaben in normativen Veröffentlichungen motiviert, sondern vielmehr durch die spezifischen Funktionen, die sie im Text und im Redaktionsprozess erfüllen (Rutten/van der Wal 2014, 202).

7.4 Methodologie

Für die Beschreibung epistolärer Formelhaftigkeit in den Ego-Dokumenten weniger geübter Schreiber wird ein Subkorpus ausgewählt, das alle Briefe und Postkarten umfasst. Die Tagebücher und die tagebuchartigen Texte werden dagegen ausgenommen.[4] Das ausgewählte Korpus umfasst 581 Briefe und Postkarten. Dieses Subkorpus wurde erneut mit MAXQDA in seiner Gesamtheit im Hinblick auf epistoläre Formeln codiert, um einen Überblick über die sprachlichen Muster formelhafter Prägung zu erhalten. Methodologisch bilden die Texte den Ausgangspunkt der Analyse, da in ihnen zuerst die Elemente eines formelhaften Sprachgebrauchs identifiziert werden, im Gegensatz zu einem alleinigen Abprüfen bekannter formelhafter Konstruktionen. Folgende Fragen leiten die Analyse:
- Lassen sich im Korpus kommunikative Routinen erkennen, die sich sprachlich in bestimmten Formeln verfestigen?
- Welche epistolären Formeln verwenden die Schreiber in ihrer Korrespondenz und in welcher Funktion?

Die Struktur der *ars dictaminis populaire* bildet einen geeigneten Rahmen zur Situierung und Beschreibung der vorliegenden Korrespondenzen, jedoch zeigen Schreiber des Analysekorpus eine höhere Variabilität in der Anordnung der jeweiligen Abschnitte, sodass von der ursprünglichen Gliederung abweichende Strukturierungen sowie Überlagerungen oder thematische Repetitionen entstehen können. Zudem enthält nicht jeder Brief alle genannten Teile. Innerhalb des epistolären Modells kann zwischen den relativ formalisierten Teilen *salutatio* und *exordium* sowie *petitio* und *conclusio* mit der *narratio* eine gewisse Diskrepanz manifest werden (Branca-Rosoff 2018, 61).[5] Die Formelhaftigkeit erlaubt aufgrund ihres vorgefestigten Charakters vielfach eine höhere syntaktische Komplexität. Varianten in diesen Passagen deuten an, dass die bisweilen komplexe Syntax noch nicht gänzlich gefestigt ist (Steffen 2018b, 178). Die Konzentration formelhafter Elemente in der Eröffnung und dem Abschluss schließt formelhafte Elemente in der *narratio* nicht aus, die insbesondere zur Strukturierung der Inhalte dienen und thematische Übergänge erleichtern.

---

[4] In dieser Hinsicht sind neben den Tagebüchern von Garnier, Poinçot, Jeandon und Mayzaud die Texte von Lorieau, Vuibert und Guerton sowie ein Text Albert Provots nicht Teil des Auswahlkorpus.

[5] In einigen Fällen kann aus inhaltlicher Perspektive eine Formel im Widerspruch zum frei Versprachlichten stehen (Klippi 2018, 122) oder die in den Formeln versprachlichte Höflichkeit einen deutlichen Kontrast gegenüber dem Briefkörper bilden (Steffen 2018b, 185).

7.5 Analyse

7.5.1 Vorbemerkungen

Unabhängig von einer formelhaften sprachlichen Umsetzung, strukturieren sich sowohl Eröffnungs- als auch Schlusssequenz um die Themen Korrespondenz, Gesundheit und soziales Netz, wobei letzteres insbesondere im Schluss seinen Platz hat. Auch diese thematischen Schwerpunkte sind insofern Teil eines traditionellen Briefmusters, als sie konventionelle Inhalte der epistolären Kommunikation darstellen und viele der sprachlichen Formeln auf diese Themen zurückgehen. In der Eröffnung thematisieren die Schreiber den Erhalt von Briefen und Paketen, beklagen das Ausbleiben von Korrespondenz oder fragen nach ihr. Klippi (2018, 121) bezeichnet dies treffend als das *passé épistolaire* der Kommunikationspartner. Der Austausch über den Gesundheitszustand der Schreiber sowie über den der Empfänger bildet einen weiteren thematischen Schwerpunkt der Eröffnung. So wird das eigene Wohlergehen mitgeteilt und der Wunsch ausgedrückt, den Empfängern möge es ähnlich gehen. Vor allem die Schlusssequenz bietet Raum, den Adressaten des Briefes Grüße an einen erweiterten Empfängerkreis aufzutragen, die das soziale Netz des Schreibers abbilden. In Teilen kann auch eine explizite Einforderung von Korrespondenz oder eine Erneuerung der Wünsche guter Gesundheit formuliert werden. In formelhafter Versprachlichung enthalten die Briefschlüsse stets die Aufforderung einer baldigen Antwort.

Diese thematische Ausrichtung in Eröffnung und Schluss ist nicht spezifisch für das vorliegende Korpus, das *Corpus 14* (Branca-Rosoff 2018, 61–62; Steuckardt 2014, 361), Gaston B.s Korrespondenz (Klippi 2018, 121), französische Briefe aus der Zeit von 1789 bis 1815 (Steffen 2018b, 173–174) belegen diese Themenkomplexe ebenso wie niederländische (Rutten/van der Wal 2014, 86; 97–98) oder deutsche Korpora (Elspaß 2005, 158–160). Die Korpora weisen nicht nur eine ähnliche thematische Strukturierung auf, sondern auch ähnliche, einzelsprachlich gefestigte Formeln. Die Präsenz dieser Formeln sowie die Behandlung gleicher Inhalte über historische Einzelsprachen hinweg unterstreicht das Diskurstraditionelle der epistolären Strukturierung.

7.5.2 Die Eröffnung

Zur sprachlichen Gestaltung der epistolären Eröffnung stehen den Schreibern verschiedene Elemente zur Verfügung, aus denen sie jeweils die ihnen relevant erscheinenden Komponenten auswählen und aktualisieren. Folgende Übersicht stellt diese Komponenten zusammen:

Tabelle 33: Übersicht über das Formelinventar zur epistolären Eröffnung.

Brieferöffnung					
Nennung des Ortes (in 324 Briefen und Postkarten)	*Scheidt*			Kombinierte Angabe von Ort und Datum: *Mannheim, le 29 Avril 1917. Goutte le 26 Octobre 1914 Ramonchamp le 19.8.15 Montceau-les-Mines 4 Janvier 1917 St. Rambert le 18. Novembre*	
Angabe des Datums (in 543 Briefen und Postkarten)	*Le samedi 12 Juin 1915*				
Ansprache des/der Rezipienten (in 578 Briefen und Postkarten)	Nennung des Namens				
	Cher + Name				
	Nennung der Beziehung				
	Possesivbegleiter	**+ Adv. +**	**Adj. +**	**Bezeichnung der Beziehung +**	**(Name) + (Adj.)**
	mon	bien	cher	ami(s), copain,	aimé
	ma	très	noble	frère, beau-frère, sœur,	chéri
	mes		bon petit	enfant, fils,	
			vieux	maman, papa, parents,	
				filleul, neveu, parrain,	
				époux	

(fortgesetzt)

Tabelle 33 (fortgesetzt)

Brieferöffnung		
Formelhafter Einstieg	–	Erhalt von Korrespondenz (129 Briefe)
		– *je viens de recevoir*
		– *Nous avons reçu ta carte avec plaisir*
	–	Dank für erhaltene Korrespondenz (40 Briefe)
		– *Merci de vos nouvelles*
		– *Je viens tous de mên vous remercier*
	–	Freude über erhaltene Korrespondenz (167 Briefe)
		– *Vous mavez fait joliment plaisir davoirs de vas nouvèlles*
		– *C'est avec plaisir que...*
	–	Deklaration der Redaktion einer Antwort (89 Briefe)
		– *Je reponds à ta lettre Aujourd hui lundi je vais répondre à votre gentille carte*
		– *Je fait réponse a votre petite lettre*
	–	Deklaration der Äußerung (74 Briefe)
		– *Deux mots pour te dire...*
		– *je vous écris...*
	–	Bitte um Entschuldigung (10 Briefe)
		– *Pardonne moi de ne pas-tavoir répondu plus tôt*
		– *Veuillez m'excuser si j'ai beaucoup tardé à vous accordé reponse*
Thematischer Einstieg «Gesundheit»		*Je suis toujours en excellente santé, mais très fatigué.*
		Toujour bonne santé
		Je vais toujours trés bien
Einstieg *in medias res*		Bezugnahme auf die aktuelle Situation der Schreiber
		i.d.R. mit deiktischer Referenz
		z.T. emotional aufgeladener Inhalt

Die überwiegende Mehrheit der Briefe und Postkarten folgt in der Eröffnungssequenz einem klassischen epistolären Schema: in 542 Dokumenten wird zunächst das Datum und in etwas über der Hälfte der Texte auch der Ort der Redaktion genannt, worauf in 578 von 581 Dokumenten die Adressierung der Kommunikationspartner erfolgt.

Der Ort wird folgerichtig überwiegend in den Briefen an die Front genannt, da den Soldaten die Preisgabe ihres Aufenthaltsortes untersagt war. Einige Soldaten geben überraschenderweise dennoch an, wo sie ihre Texte verfassen. Die Nennung des Ortes in Briefen der Soldaten erstaunt auch deswegen, da die Schreiber zum Teil selbst in ihren Briefen erwähnen, dass die Weitergabe von zu detaillierter Information bezüglich des Standorts des Regiments oder der Truppenbewegungen zur Konfiszierung der Briefe durch die Zensur führt. Ein Brief von Albert Provot aus dem Korpus weist offenbar von der Zensurbehörde geschwärzte Stellen auf.

In einigen Texten spezifizieren die Schreiber den Ort, ohne ein Toponym zu nennen, wie zum Beispiel in *Dans les tranchées le 7 Janv[ier]* (Henri Cablé 7.1.1915) oder *De ma cave, le mardi 15 Juin 1915* (Albert Provot, 15.6.1915).

Die Eröffnung umfasst mit der Adressierung und einer eröffnenden Formel jedoch mehr als die Angabe des Ortes und des Datums (cf. auch Große et al. 2016, 3), auf die in der Regel die Ansprache der Empfänger, zumeist in der Kombination von *Cher* und der Nennung des Vornamens oder der Bezeichnung des familiären oder freundschaftlichen Verhältnisses, wie im Beispiel *Chèr Ami* (Eugénie Pierrel, 13.8.1915), folgt. Das Adjektiv *cher* kann durch *bien* verstärkt, etwa in *Bien chèr sœur Marie* (Joseph Antoine, 27.3.1915), oder in einigen wenigen Fällen auch mit *petite* qualifiziert werden: *Ma chére Pette Fémme cherie* (Paul Labriet, 13.2.1916). Einige Schreiber wählen *bon* anstelle von *cher* wie in *bon Papa* oder verwenden die substantivierte Form des Verbs *chérir* in *ma chérie* (Paul Desmettre, 18.8.1914) oder *Mes Chéris* (Paul Grandemange, 28.8.1918). Auch nach der Nenenung der Beziehung kann ein Partizip in adjektivischer Funktion gesetzt werden, wie in *Cher frère bien aimé* (Joséphine Grandemange, ohne Datum). Anstelle der Beziehung, die die beiden Kommunikationspartner charakterisiert nennen die Schreiber in einigen wenigen Fällen auch die militärische Zugehörigkeit, zum Beispiel *Cher petit Chasseur* (Camille Simonin, 21.2.1916), oder den Familienstand mit dem Patronym, wie in *Ma Chère Madame Simonin* (Joseph Grandemange jun., 10.9.1915). In diesem Zusammenhang fällt die Ansprache auf, die Antoinette Perrin mit Ausnahme einer Postkarte in all ihren sieben Briefen an ihren Ehemann richtet: *Mon cher Perrin*. Kein anderer Schreiber des Korpus verwendet das Patronym für intime Beziehungen von Ehepartnern oder direkten Familienangehörigen.

Diese insgesamt relativ einheitliche Adressierung bilden auch viele Briefsteller der betreffenden Periode ab, die die Formel *mon* (*bon* / *cher* / *vieux* / *brave*) +

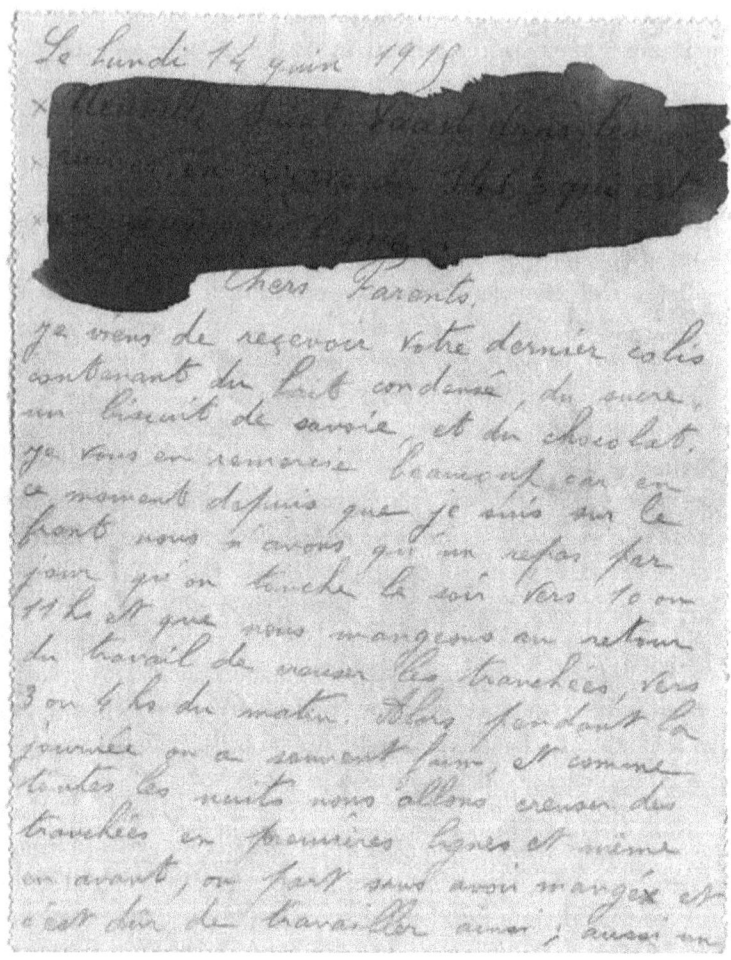

Abbildung 16: Albert Provot an seine Eltern, 14.6.1915.

Vorname oder Verwandtschaftsgrad (Große 2018, 149) anbieten. Folgende Übersicht synthetisiert die Elemente, auf die die Schreiber zurückgreifen, um die Ansprache des Kommunikationspartner zu leisten:

Auch wenn häufig ein Kollektiv an Empfängern impliziert wird, wird dieses Kollektiv nur sehr selten expliziert, wie bei Paul Labriet *A toute la famille* (27.9.1915). André Saunier wählt viermal in seinen insgesamt sieben Briefen an seine Schwester *Ma noble sœur*, eine Anrede, die bei keinem anderen Schreiber im Korpus dokumentiert ist. Möglicherweise ist dieser Gebrauch von André Saunier mit einer ironischen Konnotation verbunden, da sowohl er als auch seine Mutter

Maria Saunier sich über Laurence' Schreibmüdigkeit beklagen. Außerdem dokumentieren drei Adressierungen die Beeinflussung registerspezifischer Variation und demonstrieren so ihre nähesprachliche Prägung (cf. auch Kapitel 5.2.3.1): *mon vieux Aloïs* (Paul Colle, 4.3.1916), *mon vieux copain* (R. Valdenaire, 14.6.1916) und *Mon cher Poteau* (Paul Colle, 31.1.1916).

Die räumliche und zeitliche Situierung des Briefs sowie die Adressierung der Empfänger gelingen den Schreibern des Analysekorpus problemlos. Wie meistern sie im Anschluss den Übergang und Einstieg in die *narratio*, den eigentlichen Text? Hierzu stehen ihnen zwei Möglichkeiten zur Verfügung: formelhaft gebrauchte Versatzstücke, die verschiedene Themen versprachlichen, und der Texteinstieg *in medias res*.

In etwa einem Sechstel der Briefe gehen die Schreiber den Text ohne Umschweife an, lassen also das von Steffen identifizierte Pseudo-Exordium aus. Wenn die Transition von der Adressierung der Empfänger zum eigentlichen Briefkörper nicht mittels formelhafter sprachlicher Muster realisiert wird, zeichnet sich der Einstieg in die Verschriftlichung der Inhalte meistens durch eine direkte Bezugnahme auf die aktuelle Situation der Schreiber, die zum Teil mit hoher Emotionalität verbunden ist, aus (cf. auch Große et al. 2016, 5). In der Regel ist diese Form des Einstiegs in den Text mit einer deiktischen Referenz angezeigt. Die folgenden Brieferöffnungen unterstreichen dies:

(595) *Valenciennes le 4 Août*
  Chèrse Elisa
  Sommes arrivès vers 10H
  et logé au collège de Notre Dame
  (Paul Desmettre, 4.8.1914)

(596) *Lundi le 15 fevrier 1915*
  Bien chèr Sœur et
  August.
  Sette carte que je vous envois
  représent le rois des belges
  (Joseph Antoine, 15.2.1915)

(597) *Mardi 24 Novembre 1914*
  Ma chère bonne Maman,
  Je suis en repos aujourd'hui et demain
  et je me hâtes de te donner de mes
  nouvelles.
  (Paul Grandemange, 24.11.1914)

(598) Lure, le 16 1915
       cherè Aloïse
       Jai fait bon voyage je suis arver a lure
       a 3 heures de lapremidi setais donc di que jirais
       en auto paur alez et paur revenir set de
       la veine j'ai trouver un client disi qui ma
       ramener naus avons été exatement 2 heur
       (Marie Pierrel, 16.00.1915)

Bei einem direkten Einstieg in die Mitteilung versprachlichen die Schreiber offenbar Inhalte, die für sie in der spezifischen Kommunikationssituation als Mitteilungsziel im Vordergrund stehen. Zumeist ist diese Information mit einer Änderung der räumlichen Situation des Schreibers, wie die Ankunft an einem Ort (595) und (598), mit einer Änderung der Bedingungen (597) oder mit der Erwähnung emotional aufgeladener Inhalte verbunden, wie in diesen folgenden epistolären Einstiegen klar wird:

(599) 26 Septembre 1914
       Ma Chérie. Enfin, le service parait quelque peu rétabli
       (Paul Desmettre, 26.9.1914)

(600) Pèzénas, le mardi 11 Mai 1915
       Chers Parents
       Hip, hip, hip, hourrah!
       Enfin ça y est; on est en [République]
       (Albert Provot, 11.5.1915)

(601) Montceau les-Mines 20 Novembre
       Ma chere Laurence
       tu est une paresseuse.
       (Maria Saunier, 20.11.1916)

(602) Dimanche 28.
       Cher Epoux
       Voilà deux nuits qu'il gèle bien fort aussi
       (Juliette Cablé, 28.00.0000)

(603) *Le 18 Septembre 1918*
Mes Chers Parents,
Voila 4 jours que je n'ai
plus de vos nouvelles
(Paul Grandemange, 18.9.1918)

Die deiktische Referenz auf die jeweils spezifische Situation der Redaktion kann auch über die Präsentativstruktur *voilà* geleistet werden (602) und (603), die bereits in Kapitel 5.3.3 beschrieben wurde. Diese Struktur bietet den Schreibern die Möglichkeit, zwei neue Inhalte in den Diskurs einzuführen, wobei die erste Information gleichzeitig als Topic markiert wird. Dies stellt zum einen die Versprachlichung salienter Informationen zum Briefeinstieg heraus und zum anderen verankert die Präsentativstruktur mit deiktischer Referenz die Proposition im Kontext des Verfassers. Steffen (2018) hält fest, dass die *ars dictaminis populaire* den unmarkierten Fall, ihre Variation eine Dysfunktion in der Kommunikation darstellt (Steffen 2018b, 186). Die Annahme einer dysfunktionalen Kommunikation scheint für die genannten Eröffnungen zu weit zu gehen, dennoch stellen die Brieferöffnungen *in medias res* den markierten Fall da und weisen auf die kommunikative Priorisierung bestimmter Inhalte hin.

Neben dem Einstieg *in medias res* wählen die Schreiber verschiedene Formeln, mit denen sie den Beginn der Redaktion einleiten. Eröffnungsformeln entsprechen zumeist den Funktionen der Ansprache des Empfängers, des Grüßens und des Bezugs auf frühere Korrespondenz (cf. auch Rutten/van der Wal 2014, 97–98). Sie erfüllen somit zumindest anteilig die intersubjektive Funktion, durch die Bezeichnung des Kontakts und der Situation des Anderen sowie durch die Weitergabe von Grüßen (cf. Rutten/van der Wal 2014, 86). Ein ausgeprägt formelhafter Briefanfang erlaubt dem ungeübten Schreiber die Überwindung eines möglichen *horror vacui* (Schrott 2015, 487) und den Einstieg in den Redaktionsprozess (Große et al. 2016, 12). Bei den frequentesten Strukturen handelt es sich einerseits um Formeln, die die Redaktion einer Antwort deklarieren, und andererseits um Formeln zur Bestätigung, dass die vorhergehende Korrespondenz erhalten wurde. Formelhafte Ausdrücke, die die Redaktion einer Antwort auch sprachlich realisieren, sind zum Beispiel *je réponds*, *je viens répondre* oder *je fais réponse*.

(604) *Je réponds à votre carte. qui m'as fais*
beaucoup plaisir
(Camille Simonin, 21.2.1916)

(605) *Nous faisons réponse à ta carte reçue*
dimanche qui nous a fait bien plaisir
(Émile Grandemange, 15.6.1916)

(606) *Par retour du courrier Je*
m'empresse de répondre à
ta lettre
(Amélie Bischoff, 19.8.1915)

(607) *Je viens répondre a ta carte du 9 ct qui*
m'a fait grand plaisir.
(Paul Colle, 18.1.1916)

Derartige explizite deklarative Formulierungen des Schreibens finden sich auch in Steffens Korpus. Er erklärt ihr Auftreten mit mangelndem Vertrauen des Schreibers in die Effektivität des schriftlichen Mediums (Steffen 2018b, 179). Im vorliegenden Korpus scheint eine weitere Motivation der erleichterte Einstieg in die Redaktion, den das Abrufen vorgefertigter Strukturen ermöglicht. Die Schreiber folgen hier nicht den Vorgaben der Briefsteller, in denen Formen im Sinne von *je vous écris* eher abgelehnt werden (Große 2018, 151).

Formeln wie die genannten thematisieren explizit den Schreibakt und verschaffen dem Schreiber zugleich Präsenz im Text (Schrott 2015, 487). Vielfach bestätigen die Schreiber den Erhalt der Korrespondenz zum Einstieg in den Brief auch mit den Strukturen *j'ai (bien) reçu, je viens de recevoir* oder *je reçois à l'instant* und nehmen so zu Beginn der Redaktion direkt Bezug auf den vorhergehenden epistolären Austausch.

(608) *Je viens de reçevoir votre dernier colis*
contenant du lait condensé, du sucre,
(Albert Provot, 14.6.1915)

(609) *J'ai reçu ta lettre du 25 et ta carte du 26.*
(Antoinette Perrin, 30.12.1914)

(610) *Je reçois à l'instant avec un grand plaisir*
votre lettre du 7 Aout
(Joseph Grandemange jun., 27.8.1914)

(611) *Nous recevont toujour tes nou-*
velles avec plaisir nous t'en
remercions.
(Jules Laly, 16.4.1916)

Der Erhalt der Korrespondenz kann, wenn er nicht direkt nach der Adressierung thematisiert wird, auch als Relativsatz nach der Deklaration des Verfassens einer Antwort erfolgen, sodass die beiden formelhaften Einstiegsmöglichkeiten verschränkt auftreten, wie die folgende Brieferöffnung illustriert:

(612) *St Maurice le 6 Avril 1916*
Cher filleul
Je m'empresse de répondre à ton
aimable lettre que je viens de
recevoir avec grand plaisir car
je croyait bien que tu m'avais
oublier.
(Alois Prattinger, 6.4.1916)

Sehr häufig wird im Zusammenhang der Bestätigung des Erhalts der Korrespondenz oder der Deklaration der Antwort die Freude über den Brief oder die Karte ausgedrückt. Dies geschieht zumeist in einer ebenfalls formelähnlichen Struktur, die vielfach in einem Relativsatz angeschlossen wird: *qui m'/nous a fait (bien, grand) plaisir*. Diese Struktur kann mit einer durch *de* eingeleiteten Infinitivphrase *de voir* oder *de savoir* erweitert werden, um auf die empfangene Mitteilung zu reagieren. Hierbei handelt es sich oft um die Bezugnahme auf den guten Gesundheitszustand, der im empfangenen Brief kommuniziert wurde. Diese Struktur kann relativ komplex werden und ihre syntaktischen Beziehungen sind nicht immer eindeutig, wie der folgende Beleg verdeutlicht:

(613) *Merci de vottre amable lettre qui ma fait*
on ne peu plus plaisirs de voir que vous pensé
toujours a moi
(Eugénie Pierrel, 10.10.1915)

Eugénie Pierrel ist nicht die einzige Schreiberin des Korpus, die die Struktur *votre lettre qui m'a fait plaisir* und *le plaisir de voir que* in einer einzigen Konstruktion um das Element *plaisir* verwebt. Obwohl der Anschluss des Infinitivs syntaktisch nicht eindeutig ist, ist der Inhalt dadurch nicht betroffen. Diese Formulierung entspricht der Feststellung Branca-Rosoffs (2018, 62), Eröffnungen enthalten häufig syntaktisch komplexe Konstruktionen.

Wenngleich die Formulierung *qui m'/nous a fait (bien, grand) plaisir* sehr stark verfestigt auftritt, dokumentiert das Korpus auch individuelle Variation für diese Struktur:

(614) *Besançon 28–4–15 (soir)*
Mon Cher frère aim[é]
Crois le plaisir que j'ai éprouvé
en recevant de tes nouvelles car je n'avais
pas récepté ta lettre d'il y a 3 semaines
dis-tu.
(Paul Grandemange, 28.4.1915)

(615) *Lure, le 5 Setptenbre 1915*
cheré Aaloiiss
Vous mavez fait joliment plaisir
davoirs de vas nouvèlles nous camension
a avoirs le temps long apret tous le
monde
(Marie Pierrel, 5.9.1915)

Eine stark verfestigte Struktur, die ebenfalls die Freude über erhaltene Korrespondenz oder bestimmte Inhalte ausdrückt, ist *C'est avec plaisir que*. Diese Struktur findet sich 73-mal bei vielen verschiedenen Schreibern des Korpus, wodurch ihre Verbreitung unter den Verfassern der Ego-Dokumente bekräftigt wird. Unter den Schreibern, die diese Formel gebrauchen, fällt auf, dass Paul Grandemange für einen großen Teil der Okkurrenzen verantwortlich zeichnet.

(616) *Chers amis*
C'est avec plaisir
que j'ai reçu votre
charmant colis hier
(Claude Philibert, 30.6.1918)

(617) *Mes Chers Parents.*
C'est avec le plus grand plaisir que je fais réponse à
votre honorée du 3 écoulé
(Joseph Grandemange jun., 25.3.1917)

(618) *Biens chers Parents,*
 C'est avec grand plaisir que j'ai
 reçu votre lettre du 16 Cnt qui
 (Paul Grandemange, 19.2.1915)

Trotz ihrer Formelhaftigkeit erlaubt diese Struktur Variation hinsichtlich der Bestandteile. Das Korpus dokumentiert sowohl die Substitution von *plaisir* durch das synonyme *joie* als auch die Verwendung inhaltlicher divergenter Konstituenten. Allen Formen gemein ist jedoch die Modalisierung einer Handlung:

(619) *C'est le coeur plein de*
 joie que j'ai acceuilli cette petite boite
 (Paul Grandemange, 2.11.1915)

(620) *Mon cher Aloïs*
 C'est avec bien du mal que je puis profiter de quelques minutes
 pour répondre à votre belle carte carte qui nous a fait grand plaisir
 vous savez comme cela se passe.
 (Émile Amet, 1916)

(621) *Biens chers Parents,*
 C'est avec empressement que
 je vous donnes de mes nouvelles car je
 me doutes que vous devez avoir le temps
 long.
 (Paul Grandemange, 28.1.1915)

(622) *Mes Biens Chers Parents*
 C'est le coeur bien gros que je
 viens répondre à votre aimable
 lettre du 18Cnt.
 (Paul Grandemange, 23.5.1918)

Diese Struktur findet sich nicht nur im epistolären Rahmen, sondern auch im Brieftext:

(623) *tu vois, je suis tombé en pays de connaissances.*
 je n'ai pas à me plaindre.
 C'est avec plaisir que je recevrai

> *de tes nouvelles, il est certain qu'il y aura du*
> *retard dans les correspondances*
> (Paul Desmettre, 8.8.1914)

Eine weitere Möglichkeit des Einstiegs in die Redaktion ist der Dank für erhaltene Korrespondenz über *Merci de* oder *Je viens vous remercier* sowie die Entschuldigung für eine späte Antwort. Eine sehr komprimierte Form zur Eröffnung eines Briefes oder einer Postkarte ist die Formel *Deux mots pour te dire que*, mit der Variante *trois mots pour te dire*:

(624) *Deux mots*
pour vous dire que
demain je pars en permission
(Claude Philibert, 4.12.)

(625) *Chère Soeur. – Deux mots pour te*
dire que ma blessure va beaucoup mieux
(Eugène Dupré, 10.10.1914)

Die Formelhaftigkeit wird insbesondere in der üblichen Verwendung reduzierter Varianten deutlich (Rutten/van der Wal 2014, 100), von der im Korpus ebenfalls das ausführliche Pendant mit den Verben *envoyer*, *écrire* oder *joindre* dokumentiert ist:

(626) *Goutte du rieux le 16. 1er 16*
Cher Aloïs
Je t'écris ces quelques mots
pour te dires que nous avons
reçu des nouvelles de notre
Cher Joseph.
(Joseph Grandemange sen., 16.1.1916)

(627) *Jorquenay 20 8^{bre}1914*
Cher frère,
Je te joins ces quelques mots
(Paul Grandemange, 20.10.1914)

In vielen Fällen, in denen der Übergang nicht mit deklarativen Strukturen wie *je fais réponse* oder *je viens de recevoir* durchgeführt wird, leisten die Schreiber die Transition thematisch unter Rückgriff auf das semantische Feld der Gesundheit, das zugleich relativ formalisiert verschriftlicht wird. Auf den Ausdruck des eigenen guten Gesundheitszustands folgt stets die Hoffnung, dem anderen möge es ebenso ergehen. Sprachlich drückt sich dies mit Strukturen wie *nous sommes toujours en bonne santé* oder *la santé est toujours bonne pour nous* aus, auf die eine mit *de même* auf den Interaktionspartner fokussierte Proposition folgt.

(628) *Mecredi le 12 Avril 1916*
Chère petit Aloïse
La santè est toujour bonne
pour nous et nous esperons qui
et Te même pour Toi Dimanche
dernier nous avons eut la visite
de Monsieur Simonin qui
etait du retour a Langres
(Marie Anne Grandemange, 12.4.1916)

(629) *Cher frére*
La santé est toujours bonne
pour moi et pour nous ;
j espére qu'elle en soit de
même pour toi.
(Aloïs Grandemange, 3.10.1914)

Im Anschluss an die Brieferöffnung über das Thema der Gesundheit kann der Einstieg entweder abrupt erfolgen wie im Beispiel Marie Anne Grandemanges oder unter der Verwendung einer Präsentativstruktur mit *voilà* wie in (630):

(630) *Heuberg, le 26 Mai 1918.*
Mes Chers Parents.
Je suis toujours en bonne santé
et j'ose espérer qu'il en est de
même pour toute la famille.
Voilà la saison des foins qui est
arriver. Je fauche tous les jours
et je m'en tire trés bien. Bien le
bonjour à Josephine et Charles. Bons baisers.
Jh Grandemange
(Joseph Grandemange jun., 26.5.1918)

Im Beispiel fällt auf, dass über *voilà* der deiktische Verweis auf die aktuelle Äußerungssituation des Schreibers geleistet wird, eine Strategie, die bereits in der Eröffnung *in medias res* angesprochen wurde.

Die Struktur der Beschreibung der eigenen Gesundheit und der des Kommunikationspartners ist so verfestigt, dass sie sich in Teilen in der gleichen Formulierung auch im Brieftext findet:

(631) *Vivement mon départ pour Bourbanus*
car je suis complètement dégouté
de Humes.
Je vois avec grand plaisir
que vous êtes tous en parfaite santé
et vous dirai qu'il en est de même
pour moi. Comment se sont pas-
sées les Fêtes de la Toussaint? ...
(Paul Grandemange, 2.11.1915)

Die Wahl der Formeln ist bei einigen Schreibern sehr konstant, andere wiederum variieren hier stärker. Für die Eröffnung ihrer 26 Briefe wählt Marie Anne Grandemange dreimal den Einstieg *in medias res* und dreimal die Bestätigung des Erhalts der Korrespondenz wie zum Beispiel *Nous avons reçu ta lettre* (10.6.1916). Die häufigsten von ihr gewählten Eröffnungen sind die Deklaration einer Antwort (sechs Briefe), zum Beispiel *Je Te repond à Ta lettre* (31.5.1915), die Formel *je t'ecris ces quelque lignes* (25.9.1914) mit ebenfalls sechs Belegen und die formelartige Thematisierung der Gesundheit wie etwa *La sante est toujours bonne pour nous et nous esperons qui est Te même pour vous* (9.12.1914). In der Eröffnung der Briefe fällt eine zeitliche Verteilung auf, nach der sich die Verwendung von *je t'écris ces quelques lignes* auf die Zeit von September bis November 1914 konzentriert. Hier zeigen vier aufeinanderfolgende Briefe diese Eröffnung. Vielleicht assoziiert die Schreiberin aufgrund ihrer Schreiberfahrung und ihres Umfelds diese Formel generell mit der epistolären Redaktion und verwendet sie vor allem zu Beginn des Krieges, einer Zeit, in der sie mit der Redaktion weniger vertraut ist. Mit dem andauernden Krieg und der gleichzeitig wachsenden Routine im Verfassen von Briefen, erweitert sie möglicherweise ihr Inventar eröffnender Formulierungen, auch durch Briefe anderer Schreiber, die sie liest. Eine eröffnende Formulierung in Marie Anne Grandemanges Briefen, die sich von den anderen Briefanfängen absetzt, ist:

(632) *Goutte du Rieux le 11*
Sept. 1914
Cher Paul
Je prend la main à la plume
pour de faire savoir de nos nouvels
(Marie Anne Grandemange, 11.9.1914)

Hier verbindet die Schreiberin *mettre la main à la plume* und *prendre la plume* zu einer Konstruktion. Sie kennt offenbar diesen Ausdruck, jedoch erinnert sie sich möglicherweise nicht mehr in allen Einzelheiten daran. Auffallend ist hier, dass diese formelhafte Einleitung nur einmal in ihrer Korrespondenz auftritt, nämlich zu Beginn des Krieges im September 1914. Möglicherweise ist die fehlende Routine im Umgang mit der Schrift zu diesem Zeitpunkt für die Schreiberin noch ein Faktor, der sie Respekt vor der Redaktion empfinden und der sie eine formell wirkende Eröffnung wählen lässt. Möglicherweise resultiert die Wahl dieser die nähesprachliche Prägung des Textes kontrastierende Einleitungsformel aus einem Bestreben des Gegensteuerns gegen das Eindringen nähesprachlicher Konstruktionen (Schrott 2015, 486).

Paul Desmettre eröffnet die Mehrheit seiner Briefe ohne Rückgriff auf Formeln und demonstriert somit Souveränität im Prozess der Redaktion.

(633) *18.3.15*
Ma bien Chère Elisa.
Une nouvelle occasion se présente à
moi pour te donner de mes nouvelles, je
la saisis avec empressement pour une fois
de plus te mettre au courant de ce qui se
passe ici.
A franchement parler, de nouvelles
je n'en ai pas
(Paul Desmettre, 18.3.1915)

(634) *le 28 Août 1914*
ma chère Elisa.
Je profite d'un instant de répit,
l'un des rares que me laisse mon
métier de fourrier, pour te donner de
mes nouvelles qui sont toujours excellentes.
(Paul Desmettre, 28.8.1914)

Die Eröffnungen Desmettres sind dabei nicht frei von formelhaften Elementen, wählt er doch für die Anspache seiner Frau aus einem relativ begrenzten Inventar: neunmal *Ma (bien) chère Elisa*, einmal *Chère Elisa*, siebenmal *Ma (bien/petite) chérie* und einmal *Mon Elisa chérie*. Im Übergang zur Narratio jedoch zeigt die Verwendung vieler unterschiedlicher Strukturen und die geringe Zahl an Wiederholungen einer bestimmten Formulierung ein größeres Inventar abrufbarer Formeln.

7.5.3 Der Schluss

Mit dem Schluss beenden die Schreiber ihre Redaktion und ihre Mitteilung, in seiner Versprachlichung kann er formelhaft gebrauchte sowie frei formulierte Elemente enthalten. Seine Struktur muss nicht immer linear sein, sie kann durch verschiedene Einschübe unterbrochen werden. Das Abwechseln formelhafter Abschnitte und nicht formelhafter Sequenzen im Schluss führt dazu, dass der Briefschluss vielfach weniger formelhaft wirkt als die Eröffnung. Hieraus resultiert zudem, dass die Transition von *narratio* zum Abschluss des Briefs nicht eindeutig identifizierbar ist (Rutten/van der Wal 2014, 81; 105). Den Abschluss des Briefs bildet traditionell die Unterschrift, die im Korpus nahezu alle Briefe und Karten beschließt, einige sind bei der Anfügung eines Postskriptums auch mehrfach unterschrieben. Für den Abschluss des Briefs dokumentiert das Korpus eine größere Vielfalt verwendeter Elemente und Formeln als es für die Eröffnung der Fall ist. Diese Beobachtung wird außerdem von den Briefstellern gestützt, die für den Briefschluss eine vielfältigere Auswahl an Formeln präsentieren (Große 2018, 149). Aus folgendem Inventar verschiedener Formeln wählen die Schreiber aus und kombinieren diese individuell:

Die Sequenz des Briefschlusses kann ohne Überleitung begonnen werden oder durch eine Art Hinführung eingeleitet werden. Diese Einleitung des Abschlusses zeigt sich thematisch in der Wiederaufnahme bereits behandelter Inhalte, in der Adressierung von Grüßen und in der expliziten Formulierung von Genesungswünschen. In knapp 100 Briefen wird der Schluss explizit durch Formulierungen wie *plus rien à te/vous dire* eingeleitet:

(635) *Je ne voie plus rien a vous dire pour aujourd'hui je vous
   enbrasse bien fort*
   (Eugénie Pierrel, 13.8.1915)

Tabelle 34: Inventar epistolärer Formeln für den Briefschluss.

Briefschluss	

Deklarative Formeln	– der Briefbeendigung (in 119 Briefen und Postkarten)
	   – *Je termine*
	   – *Je te quitte*
	– der vollbrachten Versprachlichung aller Inhalte (in 97 Briefen und Postkarten)
	   – *rien de plus à vous dire*
	   – *Je ne sais plus rien avous raconter*
	– des Grüßens (in 219 Briefen und Postkarten)
	   – *Recevez les meilleures amitiés*
	   – *Recevez mes plus doux Baisers*
	   – *reçois un bon baiser*

Erwartung eines erneuten Kontaktes (in 257 Briefen und Postkarten)	*en attendant de tes bonnes nouvelles…* *et dans cette attente, reçois…* *Dans l'espoir de vos bonnes nouvelles…* *Au plaisir de bientot te lire…*
Abschiedsformel	*je t'embrasse* (in 178 Briefen und Postkarten) *bons baisers* (in 175 Briefen und Postkarten) *amitiés, bons souvenirs* (in 56 Briefen und Postkarten) *au revoir* (in 41 Briefen und Postkarten) *serrer la main/une cordiale poignée de main* (in 26 Briefen und Postkarten) *meilleurs vœux* (in 22 Briefen und Postkarten) *à bientôt* (in 20 Briefen und Postkarten) *bonne chance* (in 12 Briefen und Postkarten)
Autospezifikation (in 351 Briefen und Postkarten)	*ton ami qui t'embrasse* *celle qui ne vous oublie pas* *ton petit homme qui pense à toi jour et nuit*
Unterschrift (626-mal im Korpus)	z.T. mehrere Unterschriften bei Nachträgen und Ergänzungen
Postskriptum (376-mal im Korpus)	37-mal zur Angabe der militärischen Einheit vielfach zum Ausdruck von Emotionalität

(636) *Rien de plus aujourd'hui*
    à te dire car je crois que les
    autres lettres ecrites t'arriverons
    bientôt
    Celui qui pense a vous
    (Henri Cablé, 21.10.1914)

(637) *Rien de nouveau au pays reçois les amitiées de celle
et de ceux qui ne cessent de penser a toi*
(Juliette Cablé, 28.00.0000)

Der formelhafte Einstieg in den Briefschluss kann, wie in der Eröffnung, ebenfalls eine redaktionelle Erleichterung bedeuten (cf. Steuckardt/Große/Dal Bo/Sowada 2020). Vielfach wird die Formel, die als eine Art Begründung und Rechtfertigung der Beendigung der Redaktion inhaltlicher Art dient, auch verkürzt wie in (636) und (637) dargestellt. Einige Schreiber verwenden sprachliche Varianten dieses Inhalts:

(638) *Voila à peu prés tout ce
que j ai à te dire pour le
moment*
(Aloïs Grandemange, 3.10.1914)

(639) *Je n'en
met pas plus long aujourd'hui car je vais
casser la croute j'ai faim. En attendant de
vos nouvelles*
(Joseph Grandemange jun., 3.8.1914)

(640) *je termine car je n ai pas
le temps de causer plus
longtemps nous sommes encore en
premiers lignes.*
(Henri Cablé, 3.6.1915)

(641) *Je vois que le papier
va me faire défaut c'est pourquoi
je te quitte*
(Amélie Bischoff, 19.8.1915)

Die Begründung kann in Teilen durch die Anführung eines bestimmten Grunds für die Beendigung, beispielsweise der Mangel an Papier, die Ankunft des für den Postdienst Zuständigen oder die späte Uhrzeit, verstärkt werden. Einige Schreiber scheinen sich beim Schreiben der Formel an etwas zu erinnern, das sie dem Empfänger mitteilen müssen. So dient die Formel, welche eigentlich den Abschluss vorbereitet, kurzfristig zur Einleitung eines neuen Inhalts:

(642) *je ne vois*
plus rien a te dire a part une nouvelle
qui tintéressera surement beaucoup –
le fils de Gélique et venu en permission
(Marthe, 4.4.1916)

(643) *Je te quitte cher Alois en te*
prèsentant mes meillieures amitiés
Marthe
(Marthe, 4.4.1916)

(644) *Pas grand-chose de nouveau*
à vous dire pour ce moment sauf
qu'il y a quelques permisionnaires
de votre classe qui sont revenus
(Germaine Simonin, 16.4.1916)

Ähnlich wie in der Eröffnungssequenz weist das Korpus zur Einleitung des Abschlusses auch deklarative Verschriftlichungen wie *je termine ma lettre* oder *je te quitte* nach. Über ein Fünftel der Korrespondenzen dokumentiert diesen performativen Gebrauch, der den effektiven Briefschluss auch sprachlich ausdrückt.

(645) *je te quitte en te disant à bientôt, Je t'embrasse*
pour tous
A Perrin
(Antoinette Perrin, 3.1.1915)

(646) *je termin ma lettre en vous enbrassant*
bien trendrement votre amie qui vous aime
(Eugénie Pierrel, 6.10.1915)

(647) *Je fini ma lettre. Envoyez-moi un Caleçon*
je n'en ai pas. Recevez, Chers Parents avec
tous mes respects mes meilleurs baisers.
(Joseph Grandemange jun., 1.11.1918)

Für die tatsächliche Schlussformel greifen die Schreiber auf einen vielfältigen Bestand diverser Formeln zurück, die in variierenden Kombinationen verwandt werden können. Nach der Hinführung zum Schluss und vor der Formulierung des Abschieds wird in einem Drittel der Korrespondenz die Formel *en attendant de te lire/d'avoir de tes nouvelles/de te voir* oder *dans l'attente de* eingesetzt. Die Formel impliziert die Bitte um Antwort und Fortführung der Korrespondenz. Wie bewusst diese Konnotation jedoch in der Verwendung ist, muss aufgrund der verfestigten Struktur zumindest hinterfragt werden. Eine ähnliche Funktion übernimmt *Au plaisir de*, das auch verkürzt als *à te lire* auftreten kann. Im Anschluss wird der eigentliche Abschied versprachlicht, dessen frequenteste Bestandteile zumeist *baisers*, *amitiés* oder *souvenirs* sowie das Verb *embrasser* sind.[6] Erstere können mit *bon* oder *meilleur* qualifiziert alleine stehen oder durch die Verben *recevoir*, *joindre* oder *envoyer* eingeleitet werden. Zur Verabschiedung werden auch die in medial mündlicher Kommunikation üblichen kurzen Varianten *Au revoir*,[7] *Adieu* oder *Bonsoir* gebraucht.

(648) *Mille*
et un bons baisers de celui qui
t'aime.
(Eugène Dupré, 14.2.1917)

(649) *je termine ma petites lettres*
en T'envoie un grand baiser
Te Tes chère parents frère et soeur
(Marie Anne Grandemange, 31.5.1915)

---

6 In Abhängigkeit des Anlasses werden auch Wünsche kommuniziert.
7 Die Abschiedsformel *Au revoir* ist 25-mal im Korpus dokumentiert, davon finden sich 17 Okkurrenzen bei Paul Grandemange. Die Tatsache, dass sich wiederum 11 dieser Belege in Briefen aus dem Jahr 1918 finden, könnte darauf hindeuten, dass *Au revoir* in Kontexten, in denen ein baldiges Wiedersehen vermutet oder erhofft wird, Verwendung findet. Auch ein Beispiel aus dem Jahr 1916 illustriert den Gebrauch von *Au revoir* im Zusammenhang eines angesprochenen Wiedersehens der beiden Brüder Aloïs und Paul Grandemange, das schlussendlich doch nicht stattfinden konnte: *Je voudrais bien te voir mon cher frère. Quelle joie si l'on pouvait se trouver ensemble en permission. Mais non, l'impossible y met son voile! ... Donnes de Bons Baisers à nos Chers Parents pour moi ainsi qu'à chère Josephine et cher Charles. Passes une bonne permission, mon bien-aimé frère car cela te fait un peu oublier toutes les souffrances dont tu as déja subi depuis près de 6 mois! ... Au Revoir mon cher Aloïs et à te lire sous peu Reçois de ton frère qui t'aime ses meilleurs Baisers. Grandemange P* (Paul Grandemange, 26.6.1916).

(650) *Dans l'attente de vous lire sous
peu je vous envoie mes meilleures
amitiés, bons baisers et mille caresses.
ainsi qu'à Josephine et Aloïs
Votre fils qui vous aimes:
Grandemange P*
(Paul Grandemange, 30.11.1915)

Innerhalb des abschließenden Paragraphen wird 239-mal die direkte Adressierung der Kommunikationspartner erneuert, wie etwa in (643) oder (647), häufig als Apposition zur Formulierung *Reçois* bzw. *Recevez* oder *je vous quitte*.

Die Verabschiedungsformel um *serrer la main*, die vor allem in *je te serre (cordialement) la main* und als *(recevoir) une cordiale poignée de main* aktualisiert wird, ist auch in Briefstellern zum Briefschluss vorgeschlagen (Große 2018, 149). Die Formel wird im Korpus hauptsächlich von Männern benutzt oder an sie gerichtet. Varianten werden insbesondere in der Verwendung von Synonymen für *main* deutlich: *je te serre la cuillere bien fort* (Paul Colle, 18.1.1916), *Amicale poignée de pincettes* (Paul Colle, 13.1.1916), *une cordial poigné de ce que tu voudras* (Paul Colle, 10.3.1916), *Je te serre cordialement la louche* (R. Valdenaire, 14.6.1916).

Die verschiedenen Komponenten, aus denen die Schreiber für den jeweils aktuellen Schluss auswählen, können stets auch im *gérondif* gebraucht werden, woraus sich eine erhöhte Kombinationsmöglichkeit verschiedener formelhafter Konstituenten ergibt.

(651) *Je ne voie plus rien a vous dire je vous
enbrase bien temdrement*
(Eugénie Pierrel, 21.9.1915)

(652) *je termin ma lettre en vous enbrassant
bien trendrement*
(Eugénie Pierrel, 6.10.1915)

Der Schlussteil des Briefes ist nicht immer (typo-)graphisch durch Interpunktion oder den Beginn eines neuen Absatzes vom restlichen Text abgesetzt. Die Verwendung der Majuskel in *Reçois* oder *Recevez* dient als eine Art der typographischen Hervorhebung zur Markierung der verschiedenen Bestandteile des Briefes.

(653) *En attendant le plaisir de vous*
voir Reçevez Biens chers Parents
un grand et tendre Baiser de
votre fils qui vous aime pour la
vie (Paul)
(Paul Grandemange, 21.9.1914)

Sprachliche Muster, die diaphasisch eher als formell charakterisiert würden, werden nur selten im Korpus gebraucht. Dies lässt sich auf die Kommunikation zwischen Familienangehören und Freunden zurückführen. Beispiele für Abschlussformeln formeller Art wären *cordialement* und *croyez à mes sentiments reconnaissants*, welche jeweils nur einmal belegt sind.

Eine frequente Konstituente im epistolären Abschluss ist eine Struktur, in der sich der Schreiber selbst in seiner Beziehung zum Empfänger spezifiziert. Diese Autospezifikation kann der Unterschrift vorausgehen oder ihr nachgestellt sein und ist häufig mit der Verschriftlichung von Emotionen oder mit anderen sprachlichen Mustern, die generell in der Schlusssequenz verwendet werden, verknüpft.

(654) *Votre fils qui vous aime Albert Provot*
(Albert Provot, 2.10.1915)

(655) *Recevez, Chers Parents mille*
baisers de votre fils pour la vie.
Grandemange Jh.
(Joseph Grandemange jun., 26.9.1914)

(656) *Je termine en te serrant la main*
de cœur et d'amitié ta tante
qui t'aime pour la vie Zoe
(Zoé Grandemange, 2.4.1916)

Eine wichtige Funktion des Abschlusses der Korrespondenz ist die Aufrechterhaltung des sozialen Netzes, die die Schreiber durch das Bestellen von Grüßen von Anderen an die Empfänger sowie das Auftragen von Grüßen an Andere durch die Empfänger zu erreichen suchen. Dieser so erweiterte Empfängerkreis umfasst nicht nur die enge Familie, sondern auch die weitere Familie, Freunde, Bekannte und Nachbarn. Steffen betrachtet diesen als *nuntiatio parentum* bezeichneten Teil des Briefs trotz seiner hohen Formelhaftigkeit als Kondensat des epistolären Hauptziels, «dans la mesure où celui-ci consiste en la conservation du capital social, c'est-à-dire les bonnes relations avec les contacts sociaux de la communauté villageoise» (Steffen 2018b, 178–179). In dieser Perspektive bewertet ebenso Thun (2018b, 283) die Frage nach dem Wohlergehen sowie das Auftragen von Grüßen an das soziale Netz des Schreibenden als «notwendige rituelle Handlungen» (Thun 2018b, 283) zur Aufrechterhaltung dieses sozialen Kapitals.

(657) *Bonjour des voisins et de*
Mme Philibert
Nous t'embrassons tous de tout coeur
embrasse bien toujours bien la tante la
petite Camille et notre trésor pour nous
André
(André Saunier, 4.1.1917, Brief 1)

(658) *P.S. Bien le bonjour à la famille Simonin*
et à tous les amis.
Bien le bonjour.
(Joseph Grandemange jun., 27.8.1915)

Auf den Abschluss folgt in einigen Korrespondenzen ein Postskriptum, das wie in (658) mit *PS* ausgewiesen sein kann. Das Korpus dokumentiert 376 dieser Nachträge, wobei ein Brief auch mehr als eines enthalten kann. Im Postskriptum scheinen Inhalte verschriftlicht zu werden, die den Schreibern besonders wichtig sind oder die in ihren Augen von besonderer Dringlichkeit sind. Das Postskriptum ist so zum einen der Ort für wichtige praktische Informationen und zum anderen ein Moment, in dem die Gefühle ausgedrückt werden können. In 37 Fällen handelt es sich um den Nachtrag der militärischen Einheit des Schreibers, die für eine reibungslose Korrespondenz für die Familie von großer Bedeutung ist. Neben der häufigen Formulierung von Grüßen an Familienangehörige, Freunde und Nachbarn bietet das Postskriptum Raum für den Ausdruck von Emotionalität, Expressivität und Affektivität. So wird der ludische Ausdruck beispielsweise in der Verwendung des Dialekts oder in Scherzen deutlich. Eine hohe emotionale Beteiligung zeigt sich in der Versprachlichung von Zuneigung oder des Aufrufens gemeinsamer Erfahrungen.

(659) *Bien le bonjour aux*
poules et aux lapins.
(Claude Philibert, 20.11.1918)

(660) *Notre mimi t'envoi un bic*
  (Joseph Grandemange sen., 13.1.1916)

(661) *Le Bon Dieu et la bonne Sainte Vierge*
  et ta soeur prient pour toi
  Bons Baisers à Popol.
  (Joséphine Grandemange, ohne Datum)

Die zu Beginn der Beschreibung des Briefschlusses angesprochene partiell uneindeutige Abgrenzung von Schluss und Brieftext wird anhand der folgenden beiden finalen Sequenzen exemplifiziert:

(662) *Je ne sais plus rien avous raconter ma santèe*
  est toujours bonne et j'espère que ma lettre
  vous trouvera de même.
  recevez de votre marraine ses meilleurs
  baiseès
  jespère que vous navez pas trop le temp longt
  de vous savoir avec tout les amis de St Maurice.
  Mell Philomène Angly
  (Philomène Angly, 18.6.1916)

(663) *Je te dirai que papa fait de très beaux*
  postes, il est encore rentré hier a 5 heures ½ et aujourd'
  hui c'est 4 heures ½ et il n'est pas rentré.
  Bien le bonjour de Madame Philibert
  et des voisins.
  Nous t'embrassons tous de tout coeur
  Embrasse la tante, la petite Camille
  et notre trésor pour moi.
  André
  Fais réponse de suite à cette lettre
  car c'est très urgent. André Tourne le papier
  Je te dirai. que l'Oncle Degrange
  il a attrapé une congestion, ces
  jours-ci, il il ne pouvait pas causer
  Il commence rien de parler et ne
  peut pas dire tous les mots. Maman
  l'a été samedi en allant payer à la
  coopérative, elle a dit que c'était

> *bien rare qui ne meurt pas, il ne*
> *veut toujours pas vivre bien longtemps*
> *à présent*
> *André*
> (André Saunier, 13.1.1917)

In Beispiel (662) werden vor der abschließenden Unterschrift zweimal Einschübe realisiert, die eine Hoffnung einmal den Gesundheitszustand und einmal die Situation des Empfängers betreffend, versprachlichen. Die beiden Inhalte scheinen für die Schreiberin eine hohe Priorität zu haben, weswegen sie sie im Schluss noch einmal explizit macht. Im Beispiel (663) setzt André Saunier dreimal zur Beendigung seines Briefes an, zweimal fällt ihm offenbar noch Wichtiges ein, das er unbedingt seiner Schwester mitteilen muss (cf. Rutten/van der Wal 2014, 81). Jeder der drei Abschlüsse ist mit seiner Unterschrift beendet, der letzte Schlussteil ist durch die metasprachliche explizite Deklaration *je te dirai* eingeleitet.

Jeder Schreiber entwickelt seine persönlichen Routinen in der epistolären Redaktion. Der folgende Briefschluss ist typisch für Paul Grandemange, besonders die Formulierung mit *Reçevez*, die erneute Adressierung der Eltern sowie die Autospezifizierung seiner Beziehung zu ihnen.

(664) *Je termine dans l'attente de vous*
   lire <u>sous peu</u>. Reçevez mes Biens Chers
   Parents mes plus affectueux Baisers.
   et amitiés sincères.
   Votre fils qui vous aime pour la vie:
   Grandemange Paul
   (Paul Grandemange, 5.7.1916)

Einen Großteil seiner Briefe eröffnet Paul, nach der Nennung von Datum und Ort, mit *Mes biens Chers Parents* und fügt dabei dem Adverb *bien* ein übergeneralisierendes, hypothetisches Pluralmorphem hinzu, sodass alle vier Elemente analog markiert sind. Die Konstituierung einer individuellen Formel, die semantisch zumindest partiell erodiert ist, wird deutlich, wenn er in einem Brief, der nur an seine Mutter adressiert ist,[8] ebenfalls schreibt:

---

[8] Aus der Korrespondenz geht hervor, dass Joseph Grandemange senior zu Beginn des Krieges ebenfalls im Rahmen eines Arbeitseinsatzes mobilisiert ist, um Schützengräben auszuheben. Aus diesem Grund ist der Brief nur an die Mutter adressiert.

(665) *Je vais écrire de suite à mon cher*
Papa afin de lui annoncer cette chère nouvelle
qui ^(lui) *fera, comme à nous tous, joie et grand*
plaisir. Je vais terminer ma **lettre Biens chers**
Parents *avec l'assurance parfaite de la joie*
qui doit vous enlacer tous et en attendant patiem
ment de vos chères nouvelles je vous embrasses tous
de tout mon coeur.
Grandemange Paul
(Paul Grandemange, 13.11.1914)

Die Formel wird hier im Briefschluss gebraucht, als affektive Ansprache der Kommunikationspartner. Dieser Brief aus dem Jahr 1914 spricht allerdings, wenn er für die Ausbildung einer individuellen epistolären Formel spricht, für eine Konstituierung derselben vor Ausbruch des Krieges.

Für Eugénie Pierrel wiederum ist die Autospezifikation an sich ein charakterisierendes Merkmal ihres Briefschlusses. In zehn Briefen an Aloïs Grandemange verwendet sie diese Konstruktion 13-mal: in der Regel kennzeichnet sie sich selbst als *votre amie*, welches sie in mindestens einem darauffolgenden Relativsatz über eine Handlung oder eine Emotion spezifiziert. Sie verbindet auch mehrere autospezifizierende Propositionen miteinander:

(666) *votre amie qui vous aime*
et qui ne vous oublie pas et qui vous
envoie ces meilleurs Baisers
de cœur et damitiès sinscéres
(Eugénie Pierrel, 6.10.1915)

(667) *Je ne voie plus rien a vous dire je vous*
enbrase bien temdrement votre amie qui vous
aime et qui vous envoie ses meilleur baisers
de coeur et d'amitiée et qui ne vous oublie
pas Nini
(Eugénie Pierrel, 21.9.1915)

Die Proportionen von Formeln und frei verfasstem Text können unter anderem in Abhängigkeit davon variieren, ob es sich um eine Postkarte oder um einen Brief handelt. Generell erlauben Postkarten mit ihrem reduzierten Raum weniger ausführliche eigene Versprachlichungen und können aus diesem Grund eine höhere Dichte an Formeln aufweisen. Einige Postkarten scheinen sich ausschließlich aus Formeln zusammenzusetzen und sind so als Ganzes symptomatische Lebenszeichen des Schreibers.

(668) *Le 7 Janvier 1916*
Chère Juliette
Toujour bonne santé
Celui qui pense a toi
et a toute la famille
Auguste
(Henri Cablé, 7.1.1916)

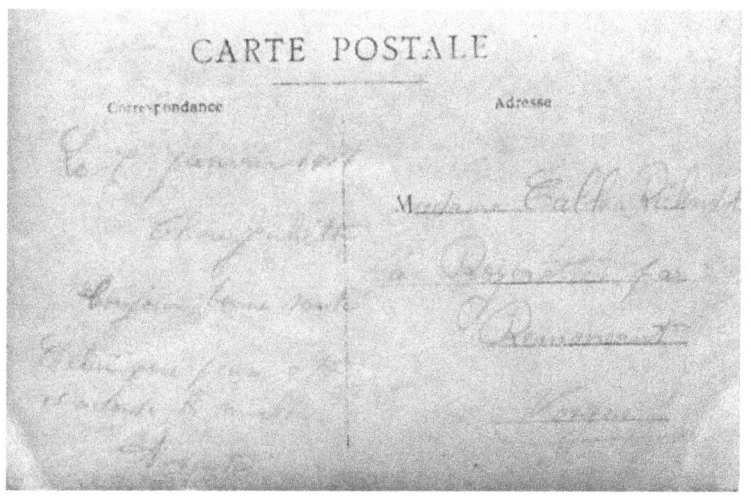

Abbildung 17: Henri Cablé an seine Frau Juliette, 7.1.1916.

Wenngleich manche Postkarten sich für längere Mitteilungen eigneten, reihen viele Karten lediglich Formeln aneinander, wie die folgende Karte illustriert:

(669) *Heuberg, le 4 Août 1918.*
Mes Chers Parents.
Deux mots pour vous dire que je suis
toujours en bonne sante. J'ai reçu
votre lettre du 15 juin et celle du 26. Je
suis très heureux de vous savoir tous en
bonne santé ainsi que les Frères. Bien le

bonjour à toute la famille Colle. Recevez, mes
Chers Parents, mes meilleurs baisers:
Jh Grandemange
(Joseph Grandemange jun., 4.8.1918)

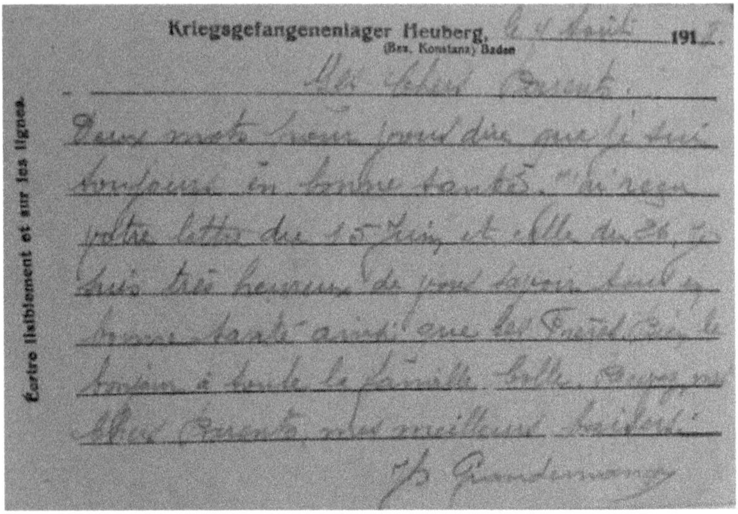
Kriegsgefangenenlager Heuberg, 191
(Bez. Konstanz) Baden
Écrire lisiblement et sur les lignes.

Abbildung 18: Joseph Grandemange jun. an seine Eltern, 4.8.1918.

Nach Ort und Datum sowie der Adressierung der Empfänger, reiht diese Postkarte Joseph Grandemanges die typischen Themen von Eröffnung und Schluss aneinander, ohne weitere individuelle Inhalte zu versprachlichen. Begonnen wird die Mitteilung formelhaft durch *Deux mots pour te dire*, worauf die Erwähnung des eigenen Gesundheitszustands, der Erhalt der Briefe, die Gesundheit der Familie und Grüße folgen. Abgeschlossen wird die Karte mit der im Korpus üblichen Formel *Recevez, mes Chers Parents, mes meilleurs baisers* unter erneuter Ansprache der Empfänger sowie der Unterschrift. Möglicherweise beeinflusst hier die Kommunikation aus der Kriegsgefangenschaft in Deutschland mit einem eintönigen Alltag, dem Bewusstsein um die Zensur und ohne viel Kontakt zu anderen Menschen den eingeschränkten, formelhaften Ausdruck des Inhalts.

Es erscheint natürlich, dass sich Briefe und Postkarten hinsichtlich des Umfangs der kommunizierten Inhalte unterscheiden, woraus eine relativ hohe Dichte an Formeln in Postkarten folgt, wie zum Beispiel in (669). Einige Karten aus dem Korpus kommen über die Aneinanderreihung von Formeln nicht hinaus:

(670) *Le 19.11/18*
Bien chers amis.
Recevez toutes
les amitiés de
votre petit ami
Claude
(Claude Saunier, 19.11.1918)

Der Rückgriff auf vorgefertigte Formeln, die typisch für die epistoläre Kommunikation sind, ermöglichen die ökonomische Versprachlichung des Hauptzwecks der Kriegskorrespondenz, nämlich, dass der Schreiber noch am Leben ist, ohne dass der Schreiber selbst andere, über das Formelhafte hinausgehende Inhalte frei formulieren muss.

7.5.4 Textstrukturierende Formeln

Nicht nur die Eröffnung des Briefs und sein Abschluss müssen sprachlich geleistet, auch der Übergang von einem Thema zum anderen muss formuliert werden. Die thematische Progression über Juxtaposition, über Konjunktionen und über Herausstellungsstrukturen wie Satzspaltungen, Dislokationen und Präsentativstrukturen sowie die Strukturierung der Mitteilung über Diskursmarker waren Gegenstand der Kapitel 5.3 und 5.4. Eine weitere Möglichkeit, ein neues Thema anzuführen, liefern explizite formelhafte Wendungen wie *je te/vous dirai, tu me dis, vous me dites* oder *je vois que*.[9] Sie gehören zu den als textstrukturierenden Formeln: «Text-structural formulae are used for linking the different parts of the discourse, and they also mark the boundaries between them» (Rutten/van der Wal 2014, 85).

Bei den Formeln zur Markierung eines Themenwechsels oder zur Einleitung eines neuen Themas handelt es sich um Formulierungsstellen, die besonders häufig Kohärenzschwächen aufweisen (Steffen 2018b, 188–189). Die Formel *je vous dirai* ist bereits in französischer Korrespondenz aus den Jahren 1789 bis

---

9 Neben deklarativen Formeln zur Einleitung eines neuen Themas stehen den Schreibern auch graphische Strategien, wie Interpunktion oder die Markierung von Absätzen zur Verfügung (Steffen 2018b, 192).

1815 belegt, diese explizite Deklaration des Schreibaktes gründet sich, so Steffen (2018b, 189), auf einen Mangel an Vertrauen in die Effizienz des graphischen Mediums. Zudem könnte es sich um eine mehr oder weniger bewusste Routine handeln, die sich die Schreiber als Strategie für den Themenwechsel angeeignet haben.

Der metadiskursive Marker *je te dirai* ruft einerseits den mündlichen Sprachgebrauch auf und führt andererseits neue Themen ein (Branca-Rosoff 2018, 60):

(671) *Madame Philibert hésitait encore pour son dèpart, elle a demandé alors à son père s'il voulait qui parte, alors il lui a dit: «laisses le dont partir».* ***Je te dirai que*** *Madame Brenin est contente de son commerce. elle vend beaucoup.* ***Je te dirai que*** *papa fait de très beaux postes*
(André Saunier, 13.1.1917)

(672) *car j'ai encore du fromage que j'ai emporté les jours de ma permission.* ***Je vous dirai aussi que*** *je n'ai pas eu de chance pour la bouteille que vous aviez mis da[ns] ma musette, car, à St Maurice, même, lors que j'ai posé ma musette sur le porte bagage, la bouteille à cassé*
(Aloïs Grandemange, 29.2.1916)

Das Korpus belegt 105 Okkurrenzen von *je te dirai* mit den leicht variierenden Formen *je vais vous dire, je veux vous dire, je dois vous dire, je peux te dire, j'oubliais de te dire, j'ai oublié de te dire, je vous ai dit, je vous dis, nous te dirons* oder auch die infinitivische Struktur *pour vous dire que*. Die Beispiele illustrieren die Funktion der Markierung des Topicwechsels, der durch die fixierten Formeln eingeleitet wird. Weniger fixierte Strukturen, die jedoch in ihrer Funktion *je te dirai* ähneln, sind *je te ferai savoir* und *je vais te donner des nouvelles*.

Im Fließtext wird *je te dirai* zur Markierung des Topicwechsels gebraucht. Die Formel kann auch in absolut initialer Position, direkt nach der Adressierung, gebraucht werden, um den Text zu eröffnen (cf. auch Rutten/van der Wal 2014, 108):

(673) *Cher Ami*
Je te dirai que je viens d'arrivée a Besancon
(Adolphe Grisvard, ohne Datum)

Eine weitere textstrukturierende Formel ist *tu me dis que* oder *vous me dites que*, die in 53 Belegen im Korpus aktualisiert ist. Die Ego-Dokumente zeugen neben *tu me dis/vous me dites que* von folgenden Varianten: *vous me demandez, tu vas dire que, tu nous/me dis que, tu nous demandes, tu nous apprends que, tu me racontes, tu me parles de, on me dit que*.

(674) *alors ce jour la je ne partirez*
plus je reterez a vos côté,
vous me dit que *vous entedez le canon*
comme jamais nvous ne lavez entendu mais
nous ici nous navons rien atendu
(Eugénie Pierrel, 26.8.1915)

(675) *Vous me dites que Papa est chef d'Equipe et commande 26*
hommes, est-ce qu'il est mobilisé militairement où est-
ce qu'il est encore civil là-bas? ᴱˢᵗ⁻ⁱˡ ᵐⁱˡⁱᵗᵃⁱʳᵉ ᵒᵘ̀ ⁿᵒⁿ? **Tu me dis que** *tes*
camarades René Mager et Henri Baloff sont au
régiment c'est très bien pour eux
(Joseph Grandemange jun., 3.11.1914)

(676) *on ne*
saura pas la fin cher Paul
tu demande après *Papa il*
est parti dans les trangchèe
(Marie Anne Grandemange, 2.11.1914)

Die Einführung eines neuen Topics kann wie hier im Beispiel (676) mit der erneuten direkten Adressierung des Gesprächspartners verknüpft werden (zum Gebrauch der Präposition *après* nach *demander* cf. 5.2.3.1). Im Gebrauch von Formeln des Typs *vous me dites* wird nicht der kommunikative Akt konstatiert wie es etwa bei *je te dirai* der Fall ist, sondern Bezug auf eine Äußerung des Gesprächspartners genommen: «Il s'agit donc d'une méthode efficace pour marquer le discours de l'autre, et non pas d'une constatation de l'acte de communication» (Steffen 2018b, 191).

In ähnlicher Funktion wird die Formel als Relativsatz gebraucht, zur Verbindung der Bestätigung des Erhalts der Korrespondenz zum Inhalt derselben. Beispiele hierfür sind: *Je viens de recevoir ta lettre du 30 qui me dit que tu n'as plus mal au genou* (Antoinette Perrin, 1.9.1915) und *reçu Ta lettre qui nous tit que Joseph est parti* (Marie Anne Grandemange, 24.4.1915).

Eine dritte Gruppe textstrukturierender Formeln stellen die verschiedenen Varianten von *je vois que* dar, die sich auf knapp 90 Okkurrenzen belaufen.

(677) *En ouvrant ta lettre du 12* **je voit que** *vous avez*
de l'occupation s'y vous avez de la Troupe et pas assez de
place pour se retourner
(Henri Cablé, 16.1.1918)

(678) *j'at-*
tendais journellement, comme tu me
le disait, une bonne lettre. **Je vois**
avec grand plaisir *que tu es arrivé en*
trés bon port et que tu te plait bien
dans ton nouveau métier. C'est tout
ce qu'il faut.
(Paul Grandemange, 20.1.1916)

Der Gebrauch dieser redeeinführenden Wendungen rekonstruiert einen Dialog (Branca-Rosoff 2018, 60). Der perzeptive Aspekt der Verben *dire* und *voir* bildet eine implizite Konzeptualisierung des Briefes als Fixierung medial gesprochener Rede ab und evoziert einen hypothetischen gemeinsamen Kontext.

Die Formeln dieser Art sind als Diskurstraditionen unabhängig von der historischen Einzelsprache des Französischen, was sich darin zeigt, dass sie ebenfalls im niederländischen *Letters as Loot*-Korpus als auch in Elspaß' Emigrantenbriefkorpus sehr frequent sind (Rutten/van der Wal 2014, 108; Elspaß 2005, 168–170).

Wenn keine explizite, deklarative Formel zur Einleitung eines neuen Themas gebraucht wird, ist es manchmal die Wiederholung der Adressierung, *Cher X*, die zur Einleitung eines neuen Themas verwendet werden kann. Das Korpus belegt über 350 Okkurrenzen einer derartigen Re-Adressierung der Empfänger.

(679) *Germaine Simo-*
nin elle demande toujours de tes
nouvelles
Cher Aloïs notre Joseph est
a Mannheim en Allamagne.
Je te marque le pays
(Joseph Grandemange sen., 16.1.1916)

(680) *oui qu'il ne se plaigne pas
auprès nous enfin tant mieux
pour ceux qui sont comme
cela. Ma chère petite femme
tu sais en ce moment ce n'est
pas le moment de dire des
bétisses*
(Paul Labriet, 16.2.1916)

Den Schreibern stehen also unterschiedliche sprachliche Mittel zur Verfügung, um ihren Text zu strukturieren und den thematischen Übergang zu markieren, die stets zugleich diskurstraditionelles Wissen demonstrieren.

7.6 Zusammenführung

Die Beschreibung der Ego-Dokumente weniger geübter Schreiber aus einer auf die Textsorte Brief gerichteten Perspektive zeigt, dass die Verfasser mit den Diskurstraditionen, welche die epistoläre Korrespondenz charakterisieren, vertraut sind. Sie rekurrieren in der Redaktion auf einzelsprachlich fixierte Muster von Diskurstraditionen, die der Identifikation der Texte als Briefe dienen. Das in den Texten reproduzierte Traditionelle beschränkt sich nicht nur auf die Textsorte markierende Elemente, sondern schließt ebenfalls textstrukturierende Formeln mit ein. Über die formelhafte Versprachlichung hinaus zeigt sich Traditionelles in den Themen, die prominent in der Korrespondenz behandelt werden.

Für die stärker formelhaften Sequenzen von Eröffnung und Schluss wählen die Schreiber aus den ihnen zur Verfügung stehenden Formeln unterschiedliche aus, die sie in variierender Reihung zusammenfügen. Die Funktionen dieser Formeln bestehen in der Markierung der Textsorte, integrieren jedoch zugleich eine intersubjektive Perspektive, indem sie sich auf den Kontakt zwischen den Interagierenden, auf das Grüßen und das Wohlergehen beziehen. Auch der Teil der *narratio* ist nicht frei von Formeln. Die in diesem Abschnitt gebrauchten sprachlichen Muster dienen insbesondere der Strukturierung und Gliederung des Textes, der Einführung neuer Themen sowie der Markierung des Themenwechsels. Außerdem erscheint im vorliegenden Korpus die Funktion verfestigter Formeln als Formulierungshilfe sowohl in der Brieferöffnung zum Einstieg in die Verschriftlichung der Mitteilung als auch in der Transposition der eigentlichen Inhalte ins graphische Medium unter Abstrahierung der lexikalischen Bedeutung relevant.

Den Schreibern steht ein Inventar verschiedener Formeln und sprachlicher Strukturen zur Verfügung, die zum einen der epistolären Kommunikation zuzuordnen sind und dementsprechend den Text als Brief identifizieren und zum anderen in textstrukturierender Funktion den Einstieg in die Redaktion sowie die Einführung eines neuen Themas gewährleisten. Alle Schreiber des Analysekorpus weisen einerseits einen formelhaften Sprachgebrauch auf, andererseits divergiert der individuelle sprachliche Ausdruck in Teilen beträchtlich, was die Frequenz verwendeter Formeln angeht sowie in der Präferenz bestimmter Formeln. Dies unterstreicht die Tendenz zur Mikrovariation[10] in den Texten der einzelnen Schreiber innerhalb einer übergeordneten diskurstraditionellen Gleichförmigkeit. Variation in den Texten eines Schreibers hängt auch von der spezifischen Situation, in der sich die Redaktion einschreibt, ab, vom Grad der Emotionalität und von der Dringlichkeit bestimmter Inhalte.

---

[10] Mikrovariation versteht sich hier in einer Ausweitung der Bedeutung über den Kontext der ursprünglichen syntaktischen Beschreibung hinaus (cf. u.a. Vinet 2001) und betrifft im Sinne einer inter- und intraindividuellen Variation die Diversität bestimmter in der französischen Sprache angelegter formelhafter Muster.

8 Exemplarischer Vergleich zweier Schreiberbiographien

Den Abschluss dieser Untersuchung bildet eine exemplarische Gegenüberstellung zweier Schreiber, Marie Anne Grandemange und Paul Grandemange, ihres Schriftsprachgebrauchs und der von ihnen gewählten Varianten vor dem Hintergrund ihrer Biographie.

Paul Grandemange wird 1894 in Saint-Maurice-sur-Moselle als zweiter Sohn des Paares Joseph und Marie Anne Grandemange geboren. Aus seinen Briefen geht hervor, dass er sich 1914 mit knapp 20 Jahren freiwillig zum Kriegsdienst meldet und kurz nach seinem älteren Bruder Joseph einberufen wird. Vor seiner Mobilisierung arbeitet er in einer Kooperative in Saint-Maurice-sur-Moselle, in der auch andere Familienmitglieder tätig sind. Sein Interesse für die Kooperative demonstriert er in seinen Briefen von der Front, in denen er die Geschäfte der Kooperative auch aus der Distanz genau verfolgt. Außerdem berät er seinen jüngeren Bruder Aloïs, der offenbar die Geschäftsführung übernimmt, zum Beispiel bei der Erstellung des Inventars. Nach dem Krieg plant Paul Grandemange wieder in diesem Bereich zu arbeiten: *Notons en passant que les Places dans le <u>Commerce où autre</u> ne veulent pas manquer après la Guerre* (12.4.1916; Herv. im Original). Aus dieser Tätigkeit lässt sich erschließen, dass Paul Grandemange in seinem Vorkriegsalltag regelmäßig mit der Schreib- und Rechenpraxis umging, wenn auch möglicherweise eher in der Erarbeitung funktionaler kurzer Texte. Ein Bewusstsein für seine Schreibpraxis und der Anspruch an seinen schriftsprachlichen Ausdruck wird, zumindest das Schriftbild betreffend, in folgendem Auszug deutlich: *Excusez mon barbouillage car voici la soupe c'est pour ça. Polo.* (3.6.1918, Brief 2). Neben Paul formuliert sein älterer Bruder Joseph ebenfalls eine Entschuldigung für ein seiner Ansicht nach ungenügendes Schriftbild und hält den jüngsten Bruder Aloïs gleichfalls dazu an, seine Handschrift zu verfeinern: *Aloïs, tu devrais bien faire un peu d'écriture cela ne te ferais pas de mal, car comme, je vois, tu as un très bon style, tu es bon rédacteur; mais l'écriture est uniforme est mauvaise* (Joseph Grandemange jun., 10.10.1914). Dies könnte auf eine gewisse Wertschätzung des Schreibens, möglicherweise auch auf die Ausbildung im Allgemeinen, innerhalb der Familie hindeuten.

Nach einer Verwundung 1915 wird Paul Grandemange dank seiner Musikalität in die Militärkapelle versetzt. Er berichtet in seinen Briefen von Konzerten in Krankenhäusern und schickt Programme nach Hause. Das Versenden seiner Klarinette ist vielfach Thema in seinen Briefen. Aus dem Jahr 1917 sind nur zwei Briefe von Paul Grandemange überliefert, aus der übrigen Korrespondenz lässt sich erschließen, dass sich sein Regiment in diesem Zeitraum in Italien aufhielt. Darauf sind höchstwahrscheinlich seine Kenntnisse des Italienischen zurückzuführen, die er in zwei Briefen an seine Eltern im Postskriptum verschriftet (cf. Kapitel 6.4.7.2).

Paul Grandemanges Mutter, Marie Anne Grandemange, geb. Vogensthal, wird 1860 in Urbès geboren, das im Departement Haut-Rhin liegt und nach 1871 annektiert und unter preußische Herrschaft gestellt wurde. Im Jahr 1887 ist eine erste Heirat Marie Anne Vogensthals mit Alphonse Antoine in Saint-Maurice-sur-Moselle belegt, sie muss also das Elsass in den Jahren davor verlassen haben, möglicherweise vor oder kurz nach der Annektion. In der Heiratsurkunde mit Joseph Grandemange ist als Beruf Weberin vermerkt. Aus den während des Krieges verschickten Briefen geht hervor, dass sie während der gesamten Zeit des Ersten Weltkriegs in einer Fabrik arbeitet, um ihre drei mobilisierten Söhne zu unterhalten. Marie Anne Grandemanges beruflicher Alltag lässt also auf eine eher geringere Notwendigkeit der Schreibpraxis schließen.

In ihren Briefen zeigt sich Marie Anne Grandemange als fürsorgliche Mutter, die sich um ihre drei Söhne im Militär sorgt und die sie mit Päckchen und Briefen aus der Distanz unterstützt. Einige ihrer Briefe zeigen emotional hoch aufgeladene Formulierungen, dies sei exemplarisch durch folgenden Auszug aus einem Brief an ihren jüngsten Sohn Aloïs illustriert:

(681) *je pense Toujour baucoup*
a Toi mon chère petits et sourtout
en se moment Tu Toit songer
aussi que veut du s'est cruelle
pour moi Te me voir sèparer Te
mes chère petits oui il faut que
je Te le repète en même temps
que j'ecrit les larmes coules
que personne ne voit rien
sa fait du bien en plus Te sa
je pense à mon peauvre Joseph
je veut bien qu'il est hors de
danger mais s'est la misère que
jaie peur i s'est long avant
et̶ de avoir ces colis
(Marie Anne Grandemange, 11.3.1916)

Im Vergleich aller Schreiber produzieren Marie Anne Grandemange und ihr Sohn Paul den höchsten Anteil an orthographischen Varianten. Aus der Darstellung des Code-Matrix-Browser in MAXQDA lassen sich die Häufigkeiten der von den Schreibern produzierten Varianten in den jeweiligen Variationsdimensionen erkennen:

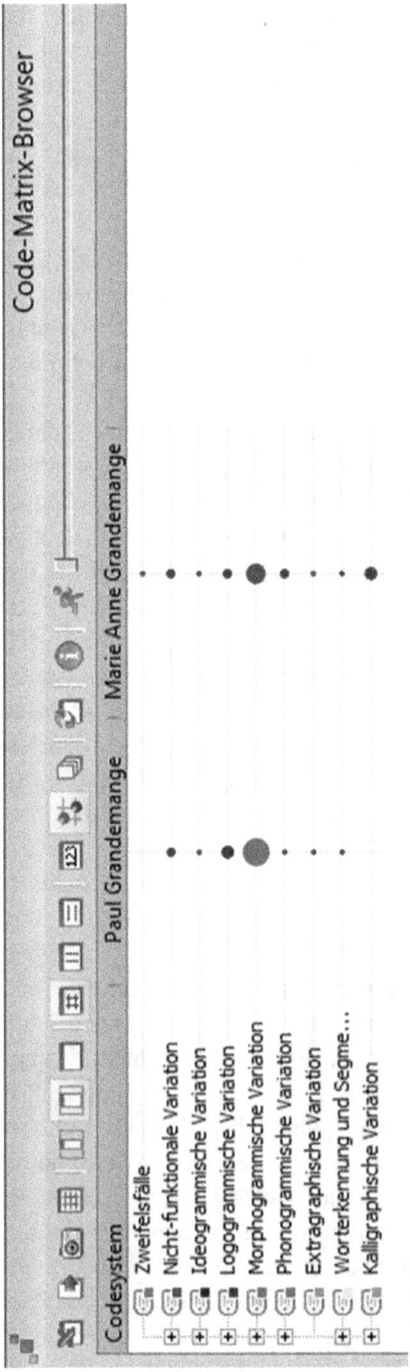

8 Exemplarischer Vergleich zweier Schreiberbiographien — 609

Abbildung 19: Orthographische Varianten bei Marie Anne und Paul Grandemange.

Beide Schreiber wählen am häufigsten morphogrammische Varianten, danach Varianten logogrammischer und nicht-funktionaler Graphien, was ebenfalls der Gesamtverteilung der orthographischen Varianten entspricht. Nur in Marie Anne Grandemanges Briefen finden sich kalligraphische Varianten und Formen, die als Zweifelsfälle gewertet wurden, da sie sich einer eindeutigen Zuordnung entziehen. Die absoluten Häufigkeiten der Varianten verteilen sich folgendermaßen auf die Variationsdimensionen:

Paul Grandemange verfasst insgesamt 190 Briefe, seine Mutter lediglich 26. Werden die Varianten in Bezug zu den produzierten Texten und der darin aktualisierten Anzahl an Wortformen gesetzt, ergibt sich ein deutlicher Unterschied: 5,39% des Textes sind bei Paul Grandemange von Variation betroffen, dagegen 31,2% bei Marie Anne Grandemange.

Die Anzahl orthographischer Varianten korreliert mit der individuellen Schreiberbiographie und mit der unterschiedlichen Schriftsprachalphabetisierung. Marie Anne und Paul Grandemange unterscheiden sich hinsichtlich der Schulbildung, hinsichtlich der Schreibpraxis im beruflichen Alltag und hinsichtlich der Routine im Schreiben. Marie Anne gehört der früheren Generation der Verfasser der Ego-Dokumente an, deren Schulbildung weiter in der Vergangenheit liegt. Pauls Schulzeit hingegen dürfte ihm noch stärker präsent sein, woraus sich eine größere Nähe zur Standardnorm in seinen Texten erklären könnte. Außerdem scheint die berufliche Beschäftigung Marie Annes, anders als bei Paul, keine ausgeprägte Schreibpraxis zu erfordern. Das regelmäßige Schreiben reduziert den kognitiven Aufwand in der graphischen Umsetzung. Je automatisierter die Verschriftung abläuft, desto stärker kann sich der Schreiber auf den Text selbst konzentrieren (cf. 5.1.2).

Die Texte der beiden Schreiber unterscheiden sich nicht nur hinsichtlich der proportionalen Anzahl der Varianten, sie zeigen auch unterschiedliche Ausprägungen und Präferenzen für bestimmte Formen.

Marie Anne Grandemanges Texte zeigen eine heterogene Verteilung der von ihr gewählten Varianten. Der Großteil der Varianten (37%) betrifft, wie bei Paul, die morphogrammische Variationsdimension. Ein Fünftel ihrer graphischen Varianten sind der kalligraphischen Variation zuzurechnen, was sich hauptsächlich auf das von ihr geschriebene Graphem <T> zurückführen lässt. Jeweils etwa 10% der gewählten Graphien sind nicht-funktionale, logogrammische und phonogrammische Varianten. Die Präsenz phonogrammischer Varianten korreliert mit dem spezifischen dialektalen Hintergrund Marie Annes. Generell zeigt der schriftliche Sprachgebrauch von Marie Anne Grandemange eine deutliche Orientierung an der gesprochenen Sprache in der graphischen Umsetzung. So bildet sie in ihrem schriftlichen Sprachgebrauch einige Charakteristika des Französischen im Elsass ab, wie zum Beispiel die Differenzierung der Stimmbeteiligung

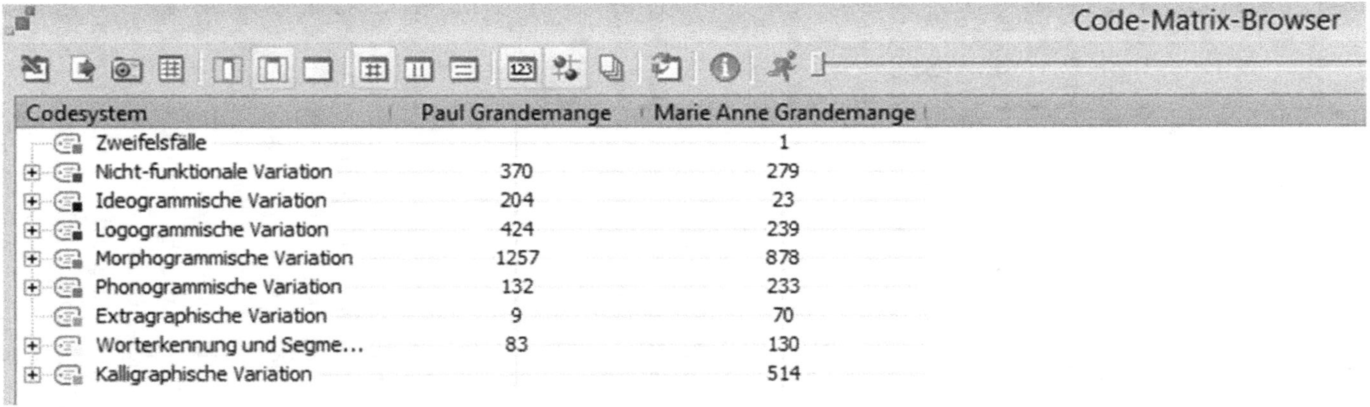

Code-Matrix-Browser

Codesystem	Paul Grandemange	Marie Anne Grandemange
Zweifelsfälle		1
Nicht-funktionale Variation	370	279
Ideogrammische Variation	204	23
Logogrammische Variation	424	239
Morphogrammische Variation	1257	878
Phonogrammische Variation	132	233
Extragraphische Variation	9	70
Worterkennung und Segme…	83	130
Kalligraphische Variation		514

Abbildung 20: Orthographische Varianten bei Marie Anne und Paul Grandemange: Absolute Frequenzen.

bei Okklusiven (cf. 5.1.11.2). Dies zeigt sich zum einen in einer Tendenz der desonorisierten Darstellung von <b>, <d>, <g> in allen Positionen und zum anderen in einer Erosion der phonologischen Opposition stimmhafter und stimmloser Okklusive, die sich nicht nur in der Variation der Wahl von <t> für <d> und umgekehrt zeigt, sondern auch in der Verwendung eines intermediären Graphems, das in der Transliteration mit <T> dargestellt wurde (cf. 5.1.7). In der stimmhaften Darstellung okklusiver Konsonanten, wie zum Beispiel in *trangées* zeigt sich zudem eine Verbindung zum *français populaire*. Ein weiteres Charakteristikum dialektaler Variation, das Marie Anne Grandemanges Texte wiedergeben könnten, ist die Denasalisierung von Nasalvokalen, zum Beispiel *intasion*, die typisch für die Dialekte der meridionalen Vogesen, und in geringerem Maße für das Elsass, ist. Der dialektale Einfluss ist unter Rückbezug auf ihre Biographie zu erklären. Außerdem verfügt Marie Anne zumindest partiell über Kenntnisse der deutschen Orthographie und der Phonem-Graphem-Korrespondenzen des Deutschen, da sie für die Schreibung des Toponyms *Mulhouse* den Umlaut wählt: *Mülhouse* (23.12.1915).

Eine andere Art der Beeinflussung durch die gesprochene Sprache zeigt sich in der Nichtdistinktion ausschließlich graphischer Elemente bei homophonen Formen. So wählt Marie Anne zum Beispiel häufig die feminine Form des Adjektivs *chère* für *cher* oder die Schreibung *nouvels* für *nouvelles*, wobei letztere ausschließlich in dieser Form in ihren Texten dokumentiert ist und offenbar eine gefestigte Routine darstellt (cf. 5.1.12). Innerhalb der Schreiber wählt Marie Anne relativ häufig die untersegmentierte Form *qui* für *qu'il*, zurückgehend auf das im Gesprochenen allomorphe [i] für [il], wodurch in Teilen die Textkohäsion eingeschränkt sein kann (cf. 5.1.10). Außerdem ist Marie Anne Grandemange eine von fünf Schreibern, die Graphien der Variationsdimension «Schriftbild nicht erkannt» wählen.

Die Stützung auf die gesprochene Sprache zur graphischen Realisierung ihrer Texte zeigt sich nicht nur im Bereich der orthographischen Variation, sondern auch im Bereich des aktualisierten Wortschatzes und der Satzstrukturierung. In diesen Bereichen unterscheidet sich jedoch der Sprachgebrauch von Marie Anne Grandemange nicht von dem der anderen Verfasser der Ego-Dokumente. Wie sie wählt auch Marie Anne Grandemange der Kommunikationssituation entsprechend Lexeme und Strukturen des *français familier* und des *français populaire*, die der nähesprachlichen Ausrichtung der Briefe entgegenkommen. Innerhalb des populärsprachlichen Gebrauchs zeigt sie eine relativ ausgeprägte Variation in der Wahl der Auxiliare und hier eine Präferenz für *vouloir* mit futurischer Bedeutung. In der Anwendung der Negation allerdings zeigt sich eine deutliche Abweichung in Marie Anne Grandemanges Sprachgebrauch zum Gesamtkorpus: Marie Anne verwendet in 22,6% der negierten Propositionen die postverbale Negation. Zum Vergleich sei erwähnt, dass Paul Grandemange in lediglich 1,5% der Fälle nur die postverbale Negation wählt. Lexeme, die dem *argot des tranchées* zuzurechnen sind, verwendet Marie Anne Grandemange kaum. Hier sind nur zwei Okkurrenzen, *taube* und *fourbi*, dokumentiert. Auch regionalspezifisch markierte Verwendungsweisen finden sich nur in geringer Konzentration in ihren Texten, was angesichts der dialektalen Beeinflussung der Graphie erstaunen mag. Es handelt sich vor allem um den Gebrauch der Präpositionen *chez* und *sur*, der Struktur *nous deux* + Eigenname sowie die Verwendung von *de même*. Möglicherweise kontrolliert die Schreiberin ihren Wortschatz bei der Verschriftung stärker oder assoziiert mit dem schriftlichen Medium weniger dialektal markierte Lexeme, wohingegen die Orientierung an der Aussprache bei der Verschriftung unbewusst zum Eindringen regional markierter Elemente führt.

Paul Grandemange kann als relativ routinierter und im Umgang mit der Orthographie sicherer Schreiber betrachtet werden, der zu Übergeneralisierungen neigt. Seine berufliche Beschäftigung in der Verwaltung der Kooperative sowie sein relativ junges Alter könnten dies erklären.

Hinsichtlich des schriftlichen Sprachgebrauchs im Bereich der Orthographie lässt sich aufgrund der Verteilungen erkennen, dass sich über 80% der von Paul Grandemange produzierten Varianten auf drei Variationsdimensionen konzentrieren. In der Hälfte aller Fälle, in denen Paul Grandemange eine graphische Variante wählt, erfolgt dies bei der Schreibung von Morphogrammen. Etwa ein Fünftel seiner graphischen Varianten liegt im Bereich der logogrammischen Variation und ein Sechstel im Bereich der nicht-funktionalen Variation. Dies sind drei Bereiche, die sich durch die graphische Markierung von syntaktischen und morphologischen Relationen ohne Äquivalent in der Aussprache auszeichnen, für die eine umfassende Analyse morphosyntaktischer Relationen notwendig ist. Im Bereich der orthographischen Variation zeigen Pauls Texte insgesamt eine relativ ausgeprägte Regelkompetenz mit einer eindeutigen Neigung zu übergeneralisierten Formen, die sich in unterschiedlicher Weise konkretisieren. In Bezug auf die Segmentierung lexikalischer Einheiten zeigt Paul zum Beispiel, wie auch sein Bruder Joseph, eine deutliche Präferenz für deglutinierte Formen wie *j'usque* oder *l'aquelle*, in denen aus Analogie zum Personalpronomen und zum definiten Artikel mit jeweils elidiertem Vokal für die übergeneralisierte Anwendung einer erlernten Regel argumentiert wurde. Auch im Bereich der phonogrammischen Variation ist die Wahl einer übergeneralisierten Form in Pauls Texten frequent. So wählt er zur Wiedergabe von /s/ vielfach <ç> in Kontexten, die diese Anwendung nicht erfordern. Besonders häufig findet sich diese Graphie in der den Briefschluss einleitenden Formel *Reçevez Chers Parents*, die aufgrund der Textsorte das Auftreten dieses Sprachgebrauchs fördert. Ein weiteres Beispiel einer übergeneralisierten Form

Paul Grandemanges zeigt sich in der Addition eines hypothetischen Pluralmorphems an das Adverb *bien*, wie zum Beispiel in der Eröffnungsformel *Mes Biens Chers Parents*. In der Rekurrenz auf exakt diese Formel zur Ansprache seiner Kommunikationspartner zeigt Paul eine ausgeprägte Stabilität. Die Verwendung von *bien* ohne Pluralmorphem in anderen Kontexten deutet hier zudem auf die Konstitution einer individuellen formelhaften Struktur. Übergeneralisierende Formen finden sich zudem in der logogrammischen Variationsdimension in der Wahl der Partizipien *pû* 'pu', *bû* 'bu', *crû* 'cru', *dûe* 'due' und *sû* 'su', die sich ausschließlich in Pauls Texten finden (cf. 5.1.13).

An der Schnittstelle zwischen Wortschatz und Morphosyntax ist die relativ häufige Verwendung Paul Grandemanges von *je puis* zu nennen, die dem *français soutenu* zuzurechnen ist und Pauls Kenntnis der formellen Standardnorm illustriert. Unter den regionalspezifischen Varianten des Korpus finden sich bei Paul vor allem die Verwendung von *sur* zum Anschluss an die informellen Kollokationen *se faire de la bile sur* und *se faire du mauvais sang sur*, die sich wiederum aus dem Wunsch der Beruhigung der Angehörigen erklären. Ebenfalls relativ frequent in seinen Texten ist die regionalmarkierte Struktur *avoir le temps long après quelqu'un*, mit der er Affektivität gegenüber den Kommunikationspartnern ausdrückt. Entsprechend seiner Funktion als Soldat, anders als Marie Anne Grandemange, wählt Paul mehr Lexeme, die dem *argot des tranchées* angehören, wobei hier die Präsenz von *boche* und die Angabe der Truppenbewegung mit *remonter* und *descendre* hervorzuheben sind.

Die Konzeption des Briefes als Gespräch unter Abwesenden wird in Pauls Texten besonders deutlich, da er häufig den Kontakt mit den Kommunikationspartnern in der Verwendung von *n'est-ce pas*, *voyez*, *hein* oder *pas vrai?* hervorhebt und so die Illusion einer mündlichen Unterhaltung schriftlich stärkt.

Paul Grandemange zeigt einen routinierten Umgang im (schrift)sprachlichen Ausdruck auch in der ludischen Verwendung von Toponymen, wie *Bourbonia* (30.11.1915) und *Bourbanus* (2.11.1915), für Bourbonne-les-Bains, in der Wahl unterschiedlicher Hypokoristika für sich selbst (*Popol*, *Polo*, *Paulus*) und in der Modifikation des Patronyms *Pierrel* zu *Steinel*. Im letzten Beispiel werden zumindest partielle Kenntnisse des Deutschen offenkundig. Paul Grandemange ist der einzige Schreiber, der bewusst Sequenzen in Dialekt verschriftet, wie in den Beispielen (497) und (498) gezeigt und als Indiz für eine gewisse Übung in der Verschriftung gewertet wurde.

Die Konstitution individueller Formeln zeigt Paul Grandemange nicht nur in der bereits erwähnten abschließenden Sequenz *Reçevez Chers Parents* oder in der Eröffnung *Mes Biens Chers Parents*, sondern auch in der äußerst frequenten Formel *c'est avec plaisir que*, mit der er vielfach den Übergang von Adressierung der Kommunikationspartner zum eigentlichen Brieftext leistet (cf. 7.5).

Die Gegenüberstellung der Variation im Schriftsprachgebrauch zweier Schreiber zeigt die individuellen Charakteristika der Schriftkompetenzen sowie der Schreibsozialisation auf und situiert diese vor dem soziobiographischen Hintergrund der Schreiber. Mit Blick auf den einzelnen Schreiber lassen sich individuelle Routinen gegenüber innovativem Sprachgebrauch abgrenzen. Die Berücksichtigung der Biographie der Schreiber kontextualisiert bestimmte Verwendungsweisen und bietet die interpretatorische Folie, vor der die Varianten zu betrachten sind.

9 Zusammenführung und Ausblick

Die Schreibkompetenzen und schriftlichen Praktiken eines Schreibers, sein Wissen um Sprachnormen und ihre Anwendung innerhalb einer Sprachgemeinschaft konkretisieren sich in einem vielschichtigen Kontext, der den soziobiographischen Hintergrund des Schreibers, den Umfang des Schriftspracherwerbs mit der individuellen Erfahrung im Schreiben, aber auch die Verwurzelung eines Schreibers in einem determinierten geopolitischen Raum zu einem gegebenen Zeitpunkt sowie den durch sprachliche Normen und Traditionen geprägten Diskursrahmen, in den sich eine Kommunikation einschreibt, umfasst. Der Zugriff auf den individuellen Sprachgebrauch des einzelnen Schreibers erfolgt daher aus einer historisch-soziolinguistischen Perspektive unter Berücksichtigung von Ego-Dokumenten, die die subjektive Perspektive eines identifizierbaren Individuums auf die Realität wiedergeben.

Die Untersuchung des schriftsprachlichen Ausdrucks weniger geübter Schreiber in den nähesprachlich geprägten Ego-Dokumenten des Ersten Weltkriegs stellt die Vielfältigkeit und Heterogenität in den Schreibkompetenzen der Autoren auf der orthographischen, der lexikalischen, der morphosyntaktischen und der diskursiven Ebene deutlich heraus. Im Bereich der orthographischen Ausdrucksweise trägt die quantifizierende Erfassung aller im Korpus dokumentierten Varianten zur Identifizierung derjenigen Bereiche der französischen Orthographie bei, in denen die Schreiber besonders häufig variierende Graphien wählen und die dementsprechend besonders sensibel für Variation sind. Für das vorliegende Korpus sind dies die Morphogramme, die Logogramme und die nicht-funktionalen Graphien. Die Wahl graphischer Varianten lässt sich darauf zurückführen, dass die Schreiber ein sprachliches Element nicht ausreichend in seinen morphologischen, lexikalischen, syntaktischen und etymologischen Zusammenhängen analysieren, da sie diese Kenntnisse entweder nicht erworben haben, wie insbesondere bezüglich des etymologischen Wissens zu vermuten ist, oder sie in der Redaktionssituation nicht aktivieren. Dass die Schreiber diese Analyse nicht immer oder nicht immer vollständig leisten, ist zum einen mit dem spezifischen Grad ihrer Schreibalphabetisierung und zum anderen mit dem Mangel an Erfahrung und Routine im Schreiben in Bezug zu setzen. Die Diskrepanzen zwischen dem gesprochenen und geschriebenen Französisch erfordern jedoch ebendiese komplexe Analyse, da gerade das geschriebene Französisch zahlreiche syntagmatische und paradigmatische Relationen abbildet, die in der Aussprache nicht wahrnehmbar sind. Dies erklärt, warum die Schreiber diejenigen graphischen Elemente ohne Entsprechung im Gesprochenen tendenziell seltener wiedergeben.

Assoziieren die Schreiber während des Schreibvorgangs nicht direkt eine Graphie mit einer bestimmten Lautfolge, stützen sie sich auf verschiedene kompensatorische Prozesse, von denen sie sich während der Verschriftlichung der lautlichen Sequenz leiten lassen. Diese Verschriftlichungsstrategien finden sich in unterschiedlichem Maße in allen Variationsdimensionen der graphischen Repräsentation wieder. Ein wesentlicher Bezugspunkt ist die gesprochene Sprache aus zwei Blickwinkeln: zum einen bilden die Schreiber in ihren Texten typisch nähesprachliche Formen ab, zum anderen dient die Aussprache eines Lexems häufig als Orientierung für die schriftliche Darstellung. Besonders frühe Phasen des Schriftspracherwerbs sind von einem starken Rückbezug auf die Aussprache gekennzeichnet, weshalb hier vielfältiger Transfer, zum Beispiel dialektaler Merkmale, wirksam werden kann. Die Ausrichtung an der mündlichen Realisierung impliziert zudem, dass ausschließlich graphische Elemente ohne Äquivalent in der Aussprache vielfach in der Graphie nicht berücksichtigt werden. Dies ist insbesondere für morphologische und etymologische Aspekte relevant. Zudem werden homophone, jedoch heterographe Logogramme zumeist graphisch nicht ausreichend differenziert oder identifiziert.

Trotz dieses Einflusses der gesprochenen Sprache ist es nicht die Intention der Schreiber, mündliche Sprache in ihren Texten medial schriftlich abzubilden. Im Gegenteil, sie scheinen sich des Gebrauchs der Schriftsprache sowie der damit verbundenen Anforderungen und Normen durchaus bewusst zu sein. Aus der Tatsache, dass die französische Orthographie häufig als komplex wahrgenommen wird und ihre Beherrschung soziales Prestige impliziert, resultieren verschiedenfach übergeneralisierte Formen, die das Korpus ebenfalls in einem Großteil der Variationsdimensionen dokumentiert. In diesen Fällen favorisieren die Schreiber offenbar komplexe Graphien mit einem äquivalenten phonologischen Wert, welche sie sich in anderen Zusammenhängen angeeignet haben, auch in Kontexten, in denen einfache Graphien vorgesehen sind.

Neben der Ausrichtung an der gesprochenen Sprache und der Neigung zu Übergeneralisierungen, dokumentiert das Korpus visuell-graphische Analogien bei der Verschriftlichung. Offenbar orientieren sich die Schreiber beim Schreiben homophoner, aber heterographer Strukturen an ihnen bekannten graphischen Mustern. Dadurch werden alle Laute einer Sequenz schriftlich abgebildet, lediglich die Differenzierung durch die graphische Wiedergabe bleibt aus.

Die einzelnen Schreiber des Analysekorpus divergieren zum Teil stark hinsichtlich der Anzahl der von ihnen gewählten Varianten sowie bezüglich der Bereiche, in denen sich diese Graphien konzentrieren. Hier werden Faktoren, wie das Alter der Schreiber, die länger oder kürzer zurückliegende Schulzeit, die berufliche Situation sowie die Bedeutung, die dem Schreiben zugemessen wird, relevant.

Während im Bereich der orthographischen Analyse der französischen präskriptiven Norm und der Regelkompetenz der Schreiber ein großes Gewicht zukommt, charakterisiert sich ihr Wortschatz deutlich durch eine Affinität zur kommunikativen Nähe und speist sich aus dem Zusammenspiel des *français populaire*, des *français familier*, regionaler Varietäten und des gruppenspezifischen *argot des tranchées*. Letztere Varietät ist im Korpus weniger stark präsent, wenngleich zeitgenössische Studien eventuell die Vermutung stützten, es handle sich um eine hoch verbreitete Sprechweise. Eine Vielzahl der lexikalischen und phraseologischen Strukturen des *français populaire* und des *français familier* entsprechen der informellen und privaten Kommunikationssituation mit ausgesprochenem nähesprachlichem Schwerpunkt. Der mit *populaire* und *familier* markierte Wortschatz charakterisiert sich durch spezifische Wortschöpfungen und durch unmarkiert gebrauchte Lexeme, die in einer Konnotation eine diasystematische Markierung erhalten können. Expressive lexikalische Strukturen beziehen sich auf den Gesprächspartner und auf den Inhalt der Kommunikation, gleichzeitig erfüllen sie als sparsame Versprachlichungen pragmatische Funktionen. Das Korpus dokumentiert einige selten dokumentierte sprachliche Formen und bestätigt den Gebrauch bestimmter regionalspezifischer Lexeme und Wendungen. Die Sprecher explizieren ihr Bewusstsein für diasystematische Registerunterschiede und eine mögliche Erwartungshaltung auf Seiten des Empfängers an, indem sie bestimmte diasystematisch markierte Lexeme graphisch hervorheben. Die individuelle Kompetenz der Schreiber im Umgang mit den verschiedenen Varietäten sowie die grundsätzliche registerspezifische Bandbreite, über die sie verfügen, hängen wiederum von der jeweiligen Alphabetisierung und Schriftsprachkompetenz sowie vom sozialen Umfeld, in dem sich die Schreiber bewegen, ab.

Innerhalb der morphosyntaktischen Partikularitäten der Ego-Dokumente lassen sich ebenfalls Muster erkennen, die auf die Kommunikationsbedingungen der Nähesprache zurückgehen und Affinitäten mit informellen Registern sowie mit dialektalen Ausdrucksweisen deutlich machen. Diese Charakteristika entsprechen dem von der Kommunikationssituation gesetzten Rahmen. Zugleich werden jedoch auf dieser sprachlichen Ebene ebenso Verschriftlichungen deutlich, die unter dem Einfluss distanzsprachlicher Kommunikationsbedingungen stehen. Hier scheint sich das Gewicht des schriftlichen Mediums Geltung zu verschaffen, dem die Schreiber mit bestimmten sprachlichen Formen Rechnung tragen. Sprachliche Mittel der Informationsstrukturierung, wie Satzspaltungen, Dislokationen und Präsentativstrukturen, sind nicht exklusiv nähesprachliche Muster, jedoch sehr frequent in konzeptionell mündlichen Texten. Diese Formen stellen für die Schreiber ein operables Mittel zur Strukturierung ihrer Mitteilung, zur Etablierung von Kohärenz und zur Herausstellung bestimmter salienter Informationen dar. Die Syntax des Sprachgebrauchs in den Ego-Dokumenten ist besonders von semantischen Motivationen geprägt, hinter denen die syntaktischen Relationen vielfach zurücktreten.

Die diskursive Gestaltung der Ego-Dokumente legt zum einen den Formulierungsprozess im geschriebenen Medium offen, der üblicherweise aufgrund von Revisionen und Korrekturen in medial schriftlichen Texten nicht mehr wahrnehmbar ist. Zum anderen folgt die Ausrichtung der Texte durch die Verwendung bestimmter Diskursmarker, die den Kontakt mit dem Gesprächspartner und die Beziehung zu ihm fokussieren, den Text gliedern oder Expressivität ausdrücken, der Wahrnehmung eines Briefes als Gespräch unter Abwesenden, der die alltägliche Konversation in der familiären Umgangssprache vor dem Krieg ersetzt.

Die starke Verschränkung des individuellen Sprachgebrauchs sowie der Sprachkompetenzen in einer oder mehreren Sprachen mit der geographischen Herkunft der Schreiber und dem spezifischen historischen Kontext wird in der Untersuchung des Sprachgebrauchs zwei- und mehrsprachiger Schreiber besonders offenkundig. Das Korpus illustriert den Kontakt zwischen dem Französischen und dem Deutschen, sowie in geringerem Maße mit dem Italienischen und dem Englischen, aus historischer Perspektive im schriftlichen Medium. Um die kommunikativen Ziele zu erreichen, bedienen sich einige Schreiber ihres mehrsprachigen Repertoires. Ihre Texte dokumentieren kontaktinduzierte Muster wie Entlehnungen und Codeswitching, die insbesondere in mündlichen Texten beobachtet wurden. Ein salientes Charakteristikum der Schreiber, die des Französischen und des Deutschen kundig sind, ist, dass sie nicht nur zweisprachige Kompetenzen im Sprachgebrauch nachweisen, sondern auch zwei verschiedene Schriftarten im schriftlichen Gebrauch beherrschen. Dem Deutschen wird die Kurrentschrift zugeordnet, wohingegen für das Französische die lateinische Schrift gewählt wird. Die Schreiber aktualisieren in diesem Gebrauch der Schriftarten schriftsprachliche Konventionen, die zu diesem Zeitpunkt Gültigkeit im deutschsprachigen Kulturraum beanspruchen, und weisen der Schriftart eine semiotische Funktion zu.

Neben der Beherrschung mehrerer Sprachen und ihrer Verschriftlichung, die einige Schreiber des Analysekorpus vorweisen, sowie den orthographischen, lexikalischen und morphosyntaktischen Kenntnissen müssen die Autoren in der Redaktion von Briefen und Postkarten über weiteres textsortenspezifisches Wissen verfügen. Die Schreiber des Korpus demonstrieren, dass sie mit Diskurstraditionen, die die epistoläre Textsorte und ihre textuelle Strukturierung betreffen, vertraut sind. Sie verfügen über eine Vielzahl einzelsprachlich fixierter Muster von Diskurstraditionen, aus denen sie nach individuellen Präferenzen auswählen. Die Formeln betreffen die einzelnen charakteristischen Bestandteile eines Briefes und identifizieren die Texte als solche. Außerdem weisen sie sich durch eine ausgeprägt intersubjektive Dimension aus, da sie den Kontakt der Kommunikationspartner, ihr Wohlergehen sowie den Austausch von Grüßen fokussieren. Darüber hinaus dient die Verwendung von Formeln der Textstrukturierung, zur Einführung neuer Informationen und zur Markierung eines Themenwechsels. Insbesondere für weniger geübte Schreiber stellen diese epistolären Formeln, über die drei genannten Funktionen hinaus, eine Formulierungshilfe in der Redaktion der Briefe dar.

Das Korpus macht deutlich, wie sich der Schriftsprachgebrauch weniger geübter Schreiber zu Beginn des 20. Jahrhunderts vor einem gegebenen historisch-politischen Hintergrund konkretisiert und welche Einflüsse den schriftsprachlichen Ausdruck der Verfasser der Ego-Dokumente determinieren.

Das vorherrschende Interesse in der sprachwissenschaftlichen Forschung der vergangenen Jahre an den heterogenen Ausdrucksweisen medial mündlicher Sprache und an den verschiedenen darin aktualisierten Sprachnormen lädt dazu ein, sich ebenfalls dem Schriftsprachgebrauch aus dieser Perspektive zu nähern und Schreiben als Bündel vielfältiger und heterogener Ausdrucksweisen mit spezifischen kommunikativen Funktionen zu betrachten. Diese Konzeptualisierung des Schreibens nicht als eine homogene Äußerungsform, sondern als eine übergeordnete Zusammenfassung uneinheitlicher schriftsprachlicher Formen stellte analog zu Sprachgebrauchsnormen verschiedene Schriftsprachgebrauchsnormen ins Zentrum der Betrachtung. Diese Normen variieren unter anderem in Abhängigkeit der Kommunikationssituation, der beteiligten Interaktionspartner, der kommunikativen Ziele sowie den in einer Sprachgemeinschaft jeweils gültigen Normen und Regeln. Die Schreibsozialisation, die in dieser Arbeit bereits Erwähnung fand, erscheint in diesem Zusammenhang als ein wesentliches Element, das in kommenden Untersuchungen detaillierter herausgearbeitet und so präzisiert werden müsste. Die schriftliche Sozialisation des Individuums verläuft innerhalb eines sozialen Netzwerks und ist geprägt durch die Instanzen, die die Vermittlung von Schriftsprachkompetenzen, von schriftlichen Normen und diskursiven Traditionen übernehmen, sowohl auf institutioneller Ebene als auch im privaten Bereich. Aus diesem Blickwinkel werden zudem bestimmte Gruppenzugehörigkeiten und das sprachliche Verhalten innerhalb dieser Gemeinschaften relevant.

In der historischen Soziolinguistik wurden in den vergangenen Jahren in verschiedenen sprachwissenschaftlichen Projekten umfassende Korpora mit Texten erstellt, die die traditionelle Beschreibung historischer Sprachstände sowohl hinsichtlich der berücksichtigten Textsorten, der sozialen und geographischen Provenienz der Schreiber und der gebrauchten sprachlichen Register fruchtbar ergänzen können (cf. Kapitel 2). Ein erstes Ziel, das zur Erweiterung der Sprachhistoriographie des Französischen formuliert wurde, ist also erreicht. Es gilt nun, diese zur Verfügung stehenden Korpora der einzelnen Forschungsprojekte zusammenzubringen, um so die theoretisch und konzeptionell vielfach bemühte Sprachgeschichte von unten tatsächlich in einer Sprachgeschichtsschreibung, die von den Texten ausgehend das Französische in unterschiedlichen Epochen beschreibt, umzusetzen.

Die Schreiber des Analysekorpus demonstrieren in einigen Bereichen, dass sie sich deutlich von einem als präskriptive Norm propagierten Standard distanzieren. Für ihr Schreiben ist diese Norm vielleicht als das intentional angestrebte Ideal zu bewerten, der effektive schriftsprachliche Ausdruck ist jedoch unter Anwendung einer auf diese Norm fokussierten Perspektive nur relational zu beschreiben. Ein zunächst konzeptioneller Perspektivwechsel erscheint nötig, der den beispielsweise in den Ego-Dokumenten aktualisierten Sprachgebrauch nicht mehr nur relational, in Abhängigkeit einer präskriptiven Norm, bewertet, sondern diesen als ein autonom definiertes Konzept für sich genommen fasst. Eine terminologische Neufassung dieser schriftlichen Sprachverwendungsweisen unterstützte die Wahrnehmung des schriftlichen Sprachgebrauchs als eigenständige Ausdrucksweise, die bisher in bestimmten Zusammenhängen nur unzureichend erfasst werden konnte. Thun (2018a, 2018b) bezeichnet diese Schriftlichkeit als *écriture populaire*, die weder als defizitär noch als eingeschränkt zu bezeichnen ist, da ihr der kommunikative Erfolg nicht abgesprochen werden kann. Es handelt sich um eine andere Form der Schriftlichkeit als die von der Norm postulierte: «Elle est seulement différente de l'écriture normative» (Thun 2018a, 671).

In zukünftigen Arbeiten gilt es, diesen schriftlichen Sprachgebrauch konzeptuell weiter auszuarbeiten und seine Regelhaftigkeiten und Funktionsmechanismen aufzudecken und zu beschreiben. Die Verfügbarkeit umfassender Korpora, die diese Schriftkultur in unterschiedlichen Sprachen abbilden, stellen die Textgrundlage dafür, übereinzelsprachliche Charakteristika einer solchen populärsprachlichen Schriftlichkeit in einer kontrastiven Perspektive zu identifizieren.

Literaturverzeichnis

Académie Française, *Dictionnaire de l'Académie Française*, ^{8}1935, https://academie.atilf.fr/8/. [letzter Zugriff: 27.09.2019]
Académie Française, *Dictionnaire de l'Académie Française*, ^{9}1992–, https://www.dictionnaire-academie.fr/. [letzter Zugriff: 27.09.2019]
Académie Française, *Espèce, «Dire, ne pas dire»* (2012), http://www.academie-francaise.fr/espece. [letzter Zugriff: 26.09.2019]
Adam, Jean-Michel, *La linguistique textuelle. Introduction à l'analyse textuelle du discours*, Paris, Colin, ^{3}2011.
Adamou, Evangelia, *A corpus-driven approach to language contact. Endangered languages in a comparative perspective*, Boston/Berlin, De Gruyter Mouton, 2016.
Adelung, Johann Christoph, *Deutsche Sprachlehre für Schulen*, Berlin, Voss, ^{5}1806.
Adelung, Johann Christoph, *Deutsche Sprachlehre für Schulen. Neueste mit einer kurzen Geschichte der deutschen Sprache vermehrte Auflage*, Wien, B. Ph. Bauer, 1814.
Aitchison, Jean, *Diachrony vs synchrony. The complementary evolution of two (ir)reconcilable dimensions*, in: Hernández Campoy, Juan Manuel/Conde Silvestre, Juan Camilo (edd.), *The handbook of historical sociolinguistics*, Malden, Mass., et al., Wiley Blackwell, 2012, 11–21.
Alexieva, Nevena, *How and why are Anglicisms often lexically different from their English etymons?*, in: Fischer, Roswitha/Pulaczewska, Hanna (edd.), *Anglicisms in Europe. Linguistic diversity in a global context*, Cambridge, Cambridge Scholars Publishing, 2008, 42–51.
Amelang, James S., *Spanish autobiography in the early modern era*, in: Schulze, Winfried (ed.), *Ego-Dokumente. Annäherung an den Menschen in der Geschichte*, Berlin, Akademie, 1996, 59–71.
Amelang, James S., *A room of one's own. Keeping writings private*, in: Bardet, Jean-Pierre/Arnoul, Elisabeth/Ruggiu,François-Joseph (edd.), *Les écrits du for privé en Europe (du Moyen Âge à l'époque contemporaine). Enquêtes, analyses, publications*, Pessac, Presses Universitaires de Bordeaux, 2010, 175–184.
Andrieux-Reix, Nelly/Monsonego,Simone, *Les unités graphiques du français médiéval. Mots et syntagmes, des représentations mouvantes et problématiques*, Langue française 119 (1998), 30–51. DOI: 10.3406/lfr.1998.6258. [letzter Zugriff: 28.12.2020]
Antoine, Gérald, *Avertissement*, in: Antoine, Gérald/Martin,Robert (edd.), *Histoire de la langue française 1914–1945*, Paris, CNRS, 1995, 9–12.
Antoine, Gérald/Martin, Robert (edd.), *Histoire de la langue française 1880–1914*, Paris, CNRS, 1985.
Antoine, Gérald/Martin, Robert (edd.), *Histoire de la langue française 1914–1945*, Paris, CNRS, 1995.
Appel, René/Muysken, Pieter, *Language contact and bilingualism*, London et al., Arnold, 1987.
Arias Álvarez, Beatriz/Oyosa Romero, Anabel Eugenia, *Grupos sociales marginales. Textos populares en Nueva España*, in: Steffen, Joachim/Thun, Harald/Zaiser, Rainer (edd.), *Classes populaires, scripturalité et histoire de la langue. Un bilan interdisciplinaire*, Kiel, Westensee-Verlag, 2018, 283–299.
Aschenberg, Heidi, *Diskurstraditionen. Orientierungen und Fragestellungen*, in: Aschenberg, Heidi/Wilhelm, Raymund (edd.), *Romanische Sprachgeschichte und Diskurstraditionen*.

Akten der gleichnamigen Sektion des XXVII. Deutschen Romanistentags, Tübingen, Narr, 2003, 1–18.

Ashby, William J., *The syntax, pragmatics, and sociolinguistics of left- and right-dislocations in French*, Lingua 75 (1988), 203–229.

Aub-Büschner, Gertrud, *Le parler rural de Ranrupt (Bas-Rhin). Essai de dialectologie vosgienne*, Paris, Klincksieck, 1962.

Auer, Peter, *On the meaning of conversational code-switching*, in: Auer, Peter/Di Luzio, Aldo (edd.), *Interpretive sociolinguistics. Migrants – children – migrant children*, Tübingen, Narr, 1984, 87–112.

Auer, Peter, *From codeswitching via language mixing to fused lects. Toward a dynamic typology of bilingual speech*, The international journal of bilingualism 3:4 (1999), 309–332.

Auer, Peter/Eastman, Carol M., *Code-switching*, in: Jaspers, Jürgen/Östman, Jan-Ola/Verschueren, Jef (edd.), *Society and language use*, Amsterdam/Philadelphia, John Benjamins, 2010, 84–112.

Ayres-Bennett, Wendy, *A history of the French language through texts*, London, Routledge, 1996.

Baconnier, Gérard/Minet, André/Soler, Louis, *La plume au fusil. Les poilus du Midi à travers leur correspondance*, Toulouse, Privat, 1985.

Baddeley, Susan/Biedermann-Pasques, Liselotte, *Histoire des systèmes graphiques du français (ixe-xve siècle). Des traditions graphiques aux innovations du vernaculaire*, La linguistique 39:1 (2003), 3–34. DOI: 10.3917/ling.391.0003. [letzter Zugriff: 28.12.2020]

Baggermann, Ariane, *Controlling time and shaping the self. Education, introspection and practices of writing in the Netherlands*, 2001, http://www.egodocument.net/egodocument/controlling-time.html. [letzter Zugriff: 28.12.2020]

Baggermann, Ariane, *Travellers in time. Nineteenth-century autobiographers and their fight against forgetting*, in: Bardet, Jean-Pierre/Arnoul, Elisabeth/Ruggiu, François-Joseph (edd.), *Les écrits du for privé en Europe (du Moyen Âge à l'époque contemporaine). Enquêtes, analyses, publications*, Pessac, Presses Universitaires de Bordeaux, 2010, 65–80.

Baggermann, Ariane/Dekker, Rudolf, *Center for the study of egodocuments and history*, s.a., http://www.egodocument.net/egodocument/index.html. [letzter Zugriff: 31.12.2020]

Baggermann, Ariane/Dekker, Rudolf/Mascuch, Michael, *Introduction*, in: Baggermann, Ariane/Dekker, Rudolf/Mascuch, Michael (edd.), *Controlling the time and shaping the self. Developments in autobiographical writing since the sixteenth century*, Leiden/Boston, Brill, 2011, 1–10.

Bardet, Jean-Pierre/Ruggiu, François-Joseph, *Les écrits du for privé de la fin du Moyen Âge à 1914*, 2009, http://ecritsduforprive.huma-num.fr/presentation.htm. [letzter Zugriff: 28.12.2020]

Barnes, Betsy K., *The pragmatics of left detachment in spoken standard French*, Amsterdam/Philadelphia, John Benjamins, 1985.

Bauche, Henri, *Le langage populaire. Grammaire, syntaxe et dictionnaire du français tel qu'on le parle dans le peuple de Paris avec tous les termes d'argot usuel*, Paris, Payot, 1920.

Bereiter, Carl, *Development in writing*, in: Gregg, Lee W./Steinberg, Erwin R. (edd.), *Cognitive processes in writing*, Hillsdale, Lawrence Erlbaum Associates, 1980, 73–93.

Bereiter, Carl/Scardamiglia, Marlene, *The psychology of written composition*, New York, Routledge, 1987.

Bergeron-Maguire, Myriam, *Le français en Haute-Normandie aux 17e et 18e siècles. Le temoignage des textes privés et documentaires*, Strasbourg, ELIPHI, 2018.

Berrendonner, Alain, *Grammaire de l'écrit vs grammaire de l'oral. Le jeu de composantes micro- et macro-syntaxiques*, in: Rabatel, Alain (ed.), *Interactions orales et contexte didactique. Mieux (se) comprendre pour mieux (se) parler et pour mieux (s')apprendre*, Lyon, Presses Universitaires de Lyon, 2004, 249–264.

Berrendonner, Alain, *Dislocation et conjugaison en français contemporain*, Cahiers de praxématique 48 (2007), 85–110.

Berrendonner, Alain/Béguelin, Marie-José, *Chapitre 1. Pour en finir avec la phrase*, in: Groupe de Fribourg (ed.), *Grammaire de la période*, Bern, Peter Lang, 2012, 3–19.

Bethmann-Hollweg, Wilhelm von, *Gesetz über die Verfassung Elsass-Lothringens*, Deutsches Reichsgesetzblatt 29 (1911), 225–233.

Betz, Werner, *Lehnwörter und Lehnprägungen im Vor- und Frühdeutschen*, in: Maurer, Friedrich/Rupp, Heinz (edd.), *Deutsche Wortgeschichte*, vol 1., Berlin et al., De Gruyter, ³1974, 135–164.

Bianchi, Nicolas, *Mots du peuple et pratique de l'écrit*, in: Steuckardt, Agnès (ed.), *Entre villages et tranchées. L'écriture de poilus ordinaires*, Uzès, Inclinaison, 2015, 125–142.

Bismarck, Otto von/Arnim, Harry von/Favre, Jules/Pouyer-Quertier, Augustin Thomas Joseph/de Goulard, Marc Thomas Eugène, *Traité de paix entre l'Empire allemand et la France. Du 10 mai 1871*, Deutsches Reichsgesetzblatt 26 (1871), 223–233.

Bismarck, Otto von/Thiers, Adolphe/Favre, Jules, *Préliminaires de paix entre l'Empire allemand et la France. Du 26 février 1871*, Deutsches Reichsgesetzblatt 26 (1871), 215–222.

Bismarck, Wilhelm von, *Gesetz, betreffend die Vereinigung von Elsaß und Lothringen mit dem Deutschen Reiche. Vom 9. Juni 1871*, Deutsches Reichsgesetzblatt 25 (1871), 212–213.

Bismarck, Wilhelm von, *Gesetz, betreffend die amtliche Geschäftssprache. Vom 31. März 1872*, Gesetzblatt für Elsaß-Lothringen 10 (1872), 159–160.

Blanche-Benveniste, Claire, *Quelques faits de syntaxe*, in: Antoine, Gérald/Martin, Robert (edd.), *Histoire de la langue française 1914–1945*, Paris, CNRS, 1995, 125–147.

Blanche-Benveniste, Claire, *Approches de la langue parlée en français*, Paris, Orphys, 1997.

Blank, Andreas, *Prinzipien des lexikalischen Bedeutungswandels am Beispiel der romanischen Sprachen*, Tübingen, Niemeyer, 1997.

Blasco, Mylène, *Dislocation et thématisation en français parlé*, Recherches sur le français parlé 13 (1995), 45–65.

Bloch, Oscar, *Atlas linguistique des Vosges méridionales*, Paris, Champion, 1917 (= 1917a).

Bloch, Oscar, *Les parlers des Vosges méridionales. (Arrondissement de Remiremont, département des Vosges). Étude de dialectologie*, Paris, Champion, 1917 (= 1917b).

Bloch, Oscar, *Lexique français-patois des Vosges méridionales*, Paris, Champion, 1917 (= 1917c).

Bloch, Oscar, *La pénétration du français dans les parlers des Vosges méridionales*, Paris, Champion, 1921.

Bloch, Oscar/Wartburg, Walter von, *Dictionnaire étymologique de la langue française*, Paris, Presses Universitaires de France, ⁴1964.

Blum, Guillaume, *Les sœurs de la divine providence de Ribeauvillé. Comparaison diachronique de grammaires françaises d'usage pratique pour l'enseignement primaire en Alsace*, Unv. Masterarbeit, 2016.

Bothorel-Witz, Arlette/Philipp, Marthe/Spindler, Sylviane, *Atlas linguistique et ethnographique de l'Alsace*, vol. 2, Paris, Éd. du CNRS, 1984.

Bourciez, Édouard/Bourciez, Jean, *Phonétique française. Étude historique*, Paris, Klincksieck, 1967.
Boyer, Henri, *Introduction à la sociolinguistique*, Paris, Dunod, 2001.
Branca-Rosoff, Sonia, *Sociolinguistique historique et analyse du discours du côté de l'histoire. Un chantier commun?*, Langage et société 121–122:3 (2007), 163–176.
Branca-Rosoff, Sonia, *L'apport des archives «peu-lettrés» à l'étude du changement linguistique et discursif*, in: Aquino-Weber, Dorothée/Cotelli, Sara/Kristol, Andres (edd.), *Sociolinguistique historique du domaine gallo-romain. Enjeux et méthodologies*, Bern, Peter Lang, 2009, 47–63.
Branca-Rosoff, Sonia, *Rituels épistolaires ou flux verbal. Deux formes d'appropriation de l'écriture*, in: Steuckardt, Agnès (ed.), *Entre villages et tranchées. L'écriture de poilus ordinaires*, Uzès, Inclinaison, 2015, 41–52.
Branca-Rosoff, Sonia, *La correspondance des poilus peu-lettrés. Les leçons d'un parcours*, in: Steffen, Joachim/Thun, Harald/Zaiser, Rainer (edd.), *Classes populaires, scripturalité et histoire de la langue. Un bilan interdisciplinaire*, Kiel, Westensee-Verlag, 2018, 49–68.
Branca-Rosoff, Sonia/Schneider, Nathalie, *L'écriture des citoyens. Une analyse linguistique de l'écriture des peu-lettrés pendant la période révolutionnaire*, Paris, Klincksieck, 1994.
Bronner, Fritz, *1870/71. Elsass-Lothringen. Zeitgenössische Stimmen für und wider die Eingliederung in das Deutsche Reich*, vol. 1, Frankfurt a.M., Erwin von Steinbach-Stiftung, 1970.
Brunet, Étienne, *L'évolution du lexique. Approche statistique*, in: Antoine, Gérald/Martin, Robert (edd.), *Histoire de la langue française 1914–1945*, Paris, CNRS, 1995, 95–124.
Bruni, Francesco, *Traduzione, tradizione e diffusione della cultura. Contributo alla lingua dei semicolti*, in: Istituto di Storia Medioevale e Moderna (ed.), *Alfabetismo e cultura scritta nella storia della società italiana. Atti del seminario tenutosi a Perugia il 29–30 marzo 1977*, Perugia, Università degli Studi, 1978, 195–234.
Bruni, Francesco, *L'italiano. Elementi di storia della lingua e della cultura*, Torino, UTET, 1984.
Bullock, Barbara E./Toribio, Almeida Jacqueline, *Themes in the study of code-switching*, in: Bullock, Barbara E./Toribio, Almeida Jacqueline (edd.), *The Cambridge handbook of linguistic code-switching*, Cambridge et al., Cambridge University Press, 2009, 1–17.
Bußmann, Hadumod, *Lexikon der Sprachwissenschaft*, Stuttgart, Kröner, ³2002.
Callahan, Laura, *Spanish/English codeswitching in a written corpus*, Amsterdam/Philadelphia, John Benjamins, 2004.
Campolini, Claire/van Hövell, Véronique/Vansteelandt, Andrée, *Dictionnaire de logopédie. Le développement du langage écrit et sa pathologie*, Leuven, Peeters, 2000.
Carles, Hélène/Glessgen, Martin, *L'écrit familial au début du XXe siècle. L'apport des «Mots des Poilus» de Pierre Rézeau*, in: Carles, Hélène/Glessgen, Martin (edd.), *Les écrits des poilus. Miroir du français au début du XXe siècle*, Strasbourg, ELiPhi, 2020, 1–24.
Carstensen, Broder, *Englische Einflüsse auf die deutsche Sprache nach 1945*, Heidelberg, Winter, 1965.
Carton, Fernand, *La prononciation du français*, in: Antoine, Gérald/Martin, Robert (edd.), *Histoire de la langue française 1914–1945*, Paris, CNRS, 1995, 27–59.
Carton, Fernand/Rossi, Mario/Autesserre, Denis/Léon, Pierre, *Les accents des Français*, Paris, Hachette, 1983.
Cassan, Michel, *Les livres de raison, invention historiographique, usages historiques*, in: Bardet, Jean-Pierre/Ruggiu, François-Joseph (edd.), *Au plus près du secret des cœurs?*

Nouvelles lectures historiques des écrits du for privé, Paris, Presses de l'Université Paris-Sorbonne, 2005, 15–28.
Castillo Gómez, Antonio, De la suscripción a la necesidad de escribir, in: Castillo Gómez, Antonio (ed.), La conquista del alfabeto. Escritura y clases populares, Cenero, Trea, 2002, 21–51.
Castillo Gómez, Antonio, Les écrits du for privé en Espagne de la fin du Moyen Âge à l'époque contemporaine. Bilan et perspectives, in: Bardet, Jean-Pierre/Arnoul, Elisabeth/Ruggiu, François-Joseph (edd.), Les écrits du for privé en Europe (du Moyen Âge à l'époque contemporaine). Enquêtes, analyses, publications, Pessac, Presses Universitaires de Bordeaux, 2010, 31–47.
Catach, Nina, L'orthographe française. Traité théorique et pratique avec des travaux d'application et leurs corrigés, Paris, Nathan, 1980.
Catach, Nina, L'orthographe, in: Antoine, Gérald/Martin, Robert (edd.), Histoire de la langue française 1914–1945, Paris, CNRS, 1995, 61–93.
Cazal, Yvonne, De quoi orthographe est-il le nom?, Linx 66–67 (2012), 153–174. DOI: 10.4000/linx.1460. [letzter Zugriff: 28.12.2020]
Cazals, Rémy (ed.), 500 témoins de la Grande Guerre, Portet-sur-Garonne, Midi Pyrénées, 2013.
Cazeaux, Louis, Versuch über das Beibehalten der deutschen Sprache im Elsaß, Straßburg, Silbermann, 1867.
Chambon, Jean-Pierre, Éléments du français parlé à Ronchamp (Haute-Saône) et dans ses environs à la fin du XXe et au début du XXIe siècle, in: Thibault, André (ed.), Richesses du français et géographie linguistique, vol. 1, 2007, 255–270.
Chaurand, Jacques, L'état des patois, in: Antoine, Gérald/Martin, Robert (edd.), Histoire de la langue française 1914–1945, Paris, CNRS, 1995, 169–189.
Christ, Graciela, Arabismen im Argot. Ein Beitrag zur französischen Lexikographie ab der zweiten Hälfte des 19. Jahrhunderts, Frankfurt a.M. et al., Peter Lang, 1991.
Ciapelli, Giovanni/Ruggiu, François-Joseph/Ulbrich, Claudia, First person writings in European context. Conférence de recherche trilatérale «Villa Vigoni». Les écrits à la première personne en Europe de la fin du XVe siècle au XIXe siècle. Une enquête au prisme de la recherche allemande, française et italienne. Ateliers 2013–2015, s.a., http://firstpersonwritings.huma-num.fr/villavigoni/projectvillavigoni.htm (= s.a.a). [letzter Zugriff: 28.12.2020]
Ciapelli, Giovanni/Ruggiu, François-Joseph/Ulbrich, Claudia, First person writings in European context. European past from the first-person perspective. Documents for a new history, s.a., http://firstpersonwritings.huma-num.fr/project.htm (= s.a.b). [letzter Zugriff: 28.12.2020]
Clyne, Michael, Constraints on code switching. How universal are they?, Linguistics. An interdisciplinary journal of the language sciences 25:4 (1987), 739–764.
Conde Silvestre, Juan Camilo, Sociolingüística histórica, Madrid, Gredos, 2007.
Conde Silvestre, Juan Camilo/Hernández Campoy, Juan Manuel, Introduction, in: Hernández Campoy, Juan Manuel/Conde Silvestre, Juan Camilo (edd.), The handbook of historical sociolinguistics, Malden, Mass., et al., Wiley Blackwell, 2012, 1–8.
Coseriu, Eugenio, Sprachkompetenz. Grundzüge der Theorie des Sprechens. Bearbeitet und herausgegeben von Heinrich Weber, Tübingen, Francke, 1988.
Coseriu, Eugenio, Textlinguistik. Eine Einführung, Tübingen, Narr Francke Attempto, ^{4}2007.

Cron, Joseph, *Supplément de la grammaire française pour l'Alsace ou recueil des fautes que l'on commet le plus et des règles que l'on observe le moins dans le français alsacien*, Strasbourg, Herder, 1902.
Cutinelli-Rendina, Emanuele, *La documentazione semicolta contemporanea in italiano*, in: Carles, Hélène/Glessgen, Martin (edd.), *Les écrits des poilus. Miroir du français au début du XXe siècle*, Strasbourg, ELiPhi, 2020, 283–294.
Dal Bo, Beatrice, *Aux frontières de la norme. Usages linguistiques de scripteurs peu lettrés dans des correspondances de la Grande Guerre*, HAL Id: tel-02519070 (2019), https://tel.archives-ouvertes.fr/tel-02519070v2. [letzter Zugriff: 30.12.2020]
Dauphin, Cécile/Poublan, Danièle, *L'édition scientifique d'une correspondance*, 2016, http://lodel-09.ehess.fr/correspondancefamiliale/index.php?12513. [letzter Zugriff: 28.12.2020]
Dauphin, Cécile/Poublan, Danièle, *S'écrire au XIXe siècle. Une correspondance familiale*, 2018, http://correspondancefamiliale.ehess.fr/index.php. [letzter Zugriff: 28.12.2020]
Dauzat, Albert, *L'argot de la guerre. D'après une enquête auprès des officiers et soldats*, Paris, Armand Colin, ²1919.
Dauzat, Albert, *Dictionnaire étymologique de la langue française*, Paris, Larousse, 1938.
David, Jacques, *Literacy, litéracie, littératie. Évolution et destinée d'un concept*, Le français aujourd'hui 190:3 (2015), 9–22.
Déchelette, François, *L'argot des poilus. Dictionnaire humoristique et philologique du langage des soldats de la Grande Guerre de 1914. Argots spéciaux des aviateurs, aérostiers automobilistes, etc.*, Genève, Slatkine Reprints, 1972 [¹1918].
Dekker, Rudolf, *Ego-Dokumente in den Niederlanden vom 16. bis zum 17. Jahrhundert*, in: Schulze, Winfried (ed.), *Ego-Dokumente. Annäherung an den Menschen in der Geschichte*, Berlin, Akademie, 1996, 33–57.
Dekker, Rudolf, *Introduction*, in: Dekker, Rudolf (ed.), *Egodocuments and history. Autobiographical writing in its social context since the Middle Ages*, Hilversum, Verloren, 2002, 7–20 (= 2002a).
Dekker, Rudolf, *Jacques Presser's heritage. Egodocuments in the study of history*, Memoria y civilización (MyC) 5 (2002), 13–37 (= 2002b).
Demarolle, Pierre, *La bibliographie alsacienne et le problème linguistique en Alsace (1918–1938)*, in: Salmon, Gilbert-Lucien (ed.), *Le français en Alsace*, Paris/Genève, Champion/Slatkine, 1985, 193–202.
Dhauteville, Isidore, *Le français alsacien. Fautes de prononciation et germanismes*, Strasbourg, Derivaux, 1852.
Diesterweg, Friedrich A. W., *Wegweiser für deutsche Lehrer. In Gemeinschaft mit Bormann, Hentschel, Hill, Knebel, Knie, Lüben, Mager, Mädler und Prange*, vol. 1, Essen, Bädeker, 1838.
Dietrich, Albert de, *Alsaciens corrigeons notre accent*, Paris/Nancy, Berger-Levrault, 1917.
Dostie, Gaétane/Pusch, Claus D., *Présentation. Les marqueurs discursifs. Sens et variation*, Langue française 154 (2007), 3–12.
DRF = Rézeau, Pierre, *Dictionnaire des régionalismes de France. Géographie et histoire d'un patrimoine linguistique*, Bruxelles, De Boeck et al., 2001.
Droysen, Gustav, *Allgemeiner historischer Handatlas. In sechsundneunzig Karten, mit erläuterndem Text*, Bielefeld et al., Velhagen & Klasing, 1886.
Dufter, Andreas, *Zwischen Kompositionalität und Konventionalisierung. Satzspaltung mit «c'est» im Französischen der Gegenwart*, Romanistisches Jahrbuch 57 (2006), 31–59.

Elspaß, Stephan, *Sprachgeschichte von unten. Untersuchungen zum geschriebenen Alltagsdeutsch im 19. Jahrhundert*, Tübingen, Niemeyer, 2005.

Elspaß, Stephan, *«Everyday language» in emigrant letters and its implications for language historiography the German case*, Multilingua. Journal of cross-cultural and interlanguage communication 26:2–3 (2007), 151–165.

Elspaß, Stephan, *The use of private letters and diaries in sociolinguistic investigation*, in: Hernández Campoy, Juan Manuel/Conde Silvestre, Juan Camilo (edd.), *The handbook of historical sociolinguistics*, Malden, Mass., et al., Wiley Blackwell, 2012, 156–169.

Ernst, Gerhard, *Gesprochenes Französisch zu Beginn des 17. Jahrhunderts. Direkte Rede in Jean Héroards «Histoire particulière de Louis XIII» (1605–1610)*, Tübingen, Max Niemeyer, 1985.

Ernst, Gerhard, *Zur Herausgabe autobiographischer Non-Standardtexte des 17. (und 18.) Jahrhunderts. Für wen? wozu? wie?*, in: Mensching, Guido/Röntgen, Karl-Heinz (edd.), *Studien zu romanischen Fachtexten aus Mittelalter und früher Neuzeit*, Hildesheim/Zürich/New York, Olms, 1995, 45–62.

Ernst, Gerhard, *Zwischen Alphabetisierung und «français populaire écrit». Zur Graphie privater französischer Texte des 17. und 18. Jahrhunderts*, in: Mattheier, Klaus J. (ed.), *Historische Soziolinguistik*, vol. 13, Tübingen, Niemeyer, 1999, 91–111.

Ernst, Gerhard, *Les «peu lettrés» devant les normes de la textualité*, in: Osthus, Dietmar/Polzin-Haumann, Claudia/Schmitt, Christian (edd.), *La norme linguistique. Théorie – pratique – médias – enseignement. Actes du colloque tenu à Bonn le 6 et le 7 décembre 2002*, Bonn, Romanistischer Verlag, 2003, 83–98.

Ernst, Gerhard, *Textes privés des XVIIe et XVIIIe siècles. Problèmes et chances d'une édition*, Linguistica 50:1 (2010), 55–68.

Ernst, Gerhard, *Aspects lexicologiques de la chronique memorial (Lille, 1657–1693) de Pierre-Ignace Chavatte*, Revue de linguistique romane 76 (2012), 437–452.

Ernst, Gerhard, *La diachronie dans la linguistique variationnelle du français*, in: Polzin-Haumann, Claudia/Schweickard, Wolfgang (edd.), *Manuel de linguistique française*, Berlin/Boston, De Gruyter, 2015, 72–107.

Ernst, Gerhard, *Textes français privés des XVIIe et XVIIIe siècles*, vol. 2, Berlin/Boston, De Gruyter, 2019.

Ernst, Gerhard, *Konvergenzen und Divergenzen im Schreiben ungeübter Schreiber (Französisch, Italienisch, Deutsch)*, in: Patzelt, Carolin/Prifti, Elton (edd.), *Diachrone Varietätenlinguistik. Theorie, Methoden Anwendungen*, Berlin et al., Peter Lang, 2020, 21–38.

Ernst, Gerhard/Wolf, Barbara, *Textes français privés des XVIIe et XVIIIe siècles*, Tübingen, Niemeyer, 2005.

Esnault, Gaston, *Le poilu tel qu'il se parle. Dictionnaire des termes populaires récents et neufs employés aux armées en 1914–1918 étudiés dans leur étymologie, leur développement et leur usage*, Paris, Bossard, 1919.

Even, Pascal, *Un partenariat scientifique fructueux. L'enquête nationale sur les écrits du for privé*, in: Bardet, Jean-Pierre/Arnoul, Elisabeth/Ruggiu, François-Joseph (edd.), *Les écrits du for privé en Europe (du Moyen Âge à l'époque contemporaine). Enquêtes, analyses, publications*, Pessac, Presses Universitaires de Bordeaux, 2010, 19–27.

Ewert-Kling, Karin, *Left detachment und right detachment im gesprochenen Französischen und Spanischen. Eine formale und funktionale Analyse mit einem Ausblick auf Grammatikalisierungstendenzen*, Frankfurt a.M. et al., Peter Lang, 2010.

Fayol, Michel/Largy, Pierre, *Une approche cognitive fonctionnelle de l'orthographe grammaticale*, Langue française 95 (1992), 80–98.

Fernández Alcaide, Marta, *Entre el arte epistolar y la necesidad comunicativa. Las cartas particulares como ejemplo multidimensional*, in: Steffen, Joachim/Thun, Harald/Zaiser, Rainer (edd.), *Classes populaires, scripturalité et histoire de la langue. Un bilan interdisciplinaire*, Kiel, Westensee-Verlag, 2018, 251–281.

FEW = Wartburg, Walter von, et al., *Französisches Etymologisches Wörterbuch. Eine darstellung des galloromanischen sprachschatzes*, 25 vol., Bonn/Heidelberg/Leipzig-Berlin/Bâle, Klopp/Winter/Teubner/Zbinden, 1922–2002.

François, Denise, *Le langage populaire*, in: Antoine, Gérald/Martin, Robert (edd.), *Histoire de la langue française 1880–1914*, Paris, CNRS, 1985, 295–327.

Frantext = ATILF, *Base textuelle Frantext (En ligne). ATILF-CNRS & Université de Lorraine*, 1998–2020, https://www.frantext.fr/. [letzter Zugriff: 25.10.2017]

Fraser, Bruce, *What are discourse markers?*, Journal of pragmatics 31 (1999), 931–952.

Frei, Henri, *La grammaire des fautes*, Paris, Geuthner, 1929.

Fresu, Rita, *Scritture di semicolti*, in: Antonelli, Giuseppe/Motolese, Matteo/Tomasin, Lorenzo (edd.), *Storia dell'italiano scritto. Italiano dell'uso*, vol. 3, Roma, Carocci, 2014, 195–223.

Fresu, Rita, *L'italiano dei semicolti*, in: Lubello, Sergio (ed.), *Manuale di linguistica italiana*, Berlin/Boston, De Gruyter, 2016, 328–350.

Frith, Uta, *Beneath the surface of developmental dyslexia*, in: Patterson, Karalyn/Marshall, John/Coltheart, Max (edd.), *Surface dyslexia, neuropsychological and cognitive studies of phonological reading*, London, Erlbaum, 1985, 301–330.

Fulbrook, Mary/Rublack, Ulinka, *In relation. The «social self» and ego-documents*, German history 28:3 (2010), 263–272. DOI: 10.1093/gerhis/ghq065. [letzter Zugriff: 28.12.2020]

Gadet, Françoise, *La variation sociale en français*, Paris, Ophrys, ²2007.

Gardner-Chloros, Penelope, *Le code-switching à Strasbourg*, in: Salmon, Gilbert-Lucien (ed.), *Le français en Alsace*, Paris/Genève,Champion/Slatkine, 1985, 51–60.

Gardner-Chloros, Penelope, *Language selection and switching in Strasbourg*, Oxford, Clarendon, 1991.

Gardner-Chloros, Penelope, *Code-switching*, Cambridge, University Press, 2009.

Gardner-Chloros, Penelope, *Historical and modern studies of codeswitching. A tale of mutual enrichment*, in: Pahta, Päivi/Skaffari, Janne/Wright, Laura (edd.), *Multilingual practices in language history. English and beyond*, Boston/Berlin, De Gruyter Mouton, 2018, 19–36.

Géa, Jean-Michel, *Le dialecte dans l'écriture de la guerre. La part absente?*, in: Steuckardt, Agnès (ed.), *Entre villages et tranchées. L'écriture de poilus ordinaires*, Uzès, Inclinaison, 2015, 53–65.

Gil, Alberto, *Zur Geschichte des Spaltsatzes und seiner strukturellen Varianten im Romanischen*, in: Gil, Alberto/Schmitt, Christian (edd.), *Aufgaben und Perspektiven der romanischen Sprachgeschichte im dritten Jahrtausend. Akten der gleichnamigen Sektion des XXVII. Deutschen Romanistentages München (7.–10. Oktober 2001)*, Bonn, Romanistischer Verlag, 2003, 195–217.

Gilliéron, Gilles, *Notice servant à l'intelligence des cartes. Atlas linguistique de la France*, Bologna, Forni, 1968 [¹1902].

Girardot-Soltner, Christiane, *Procédures de renseignement du français en Alsace d'après les préfaces des manuels scolaires (1819–1925)*, in: Salmon, Gilbert-Lucien (ed.), *Le français en Alsace*, Paris/Genève, Champion/Slatkine, 1985, 253–264.

Glessgen, Martin, *Le plurilinguisme en France au début du 20ᵉ siècle. Perception et réalité*, in: Carles, Hélène/Glessgen, Martin (edd.), *Les écrits des poilus. Miroir du français au début du XXᵉ siècle*, Strasbourg, ELiPhi, 2020, 53–97.

Glück, Helmut/Rödel, Michael, *Metzler Lexikon Sprache*, Stuttgart, J. B. Metzler, 2016.

Göpferich, Susanne, *Text competence and academic multiliteracy. From text linguistics to literacy development*, Tübingen, Narr, 2015.

Grandhomme, Jean-Noël, *L'iconographie chrétienne des monuments aux morts en terre concordataire (Alsace et Moselle)*, in: Roth, François (ed.), *Lorraine et Alsace, mille ans d'histoire. Actes du colloque tenu les 9 et 10 novembre 2005 au Conseil Régional de Lorraine*, Nancy, Ass. d'Historiens de l'Est et al., 2007, 283–299.

GrandRobert = Rey, Alain, *Le Grand Robert de la langue française*, Paris, Dictionnaires Le Robert, ²2001.

Grevisse, Maurice/Goosse, André, *Le bon usage*, Louvain-la-Neuve, De Boeck Supérieur, ¹⁶2016.

Greyerz, Kaspar von, *Spuren eines vormodernen Individualismus in englischen Selbstzeugnissen des 16. und 17. Jahrhunderts*, in: Schulze, Winfried (ed.), *Ego-Dokumente. Annäherung an den Menschen in der Geschichte*, Berlin, Akademie, 1996, 131–145.

Greyerz, Kaspar von, *Ego-documents. The last word?*, German history 28:3 (2010), 273–282.

Grimm, Jacob, *Deutsche Grammatik. Erster Theil*, Göttingen, Dieterichsche Buchhandlung, ³1840.

Grosjean, François, *Parler plusieurs langues. Le monde des bilingues*, Paris, Albin Michel, 2015.

Große, Sybille, *Französische Briefsteller*, in: Aschenberg, Heidi/Wilhelm, Raymund (edd.), *Romanische Sprachgeschichte und Diskurstraditionen. Akten der gleichnamigen Sektion des XXVII. Deutschen Romanistentags*, Tübingen, Narr, 2003, 135–161.

Große, Sybille, *Les manuels épistolographiques français entre traditions et normes*, Paris, Champion, 2017.

Große, Sybille, *Les «peu-lettrés» et la rédaction des lettres. Une technique relativement libre ou hautement standardisée?*, in: Steffen, Joachim/Thun, Harald/Zaiser, Rainer (edd.), *Classes populaires, scripturalité et histoire de la langue. Un bilan interdisciplinaire*, Kiel, Westensee-Verlag, 2018, 141–169.

Große, Sybille, *Französisch-deutsche Korrespondenz im Ersten Weltkrieg. Linguistische Analysen*, in: Lübbers, Bernhard/Treskow, Isabella von (edd.), *Kriegsgefangenschaft 1914–1919. Kollektive Erfahrung, kulturelles Leben, Regensburger Realität*, Regensburg, Pustet, 2019, 303–322.

Große, Sybille/Lange, Britta, *Les archives sonores des prisonniers de guerre français en Allemagne* (im Druck).

Große, Sybille/Sowada, Lena, *Socialisation écrite et rédaction épistolaire de scripteurs moins expérimentés. Lettres des soldats de la Grande Guerre*, Romanistisches Jahrbuch 71:1 (2020), 82–129. DOI: https://doi.org/10.1515/roja-2020-0003.

Große, Sybille/Steuckardt, Agnès/Sowada, Lena/Dal Bo, Beatrice, *Du rituel à l'individuel dans des correspondances peu lettrées de la Grande Guerre*, SHS Web of Conferences 27 (2016), 1–15. DOI: 10.1051/shsconf/20162706008. [letzter Zugriff: 28.12.2020]

Guilhaumou, Jacques, *Vers une histoire des événements linguistiques. Un nouveau protocole d'accord entre l'historien et le linguiste*, Histoire épistémologie langage 18:2 (1996), 103–126.

Guiraud, Pierre, *Le français populaire*, Paris, PUF, ³1973.
Gumperz, John J., *Language in social groups*, Stanford, University Press, 1971.
Gumperz, John J., *Discourse strategies*, Cambridge, University Press, 1982 (= 1982a).
Gumperz, John J., *Language and social identity*, Cambridge, University Press, 1982 (= 1982b).
Günther, Hartmut, *Schriftliche Sprache. Strukturen geschriebener Wörter und ihre Verarbeitung beim Lesen*, Tübingen, Niemeyer, 1988.
Günther, Klaus-Burkhard, *Ein Stufenmodell der Entwicklung kindlicher Lese- und Rechtschreibstrategien*, in: Brügelmann, Hans (ed.), *ABC und Schriftsprache. Rätsel für Kinder, Lehrer und Forscher*, Konstanz, Faude, 1986, 32–35.
Günther, Klaus-Burkhard, *Ontogenese, Entwicklungsprozeß und Störungen beim Schriftspracherwerb unter besonderer Berücksichtigung der Schwierigkeiten von lern- und sprachbehinderten Kindern*, in: Günther, Klaus-Burkhard (ed.), *Ontogenese. Entwicklungsprozeß und Störungen beim Schriftspracherwerb*, Heidelberg, Heidelberger Verlagsanstalt und Druckerei, 1989, 12–33.
Günther, Udo, *Texte planen – Texte produzieren. Kognitive Prozesse der schriftlichen Textproduktion*, Opladen, Westdeutscher Verlag, 1993.
Halliday, Michael Alexander Kirkwood, *Notes on transitivity and theme in English*, Journal of linguistics 3:2 (1967), 199–244.
Hartweg, Frédéric, *Les églises et le français en Alsace de 1850 à 1918*, in: Salmon, Gilbert-Lucien (ed.), *Le français en Alsace*, Paris/Genève, Champion/Slatkine, 1985, 157–171.
Hartweg, Frédéric, *Die Sprachsituation im Elsaß zwischen 1870 und 1918*, in: Fleischer, Wolfgang/Große, Rudolf/Lerchner, Gotthard (edd.), *Beiträge zur Erforschung der deutschen Sprache*, vol. 7, Leipzig, Bibliographisches Institut, 1987, 127–145.
Hartweg, Frédéric, *Die Entwicklung des Verhältnisses von Mundart, deutscher und französischer Standardsprache im Elsaß seit dem 16. Jahrhundert*, in: Besch, Werner/Betten, Anne/Reichmann, Oskar/Sonderegger, Stefan (edd.), *Sprachgeschichte. Ein Handbuch zur Geschichte der deutschen Sprache und ihrer Erforschung*, New York, De Gruyter Mouton, 2008, 2778–2810.
Haugen, Einar, *Bilingualism in the Americas. A bibliography and research guide*, University Alabama, University of Alabama Press, 1956.
Hayes, John R./Flower, Linda S., *Identifying the organization of writing processes*, in: Gregg, Lee W./Steinberg, Erwin R. (edd.), *Cognitive processes in writing*, Hillsdale, Lawrence Erlbaum Associates, 1980, 3–30.
Heckmann, Thierry, *Recueillir, intégrer, mettre en valeur les correspondances et les carnets des poilus. L'exemple de la Vendée*, in: Carles, Hélène/Glessgen, Martin (edd.), *Les écrits des poilus. Miroir du français au début du XXe siècle*, Strasbourg, ELiPhi, 2020, 41–50.
Hernández-Campoy, Juan Manuel/Schilling, Natalie, *The application of the quantitative paradigm to historical sociolinguistics. Problems with the generalizability principle*, in: Hernández Campoy, Juan Manuel/Conde Silvestre, Juan Camilo (edd.), *The handbook of historical sociolinguistics*, Malden, Mass., et al., Wiley Blackwell, 2012, 63–98.
Heyse, Johann Christian August, *Deutsche Grammatik oder Lehrbuch der deutschen Sprache. Bearb. von Otto Lyon*, Hannover/Leipzig, Hahnsche Buchhandlung, ²¹1893.
Huck, Dominique, *Une histoire des langues de l'Alsace*, Strasbourg, La Nuée Bleue, 2015.
Huot, Hélène, *La morphologie. Forme et sens des mots du français*, Paris, Armand Colin, ²2005.
Igersheim, François, *L'occupation allemande en Alsace et en Lorraine. Le Commissariat civil du gouvernement général d'Alsace et de Lorraine d'août 1870 à février 1871. Un aperçu*, in:

L'Huillier, Fernand (ed.), *L'Alsace en 1870–1871*, Paris et al., Diffusion Ophrys, 1971, 249–367.
Jaffré, Jean-Pierre, *Compétence orthographique et systèmes d'écriture*, Repères, recherches en didactique du français langue maternelle. Savoir écrire, évaluer, réécrire en classe 4 (1991), 35–47. DOI: 10.3406/reper.1991.2032. [letzter Zugriff: 28.12.2020]
Jaffré, Jean-Pierre, *Le traitement élémentaire de l'orthographe. Les procédures graphiques*, Langue française 95 (1992), 27–48.
Jaffré, Jean-Pierre/Bessonnat, Daniel, *Accord ou pas d'accord? Les chaînes morphologiques*, Pratiques. Linguistique, littérature, didactique 77 (1993), 25–42.
DOI: 10.3406/prati.1993.1682. [letzter Zugriff: 28.12.2020]
Jancke, Gabriele, *Selbstzeugnisse im deutschsprachigen Raum. Autobiographien, Tagebücher und andere autobiographische Schriften. 1400–1620. Eine Quellenkunde. Unter Mitarbeit von Marc Jarzebowski, Klaus Krönert und Yvonne Aßmann*, 2008, https://www.geschkult.fu-berlin.de/e/jancke-quellenkunde/. [letzter Zugriff: 28.12.2020]
Jancke, Gabriele/Ulbrich, Claudia, *Vom Individuum zur Person. Neue Konzepte im Spannungsfeld von Autobiographietheorie und Selbstzeugnisforschung*, in: Jancke, Gabriele/Ulbrich, Claudia (edd.), *Vom Individuum zur Person. Neue Konzepte im Spannungsfeld von Autobiographietheorie und Selbstzeugnisforschung*, Göttingen, Wallstein Verlag, 2005, 7–27.
Jurt, Joseph, *Sprache, Literatur und nationale Identität. Die Debatten über das Universelle und das Partikuläre in Frankreich und Deutschland*, Berlin/Boston, De Gruyter, 2014.
Kabatek, Johannes, *Diskurstraditionen und Genres*, in: Dessí Schmid, Sarah/Detges, Ulrich/Gévaudan, Paul/Mihatsch, Wiltrud/Waltereit, Richard (edd.), *Rahmen des Sprechens. Beiträge zu Valenztheorie, Varietätenlinguistik, Kreolistik, kognitiver und historischer Semantik. Peter Koch zum 60. Geburtstag*, Tübingen, Narr, 2011, 89–100.
Kabatek, Johannes, *Wie kann man Diskurstraditionen kategorisieren?*, in: Winter-Froemel, Esme/López Serena, Araceli/de Toledo y Huerta, Álvaro Octavio/Frank-Job, Barbara (edd.), *Diskurstraditionelles und Einzelsprachliches im Sprachwandel*, Tübingen, Narr Francke Attempto, 2015, 51–65.
Keller, Hagen (ed.), *Pragmatische Schriftlichkeit im Mittelalter. Erscheinungsformen und Entwicklungsstufen. (Akten des Internationalen Kolloquiums, 17.–19. Mai 1989)*, München, Wilhelm Fink, 1992.
Kellogg, Ronald T., *Training writing skills. A cognitive developmental perspective*, Journal of writing research 1:1 (2008), 1–26.
Kennan, George F., *The decline of Bismarck's European order. Franco-Russian relations, 1875–1890*, Princeton, Princeton University Press, 1979.
Klippi, Carita, *Letters from Gaston B. A prisoner's voice during the Great War*, in: van der Wal, Marijke J./Rutten, Gijsbert (edd.), *Touching the past. Studies in the historical sociolinguistics of ego-documents*, Amsterdam, Benjamins, 2013, 107–128.
Klippi, Carita, *«Comme le pigeon que l'on découple pour l'éxile». Stratégies d'écriture dans l'épistolaire d'un poilu peu-lettré face à l'événement*, in: Steffen, Joachim/Thun, Harald/Zaiser, Rainer (edd.), *Classes populaires, scripturalité et histoire de la langue. Un bilan interdisciplinaire*, Kiel, Westensee-Verlag, 2018, 99–140.
Kluge, Friedrich, *Etymologisches Wörterbuch der deutschen Sprache*, Berlin, De Gruyter, ^{24}2002.
Koch, Peter, *Norm und Sprache*, in: Thun, Harald (ed.), *Das sprachtheoretische Denken Eugenio Coserius in der Diskussion (1)*, vol. 2, Tübingen, Narr, 1988, 327–354.

Koch, Peter, *Diskurstraditionen. Zu ihrem sprachtheoretischen Status und ihrer Dynamik*, in: Frank, Barbara/Haye, Thomas/Tophinke, Doris (edd.), *Gattungen mittelalterlicher Schriftlichkeit*, Tübingen, Narr, 1997, 43–79.

Koch, Peter/Oesterreicher, Wulf, *Sprache der Nähe – Sprache der Distanz*, Romanistisches Jahrbuch 1985:36 (1986), 15–43.

Koch, Peter/Oesterreicher, Wulf, *Gesprochene Sprache in der Romania. Französisch, Italienisch, Spanisch*, Berlin et al., De Gruyter, ²2011.

Krefeld, Thomas, *L'immédiat, la proximité et la distance communicative*, in: Polzin-Haumann, Claudia/Schweickard, Wolfgang (edd.), *Manuel de linguistique française*, Berlin/Boston, De Gruyter, 2015, 262–274.

Krusenstjern, Benigna von, *Was sind Selbstzeugnisse? Begriffskritische und quellenkundliche Überlegungen anhand von Beispielen aus dem 17. Jahrhundert*, Historische Anthropologie 2:3 (1994), 462–471. DOI: 10.7788/ha.1994.2.3.462. [letzter Zugriff: 28.12.2020]

L'Huillier, François, *XII. L'Alsace dans le Reichsland (1871–1918)*, in: Dollinger, Philippe (ed.), *Histoire de l'Alsace*, Toulouse, Privat, 1970, 433–468.

Labov, William, *Principles of linguistic change. Internal factors*, vol. 1, Cambridge/Oxford, Blackwell, 1994.

Labov, William, *Principles in language change. Social factors*, vol. 2, Maiden/Oxford, Blackwell, 2001.

Lambrecht, Knud, *Prédication seconde et structure informationnelle. La relative de perception comme construction présentative*, Langue française 127 (2000), 49–66.

Lattey, Elsa/Tracy, Rosemarie, *Language contact in the individual. A case study based on letters from a German immigrant in New Jersey*, in: Ureland, Per Sture (ed.), *Global eurolinguistics. European languages in North America – migration, maintenance and death*, Tübingen, Niemeyer, 2001, 413–433.

Lattey, Elsa/Tracy, Rosemarie, *«Well, I tell you, das war'n Zeiten!». Ein deutsch-amerikanisches Sprachporträt*, in: Hinnenkamp, Volker/Meng, Katharina (edd.), *Sprachgrenzen überspringen. Sprachliche Hybridität und polykulturelles Selbstverständnis*, Tübingen, Narr, 2005, 345–380.

Le Bellec, Christel, *La syntaxe des tranchées*, in: Steuckardt, Agnès (ed.), *Entre villages et tranchées. L'écriture de poilus ordinaires*, Uzès, Inclinaison, 2015, 79–90.

Lengert, Joachim, *Les français régionaux*, in: Polzin-Haumann, Claudia/Schweickard, Wolfgang (edd.), *Manuel de linguistique française*, Berlin/Boston,De Gruyter, 2015, 365–400.

Lévy, Paul, *De la Révolution française à 1918. Histoire linguistique d'Alsace et de Lorraine*, vol. 2, Paris, Les Belles lettres, 1929.

Littré, Émile, *Dictionnaire de la langue française*, Paris, L. Hachette, 1873–1874.

Lodge, Anthony, *Convergence and divergence in the development of the Paris urban vernacular*, in: Mattheier, Klaus J. (ed.), *Historische Soziolinguistik*, Tübingen, Niemeyer, 1999, 51–68.

Lodge, Anthony, *Le français. Histoire d'un dialecte devenu langue*, Paris, Fayard, 2006.

Lodge, Anthony, *A lady-in-waiting's begging letter to her former employer (Paris, mid-sixteenth century)*, in: van der Wal, Marijke/Rutten, Gijsbert (edd.), *Touching the past. Studies in the historical sociolinguistics of ego-documents*, Amsterdam et al., Benjamins, 2013, 19–43.

Lubello, Sergio, *L'italiano nelle lettere della Grande Guerra, con particolare attenzione al lessico*, in: Carles, Hélène/Glessgen, Martin (edd.), *Les écrits des poilus. Miroir du français au début du XXe siècle*, Strasbourg, ELiPhi, 2020, 295–309.

Luxardo, Giancarlo, *Fréquences des colis et marmites. Comment mesurer la languitude?*, in: Steuckardt, Agnès (ed.), *Entre villages et tranchées. L'écriture de poilus ordinaires*, Uzès, Inclinaison, 2015, 113–123.

Mahrer, Rudolf, *Phonographie. La représentation écrite de l'oral en français*, Berlin, Boston, De Gruyter, 2017.

Mäkilähde, Aleksi, *Approaching the functions of historical code-switching. The case of solidarity*, in: Pahta, Päivi/Skaffari, Janne/Wright, Laura (edd.), *Multilingual practices in language history. English and beyond*, Boston/Berlin, De Gruyter Mouton, 2018, 299–318.

Martin, Ernst/Lienhart, Hans, *Wörterbuch der elsässischen Mundarten*, vol. 2, Straßburg, Trübner, 1899–1907.

Martineau, France, *Perspectives sur le changement linguistique. Aux sources du français canadien*, The Canadian journal of linguistics 50 (2005), 173–213. DOI: 10.1353/cjl.2007.0010. [letzter Zugriff: 28.12.2020]

Martineau, France, *Pratiques d'écriture des peu-lettrés en québécois ancien. Morphologie verbale*, in: Larrivée, Pierre (ed.), *Variation et stabilité du français. Des notions aux opérations. Mélanges de linguistique français offerts au professeur Jean-Marcel Léard par ses collègues et amis*, Louvain, Paris, Dudley, MA, Peeters, 2007, 201–220 (= 2007a).

Martineau, France, *Variation in Canadian French usage from the 18th to the 19th century*, Multilingua. Journal of cross-cultural and interlanguage communication 26: 2–3 (2007), 203–227 (= 2007b).

Martineau, France, *Les écrits privés. Du manuscrit à la contextualisation*, in: Bardet, Jean-Pierre/Arnoul, Elisabeth/Ruggiu, François-Joseph (edd.), *Les écrits du for privé en Europe (du Moyen Âge à l'époque contemporaine). Enquêtes, analyses, publications*, Pessac, Presses Universitaires de Bordeaux, 2010, 613–630.

Martineau, France, *Les écrits des peu-lettrés dans leur contexte social. Le journal de Charles Morin*, in: Steffen, Joachim/Thun, Harald/Zaiser, Rainer (edd.), *Classes populaires, scripturalité et histoire de la langue. Un bilan interdisciplinaire*, Kiel, Westensee-Verlag, 2018, 69–97.

Martineau, France/Mougeon, Raymond, *A sociolinguistic study of the origins of «ne» deletion in European and Quebec French*, Language 79:1 (2003), 118–152.

Martinet, André, *La prononciation du français contemporain. Témoignages recueillis en 1941 dans un camp d'officiers prisonniers*, Paris, Droz, 1945.

Maschler, Yael/Schiffrin, Deborah, *Discourse markers. Language, meaning, and context*, in: Tannen, Deborah/Hamilton, Heidi E./Schiffrin, Deborah (edd.), *The handbook of discourse analysis*, Chichester, West Sussex, Wiley Blackwell, 2015, 189–221.

Massicot, Stephanie, *Nähesprachliche Elemente in Texten von semicolti?*, in: Schäfer-Prieß, Barbara/Schöntag, Roger (edd.), *Seitenblicke auf die französische Sprachgeschichte. Akten der Tagung Französische Sprachgeschichte an der Ludwig-Maximilians-Universität München (13.-16. Oktober 2016). Sektionen: Interne Sprachgeschichte, Sprachwissenschaftsgeschichte, Kreolsprachen, Okzitanisch, Semicolti/Peu-lettrés, Französisch außerhalb Frankreichs, Sprachkontakt*, Tübingen, Narr Francke Attempto, 2018, 231–255.

Matlin, Margaret W., *Cognition*, Hoboken, Wiley & Sons, 2003.

Matras, Yaron, *Language contact*, Cambridge, University Press, 2009.

Mattheier, Klaus J., *La sociolinguistique historique. Remarques préliminaires*, in: Mattheier, Klaus J. (ed.), *Historische Soziolinguistik*, Tübingen, Niemeyer, 1999, 1–3.

Matzen, Raymond, *Les emprunts du dialecte alsacien au français*, in: Salmon, Gilbert-Lucien (ed.), *Le français en Alsace*, Paris/Genève, Champion/Slatkine, 1985, 61–70.

McCutchen, Deborah, *From novice to expert. Implications of language skills and writing – relevant knowledge for memory during the development of writing skill*, Journal of writing research 3:1 (2011), 51–68. DOI: 10.17239/jowr-2011.03.01.3. [letzter Zugriff: 31.12.2020]

Meisner, Charlotte/Robert-Tissot, Aurélia/Stark, Elisabeth, *La présence/absence de «ne»*, Encyclopédie grammaticale du français (2016), http://www.encyclogram.fr/notx/008/008_Notice.php#tit31. [letzter Zugriff: 29.12.2020]

Meißner, Franz-Joseph, *Diastratische und diaphasische Varietäten des Französischen*, in: Kolboom, Ingo/Kotschi, Thomas/Reichel, Edward (edd.), *Handbuch Französisch. Sprache – Literatur – Kultur – Gesellschaft. Für Studium, Lehre, Praxis*, Berlin, Erich Schmidt, 2002, 87–92.

Mercier, Simon, *Dans la grande histoire*, in: Steuckardt, Agnès (ed.), *Entre villages et tranchées. L'écriture de poilus ordinaires*, Uzès, Inclinaison, 2015, 19–39.

Moret Petrini, Sylvie, *Schweizerische Selbstzeugnis-Datenbank. Einleitung*, s.a., http://wp.unil.ch/egodocuments/de/einleitung-2/. [letzter Zugriff: 28.12.2020]

Moureau-Martini, Ursula, *L'allemand par des Allemands. Analyse du matériel d'enseignement destiné aux jeunes enfants alsaciens sous le IIe et le IIIe Reich*, in: Salmon, Gilbert-Lucien (ed.), *Le français en Alsace*, Paris/Genève, Champion/Slatkine, 1985, 297–304.

Müller, Bodo, *Das Französische der Gegenwart. Varietäten – Strukturen – Tendenzen*, Heidelberg, Winter, 1975.

Musan, Renate, *Informationsstruktur*, Heidelberg, Winter, 2010.

Mutz, Katrin, *Über das Französische und seine Wechselwirkungen mit dem Deutschen*, in: Stolz, Christel (ed.), *Unsere sprachlichen Nachbarn in Europa. Die Kontaktbeziehungen zwischen Deutsch und seinen Grenznachbarn*, Bochum, Universitätsverlag Brockmeyer, 2009, 47–67.

Muysken, Pieter, *Bilingual speech. A typology of code-mixing*, Cambridge, University Press, 2000.

Myers-Scotton, Carol, *Duelling languages. Grammatical structure in code-switching*, Oxford, Clarendon, 1993.

Myers-Scotton, Carol/Jake, Janice, *A universal model of code-switching and bilingual language processing and production*, in: Bullock, Barbara E./Toribio, Almeida Jacqueline (edd.), *The Cambridge handbook of linguistic code-switching*, Cambridge et al., Cambridge University Press, 2009, 336–357.

Nevalainen, Terttu/Raumolin-Brunberg, Helena, *Historical sociolinguistics. Language change in Tudor and Stuart England*, London et al., Longman, 2003.

Nevalainen, Terttu/Raumolin-Brunberg, Helena, *Historical sociolinguistics. Origins, motivations, and paradigms*, in: Hernández Campoy, Juan Manuel/Conde Silvestre, Juan Camilo (edd.), *The handbook of historical sociolinguistics*, Malden, Mass., et al., Wiley Blackwell, 2012, 22–40.

Nordlund, Taru, *Double diglossia – lower class writing in 19th-century Finland*, Multilingua. Journal of cross-cultural and interlanguage communication 26:2–3 (2007), 229–246.

Nurmi, Arja/Nevala, Minna/Palander-Collin, Minna (edd.), *The language of daily life in England (1400–1800)*, Amsterdam/Philadelphia, John Benjamins, 2009.

Nurmi, Arja/Pahta, Päivi, *Preacher, scholar, brother, friend. Social roles and code-switching in the writings of Thomas Twining*, in: Pahta, Päivi/Nevala, Minna/Nurmi, Arja/Pallander-

Collin, Minna (edd.), *Social roles and language practices in late modern English*, Amsterdam et al., Benjamins, 2010, 135–162.
Oesterreicher, Wulf, *El español en textos escritos por semicultos. Competencia escrita de impronta oral en la historiografía indiana*, in: Lüdtke, Jens (ed.), *El español de América en el siglo XVI. Actas del Simposio del Instituto Ibero-Americano de Berlin, 23 y 24 de abril de 1992*, Frankfurt a.M./Madrid, Vervuert/Iberoamericana, 1994, 155–190.
Oesterreicher, Wulf, *Zur Fundierung von Diskurstraditionen*, in: Frank, Barbara/Haye, Thomas/Tophinke, Doris (edd.), *Gattungen mittelalterlicher Schriftlichkeit*, Tübingen, Narr, 1997, 19–41.
Oesterreicher, Wulf, *Textos entre inmediatez y distancia comunicativas. El problema de lo hablado escrito en el Siglo de Oro*, in: Cano Aguilar, Rafael (ed.), *Historia de la lengua española*, Barcelona, Ariel, 2004, 729–769.
Oesterreicher, Wulf, *Estudio introductorio*, in: Stoll, Eva/Vázquez Núñez, María de las Nieves (edd.), *Alonso Borregán. La conquista del Perú. En colaboración con Sebastian Greußlich y Marta Guzmán. Con un estudio intoductorio de Wulf Oesterreicher*, Madrid/Frankfurt a.M., Iberoamericana/Vervuert, 2011, 11–58.
Pahta, Päivi/Nevala, Minna/Nurmi, Arja/Pallander-Collin, Minna (edd.), *Social roles and language practices in late modern English*, Amsterdam et al., Benjamins, 2010.
Pahta, Päivi/Nurmi, Arja, *Negotiating interpersonal identities in writing. Code-switching practices in Charles Burney's correspondence*, in: Nurmi, Arja/Nevala, Minna/Palander-Collin, Minna (edd.), *The language of daily life in England (1400–1800)*, Amsterdam/Philadelphia, John Benjamins, 2009, 27–52.
Pahta, Päivi/Skaffari, Janne/Wright, Laura, *From historical code-switching to multilingual practices in the past*, in: Pahta, Päivi/Skaffari, Janne/Wright, Laura (edd.), *Multilingual practices in language history. English and beyond*, Boston/Berlin, De Gruyter Mouton, 2018, 3–17 (= 2018a).
Pahta, Päivi/Skaffari, Janne/Wright, Laura (edd.), *Multilingual practices in language history. English and beyond*, Boston/Berlin, De Gruyter Mouton, 2018 (= 2018b).
Paulikat, Frank, *Wortbildung des heutigen Französisch*, Berlin/Boston, De Gruyter, 2017.
Pellat, Jean-Christophe, *Place des régionalismes dans la grammaire des fautes. Germanismes et alsacianismes*, in: Groupe d'Étude en Histoire de la Langue Française (ed.), *Grammaire des fautes et français non conventionnel. Actes du IVe Colloque international organisé à l'École Normale Supérieure les 14, 15 et 16 décembre 1989 par le groupe d'Étude en Histoire de la Langue Française (G.E.H.L.F.)*, Paris, Presses de l'École Normale Supérieure, 1992, 261–277.
Pellat, Jean-Christophe, *Les graphies des poilus, loin des canons orthographiques*, in: Steuckardt, Agnès (ed.), *Entre villages et tranchées. L'écriture de poilus ordinaires*, Uzès, Inclinaison, 2015, 67–77.
Pellat, Jean-Christophe, *Lettres de poilus. Élements de syntaxe*, in: Carles, Hélène/Glessgen, Martin (edd.), *Les écrits des poilus. Miroir du français au début du XXe siècle*, Strasbourg, ELiPhi, 2020, 233–242.
Peters, Jan, *Zur Auskunftsfähigkeit von Selbstsichtzeugnissen schreibender Bauern*, in: Schulze, Winfried (ed.), *Ego-Dokumente. Annäherung an den Menschen in der Geschichte*, Berlin, Akademie, 1996, 175–190.
Philipp, Maik, *Schreibkompetenz. Komponenten, Sozialisation und Förderung*, Tübingen, Francke, 2015.

Philipp, Maik, *Lese- und Schreibkompetenz*, in: Philipp, Maik (ed.), *Handbuch Schriftspracherwerb und weiterführendes Lesen und Schreiben*, Weinheim/Basel, Beltz Juventa, 2017, 36–50.

Philipp, Marthe, *L'accent alsacien*, in: Salmon, Gilbert-Lucien (ed.), *Le français en Alsace*, Paris/Genève, Champion/Slatkine, 1985, 19–26.

Philipps, Eugène, *Les luttes linguistiques en Alsace jusqu'en 1945*, Strasbourg, Culture alsacienne, 1975.

Picoche, Jacqueline, *Dictionnaire étymologique du français*, Paris, Dictionnaires Le Robert, 1994.

Poirier, Claude, *Le français au Québec*, in: Antoine, Gérald/Martin, Robert (edd.), *Histoire de la langue française 1914–1945*, Paris, CNRS, 1995, 761–790.

Poirier, Claude/Francard, Michel, *Base de données lexicographiques panfrancophone (BDLP)*, 2019, http://www.bdlp.org/. [letzter Zugriff: 31.12.2020]

Polenz, Peter von, *Die Ideologisierung der Schriftarten in Deutschland im 19. und 20. Jahrhundert*, in: Böke, Karin/Jung, Matthias/Wengeler, Martin (edd.), *Öffentlicher Sprachgebrauch. Praktische, theoretische und historische Perspektiven. Georg Stötzel zum 60. Geburtstag gewidmet*, Opladen, Westdeutscher Verlag, 1996, 271–282.

Polenz, Peter von, *Deutsche Sprachgeschichte vom Spätmittelalter bis zur Gegenwart. 19. und 20. Jahrhundert*, vol. 3, Berlin/New York, De Gruyter, 1999.

Polenz, Peter von, *Deutsche Sprachgeschichte vom Spätmittelalter bis zur Gegenwart. 17. und 18. Jahrhundert*, vol. 2, Berlin/Boston, De Gruyter, ²2013.

Poplack, Shana, *«Sometimes I'll start a sentence in Spanish y termino en español». Toward a typology of code-switching*, Linguistics 18: 7/8 (1980), 581–618.

Poplack, Shana, *Code-switching (linguistic)*, in: Smelser, Neil J./Baltes, Paul B. (edd.), *International encyclopedia of the social and behavioral science*, Amsterdam, Elsevier Science Ltd, 2001, 2062–2065.

Poplack, Shana, *Code-switching/Sprachwechsel*, in: Ammon, Ulrich/Dittmar, Norbert/Mattheier, Klaus J./Trudgill, Peter (edd.), *Sociolinguistics. An international handbook of the science of language and society*, Berlin et al., De Gruyter, 2004, 589–596.

Poplack, Shana/Sankoff, David, *Code-switching*, in: Ammon, Ulrich/Dittmar, Norbert/Mattheier, Klaus J./Trudgill, Peter (edd.), *Sociolinguistics. An international handbook of the science of language and society*, 1988, 1174–1180.

Prein, August, *Syntaktisches aus französischen Soldatenbriefen*, Giessen, Selbstverlag des Romanischen Seminars, 1921.

Presser, Jacques, *Clio kijkt door het sleutelgat*, in: Presser, Jacques/Brands, Maarten Cornelis/Haak, Jan/Vries, Ph de (edd.), *Uit het werk van J. Presser*, Amsterdam, Athenaeum-Polak en Van Gennep, 1969, 283–295 (= 1969a).

Presser, Jacques, *Memoires als geschiedbron*, in: Presser, Jacques/Brands, Maarten Cornelis/Haak, Jan/Vries, Ph de (edd.), *Uit het werk van J. Presser*, Amsterdam, Athenaeum-Polak en Van Gennep, 1969 [1958], 277–282 (= 1969b).

Prifti, Elton, *Das Italienische der italoalbanischen Migranten in den USA zwischen Schriftlichkeit und Mündlichkeit*, in: Kahl, Thede/Kramer, Johannes/Prifti, Elton (edd.), *Romanica et Balcanica. Wolfgang Dahmen zum 65. Geburtstag*, München, AVM, 2015, 347–366.

Prüßmann-Zemper, Helga, *Französisch. Varietätenlinguistik des Französischen*, in: Holtus, Günter/Metzeltin, Michael/Schmitt, Christian (edd.), *Französisch. Le français*, Tübingen, Niemeyer, 1990, 830–843.

Pusch, Claus D., *L'immédiat et la distance communicatifs. L'apport des «Mots des Poilus»*, in: Carles, Hélène/Glessgen, Martin (edd.), *Les écrits des poilus. Miroir du français au début du XXe siècle*, Strasbourg, ELiPhi, 2020, 215–232.

Reinfried, Marcus, *Innerromanischer Sprachtransfer*, Grenzgänge 6:12 (1999), 96–125.

Rey, Alain, *Dictionnaire historique de la langue française*, Paris, Le Robert, 2010.

Rey, Alain/Duval, Frédéric/Siouffi, Gilles, *Mille ans de langue française, histoire d'une passion. Nouveaux destins*, vol. 2, Paris, Perrin, 2011.

Rézeau, Pierre, *Les variétés régionales du français de France*, in: Antoine, Gérald/Martin, Robert (edd.), *Histoire de la langue française 1914–1945*, Paris, CNRS, 1995, 677–713.

Rézeau, Pierre, *Dictionnaire des régionalismes du français en Alsace*, Straßburg, Presses Universitaires de Strasbourg, 2007.

Rézeau, Pierre, *Les mots des poilus. Dans leurs correspondances et leurs carnets*, Strasbourg, ELIPHI, 2018.

Rézeau, Pierre, *L'éventail des correspondances de guerre 14–18. Un témoignage linguistique d'une richesse insoupçonnée*, in: Carles, Hélène/Glessgen, Martin (edd.), *Les écrits des poilus. Miroir du français au début du XXe siècle*, Strasbourg, ELiPhi, 2020, 27–39.

Riegel, Martin/Pellat, Jean-Christophe/Rioul, René, *Grammaire méthodique du français*, Paris, PUF, 2016.

Riehl, Claudia Maria, *Sprachkontaktforschung. Eine Einführung*, Tübingen, Narr, ^{3}2014.

Rimmele, Eva, *Sprachenpolitik im Deutschen Kaiserreich vor 1914. Regierungspolitik und veröffentlichte Meinung in Elsaß-Lothringen und den östlichen Provinzen Preußens*, Frankfurt a.M., Peter Lang, 1996.

Roche, Daniel, *Journal de ma vie. Jacques-Louis Ménétra, compagnon vitrier au 18e siècle*, Paris, Montalba, 1982.

Romaine, Suzanne, *Socio-historical linguistics. Its status and methodology*, Cambridge, Cambridge University Press, 1982.

Romaine, Suzanne, *Historical sociolinguistics*, in: Ammon, Ulrich/Dittmar, Norbert/Mattheier, Klaus J./Wiegand, Herbert Ernst (edd.), *Sociolinguistics. An international handbook of the science of language and society*, Berlin et al., De Gruyter, ^{2}2005, 1696–1703.

Roques, Gilles, *Les argots entre les deux guerres*, in: Antoine, Gérald/Martin, Robert (edd.), *Histoire de la langue française 1914–1945*, Paris, CNRS, 1995, 153–168.

Roth, François, *Avant-propos*, in: Roth, François (ed.), *Lorraine et Alsace, mille ans d'histoire. Actes du colloque tenu les 9 et 10 novembre 2005 au Conseil Régional de Lorraine*, Nancy, Ass. d'Historiens de l'Est et al., 2007, 7–9 (= 2007a).

Roth, François, *La presse de la Moselle/Lorraine (1800–1918)*, in: Didelot, Maurice (ed.), *Journaux en Lorraine*, Nancy, Ass. d'Historiens de l'Est et al., 2007, 25–29 (= 2007b).

Roth, François, *Les relations entre l'Alsace et la Lorraine à l'époque de l'annexion, 1871–1918 et leur héritage*, in: Roth, François (ed.), *Lorraine et Alsace, mille ans d'histoire. Actes du colloque tenu les 9 et 10 novembre 2005 au Conseil Régional de Lorraine*, Nancy, Ass. d'Historiens de l'Est et al., 2007, 175–188 (= 2007c).

Roynette, Odile/Siouffi, Gilles/Steuckardt, Agnès (edd.), *La langue sous le feu. Mots, textes, discours de la Grande Guerre*, Rennes, Presses Universitaires de Rennes, 2017.

Ruggiu, François-Joseph, *Introduction*, in: Bardet, Jean-Pierre/Ruggiu, François-Joseph (edd.), *Au plus près du secret des cœurs? Nouvelles lectures historiques des écrits du for privé*, Paris, Presses de l'Université Paris-Sorbonne, 2005, 7–14.

Ruggiu, François-Joseph, *Les écrits du for privé. Une perspective européenne*, in: Bardet, Jean-Pierre/Arnoul, Elisabeth/Ruggiu, François-Joseph (edd.), *Les écrits du for privé en Europe* (du Moyen Âge à l'époque contemporaine). Enquêtes, analyses, publications, Pessac, Presses Universitaires de Bordeaux, 2010, 9–17.

Ruggiu, François-Joseph, *The uses of first person writings on the «longue durée» (Africa, America, Asia, Europe)*, in: Ruggiu, François-Joseph (ed.), *The uses of first person writings. Africa, America, Asia, Europe*, Brüssel, Peter Lang, 2013, 9–21.

Rutten, Gijsbert/van der Wal, Marijke, *Letters as loot. A sociolinguistic approach to seventeenth- and eighteenth-century Dutch*, Amsterdam et al., Benjamins, 2014.

Rutten, Gijsbert/van der Wal, Marijke, *Dutch private letters from the seventeenth and eighteenth centuries. The linguistic experiences of the lower and middle ranks*, in: Steffen, Joachim/Thun, Harald/Zaiser, Rainer (edd.), *Classes populaires, scripturalité et histoire de la langue. Un bilan interdisciplinaire*, Kiel, Westensee-Verlag, 2018, 227–249.

Rutz, Andreas, *Ego-Dokument oder Ich-Konstruktion? Selbstzeugnisse als Quellen zur Erforschung des frühneuzeitlichen Menschen*, zeitenblicke 1:2 (2002), http://www.zeitenblicke.historicum.net/2002/02/rutz/index.html. [letzter Zugriff: 28.12.2020]

Sainéan, Lazare, *L'argot des tranchées d'après les lettres des poilus et les journaux du front*, Paris, De Boccard, 1915.

Salmon, Gilbert-Lucien, *Aspects du français en Alsace et de son enseignement de 1870 à 1925. Rôle et témoignages des manuels scolaires*, Études Rhénanes. Mélanges offerts à Raymond Oberlé, Bulletin de la Faculté des Lettres de Mulhouse 13 (1983), 242–256.

Salmon, Gilbert-Lucien, *Le français en Alsace. Avant-propos*, in: Salmon, Gilbert-Lucien (ed.), *Le français en Alsace*, Paris/Genève, Champion/Slatkine, 1985, VII–XX (= 1985a).

Salmon, Gilbert-Lucien, *Les manuels alsaciens d'enseignement du français (1845–1945). Éléments d'approche évolutive*, in: Salmon, Gilbert-Lucien (ed.), *Le français en Alsace*, Paris/Genève, Champion/Slatkine, 1985, 265–296 (= 1985b).

Salmon, Gilbert-Lucien, *Matériaux pour l'histoire du français d'Alsace*, in: Salmon, Gilbert-Lucien (ed.), *Le français en Alsace*, Paris/Genève, Champion/Slatkine, 1985, 363–398 (= 1985c).

Sandersen, Vibeke, *Writing ability and the written language of Danish private soldiers in the Three Year's War (1848–50)*, Multilingua. Journal of cross-cultural and interlanguage communication 26:2–3 (2007), 247–278.

Schendl, Herbert, *Syntactic constraints on code-switching in medieval texts*, in: Taavitsainen, Irma/Nevalainen, Terttu/Pahta, Päivi/Rissanen, Matti (edd.), *Placing Middle English in context*, Berlin/New York, Mouton de Gruyter, 2000, 67–86.

Schendl, Herbert, *Code-switching in Anglo-Saxon England. A corpus-based approach*, in: Pahta, Päivi/Skaffari, Janne/Wright, Laura (edd.), *Multilingual practices in language history. English and beyond*, Boston/Berlin, De Gruyter Mouton, 2018, 39–59.

Schendl, Herbert/Wright, Laura, *Code-switching in early English. Historical background and methodological and theoretical issues*, in: Schendl, Herbert/Wright, Laura (edd.), *Code-switching in Early English*, Berlin et al., De Gruyter Mouton, 2011, 15–46 (= 2011a).

Schendl, Herbert/Wright, Laura, *Introduction*, in: Schendl, Herbert/Wright, Laura (edd.), *Code-switching in Early English*, Berlin et al., De Gruyter Mouton, 2011, 1–14 (= 2011b).

Schiegg, Markus, *Der flexible Schreiber in der Sprachgeschichte. Grammatische Variation in süddeutschen Patientenbriefen des 19. Jahrhunderts*, Zeitschrift für Dialektologie und Linguistik 82:2 (2015), 169–205.

Schiegg, Markus, *Code-switching in lower-class writing. Autobiographies by patients from southern German psychiatric hospitals (1852–1931)*, Journal of historical sociolinguistics 2:1 (2016), 47–81.

Schiegg, Markus/Sowada, Lena, *Script switching in nineteenth-century lower-class German handwriting*, Paedagogica historica (2019), 1–20. DOI: 10.1080/00309230.2019.1622574. [letzter Zugriff: 28.12.2020]

Schiffrin, Deborah, *Discourse markers*, Cambridge et al., Cambridge University Press, 1987.

Schikorsky, Isa, *Private Schriftlichkeit im 19. Jahrhundert. Untersuchungen zur Geschichte des alltäglichen Sprachverhaltens «kleiner Leute»*, Tübingen, Niemeyer, 1990.

Schlieben-Lange, Brigitte, *Soziolinguistik. Eine Einführung*, Stuttgart et al., Kohlhammer, ³1991.

Schlieben-Lange, Brigitte, *Les hypercorrectismes de la scripturalité*, Cahiers de linguistique française 20 (1998), 255–273.

Schlindwein, Christel, *... je ne me lasse point de te lire. Zur Sprachgeschichte des Alltags in französischen Briefen in Deutschland (1792–1813)*, Frankfurt a.M., Peter Lang, 2003.

Schlumbohm, Jürgen, *Mikrogeschichte-Makrogeschichte. Zur Eröffnung einer Debatte*, in: Schlumbohm, Jürgen (ed.), *Mikrogeschichte, Makrogeschichte. Komplementär oder inkommensurabel? Mit Beiträgen von Maurizio Gribaudi, Giovanni Levi und Charles Tilly*, Göttingen, Wallstein Verlag, ²2000, 7–32.

Schrader-Kniffki, Martina, *Al dirigir a Ud. desde esta sepultura de vivos, mis letras. Cartas privadas de la cárcel de Oaxaca, México (1907–1910)*, in: Steffen, Joachim/Thun, Harald/Zaiser, Rainer (edd.), *Classes populaires, scripturalité et histoire de la langue. Un bilan interdisciplinaire*, Kiel, Westensee-Verlag, 2018, 301–323.

Schrott, Angela, *Präsente Schreiber(innen). Nähe und Lebendigkeit in privaten Briefen aus diskurstraditioneller Sicht*, in: Bernsen, Michael/Eggert, Elmar/Schrott, Angela (edd.), *Historische Sprachwissenschaft als philologische Kulturwissenschaft. Festschrift für Franz Lebsanft zum 60. Geburtstag*, Göttingen/Bonn, V&R unipress, 2015, 479–497.

Schründer-Lenzen, Agi, *Schriftspracherwerb*, Wiesbaden, Springer, 2013.

Schulze, Winfried, *Ego-Dokumente. Annäherung an den Menschen in der Geschichte? Vorüberlegung für die Tagung «Ego-Dokumente»*, in: Schulze, Winfried (ed.), *Ego-Dokumente. Annäherung an den Menschen in der Geschichte*, Berlin, Akademie, 1996, 11–30 (= 1996a).

Schulze, Winfried, *Schlußbemerkungen zur Konferenz über «Ego-Dokumente»*, in: Schulze, Winfried (ed.), *Ego-Dokumente. Annäherung an den Menschen in der Geschichte*, Berlin, Akademie, 1996, 343-345 (= 1996b).

Schulze, Winfried, *Zur Ergiebigkeit von Zeugenbefragungen und Verhören*, in: Schulze, Winfried (ed.), *Ego-Dokumente. Annäherung an den Menschen in der Geschichte*, Berlin, Akademie, 1996, 319–325 (= 1996c).

Segui, Jean, *Le lexique mental et l'identification des mots écrits. Code d'accès et rôle du contexte*, Langue française 95 (1992), 69–79.

Seguin, Jean-Pierre, *L'invention de la phrase au XVIIIe siècle. Contribution à l'histoire du sentiment linguistique français*, Louvain et al., Peeters, 1993.

Seguin, Jean-Pierre, *Les incertitudes du mot graphique au XVIIIe siècle*, Langue française 119 (1998), 105–124. DOI: 10.3406/lfr.1998.6262. [letzter Zugriff: 31.12.2020]

Selkirk, Elisabeth, *On the phonologically driven non-realization of function words*, Proceedings of the annual meeting of the Berkeley linguistics society (2001), 257–270.

Siblot, Paul/Steuckardt, Agnès, *Emprunt*, in: Siblot, Paul/Détrie, Catherine/Verine, Bertrand/Steuckardt, Agnès (edd.), *Termes et concepts pour l'analyse du discours*, Paris, Champion, 2017, 124–126 (= 2017a).

Siblot, Paul/Steuckardt, Agnès, *Xénisme*, in: Siblot, Paul/Détrie, Catherine/Verine, Bertrand/ Steuckardt, Agnès (edd.), *Termes et concepts pour l'analyse du discours*, Paris, Champion, 2017, 421–422 (= 2017b).

Sierra Blas, Verónica, *Cartas presas. La correspondencia carcelaria en la Guerra Civil y el Franquismo*, Madrid, Marcial Pons Historia, 2016.

Siouffi, Gilles, *L'invention de la phrase moderne*, in: Siouffi, Gilles/ Marchello-Nizia, Christiane/Combettes, Bernard/Dürrenmatt, Jacques/Watine, Marie-Albane/Gautier, Antoine (edd.), *Une histoire de la phrase française des serments de Strasbourg aux écritures numériques*, Arles, Actes Sud, 2020, 171–216.

Söll, Ludwig, *Gesprochenes und geschriebenes Französisch*, Berlin, Schmidt, 1974.

Sowada, Lena, *La correspondance privée des gens ordinaires. L'expression écrite entre langue de l'immédiat communicatif et traditions discursives*, Cahiers de praxématique 71 (2018), http://journals.openedition.org/praxematique/4991. [letzter Zugriff: 28.12.2020]

Spitzer, Leo, *Italienische Kriegsgefangenenbriefe. Materialien zu einer Charakteristik der volkstümlichen italienischen Korrespondenz*, Bonn, Peter Hanstein, 1921.

Spitzmüller, Jürgen, *Graphische Variation als soziale Praxis. Eine soziolinguistische Theorie skriptualer «Sichtbarkeit»*, Berlin, De Gruyter, 2013.

Stark, Elisabeth, *Voranstellungsstrukturen und «topic»-Markierung im Französischen. Mit einem Ausblick auf das Italienische*, Tübingen, Narr, 1997.

Stefenelli, Arnulf, *Geschichte des französischen Kernwortschatzes*, Berlin, Erich Schmidt, 1981.

Steffen, Joachim, *Elementos de oralidad en cartas de soldados mexicanos de la época de la revolución*, Nueva Revista de Filología Hispánica 59:1 (2011), 151–171.

Steffen, Joachim, *Antistandard als politisches Manifest*, in: Schäfer-Prieß, Barbara/Schöntag, Roger (edd.), *Seitenblicke auf die französische Sprachgeschichte. Akten der Tagung Französische Sprachgeschichte an der Ludwig-Maximilians-Universität München (13.-16. Oktober 2016): Sektionen: Interne Sprachgeschichte, Sprachwissenschaftsgeschichte, Kreolsprachen, Okzitanisch, Semicolti/Peu-lettrés, Französisch außerhalb Frankreichs, Sprachkontakt*, Tübingen, Narr Francke Attempto, 2018, 305–324 (= 2018a).

Steffen, Joachim, *Les lettres des poilus et de leurs prédécesseurs. L'ars dictaminis populaire en France dans la diachronie*, in: Steffen, Joachim/Thun, Harald/Zaiser, Rainer (edd.), *Classes populaires, scripturalité et histoire de la langue. Un bilan interdisciplinaire*, Kiel, Westensee-Verlag, 2018, 171–195 (= 2018b).

Steffen, Joachim/Zaiser, Rainer/Thun, Harald, *Introduction*, in: Steffen, Joachim/Thun, Harald/ Zaiser, Rainer (edd.), *Classes populaires, scripturalité et histoire de la langue. Un bilan interdisciplinaire*, Kiel, Westensee-Verlag, 2018, 5–24.

Stein, Peter, *Deutsche Sprachgeographie im romanischen Gebiet*, in: Overbeck, Anja/ Schweickard, Wolfgang/Völker, Harald (edd.), *Lexikon, Varietät, Philologie. Romanistische Studien. Günter Holtus zum 65. Geburtstag*, Berlin/Boston, De Gruyter, 2011, 283–296.

Steinbrink, Claudia/Lachmann, Thomas, *Lese-Rechtschreibstörung. Grundlagen, Diagnostik, Intervention*, Berlin/Heidelberg, Springer, 2014.

Steuckardt, Agnès, *L'emprunt, lieu et modèle du dialogisme*, Cahiers de praxématique 57 (2011), 101–116.

Steuckardt, Agnès, *De l'écrit vers la parole. Enquête sur les correspondances peu lettrées de la Grande Guerre*, SHS Web of Conferences. 4e Congrès Mondial de Linguistique Française 8 (2014), 353–364.

Steuckardt, Agnès (ed.), *Entre villages et tranchées. L'écriture de poilus ordinaires*, Uzès, Inclinaison, 2015 (= 2015a).

Steuckardt, Agnès, *Introduction*, in: Steuckardt, Agnès (ed.), *Entre villages et tranchées. L'écriture de poilus ordinaires*, Uzès, Inclinaison, 2015, 9–17 (= 2015b).

Steuckardt, Agnès, *Sans point ni virgule*, in: Steuckardt, Agnès (ed.), *Entre villages et tranchées. L'écriture de poilus ordinaires*, Uzès, Inclinaison, 2015, 91–100 (= 2015c).

Steuckardt, Agnès, *Les corpus peu lettrés de la Grande Guerre en linguistique française. De la grammaire à la textométrie*, in: Steffen, Joachim/Thun, Harald/Zaiser, Rainer (edd.), *Classes populaires, scripturalité et histoire de la langue. Un bilan interdisciplinaire*, Kiel, Westensee-Verlag, 2018, 25–47.

Steuckardt, Agnès, *Hors-normes et norme dans des écrits peu-lettrés anciens*, in: Steuckardt, Agnès/Collette, Karine (edd.), *Écrits hors-normes*, Sherbrooke, Éditions de l'Université de Sherbrooke, 2019, 27–40.

Steuckardt, Agnès/Große, Sybille/ Dal Bo, Beatrice/Sowada, Lena, *Le rituel et l'individuel dans les pratiques d'écriture. L'exemple de la clôture dans des correspondances peu lettrées de la Grande Guerre*, in: Remysen, Wim/Tailleur, Sandrine (edd.), *L'individu et sa langue. Hommages à France Martineau*, Québec, Presses de l'Université Laval, 2020, 103–126.

Stolt, Birgit, *Die Sprachmischung in Luthers Tischreden. Studien zum Problem der Zweisprachigkeit*, Stockholm et al., Almqvist & Wiksell, 1964.

Sylvester, Louise, *A semantic field and text-type approach to late-medieval multilingualism*, in: Pahta, Päivi/Skaffari, Janne/Wright, Laura (edd.), *Multilingual practices in language history. English and beyond*, Boston/Berlin, De Gruyter Mouton, 2018, 77–96.

Szczepanski, Jan, *Die biographische Methode*, in: König, René (ed.), *Komplexe Forschungsansätze*, Stuttgart, Enke, 1974, 226–252.

Taavitsainen, Irma/Nevalainen, Terttu/Pahta, Päivi/Rissanen, Matti (edd.), *Placing Middle English in context*, Berlin/New York, Mouton de Gruyter, 2000.

Thibault, André, *La variation régionale chez les poilus. Phonétique et morphosyntaxe*, in: Carles, Hélène/Glessgen, Martin (edd.), *Les écrits des poilus. Miroir du français au début du XXe siècle*, Strasbourg, ELiPhi, 2020, 99–120 (= 2020a).

Thibault, André, *Analyse linguistique des traits phonographiques et morphosyntaxiques de la correspondance d'une femme de soldat en Bretagne romane*, in: Carles, Hélène/Glessgen, Martin (edd.), *Les écrits des poilus. Miroir du français au début du XXe siècle*, Strasbourg, ELiPhi, 2020, 389–438 (= 2020b).

This, Constant, *Die deutsch-französische Sprachgrenze im Elsass. Nebst einer Karte und acht Zinkätzungen*, Strassburg, Heitz, 1888.

Thomas, William Isaac/Znaniecke, Florian, *The Polish peasant in Europe and America*, New York, Dover, 1958.

Thun, Harald, *Die diachrone Erforschung der français régionaux auf der Grundlage des Corpus Historique du Substandard Français*, in: Schlaak, Claudia/Busse, Lena (edd.), *Sprachkontakte, Sprachvariation und Sprachwandel. Festschrift für Thomas Stehl zum 60. Geburtstag*, Tübingen, Narr, 2011, 359–394.

Thun, Harald, *Nouvelles perspectives pour une vieille discipline. Le Corpus Historique du Substandard Français (1789–1918) et l'histoire de la langue française*, in: Steffen, Joachim/Thun, Harald/Zaiser, Rainer (edd.), *Classes populaires, scripturalité et histoire de la langue. Un bilan interdisciplinaire*, Kiel, Westensee-Verlag, 2018, 641–720 (= 2018a).

Thun, Harald, *Substandard und Regionalsprachen*, in: Schäfer-Prieß, Barbara/Schöntag, Roger (edd.), *Seitenblicke auf die französische Sprachgeschichte. Akten der Tagung französische Sprachgeschichte an der Ludwig-Maximilians-Universität München*

(13.-16. Oktober 2016). Sektionen: Interne Sprachgeschichte, Sprachwissenschaftsgeschichte, Kreolsprachen, Okzitanisch, Semicolti/Peu-lettrés, Französisch außerhalb Frankreichs, Sprachkontakt, Tübingen, Narr Francke Attempto, 2018, 257–303 (= 2018b).

TLFi = ATILF, *TLFi. Trésor de la langue Française informatisé*. ATILF - CNRS & Université de Lorraine, 1994, http://www.atilf.fr/tlfi. [letzter Zugriff: 28.12.2020]

Tritter, Jean-Louis, *Histoire de la langue française*, Paris, Ellipses, 1999.

Ulbrich, Claudia, *Zeuginnen und Bittstellerinnen. Überlegungen zur Bedeutung von Ego-Dokumenten für die Erforschung weiblicher Selbstwahrnehmung in der ländlichen Gesellschaft des 18. Jahrhunderts*, in: Schulze, Winfried (ed.), *Ego-Dokumente. Annäherung an den Menschen in der Geschichte*, Berlin, Akademie, 1996, 207–226.

Ulbrich, Claudia, *Les écritures de soi dans une perspective transculturelle. Pistes de recherche en Allemagne*, in: Bardet, Jean-Pierre/Arnoul, Elisabeth/Ruggiu, François-Joseph (edd.), *Les écrits du for privé en Europe (du Moyen Âge à l'époque contemporaine). Enquêtes, analyses, publications*, Pessac, Presses Universitaires de Bordeaux, 2010, 81–89.

Ulbrich, Claudia/Greyerz, Kaspar von/Heiligensetzer, Lorenz, *Introduction*, in: Ulbrich, Claudia/Greyerz, Kaspar von/Heiligensetzer, Lorenz (edd.), *Mapping the «I». Research on self-narratives in Germany and Switzerland*, Leiden/Boston, Brill, 2005, 1–12.

Ulbricht, Otto, *Supplikationen als Ego-Dokumente. Bittschriften von Leibeigenen aus der ersten Hälfte des 17. Jahrhunderts als Beispiel*, in: Schulze, Winfried (ed.), *Ego-Dokumente. Annäherung an den Menschen in der Geschichte*, Berlin, Akademie, 1996, 149–174.

Vairasse d'Allais, Denis, *Grammaire mélthodique contenant en abrégé les principes de cet art et les règles les plus nécessaires à la langue française*, Paris, Chez l'auteur, 1681.

van der Wal, Marijke/Rutten, Gijsbert, *The practice of letter writing. Skills, models, and early modern Dutch manuals*, Language and History 56:1 (2013), 18–32 (= 2013a).

van der Wal, Marijke/Rutten, Gijsbert (edd.), *Touching the past. Studies in the historical sociolinguistics of ego-documents*, Amsterdam et al., Benjamins, 2013 (= 2013b).

van der Wal, Marijke J./Rutten, Gijsbert, *Ego-documents in a historical-sociolinguistic perspective*, in: van der Wal, Marijke J./Rutten, Gijsbert (edd.), *Touching the past. Studies in the historical sociolinguistics of ego-documents*, Amsterdam, Benjamins, 2013, 1–17 (= 2013c)

van der Wal, Marijke/Rutten, Gijsbert, *At the crossroads*, in: Edlund, Ann-Catrine/Ashplant, T. G./Kuismin, Anna (edd.), *Reading and writing from below. Exploring the margins of modernity*, Umeå, Umeå University & The Royal Skyttean Society, 2016, 197–214.

van Koert, Rebecca, *«Digitale Intellektuelle». Ego-Dokumente und Selbstzeugnisse in digitalen Datenbanken. Fazit*, in: Gersmann, Gudrun/Jaeger, Friedrich/Rohrschneider, Michael (edd.), *Virtuosen der Öffentlichkeit? Friedrich von Gentz (1764–1832) im globalen intellektuellen Kontext seiner Zeit*, historicum-estudies.net (2016), http://www.historicum-estudies.net/epublished/virtuosen-der-oeffentlichkeit/digital-intellectuals/digitale-intellektuelle-ego-dokumente-und-selbstzeugnisse-in-digitalen-datenbanken/fazit/ (= 2016a). [letzter Zugriff: 28.12.2020]

van Koert, Rebecca, *«Digitale Intellektuelle». Ego-Dokumente und Selbstzeugnisse in digitalen Datenbanken. Zur Forschungsdebatte*, in: Gersmann, Gudrun/Jaeger, Friedrich/Rohrschneider, Michael (edd.), *Virtuosen der Öffentlichkeit? Friedrich von Gentz (1764–1832) im globalen intellektuellen Kontext seiner Zeit*, http://historicum-estudies.net (2016), http://www.historicum-estudies.net/epublished/virtuosen-der-oeffentlichkeit/di

gital-intellectuals/digitale-intellektuelle-ego-dokumente-und-selbstzeugnisse-in-digitalen-datenbanken/zur-forschungsdebatte/ (= 2016b). [letzter Zugriff: 28.12.2020]

Vandenbussche, Wim, *A Rough Guide to German Research on «Arbeitersprache» during the 19th Century*, in: Andrášová, Hana (ed.), *Germanistik genießen. Gedenkschrift für Hildegard Boková*, Wien, Praesens Verlag, 2006, 439–458.

Vandenbussche, Wim, *«Lower class language» in 19th century Flanders*, Multilingua. Journal of cross-cultural and interlanguage communication 26:2–3 (2007), 279–290.

Vandenbussche, Wim/Elspaß, Stephan, *Introduction. Lower class language use in the 19th century*, Multilingua. Journal of cross-cultural and interlanguage communication 26:2–3 (2007), 147–150.

Vandenbussche, Wim/Willemyns, Roland, *Sprachvariation in Flandern im 19. Jahrhundert. Theoretisch-methodische Probleme der historischen, soziolinguistischen Forschung*, in: Mattheier, Klaus J. (ed.), *Historische Soziolinguistik*, Tübingen, Niemeyer, 1999, 141–158.

Varlet, Charles J., *Dictionnaire du patois meusien*, Genève, Slatkine, 1978 (Nachdruck Verdun, 1896).

Véronique, Georges Daniel, *La dislocation, l'emploi de c'est et il y a et l'organisation topique – focus en français parlé. Des variétés d'apprenants aux usages natifs*, TIPA. Travaux interdisciplinaires sur la parole et le langage 29 (2013), 1–20. DOI: 10.4000/tipa.1022. [letzter Zugriff: 28.12.2020]

Vinet, Marie Thérèse, *D'un français à l'autre. La syntaxe de la microvariation*, Sanit-Laurent, Fides, 2001.

Vogler, Bernard, *Histoire culturelle de l'Alsace. Du Moyen Âge à nos jours, les très riches heures d'une région frontière*, Strasbourg, La Nuée Bleue, ⁴1994.

von der Dunk, Hermann Walther, *Over de betekenis van ego-documenten. Een paar aantekeningen als in- en uitleiding*, Tijdschrift voor geschiedenis 83 (1970), 147–161.

Walter, Henriette, *La phonologie du français*, Paris, Presses Universitaires de France, 1977.

Wehr, Barbara, *La phrase clivée en français. Problèmes de description*, in: Dufter, Andreas/Jacob, Daniel (edd.), *Syntaxe, structure informationnelle et organisation du discours dans les langues romanes*, Frankfurt a.M. [u.a.], Peter Lang, 2011, 189–214.

Weinreich, Uriel, *Languages in contact. Findings and problems*, The Hague, Mouton, 1963.

Weinreich, Uriel/Labov, William/Herzog, Marvin I., *Empirical foundations for a theory of language change*, in: Lehmann, Winfred P./Malkiel, Yakov (edd.), *Directions for historical linguistics. A symposium*, Austin/London, University of Texas Press, 1968, 95–195.

Wenker, Georg/Wrede, Ferdinand, *Der Sprachatlas des deutschen Reichs. Dichtung und Wahrheit*, Marburg, Elwert, 1895.

Weth, Constanze, *Schrifterwerb in Frankreich*, in: Röber, Christa/Olfert, Helena (edd.), *Schriftsprach- und Orthographieerwerb. Erstlesen, Erstschreiben*, Baltmannsweiler, Schneider Verlag Hohengehren, 2015, 86–98.

Wildgen, Wolfgang, *Sprachkontaktforschung*, in: Ammon, Ulrich/Dittmar, Norbert/Mattheier, Klaus J./Trudgill, Peter (edd.), *Sociolinguistics. An international handbook of the science of language and society*, Berlin, De Gruyter, 2005, 1332–1345.

Wilhelm, Raymund, *Diskurstraditionen und einzelsprachliche Traditionen*, in: Lebsanft, Franz/Schrott, Angela (edd.), *Diskurse, Texte, Traditionen. Modelle und Fachkulturen in der Diskussion*, Göttingen, Bonn, V&R unipress, 2015, 63–78.

Willemyns, Roland/Vandenbussche, Wim, *Historical sociolinguistics. Coming of age?*, in: Ammon, Ulrich (ed.), *Perspektiven der Soziolinguistik*, Tübingen, Niemeyer, 2006, 146–165.

Winter-Froemel, Esme, *Entlehnung in der Kommunikation und im Sprachwandel. Theorie und Analysen zum Französischen*, Berlin et al., De Gruyter, 2011.
Wolf, Lothar, *Le français en Alsace*, in: Antoine, Gérald/Martin, Robert (edd.), *Histoire de la langue française 1914–1945*, Paris, CNRS, 1995, 715–730.
Wright, Laura, *The language of slaves on the island of St Helena, South Atlantic, 1682–1724*, in: van der Wal, Marijke J./Rutten, Gijsbert (edd.), *Touching the past. Studies in the historical sociolinguistics of ego-documents*, Amsterdam, Benjamins, 2013, 243–276.
Zifonun, Gisela/Hoffmann, Ludger/Strecker, Bruno, *Grammatik der deutschen Sprache*, vol. 3, Berlin/New York, De Gruyter, 1997.

Register

Abtönung 315–316, 418
– Integration 529, 533–534, 540, 547–548
adressage 97, 99, 151, 216, 264
Adverb 135–136, 149, 210, 290, 315, 387, 403, 412, 550–551, 597, 614
ad hoc-Entlehnung 478, 480, 482, 524, 529, 533–534, 537, 541–543, 546, 547, 549, 561
Agglutinierung 138–142, 144–146, 154–155
Alphabetisierung 13–14, 18, 23–24, 58, 66, 89, 95, 106, 115, 178, 357, 417, 563, 617, 619
Anakoluth 384
Argot des tranchées 272, 281, 283, 331, 335–336, 340, 342, 349–350, 353–355, 357, 423, 619
ars dictaminis populaire 568, 571, 579
assemblage 97, 99, 151, 216, 260, 264–265
Auxiliar 149, 191, 213–214, 312–315, 358, 550

Brieferöffnung 210, 279, 308, 397–398, 410, 474, 494–495, 563, 567, 572, 574–575, 577, 579, 581–582, 584–585, 587, 605
Briefschluss 279, 291, 295, 308, 494–496, 503, 506, 563, 567, 572, 588–591, 593, 597–598, 613
Briefsteller 28, 564, 570, 575, 580

Codeswitching 7, 451, 462, 471–472, 478–480, 484–494, 497–504, 506–508, 511–512, 514, 521–522, 524–526, 528–529, 533, 535, 537, 545, 547–549, 561, 620
– Einzelwortcodeswitching 469, 482, 521–522, 529, 547, 562
– Flagged Codeswitching 508, 535, 549
– Tagswitching 501, 506
– trigger-words 486, 500, 506, 529
constructio ad sensum 383, 388

Deglutinierung 147–149, 151–153, 155, 263
Desonorisierung 123, 163–165, 175–178, 181–182, 343, 612
– Sonorisierung 162–164, 175–176, 178, 181

Dialekt 33, 172, 177, 181, 247, 267, 325, 425, 429, 431, 438, 445–448, 452–460, 465, 493, 500, 503, 550, 555, 595
Diskursmarker 417–418, 420, 479, 501, 511, 527, 601, 620
Diskurstradition 470, 563, 565–567, 604–605, 620
Doppelkonsonant 112, 156, 167, 181, 232–236, 259–260, 534

écriture populaire 23–24, 28, 146, 622
Ego-Dokument 2, 34, 37–38, 41–43, 47–51, 54, 60–62, 64, 67, 69, 139, 275
– Selbstzeugnis 48, 50, 53
Eigenname 132, 218, 253–254, 311, 323, 327, 455–456, 474, 508–509, 613
Ellipse 351, 386
Engführung 38, 387–388
Entlehnung 25, 150, 235, 237, 241, 244, 253–255, 265, 338, 462, 469, 471–472, 475, 479–480, 485, 502–503, 512–522, 524–526, 528–530, 534, 537, 540, 544–545, 547–549, 553, 555, 557, 561, 620
epistoläre Formel 565, 568–569, 571

français familier 31, 272–273, 281–285, 287, 291, 294–295, 297, 299, 301, 304–305, 307, 309–310, 319–320, 322–323, 327, 330, 337, 342, 344, 346, 349–350, 353, 355–357, 392, 400, 551, 612, 619
français populaire 36, 128, 132, 155, 164–165, 167, 172, 174, 182–183, 191, 205, 215, 242, 266, 272–273, 281, 283, 291, 297–308, 310–313, 315, 333, 348, 350–351, 355–356, 392, 413, 417, 420, 612, 619
français soutenu 273, 281, 348, 358

Geminierung 127, 132, 233–236, 483
Genusmarkierung 199, 205, 212, 516
graphische Prinzipien
– etymologisches Prinzip 91, 93–94
– phonographisches Prinzip 91, 93–94, 156
– semiographisches Prinzip 91, 93–94

historische Soziolinguistik 2, 5–6, 7, 8, 9, 16, 35, 61, 67, 69, 268, 621
holophrastische Konstruktion 387
Homophonie 130, 142, 153, 155, 187–190, 197–198, 201–202, 217–220, 222, 227, 313, 389

Imperativ 135–136, 139, 160, 189–190, 193–194, 196, 311, 315–316
Informationsstruktur 390–391
– Dislokation 392, 405–406, 408–409, 411, 413, 601, 619
– Fokus 390–391, 397, 412
– Präsentativstruktur 392, 399, 402, 404–405, 579, 585, 601, 619
– Spaltsatz 398, 392–397
– Topic 391, 400, 402, 406–410, 413–414, 579
– Topikalisierung 407
Interjektion 290–291, 353, 418–419, 536
Interpunktion 20, 27, 54, 74, 117, 134, 147, 362, 376–381, 406, 414, 593, 601
intersubjektive Formel 569

Kohärenz/Kohäsion 92, 101, 111, 143–144, 180, 380, 382, 392, 401, 408, 410–411, 413–414, 601, 612, 619
kommunikative Nähe 69, 71, 90, 130, 281, 296, 317, 360, 371, 381, 383, 386, 396, 478
Kontamination 150, 384–385
Kurrentschrift 467, 473–476, 504–508, 510–511, 537–539, 542–543, 562, 620

Lehnbedeutung 549–550, 557, 561
Lehnbildung 557
literacy 19, 94

Negation 141, 150, 366, 373, 375, 414, 552
Numerusmarkierung 199–200, 206–207, 209–210, 212, 214, 216, 365, 548

peu lettré 2, 18–19, 20, 23–24, 26, 66, 68, 119

Phonem-Graphem-Korrespondenz 102, 161, 164, 174, 239, 245, 480, 482, 533, 540–541, 554, 560–561, 612

Schreiberbiographie 66, 68, 77, 267, 357, 460, 462, 467, 479, 513, 562, 610
Schreibprozess 24, 94, 96, 180–181, 417, 560
Schreibsozialisation 3, 89, 106, 621
Schreibstrategie 102, 107, 153
– alphabetische Strategie 102
– logographische Strategie 102, 105
– morphographische Strategie 105
– orthographische Strategie 102, 105, 253
– phonographische Strategie 103–104, 112, 264
Schriftartenswitching 542
Schriftspracherwerb 3, 79, 89, 94–98, 104, 106–107, 112, 145, 166, 221
– Entwicklung der Schreibkompetenzen 99
Scriptswitching 507–508, 511, 561–562
semicolti 20–21, 22, 23, 216
semi-cultos 21–23
Sprachgeschichte von unten 10, 12, 17, 33–34, 60–61, 63, 622
Sprachgeschichtsschreibung 12
Sprachhistoriographie 7, 9–13, 17, 64, 621
Standardnorm 28, 36, 63, 115, 275, 610, 614
subjonctif 313, 366, 368–370, 414

textkonstitutive Formel 569
– textstrukturierende Formel 569, 601, 603–605
– Texttyp-Formel 569
Toponym 135–136, 234, 237, 253–254, 265, 480–482, 508–511, 529, 614
Transliteration 29–30, 73–75

Verbalflexion 140, 184, 265
Verballomorphie 186

Zirkumflex 117, 169, 228–229, 243–244, 256–257, 521